Wissenschaftstheorie und Experimentalmethodik

Wissenschaftstheorie und Experimentalmethodik

Ein Lehrbuch zur Psychologischen Methodenlehre

von

Rainer Westermann

Hogrefe · Verlag für Psychologie
Göttingen · Bern · Toronto · Seattle

Prof. Dr. Rainer Westermann, geb. 1950. 1970-1976 Studium der Psychologie in Braunschweig und Göttingen. 1977-1979 Stipendiat der Studienstiftung des Deutschen Volkes. 1979 Promotion. 1979-1995 Wissenschaftlicher Angestellter und Hochschuldozent am Institut für Psychologie in Göttingen. 1986 Habilitation. Seit 1995 Inhaber des Lehrstuhls für Allgemeine Psychologie und Forschungsmethodik an der Ernst-Moritz-Arndt-Universität Greifswald. *Forschungsschwerpunkte:* Wissenschaftstheorie, Untersuchungsplanung, Statistik, Meßtheorie, Wahrnehmung, Kognition, Handlung, Studienzufriedenheit und Evaluation.

Die Deutsche Bibliothek - CIP-Einheitsaufnahme

Ein Titeldatensatz für diese Publikation ist bei
Der Deutschen Bibliothek erhältlich.

Rohnsweg 25, D-37085 Göttingen

http://www.hogrefe.de
Aktuelle Informationen • Weitere Titel zum Thema • Ergänzende Materialien

---

Umschlaggestaltung: schmidtgrafik göttingen
Druck: Dieterichsche Universitätsbuchdruckerei
W. Fr. Kaestner GmbH & Co. KG, D-37124 Göttingen-Rosdorf
Printed in Germany
Auf säurefreiem Papier gedruckt

ISBN 3-8017-1090-4

Vorwort

Im vorliegenden Lehrbuch wird die *Wissenschaftstheorie* und *Forschungsmethodik* der Psychologie und der benachbarten Sozial- und Verhaltenswissenschaften behandelt. Ziel ist nicht die umfassende Darstellung der konkreten Verfahrensweisen und Techniken der empirischen Forschungspraxis. Im Mittelpunkt stehen übergreifende Voraussetzungen und Orientierungen, Probleme und Positionen, die für ein eigenständiges und kritisches Verständnis der Vorgehensweisen, Möglichkeiten und Grenzen der wissenschaftlichen Erkenntnisgewinnung notwendig oder hilfreich sind.

- Im ersten Teil des Buches (Kapitel 2 bis 11) werden wichtige *wissenschaftstheoretische Grundlagen* der psychologischen Forschung dargestellt.

Angesprochen werden unter anderem folgende Fragen:

- Was können wir erkennen und worauf beruhen unsere Erkenntnisse?
- Was ist das Psychische und wodurch unterscheidet es sich vom Körperlichen?
- Wie wird die Bedeutung wissenschaftlicher Begriffe definiert?
- Wodurch unterscheiden sich wissenschaftliche und alltägliche Aussagen?
- Wann sind Schlussfolgerungen logisch zwingend?
- Wie können Verallgemeinerungen gerechtfertigt werden?
- Müssen psychologische Gesetze allgemein und ausnahmslos gelten?
- Wie werden Sachverhalte kausal erklärt?
- Wie entstehen wissenschaftliche Theorien und Hypothesen?
- Wie sind Theorien aufgebaut?
- Wie können verschiedene Theorien miteinander verbunden werden?
- Inwieweit können Theorien an der Realität überprüft werden?
- Warum können Theorien nicht als wahr oder als falsch erwiesen werden?
- Worin bestehen die Ziele der Wissenschaft?

Zur Beantwortung dieser Fragen behandeln wir die Erkenntnistheorie und das Leib-Seele-Problem, die Aussagen- und Quantorenlogik, die Mengenlehre, das deduktive und induktive Schließen und die wissenschaftlichen Gesetze und Erklärungen. Die Entstehung, Abgrenzung und Veränderung von Theorien wird unter anderem anhand der bekannten Konzepte der Verifikation und Falsifikation, der Paradigmen und Forschungsprogramme beschrieben. Der Aufbau psychologischer Theorien sowie ihre Verknüpfung und empirische Anwendung wird systematisch mit dem Instrumentarium der strukturalistischen Wissenschaftstheorie analysiert.

Da diese wissenschaftstheoretischen Thematiken in der Psychologie sehr vernachlässigt sind und häufig nur oberflächlich und isoliert abgehandelt werden, sollen sie hier umfassend und zusammenhängend dargestellt werden. Zu den meisten dieser Themen existieren zahlreiche philosophische Bücher oder Artikel mit breiteren, differenzierteren oder anderslautenden Darstellungen, auf die ich Interessierte jeweils verweisen werde.[1]

- Im zweiten Teil des Buches (Kapitel 12 bis 18) beschreibe ich, aufbauend auf den Ergebnissen des ersten Teils, die wesentlichen Probleme und Vorgehensweisen bei der *Planung und Interpretation von experimentellen Untersuchungen.*

Dabei geht es nicht um die konkrete, apparative Durchführung von Experimenten. Im Mittelpunkt stehen vielmehr grundlegende Fragen der *Experimentalmethodik*:

- Wann ist eine psychologische Untersuchung ein Experiment?
- Welche Bestandteile hat ein Bericht über ein psychologisches Experiment?
- Wie müssen Experimente gestaltet sein, damit sie für die Beantwortung psychologischer Fragestellungen nützlich sind?
- Wann ist ein Experiment valide?
- Was sind mögliche und tatsächliche Störfaktoren der Validität?
- Wie werden mögliche Störfaktoren am besten kontrolliert?
- Wie werden psychologische Fragestellungen in statistische umgesetzt?
- Wie prüft man am besten Trend- und Interaktionshypothesen?
- Welche Vor- und Nachteile hat die Anwendung von Signifikanztests?
- Welche Voraussetzungen müssen für einen Signifikanztest erfüllt sein?
- Wie können Signifikanztests gerechtfertigt werden, wenn die Untersuchungspersonen keine Zufallsstichproben sind?
- Darf man t-Tests anwenden, obwohl die Daten nicht normalverteilt sind?
- Wann ist die Kumulation welcher Fehlerwahrscheinlichkeit auszugleichen?
- Wie drückt man die Größe der gefundenen Effekte aus?
- Was sagen statistische Ergebnisse über psychologische Hypothesen aus?
- Wie können die Ergebnisse eines Experiments verallgemeinert werden?

Als übergeordnetes Kriterium für die adäquate Planung und Interpretation psychologischer Experimente wird die Validität der Prüfung einer empirischen Hypothese vorgestellt. Ausführlich behandelt werden außerdem die konzeptuellen Grundlagen der statistischen Signifikanztests und ihre angemessene Verwendung bei der wissenschaftlichen Erkenntnisgewinnung. Die statistischen Verfahren werden jedoch nicht im einzelnen besprochen. Sie sind in den Büchern zur angewandten

[1] Empfehlenswerte Einführungen in die Philosophie bieten Stegmüllers Hauptströmungen (Stegmüller, 1969, 1987a, 1987b, 1989), Störigs Weltgeschichte (Störig, 1999) und Hoffmeisters Wörterbuch (Regenbogen & Meyer, 1998).

Statistik dargestellt.[2] Die Beweise finden sich teilweise ebenfalls dort, vor allem aber in Lehrbüchern der mathematischen Statistik.[3]

Dieses Buch entstand aus Materialien für verschiedene Lehrveranstaltungen in den Fächern *Methodenlehre* und *Evaluation und Forschungsmethodik*, die ich in den letzten Jahren an den Universitäten Göttingen und Greifswald abgehalten habe.

Durch diese Lehrtätigkeit bin ich mit der Skepsis und der Ablehnung konfrontiert worden, die bei Studierenden gegenüber den „Methodenfächern" zu finden sind. Auf den ersten Blick scheinen die Inhalte dieser Fächer und Veranstaltungen schwierig zu sein, kaum Verbindung mit der Psychologie aufzuweisen und für praktische Tätigkeiten keine Relevanz zu besitzen. Glücklicherweise habe ich aber auch die Erfahrung gemacht, dass Studierende sich von der Bedeutung der Methodenlehre überzeugen lassen, mit den Konzepten und Inhalten verständnisvoller umzugehen lernen und sich mitunter sogar von den zunächst versteckten Reizen dieses Fachgebietes anziehen lassen. Ein Hauptziel dieses Buches besteht darin, diese Form des erfolgreichen Studiums zu fördern.

Dieses Buch kann in verschiedener Weise in der universitären Lehre genutzt werden. Ich selbst verwende den Text als Grundlage und Ergänzung von zwei zweistündigen Vorlesungen zur *Einführung in die Methodenlehre*, die parallel zu den Vorlesungen und Übungen zur Statistik für Erst- und Zweitsemester stattfinden.[4] Bei anderen örtlichen Gegebenheiten und persönlichen Schwerpunkten können der Text oder ausgewählte Kapitel auch in anderen einführenden Vorlesungen oder vertiefenden Seminaren im Grund- und Hauptstudium besprochen werden.

Äußerlich ist dieses Buch bewusst konventionell gestaltet. Ich habe auf stichwortartige Zusammenfassungen, farbig unterlegte Kästen, Übungsaufgaben, Randhinweise und ähnliche angebliche Lernhilfen verzichtet. Nach meiner Erfahrung muss man einen schwierigen Stoff *eigenständig* strukturieren und zusammenfassen, um ihn wirklich verstehen zu können.[5] Auch finden sich in diesem Buch keine lustigen Zeichnungen, launigen Anekdoten und aufmerksamkeitserheischende

---

[2] Didaktisch und fachlich ausgezeichnet ist das Lehrbuch von Hays (1963, 1994), auf das ich regelmäßig verweisen werde. Auf Bortz (1999) werde ich häufig hinweisen, weil es an deutschsprachigen Universitäten sehr weit verbreitet ist. Weitere Lehrbücher findet man in den Fachbibliotheken.

Praktisch durchgeführt werden statistische Auswertungen meist am Arbeitsplatzcomputer mit einem der statistischen Analysesysteme. Gelegentlich werde ich auf das häufig benutzte SPSS (Versionen 8 bis 10) hinweisen, um möglichen Benutzern die Arbeit und insbesondere den Umgang mit programmspezifischen Eigentümlichkeiten zu erleichtern. Beschreibungen des Programms sind in vielen Handbüchern zu finden (z.B. Bühl & Zöfel, 2000; Janssen & Laatz, 1999; SPSS Inc., 1999).

[3] z.B. Fisz (1970), Rasch (1995)

[4] Die zweite dieser Vorlesungen enthält außerdem eine Einführung in die Grundlagen des *Messens, Testens und Skalierens,* die in diesem Buch nur ganz knapp behandelt werden.

[5] vgl. die sog. PQ4R-Methode zur Elaboration von Texten (Anderson, 1996a, S. 189-193)

Zeitungsausschnitte. Derartige Auflockerungen verlieren spätestens dann ihren Reiz, wenn man - was ich sehr hoffe - häufiger auf diesen Text zurückgreift.

Als hilfreich für das Verständnis gerade abstrakter Texte und Überlegungen haben sich immer wieder konkrete *Beispiele* erwiesen. Ich habe mich deshalb bemüht, meine Darstellungen und Überlegungen durchgängig durch geeignete Beispiele aus der Psychologie zu verdeutlichen.[6] Die Wahl der Beispiele ist natürlich durch meine inhaltlichen Vorkenntnisse und Interessen bestimmt. Für einige Leser mögen deshalb einige der Beispiele schwerer verständlich sein als für andere.

Hinweise auf Literatur gebe ich in diesem Buch in Fußnoten und nicht, wie in der Psychologie üblich, in Klammern im fortlaufenden Text. Dadurch soll die Lesbarkeit des Textes erhöht werden. In Fußnoten finden sich auch Zusätze zum Haupttext, die für die erste Einarbeitung von geringerer Bedeutung sind, für eine intensivere Beschäftigung mit dem Stoff aber wichtige Ergänzungen, Präzisierungen oder Verweise bereitstellen. Ich hoffe, dass dadurch die Trennung zwischen besonders und weniger Wichtigem erleichtert wird.

Verschiedene vorangegangene Versionen und Teile dieses Textes habe ich bereits als Grundlage für Vorlesungen und begleitende Tutorien zur Methodenlehre der Psychologie verwendet. Dabei haben mir Katja Antoniw, Niko Busch, Ulf Gausmann, Kati Klimas, Annett Pröger und Maike de Wall wertvolle Rückmeldungen gegeben. Wichtige Hinweise verdanke ich auch Götz Gelbrich, Anette Hiemisch, Maria Kolyschkow und Elke Lütkemeier. Besonders profitiert habe ich von den zahlreichen Anmerkungen von Willi Hager und Matthias Siemer. Evelyn Reichel hat mir nicht nur bei der Erfassung der Literatur und der Erstellung des Textes und der Indizes geholfen, sondern mich auch stark von anderen Aufgaben entlastet.

Da ich in der Druckfassung sicher noch etliche Mängel übersehen habe, bin ich für alle Hinweise, Kritiken und Anregungen außerordentlich dankbar.

Greifswald, im Mai 2000 Rainer Westermann

[6] Diese Beispiele werden durch eine Raute ◊ am Beginn des Absatzes angezeigt.

Inhaltsverzeichnis

1 Einleitung

Das Studium an einer Universität setzt nicht den allgemeinbildenden Schulunterricht in einem breiten Fächerspektrum fort, es ist aber auch keine praktische Ausbildung zu einem bestimmten Beruf. Ein Universitätsstudium soll die Studierenden vielmehr zur wissenschaftlichen Arbeit befähigen und sie auf berufliche Tätigkeiten *vorbereiten*, die die Anwendung wissenschaftlicher Erkenntnisse und Methoden erfordern.[7]

Die Inhalte eines Universitätsstudiums unterscheiden sich deshalb deutlich von den möglichen späteren Tätigkeiten. So wird im Jurastudium nicht trainiert, fulminante Verteidigungsreden zu halten, und das Diplom in Psychologie befähigt noch nicht zur erfolgreichen Psychotherapie. Das Universitätsstudium bietet vielmehr eine *Ausbildung durch Wissenschaft*. Durch Beschäftigung mit Methoden und Ergebnissen der Wissenschaft sollen grundlegende Qualifikationen für spätere Berufstätigkeiten erworben werden.

Aber was ist Wissenschaft? In Lexika finden wir folgende Charakterisierungen:

- „Gegenüber dem unabgesicherten, häufig subjektiven Meinen muss das wiss. Wissen - seinem Anspruch nach - begründet werden, es muss in jeder kompetent und rational geführten Argumentation Zustimmung finden können".[8]
- Wissenschaft „ist der Inbegriff des menschl. Wissens; das nach Prinzipien geordnete Ganze der Erkenntnis ...; der sachlich geordnete Zusammenhang von wahren Urteilen, wahrscheinlichen Annahmen ... und möglichen Fragen ... Im Unterschied zum ungeordneten (Erfahrungs-)Wissen ... geht die Wissenschaft nicht bloß auf das Dass, sondern auch auf das Warum, die Gründe, Ursachen ... der Dinge."[9]
- „Methodisch kennzeichnet die W. ein gesichertes, in einen Begründungszusammenhang von Sätzen gestelltes und damit kommunizierbares und

---

7 §§ 2 und 7 Hochschulrahmengesetz, zuletzt geändert durch Gesetz vom 20.8.1998

8 Meyers Großes Taschenlexikon, 1983, Band 24, S. 171

9 Schischkoff (1974, S. 715-716)

nachprüfbares Wissen, das bestimmten wiss. Kriterien (z.B. Allgemeingültigkeit, Systematisierbarkeit) folgt".[10]

Nach diesen Beschreibungen unterscheidet sich wissenschaftliches Wissen vom alltäglichen Wissen dadurch, dass es besser geordnet und begründet ist. Alltagswissen ist oft weder klar formuliert noch ausreichend überprüft. In den Wissenschaften finden sich demgegenüber spezielle Methoden zur besseren *Formulierung* von (vermuteten) Erkenntnissen und spezielle Methoden zur besseren *Überprüfung* dieser Hypothesen. Sich mit einer Wissenschaft vertraut zu machen, heißt deshalb vor allem: sich mit ihren Methoden vertraut zu machen.

Die Psychologie versteht sich als *empirische* Wissenschaft, die meisten Psychologen sind *Empiriker*. Sie überprüfen Hypothesen und Theorien nicht (nur) durch gründliche Überlegungen oder heftige Diskussionen, sondern (auch) an gezielt ausgewählten *Erfahrungsdaten*: Antworten, Messungen, Testergebnisse usw. aus Beobachtungen, Experimenten, Befragungen oder anderen systematischen Untersuchungen.[11]

Wissenschaftliche Erkenntnisse werden in Theorien, Annahmen, Gesetzen usw. formuliert. Diese Begriffe kann man wie folgt kennzeichnen:[12]

- Als *Annahme* oder *Postulat* bezeichnet man eine Aussage, deren Gültigkeit oder Wahrheit man nicht speziell überprüft, die man aber voraussetzt, um weitergehende Überlegungen oder Untersuchungen anstellen zu können.
- Eine *Hypothese* ist eine Aussage, von der man erwartet, dass sie sich bei einer späteren empirischen Prüfung als zutreffend zeigen wird.
- Von einem *Gesetz* wird meist dann gesprochen, wenn eine Aussage über einen Ursache-Wirkungs-Zusammenhang vorliegt, die empirisch gut bestätigt ist.
- *Theorien* umfassen in der Regel mehrere zusammenhängende Gesetze.
- Als *Modelle* werden häufig anschauliche Vorstellungen über (psychologische) Strukturen, Zusammenhänge oder Abläufe bezeichnet.

1.1 Methoden im Psychologiestudium

Die Lehre von den Methoden zur systematischen Gewinnung, Formulierung und Absicherung wissenschaftlicher Erkenntnisse bezeichnen wir als *Forschungsmethodik*. Im ersten Abschnitt des Diplomstudiengangs ist *Methodenlehre* seit langem Pflichtfach. An allen Studienorten gehören dazu scheinpflichtige Veranstaltungen zur *Statistik*. Darüber hinaus gibt es unterschiedliche Pflicht- und

---

[10] Brockhaus Enzyklopädie, 1994, Band 24, S. 277

[11] Die Mathematik dagegen ist eine nicht-empirische, formale oder Vernunftwissenschaft, in der Befunde allein durch Nachdenken gewonnen und überprüft werden.

[12] Regenbogen & Meyer (1998), Speck (1980), Valentine (1991, S. 101). Genauere und z.T. abweichende Erläuterungen erfolgen später.

Wahlveranstaltungen, z.B. zu *Versuchsplanung, Skalierung* und *Wissenschaftstheorie.*[13]

Einzelne Forschungsmethoden werden auch in anderen Teilfächern behandelt, z.B. Computersimulation in der Kognitionspsychologie, Lebenslaufanalyse in der Entwicklungspsychologie und Faktorenanalyse in der Persönlichkeitspsychologie.

Seit 1985 sehen Rahmenprüfungs- und -studienordnungen eine weitere Methodenausbildung nach der Vorprüfung im Fach *Evaluation und Forschungsmethodik* vor. Es wird örtlich sehr unterschiedlich ausgestaltet. Zum einen gibt es verschiedenartige Verfahren zur *Evaluation* von Institutionen und Maßnahmen. Zum anderen werden unterschiedliche Forschungsmethoden vom Interview bis zur multivariaten Statistik behandelt.[14]

Zu den Methoden der Psychologie gehören auch diagnostische Methoden (Anamnese, Exploration und Tests), Beratungs- und Interventionsmethoden sowie therapeutischen Methoden. Diese anwendungsorientierten Methoden werden in den Fächern *Diagnostik, Intervention* und *Klinische Psychologie* gelehrt, teilweise auch in der *Pädagogischen Psychologie* und der *Arbeits- und Organisationspsychologie.*

Forschungsmethoden sind für ein wissenschaftliches Studium von hoher Bedeutung. Durch Aneignung der Methoden zur wissenschaftlichen Erkenntnisgewinnung soll es Universitätsabsolventen möglich sein, auch Probleme zu lösen und Aufgaben zu erfüllen, die erst während ihres Berufslebens auftreten und zur Zeit ihres Studium noch unbekannt waren. Die Beschäftigung mit der Forschungsmethodik versetzt sie in die Lage, fachliche Befunde, Auffassungen und Theorien kritisch zu bewerten, sie auf ihre wissenschaftliche Fundierung hin zu prüfen und sich der Vorläufigkeit und Unvollkommenheit aller wissenschaftlicher Erkenntnisse bewusst zu sein.

1.2 Aspekte der Forschungsmethodik

Die Psychologische Forschungsmethodik umfasst fachübergreifende wissenschaftstheoretische Inhalte sowie spezifische Methoden, Methodiken und Methodologien.[15]

- *Methoden* sind konkrete Verfahrensweisen, die in der Forschung angewendet werden, um bestimmte Ziele zu erreichen (Kapitel 1.3 enthält einige Beispiele).
  - ◊ In der Psychologie haben wir bestimmte Methoden zur Durchführung randomisierter Experimente, zur Konstruktion standardisierter Tests, zur varianzanalytischen Auswertung von Daten, zur Interpretation von Interviewantworten usw.

---

[13] Diese Themenbereiche und Veranstaltungen werden explizit in den derzeit gültigen *Empfehlungen der Studienreformkommission Psychologie* aus dem Jahr 1985 genannt.

[14] Moosbrugger, Rost & Schermelleh-Engel (1999)

[15] nach Sprung & Sprung (1987, S. 28), von anderen Autoren teilweise in anderer Bedeutung verwendet (Herrmann, 1984, S. 32-33; Traxel, 1974, S. 19).

- Die Lehre von den allgemeineren Prinzipien einer bestimmten Klasse von Methoden bezeichnen wir als *Methodik.*
  ◊ In der Psychologie haben wir beispielsweise eine Beobachtungsmethodik, eine Befragungsmethodik, eine Testmethodik und eine Experimentalmethodik.

Der zweite Teil des Buches beschäftigt sich ausführlich mit der Experimentalmethodik, andere Methodiken können nicht dargestellt werden.[16]

- *Fachspezifische Methodologien* sind die über die einzelnen Methodenklassen hinausgehenden Prinzipien der fachwissenschaftlichen Erkenntnisgewinnung, d.h. der Aufstellung, Überprüfung und Veränderung psychologischen Theorien und Hypothesen aufgrund empirischer Daten.
  ◊ Kennzeichnend für die psychologische Forschung sind die *hypothetico-deduktiven* und die *signifikanzstatistischen* Methodologien: Psychologische Hypothesen und Theorien werden in der Regel überprüft, indem Vorhersagen aus ihnen abgeleitet und diese mit den Ergebnissen von Signifikanztests verglichen werden.[17]

Die Methodologien der psychologischen Forschung beruhen meist auf fachübergreifenden Methodologien, die in der *Wissenschaftstheorie* analysiert werden.

Die Wissenschaftstheorie ist eine *Metawissenschaft.* Ihr Gegenstandsbereich sind die Prinzipien, Ziele, Wege und Ergebnisse der einzelnen *Real-* oder *Substanzwissenschaften.* Lange Zeit wurde in der Wissenschaftstheorie vor allem die Physik analysiert, seit einigen Jahrzehnten werden aber auch andere empirische Wissenschaften stärker betrachtet, vor allem Biologie, Psychologie und Ökonomie.

Der Gegenstandsbereich der Wissenschaftstheorie umfasst drei Bereiche:

- *Fachübergreifende Methodologien* beschäftigen sich mit allgemeinen Verfahrensweisen zur Gewinnung wissenschaftlicher Erkenntnisse
  ◊ Die Falsifikationsmethodologie von Popper strebt Erkenntnisfortschritt durch strenge Überprüfung und gezielte Verbesserung der Theorien an.
- *Epistemologien* (Erkenntnistheorien) beschäftigen sich mit den Möglichkeiten, Bedingungen und Grenzen der menschlichen Erkenntnis im Allgemeinen und der substanzwissenschaftlichen Erkenntnis im Besonderen.
  ◊ Empiristen sehen in der Sinneserfahrung die Hauptquelle der Erkenntnis, während Rationalisten die entscheidende Rolle des Verstandes betonen (siehe Kapitel 2.1.1).
- *Metatheorien* beschreiben Aufbau und Struktur substanzwissenschaftlicher Theorien, Begriffe und Annahmen.
  ◊ Durch die strukturalistische Theorienkonzeption wird eine psychologische Theorie als Netz von Theorie-Elementen dargestellt (siehe Kapitel 11).

---

[16] Lehr- und Handbücher: Bredenkamp & Feger (1983), Bortz & Döring (1995), Erdfelder, Mausfeld, Meiser & Rudinger (1996), Friedrichs (1985), Kerlinger (1978, 1979), Lewin (1986), Rogge (1995), Roth (1984), Selg, Klapproth & Kamenz (1992), Sprung & Sprung (1987), Traxel (1974)

[17] siehe Kapitel 10.2 und 15

Im ersten Teil dieses Buches werden epistemologische, methodologische und metatheoretische Grundlagen der Psychologie besprochen. Sie werden allerdings von verschiedenen Wissenschaftstheoretikern ganz unterschiedlich beschrieben und analysiert. Einige dieser Divergenzen werde ich darstellen und deutlich machen, dass es auch auf methodische Fragen meist nicht nur eine richtige Antwort gibt.

Ich werde aber auch versuchen, die nach meiner Meinung besten Sichtweisen herauszustellen. Geprägt werden meine Positionen zum einen durch die Methodologie des *Kritischen Rationalismus* von Karl Popper.[18] Zum anderen beruhen sie ganz wesentlich auf der *strukturalistischen Wissenschaftstheorie*. Sie ist unter anderem von John Sneed und Wolfgang Stegmüller in der Tradition der *Analytischen Philosophie* und des Logischen Empirismus entwickelt worden.[19]

Wissenschaftstheoretische Richtungen unterscheiden sich darin, ob sie eher *normativ* oder eher *deskriptiv* vorgehen. Bis zur Mitte des 20. Jahrhunderts überwogen normative Ansätze. Der Kritische Rationalismus etwa enthält eindeutige Forderungen, wie Wissenschaftler ihre Theorien prüfen und verbessern sollen. Den Nutzen deskriptiver Ansätze hat vor allem Thomas Kuhn mit seiner Beschreibung erfolgreicher Paradigmen und Revolutionen demonstriert. In der strukturalistischen Wissenschaftstheorie werden deskriptive und normative Aspekte verbunden, indem man wissenschaftliche Prozesse und Produkte *rekonstruiert,* d.h. sie einheitlicher, systematischer und präziser darstellt.

Die deskriptiven Ansätze der Wissenschaftstheorie sind eng mit anderen metawissenschaftlichen Disziplinen verbunden:

- Die *Wissenschaftsgeschichte* beschreibt Entstehung und Veränderung wichtiger Theorien, Vorgeschichte und Ablauf bahnbrechender Entdeckungen usf.[20]
- In der *Wissenschaftssoziologie* werden gesellschaftliche Einflüsse auf die Wissenschaften und sozialen Prozesse innerhalb der Wissenschaften untersucht.[21]

---

18 In diesem Buch werden wichtige Aspekte des Kritischen Rationalismus insbesondere in den Kapiteln 9.2 und 10.2 dargestellt (vgl. Westermann, 1987c, Abschn. 2.3). Zur weiteren Einarbeitung zu empfehlen sind eine Autobiographie (Popper, 1979) und eine ausgezeichnete Textzusammenstellung (Popper & Miller, 1997).

19 Zur ausführlicheren Darstellung der strukturalistischen Konzeption siehe Kapitel 11.2 bis 11.9 (zusammenfassend: Westermann, 1987c, Abschn. 2.6). Unter die analytische Philosophie ordnet man unterschiedliche Richtungen der Philosophie und Wissenschaftstheorie des 20. Jahrhunderts ein, die auf logischen Analysen der Sprache beruhen. Dazu gehören sowohl die Analyse der normalen Sprache (z.B. von Ludwig Wittgenstein) als auch die Analyse und Verbesserung der Wissenschaftssprachen, die von den *Logischen Empiristen* (z.B. Rudolf Carnap) verfolgt wurde. Zur Einführung: Carnap (1986, 1993), Stegmüller (1969, Kap. IX und X), Westmeyer (1977), Westermann (1987c, Abschn. 2.2) sowie unten Kapitel 4.3.1, 9.1, 11.1.

20 Kuhn (1977a), Lakatos (1974a), Psychologiegeschichte: Benjamin (1992), Brauns & Schmitz (1989), Lück (1996), Madsen (1988), meta-wissenschaftliche Analyse der Motivationspsychologie: Madsen (1974)

- Die *Wissenschaftspsychologie* untersucht beispielsweise die motivationalen und kognitiven Prozesse, die zu wissenschaftlichen Entdeckungen führen.[22]

1.3 Psychologische Forschungsmethoden: Überblick und Beispiele

Gegenstand der Psychologischen Methodenlehre sind, wie wir gesehen haben, nicht alle Methoden der Psychologie, sondern die Methoden der psychologischen Forschung: Wie geht psychologische Forschung vor? Wie kann sie vorgehen? Wie sollte sie vorgehen? Auf diese Fragen können keine einfachen Antworten gegeben werden, denn in der Psychologie findet sich ein breites Spektrum von Forschungsmethoden. Einige besonders wichtige sollen zur Einführung jeweils kurz charakterisiert und mit einem bekannten Lehrbuchbeispiel illustriert werden.

1.3.1 Untersuchungsmethoden

In diesem Kapitel betrachten wir Methoden zur Gestaltung der Untersuchungssituation, im nächsten Methoden zur Erhebung der interessierenden Informationen.

Kontrollierte Laboruntersuchungen

In kontrollierten Laboruntersuchungen untersucht man Phänomene in gezielt gestalteten Situationen. Betrachtet wird dabei der Zusammenhang zwischen mindestens einer *unabhängigen Variablen* (UV) und mindestens einer *abhängigen Variablen* (AV). Im einfachsten Fall wird geprüft, ob eine Veränderung der UV eine Veränderung der AV nach sich zieht. Um die Veränderung der UV als Ursache der Veränderung der AV bezeichnen zu können, muss der mögliche Einfluss anderer Faktoren ausgeschaltet oder konstant gehalten werden.[23] Unberücksichtigt bleiben alle Aspekte der Untersuchungssituation und der Untersuchungseinheiten, die für die gegenwärtig interessierende Fragestellung nicht relevant zu sein scheinen.

◊ Edward Thorndike entwickelte spezielle Problemkäfige, aus denen heraus ein Untersuchungstier mit einer bestimmten Reaktion (z.B. Ziehen an einer Schlaufe) zum Futter gelangen kann. Wird ein Tier mehrfach in die gleiche Situation gebracht, nimmt die Zeit bis zur Ausführung der richtigen Reaktion (dies ist die AV) mit steigender Anzahl der Versuchsdurchgänge oder *trials* (dies ist die UV) tendenziell ab. Werden die Reaktionszeiten mehrerer Tiere gemittelt, ergeben sich über die Versuchsdurchgänge

---

[21] Seiffert & Randnitzky (1989, S. 453-461), Balzer (1997, S. 11-47), Mittelstraß (1996, S. 733-737)

[22] Einführungen und Übersichten: Brandtstädter & Reinert (1973), Hiebsch (1977), Klahr & Simon (1999); zur kognitionspsychologischen Simulation von Entdeckungsprozessen: Langley, Simon, Bradshaw & Zytkow (1987), Reimann (1990); zur wissenschaftlichen Kreativität: Simonton (1989); zur Beurteilung wissenschaftlicher Leistungen: Montada, Krampen & Burkard (1999)

[23] siehe Kapitel 14.2

stetig abfallende Lernkurven.[24] Als möglicher weiterer Einflussfaktor konstant gehalten wird z.B. die Zeit seit der letzten Nahrungsaufnahme, ausgeschlossen wird unter anderem die Ablenkung durch andere Tiere oder Anreize. Alle anderen mutmaßlich irrelevanten Aspekte (z.B. die lautlichen Äußerungen der Tiere) bleiben unberücksichtigt.

Laborexperimente

Wie bei kontrollierten Laboruntersuchungen wird eine künstliche und in allen wesentlichen Aspekten kontrollierbare Situation hergestellt, um die interessierenden Phänomene möglichst isoliert und unbeeinflusst untersuchen zu können. Der wesentliche Unterschied zwischen Laborexperimenten und kontrollierten Laboruntersuchungen besteht darin, dass bei Experimenten mindestens *zwei Untersuchungsbedingungen* verglichen werden, die sich ausschließlich hinsichtlich der interessierenden Einflussfaktoren unterscheiden sollen. Dazu muss eine *Randomisierung* durchgeführt werden: Die Untersuchungspersonen oder -tiere einerseits und die Untersuchungsbedingungen oder -reihenfolgen andererseits müssen einander zufällig zugeordnet werden.[25]

◊ Albert Bandura ließ vier- bis fünfjährige Kinder einen Film anschauen, in dem ein Erwachsener eine Plastikpuppe beschimpft und misshandelt. Die Kinder wurden zufällig einer von drei *Experimentalgruppen* zugeordnet, die sich durch den Abschluss des Films unterschieden: das aggressive Verhalten wurde belohnt, bestraft oder blieb folgenlos (UV). Beim anschließenden Spiel mit der Puppe war die Anzahl der Nachahmungsreaktionen (AV) im Mittel bei den Kindern geringer, die die „stellvertretende Bestrafung" gesehen hatten.[26]

Feldexperimente

Feldexperimente sind Experimente, die unter möglichst natürlichen und alltäglichen Umständen durchgeführt werden. Mitunter können diese so gestaltet werden, dass die Personen gar nicht bemerken, dass sie Teilnehmer an einer Untersuchung sind.

◊ Kurt Lewin und Kollegen setzten in vier Freizeitgruppen für 10-jährige Jungen trainierte Betreuer ein, durch die jede Gruppe in unterschiedlicher Reihenfolge autoritäre, demokratische und *Laissez-faire*-Führung erlebte. Insgesamt zeigten sich bei *Laissez-faire* die schlechtesten, bei demokratischer Führung die besten Arbeitsergebnisse.[27]

Quasi-Experimente

In einem Quasi-Experiment werden zwei oder mehr Gruppen verglichen, die nicht durch eine Zufallszuordnung zustande gekommen sind, bei denen aber versucht wird,

---

[24] Bower & Hilgard (1983, S. 42-45)
[25] siehe dazu ausführlich Kapitel 14.3
[26] Halisch (1990, S. 375-376)
[27] Zimbardo (1992, S. 586)

andere mögliche Einflussfaktoren konstant zu halten: durch eine gezielte Zusammenstellung ähnlicher Gruppen (*Parallelisierung*) oder durch ein statistisches „Herausrechnen" von Gruppenunterschieden (*Auspartialisierung*).[28]

◊ L.L. Heston verglich die Entwicklung von 47 Kindern schizophrener Mütter, die unmittelbar nach der Geburt in Heime kamen, mit 50 anderen Kindern aus den gleichen Heimen, die ihnen hinsichtlich des Geschlechts, der Dauer des Heimaufenthalts und der Art der späteren Adoptivfamilie so ähnlich wie möglich waren. Bei den Kindern der schizophrenen Mütter zeigten sich erheblich höhere Erkrankungshäufigkeiten. Dies wird als Hinweis auf die Bedeutung genetischer Faktoren interpretiert.[29]

Vergleiche vorgegebener Gruppen

Es wird eine unabhängige Variable betrachtet, deren Ausprägungen bei den Personen vorgegeben sind. Die Personen können in die Untersuchungsgruppen klassifiziert, ihnen aber nicht zufällig zugeordnet werden. Eine Parallelisierung nach anderen relevanten Variablen ist meist nicht sinnvoll, weil dann mindestens eine Untersuchungsgruppe systematisch von der entsprechenden Bevölkerungsgruppe abweicht.

◊ Maccoby und Jacklin haben empirische Untersuchungen zusammengefasst, die jeweils Männer und Frauen hinsichtlich der (mittleren) Ausprägung verschiedener Variablen vergleichen. Die deutlichsten Gruppenunterschiede finden sich hinsichtlich der Aggressivität: Männer sind im Mittel eindeutig aggressiver als Frauen. Bei den kognitiven Leistungen sind Frauen bei verbalen Aufgaben im Mittel leicht überlegen, Männer ebenso leicht bei räumlichen und quantitativen Aufgaben.[30]

Korrelationsstudien

In Korrelationsstudien werden die Zusammenhänge zwischen verschiedenen Variablen innerhalb einer Untersuchungsgruppe von Personen festgestellt, ohne dass der Einfluss anderer Variablen konstant gehalten oder ausgeschaltet wird.

◊ Erfasst man die Ausprägung des Leistungsmotivs bei verschiedenen Schülern durch einen geeigneten Fragebogen oder Test, ergibt sich nur eine geringe Korrelation mit ihren mittleren Schulnoten. Teilt man die Schüler gemäß ihrer Motivausprägung in zwei Gruppen ein, bedeutet dies: Überdurchschnittlich leistungsmotivierte Schüler haben keine besseren Schulnoten als unterdurchschnittlich leistungsmotivierte Schüler.[31]

---

[28] Cook & Campbell (1979), Cook, Campbell & Peracchio (1990), zur Auspartialisierung durch Kovarianz- oder Regressionsanalysen: Cohen & Cohen (1983), Tabachnik & Fidell (1996)

[29] Davison & Neale (1996, S. 465-466)

[30] Saks & Krupat (1988, S. 140-141)

[31] Weiner (1988, S. 151). Wie dieses Beispiel veranschaulicht, ist jeder Vergleich vorgegebener Gruppen gleichbedeutend mit einer Korrelationsstudie, auch wenn meist

Evaluationsuntersuchungen

Evaluationen sind wissenschaftliche Untersuchungen zum Erfolg oder zur Effektivität von Institutionen, Maßnahmen, Techniken oder Vorgehensweisen.[32]

◊ Als in den siebziger Jahren in der Bundesrepublik Deutschland zunächst versuchsweise Gesamtschulen anstelle des dreigliedrigen Schulsystems eingeführt wurden, wurden Leistungen und soziales Klima in beiden Schulsystemen systematisch verglichen.[33]

Meta-Analysen

In Meta-Analysen werden die Ergebnisse verschiedener Untersuchungen zusammengefasst, die zu einer bestimmten Fragestellung durchgeführt worden sind.[34]

◊ Um zu untersuchen, ob die damaligen Zweifel an der Effektivität von Psychotherapien berechtigt waren, haben Mary Smith und Gene Glass 1977 die Ergebnisse von 375 wissenschaftlichen Untersuchungen meta-analysiert, die jeweils mindestens eine Gruppe von behandelten Personen mit einer Kontrollgruppe verglichen haben.[35] Insgesamt hatten die psychotherapeutischen Maßnahmen einen positiven und mittelgroßen Effekt. Am größten waren die Effekte von systematischen Desensibilisierungen zur Angstreduktion, am kleinsten die Wirkungen von Gestalttherapien.

Längsschnittstudien

In Längsschnittstudien werden die gleichen Personen mehrmals oder sogar sehr häufig auf annähernd die gleiche Weise befragt, beobachtet oder getestet.[36]

◊ Lewis Terman identifizierte kurz nach dem ersten Weltkrieg in Kalifornien über 1500 hochintelligente Kinder. Er testete und befragte sie in regelmäßigen Abständen über 60 Jahre hinweg, um ihre intellektuelle Entwicklung und ihre Lebensbewältigung zu verfolgen.[37]

1.3.2 Erhebungsmethoden

Nach den Methoden zur Gestaltung der Untersuchungssituation betrachten wir im folgenden einige wichtige Methoden zur Datenerhebung.

---

keine Korrelationen im statistischen Sinne berechnet und getestet werden, sondern Mittelwertsdifferenzen (siehe unten Kapitel 15.4.2).

32 Nachreiner, Müller & Ernst (1987), Chen (1990), Shadish, Cook & Leviton (1991), Wottawa & Thierau (1998), Rossi, Freeman & Lipsey (1999), Hager, Patry & Brezing (2000)

33 Rost (1998, S. 454-459)

34 Fricke & Treinies (1985), Hedges & Olkin (1985), Rosenthal (1991)

35 Smith & Glass (1977)

36 von Eye (1990a, 1990b), Magnusson, Bergman, Rudinger & Torestad (1991)

37 Zimbardo (1995, S. 56)

Beobachtungen

Eine wissenschaftliche Beobachtung muss systematisch und kontrolliert erfolgen: Es ist vorab möglichst genau festzulegen, wer, was, wann und bei wem beobachten soll und wie dabei mögliche Fehler und Störeinflüsse vermieden werden.[38]

◊ L.A. Petitto und P.F. Marentette filmten das Verhalten von fünf etwa einjährigen Kindern. Zwei von ihnen waren hörgeschädigte Kinder, deren hörgeschädigte Eltern die „Gebärdensprache" benutzten. Die Videoaufnahmen wurden nach allen Arten von verbalen und manuellen Aktivitäten kodiert. Dabei zeigte sich, dass die Handbewegungen der hörgeschädigten Kinder überwiegend aus verschiedenen identifizierbaren Gesten bestehen, die als „manuelles Plappern" interpretiert werden können.[39]

Tests und Skalierungen

Bei psychologischen *Tests* lässt man Personen festgelegte Leistungsaufgaben oder persönliche Fragen beantworten, um die *individuellen* Ausprägungen von Fähigkeits- oder Persönlichkeitsmerkmalen festzustellen.[40] Bei einer *Skalierung* oder Beurteilung dienen die Antworten der Personen dazu, die Ausprägung von Merkmalen bei *anderen* Personen oder Objekten zu bestimmen.[41] Die einzelnen *Items* von Fremd- und Selbstbeurteilungen werden meist zu einem *Fragebogen* zusammengefasst.[42]

◊ T.H. Holmes und R.H. Rahe haben eine größere Zahl von Probanden gebeten, für verschiedene mögliche kritische Lebensereignisse (Umzug, Heirat, Scheidung, usw.) jeweils das persönlich empfundene Ausmaß an Belastung (Stress) durch Zuordnung einer Zahl anzugeben. Die gemittelten Antworten (*Skalenwerte)* drücken ein Merkmal kritischer Lebensereignisse aus: das Ausmaß an Belastung, das mit ihnen jeweils verbunden ist. Es kann dann beispielsweise untersucht werden, ob belastendere Ereignisse eher den Ausbruch bestimmter Krankheiten nach sich ziehen.[43]

Werden die Personen gebeten anzugeben, welchen der Belastungen sie ausgesetzt waren, kann durch eine Addition der entsprechenden Skalenwerte für jede Person ein *Testwert* für die individuelle Belastung ermittelt werden.

Befragungen

Bei Befragungen oder *Interviews* können die Auskunft gebenden Personen relativ selbständig über Inhalt, Länge und sprachliche Form ihrer Antwort entscheiden.[44]

---

38 Cranach & Frenz (1969), Feger (1983), Grewe & Wentura (1991)

39 Zimbardo (1992, S. 155-156)

40 Ghiselli, Campbell & Zedeck (1981), Cronbach (1984), Kline (1986), Guthke, Böttcher & Sprung (1990), Steyer & Eid (1993), Lienert & Raatz (1998), Brickenkamp (1997)

41 Torgerson (1960), Sixtl (1982), Roth (1984), Friedrichs (1985), Bortz & Döring (1995)

42 Tränkle (1983), Foddy (1994), Mummendey (1995)

43 Davison & Neale (1996, S. 213-215)

44 Schwarzer (1983), Sudman, Bradburn & Schwarz (1996), Konrad (1999)

◊ F. Herzberg und Kollegen ließen Arbeitnehmer die Faktoren angeben, die für sie bei der Ausübung ihrer täglichen Arbeit wichtig waren. Dabei nannten Zufriedene hauptsächlich Merkmale der Arbeitsleistung, Arbeitsinhalte und Selbstverwirklichung („Motivationsfaktoren“), während unzufriedene Arbeitnehmer hauptsächlich auf schlechte Arbeitsbedingungen verwiesen („Hygienefaktoren“).[45]

Physiologische Messungen

Physiologische Messungen, also z.B. Messungen von Hautwiderstand, Blutdruck, Augenbewegungen oder Gehirnaktivitäten werden in kontrollierten Laboruntersuchungen, mit Hilfe von tragbaren Geräten aber teilweise auch während alltäglicher Lebensabläufe erhoben. Je nach Fragestellung sind sie entweder selbst von Interesse oder dienen als Indikatoren für psychische Prozesse.[46]

◊ M.I. Posner und Mitarbeiter zeigten mit Hilfe einer Positronen-Emissions-Tomographie (PET), dass während der Verarbeitung sprachlicher und bildlicher Informationen unterschiedliche Gehirnregionen stärker durchblutet werden. Dadurch wird die psychologische Theorie der getrennten verbalen und bildlichen Kodierung physiologisch gestützt.[47]

Inhaltsanalysen

Akten- und Inhaltsanalysen extrahieren Informationen aus schriftlichen Quellen. Die Auswertungsmethoden können dabei vom Auszählen formaler Merkmale bis zur Interpretation der Inhalte oder Absichten reichen.[48]

◊ David McClelland untersuchte den Zusammenhang zwischen der Stärke des Leistungsmotivs in verschiedenen Gesellschaften und ihrer ökonomischen Entwicklung. Zur Bestimmung der Ausprägung des Leistungsmotivs in zurückliegenden Perioden (z.B. der griechischen Antike) wertete er zeitgenössische Dokumente (z.B. Lesebücher) mit Hilfe eines Kategorienschemas nach leistungsbezogenen Inhalten aus.[49]

Simulationen

In Simulationsuntersuchungen werden mit Computerprogrammen bestimmte Aspekte des Aufbaus und der Funktion von psychischen Prozessen nachgebildet.[50]

◊ Der Erwerb von Begriffen und die Ableitung von Gesetzmäßigkeiten aus Beispielen werden psychologisch als Verstärkung, Differenzierung und Generalisierung von Wenn-dann-Regeln (*Produktionen*) erklärt. P. Langley und andere Autoren haben Computer-

---

45 Weinert (1987, S. 106-107)
46 Birbaumer & Schmidt (1999)
47 Anderson (1996a, S. 106)
48 Lisch & Kriz (1978), Bos & Tarnai (1989), Groeben & Rustemeyer (1994)
49 Weiner (1988, S. 170)
50 Loftus (1993), Opwis & Spada (1994), zur Simulation komplexerer nicht-linearer oder selbst-organisierender Prozesse: Barton (1994)

programme geschrieben, deren Leistungen mit den Abläufen und Ergebnissen menschlicher Problembearbeitung verglichen werden können.[51]

Kombinationen

Die angesprochenen Forschungsmethoden können in einzelnen Untersuchungen in vielfältiger Weise kombiniert werden:

- Bei jeder der verschiedenen Untersuchungsmethoden (Experiment, Quasi-Experiment usw.) kann im Prinzip jede der verschiedenen Erhebungsmethoden (Beobachtungen, Testungen, physiologische Messungen usw.) eingesetzt werden.
- In einer bestimmten Untersuchung können verschiedene Erhebungsmethoden eingesetzt werden, um verschiedene Merkmale zu erfassen oder um das gleiche Merkmal auf verschiedene Weise zu erfassen.
- In einer Untersuchung kann eine unabhängige Variable experimentell verändert werden, während eine andere unabhängige Variable quasi-experimentell oder klassifikatorisch ist.

◊ In einem motivationspsychologischen Experiment mussten die Personen mit hoher und die Personen mit geringer Prüfungsangst (UV mit vorgegebenen Gruppen) eine ganze Reihe von gleichartigen Intelligenztestaufgaben lösen. Zwischendurch wird ihre Leistung unabhängig von ihrem tatsächlichen Wert bei einem zufällig bestimmten Teil der Personen als „Erfolg“, bei einem anderen Teil als „Misserfolg“ bewertet (experimentelle UV). Bei den Niedrigängstlichen ist die mittlere Lösungszeit (AV) nach der Rückmeldung von Misserfolg geringer als nach Erfolg, bei den hoch Prüfungsängstlichen zeigt sich kein wesentlicher Unterschied.[52]

Die vorangegangenen Beschreibungen können nur einen ersten Eindruck von wichtigen psychologischen Forschungsmethoden verschaffen. In den folgenden Kapiteln wenden wir uns den wissenschaftstheoretischen Grundlagen der mit diesen Methoden arbeitenden psychologischen Forschung zu.

---

[51] Lüer & Spada (1990, S. 242-250)

[52] Heckhausen (1989, S. 224)

2 Möglichkeiten und Grenzen der Erkenntnis

2.1 Grundfragen der Erkenntnistheorie

Die *Erkenntnistheorie* (*Epistemologie*) ist ein altes Teilgebiet der Philosophie. Seit der griechischen Antike beschäftigt sie sich mit Möglichkeiten, Bedingungen und Grenzen der Erkenntnis und des Wissens.[53] Die Fragen „Wie ist Erkenntnis möglich" und „Was können wir wissen?" umreißen ihren Gegenstandsbereich.[54] Im 20. Jahrhundert hat sich aus ihr die Wissenschaftstheorie entwickelt.

2.1.1 Grundlegende erkenntnistheoretische Positionen

Zur ersten Orientierung kann man vier grundsätzliche erkenntnistheoretische Positionen unterscheiden, die sich jeweils paarweise gegenüberstehen. *Realismus* versus *Idealismus* und *Rationalismus* versus *Empirismus*.

Realismus und Idealismus

- Realistische Erkenntnistheorien nehmen an, dass es eine von uns unabhängige Außenwelt gibt, die wir durch Wahrnehmung oder Denken erkennen können.[55]

---

[53] Die folgenden Darstellungen zur Erkenntnistheorie beruhen auf Kunzmann, Burkard & Wiedmann (1991), Mittelstraß (1995a, 1995b, 1995c, 1996), Regenbogen & Meyer (1998), Schischkoff (1974), Seiffert & Radnitzky (1989) und Speck (1980). Eine sehr gute Einführung gibt Vollmer (1988).

[54] Im Unterschied zum Glauben und zur Meinung wird in der Philosophie von Erkenntnis oder Wissen nur dann gesprochen, wenn die Wahrheit des Erkenntnisinhalts relativ sicher ist und wenn diese Wahrheit begründet oder demonstriert werden kann. In der Psychologie fallen dagegen auch Vermutungen oder unsichere Meinungen unter den Begriff des Wissens (Strube et al., 1996, S. 799-815).

[55] In der mittelalterlichen Scholastik wurde als *Realismus* die Lehre von der Wirklichkeit der allgemeinen Ideen bezeichnet. Die Gegenrichtung, der *Nominalismus*, nahm an, dass allgemeine Begriffe nicht wirklich vorhanden sind, sondern nur bloße Namen sind, die nur in unserem Intellekt existieren (Störig, 1999, S. 267-268).

- Strenge Realisten gehen davon aus, dass in der Erkenntnis die Eigenschaften und Beziehungen der Dinge vollständig erfasst werden: Die Welt ist im Wesentlichen so, wie sie uns erscheint.[56]
- Viele Philosophen und Naturwissenschaftler der Gegenwart vertreten einen mehr oder minder *kritischen Realismus*: Unsere Wahrnehmungen und wissenschaftlichen Erkenntnisse können sich der subjektunabhängigen Außenwelt zwar annähern, entsprechen ihr aber nicht unbedingt vollständig.[57]

• Für idealistische Erkenntnistheorien gibt es nur eine geistige Wirklichkeit und die uns bekannten Dinge sind nichts anderes als Gebilde von Vorstellungen.
  - Einige radikale Idealisten leugnen die Existenz einer von uns unabhängigen Außenwelt vollständig.
  - Kritische Idealisten bestreiten nur, dass wir die Außenwelt erkennen können.[58]

Rationalismus und Empirismus

• Für Empiristen ist die Sinneserfahrung die alleinige oder zumindest die wichtigste Quelle der Erkenntnis. Der Verstand kann diese ordnen und verallgemeinern.[59]
• Für Rationalisten ist Form und Inhalt des Wissens primär im Verstand und in der Vernunft begründet, d.h. wir können die Wirklichkeit durch Denken erkennen.[60]

Erkenntnistheoretische Funktion von Theorien

Wissenschaftliche Erkenntnisse werden vorzugsweise in Hypothesen, Modellen oder Theorien zusammengefasst. Eine Theorie besteht, allgemein und vorläufig ausgedrückt, aus *Verknüpfungen* zwischen *Variablen* (Ereignissen, Zuständen oder

---

56 Realistische Abbild- oder Widerspiegelungstheorien wurden von Demokrit und Epikur sowie einigen Logischen Empiristen, Marxisten und Evolutionären Erkenntnistheoretikern vertreten. Letztere erklären die Übereinstimmung zwischen Abbild und Wirklichkeit durch die Anpassung der Erkenntnisstrukturen an die Umwelt (Riedl & Bonet, 1987; Riedl & Wuketis, 1987; Vollmer, 1988).

57 Ein Hauptvertreter des kritischen Realismus ist Nicolai Hartmann. Kritische realistische Positionen vertreten auch Albert (1980a), Boyd (1983), Gadenne (1984) und Laudan (1981). Eine Form des kritischen Realismus ist die *Isomorphietheorie*, die einige analytische und marxistische Philosophen vertreten: Erkenntnis besteht nicht in vollständigen Abbildern, sondern in aktiv generierten Modellen, die strukturgleich (isomorph) mit der Realität sind (zur Isomorphie siehe unten Kapitel 6.7).

58 Idealistische Positionen wurden von den Philosophen Hume, Leibniz, Fichte, Hegel und Schopenhauer vertreten. George Berkeley ist ein radikaler Idealist.

59 Klassische Empiristen sind die britischen Philosophen Bacon, Locke, Hume und Mill. Neo-Empiristen sind die Mitglieder des *Wiener Kreises* mit Carnap, Schlick, Neurath und Reichenbach. Man beachte: Personen, die ihre Hypothesen und Theorien an Erfahrungsdaten überprüfen, werden als *Empiriker* bezeichnet (siehe oben Seite 18). Sie müssen aber keineswegs *Empiristen*, sondern können auch Rationalisten sein.

60 Bekannte Rationalisten sind Platon, Descartes, Spinoza, Leibniz, Kant und Wolff.

Merkmalen), die zum Teil unbeobachtbare *Konstrukte* sind.[61] Unerlässlich sind Theorien

1. zur einheitlichen *Beschreibung* verschiedener Ereignisse und Beziehungen und
2. zur *Erklärung* dieser beobachtbaren Phänomene durch wenige unbeobachtbare Konstrukte und gesetzmäßige Zusammenhänge.

Außerdem dienen Theorien

- zur *Anregung von Forschung* in neuen Phänomenbereichen,
- zur *Vorhersage* von Ereignissen und
- zur *Anleitung zum erfolgversprechenden praktischen Handeln.*

Die Beziehung zwischen Theorien und Beobachtungen wird je nach erkenntnistheoretischer Grundposition unterschiedlich gesehen:

- Aus empiristischer Sicht sollte die Wissenschaft *induktiv* von den Beobachtungen zu den Theorien schreiten: Zunächst müssen die interessierenden Phänomene genau beobachtet und gemessen werden. Erst danach kann versucht werden, die Resultate in Theorien zusammenzufassen.
- Aus rationalistischer Sicht sollten Theorien *deduktiv* überprüft werden: Da es keine Erfahrungen gibt, die frei von theoretischen Annahmen sind, müssen die Theorien den Untersuchungen immer vorangehen, sie anregen und ausrichten. Insbesondere sind aus den Theorien Vorhersagen abzuleiten und an den Untersuchungsergebnissen zu überprüfen.

Etliche empiristisch ausgerichtete Psychologen sehen in der Sammlung von Beobachtungen und der Entwicklung von beschreibenden Theorien die Hauptaufgabe der Wissenschaft. Rationalisten streben dagegen erklärende Theorien an, die in nachfolgenden Experimenten überprüft werden.[62]

Ebenfalls unterschiedlich gesehen wird die Beziehung zwischen wissenschaftlichen Theorien und außerwissenschaftlicher Realität:

- Für Realisten ist eine wissenschaftliche Theorie zumindest ein Versuch, einen Aspekt der Wirklichkeit abzubilden. Die Begriffe sollen sich auf real existierende Sachverhalte beziehen und die Gesetze sollen tatsächlich bestehende Zusammenhänge beschreiben.
- Für Idealisten muss eine Theorie nicht unbedingt etwas tatsächlich Existierendes beschreiben, sie ist vielmehr Instrument zur Ableitung von Vorhersagen und (praktischen) Handlungsempfehlungen. Eine nicht-realistische Theorienauffassung wird deshalb häufig auch als *Instrumentalismus* bezeichnet.

---

[61] Genauere Kennzeichnungen erfolgen vor allem im Kapitel 11.

[62] MacKay (1993) sowie ausführlicher Kapitel 9.

Weitere erkenntnistheoretische Richtungen

Etliche erkenntnistheoretische Positionen heben hervor, dass wissenschaftliche Ergebnisse nicht nur von Sinneserfahrung und Verstandeslogik abhängen, sondern auch von verschiedenen individuellen und sozialen Faktoren:

- *Pragmatiker* messen den Wert wissenschaftlicher Befunde und Theorien vor allem an ihrem Nutzen für die praktische Lebensführung, d.h. für die Vorhersage von Ereignissen und die Steuerung des Verhaltens. Außerdem betonen sie die Abhängigkeit der wissenschaftlichen Kriterien und Erkenntnisse von der jeweiligen Situation und den beabsichtigten Verwendungen.[63]
- *Konstruktivisten* betonen die Abhängigkeit wissenschaftlicher Erkenntnisse von den aktiven Verarbeitungsprozessen der beteiligten Wissenschaftler, das heißt von ihren individuellen Erfahrungen, Begrifflichkeiten und Motiven.
- *Konventionalisten* betonen die Rolle von offenen Festlegungen und stillschweigenden Übereinkünften der beteiligten Wissenschaftler.[64]
- *Skeptiker* leugnen entweder generell die Möglichkeit einer sicheren Erkenntnis oder sie bezweifeln zumindest, dass wir über die direkt wahrnehmbaren Sachverhalte hinaus sichere Erkenntnisse über die Welt gewinnen können.

Kombinierte erkenntnistheoretische Positionen

Viele der in der Philosophie tatsächlich vertretenen erkenntnistheoretischen Auffassungen sind Abschwächungen und Zwischenformen der genannten Extremformen. Betrachten wir beispielsweise Karl Popper, einen der bedeutendsten Wissenschaftsphilosophen des 20. Jahrhunderts.[65]

- Popper ist Rationalist: Für ihn sind nicht die Beobachtungsdaten, sondern die Theorien das Primäre in der Wissenschaft. Der Kern seines *Kritischen Rationalismus* besteht darin, dass Theorien nicht als wahr erwiesen (*verifiziert*) werden können. Sie müssen aber streng an der Erfahrung überprüft werden, um als bewährt gelten zu können. Bestehen sie diese Prüfungen nicht, müssen sie verworfen (*falsifiziert*) und durch bessere ersetzt werden.[66]
- Popper ist Realist: Wissenschaftliche Theorien sollen für ihn die Außenwelt richtig beschreiben. In zweifacher Hinsicht ist er *Kritischer Realist*. Erstens sind wir nach Popper nicht aufgrund unserer Wahrnehmung, sondern aufgrund unseres

---

63 Entwickelt wurde der Pragmatismus Anfang des 20. Jahrhunderts, unter anderem durch den Psychologen William James (1994, Nachdruck). In der neueren Philosophie vertreten Putnam (1997), Rorty (1996), Lenk (1975) und Stachowiak (1983a, 1995) pragmatische Positionen. Zum Verhältnis zwischen Pragmatismus und kritischem Realismus siehe Gadenne (1998a).

64 zu verschiedenen Formen des Konventionalismus siehe Mittelstraß (1995b, S. 462-465)

65 Popper (1985, 1994)

66 siehe dazu die späteren Kapitel 9.2 und 10.2 sowie zusammenfassend Westermann (1987c, Abschn. 2.3)

Verstandes in der Lage, die Außenwelt zu erkennen. Zweitens können wir nie sicher sein, die Außenwelt richtig beschrieben zu haben. Vielmehr können wir nur versuchen, immer näher an die Wahrheit heranzukommen, indem wir unsere Theorien streng überprüfen und bereitwillig modifizieren.

- Popper ist (gemäßigter) Skeptiker: Nicht nur Theorien und Hypothesen, sondern alle Beobachtungsaussagen sind seiner Meinung nach unsicher (*fallibel*).
- Popper ist Pragmatiker: Er lässt die in den Naturwissenschaften verbreiteten probabilistischen Theorien zu, obwohl sie streng genommen nicht falsifizierbar sind.
- Popper ist Konventionalist: Er betont, dass Beobachtungsaussagen und Theorien nur durch Entscheidungen und Einigungen der Wissenschaftler akzeptiert oder verworfen werden können.

Wir werden noch verschiedene Argumente für Poppers Position kennen lernen, dass nicht nur alltägliche, sondern auch wissenschaftliche Erkenntnisse nie absolut sicher sind.[67] Dennoch sind sie allen anderen möglichen Erkenntnisformen deutlich überlegen: Wissenschaftliche Erkenntnisse sind insgesamt präziser formuliert, systematischer überprüft und objektiver abgesichert als alltägliche Erfahrungen, religiöse Glaubenssätze, meditative Erlebnisse, künstlerische Ausdrucksformen, astrologische Behauptungen usf.

2.1.2 Erkenntnistheoretische Auffassungen in der Psychologie

Nur wenige der in der psychologischen Forschung tätigen Wissenschaftler nehmen explizit zu erkenntnistheoretischen Problemen Stellung.[68] Es gibt aber dennoch deutlich verschiedene erkenntnistheoretische Positionen in der Psychologie, die systematisch mit bedeutenden psychologischen Denk- und Forschungsrichtungen verbunden sind: der behavioristischen, der kognitivistischen und der physiologischen.[69]

Empiristische Positionen

Empiristen sind die Behavioristen wie Watson, Hull und Skinner.[70] Die behavioristische Lern- und Motivationspsychologie beruht auf den Ergebnissen einer großen Anzahl von kontrollierten Laboruntersuchungen, in denen empirische

---

[67] Auch die Mathematik liefert keine sicher wahren Erkenntnisse über die Welt, sondern nur Wahrheiten in einem System mit bestimmten Grundannahmen (siehe unten Kapitel 3.4.3).

[68] z.B. Bischof (1974, 1981), Metzger (1975), Groeben (1986)

[69] Betrachtet man die Themen psychologischer Fachzeitschriften und Dissertationen, hat der Behaviorismus in den letzten Jahrzehnten sehr stark an Einfluss verloren, während kognitivistische Ansätze dominierend geworden sind (Robins, Gosling & Craik, 1999). Bedeutender ist auch die neurobiologisch orientierte Psychologie gewonnen. Die Psychoanalyse wird hingegen nach wie vor nur wenig beachtet.

[70] Bower & Hilgard (1983, insbesondere S. 17-27)

Beziehungen zwischen Reizen und Reaktionen oder zwischen Verhaltensweisen und ihren Konsequenzen unter verschiedenen Bedingungen systematisch analysiert wurden. Falls Theorien formuliert werden, sind sie stets eng an das Beobachtbare angebunden.

Auch Vertreter der neurobiologischen und physiologischen Psychologie sind, entsprechend dem in weiten Teilen der Biologie üblichen Vorgehen, empiristisch orientiert.[71] Hauptziel scheint die Sammlung von vermeintlich sicherem Wissen über konkrete biologische Strukturen und Prozesse zu sein, die mit psychischen Zuständen und Abläufen zusammenhängen und sie erklären sollen. Abstrakte Konzepte und integrierende Theorien spielen eine wesentlich geringere Rolle.

Rationalistische Positionen

Andere Bereiche der Psychologie, vor allem die Handlungspsychologie, die Kognitionspsychologie und die Persönlichkeitspsychologie, beruhen stark auf abstrakten Modellvorstellungen, hypothetischen Konstrukten und theoretischen Annahmen, die zum Teil nicht direkt empirisch überprüft werden können.[72] Diese Wissenschaftsbereiche sind damit *rationalistisch* ausgerichtet und eher am Vorbild der Physik als der Biologie orientiert.

Gegenüber den empiristischen haben die rationalistischen Positionen entscheidende Vorteile. Sie fördern die Entwicklung erklärender und integrierender Theorien und die Durchführung strenger empirischer Prüfexperimente. Die Ausrichtung wissenschaftlicher Untersuchungen auf Theorien und Hypothesen verhindert, dass Beobachtungs- und Experimentalergebnisse gesammelt werden, die schnell unüberschaubar und uninterpretierbar werden und aus denen deshalb nie allgemeinere Erkenntnisse abgeleitet werden können.[73]

Idealistische Positionen

Idealistische Auffassungen von der Rolle psychologischer Konzepte und Theorien werden von mehreren bekannten Psychologen vertreten. Theo Herrmann sieht kognitive Theorien als *nützliche Fiktionen* an.[74] Diesem Instrumentalismus schließt sich Heinz Heckhausen in seinem Lehrbuch der Motivationspsychologie an: „In 'Wirklichkeit' gibt es überhaupt keine Motive ... Sie sind nur etwas Ausgedachtes, eine gedankliche Hilfskonstruktion, eine Verständigungshilfe ..."[75]

Dies bedeutet aber nicht unbedingt, dass alle Objekte, die wir sinnlich wahrnehmen und sprachlich bezeichnen, in Wirklichkeit nicht existieren und nur

---

71 z.B. Birbaumer & Schmidt (1999)

72 siehe unten Kapitel 11.9.2

73 siehe unten Kapitel 9 bis 11

74 Herrmann (1983)

75 Das Zitat stammt aus der ersten Auflage (Heckhausen, 1980, S. 28), in der zweiten Auflage wird diese Position weniger prägnant formuliert (Heckhausen, 1989, S. 9-10).

Produkte unserer Geistestätigkeit sind. Eine derartige streng idealistische Position widerspricht nicht nur dem Alltagsverständnis der meisten Menschen. Sie kann auch nur schwer die hohe Übereinstimmung erklären, mit der verschiedene Personen diese angeblich nicht existente Außenwelt beschreiben. Die idealistische Auffassung hat aber einen bedenkenswerten Kern: Wahrnehmung ist keine naturgetreue Abbildung, sondern in vielfacher Hinsicht von Erfahrungen, Einstellungen und Motiven abhängig.[76] Scheinbar objektive Phänomene erweisen sich bei näherer Prüfung als subjektive oder soziale Konstruktionen.

Konstruktivistische Positionen

Eine idealistische und instrumentalistische Auffassung vertreten auch die *Konstruktivisten.* Sie betonen, dass jeder Mensch seine Umwelt dadurch erkennt, dass er sich individuelle Bilder oder Modelle von ihr schafft und sie in seine Strukturen einpasst. Auch wissenschaftliche Begriffe, Modelle und Theorien sind ihrer Auffassung nach individuelle oder gemeinschaftliche Schöpfungen.[77]

◊ Aggression ist aus konstruktivistischer Sicht keine materielle Substanz, die beobachtbar und beschreibbar ist, sondern ein „Interpretationskonstrukt“: Personen interpretieren in ihrem sozialen und sprachlichen Kontext bestimmte Geschehnisse als Aggression.[78]

Sehr bekannt ist in der Psychologie die konstruktivistische Sichtweise von Klaus Holzkamp. Er betonte die aktive, herstellende Rolle der Wissenschaftler während des Forschungsprozesses. Sie registrieren nicht einfach das Vorhandene. Sie schaffen vielmehr durch ihre Beobachtungs-, Mess- und Experimentalmethoden planmäßig und bewusst Situationen und Bedingungskonstellationen, um zu demonstrieren, dass ihre Theorien und Hypothesen in diesen Realitätsausschnitten Geltung besitzen. Ziel ist es dabei nicht, die Theorien und Hypothesen zu falsifizieren. Bewährt eine Theorie sich nicht, wird sie nach Holzkamps Analyse „exhauriert“, d.h. die Nichtbewährung wird auf störende Bedingungen zurückgeführt.[79]

---

[76] Beispiele geben Lehrbücher der Wahrnehmungs-, Kognitions- und Sozialpsychologie (z.B. Anderson, 1996a; Kebeck, 1994; Stroebe, Hewstone & Stephenson, 1996).

[77] konstruktivistische Philosophie: Knorr Cetina (1988), Watzlawik (1981), Mittelstraß (1995b, S. 445-453), Stachowiak (1983b); Kritik: Hacking (1999); Konstruktivismus in der Psychologie: Toebę, Harnatt, Schwemmer & Werbik (1977), Kruse & Stadler (1987), Danziger (1990), Westmeyer (1995), Strube et al. (1996, S. 329-331), Hartmann (1998), Gergen (1986b, 1999).

[78] Bornewasser (1991, S. 154-155), Lenk (1978), Lenk & Marsal (1995)

[79] Holzkamp (1964, 1968). Nach 1968 hat Holzkamp seinem Konstruktivismus eine „kritisch-emanzipatorische Wendung“ gegeben und ihn zu einer dialektisch-materialistischen „Kritischen Psychologie“ gemacht (Holzkamp, 1972, 1983). Zur Kritik: Brocke, Röhl & Westmeyer (1973), Gadenne (1978, 1984).

Realistische Positionen

Trotz etlicher prominenter Instrumentalisten sind die meisten Wissenschaftler eher Realisten.[80] Dies hat zwei unterschiedliche Gründe.

- Der Realismus ist die naheliegende Position für alle Personen, die sich mit möglichen erkenntnistheoretischen Alternativen nicht auseinandergesetzt haben. Kann die Wissenschaft, so denken sie, ein anderes Ziel haben, als herauszufinden, was tatsächlich ist? Was sollen psychologische Begriffe und Theorien anderes sein als Beschreibungen von tatsächlich existierenden Eigenschaften und Abläufen?
- Eine realistische Erkenntnistheorie ist von besonderer Attraktivität, weil sie Ziele und Erfolge der Wissenschaft einfach erklären kann: Wissenschaftliche Theorien sollen so weit wie möglich wahre Abbilder tatsächlicher (wenn auch unbeobachtbarer) Gegebenheiten sein und wissenschaftlicher Fortschritt besteht in einer immer stärkeren Annäherung an diese realen Sachverhalte.[81]

Lokaler Realismus

Die Entscheidung zwischen einer realistischen oder einer instrumentalistischen Interpretation muss nicht generell für alle Begriffe und Theorien getroffen werden. Man kann vielmehr auch einige Begriffe realistisch interpretieren, andere hingegen nicht.

◊ Einerseits kann man annehmen, dass mit kognitionspsychologischen Begriffen (z.B. Arbeitsgedächtnis) im Idealfall (d.h. wenn die entsprechende Theorie wahr ist) reale Entitäten oder Funktionen innerhalb der Personen bezeichnet werden, und zwar ähnlich wie in der Physiologie mit dem Begriff „Kreislauf" eine reale Funktionseinheit unseres Körpers bezeichnet wird. Gleichzeitig kann man die Auffassung vertreten, dass bestimmte Persönlichkeitsmerkmale wie das „Anschlussmotiv" Konstrukte sind und nur die inter-individuell unterschiedlichen *Dispositionen* (Neigungen, Wahrscheinlichkeiten) für bestimmte Arten von Verhaltensweisen beschreiben (z. B. die Tendenz, die Gemeinschaft mit anderen zu suchen).

Mit konkreten realistischen Annahmen sollte man stets zurückhaltend sein, wenn sich aus ihnen bedeutsame Konsequenzen ergeben. Wir können zwar mit den Realisten annehmen, dass wahre Theorien die Realität zutreffend beschreiben. Da wir aber nie wissen, wie weit eine bestimmte Theorie noch von der Wahrheit entfernt ist, wissen wir auch nie, ob ihr und ihren Begriffen tatsächlich etwas Reales entspricht. Wenn wir in der Psychologie beispielsweise die Funktion des „Arbeitsgedächtnisses" erforschen, die Vererbbarkeit der „Intelligenz" untersuchen oder uns fragen, ob eine

---

80 Bischof (1974), Gadenne (1984), Greenwood (1994), Harré (1986), Manicas & Rosenberg (1988), Manicas & Secord (1983), Nash (1999)

81 Gadenne (1984, S. 164-180; 1994b, S. 313-318)

Person „neurotisch" ist, müssen wir uns bewusst sein, dass wir *zunächst* nur über „nützliche Fiktionen" reden, nicht unbedingt über real Existierendes.

Außerdem sind realistische Annahmen in der Psychologie noch mit einer besonderen Schwierigkeit behaftet. Selbst wenn wir alle zu Recht davon ausgehen, dass materielle Objekte wie Stühle und Bäume, Köpfe und Gehirne real existieren, ist es doch offen, inwieweit es geistige Zustände und Prozesse wie Gedanken, Gefühle und Überlegungen tatsächlich geben kann und in welcher Beziehung sie zu den materiellen Objekten und Zuständen stehen. Diese Frage der Beziehung zwischen Körper und Geist wird ausführlicher im folgenden Kapitel 2.2 behandelt.

2.2 Die Beziehung zwischen Körperlichem und Geistigem

Wenn man über Möglichkeiten und Grenzen wissenschaftlicher Erkenntnis in der Psychologie nachdenkt, stößt man unweigerlich auf das *Leib-Seele-Problem*: In welcher Beziehung stehen das Geistige und das Körperliche? Die lange und intensive Diskussion dieses Problems hat eine eigene Teildisziplin hervorgebracht: die Philosophie des Geistes (*philosophy of mind*), zu der neben Philosophen auch Psychologen, Informatiker und Neurobiologen beitragen.[82]

Anstelle der traditionellen Bezeichnungen Leib und Seele spricht man heute meist von Geist und Gehirn (*mind* and *brain*) bzw. von materiellen, körperlichen, objektiven, neuronalen, physiologischen oder *physischen Zuständen* einerseits und geistigen, psychischen, subjektiven oder *mentalen Zuständen* andererseits.[83]

Wir nehmen in der Regel an, dass mentale Zustände und ihre Inhalte real vorhanden sind, auch wenn sie jeweils nur der betreffenden Person zugänglich sind.[84] Doch gibt es neben den materiellen Dingen überhaupt geistige Dinge? Und wenn ja: Können diese mentalen Zustände vollständig durch körperliche Zustände erklärt werden? Gibt es geistige Zustände nicht nur bei menschlichen Körpern, sondern auch

---

[82] Die folgenden Darstellungen beruhen vor allem auf Bechtel (1988a), Beckermann (1996a, 1997b), Carrier & Mittelstraß (1989), Churchland (1988), Fodor (1981), Gadenne (1996, S. 123-135), Gadenne & Oswald (1991, S. 38-57), Hofstätter (1957, S. 185-190) und Valentine (1991, S. 20-33). Empfehlenswert sind auch die Monographien von Hastedt (1989), Kim (1998b) und Beckermann (1999) sowie die Sammelbände von Beakley & Ludlow (1992), Bieri (1997) und Lycan (1990).

[83] Obwohl der Begriff der Seele direkt dem griechischen Wort *psyche* entspricht, wird er seit längerem in der wissenschaftlichen Psychologie nicht mehr verwendet, wahrscheinlich weil er zu sehr mit religiösen Vorstellungen verknüpft ist (siehe unten Seite 42). Ansonsten gibt es zwischen den unterschiedlichen Bezeichnungen für körperliche und geistige Zustände jeweils keine klaren Bedeutungsunterschiede, so dass wir sie austauschbar verwenden können. Außerdem bezeichnet der Begriff des Zustands hier alle Arten von Phänomenen, Prozessen und Ereignissen.

[84] zu Zuverlässigkeit introspektive Auskünfte: Nisbett & Wilson (1977), White (1988), Valentine (1991, Kap. 5), Gopnik (1993)

bei Computern? Wenn nein: warum nicht? Wie kann ein materieller Körper etwas Geistiges hervorbringen? Kann der Geist den Körper beeinflussen und, wenn ja, wie?

In der psychologischen und medizinischen Praxis stößt man auf das Problem der Beziehung zwischen Körper und Geist vor allem bei den Erkrankungen, die als *psycho-somatisch* bezeichnet werden, das heißt bei denen psychische Bedingungen als wesentliche Ursachen angenommen werden.[85]

In der wissenschaftlichen Forschung beschäftigt man sich gegenwärtig mit der Beziehung zwischen Geist und Gehirn vor allem dann, wenn in den Kognitions- und Neurowissenschaften Fragen des *Bewusstseins* untersucht werden:[86] Wie entsteht unser Erleben aus den materiellen Strukturen und Prozessen des Zentralen Nervensystems? Ist bewusstes Erleben die Wahrnehmung von etwas real Existierendem oder folgen wir nur sprachlichen Gewohnheiten? Haben Schimpansen, haben Hunde ein Bewusstsein? Kann ein perfektes Computersystem bewusste Empfindungen haben?

Um keine falschen Hoffnungen zu wecken: Auf keine dieser Fragen gibt es eine eindeutig richtige Antwort. Wir werden im Folgenden nur einen Eindruck bekommen können, welche Sichtweisen zur Beziehung zwischen Körper und Geist möglich sind.

Grundpositionen

Die Positionen zum Leib-Seele-Problem haben ihre Wurzeln in der griechischen Philosophie des vierten vorchristlichen Jahrhunderts.

- Nach Platon können Leib und Seele unabhängig voneinander bestehen, der Leib ist lediglich ein Gefängnis für die Seele.
- Nach Aristoteles hingegen ist jeder Organismus eine Einheit, die aus Materie und Form, d.h. aus Leib und Seele besteht.

Dementsprechend kann man die Positionen zum Verhältnis zwischen Körper und Geist in zwei Gruppen einteilen: dualistische und monistische.

- Dualisten nehmen an, dass geistige Zustände nicht nur ganz anders *erscheinen* als materielle Zustände, sondern sich auch von ihnen *unterscheiden.*
- Monisten nehmen an, dass Geist und Materie *identisch* sind, dass man den Geist auf die Materie *reduzieren* und ihn damit, wie man sagt, *naturalisieren* kann.

In den Kapiteln 2.2.2 und 2.2.3 werden dualistische und monistische Positionen besprochen. In verschiedenen neueren Positionen sind dualistische und monistische

---

85 z.B. Ulcus duodeni, essentielle Hypertonie, Colitis (Fahrenberg, 1989)

86 siehe die sehr guten und verständlichen Einführungen von Churchland (1988) und Gadenne (1996), die ausgezeichnete Zusammenstellung von Metzinger (1995), die naturwissenschaftliche Fundierung von Scott (1995) sowie Allen (1997), Baars (1993), Beckermann (1997b), Crick (1994), Dennett (1991), Esken & Heckmann (1999), Flanagan (1992), Franke (1996), Ito (1997), Lahav (1993), Mandler (1997), Mohr (1997), Pekala (1991), Searle (1992), Singer (1994), Tye (1995, 1999), Valentine (1991, Kap. 4) und Windmann & Durstewitz (2000)

Anteile kombiniert (Kapitel 2.2.4). Im folgenden Kapitel 2.2.1 wird erläutert, was unter dem Begriff des mentalen Zustands verstanden werden kann.

2.2.1 Physische und mentale Zustände

Die Unterscheidung zwischen Materiellem und Geistigem scheint auf den ersten Blick relativ unproblematisch zu sein.

Die Gegenstände unserer Umwelt sind für uns materiell. Sie haben abgrenzbare, quantitative Eigenschaften (Länge in Meter, Wassergehalt in Prozent usw.), ihre Ausprägungen werden mit großer Übereinstimmung gemessen und zwischen ihnen bestehen naturgesetzliche Zusammenhänge. Materiell ist natürlich auch unser Körper, d.h. auch Nervensystem, Gehirn, Neurone, Synapsen, Transmitter usw.

Unsere geistigen Zustände hingegen scheinen für uns nicht an Materie gebunden zu sein, sie scheinen nicht nach festen Gesetzen abzulaufen und sie sind individuell und privat. Dies gilt insbesondere für die *Qualia*: Bewusste Empfindungen mit einem uns selbst unmittelbar zugänglichen phänomenalen Gehalt, die nicht weiter zerlegbar und schwer kommunizierbar erscheinen.[87]

◊ Der Schmerz bei der Zahnbehandlung, der Geruch des frischen Kuchens, die Euphorie nach dem bestandenen Examen, das strahlende Gelb des blühenden Rapsfelds und die Halluzinationen des Schizophrenen sind spezielle unmittelbare Erlebnisqualitäten.

Zu den mentalen Zuständen gehören außerdem alle anderen möglichen Inhalte des Bewusstseins einer Person: ihre Kenntnisse, Meinungen, Befürchtungen, Absichten, Wünsche usw.[88] Sie werden in der Philosophie als *propositionale Einstellungen* beschrieben. Das sind Aussagen der Person über sich oder die Außenwelt, zu der sie in bestimmter Weise Stellung bezieht.[89]

◊ „Ich habe Kopfschmerzen" und „New York ist die Hauptstadt der USA" sind Aussagen (auch wenn sie falsch sind). „Ich habe Angst, dass ich wütend werde" und „Ich vermute, dass New York die Hauptstadt der USA ist" sind propositionale Einstellungen.

Durchaus sinnvoll kann es sein, zu den mentalen Zuständen einer Person auch *unbewusste* Prozesse und Ereignisse zu rechnen. Damit sind nicht so sehr die von der Psychoanalyse postulierten verdrängten Triebe und Konflikte gemeint, sondern vor

---

87 Strawson (1994), Tye (1995), Regenbogen & Meyer (1998, S. 537-538), Strube et al. (1996, S. 555), Windmann & Durstewitz (2000)

88 Der Begriff des Bewusstseins wird hier in einem weiten Sinn verwendet und umfasst alle mentalen Zustände, die die Person selbst registrieren kann. Alle anderen mentalen Ereignisse und Prozesse sind „unbewusst". Das Bewusstsein im engeren Sinn besteht nur aus den mentalen Zuständen, auf die tatsächlich Aufmerksamkeit gerichtet ist.

89 Zu den propositionalen Einstellungen gehören auch die Einstellungen (*attitudes*) im engeren Sinn, die positive oder negative Bewertungen von (sozialen) Objekten sind (Fishbein & Ajzen, 1975).

allem die nicht bewusst zugänglichen kognitiven Verarbeitungsmechanismen, die wir annehmen müssen, um Wahrnehmen, Lernen, Denken und Sprechen zu erklären.

◊ Viele geistige Abläufe im Alltag sind hochautomatisiert: beispielsweise das Wiedererkennen einer Person, das genaue Abschätzen einer Entfernung, das flüssige Lesen oder das sichere Radfahren. Sie müssen zum Teil mühsam und bewusst erworben und geübt werden, können dann aber schnell und relativ fehlerfrei ausgeführt werden, ohne dass es einer bewussten Kontrolle bedarf. Kognitionspsychologisch erklärt werden diese automatisierten und unbewussten Abläufe zum Beispiel durch die Wirkung von Filtern, Merkmalsdetektoren, Mustervergleichen und Produktionsregeln.[90]

Bei der Prüfung von Vermutungen über unbeobachtbare psychische Prozesse können verschiedene Indikatoren herangezogen werden, z.B. introspektive Auskünfte, Verhaltensbeobachtungen, Leistungsmaße und neurophysiologische Messungen.

Intentionalität

Ein wesentliches Merkmal von mentalen Zuständen, insbesondere von propositionalen Einstellungen, ist ihre *Intentionalität*. Sie sind auf etwas gerichtet oder bezogen, das außerhalb des mentalen Systems liegt und erhalten dadurch ihre *Bedeutung*.[91]

◊ Wahrnehmungen und Wünsche sind mentale Zustände, die sich auf Objekte oder Situationen außerhalb der Person beziehen, während ihr Blutdruck ein nicht-intentionaler, physiologischer Zustand des Körpers ist.

Etliche Philosophen vertreten die These, dass mentale Zustände sich von materiellen vor allem dadurch unterscheiden, dass ihre Bedeutung kausal wirksam sein kann: Menschen können auf die Bedeutung ihrer mentalen Zustände reagieren, während Maschinen nur auf ihre physischen Zustände selbst reagieren können.[92]

Natur- und Geisteswissenschaften

Die Unterscheidung zwischen Körperlichem und Geistigem wird häufig zum Anlass genommen, Gegenstandsbereiche, Ziele und Vorgehensweisen von Naturwissenschaften und Geisteswissenschaften gegeneinander abzugrenzen.

Danach beziehen *Naturwissenschaften* sich auf körperlich existierende Objekte (z.B. rotierende Himmelskörper oder sich teilende Zellen), verwenden kontrollierte Beobachtungen und erklären die Ergebnisse durch allgemeingültige Kausalgesetze.

---

[90] Anderson (1996a, Kap. 9)

[91] Searle (1987), Gerjets & Westermann (1997a, 1997b). Das Konzept der Intentionalität mentaler Phänomene geht auf den Philosophen Franz Brentano zurück, der Ende des 19. Jahrhunderts die *Phänomenologie* und die empirische Psychologie mitbegründete (Mittelstraß, 1995b, S. 259-263).

[92] Beckermann (1989), Dennett (1981), Searle (1980)

Geisteswissenschaften hingegen sollen sich auf mentale Objekte beziehen (z.B. emotionale Erlebnisse, philosophische Systeme oder historische Abläufe) und diese in ihrer individuellen Einmaligkeit beschreiben und verstehen. Dazu dienen die interpretativen oder hermeneutischen Methoden.[93]

Diese Trennung ist aus mehreren Gründen nur eingeschränkt gültig.

- Einige inzwischen wohletablierte Wissenschaften sind nicht eindeutig einer dieser beiden Klassen zuzuordnen: z.B. Soziologie, Ökonomie und insbesondere die Psychologie. Diese muss sich sowohl mit Körperlichem wie mit Geistigem beschäftigen, d.h. z.B. sowohl mit Körperbewegungen und physiologischen Reaktionen wie mit Denkoperationen oder Einstellungsänderungen.
- Es gibt auch im mentalen und sozialen Bereich gesetzmäßige Ursache-Wirkungs-Beziehungen, die es zu entdecken gilt (siehe unten Kapitel 7.1).
- Es hat sich gezeigt, dass kontrollierte Beobachtungen und experimentelle Untersuchungen auch in den psychologischen und sozialwissenschaftlichen Wissenschaftsbereichen erfolgreich zur Erkenntnisgewinnung eingesetzt werden können.
- Erklären und Verstehen schließen sich nicht aus. Vielmehr beinhaltet auch ein „einfühlendes" Verstehen stets Annahmen über mögliche Ursachen des gegebenen Sachverhalts (siehe unten Kapitel 8.2.5).

2.2.2 Dualismus: Interaktionismus und Parallelismus

Eine ausgesprochen dualistische Position zum Leib-Seele-Problem hat René Descartes im 17. Jahrhundert entwickelt. Er unterscheidet explizit

- eine Welt des Körpers (*res extensa*), die nach physikalischen Gesetzen funktioniert und bei der die „Körperkraft" stets konstant bleibt, und
- eine Welt des Geistes (*res cogitans*), die unabhängig vom Körper existieren kann und deren Kräfte („Lebensgeister", *spiritus animales*) über die Nervenbahnen die Körperkräfte in ihrer Richtung beeinflussen können.

In vielen Kulturen ist die Trennung zwischen Körper und Geist fest verankert.

---

[93] Die Hermeneutik ist die Lehre von der Auslegung, Deutung, Interpretation oder „Dekonstruktion" von sprachlichen Äußerungen (und anderen Verhaltensprodukten), bei der danach gestrebt wird, den Sinn des Einzelnen aus dem Sinnzusammenhang des Ganzen heraus zu verstehen (Eberhard, 1987, S. 81-85; Mittelstraß, 1995b, S. 85-88; Regenbogen & Meyer, 1998, S. 286-287). Zur hermeneutischen und „verstehenden" Psychologie: Dierstein (1995), Graumann (1982), Groeben (1986), Harrington (1999), Herzog (1984), Kriz, Lück & Heidbrink (1990), Rosenberg (1988, Kap. 4), Soeffner (1994), Valentine (1991, Kap. 14).

◊ Das traditionelle Christentum (z.B. Thomas von Aquin) unterscheidet den (sterblichen) Körper von der (unsterblichen) Seele und spricht von einer „Auferstehung des Fleisches" (am „Jüngsten Tag") und einer Wiedervereinigung mit der Seele.[94]

Innerhalb der dualistischen Positionen werden im wesentlichen zwei unterschiedliche Annahmen über das Verhältnis von Körper und Geist gemacht:

- Körperliche und geistige Substanzen können sich gegenseitig beeinflussen (*Interaktionismus*, wie bei Descartes),
- Körper und Geist laufen stets harmonisch und gleichsinnig ab (*Parallelismus*).

In Abbildung 2.1 sind die dualistischen Positionen zum Leib-Seele-Problem veranschaulicht.[95] Dazu gehen wir von einer einfachen Situation aus: Ein Verhalten wird in üblicher alltagspsychologischer Weise durch mentale Zustände erklärt.

◊ Eine Person geht auf der Strandpromenade spazieren und befindet sich gerade vor ihrem Hotel. Sie bemerkt, dass es zu regnen anfängt (M_1). Sie entschließt sich, den Spaziergang abzubrechen (M_2) und läuft schnell in das Hotel hinein (P_3).

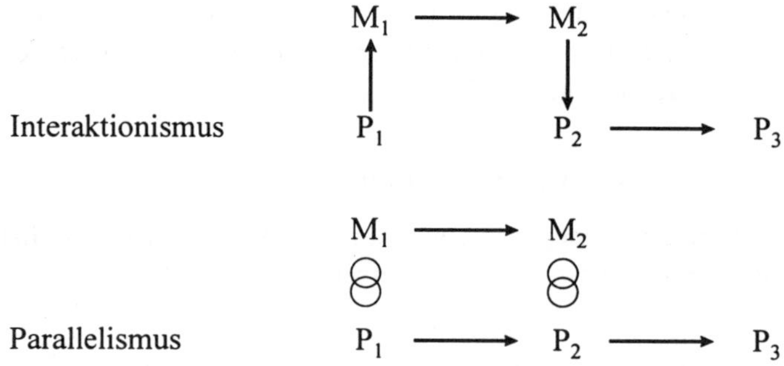

Abbildung 2.1: Veranschaulichung dualistischer Leib-Seele-Positionen

Die physischen, d.h. die physiologischen und neuronalen Zustände bei der Wahrnehmung (M_1) und der Entscheidung (M_2) werden als P_1 und P_2 bezeichnet.

◊ Zu P_1 gehören alle (neuro-)physiologischen Aktivitäten des Wahrnehmungssystems von der Retina bis zu den Assoziationsfeldern im Temporallappen, zu P_2 gehören vor allem Aktivitäten des präfrontalen und motorischen Kortex.[96]

---

94 Regenbogen & Meyer (1998, S. 78), Mittelstraß (1996, S. 425-426), Störig (1999, S. 292-293)

95 in Anlehnung an Carrier & Mittelstraß (1989) und Gadenne (1997b)

96 Birbaumer & Schmidt (1999), Goldstein (1997), Kornhuber (1993), Passingham (1995)

Interaktionismus

Descartes Vorstellung der gegenseitigen Beeinflussung von Körper und Geist wird als *Interaktionismus* bezeichnet. Sie ist in Wissenschaft und Alltag weit verbreitet.[97]

◊ Wir sind überzeugt, dass Handlungen durch Pläne gesteuert werden, Angst zu Zittern führt, Ärger Magengeschwüre hervorruft, Tötungen aus Eifersucht erfolgen usw.

Vor allem entspricht es unserem Selbstverständnis, dass wir einen freien Willen haben und unsere Körperbewegungen durch unseren Geist steuern können.[98]

◊ Nach geltendem Recht ist eine tatbestandsgemäße und rechtswidrige Handlung nur dann eine Straftat, wenn sie schuldhaft ist, das heißt wenn die Person sich frei für das Unrecht entschieden hat, obwohl sie sich für rechtmäßiges Verhalten hätte entscheiden können.[99]

Im oberen Teil der Abbildung 2.1 ist die interaktionistische Sichtweise schematisiert: Der neuronale Zustand P_1 ist die Ursache für den mentalen Zustand M_1, dieser ist die Ursache für einen zweiten mentalen Zustand M_2. Der mentale Zustand M_2 wiederum kann, und dies ist wesentliche Annahme des Interaktionismus, die Ursache für einen physischen Zustand P_2 sein. Dieser ruft dann das offene Verhalten P_3 hervor.

Die bekanntesten interaktionistischen Positionen in der neueren Zeit vertreten Karl Popper und der Neurophysiologe John Eccles.[100] Sie sind nicht nur Dualisten, sondern sogar Trialisten, deren drei „Welten" sich gegenseitig beeinflussen:

- die „Welt 1" der physikalischen Objekte und Zustände,
- die „Welt 2" der mentalen Erlebnisse und Aktivitäten und
- die „Welt 3" der „objektiven Ideen", der möglichen Gegenstände und Produkte des Denkens.

Zur *Welt 3* gehören politische Ideologien, lyrische Werke, wissenschaftliche Theorien usw. Sie beeinflussen unser Denken (*Welt 2*). Das wiederum wirkt auf Verhalten und materielle Umwelt (*Welt 1*).

Die Hauptschwierigkeit interaktionalistischer Positionen liegt in der Frage, wie und wo Körper und Geist aufeinander wirken können. Eine Wirkung nicht-

---

97 Fahrenberg (1989)

98 philosophische, psychologische und neurobiologische Analysen der Willensfreiheit: Libet (1985), Carnap (1986, S. 216-222), Groeben (1986, S. 303-313), Kornhuber (1993), Cranach & Foppa (1996), Skinner (1973), Strawson (1994, S. 177-187), Valentine (1991, Kap. 2), Walter (1997), Libet, Freeman & Sutherland (1999). In der Philosphie haben vor allem Descartes und Kant die unbeschränkte Willensfreiheit des Menschen vertreten. Gegen eine Freiheit des Willens und für die vollständige Determination aller Entscheidungen und Handlungen argumentierten Spinoza, Leibniz, Hume und die Materialisten (siehe unten Seite 47).

99 Golding (1992), Schreiber (1986)

100 Popper & Eccles (1982), Eccles (1985), Popper (1984, S. 158-160), Seiffert & Radnitzky (1989, S. 101-106). Dualistische und interaktionistische Postitionen vertreten auch Carrier & Mittelstraß (1989), Pietroski (1994) und Hösle (1999).

materieller Objekte, Zustände oder Eigenschaften auf materielle Zustände kann nach den Vorstellungen der klassischen Physik nur zustande kommen, wenn Energie zwischen dem mentalen und dem materiellen System ausgetauscht werden würde. Dies konfligiert aber mit der Vorstellung, dass mentale Zustände energie- und materielos sind. Vor allem aber verstößt sie gegen das klassische Prinzip, dass innerhalb physikalischer Systeme die Gesamtmenge an Energie stets konstant bleibt.[101] Diese Probleme können bei einem Parallelismus vermieden werden.

Parallelismus

Im unteren Teil der Abbildung 2.1 ist der *Parallelismus* veranschaulicht. Es wird angenommen, dass mentale und physische Zustände nebeneinander und miteinander koordiniert existieren: Die mentalen Zustände M_1, M_2 usw. entsprechen jeweils eindeutig einem physischen oder neuronalen Zustand P_1, P_2 usw. Es bestehen aber keine kausalen Beziehungen zwischen physischen und mentalen Zuständen. Parallel zu den kausalen Beziehungen zwischen den physischen Zuständen können jedoch kausale Beziehungen zwischen den mentalen Zuständen angenommen werden. Diese spezifischen mentalen Gesetzmäßigkeiten zu untersuchen, wird seit jeher von vielen Psychologen als Hauptaufgabe der wissenschaftlichen Psychologie angesehen.

◊ Explizit finden sich parallelistische Sichtweisen in der Bewusstseinspsychologie von Wilhelm Wundt sowie in der Gestaltpsychologie mit ihrem Isomorphieprinzip.[102]

Der Parallelismus ist mit zwei kritischen Fragen konfrontiert. Warum gibt es neben den physischen Zuständen überhaupt mentale Zustände, wenn diese keinerlei kausale Wirksamkeit entfalten? Durch welche Mechanismen wird der gleichsinnige Ablauf von physischen und mentalen Prozessen aufrechterhalten? Da beide Fragen nicht befriedigend zu beantworten sind, gehen parallelistische Positionen oft fließend in eine monistische über: die Identitätslehre.

2.2.3 Monismus

Die monistische Sichtweise des Aristoteles wurde im 17. Jahrhundert von Spinoza wieder aufgegriffen. Nach Spinoza sind Körper und Seele keine selbständigen Substanzen, sondern Daseinsformen (*modi*) einer unendlichen Substanz. Spinozas Monismus führte zur neueren *Identitäts-* und *Komplementaritätslehre* (Kapitel 2.2.3.1), und sie ist der Ursprung des *Materialismus*, der die erkenntnistheoretische Grundlage sowohl der marxistischen wie der behavioristischen Richtungen der

---

[101] Auf der Basis der Quantenphysik ist allerdings kausale Wirksamkeit auch ohne Energieübertragung denkbar (Eccles, 1994; kritisch dazu: Scott, 1995, S. 25-26, 136-138, 163-167).

[102] Eckhardt (1983, S. 955), Scheerer (1996, S. 98), Bischof (1974, S. 29)

Psychologie ist (Kapitel 2.2.3.2). In seiner strengsten Form führt er zu der Forderung, alle psychologischen Begriffe zu eliminieren (Kapitel 2.2.3.3).[103]

2.2.3.1 Identitätslehre

Nach der Identitätslehre kann der Unterschied zwischen Seelischem und Körperlichem, der für uns im Alltag ganz offensichtlich ist, nur eine Illusion sein. Mentale Zustände sind vielmehr stets identisch mit physischen Zuständen: So wie die Temperatur identisch mit der kinetischen Energie und der Schall identisch mit der Druckwelle ist. Wenn zwischen zwei physischen Zuständen eine kausale Beziehung besteht, dann besteht folglich auch zwischen den mit ihnen identischen mentalen Zuständen eine kausale Beziehung. Im oberen Teil der Abbildung 2.2 ist die Identität durch das entsprechende mathematische Zeichen ≡ symbolisiert.[104]

◊ Die von einer Person empfundene Freude ist mit einem bestimmten neurophysiologischen Zustand identisch. Die Freude bzw. der mit ihr identische physische Zustand kann Ursache für einen anderen physischen Zustand, z.B. einen Jubelschrei, sein.

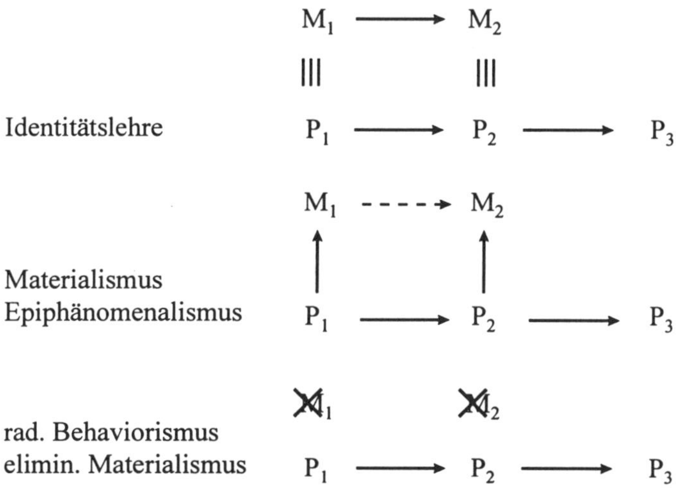

Abbildung 2.2: Veranschaulichung monistischer Leib-Seele-Positionen

103 Zu den monistischen Positionen gehören auch die idealistischen, nach dem materielle Objekte nur in der Vorstellung existieren (siehe oben Kapitel 2.1.1). In der Diskussion des Leib-Seele-Problems spielen sie keine große Rolle. Zwar betrachten Instrumentalisten die Zustände und Variablen in wissenschaftlichen Theorien als etwas Ausgedachtes, sie behaupten aber nicht unbedingt, dass es keine materiellen Zustände gibt.

104 Die Identitätslehre kann als Grenzfall der Annahme einer Parallelität von Körper und Geist betrachtet werden, die wir als eine Form des Dualismus beschrieben haben.

Nach der Identitätslehre können mentale und physikalische Begriffe gleiche Gegenstände bezeichnen, aber etwas Unterschiedliches ausdrücken. Ihre referentielle oder extensionale Bedeutung ist dann gleich, ihre intensionale Bedeutung aber unterschiedlich.[105] Dies äußert sich z.B. darin, dass man zur Untersuchung mentaler und körperlicher Zustände verschiedene Vorgehensweisen wählen muss.

In der analytischen Philosophie hat Herbert Feigl eine identitätstheoretische Position vertreten.[106] Er unterscheidet drei Sprachen und Beschreibungsebenen:

- die Beschreibungen von subjektiven Erlebnissen durch mentale Begriffe,
- die Beschreibungen von Verhaltensweisen durch behavioristische Begriffe und
- die Beschreibungen von Gehirnprozessen durch neurophysiologische Begriffe.

Sie beziehen sich zwar auf den gleichen Gegenstand. Sie sind aber nicht aufeinander reduzierbar. Insbesondere können Erlebnisse nicht behavioristisch oder neurophysiologisch ausgedrückt werden.

In der Psychologie war Gustav Theodor Fechner der bedeutendste Vertreter einer Identitätslehre. Körperliche und geistige Zustände sind für ihn komplementär: unterschiedliche Aspekte oder Erscheinungsformen derselben Sache von verschiedenen Standpunkten aus, wie das Konkave und das Konvexe bei einem Kreisbogen.[107] So kann auch das menschliche Gehirn von außen und innen betrachtet werden: Was von außen als physischer Prozess erscheint, ist von innen ein psychischer.[108]

Die Komplementarität von Körper und Geist ist auch gegenwärtig noch eine attraktive Vorstellung, insbesondere für die physiologische Psychologie.

◊ Explizit legt Jochen Fahrenberg seiner Forschung ein *Komplementaritätsmodell* zugrunde. Peripher-physiologische und erlebnispsychologische Variablen sind für ihn unterschiedliche Betrachtungsweisen derselben Bezugsobjekte, die beide notwendig und nicht aufeinander reduzierbar sind.[109] Deshalb müssen Aufmerksamkeit, Stress, Emotionen und andere psycho-physische Prozesse stets auf mehreren Ebenen betrachtet

---

105 Auch die Begriffe „Abendstern" und „Morgenstern" haben die gleiche Bedeutung (sie referieren auf den Planeten Venus), aber unterschiedlichen Sinn (vgl. Abschn. 5.1).

106 Feigl (1958, 1973), siehe auch Stegmüller (1969, S. 497-504), Place (1956), Vollmer (1988)

107 Heute kennen wir verschiedene Komplementaritäten aus der Quantenphysik. Insbesondere verhält sich das Licht je nach Versuchsanordnung wie eine Welle oder wie ein Strom von Korpuskeln (Mittelstraß, 1995b, S. 427, 469, 477-478).

108 Fechner (1860, S. 3-4), Prinz (1990, S. 33), Scheerer (1996, S. 92). Das Ziel von Fechners *Psychophysik* bestand darin, mit naturwissenschaftlichen Methoden die funktionellen Beziehungen zwischen den physischen und den geistigen Erscheinungsformen festzustellen (Gescheider, 1985; Prinz, 1990; Westermann, 1987b). Seine erkenntnistheoretische Position ist nicht ganz eindeutig und wird oft auch als parallelistisch gekennzeichnet (Mittelstraß, 1995c, S. 51).

109 Fahrenberg (1979, 1989, 1992), Hörhold (1998)

werden. Der zu erwartende enge Zusammenhang zwischen psychologischen und physiologischen Variablen wird empirisch allerdings nur relativ selten deutlich.

In der philosophischen Diskussion findet sich die Vorstellung der Komplementarität in den monistischen, nicht-reduktiven Positionen wieder (siehe Kapitel 2.2.4).

2.2.3.2 Materialismus

Für den Materialismus ist das Physische das Primäre und Entscheidende. Er wird deshalb auch als *Physikalismus* bezeichnet. In den strikten Formen des Materialismus gibt es überhaupt keine geistigen Zustände, sondern nur körperliche. In abgeschwächten Formen des Materialismus wird die Existenz mentaler Zustände zwar anerkannt, es wird aber angenommen, dass sie vollständig durch die physischen Zustände bestimmt sind.

Mit dem Materialismus verbunden ist in der Regel die Annahme eines *universellen Determinismus*: Jedes Ereignis, jeder Zustand in der Welt hat eine Ursache, d.h. ist durch andere materielle Ereignisse oder Zustände hervorgerufen worden. Konsequente Materialisten wenden dieses Prinzip auch auf Zustände an, die uns als mental erscheinen: Jeder dem Anschein nach mentale Zustand hat eine physische Ursache. Insbesondere sind alle Entscheidungen und Handlungen eines Menschen eindeutig durch physische Zustände (seines Körpers, vor allem seines Zentralen Nervensystems) vorherbestimmt. Die von uns empfundene Freiheit des Willens und der Entscheidung ist danach nur eine Illusion, die Verantwortlichkeit des Menschen für seine Handlungen und deren Folge nur eine Fiktion.

Epiphänomenalismus

Mentale Zustände werden von Materialisten mitunter als *Epiphänomene* bezeichnet: als Begleiterscheinungen, die von den physischen Zuständen hervorgerufen werden, selbst aber keine kausalen Wirkungen auf die physischen Zustände haben.[110]

◊ Für Epiphänomenalisten sind mentale Zustände wie die Schatten, die eine Karawane in der Wüste wirft: Sie sind existent, verändern sich je nach Bewegung der Tiere und Menschen in gesetzmäßiger Weise, haben aber keine Wirkung auf diese Bewegungen.

Zwischen den Epiphänomenen können gesetzmäßige Beziehungen bestehen, die allerdings von den meisten Autoren nicht als kausale Beziehungen interpretiert werden. Dies ist in Abbildung 2.2 durch den gestrichelten Pfeil ausgedrückt.

◊ In der Psychologie vertritt Wolfgang Prinz explizit eine epiphänomenalistische Position. Ziele, Entscheidungen, Pläne und andere Willenserscheinungen sind für ihn nur subjektive Begleitphänomene objektiver Prozesse. Zwischen ihnen können zwar kausale

---

110 Kondakow (1978, S. 333), Regenbogen & Meyer (1998, S. 377, 400). Der Epiphänomenalismus kann auch als eine Form des Dualismus betrachtet werden, insbesondere wenn die speziellen Merkmale des Mentalen stark akzentuiert werden.

Beziehungen bestehen. Sie können aber keine Ursachen für körperliche Reaktionen sein, diese können nur durch die neuronale Prozesse und Ereignisse hervorgerufen werden.[111]

Neurobiologisch gestützt wird die epiphänomenalistische Position zum Beispiel durch Befunde, nach denen sich das subjektive Gefühl eines Entschlusses erst etwa eine halbe Sekunde nach entsprechenden Bereitschaftspotentialen einstellt.[112]

Dialektischer Materialismus

In der Sowjetunion und der DDR basierte die gesamte Wissenschaft (zumindest offiziell) auf der marxistisch-leninistischen Philosophie und damit auf einer *dialektisch-materialistischen* Erkenntnistheorie.[113]

◊ In seinem Lehrbuch der Allgemeinen Psychologie leitet F. Klix seine „methodologische Orientierung“ explizit „aus der Position der dialektisch-marxistischen Erkenntnistheorie“ ab und schreibt: „Es ist unbestreitbar, dass *alle* psychischen Prozesse in den Funktionsprinzipien der hochorganisierten materiellen Strukturen des Nervensystems ihre Grundlage und ihre Entsprechung haben“.[114]

Nach dialektisch-materialististischer Auffassung gehören auch psychische Zustände mit zu der einheitlichen materiellen Welt. Im Bewusstsein wird die objektiv vorhandene äußere Realität nicht rein mechanisch abgebildet. Das Bewusstsein ist vielmehr eine *Widerspiegelung*, die durch eine aktive, sozial und historisch vermittelte Tätigkeit der Person zustande kommt.[115]

Behaviorismus

Psychologen mit materialistischen erkenntnistheoretischen Auffassungen finden sich auch unter den *Behavioristen*. Innerhalb der behavioristischen Psychologie gibt es etliche unterschiedliche Ausrichtungen.[116] Für unsere erkenntnistheoretische Analyse sind vor allem metaphysische von methodologischen Behavioristen zu unterscheiden.

- Dem *metaphysischen Behaviorismus* liegt mehr oder minder explizit die Annahme zugrunde, dass es keine mentalen und bewussten Zustände und Prozesse gibt. Ursachen für Verhalten können nur beobachtbare Reize oder Konsequenzen sein.
  ◊ John Watson definiert eine Emotion als ein bestimmtes Muster von beobachtbaren körperlichen Reaktionen.[117] Erlebensaspekte von Emotionen werden nicht erwähnt.

---

[111] Prinz (1998)

[112] Libet (1983), Kornhuber (1993), Birbaumer & Schmidt (1999, S. 524)

[113] Die *Dialektik* ist die Lehre vom Kampf und der Einheit der Gegensätze. Der *dialektische Materialismus* von Engels, Marx und Lenin dehnt den Materialismus auf die Interpretation gesellschaftlicher Erscheinungen aus (Kondakow, 1978, S. 334).

[114] Klix (1971, S. 18-19)

[115] Speck (1980, S. 1, 389-392), Breuer (1988)

[116] Ickler (1994), Schorr (1993), Westmeyer (1984)

[117] Meyer, Schützwohl & Reisenzein (1993, S. 48)

◊ Nach Skinner wird Verhalten ausschließlich durch seine Folgen gestaltet und aufrechterhalten (*operante Verhaltenstheorie*). Zwar können Menschen diese Regelmäßigkeiten sprachlich beschreiben, das Verhalten wird aber nicht durch Wissen, Repräsentationen oder andere inneren Instanzen hervorgebracht. Verbale und subjektive Daten sind nur Berichte über körperliche Zustände und Geschehnisse. [118]

- Im *methodologischen Behaviorismus* ist die Beschränkung auf Beobachtbares keine Konsequenz einer monistischen oder materialistischen Weltanschauung. Sie ist eine Konvention, um unkontrollierbare Spekulationen zu vermeiden und die Psychologie in den Kreis der Naturwissenschaften mit festen Erkenntnisgrundlagen einzuführen. Wenn Begriffe verwendet werden, die sich auf nicht direkt Beobachtbares beziehen, werden sie als sprachliche Kürzel für *Dispositionen* zu genau spezifizierten physischen Zuständen oder Verhaltensweisen verstanden.[119]

◊ Das Attribut „wütend" bezeichnet keinen unbeobachtbaren mentalen Zustand einer Person, sondern ist gleichbedeutend mit ihrer Neigung, in bestimmter Weise zu reagieren (die Zähne zu fletschen, zu schreien usw.), wenn bestimmte Bedingungen (ein auslösender Reiz, keine hemmenden Strafandrohungen usw.) gegeben sind.

◊ Neobehavioristen wie Clark Hull, Neal Miller und Hobart Mowrer verwenden Begriffe, die sich auf unbeobachtbare Größen beziehen, sie verbinden diese *intervenierenden Variablen* aber genau mit beobachtbaren Größen.[120] So hängt nach der Theorie Hulls die (unbeobachtbare) *Habitstärke* direkt von der Anzahl der verstärkten Kopplungen zwischen Reiz und Reaktion ab.

2.2.3.3 Eliminativer Materialismus

Recht bekannt geworden ist der strikte, hauptsächlich von Patricia und Paul Churchland vertretene *eliminative Materialismus*.[121] Sie gehen, ähnlich wie radikale Behavioristen, dezidiert davon aus, dass es keine mentalen Phänomene gibt und dass alle Aussagen über mentale Phänomene unwissenschaftlich und falsch sind. Psychologische Begriffe und Aussagen über mentale Phänomene werden sich nach ihrer Ansicht als genau so überflüssig und irreführend erweisen wie Annahmen über Hexen und Geister im Mittelalter oder Annahmen über Wärme- und Verbrennungssubstanzen in der frühen Naturwissenschaft. Sie müssen deshalb eliminiert und durch Begriffe und Aussagen über Gehirnzustände und Gehirnprozesse ersetzt werden.[122]

---

[118] Skinner (1984, 1985), als *operanter* oder *radikaler* Behaviorismus bezeichnet

[119] Dieser Behaviorismus ergibt sich aus Analysen zur Theorie- und Beobachtungssprache der Logischen Empiristen (siehe unten Kapitel 5.3 und 11.1.1). Er wird auch als *logischer* oder *analytischer* Behaviorismus bezeichnet (Ryle, 1969).

[120] Bower & Hilgard (1983, Kap. 5).

[121] Patricia S. Churchland (1986), Paul M. Churchland (1981, 1997)

[122] Kognitive Leistungen werden stattdessen z.B. durch konnektionistische Netzwerke (PDP-Modelle) erklärt (Bem & Looren de Jong, 1997; Churchland, 1988).

◊ Aus Sicht des eliminativen Materialismus sind alle psychologischen Annahmen falsch, die zu Struktur und Funktion von Wahrnehmung, Denken, Emotion, Handlungssteuerung usw. formuliert worden sind. Psychologische Begriffe wie Aufmerksamkeit, Langzeitgedächtnis, Einstellungen, Attribution, Extraversion usw. sind überflüssig.

Der eliminative Materialismus stellt für die Psychologie eine ernste Herausforderung dar. Sie hätte lediglich die Aufgabe, sich durch Wissenschaften vom Nervensystem (Neurowissenschaften) ersetzen zu lassen.

Begründet wird der eliminative Materialismus mit den regelmäßigen empirischen Zusammenhängen zwischen Gehirnläsionen und psychischen Ausfällen sowie zwischen Bewusstsein und Gehirnaktivitäten.[123] Dementsprechend klingen eliminative materialistische Positionen vor allem bei neurophysiologisch orientierten Psychologen an.

◊ „Zum Leib-Seele-Problem ist festzuhalten, dass psychische Prozesse und Verhalten vollständig und ausschließlich von der Hirntätigkeit abhängig sind" schreiben Nils Birbaumer und Robert F. Schmidt in ihrem Lehrbuch der Biologischen Psychologie.[124]

Die eliminativen Materialisten weisen gern darauf hin, dass in der Alltagspsychologie (*folk psychology*) Verhaltensweisen meist dadurch erklärt werden, dass man der Person Motive, Wünsche und Überzeugungen unterstellt.[125]

◊ Dass mein Kollege das Büro verlässt, erkläre ich dadurch, dass er zur Mittagszeit hungrig ist und dass er erwartet, in der Kantine etwas zu essen zu bekommen.

Diese Verhaltenserklärungen werden als unzureichend betrachtet und als Argument für die Elimination aller mentalen Begriffe verwendet. Dabei wird jedoch fälschlicherweise die wissenschaftliche Psychologie mit der Alltagspsychologie gleichgesetzt.[126] Die wissenschaftliche Psychologie besteht keineswegs darin, individuelles Verhalten durch Wünsche und Überzeugungen zu erklären. Sie beschäftigt sich vielmehr mit der Aufstellung und empirischen Prüfung gesetzmäßiger und interindividueller Zusammenhänge zwischen verschiedenen Ursache- und Wirkungsvariablen.

---

[123] Die Befunde sind insgesamt noch recht instabil und mehrdeutig. Eine viel beachtete Theorie nimmt an, dass bewusstes Erleben nur möglich ist, wenn die Übertragungseigenschaften von NMDA-Synapsen schnell verändert werden können. (Churchland, 1996; Flohr, 1992, 1996). Dies ermöglicht schnelle Gruppierungen und Synchronisationen von Neuronen (*cell assemblies*, Hebb, 1949; Pulvermüller, 1999). Diejenigen dieser Zellverbände, die andere Zustände repräsentieren, entsprechen bewussten Zuständen (kritisch dazu Beckermann, 1996b).

[124] Birbaumer & Schmidt (1999, S. 7)

[125] Dennett (1981), Dretske (1988)

[126] Die Psychologie der Menschen im Alltag sind ein möglicher Untersuchungsgegenstand der wissenschaftlichen Psychologie (Lillard, 1998; Smedslund, 1997; von Eckardt, 1997; Weiner, 1988). Die Begriffe und Annahmen der Kognitionspsychologie gehen aber weit über die Alltagspsychologie hinaus (Gadenne, 1994c; Stich, 1983).

◊ Nach der Rubikontheorie wägen Personen vor der Bildung einer *Absicht* die möglichen *Ziele* gegeneinander ab, indem sie ihre *Wünschbarkeit* und ihre *Realisierbarkeit* einschätzen und die Alternative mit dem höchsten *Erwartungswert* wählen.[127]

Probleme

Gegen den eliminativen Materialismus spricht vor allem, dass eine Betrachtung der physischen Zustände nicht ausreichend zu sein scheint, um Erlebnisqualitäten, Bewusstseinszustände und andere mentale Zustände zu beschreiben und zu erklären (*Argument des unvollständigen Wissens*). Insbesondere die individuellen Erlebnisqualitäten (*Qualia*) scheinen über die materiellen Zustände hinauszugehen.

◊ Stellen wir uns vor, die geniale Naturwissenschaftlerin *Mary* ist von Geburt an farbenblind. Sie hat sich alles physikalische und biologische Wissen über die Farbwahrnehmung angeeignet. Auch kann sie mit ihren Geräten z.B. alle Farbnuancen in einem Gemälde unterscheiden. Sie kann aber nie wissen, was man empfindet, wenn man ein Gemälde im Original betrachtet. Falls die angeborene Farbblindheit plötzlich beseitigt wird und Mary eine Impressionistenausstellung besucht, würde sie etwas Neues erleben, das aus ihrem physikalischen und biologischen Wissen nicht vorhersagbar ist.[128]

Selbst wenn alle mentalen Phänomene tatsächlich ausschließlich neuronale Phänomene wären (d.h. wenn der Materialismus *ontologisch* zutreffen würde), könnte es *methodisch* notwendig sein, mentale Phänomene anders zu beschreiben und zu erklären als Gehirnprozesse. Die physischen Strukturen und Prozesse im Gehirn sind so umfangreich und komplex, dass es fraglich ist, ob mentale Phänomene auf dieser materiellen Ebene in absehbarer Zeit hinreichend einfach und übersichtlich zu beschreiben und zu erklären sind.

Insgesamt gibt es gute Gründe, mentale Begriffe und psychologische Erklärungen nicht zu eliminieren. Ziel sollte vielmehr die systematische Verknüpfung des psychologischen und neurobiologischen Wissens sein.[129]

2.2.4 Nichtreduktiv-monistische Positionen

In den letzten Jahrzehnten haben sich nacheinander zwei miteinander verbundene Gruppen von Positionen herausgebildet, die mentale Zustände zwar nicht von der materiellen Welt trennen, das Psychische aber auch nicht vollständig auf das Physische zurückführen: der *Funktionalismus* (Kapitel 2.2.4.1) und der *nichtreduktive Physikalismus* (Kapitel 2.2.4.2).

[127] Gollwitzer (1996), zu anderen Kriterien: Jungermann, Pfister & Fischer (1998)
[128] nach dem „Gedankenexperiment" von Jackson (1982)
[129] siehe Kapitel 11.6 zur systematischen Verknüpfung unterschiedlicher Theorien

2.2.4.1 Funktionalismus

Die funktionalistische Auffassung wurde vor allem von Hilary Putnam und Jerry Fodor entwickelt.[130] Sie haben damit nicht nur die philosophischen Überlegungen zum Leib-Seele-Problem entscheidend beeinflusst, sondern auch die erkenntnistheoretischen Grundlagen der Kognitionswissenschaft formuliert.[131]

Ebenen der Analyse

Gegenstandsbereich der Kognitionswissenschaft, insbesondere der Kognitionspsychologie sind geistige Phänomene, Funktionen und Prozesse: Wahrnehmen, Fühlen, Beurteilen, Behalten, Erinnern, Denken. Die bewussten oder unbewussten mentalen Zustände und Prozesse können aus unterschiedlichen Perspektiven und mit verschiedenen Begrifflichkeiten beschrieben und erklärt werden. Man unterscheidet dabei die mentale, funktionale und neuronale Ebene.

- Auf der *mentalen Ebene* werden geistige Zustände aus einer *intentionalen Perspektive* beschrieben und erklärt: Der Mensch wird als denkendes, handelndes und verstehendes Subjekt gesehen, das Werte hat, Ziele verfolgt, Bewertungen trifft und nach bestimmten Prinzipien entscheidet und handelt.
- Es ist unstrittig, dass mentale Zustände eine physische Basis haben: die Nervenzellen des Gehirns mit ihren Axonen, Dendriten und Synapsen. Die Prozesse auf dieser *neuronalen Ebene* werden aus einer *mechanistischen Perspektive* beschrieben und erklärt: durch biologische, chemische und physikalische Variablen und Gesetzmäßigkeiten.
- Um die Grundlagen des menschlichen Geistes zu analysieren, genügt es nach Auffassung der Kognitionspsychologen nicht, das neuronale System zu betrachten. Die mentalen Zustände, Phänomene und Prozesse können vielmehr nur erklärt werden, wenn auch ihre *Bedeutung* berücksichtigt wird. Dazu ist es notwendig, zwischen der *mentalen Ebene* und der *neuronalen Ebene* eine dritte, vermittelnde Ebene einzuführen: die syntaktische Ebene, Programmebene oder *Verarbeitungsebene*. Die menschliche Geistestätigkeit wird hier aus einer *funktionalen Perspektive* beschrieben: als Informationsverarbeitungssystem, in dem *Symbole* nach veränderbaren Regeln oder Programmen kombiniert und transformiert werden. Die Symbole sind dabei *Repräsentationen* von (tatsächlichen oder gedachten) Objekten der Außenwelt und bekommen dadurch ihre Bedeutung.

---

130 Fodor (1968, 1992), Putnam (1975, 1992a, 1992b), Pylyshyn (1984), Looren de Jong (1997)

131 Zur Kognitionswissenschaft gehören die Kognitionspsychologie und Teile der Informatik, Linguistik und Neurobiologie. Zu Grundannahmen und Perspektiven: Bem & Looren de Jong (1997), Fodor & Pylyshyn (1992), Herrmann (1987), Lachman, Lachman & Butterfield (1979), Putnam (1992a), Smolensky (1992), Stillings et al. (1995), Strube et al. (1996, S. 303-317), Wilson & Keil (1999)

Funktionale Zustände

Die Zustände eines informationsverarbeitenden Systems und damit auch die mentalen Zustände von Menschen werden ausschließlich durch ihre Funktionen charakterisiert, das heißt durch ihre kausalen Beziehungen zu anderen mentalen Zuständen oder zu offenen Verhaltensweisen. Aus funktionalistischer Sicht sind mentale Zustände folglich genau dann gleich, wenn sie gleiche Funktionen, d.h. gleiche Ursachen und gleiche Folgen haben.

◊ Die Freude zweier Menschen an unterschiedlichen Orten und zu unterschiedlichen Zeiten ist gleich, wenn sie jeweils durch eine überraschend bestandene Klausur hervorgerufen wurde und lautes Lachen und erhöhtes Selbstwertgefühl zur Folge hat.

Funktionale Zustände sind immer irgendwie materiell realisiert, sie sind aber nicht identisch mit den physischen Zuständen, durch die sie realisiert werden. Funktionale Zustände sind nicht vollständig auf materielle zu reduzieren, zumindest sind funktionale Beschreibungen nicht vollständig durch materielle (physiologische oder biochemische) Beschreibungen zu ersetzen.

Multiple Instantiierbarkeit

Trotz aller Ähnlichkeiten, die zwischen Mensch und Computer auf der Verarbeitungsebene (*Software*) bestehen, sind die materiellen Ebenen (*Hardware*) natürlich verschieden: Während beim Menschen die materielle Ebene ein biologisches System mit Neuronen und Synapsen ist, ist sie beim Computer ein physikalisches System mit Speicherelementen und Verdrahtungen.

Jeder mentale Zustand ist *multipel instantiierbar,* das heißt er kann in unterschiedlichen physischen Zuständen und Systemen realisiert sein. Menschen, Tiere und Computer können sich daher im gleichen mentalen Zustand befinden.[132]

◊ Ein manuskriptlesender Mensch und ein textverarbeitender Computer können funktional im gleichen mentalen Zustand „Rechtschreibprüfung durchführen“ sein, obwohl sich ihre materiellen Zustände massiv unterscheiden.

◊ Dietrich Dörner hat in seine Programme zur Simulation menschlichen Handelns auch Komponenten aufgenommen, die die gleiche Funktion haben wie Emotionen.[133] Ein Computer, auf dem dieses Programm ausgeführt wird, und ein Mensch können daher beispielsweise nach erfolgreichen Problemlösungen beide im Zustand „stolz“ sein.

Versteht man den Funktionalismus konsequent instrumentalistisch, sind Gefühle, Absichten und andere mentale Zustände abstrakte Attribute, die Systemen zugeschrieben werden, um ihr Verhalten zu erklären. Absichten können dann nicht

---

[132] kritisch zur multiplen Realisierbarkeit: Bechtel & Mundace (1999)

[133] Dörner (1999), vgl. Frijda & Swagerman (1987)

nur Menschen, sondern auch Tieren und technischen Systemen zugeschrieben werden.[134]

◊ Wenn eine Person ein Heizkörperventil aufdreht, erklären wir dies dadurch, dass sie die Temperatur im Raum erhöhen will, weil es ihr zu kalt ist. Wir schreiben ihr also eine Wahrnehmung („zu kalt") und eine Absicht („Temperatur erhöhen") zu. Nach Auffassung von Daniel Dennett können wir die gleichen Zustände auch einem Thermostat zuschreiben, das am Heizkörper angebracht ist und ebenfalls das Ventil öffnet, weil die tatsächliche Temperatur unterhalb der eingestellten liegt.

Probleme

Ein wesentlicher Einwand gegen den Funktionalismus besteht darin, dass er, ähnlich wie der eliminative Materialismus, die Qualität des subjektiven Erlebens sowie besonders das Verstehen und Erfassen von Bedeutungen unberücksichtigt lässt.

◊ Nehmen wir an, wir haben alle Funktionen im Wahrnehmungssystem einer *Fledermaus* vollständig beschrieben und verstanden. Wir können trotzdem eine einfache Frage nicht beantworten: Wie empfindet man, wenn man die Umwelt nur durch ihr sonares Ortungssystem wahrnimmt? Oder kurz: Wie ist es, eine Fledermaus zu sein?[135]

◊ Ein Amerikaner ohne Fremdsprachenkenntnisse sitzt in einem vollständig abgeschirmten Zimmer in einem Restaurant in Tokio und muss die japanischen Bestellzettel der Kellner in chinesische Anweisungen für die Küche übertragen. Dazu werden ihm genaue und ausreichende Übersetzungsregeln vorgegeben. Er kann seine Übersetzungsaufgabe perfekt erfüllen, ohne jemals die Bestellungen wirklich zu verstehen.[136]

Ungeklärt bleibt beim Funktionalismus auch, in welcher Beziehung die (funktional charakterisierten) mentalen Zustände zu den materiellen Zuständen stehen, in denen sie realisiert werden. Deshalb haben Fodor und Putnam ihre funktionalistischen Positionen mit einer modifizierten Form der Identitätslehre verbunden: der *Token-Identity-Theorie*, die hier als Instanzen-Identitäts-Lehre bezeichnet wird.[137]

Instanzen-Identität

Der Name *Token-Identity-Theorie* verweist auf die allgemeine Unterscheidung zwischen einzelnen Instanzen und umfassenden Klassen:

- Eine *Instanz* (*token*) ist ein *spezieller* mentaler Zustand einer Person zu einer bestimmten Zeit: z.B. das aktuelle Abwägen zwischen zwei Urlaubszielen.
- Ein *Typ* ist eine *generelle* Klasse von mentalen Zuständen (z. B. „Abwägen").

---

[134] Dennett (1987, 1988), Bieri (1987). Ob Tiere mentale Zustände und Bewusstsein haben können, ist für nicht funktionalistisch orientierte Autoren eine offene empirische Frage (Davidson, 1999; Heyes, 1998; Stephan, 1999).

[135] Nagel (1974)

[136] nach dem *Chinesischen Zimmer* (Searle, 1980), Kritik: Hauser (1997)

[137] Fodor (1974), Putnam (1975), Bechtel (1988a, S. 106-110), Stillings et al. (1995, S. 350-353)

Diese Unterscheidung trägt der Tatsache Rechnung, dass bei genauer Betrachtung zwei mentale Zustände zu unterschiedlichen Zeiten, in verschiedenen Situationen oder gar bei verschiedenen Personen niemals vollständig gleich sein können, weil stets spezifische Umstände zum jeweiligen mentalen Zustand beitragen.

Verschiedene mentale Zustände können aber als äquivalent klassifiziert und als Instanzen des gleichen Zustandstyps bezeichnet werden, wenn sie sich in ihren wesentlichen Aspekten hinreichend ähneln. Funktionalisten benutzen als Kriterium für eine derartige Klassifikation mentaler Zustände ausschließlich deren Funktion: Mentale Zustände sind gleich, wenn sie zum gleichen Funktionstyp gehören.

◊ Wenn eine Person zu einem bestimmten Zeitpunkt Angst vor einem bestimmten Hund hat, ist sie in einem speziellen mentalen Zustand. Wenn sie zu einem späteren Zeitpunkt wiederum Angst vor einem Hund hat, ist sie in einem anderen speziellen mentalen Zustand. Wenn beide mentalen Zustände funktional äquivalent sind, können sie dem gleichen Zustandstyp (Angst vor Hunden) zugeordnet werden.

Vertritt man eine starke Form der psycho-physischen Identitätslehre, würde man annehmen, dass sowohl die speziellen wie die generellen mentalen Zustände identisch mit speziellen bzw. generellen physischen Zuständen sind (*type-identity theory*). Der mentale Zustandstyp der Angst vor Hunden etwa wäre identisch mit einem bestimmten Zustandstyp des neuronalen und physiologischen Systems.

Die Instanzen-Identitäts-Lehre nimmt eine Identität hingegen nur für spezielle Instanzen an, nicht für die generellen Zustandstypen:

- Jede *spezielle* Instanz eines mentales Zustands *(token)* ist identisch mit einem speziellen physischen Zustands des Organismus, aber:
- kein *genereller* Typ von mentalen Zuständen (*type*) ist identisch mit einem bestimmten Typ von physischen Zuständen (und umgekehrt).

Auch neurophysiologische Zustände zu unterschiedlichen Zeiten und Personen sind nie vollständig gleich und lassen sich unterschiedlich klassifizieren. Grundsätzlich wäre es möglich, dass eine psychologisch sinnvolle Zusammenfassung von mentalen Zuständen eindeutig einer sinnvollen neurophysiologischen Klassenbildung entspricht. Nach der Instanzen-Identitäts-Lehre muss eine derartige Korrespondenz aber nicht existieren. Für psychologisch äquivalente Zustände muss nicht immer auch eine neurophysiologische Äquivalenz auffindbar sein. Gesetzmäßige Zusammenhänge zwischen psychologischen Zuständen sind deshalb nicht immer auf der neurophysiologischen Ebene wiederzufinden.

In der Abbildung 2.3 ist diese funktionalistische Instanzen-Identitäts-Auffassung veranschaulicht.[138] Dort sind zwei mentale Zustandstypen M_1 und M_2 eingezeichnet, die kausal miteinander verbunden sind: Tritt ein spezieller mentaler Zustand aus M_1 ein, zieht dies einen der speziellen Zustände aus M_2 nach sich. Jeder der speziellen mentalen Zustände ist identisch mit einem speziellen physischen Zustand. Die

[138] in Anlehnung an Fodor (1974, 1975) und Carrier & Mittelstraß (1989, S. 76)

physischen Realisierungen von M_1 und M_2 gehören jedoch *nicht* unbedingt zu zwei physischen Zustandstypen P_1 und P_2, die durch ein Kausalgesetz miteinander verbunden sind. Vielmehr sind nur einige der physischen Realisierungen von M_1 kausal mit physischen Realisierungen von M_2 verbunden. Deshalb ist auf der physischen Ebene die kausale Verbindung, die voraussetzungsgemäß zwischen den mentalen Zuständen besteht, nicht erkennbar.

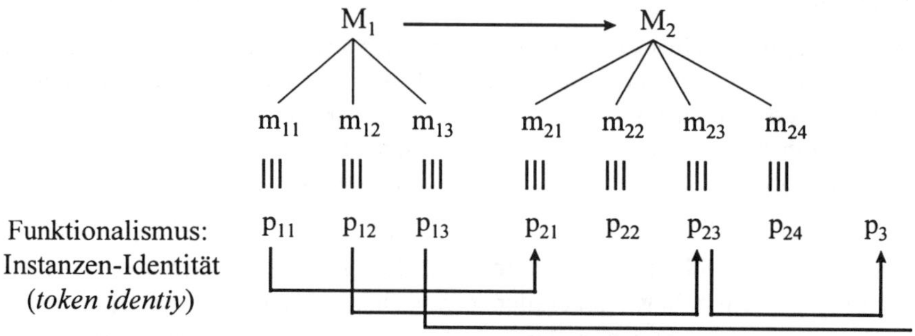

Abbildung 2.3: Veranschaulichung der Instanzen-Identitäts-Theorie

◊ M_1 ist die Wahrnehmung des Regens, M_2 der Entschluss zur Flucht. Beide Zustandstypen sind kausal miteinander verbunden: Tritt einer der speziellen Wahrnehmungszustände m_{11} bis m_{13} auf, zieht dies einen der speziellen Entschlusszustände m_{21} bis m_{24} nach sich. Die Zustände m_{11} und m_{12} können reale Wahrnehmungen zu unterschiedlichen Zeiten sein, m_{13} kann z.B. die Wahrnehmung während eines Traums sein. Die zugehörigen neurophysiologischen Zustände können unterschiedliche kausale Verknüpfungen besitzen. Beispielsweise können p_{11} und p_{12} gesetzesmäßig mit kortikalen Zuständen verbunden sein, die Entschlusszuständen entsprechen, p_{13} aber nicht.

Nach der funktionalistischen Instanzen-Identitäts-Lehre sind mentale Gesetzmäßigkeiten also in gewissem Sinne unabhängig von physischen Gesetzmäßigkeiten. Deshalb sind psychologische und besonders kognitionspsychologische Begriffe und Gesetze nicht vollständig durch neurobiologische Begriffe und Gesetze ersetzbar.

Dies gilt allerdings nur für Begriffe und Aussagen, die sich auf mentale Zustandstypen beziehen. Psychologische Begriffe und Aussagen über einzelne Instanzen mentaler Zustände dagegen könnten eliminiert werden, da sie per definitionem mit physischen Zuständen gleichgesetzt werden. Aber ist diese Annahme einer Identität zwischen (speziellen) mentalen und physischen Zuständen sachgerecht? Ist die daraus folgende (teilweise) Reduktion von Psychologie auf Neurobiologie sinnvoll? Skeptische Fragen dieser Art haben zum *nicht-reduktiven Physikalismus* geführt.

2.2.4.2 Nicht-reduktiver Physikalismus: Emergenz und Supervenienz

In wissenschaftlichen Arbeiten zur Leib-Seele-Thematik bestreitet inzwischen kaum noch jemand ernsthaft, dass mentale Zustände irgendwie auf physischen Zuständen beruhen. In diesem Sinn sind die meisten Vertreter der Philosophie des Geistes Materialisten oder Physikalisten. Auch Funktionalisten zählen dazu, denn für sie muss jeder mentale Zustand auf irgendeine Weise materiell instantiiert sein.

Etliche Materialisten oder Physikalisten sind jedoch keine Reduktionisten. Für sie muss noch etwas hinzukommen, damit aus einem physischen Zustand ein mentaler wird. Diese Vorstellung schlägt sich in Kombinationen von dualistischen und monistischen Sichtweisen nieder, die je nach erkenntnistheoretischer Grundposition unterschiedlich akzentuiert und benannt sind: als Dualismus, der auf Eigenschaften beschränkt ist, bzw. als Physikalismus, der nicht-reduktiv ist.[139]

Eigenschaftsdualismus

Innerhalb der dualistischen Positionen zur Leib-Seele-Beziehung sind zwei grundsätzliche Ausprägungen möglich. Descartes und andere Vertreter eines starken *Substanzdualismus* nehmen an, dass es neben physischen auch nicht-physische, mentale Objekte gibt. Der *Eigenschaftsdualismus* beinhaltet schwächere Annahmen:

- Es gibt nur eine Art von Substanzen, nämlich körperliche Objekte.
- Diese körperlichen Objekte können aber zwei Arten von Eigenschaften haben: materielle und geistige.

Jeder physisch existente Mensch kann demnach zu jedem Zeitpunkt verschiedene körperliche und verschiedene mentale Eigenschaften haben, das heißt, er kann in verschiedenen körperlichen und in verschiedenen mentalen Zuständen sein.

◊ Ein Autofahrer im Verkehrsstau hat sowohl bestimmte mentale Zustände (wie seine Wahrnehmung der roten Ampel, seine Wut, seine Versuche, sich eine Ausweichstrecke auszudenken) als auch bestimmte körperliche Zustände (vom schnellen Puls bis zur Aktivation von bestimmten Neuronengruppen im visuellen und präfrontalen Kortex).

Von zentraler Bedeutung für eigenschaftsdualistische und nicht-reduktiv-physikalistische Beschreibungen der Beziehung zwischen Körper und Geist sind die Konzepte der Supervenienz und Emergenz, die im folgenden erläutert werden.

Supervenienz

Der Begriff der Supervenienz kennzeichnet eine Präzisierung der Vorstellung, dass mentale Zustände auf physischen Zuständen beruhen, aber nicht auf sie reduzierbar sind. Die Annahme, dass mentale Eigenschaften auf physische Eigenschaften supervenieren, kann man genauer wie folgt definieren:

---

[139] Beckermann (1992), Chalmers (1996), Gadenne (1996, 1997b), Kim (1996, 1997a, 1997b, 1998a), McDonough (1997), Meyering (1997), Scott (1995), Walter (1997)

- Wenn zwei Objekte sich in ihren mentalen Eigenschaften unterscheiden, müssen sie sich auch in ihren physischen Eigenschaften unterscheiden.
- Wenn Objekte in allen physischen Eigenschaften gleich sind, dann müssen sie auch in allen mentalen Eigenschaften gleich sein.[140]

Es kann also keinen Unterschied zwischen mentalen ohne einen Unterschied zwischen materiellen Zuständen geben. Möglich ist jedoch, dass Zustände physisch unterschiedlich, aber mental gleich sind.

Was die Supervenienz des Mentalen auf das Physische bedeutet, kann auf andere Weise noch deutlicher definiert werden.[141]

- Für jeden mentalen Zustand M_i gibt es mindestens einen physischen Zustand P_{ij}, so dass alle Objekte, die im Zustand P_{ij} sind, notwendigerweise auch in M_i sind.

Wir können uns nun erneut der erwähnten Grundfrage der Geist-Gehirn-Thematik zuwenden: Wie kann ein mentaler Zustand einen anderen mentalen Zustand oder gar einen physischen Zustand kausal beeinflussen? Widerspricht das nicht der allgemein akzeptierten Auffassung, dass die physikalische Welt kausal abgeschlossen ist, nicht-physikalische Ereignisse also keine kausalen Wirkungen haben können?

◊ Wie kann eine Wahrnehmung (M_1) eine Fluchtentscheidung (M_2) und diese ein Weglaufen (P_3) verursachen?

Unter der Supervenienzannahme kann die Frage einfach beantwortet werden: Die Wirkung eines mentalen Zustandes ist auf die Wirkung physischer Zustände zurückzuführen. Dies ist in Abbildung 2.4 skizziert.[142]

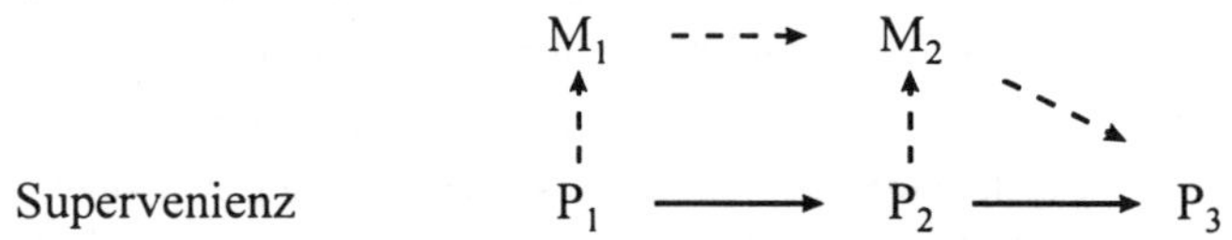

Abbildung 2.4: Superveniente Beziehungen im nicht-reduktiven Physikalismus

Der mentale Zustand M_1 hat (unter anderem) die physische Basis P_1. P_1 ist ursächlich für P_2, der eine Basis von M_2 ist. In diesem Fall bezeichnen wir M_1 als Ursache für M_2. Um zu kennzeichnen, dass diese Kausalbeziehung eine nicht-materielle ist, wurde der Pfeil in der Abbildung gestrichelt. Ist P_2 Ursache für eine offene

---

[140] Davidson (1992). Beide Aussagen sind äquivalent (*Modus tollens,* siehe Kapitel 3.4.1).
[141] nach Kim (1997b, S. 272), zur probabilistischen Interpretation: Lauth (1999)
[142] in Anlehnung an Gadenne (1997b)

Verhaltensweise P_3, bezeichnen wir auch M_2 als Ursache für P_3. Mittelbar ist also auch M_1 eine Ursache für P_3.[143]

◊ Eine Abiturientin liest, dass man sich im Psychologiestudium auch mit Statistik beschäftigen muss. Sie zerreißt daraufhin ihren Zulassungsantrag. Betrachten wir die Information M_1 als nicht-materielle Ursache für das Zerreißen P_3, bedeutet dies: Die Person hat neues Wissen erworben, befindet sich also in einem neuen mentalen Zustand M_1. Nach der Supervenienzannahme muss dieser Veränderung eine physische Veränderung P_1 entsprechen. Dieses Ereignis kann im materiellen Sinn Ursache für ein Ereignis P_2 sein, der einem Entschluss (M_2) entspricht und das physische Zerreißen P_3 verursacht.

Die Annahme einer Supervenienz reicht noch nicht aus, um die Beziehung zwischen mentalen und physischen Zuständen adäquat zu beschreiben.[144] Sie ist eine gute Präzisierung der Vorstellung, dass mentale Zustände auf physischen Zuständen basieren. Ursprünglich sollte mit dem Konzept der Supervenienz aber ausgedrückt werden, dass psychische Zustände nicht vollständig auf physische Zustände reduziert werden können.[145] Wie wir im folgenden noch sehen werden, muss dazu auch noch angenommen werden, dass mentale Zustände emergente Zustände sind.

Emergenz

Man bezeichnet eine Eigenschaft eines ganzen Systems als emergent, wenn sie sich nicht eindeutig aus den Eigenschaften seiner Teile ergibt.

Die in der Wissenschaft betrachteten Systeme (Objekte, Sachverhalte, Beziehungen usw.) sind hierarchisch geordnet: Jedes System setzt sich aus verschiedenen Teilsystemen (Bestandteile, Komponenten, Faktoren usw.) zusammen, und jedes System ist mit anderen Systemen zusammen Teil eines übergeordneten Systems.[146]

---

143 Etliche Philosophen sprechen von Ursachen nur, wenn ein materieller Zustand einen anderen tatsächlich und mit Naturnotwendigkeit hervorbringt (siehe unten Kapitel 7.2.2). Zwischen mentalen Zuständen können danach *keine* kausalen Beziehungen bestehen (Gadenne, 1997b). Ich fasse unter den Begriff der Ursache hier auch gesetzmäßige Beziehungen zwischen mentalen sowie zwischen mentalen und physischen Zuständen (vgl. Pietroski, 1994).

144 Die Supervenienz sagt noch nichts über die Art der Beziehung zwischen mentalen und physischen Zuständen aus. Es kann sich um eine gesetzmäßige Kovariation oder eine kausale Beziehung handeln, es kann sein, dass die mentalen vollständig auf die physischen Zustände reduzierbar sind, die Supervenienzannahme ist aber auch mit dem Parallelismus und dem Epiphänomenalismus verträglich (Beckermann, 1996a, 1997a).

145 Das Wort *supervenience* ist missverständlich, weil es diese beiden Bedeutungsaspekte umfasst: nicht nur das Folgen oder Sich-Ergeben, sondern auch das darüber hinaus oder unvermutete Hinzukommen (Horgan, 1993; Mittelstraß, 1996, S. 144). Im Deutschen wird daher sowohl von Supervenienz *über* als auch von Supervenienz *auf* gesprochen.

146 Bunge (1997, S. 414-420)

◊ Betrachten wir eine Familie als ein System, können wir als Teilsysteme die Eltern-, Kinder- und Großelterngeneration unterscheiden (aber auch z.B. die Männer und die Frauen, die Beschäftigten und Unbeschäftigten usw.). Gleichzeitig ist die Familie ein Teilsystem übergeordneter Systeme (Nachbarschaft, Kirchengemeinde usw.).
◊ Das psychische System einer Person kann in Teilsysteme der Wahrnehmung, des Gedächtnisses, der Motivation, der Emotion usw. aufgespalten werden.
◊ Im Teilsystem der visuellen Wahrnehmung gibt es Untersysteme wie die retinalen Rezeptoren, die subkortikalen Detektoren und die kortikalen Felder.

In jedem Fall kann ein System als Ganzes in einem Zustand sein oder Eigenschaften haben, die keinem der Teilsysteme sinnvollerweise zukommen können.

◊ „Sich streiten" ist ein Zustand, in dem sich ein System aus mindestens zwei Personen befinden kann, aber keine einzelne Person.
◊ Die Wahrnehmung einer Ampel kann ein Zustand des ganzen Menschen oder seines zentralen Nervensystems sein, sie ist aber kein möglicher Zustand einzelner Nervenzellen.
◊ Wasser hat Eigenschaften, die keines der H_2O-Moleküle hat, aus denen es besteht: Es ist flüssig oder gefroren, heiß oder kalt usf.

Der Begriff der Emergenz bezieht sich auf die Frage, wie eine Eigenschaft eines Systems von den Eigenschaften der Teilsysteme abhängt.

Wenn es möglich ist, den Zustand oder die Eigenschaft Z eines Systems vollständig durch die Zustände oder Eigenschaften von untergeordneten Teilsystemen zu erklären und vorherzusagen, ist die Eigenschaft Z *reduzierbar*. Ist hingegen eine vollständige Reduktion auf Eigenschaften von Teilsystemen *nicht* möglich, handelt es sich um eine *emergente Eigenschaft:*[147]

- Eine Eigenschaft eines Systems ist emergent, wenn sie sich *nicht* gesetzmäßig aus seinen Teilsystemen, ihren Eigenschaften und ihrem Zusammenwirken ergibt.

Streng genommen ist eine Eigenschaft eines Systems nur dann emergent, wenn es noch nicht einmal im Prinzip möglich ist, sie aus den Eigenschaften der Teilsysteme abzuleiten. Ob dies der Fall ist, wird man tatsächlich nie sicher wissen können. Deshalb bezeichnet man eine Eigenschaft oft auch schon dann als emergent, wenn es nach dem gegenwärtigen Wissen *praktisch* unmöglich ist, sie aus Teilsystemeigenschaften abzuleiten. Dies ist insbesondere bei *nicht-linearen* Systemen der Fall, die auch als „chaotische" Systeme bezeichnet werden: komplexe dynamische Systeme, bei denen die Gesamtwirkung der Teilsysteme sich nicht additiv aus ihrer Einzelwirkung ergibt.[148]

◊ Ob aus einem bestimmten Tiefdruckgebiet über dem Nordatlantik eine Sturmflut entsteht, die die Deichkronen im Hamburger Hafengebiet überschreitet, ist selbst mit

147 Beckermann (1992, 1997b)
148 Scott (1995, S. 4-5, 189-190)

nicht-linearen Gleichungssystemen und Supercomputern nur unvollkommen vorherzusagen. Eine Sturmflut kann deshalb als ein emergentes Ereignis betrachtet werden.

In der Gestaltpsychologie werden die zusätzlichen und emergenten Eigenschaften des Ganzen als *Gestaltqualitäten* bezeichnet. Bereits bei der Wahrnehmung einfacher Figuren ergeben sich die Eigenschaften des Ganzen nicht aus der Summe der Eigenschaften seiner Teile. Umgekehrt können die Eigenschaften des Ganzen erhalten bleiben, auch wenn sich alle Teile verändern.[149]

◊ Eine Melodie ist mehr als die Summe ihrer Töne, und sie bleibt gleich, auch wenn alle Töne um eine Oktave transponiert werden.

Dementsprechend beschäftigen sich auch andere Wissenschaften mit Systemen, die auf unterschiedlichen Ebenen liegen und emergente Eigenschaften haben können.

◊ Eine soziale Marktwirtschaft zu sein, ist eine mögliche Eigenschaft von Staaten oder Wirtschaftssystemen, die sich nicht aus den Eigenschaften der beteiligten Betriebe ableiten lässt. Ein Unternehmen kann eine „flache Hierarchie" haben, ohne dass sich dies eindeutig aus Eigenschaften einzelner Mitglieder der Belegschaft ergibt.

Betrachten wir mentale Zustände als emergent, bedeutet dies:

- Aus den Eigenschaften neuronaler Zustände und den neurobiologischen Gesetzen lassen sich nicht alle Eigenschaften mentaler Zustände erklären und vorhersagen.

Das Geistige ist danach eine Eigenschaft des Gehirns auf einer höheren als der neuronalen Beschreibungsebene. Die mentalen Eigenschaften werden zwar durch neurobiologische Strukturen und Prozesse erzeugt, das Mentale geht aber insofern über das Materielle hinaus, als es nicht vollständig und eindeutig aus ihm ableitbar ist.[150] Ein mentaler Zustand kann nicht allein aus neuronalen Geschehnissen erklärt werden, zu berücksichtigen sind auch die Beziehungen zu anderen mentalen Zuständen.

Nichtreduktiver Physikalismus:
Supervenienz und Emergenz

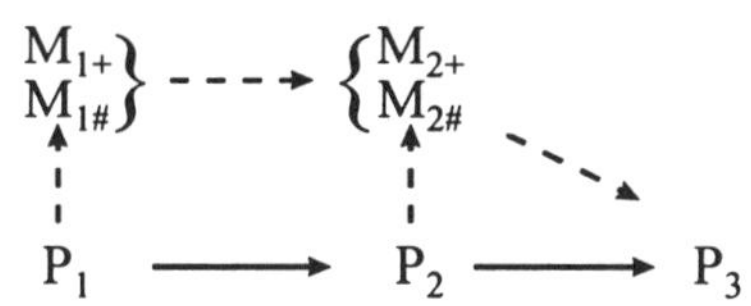

Abbildung 2.5: Superveniente und emergente Beziehungen

[149] Metzger (1975), Gordon (1989)

[150] Putnam (1997, S. 30), Scott (1995, S. 159-175), Searle (1992, 1997, S. 235), Brüntrup (1998), Davidson (1999). Searle überträgt die emergente Beziehung zwischen Geistigem und Materiellen auf die Beziehung zwischen dem Sozialen und dem Materiellen: Auch die Eigenschaften und Zustände sozialer und kultureller Systeme können über ihre materiellen Eigenschaften hinausgehen, ohne dass es einen Bruch zwischen Kultur und Biologie geben muss.

In der Abbildung 2.5 werden diese Vorstellungen dadurch veranschaulicht, dass die physisch erklärbaren Bestandteile mentaler Zustände ($M_{1\#}$ und $M_{2\#}$) von den nicht-erklärbaren Bestandteilen (M_{1+} und M_{2+}) getrennt werden.

Zusammenfassende Abschlussbemerkungen

Die Darstellung verschiedener Positionen zur Leib-Seele-Beziehung kann aus mehreren Gründen nicht mit einer endgültigen Lösung abschließen. Die Philosophie des Geistes ist keine empirische Wissenschaft. Wir können von ihr deshalb keine Antwort auf die *empirische* Frage erwarten, wie die Beziehungen zwischen Körper und Psyche, zwischen Geist und Gehirn *tatsächlich* sind.

Die Überlegungen in der Philosophie des Geistes können uns aber anregen und warnen. Sie zeigen, welche Beziehungen zwischen Körper und Geist *prinzipiell* bestehen können. Sie warnen davor, in Wissenschaft und Praxis allzu schnell und unbegründet eine zu einfache Leib-Seele-Beziehung zu unterstellen.

Einerseits finden sich zu einfache dualistische Sichtweisen. Es wird angenommen, dass psychische Ereignisse körperliche Vorgänge beeinflussen, obwohl nicht erklärt werden kann, wie etwas Immaterielles etwas Materielles hervorruft. Auf der anderen Seite wird häufig ein unreflektierter Reduktionismus vertreten, obwohl nicht sicher ist, ob es jemals möglich sein wird, alle propositionalen Einstellungen und Erlebnisqualitäten befriedigend durch Gehirnzustände zu erklären.

Falls man zu einem späteren Zeitpunkt aufgrund der Ergebnisse der neurobiologischen Forschung tatsächlich die mentalen Erlebnisse einer Person vollständig und gesetzmäßig aus ihren physiologischen und neuronalen Zuständen und Prozessen ableiten kann, ist das Geistige vollständig auf das Körperliche reduzierbar. Gegenwärtig sind Neurobiologie und Neuropsychologie von diesem Ziel noch sehr weit entfernt.[151] Solange es zumindest einige Aspekte des Erlebens gibt, die nicht aus den materiellen Geschehnissen ableitbar sind, müssen wir mentale und physische Zustände unterschiedlich beschreiben und erklären.

Gegenwärtig erscheint es mir am sinnvollsten, mentale und physische Zustände als unterschiedliche Eigenschaften von Systemen aufzufassen, die zueinander komplementär sind und auf unterschiedlichen Betrachtungsebenen deutlich werden.

◊ Genießt eine Person den Biss in eine reife gelbe Birne, ist dies ein komplexer mentaler Systemzustand. Gleichzeitig befindet sich diese Person in einem komplexen physischen Zustand, zu dem unter anderem die momentanen Aktivitäten der Farb-, Geruchs- und Geschmackssensorsysteme gehören.

Sollen mentale Zustände nicht losgelöst von der Materie existieren, müssen wir außerdem annehmen, dass sie supervenient sind.

◊ Ein momentanes Geruchserlebnis M superveniert auf den momentanen Zustand P des Geruchssystems (von den Rezeptoren bis zu den kortikalen Projektionsfeldern), wenn

[151] Einen sehr guten Überblick bietet der Band von Roth und Prinz (1996).

alle Personen (oder die Person zu allen Zeiten), bei denen das Geruchssystem in genau diesem Zustand ist, notwendigerweise genau dieses Geruchserlebnis haben.

Sollen mentale Zustände eine materielle Basis haben, aber nicht auf Materielles reduzierbar sein, müssen sie nicht nur supervenient, sondern auch emergent sein.

◊ Das Geruchserlebnis M ist ein emergenter Zustand, wenn er mindestens eine Eigenschaft hat, die nicht aus dem physischen Zustand P des Geruchssystems und den für diesen materiellen Bereich geltenden Gesetzen ableitbar ist.

Die philosophischen Positionen zum Leib-Seele-Problem werden meist als *ontologische* Hypothesen aufgefasst, d.h. Annahmen über das Sein, die Existenz und die Realität bestimmter Dinge. Sie sind nur dann von Interesse, falls wir wissenschaftliche Aussagen über eine von uns unabhängig bestehende Realität machen wollen. Von einem idealistischen und instrumentalistischen Standpunkt hingegen reduziert sich das Leib-Seele-Problem auf eine Frage der wissenschaftlichen Sprache und Begrifflichkeit. Die Aufgabe besteht aus dieser Sicht darin, die verschiedenen Begrifflichkeiten, die zur Beschreibung mentaler und physischer Phänomene notwendig sind, sinnvoll zu verbinden.[152]

[152] Nach Wittgenstein (1953) und Ryle (1969) stammen Aussagen über physische und mentale Zustände aus verschiedenen „Sprachspielen", deren Vermengung zu sog. *Kategorienfehlern* führt (Bieri, 1987; Hastedt, 1989, S. 93-106; Herrmann, 1983). Dieser Sprachdualismus ist aber kein Hindernis, unterschiedliche Arten von Begriffen und Theorien systematisch zu verbinden (siehe unten Kapitel 11.6).

3 Präzisierungen durch Logik

In der Wissenschaft benutzen wir die Sprache, um unsere Fragen und Antworten, Ausgangspunkte und Ziele, Vermutungen und Ergebnisse festzuhalten und mitzuteilen. Diese sprachlichen Mitteilungen richten sich an Kollegen aus dem gleichen Fachgebiet, an Studenten, an Wissenschaftler aus anderen Bereichen, mitunter auch an Laien ohne jede wissenschaftliche Ausbildung. Diese sprachlichen Produkte der Wissenschaften bestehen im wesentlichen aus Begriffen, Aussagen und Argumenten.

Üblicherweise werden Aussagen der Psychologie in einer Sprache formuliert, die etliche Fachbegriffe enthält, sonst aber der (gehobenen) Umgangssprache entspricht. Diese wissenschaftliche Umgangssprache reicht jedoch nicht aus, um wissenschaftliche Begriffe und Äußerungen so präzise zu gestalten, dass Unklarheiten und Verständigungsprobleme auszuräumen sind. Dazu müssen wir vielmehr Hilfsmittel aus der Logik und der Mathematik heranziehen. Dies wird in diesem Kapitel 3 sowie in den folgenden Kapiteln 4 bis 6 dargestellt.

Die Logik ist eine formale Wissenschaft, die von Mathematikern und Philosophen betrieben wird. Sie ist in der griechischen Antike von Aristoteles geprägt worden. Die moderne Logik wurde von Gottlob Frege Ende des 19. Jahrhunderts begründet.[153] Sie besteht aus der *Aussagenlogik* (Kapitel 3.2) und der *Quantoren-* oder *Prädikatenlogik* (Kapitel 3.3). Das sind formale Kalküle, künstliche Sprachen. Sie können aber auch als Idealisierungen der Umgangssprache betrachtet werden. Mit ihrer Hilfe können wir deshalb unsere alltäglichen wissenschaftlichen Begriffe und Aussagen präzisieren. Vor allem können wir prüfen, ob eine Aussage zwingend aus einer anderen gefolgert (deduziert) werden kann (Kapitel 3.4). Dadurch werden verschiedene Arten von Unklarheiten reduziert, die, wie im folgenden Kapitel 3.1 illustriert wird, in wissenschaftlichen Texten stecken können.

---

[153] Die moderne Logik wird auch als mathematische oder symbolische Logik bezeichnet. Einführungen: Kutschera & Breitkopf (1992), Steyer & Eid (1993, S. 297-306), Tugendhat & Wolf (1983), Read (1997); knappe Überblicke: Dallmann & Elster (1991, S. 17-32), Reinhardt & Soeder (1978, S. 14-21), Speck (1980); Vertiefungen: Carnap (1968), Hilbert & Ackermann (1967), Kondakow (1978), Tarski (1977)

3.1 Wissenschaftliche Aussagen und Verständigungsprobleme

Bei der Rezeption wissenschaftlicher Aussagen und Texte können Verständigungsprobleme und Verständnisschwierigkeiten auf verschiedene Weise zutage treten. Häufig ist uns direkt bewusst, dass wir nicht verstehen, was ein Autor ausdrücken will. Wir bemerken vielleicht, dass der Autor von verschiedenen Lesern unterschiedlich verstanden wird. Einige müssen ihn dann wohl missverstanden haben. Mitunter haben wir gar den Eindruck, dass einem Autor selbst nicht hinreichend klar ist, was er ausdrücken will. Wir können einen Autor aber natürlich auch missverstehen, ohne dass wir dies bemerken.

Die Verständigungsprobleme und Verständnisschwierigkeiten bei wissenschaftlichen Texten können von unterschiedlicher Art sein. Manche Schwierigkeiten beruhen auf Mängel der Sprache und Darstellung. Sie lassen sich dadurch reduzieren, dass die Autoren Sätze einfacher aufbauen, zusätzliche Erklärungen einschieben oder das Gesagte durch Beispiele erläutern. Andere Verständnisschwierigkeiten haben ihre Ursachen in der Schwierigkeit oder Komplexität der dargestellten Thematiken. Sie lassen sich überwinden, wenn man sich mehrfach und intensiv mit dem Text auseinandersetzt, sich Vorkenntnisse aneignet oder andere Darstellungen liest.

Etliche, häufig unbemerkte Verständigungsprobleme in der wissenschaftlichen Kommunikation sind schwerer zu beseitigen, weil sie auf methodologische Unzulänglichkeiten zurückzuführen sind. Einige davon werden im folgenden an Beispielen erläutert: Unklarheiten über die Art und den Bezug einer Aussage, über die argumentative Verknüpfung zwischen Aussagen sowie über Bedeutung und Art von Begriffen.[154]

(1) Unklarheiten über die Art der Äußerung

Bei vielen wissenschaftlichen Aussagen ist unklar, ob sie Feststellungen über reale Sachverhalte oder Definitionen von Fachbegriffen sind. Bei Feststellungen ist oft unklar, ob sie Beobachtungen beschreiben oder theoretische Annahmen. Bei theoretischen Annahmen bleibt oft offen, ob sie gut begründet oder sehr spekulativ sind.

◊ „Die primären Emotionen (Glück-Freude, Trauer, Furcht, Wut, Überraschung und Ekel) sind angeborene Reaktionsmuster, die in vielen Kulturen gleich ablaufen."[155]

Diese Aussage wirkt wie die Beschreibung eines sicheren empirischen Sachverhaltes. Tatsächlich besteht sie aus mehreren unklaren Bestandteilen, die auch durch den umgebenden Text nicht durchsichtiger werden.

Ob und welche Basisemotionen es gibt, ist recht umstritten.[156] Wollen die Autoren hier die Menge der primären Emotionen definitionsgemäß festlegen? Oder haben sich

---

[154] Zur Illustration muss ich Texte von Kollegen zitieren, weil man die Unklarheiten in den eigenen Veröffentlichungen selbst nicht zu bemerken pflegt.

[155] Birbaumer & Schmidt (1999, S. 642)

[156] Schneider & Schmalt (1981), Ortony & Turner (1990), Häcker & Stapf (1998, S. 219)

diese Emotionen empirisch irgendwie als primär erwiesen? Sollen genau die Emotionen primär genannt werden, die angeborene Reaktionsmuster sind? Oder ist es ein empirischer Befund, dass die genannten primären Emotionen angeboren sind? Dann dürften sie durch Erfahrung in keiner Weise modifizierbar sein. Oder sind nur bestimmte Komponenten biologisch vorprogrammiert? Haben Angehörige der Kulturen, in denen die Reaktionsmuster nicht gleich ablaufen, andere Anlagen oder pränatale Erfahrungen? Oder ist das Ganze nur eine grob vereinfachende Zusammenfassung der bekannten empirischen Befunde zur großen inter-individuellen und -kulturellen Übereinstimmung bei der Interpretation von emotionalen Gesichtsausdrücken?[157]

(2) Unklarheiten über den Bezug der Aussage

Bei den meisten wissenschaftlichen Aussagen bleibt unerwähnt, welchen Bezug oder Geltungsbereich sie haben sollen: Sollen sie für alle Menschen gelten, für die meisten oder nur für bestimmte Alters-, Kultur- oder Sozialgruppen?

◊ „Jedes Mal, wenn eine Person glaubt, dass eine ihrer Freiheiten bedroht oder eliminiert worden ist, wird sie ... versuchen, ihre Freiheiten wiederzugewinnen."[158] Soll diese Grundannahme der Reaktanztheorie auch für alle Personen in einer ostasiatischen Diktatur gelten?

(3) Unklarheiten über die argumentative Verbindung zwischen Aussagen

In einem Text mit (sehr) vielen wissenschaftlichen Aussagen bleibt häufig unklar, in welcher Beziehung die einzelnen Aussagen zueinander stehen sollen: Soll die eine Aussage zwingend aus der anderen folgen? Wird die eine durch die andere in gewisser Weise gestützt? Oder sind beide unabhängig voneinander?

◊ „Eine soziale Phobie, auch soziale Angst genannt, ist eine persistierende, irrationale, an die Gegenwart anderer Menschen gebundene Angst. Der oder die Betroffene vermeidet nach Möglichkeit Situationen, in denen er oder sie sich kritisch beobachtet fühlt und Angst verrät oder sich unangemessen verhalten könnte."[159] Der erste Satz ist eine Definition des Begriffs der sozialen Phobie. Soll der zweite Satz aus dem ersten folgen? Oder werden zusätzliche Verhaltenscharakteristika von Betroffenen genannt? Sind diese notwendig für eine soziale Phobie? Oder sind sie nur typische Symptome?

(4) Unklarheiten über die Bedeutung von Begriffen

Viele Verständigungsprobleme gehen darauf zurück, dass die Bedeutung der Begriffe, die ein Autor verwendet, den Lesern nicht hinreichend klar gemacht wird. Welche Objekte will der Autor mit einem Begriff bezeichnen? Welche Beziehungen zwischen den Begriffen meint er genau? Meint er mit verschiedenen Begriffen, die er

---

[157] Ekman (1993), Zimbardo (1999, S. 361-362)
[158] Weiner (1988, S. 206)
[159] Davison & Neale (1996, S. 147)

verwendet, das Gleiche? Meint er mit einem Begriff das Gleiche wie ein anderer Autor?

◊ Bei der Beschreibung der Rubikontheorie benutzt Heinz Heckhausen die Begriffe Handlung und Handeln in verschiedenen Bedeutungen.[160] Einerseits gehören zu einer Handlung alle Aktivitäten, denen die gleiche Zielvorstellung zugrunde liegt, also nicht nur die offenen Verhaltensweisen in der aktionalen Phase, sondern z.B. auch die Überlegungen zur Auswahl eines Ziels, zur Planung der Aktivitäten und zur Bewertung der Verhaltensergebnisse. Andererseits wird die offene Verhaltensaktivität während der aktionalen Phase als „Handeln" bezeichnet, ihr Beginn als „Handlungsinitiierung" und ihr Ende als „Handlungsabschluss".

◊ Die Umsetzung einer Intention in offene Aktivitäten hängt nach der Rubikontheorie von der Fiat-Tendenz ab. Explizit definiert wird sie nicht. „Die Stärke der Fiat-Tendenz ist ... von der Stärke der Zielintention ... abhängig. ... Weitere Determinanten können die Dringlichkeit, die Anzahl verpasster Gelegenheiten und missglückter Realisierungsversuche einer Zielintention sein."[161] Wovon die Fiat-Tendenz abhängt, bleibt damit unklar: Ist die Motivations- oder die Volitionsstärke gemeint, die nach der Theorie beide mit jeder Zielintention verbunden sind? Sollen die anderen Determinanten die Fiat-Tendenz erhöhen oder verringern?

(5) Unklarheiten über die Art der Begriffe

Bezeichnet ein Begriff, der in einem wissenschaftlichen Text verwendet wird, eine Menge von Elementen oder die einzelnen Elemente? Bezeichnet er Systeme oder Bestandteile, Eigenschaften oder Beziehungen?

◊ „Sprache stellt ein hierarchisch gegliedertes Kommunikationssystem dar, das aus Sprachlauten (Phonemen), Worteinheiten (Morphemen) und Satzeinheiten (Phrasen) besteht und mit Hilfe der Syntax (Reihenfolge von Worten) zu Propositionen (Bedeutungseinheiten) und Sätzen zusammengefasst wird."[162]

Nach dieser Charakterisierung sind Phoneme, Morpheme und Phrasen Bestandteile der Sprache. Dieses Kommunikationssystem besteht also (zumindest) aus drei Grundmengen. Doch wie kann man das ganze System zu Propositionen und Sätzen zusammenfassen? Gemeint ist wohl, dass die Grundmengen kombiniert werden. Ist die Syntax dabei eine außenstehende Instanz, die zu Hilfe genommen werden kann? Die Syntax ist doch auch ein Bestandteil des Systems Sprache: eine Relation, die anzeigt, ob eine Wortreihenfolge „erlaubt" ist. Auch die Wörter, Propositionen und Sätze müssten Bestandteile des Systems sein. Dem entgegen steht jedoch die Aussage „Sprache ist in Bedeutungseinheiten (Propositionen) repräsentiert".[163] Das klingt so, als ob Sprache und Propositionen zwei verschiedene Systeme sind, die aufeinander abgebildet werden. Oder wird das System Sprache nur durch einen seiner Bestandteile repräsentiert?

---

160 Heckhausen (1989, S. 14-15, 212-216)
161 Heckhausen (1989, S. 214)
162 Birbaumer & Schmidt (1999, S. 675)
163 Birbaumer & Schmidt (1999, S. 676)

Derartige Unklarheiten und Verständigungsprobleme sind nur zu vermeiden, wenn wir wissenschaftliche Aussagen präziser formulieren als alltägliche Aussagen.[164]

Wir müssen jedoch nicht alle psychologischen Äußerungen in mathematische oder logische Formeln umsetzen. Wir können weiterhin die wissenschaftliche Umgangssprache benutzen. Wir sollten aber bereit und fähig sein, unsere Begriffe und Aussagen mit Hilfe logischer und mathematischer Konzepte zu präzisieren, falls dies notwendig ist. Dies kann helfen, Fehler und Missverständnisse in wissenschaftlichen Darstellungen zu vermeiden.

Überblick

Mit Aussagen, die wahr oder falsch sein können (siehe den ersten der obigen Punkte), beschäftigt sich die sog. *Aussagenlogik* (Kapitel 3.2). Wesentlich sind dabei vor allem die Verknüpfungen von Aussagen, die sog. Junktoren.[165] Die *Quantorenlogik* beschreibt, wie Aussagen aus Subjekten und Prädikaten aufgebaut sind (Kapitel 3.3). Durch Variablen und Quantoren können die Bezugsobjekte einer Aussage (Punkt 2) deutlicher angegeben werden.

Wie im dritten Punkt angedeutet, sind wissenschaftliche Aussagen in der Regel argumentativ miteinander verbunden: Das Kapitel 3.4 beschäftigt sich mit der korrekten *logischen Deduktion* von Aussagen aus vorgegebenen anderen Aussagen. Wesentliche Aspekte des wissenschaftlichen Denkens und Argumentierens entsprechen allerdings nicht deduktiv-logischen Schlüssen, sondern stellen übertragende oder verallgemeinernde Argumente dar. Die Rechtfertigung dieser *induktiven Argumente* wird im Kapitel 4 besprochen.

Der Definition wissenschaftlicher Begriffe (Punkt 4) wenden wir uns im Kapitel 5 zu. Die Bedeutung psychologischer Begriffe kann man zwar auf verschiedene Weise präzisieren, meist verbleibt aber noch eine gewisse Vagheit. Stets möglich und empfehlenswert ist es, die Art der verwendeten wissenschaftlichen Begriffe (Punkt 5) in der Sprache der Mengentheorie zu charakterisieren (Kapitel 6).

3.2 Aussagenlogik

3.2.1 Aussagen und Wahrheitswerte

- Seit Aristoteles versteht man unter einer Aussage etwas, von dem man sinnvollerweise sagen kann, dass es wahr oder falsch ist.[166]

---

[164] Opp (1976), Gadenne (1994b)

[165] Der Unterschied zwischen Beobachtungsaussagen und theoretischen Aussagen wird erst später behandelt, ebenso die empirische Fundierung von wissenschaftlichen Aussagen.

[166] In der Logik werden Aussagen auch als *Sätze* bezeichnet. In den Sprach- und Kognitionswissenschaften bezeichnet man die kleinstmöglichen Einheiten, die entweder wahr oder falsch sein können, als *Propositionen*. Jede Proposition kann dabei in unterschiedlichen sprachlichen Aussagen formuliert werden.

Es kommt nicht darauf an, ob die Wahrheit oder Falschheit bekannt ist oder wie man sie feststellen kann.

◊ „Sigmund Freud hat am 6.6.1866 Lateinunterricht gehabt" ist eine Aussage, denn sie ist entweder wahr oder falsch. Wir wissen aber nicht, welchen Wahrheitswert sie hat, und wir können ihren Wahrheitswert heute auch nicht mehr eindeutig feststellen.

Werden zwei oder mehr Aussagen verknüpft (durch „und", „oder", „wenn, dann" usw.), entsteht eine neue, *zusammengesetzte Aussage*. Eine Aussage, die nicht zusammengesetzt ist, ist eine *elementare Aussage*.

◊ Elementare Aussagen sind: „7 ist eine gerade Zahl", „Alfred Adler war ein Schüler von Sigmund Freud", „Berlin ist die Hauptstadt Deutschlands", „ Berlin liegt an der Elbe".
◊ Zusammengesetze Aussagen sind: „Berlin ist die Hauptstadt Deutschlands und liegt an der Elbe", „Wenn 7 eine gerade Zahl ist, dann ist sie ohne Rest durch 2 teilbar".

Keine Aussagen sind dagegen alle sprachlichen oder mathematischen Ausdrücke, die nicht wahr oder falsch sein können.

◊ Ausdrücke, die keine Aussagen sind: „Die Zahl 7 ist kleiner", „Guten Abend allerseits!", „War Sigmund Freud neurotisch?", „$x + 5 < 20$", „Alfred Adler R Sigmund Freud."

Die letzten beiden Ausdrücke sind Beispiele für sog. *Aussageformen*: Sie werden zu (wahren oder falschen) Aussagen, indem man für x eine bestimmte Zahl (z.B. $x = 10$) bzw. für R eine bestimme Relation (z.B. „war Schüler von") einsetzt.

Voraussetzungen und Grenzen

Die Aussagenlogik ist eine zweiwertige Logik. Es gibt nur die Wahrheitswerte „wahr" und „falsch". Um die Aussagenlogik anwenden zu können, muss für jede elementare Aussage eindeutig festgelegt werden, ob sie wahr oder falsch ist.

◊ Die Aussage eines Prüflings „Sigmund Freud ist 1855 geboren" ist, da Freud tatsächlich 1856 geboren wurde, streng genommen falsch.

Die Wahl des Kriteriums für die Wahrheit einer Aussage ist keine logische, sondern eine inhaltliche Aufgabe. Wenn für jede Aussage eindeutig festgelegt wird, ob sie wahr oder falsch ist, kann die Aussagenlogik angewendet werden, unabhängig davon, wie diese Festlegung erfolgt.

◊ Ein Prüfer kann streng sein und nur die Aussage „Sigmund Freud wurde 1856 geboren" als wahr betrachten. Er kann aber auch großzügiger sein und beispielsweise festlegen, dass alle Aussagen mit Geburtsjahren zwischen 1850 und 1859 wahr sind.

Verschiedene Abstufungen oder Grade der Wahrheit oder Falschheit von Aussagen können wir durch die zweiwertige Aussagenlogik nicht repräsentieren. Sind wir der Auffassung, dass uns interessierende elementare Aussagen nicht eindeutig, sondern nur mehr oder minder wahr oder falsch sind, können wir die zweiwertige Aussagenlogik nicht oder nur als Annäherung anwenden.[167]

◊ Ein Prüfer kann die Aussage „Sigmund Freud ist 1855 geboren“ als „fast richtig“ bewerten, zumindest ist sie „richtiger“ als beispielsweise die Angabe „1756“.

Notation

Als Stellvertreter für beliebige Aussagen werden *Aussagevariablen* verwendet, die meist durch Großbuchstaben A, B, C usw. bezeichnet werden (mitunter auch durch die Kleinbuchstaben p, q, r usw.). Wenn A und B zwei Aussagen sind, so bedeutet w(A) = W und w(B) = F, dass A den Wahrheitswert wahr und B den Wahrheitswert falsch hat. Die Negation oder Verneinung einer Aussage A wird mit ¬A (bei manchen Autoren durch ~A) symbolisiert und als Non-A oder Nicht-A bezeichnet.

3.2.2 Junktoren und Wahrheitstafeln

In der Umgangssprache bestehen viele Aussagen und Aussageformen aus Teilen, die wiederum Aussagen bzw. Aussageformen sind. Als vermittelnde Worte treten Bindewörter (Konjunktionen) auf: und, oder, denn, weil, während, solange usf. Die Aussagenlogik verfügt dagegen nur über relativ wenige Verknüpfungen von zwei Aussagen. Im Gegensatz zur Umgangssprache ist die Bedeutung dieser *Junktoren* aber präzise festgelegt. Die vier wichtigen logischen Junktoren, ihre Symbole und ihre umgangssprachlichen Bezeichnungen sind in der Tabelle 3.1 dargestellt:[168]

Tabelle 3.1: Beschreibung der logischen Junktoren

Name des Junktors	*umgangssprachliche Bezeichnung*	*Symbol*
Disjunktion	oder	$\vee$
Konjunktion	und	$\wedge$
Implikation	wenn ..., dann ...	$\rightarrow$
Äquivalenz	genau dann, wenn	$\leftrightarrow$

167 Die Beschränkungen der zweiwertigen Logik können durch andere Logiken überwunden werden (Kondakow, 1978, S. 292-294; Kreiser, Gottwald & Stelzner, 1990; Mittelstraß, 1995b, S. 626-702, 906-911; Regenbogen & Meyer, 1998; Stegmüller, 1987a, S. 147-220). In *mehrwertigen Logiken* können Aussagen drei oder mehr mögliche Wahrheitswerte haben. In der *Fuzzy Logic* wird der Wahrheitswert einer Aussage durch eine Wahrscheinlichkeit angegeben, er kann also unendlich viele Werte von 0 bis 1 annehmen. Sie wird verwendet, um den tatsächlichen Umgang von Menschen mit Begriffszuordnungen und Aussagewahrheiten besser beschreiben zu können (Spies, 1993). In der *Modallogik* können Aussagen auch als „möglicherweise“ oder „notwendigerweise“ wahr oder falsch bezeichnet werden. Sie kann zur Definition und Analyse von Handlungen herangezogen werden (Wright, 1980).

168 Auch die Negation ¬ wird in der Aussagenlogik als Junktor bezeichnet und über eine Wahrheitstafel definiert: Ist A wahr, ist ¬A falsch; ist A falsch, ist ¬A wahr.

Die Bedeutung jedes Junktors zwischen zwei Aussagen A und B wird dadurch präzise definiert, dass für ihn eine sog. Wahrheitstafel aufgestellt wird. Sie geht von allen möglichen Kombinationen der Wahrheit und Falschheit der Aussagen A und B aus: A wahr und B wahr, A wahr und B falsch, A falsch und B wahr, A falsch und B falsch. Für jeden dieser vier Fälle wird festgelegt, ob die Verknüpfung der beiden Aussagen wahr oder falsch ist. In der Tabelle 3.2 sind die Wahrheitstafeln für die vier Junktoren zusammengefasst. Sie werden anschließend näher erläutert.

Tabelle 3.2: Wahrheitstafeln zur Definition der Junktoren

Wahrheitswerte ursprüngliche Aussagen		*Wahrheitswerte verknüpfte Aussagen*			
A	B	$A \vee B$	$A \wedge B$	$A \rightarrow B$	$A \leftrightarrow B$
W	W	W	W	W	W
W	F	W	F	F	F
F	W	W	F	W	F
F	F	F	F	W	W

Disjunktion

Umgangssprachlich wird die „oder"-Verbindung in zwei verschiedenen Bedeutungen verwendet: als ausschließendes Oder und als nicht-ausschließendes Oder.

◊ Wenn eine Lehrerin sagt „Ihr Sohn sollte Psychologie oder Biologie studieren", meint sie, dass er entweder Psychologie oder Biologie studieren sollte, aber nicht beide Fächer.

◊ Die Aussage „Schüler, die in Englisch oder Mathematik keine ausreichenden Leistungen zeigen, sollten nicht Psychologie studieren", ist so gemeint, dass auch Schüler, die in beiden Fächern keine ausreichenden Leistungen zeigen, das Fach nicht studieren sollten.

In der Aussagenlogik ist die dem Oder entsprechende Disjunktion $\vee$ nicht-ausschließend definiert, denn nach der obigen Wahrheitstabelle ist die Aussage „$A \vee B$" auch dann wahr, wenn sowohl A als auch B wahr sind.

In der Umgangssprache ist die Bedeutung von Aussagenverknüpfungen also nicht genau festgelegt, aufgrund des Inhalts der verknüpften Aussagen ist die Bedeutung der Verknüpfung aber fast immer klar. In der Aussagenlogik sind die Junktoren dagegen genau definiert, und die Wahrheit einer Aussagenverknüpfung hängt dann allein von der Wahrheit der Aussagen ab, nicht von ihrem Inhalt.

Im Unterschied zur Umgangssprache müssen logisch verknüpfte Aussagen inhaltlich nichts miteinander zu tun haben.

◊ Ist A die Aussage „Berlin liegt an der Elbe" und B ist die Aussage „2 mal 2 ist 4", dann ist „$A \vee B$" in der Logik nicht nur eine sinnvolle, sondern sogar eine wahre Aussage.

Anders als in der Umgangssprache drückt die logische Oder-Verknüpfung keine Unsicherheit des Sprechers aus.

◊ Es sei A die Aussage „Die Vorlesung findet Dienstag statt" und B sei die Aussage „Die Vorlesung findet Mittwoch statt". Dann ist „A ∨ B" eine sinnvolle und wahre Aussage, auch wenn ganz sicher ist, dass die Vorlesung am Mittwoch stattfindet.

Konjunktion

Nach der Wahrheitstafel ist die Aussage „A ∧ B" nur dann wahr, wenn sowohl A als auch B wahr sind, sonst ist sie falsch. Dies entspricht dem üblichen Gebrauch der Und-Verknüpfung in der Umgangssprache. Mitunter findet sich dort das „und" aber auch in einer Bedeutung, die eher dem logischen „oder" entspricht.

◊ Die Aussage „Studenten der Biologie und Psychologie sind mit ihren Studienbedingungen sehr zufrieden" bezieht sich auf alle Studenten, die Biologie oder Psychologie studieren, nicht nur auf die wenigen Studenten, die beide Fächer studieren.

Implikation

Das Hauptthema der Logik sind die *Prinzipien des gültigen Schließens*: Sie fragen nach den Bedingungen, unter denen die Herleitung einer Aussage B aus einer anderen Aussage A korrekt ist, d.h. unter denen B mit Notwendigkeit aus A folgt. Die wichtigste Verknüpfung zwischen Aussagen ist deshalb die Implikation. Besteht eine implikative Verknüpfung A → B, sagt man „B folgt (logisch) aus A". A ist die *Prämisse* der Implikation, B die *Konklusion*.

Die Implikation ist durch die Wahrheitstafel so definiert, dass die Aussage „A → B" nur unter einer Bedingung falsch ist: Wenn A wahr und wenn B falsch ist. Anders ausgedrückt heißt dies: „Aus Wahrem kann nicht Falsches folgen".

◊ A sei die Aussage „Petra wird geärgert", B „Petra verhält sich aggressiv". Die Aussage „A → B" („Wenn Petra geärgert wird, dann verhält sie sich aggressiv") ist definitionsgemäß nur dann falsch, falls Petra geärgert wird, sich aber nicht aggressiv verhält.

Das Vorliegen einer implikativen Beziehung zwischen A und B bedeutet also: Wenn die Aussage A wahr ist, muss zwangsläufig auch die Aussage B wahr sein. In diesem Punkt entspricht die aussagenlogische Implikation dem, was in Philosophie und Alltag seit jeher unter einer (logischen) Folgerung oder Ableitung verstanden wird: Die Wahrheit der Prämisse garantiert die Wahrheit der Konklusion.

Die aussagenlogische Implikation hat allerdings auch Eigenschaften, die nicht unbedingt dem Alltagsverständnis einer Wenn-dann-Aussage entsprechen.

Erstens ist A → B immer dann wahr, wenn A falsch ist, denn die Implikation ist definitionsgemäß nur dann falsch, wenn A wahr und B falsch ist.

◊ Ist die Aussage A „Petra wird geärgert" falsch, ist die Implikation A → B wahr, unabhängig davon, ob Petra sich nun aggressiv verhält oder nicht.

◊ Ist A die Aussage „2 mal 2 ist gleich 5", so ist für jede beliebige Aussage X die Implikation A → X aussagenlogisch wahr.

Zweitens müssen zwei Aussagen, zwischen denen eine Implikationsbeziehung besteht, inhaltlich nicht unbedingt etwas miteinander zu tun haben.[169] In der Umgangssprache drückt ein Wenn-dann-Satz dagegen stets ein inhaltliches Ursachen-, Bedingungs- oder Zeitverhältnis aus.

◊ Die Aussage „Wenn 2 mal 2 gleich 5 ist, dann liegt Berlin an der Elbe“ ist aussagenlogisch sinnvoll, und sie ist, da Prämisse und Konklusion falsch sind, sogar wahr.

Trotz dieser Divergenzen zum Vorverständnis ist die Definition der logischen Implikation sinnvoll: Es gibt es keine bessere Möglichkeit, einen Junktor zu definieren, der das auszudrücken vermag, was man unter einer logischen Ableitung oder zwingenden Folgerung versteht.[170] Im Kapitel 3.4.1 wird dies an zwei besonders wichtigen Schlussformen dargestellt: dem *Modus ponens* und dem *Modus tollens*.

Äquivalenz

Zwei Aussagen A und B sind äquivalent, wenn zwischen ihnen eine Implikationsbeziehung in beiden Richtungen besteht. $A \leftrightarrow B$ gilt, wenn sowohl $A \rightarrow B$ als auch $B \rightarrow A$ gilt. In der Umgangssprache begegnet man entsprechenden Ausdrücken (z.B. „dann und nur dann“, „genau dann wenn“) relativ selten. Wie kognitionspsychologische Untersuchungen zeigen, werden jedoch Wenn-dann-Aussagen mitunter als Äquivalenzaussagen fehlinterpretiert.[171] In der Mathematik und anderen formalen Wissenschaften werden Äquivalenzaussagen relativ häufig verwendet, um Begriffe zu definieren. Deshalb haben sich sogar eigene Abkürzungen eingebürgert: *gdw* im Deutschen für „genau dann wenn“ und *iff* für das englische „if and only if“.

3.2.3 Notwendige und hinreichende Bedingungen

- Gilt die Aussage $A \rightarrow B$, bezeichnet man A als hinreichende Bedingung für B und B als notwendige Bedingung für A.

Beide Bezeichnungen ergeben sich aus der Definition der Implikation in der Wahrheitstafel: Wenn A wahr ist, muss auch B wahr sein, und A kann nur wahr sein, wenn B wahr ist.

◊ Watson und Rayner präsentierten ihrem *Little Albert* mehrmals ein weißes Kaninchen (neutraler Stimulus, NS) zusammen mit einem lauten Geräusch (unkonditionierter Stimulus, UCS), das eine starke Furchtreaktion (unkonditionierte Reaktion, UCR)

---

169 Aufgrund dieser beiden Eigenschaften der Implikation wurde die hier dargestellte moderne, mathematische Logik (oder „Logistik“) von Vertretern der klassischen Logik scharf kritisiert und abgelehnt (Freytag-Löringhoff, 1955). Diese traditionelle Logik beschäftigt sich vor allem mit den sog. Syllogismen (siehe unten Kapitel 3.4.2).

170 Insgesamt können $2^4 = 16$ zweistellige Verknüpfungen definiert werden (Reinhardt & Soeder, 1978, S. 14). Sie lassen sich jedoch alle auf die vorgestellten fünf zurückführen.

171 Lüer & Spada (1990, S. 222)

auslöste.[172] Diese mehrfache Präsentation P war *hinreichend* für die Ausbildung einer Furchtreaktion F auf das Kaninchen allein (konditionierte Reaktion, CR): P → F.

◊ S sei die Aussage „eine Person bekommt als Kind häufig Schläge", und U sei die Aussage „eine Person verhält sich als Erwachsene gegenüber anderen Menschen häufig unterdrückend". S → U entspricht dann der Aussage, dass Geschlagenwerden zwangsläufig dazu führt (d.h. eine hinreichende Bedingung dafür ist), dass die Person als Erwachsene häufig Unterdrückungsverhalten zeigt. Falls diese Aussage tatsächlich gilt, ist U eine notwendige Bedingung für S: Wenn der Erwachsene seine Mitmenschen *nicht* unterdrückt, ist er auch als Kind nicht häufig geschlagen worden.

Liegt eine Äquivalenz A ↔ B vor, ist A hinreichend und notwendig für B, und B ist hinreichend und notwendig für A.

Bei einer Implikation A → B kann B wahr und A falsch sein. A ist deshalb keine notwendige Bedingung für B, und B ist keine hinreichende Bedingung für A.

◊ Die gemeinsame Präsentation P von Kaninchen und lautem Geräusch ist *keine notwendige Bedingung* für das Auftreten der Furchtreaktion F auf das Kaninchen. Diese kann z.B. auch durch eine Generalisierung entstehen.

◊ Auch wenn die Annahme S → U gilt, ist S nicht notwendig für U: Eine Person kann ein Unterdrücker sein, auch wenn sie als Kind nicht häufig geschlagen worden ist.

Wenn A zeitlich vor B liegt, kann eine Implikation A → B einer Annahme über eine Ursache-Wirkungs-Beziehung entsprechen (siehe unten Kapitel 7). Zu beachten ist, dass in der aussagenlogischen Implikation an sich weder zeitliche noch ursächliche Angaben enthalten sind: B kann zeitlich vor A liegen oder Ursache von A sein.

◊ Nach der Psychoanalyse Freuds haben alle Neurosen im Erwachsenenalter ihre Ursachen in ungelösten frühkindlichen Triebkonflikten. Aus dem Auftreten einer Neurose (N) folgt also, dass ein Triebkonflikt (K) vorgelegen haben muss. Es gilt also N → K, wobei N später als K auftritt. Der Triebkonflikt ist nach Freud also *notwendige Bedingung* für das Entstehen einer Neurose im Erwachsenenalter. Er ist aber *keine hinreichende Bedingung* für das Auftreten einer Neurose, denn der ungelöste Konflikt kann vollständig verdrängt sein oder sich in anderen Symptomen äußern. Es gilt also *nicht* K → N.

3.3 Prädikatenlogik

Mit Hilfe der im vorangegangenen Kapitel besprochenen Aussagenlogik bestimmen wir den Wahrheitswert von Aussagenverknüpfungen in Abhängigkeit von den Wahrheitswerten der verknüpften Aussagen. Die Aussagen werden in der Aussagenlogik stets als Ganzes betrachtet, man kann mit der Aussagenlogik weder den Aufbau einer Aussage noch den Inhalt beschreiben.

---

[172] Meyer, Schützwohl & Reisenzein (1993, S. 56-64)

Mit der Quantoren- oder Prädikatenlogik können wir eine Aussage näher analysieren. Jede Aussage besteht aus mindestens zwei Konstituenten: der Nominal- und der Verbalphrase, kurz auch als Subjekt und Prädikat bezeichnet.[173]

◊ Bei der Aussage „Die neue Mitarbeiterin hat sehr gute Programmierkenntnisse" ist das Subjekt „Die neue Mitarbeiterin", während das Prädikat den Rest des Satzes umfasst.

Eine elementare Aussage ordnet einem Subjekt ein Prädikat (d.h. ein Attribut, eine Eigenschaft, ein Merkmal) zu. Die Prädikaten- oder Quantorenlogik enthält dementsprechend zwei Arten von Symbolen, durch die diese Teile bezeichnet werden:

- die *Subjektkonstanten* und *-variablen* für Dinge, Personen oder sonstige Entitäten,
- die *Prädikate* für Merkmale, Eigenschaften oder Beziehungen der Subjekte.

Hinzu kommt eine dritte Gruppe von prädikatenlogischen Symbolen:

- die *logischen Konstanten:*
  - die aus der Aussagenlogik bekannten *Junktoren* (Satzverknüpfungen) und
  - die sog. *Quantoren,* mit denen die Gültigkeitsbereiche von Prädikatzuschreibungen ausgedrückt werden.

Mit diesem prädikatenlogischen Instrumentarium kann nicht nur die Struktur einer Aussage detaillierter beschrieben werden. Es können auch die Beziehungen zwischen verschiedenen Aussagen spezifiziert werden.

Subjektkonstanten bezeichnen bestimmte Subjekte (Personen, Dinge oder Entitäten). Die einfachste Form einer prädikatenlogischen Aussage ordnet einem bestimmten Subjekt a ein bestimmtes Prädikat P zu und wird als P(a) symbolisiert.[174]

◊ In psychologischen Aussagen können Subjektkonstanten Namen für ganz bestimmte Personen oder Gruppen sein, z.B. „Napoleon", „die Lehrer der Gesamtschule Grünthal", sie können aber auch Namen für abstrakte Entitäten wie „das Selbstkonzept" sein. Einfache psychologische Prädikate sind „intelligent", „nervös", „differenziert" usw.

◊ Ist a die Belegschaft eines bestimmten Betriebs und ist U das Prädikat „unzufrieden", kann die Aussage „Die Belegschaft a ist unzufrieden" durch U(a) ausgedrückt werden. Ist b eine andere Belegschaft, sind auch U(b) sowie $U(a) \wedge U(b)$ sinnvolle Aussagen.

Stelligkeit

Verschiedene Prädikate unterscheiden sich durch ihre Stelligkeit, d.h. durch die Anzahl der Subjekte, Objekte oder Entitäten, auf die sich die Zuordnung bezieht. Einstellige Prädikate bezeichnen Eigenschaften von Entitäten, mehrstellige Prädikate Beziehungen oder Relationen zwischen den Entitäten.

---

173 Anderson (1996a, S. 346)

174 In den Kognitionswissenschaften werden mit dieser prädikatenlogischen Schreibweise die Propositionen beschrieben, durch die, nicht an eine bestimmte Sprache gebunden, unser Wissen repräsentiert werden kann (Anderson, 1996a; Eysenck & Keane, 1995; Stillings et al., 1995).

◊ Das Prädikat „ist männlich“ ist einstellig und kann z.B. durch M(a) symbolisiert werden, wenn a eine bestimmte Person bezeichnet. Zweistellig ist das Prädikat „ist älter als“. Dreistellig ist das Prädikat „mag lieber als“. Die Aussage, „Hans mag Allgemeine Psychologie lieber als Entwicklungspsychologie“ kann als M(h,a,e) ausgedrückt werden.

Prädikate unterschiedlicher Stelligkeit haben stets unterschiedliche Bedeutung. Während in der Umgangssprache für ein- und mehrstellige Prädikate oft gleiche Wörter verwendet werden, sollte man sie in der Logik unterschiedlich bezeichnen.

◊ Das Prädikat U in der Beispielaussage U(b), „Die Belegschaft b ist unzufrieden“, ist einstellig. In der Aussage „Die Belegschaft ist unzufrieden mit dem Kantinenessen“ ist das Prädikat zweistellig, es beschreibt eine Relation zwischen Belegschaft und Kantinenessen. Die Aussage kann z.B. als $U_2(b,k)$ geschrieben werden. Die Aussage „Der Inhaber ist mit der Meinung der Belegschaft über das Kantinenessen unzufrieden“ beinhaltet ein dreistelliges Prädikat und kann als U_3 (i,b,k) geschrieben werden.

Variablen

Subjektvariablen sind Platzhalter für verschiedene mögliche Subjekte. Sie werden in der Prädikatenlogik meist x, y usw. genannt. Die Namen für die konkreten Subjekte werden als Werte oder Ausprägungen der Variablen bezeichnet. In der wissenschaftlichen Umgangssprache werden Subjektvariablen und -konstanten meist nicht deutlich voneinander getrennt, häufig werden Subjektvariablen sogar völlig fortgelassen.

◊ Die Aussage „Wenn eine Belegschaft unzufrieden ist, ist der Krankenstand hoch“ bezieht sich auf viele mögliche Belegschaften. Sie muss deshalb mit Subjektvariablen formuliert werden: $U(x) \rightarrow K(x)$, wobei K das Prädikat „hoher Krankenstand“ darstellt.

◊ Knappe Feststellungen wie „die Anstrengung steigt bei erhöhter Schwierigkeit“ beziehen sich auf verschiedene mögliche Personen, Aktivitäten und Zeitpunkte. Bei näherer Betrachtung müssen sie folglich mit mehreren Subjektvariablen formuliert werden, z.B. als $SE(x,y,t) \rightarrow AE(x,y,t)$, wobei SE für die Schwierigkeits- und AE für die Anstrengungserhöhung steht und x, y und t für Personen, Aktivitäten und Zeitpunkte.

Auf Subjektvariablen bezogene Formulierungen wie U(x), $U(x) \rightarrow K(x)$ oder $U_3(x,y,z)$ haben noch keinen bestimmten Wahrheitswert und sind deshalb im logischen Sinne noch keine Aussagen, sondern Aussageformen. Beim Einsetzen bestimmter Ausprägungen der Subjektvariablen können sie zu wahren Aussagen werden, bei anderen Ausprägungen jedoch zu falschen. Wird durch Einsetzen einer bestimmten Konstante eine Aussageform zu einer wahren Aussage, sagt man, dass die Dinge, die diese Konstante bezeichnet, diese Aussageform *erfüllen*.

Quantoren

Eine andere Möglichkeit, von Aussageformen zu Aussagen zu kommen, besteht darin, die freien Subjektvariablen zu „binden“ oder zu „quantifizieren“. In der

Umgangssprache erfolgt dies dadurch, dass wir allgemein angeben, welche oder wie viele mögliche Subjekte unsere Aussageform erfüllen sollen.

◊ Für psychologische Beziehungen wie die zwischen Arbeitszufriedenheit und Krankenstand wird häufig unterstellt, dass sie für alle betroffenen Personen gilt, d.h. z.B. für *alle* Arbeitnehmer. Man kann aber auch vorsichtiger sein und annehmen, dass die Beziehung nur für die *meisten* Arbeitnehmer oder gar nur für *einige* Arbeitnehmer gilt.

In der Logik stehen für Quantifizierungen zwei Quantoren zur Verfügung:[175]

- Der Allquantor wird durch $\forall$ symbolisiert und hat die gleiche Bedeutung wie die umgangssprachlichen Formulierungen „für alle" oder „jeder". Entsprechende Aussagen werden als *Allaussagen* bezeichnet.
  ◊ Die Aussage, dass alle Betriebe mit unzufriedener Belegschaft einen hohen Krankenstand haben, lautet in prädikatenlogischer Formulierung $\forall x: U(x) \rightarrow K(x)$.
- Der Existenzquantor $\exists$ bedeutet „es gibt mindestens ein ..." und ähnelt damit dem umgangssprachlichen „für einige". Entsprechende Aussagen werden als *Existenzaussagen* bezeichnet.[176]
  ◊ Die Aussage, dass es Arbeitnehmer gibt, die nicht unzufrieden sind, kann als $\exists y: \neg U(y)$ formuliert werden, wobei festgelegt werden muss, dass die Subjektvariable y für einzelne Arbeitnehmer steht (nicht für ganze Belegschaften wie die Variable x).

In einer Aussage können auch beide Quantoren ein- oder mehrfach vorkommen.

◊ Wollen wir ausdrücken, dass „irgendjemand immer mit dem Kantinenessen unzufrieden ist", können wir dies logisch als $\forall k\ \exists y: U_2(y,k)$ schreiben: Für jedes Kantinenessen gibt es mindestens einen Arbeitnehmer, der unzufrieden mit ihm ist.

3.4 Deduktive Schlüsse

Wissenschaftliches Denken und Argumentieren soll, insbesondere im Unterschied zu unseren alltäglichen Überlegungen, geordneter und rationaler sein.[177] Dabei wird rationales Denken häufig mit logisch korrekten Schlüssen gleichgesetzt. Nachdem wir die Grundzüge der Aussagen- und der Prädikatenlogik kennen gelernt haben, wird im folgenden dargestellt, was unter logisch korrekten und zwingenden Schlüssen zu verstehen ist (Kapitel 3.4.1 und 3.4.2). Im Kapitel 3.4.3 gehen wir auf die wichtige Unterscheidung zwischen logischen und empirischen Wahrheiten ein.

---

175 In der hier vorgestellten *Prädikatenlogik 1. Stufe* werden nur Subjektvariablen durch Quantoren gebunden. Werden auch Prädikate als Variablen betrachtet und gebunden, hat man eine *Prädikatenlogik höherer Stufe* (Reinhardt & Soeder, 1978, S. 18-19).

176 Manche Autoren verwenden als Symbole $\bigwedge$ und $\bigvee$.

177 Dies kommt beispielsweise in den Lexikondefinitionen auf Seite 17 zum Ausdruck.

3.4.1 Schlussformen in der Aussagenlogik

In der Aussagenlogik werden zusammengesetzte Aussagen, die unabhängig davon, welche Wahrheitswerte ihre Komponenten haben, stets wahr sind, als *allgemeingültige Aussageformen* bezeichnet.[178]

Zwei grundlegende allgemeingültige Aussageformen sind

(3–1) $A \vee \neg A$ der *Satz vom ausgeschlossenen Dritten*

(3–2) $\neg(A \wedge \neg A)$ der *Satz vom Widerspruch.*

Dass diese Aussageformen stets wahr sind, folgt unmittelbar aus der Grundannahme der Aussagenlogik, dass jede Aussage entweder wahr oder falsch ist.

Logische Inkonsistenz

Aus dem Satz vom Widerspruch ergibt sich, dass die Konjunktion $A \wedge \neg A$ immer falsch ist. Eine wissenschaftliche Theorie, die gleichzeitig eine Aussage A und ihr logisches Gegenteil $\neg A$ enthält, wird als *inkonsistent* bezeichnet und ist immer falsch. Inkonsistente Theorien sind zur wissenschaftlichen Erklärung und praktischen Anwendung nicht geeignet, denn aus einer inkonsistenten Theorie lässt sowohl jede Vorhersage wie ihr Gegenteil ableiten.[179]

Modus tollens und Modus ponens

Allgemeingültige Aussageformen, die mindestens eine Implikation enthalten, werden als *Allgemeingültige Schlussformen* bezeichnet. Sie sind von besonderem Interesse, weil sie Regeln darstellen, nach denen man von wahren Aussagen zu anderen wahren Aussagen gelangen kann.

Die wichtigen allgemeingültigen Schlussformen sind der *Modus ponens* und der *Modus tollens*:[180]

(3–3) $[(A \rightarrow B) \wedge A] \rightarrow B$ der *Modus ponens*

(3–4) $[(A \rightarrow B) \wedge \neg B] \rightarrow \neg A$ der *Modus tollens*

---

[178] Häufig spricht man auch von *Lehrsätzen der Aussagenlogik.*

[179] Da $A \wedge \neg A$ falsch ist, sind für jede Aussage X sowohl $(A \wedge \neg A) \rightarrow X$ wie $(A \wedge \neg A) \rightarrow \neg X$ stets wahr. Ausführlicher zur Konsistenz von Theorien: Gadenne (1994a). Der Begriff Widerspruch wird oft nicht in der strengen logischen Bedeutung verwendet, sondern z.B. auch im Sinne von erwartungskonträr (Opp, 1976, S. 120).

[180] Für die Aussagenlogik bedeutsam sind außerdem die beiden Sätze von deMorgan: $\neg(A \vee B) \leftrightarrow (\neg A \wedge \neg B)$ und $\neg(A \wedge B) \leftrightarrow (\neg A \vee \neg B)$.
Bei der Formulierung aussagenlogischer Ausdrücke kann man wie in der Algebra durch Klammern die Reihenfolge der Operationen festlegen und die Lesbarkeit verbessern. Wie in der Algebra („Punktrechnung geht vor Strichrechnung") gibt es auch eine feste Bindungsordnung: $\neg$ bindet stärker als $\wedge$, dieser stärker als $\vee$, dieser stärker als $\rightarrow$.

In beiden Schlussformen drückt das zweite Implikationszeichen jeweils eine zwingende logische Ableitung oder Folgerung aus:

- Wenn die Implikation A → B gilt und wenn die Aussage A wahr ist, folgt daraus zwingend die Wahrheit der Aussage B (*Modus ponens)*.
- Wenn die Implikation A → B gilt und wenn B falsch ist, lässt sich daraus die Falschheit von A ableiten (*Modus tollens)*.[181]

Wenn wir im Alltag mit Wenn-dann-Aussagen umgehen, bereiten uns Folgerungen gemäß des Modus ponens keine Schwierigkeiten. Dagegen haben Personen (zumindest unter bestimmten Umständen) erhebliche Schwierigkeiten mit Folgerungen, die dem Modus tollens entsprechen.[182] Dabei wird nicht selten von der Falschheit von A auf die Falschheit von B geschlossen, was logisch nicht zwingend ist.

◊ A sei die Aussage „eine Person wird als Kind häufig allein gelassen" und K sei die Aussage „eine Person sucht als Erwachsene häufig Anschluss an andere Menschen". Der Allsatz ∀x: A(x) → K(x) entspricht der Gesetzesannahme, dass alleingelassene Kinder als Erwachsene ein ausgeprägtes Anschlussverhalten zeigen. Wenn diese Gesetzesaussage für eine Person namens Petra (abgekürzt p) richtig ist, bedeutet dies:
  - Wenn Petra häufig allein gelassen worden ist, A(p), dann sucht sie nach dem der Modus ponens häufig Anschluss an andere Menschen, K(p).
  - Wenn Petra nicht häufig allein gelassen worden ist, d.h. wenn A(p) falsch ist, folgt daraus keineswegs, dass auch K(p) falsch ist, d.h. dass Petra nicht häufig den Kontakt zu anderen Menschen sucht.
  - Wenn K(p) falsch ist, d.h. wenn Petra keinen Kontakt sucht, folgt daraus gemäß Modus tollens , dass A(p) falsch ist, sie also nicht häufig allein gelassen worden ist.[183]

Logischer Beweis

Der explizite Beweis, dass eine Aussage- oder Schlussform tatsächlich allgemeingültig ist, erfolgt dadurch, dass man eine Wahrheitstafel aufstellt und zeigt, dass die zusammengesetzte Aussage für alle möglichen Kombinationen von Wahrheitswerten der Grundaussagen A und B wahr ist.

---

181 Die erste Implikation in den Prämissen der beiden Schlussformen drückt dagegen keinen logisch zwingenden Schluss aus, sondern einfach die Voraussetzung, dass zwischen den Aussagen A und B eine implikative (und nicht etwa konjunktive oder disjunktive) Beziehung besteht. Den Junktor → (wie in A → B) bezeichnet man in diesem Fall als *materielle* Implikation, während man eine Implikation, die einen logischen zwingenden Schluss darstellt, mitunter der Deutlichkeit halber durch einem Doppelpfeil ⇒ symbolisiert (Regenbogen & Meyer, 1998, S. 309-310).

182 Anderson (1996a, S. 304-314), Lüer & Spada (1990, S. 220-226), Beller (1999)

183 Um Missverständnisse zu vermeiden, sei ausdrücklich betont: Diese Argumentationen gelten nur unter der Voraussetzung, dass die Aussage ∀x: A(x) → K(x) wahr ist.

◊ Um den Modus tollens $[(A \rightarrow B) \wedge \neg B] \rightarrow \neg A$ zu beweisen, muss man diesen Ausdruck von der innersten Klammerstufe beginnend analysieren. Um dies nachzuvollziehen, gehen wir die Tabelle 3.3 von links nach rechts durch.

In den ersten beiden Spalten sind alle vier möglichen Kombinationen der Wahrheitswerte der Aussagen A und B beschrieben, wie wir es bereits aus der Definition der Junktoren in Tabelle 3.2 kennen. In der dritten und vierten Spalte sind die Wahrheitswerte für die negierten Aussagen aufgeführt, die in den weiteren Schritten noch benötigt werden.

Die fünfte Spalte enthält die Wahrheitswerte für die Aussage $A \rightarrow B$, die direkt aus Tabelle 3.2 übernommen sind. Die Wahrheitswerte für die Aussage $(A \rightarrow B) \wedge \neg B$ in der sechsten Spalte ergeben sich, aus den Wahrheitswerten für die Komponenten $A \rightarrow B$ und $\neg B$ und die Definition der Wahrheitswerte für eine Konjunktion $\wedge$ aus Tabelle 3.2. Deshalb hat die Aussage $(A \rightarrow B) \wedge \neg B$ nur dann den Wahrheitswert W, wenn sowohl $\neg B$ als auch $A \rightarrow B$ wahr sind.

Die Wahrheitswerte in der letzten Spalte ergeben sich schließlich aus den eben ermittelten Wahrheitswerten für $(A \rightarrow B) \wedge \neg B$, den Wahrheitswerten für $\neg A$ in Spalte 3 und der Definition der Implikation aus Tabelle 3.2. Dabei ergibt sich in den ersten drei Zeilen ein W, weil die Prämisse $(A \rightarrow B) \wedge \neg B$ gemäß der vorletzten Spalte falsch und die Implikation deshalb immer wahr ist. Im Falle der letzten Zeile ist der Modus tollens wahr, weil sowohl die Prämisse wie die Konklusion $\neg A$ wahr sind.

Tabelle 3.3: Wahrheitstafel zum Beweis des *Modus tollens*

A	B	$\neg A$	$\neg B$	$A \rightarrow B$	$(A \rightarrow B) \wedge \neg B$	$[(A \rightarrow B) \wedge \neg B] \rightarrow \neg A$
W	W	F	F	W	F	W
W	F	F	W	F	F	W
F	W	W	F	W	F	W
F	F	W	W	W	W	W

3.4.2 Syllogismen in der Prädikatenlogik

Wie in der Aussagenlogik gibt es auch in der Prädikatenlogik Aussage- und Schlussformen, die immer den Wahrheitswert W haben. Ein typisches Beispiel ist das folgende :

(3–5) $\exists x\ [A(x) \wedge B(x)] \rightarrow \exists x\ A(x) \wedge \exists x\ B(x)$

Aus der Wahrheit der Aussage, dass mindestens ein Subjekt mit den Eigenschaften A und B existiert, folgt also stets die Wahrheit der Aussage, dass es mindestens ein Subjekt mit der Eigenschaft A und mindestens ein Subjekt mit der Eigenschaft B gibt. Die Umkehrung gilt allerdings nicht, d.h. die Implikation kann nicht zu einer Äquivalenz verschärft werden.

◊ Wenn es in einer Klinik mindestens eine Person gibt, die magersüchtig und schizophren ist, dann ist es natürlich auch zutreffend, dass es dort mindestens eine magersüchtige und mindestens eine schizophrene Person gibt. Umgekehrt folgt aus der Tatsache, dass es in der Klinik eine magersüchtige und eine schizophrene Person gibt, jedoch nicht, dass es auch mindestens eine Person gibt, die sowohl magersüchtig wie schizophren ist.

Die wichtigsten allgemeingültigen Schlussformen der Prädikatenlogik entsprechen den sog. *Syllogismen*, die im folgenden besprochen werden.

Charakterisierung

Syllogismen gehen auf Aristoteles zurück und bilden den Grundstock der klassischen Logik.[184] Ihre Charakteristika können anhand eines Beispiels erläutert werden:

(3–6) Alle Universitätsprofessoren sind promoviert.
Einige Psychologen sind Universitätsprofessoren.
Einige Psychologen sind promoviert

Die ersten beiden Aussagen bilden die Prämisse des Syllogismus, die dritte Aussage die Konklusion. Wenn die Prämisse wahr ist, folgt daraus die Wahrheit der Konklusion. Der Schluss von der Prämisse auf die Konklusion wird durch eine waagerechte Linie ausgedrückt. Abstrakt gefasst lautet dieser Syllogismus:

(3–7) Alle M sind P
Einige S sind M
Einige S sind P

Die Konklusion der Syllogismen ist stets eine Aussage, die einem Subjekt S ein Prädikat P zuordnet. Die Prämisse besteht aus zwei Aussagen: einer zu S und einer zu P. In jeder von ihnen tritt ein dritter Begriff M auf, der *Mittelbegriff* genannt wird.

Als Quantoren können in den Aussagen des Syllogismus „alle“ und „einige“ auftreten, und das Prädikat kann entweder positiv (bejahend) oder negativ (verneinend) sein. Dadurch ergeben sich vier mögliche *Formen* von Aussagen:

- universell positiv: z.B.: „Alle S sind P“
- partikulär positiv: „Einige S sind P“
- partikulär negativ: „Einige S sind nicht-P“
- universell negativ: „Alle S sind nicht-P“ d.h. „Kein S ist P“.

Prädikatenlogische Darstellung

Jede der in den Syllogismen auftretenden Aussagen können wir prädikatenlogisch ausdrücken. Dabei entsprechen universelle Aussagen Implikationen mit einem Allquantor, und partikuläre Aussagen entsprechen Konjunktionen mit einem Existenzquantor. Unser Beispiel (3–6) bzw. (3–7) wird dann zu:

184 zur Einführung: Kunzmann, Burkard & Wiedmann (1991), Tugendhat & Wolf (1983), ausführlicher: Kondakow (1978), Freytag-Löringhoff (1955)

(3–8)
$$\forall x: [M(x) \rightarrow P(x)]$$
$$\underline{\exists x: [S(x) \wedge M(x)]}$$
$$\exists x: [S(x) \wedge P(x)]$$

Diese syllogistische Figur entspricht also einem einzigen prädikatenlogischen Satz:

(3–9)
$$\{\forall x: [M(x) \rightarrow P(x)] \wedge \exists x: [S(x) \wedge M(x)]\} \rightarrow \exists x: [S(x) \wedge P(x)].$$

Falsche und korrekte Syllogismen

Insgesamt gibt es 64 verschiedene mögliche Syllogismen. Von ihnen sind allerdings nur 15 korrekt. Bei den anderen folgt die dritte Aussage nicht zwangsläufig aus den beiden ersten. Ein Beispiel für einen falschen Syllogismus ist der folgende:

(3–10)	Alle P sind M	bzw.	$\forall x: [P(x) \rightarrow M(x)]$
	Alle S sind M		$\forall x: [S(x) \rightarrow M(x)]$
	....		....
	Alle S sind P		$\forall x: [S(x) \rightarrow P(x)]$

Die Falschheit ist relativ einfach nachzuweisen: Es genügt, ein Anwendungsbeispiel zu finden, bei dem die Prämissen wahr sind, die Konklusion jedoch falsch ist:

(3–11) Alle Psychiater haben studiert.
Alle Diplom-Psychologen haben studiert.
....
Alle Diplom-Psychologen sind Psychiater.

Die Korrektheit eines Syllogismus nachzuweisen, ist oft schwieriger. In der klassischen Logik wurden 19 der 64 möglichen Syllogismen als korrekt identifiziert. In der modernen mathematischen Logik hingegen entsprechen nur 15 dieser Syllogismen Aussageformen, die allgemeingültig sind.[185]

Syllogismus der Subordination

Zur Erläuterung von Syllogismen wird häufig ein bekanntes Beispiel verwendet:

(3–12) Alle Menschen sind sterblich
Sokrates ist ein Mensch
――――――――――
Sokrates ist sterblich

Eine Übertragung in prädikatenlogische Formulierungen ergibt:

(3–13)
$$\forall x: [M(x) \rightarrow P(x)]$$
$$\underline{M(\text{Sokrates})}$$
$$P(\text{Sokrates})$$

Auf den ersten Blick ist dies gar kein Syllogismus, weil die zweite Prämisse eine Aussage über das konkrete Individuum „Sokrates“ ist und nicht, wie üblich, eine Aussage über Individualvariablen, die durch Quantoren gebunden sind. Wir können allerdings Individualkonstanten stets in Prädikate mit Individualvariablen

---

185 Freytag-Löringhoff (1955, S. 102-110), Kondakow (1978, S. 168-171, 467-468)

umwandeln: Das Prädikat S(x) kann einfach die Identität eines Individuums bezeichnen, also in unserem Beispiel „ist Sokrates". Dass Sokrates ein Mensch ist, kann dann wie folgt ausgedrückt werden: $\exists x: [M(x) \wedge S(x)]$. Der Schluss auf die Sterblichkeit des Sokrates entspricht dann einem korrekten Syllogismus:

(3–14)	Alle M sind P	bzw.	$\forall x: [M(x) \rightarrow P(x)]$
	Einige M sind S		$\exists x: [M(x) \wedge S(x)]$
	Einige S sind P		$\exists x: [S(x) \wedge P(x)]$

Dieser Syllogismus der Subordination liegt vielen alltäglichen Urteilen zugrunde, denn wir schließen oft von Eigenschaften, die unserer Überzeugung nach allen Objekten einer Gruppe zukommen, auf Eigenschaften von einzelnen Mitgliedern.[186]

◊ Die Überzeugung „alle Alkoholiker sind willensschwach" und die Information „Hans ist Alkoholiker" führt uns zu der Überzeugung „Hans ist willensschwach".

Das Hauptproblem derartiger Schlüsse liegt darin, dass die erste, universelle Prämissenaussage häufig nicht wahr ist. Statt „alle M sind P" gilt „einige M sind nicht-P". Aus der Prämisse folgt dann weder die Konklusion noch ihr Gegenteil, die Konklusion ist also weder zwangsläufig wahr noch zwangsläufig falsch.

Umgang mit Syllogismen

Zahlreiche psychologische Untersuchungen zeigen, dass Personen ohne spezielle logische Vorbildung bei der Beurteilung der Korrektheit syllogistischer Argumente häufig Fehler machen.[187] Dafür gibt es eine Reihe von Gründen. Erstens ist die Kapazität zur Verarbeitung verschiedener Informationen sehr beschränkt und wird beim syllogistischen Denken leicht überschritten. Zweitens werden partikuläre oder negative Aussagen im Syllogismus mitunter falsch interpretiert. Drittens spiegeln die mentalen Modelle, die Menschen sich zur Repräsentation und Überprüfung der dargestellten Beziehungen konstruieren, nicht alle möglichen Fälle ausreichend wider.

3.4.3 Logische und empirische Wahrheit

Bei der Anwendung der Aussagen- und der Prädikatenlogik muss deutlich zwischen zwei verschiedenen Bedeutungen des Begriffs der Wahrheit unterschieden werden.[188]

Logische Wahrheit

Logisch wahr sind alle Aussagen, die allgemeingültigen aussagen- und prädikatenlogischen Aussageformen entsprechen, z.B. der Modus ponens, der Modus tollens und die korrekten Syllogismen. Diese logische Wahrheit besteht aufgrund der Form

---

186 In der Kognitionspsychologie wird dieses konzeptuelle Wissen durch semantische Netzwerke beschrieben (Anderson, 1996a, S. 147-149).

187 Anderson (1996a, S. 314-320), Lüer & Spada (1990, S. 226-235)

188 Tugendhat & Wolf (1983, S. 31-49)

der Aussage und der Definition der Junktoren und Quantoren. Sie ist unabhängig von den eingesetzten Prädikaten und Subjekten.

◊ Die Aussage „Wenn alle Depressiven selbstmordgefährdet sind und alle Schizophrenen depressiv sind, dann sind alle Schizophrenen selbstmordgefährdet" lautet in prädikatenlogischer Formulierung

(3–15) $\{\forall x: D(x) \rightarrow G(x) \wedge \forall x: S(x) \rightarrow D(x)\} \rightarrow \forall x: S(x) \rightarrow G(x)$.

Die Aussage insgesamt ist logisch wahr, denn sie entspricht dem Modus barbara, dem einfachsten korrekten Syllogismus:

(3–16) Alle M sind P
Alle S sind M
Alle S sind P

Empirische Wahrheit

Von der logischen Wahrheit zu unterscheiden ist die Wahrheit im empirischen Sinn: Eine Aussage ist genau dann *empirisch wahr*, wenn sie mit der Wirklichkeit übereinstimmt, wenn also eine Korrespondenz oder Isomorphie zwischen Aussage und Realität besteht.[189] Wahrheit im nicht-logischen (oder *materialen*) Sinn ist also die Übereinstimmung einer Aussage mit den tatsächlichen Sachverhalten bzw. mit denjenigen Urteilen oder Meinungen über diese Sachverhalte, die man gerade zugrunde legt.

Zwischen empirischer und logischer Wahrheit besteht insofern eine Beziehung, als eine Aussage nicht empirisch falsch sein kann, wenn sie logisch wahr ist.

◊ Die Aussage „Wenn alle Depressiven selbstmordgefährdet sind und alle Schizophrenen depressiv sind, dann sind alle Schizophrenen selbstmordgefährdet" ist logisch wahr und kann deshalb nicht empirisch falsch sein.

Dementsprechend kann eine logisch falsche Aussage nicht empirisch wahr sein.

◊ Die Aussage „Alle Depressiven sind selbstmordgefährdet und nicht selbstmordgefährdet" ist logisch falsch, denn sie verstößt gegen den Satz vom Widerspruch (3–2).

---

[189] Regenbogen & Meyer (1998, S. 716), Strube et al. (1996, S. 774-776), Mittelstraß (1996, S. 582-586).

Neben dieser bereits von Kant vertretenen *Korrespondenztheorie* der Wahrheit werden auch *Kohärenztheorien* vertreten, nach denen die Wahrheit einer Aussage von ihrer Verträglichkeit mit anderen als wahr akzeptierten Aussagen abhängt.

Als Kriterien für die Wahrheit einer Aussage werden außerdem die unmittelbare *Evidenz*, die praktische Nützlichkeit und vor allem der *Konsens* der Fachleute hervorgehoben. Die *Konsenstheorie* der Wahrheit wird unter anderem von Jürgen Habermas (1975) und der konstruktivistischen Erlanger Schule (Toebe et al., 1977) vertreten. Sie entspricht einem *Kulturrelativismus*, wonach die Wahrheit einer Aussage nichts anderes ist als ihre Akzeptanz in einer Gruppe (Hartmann, 1998, S. 4).

Die Frage der empirischen Wahrheit stellt sich demnach nur für Aussagen, die nicht eindeutig logisch wahr oder logisch falsch sind: Ob eine derartige Aussage empirisch wahr oder falsch sind, muss außerhalb der Logik durch Beobachtungen und Beurteilungen festgestellt werden. Unterschiedliche Kriterien, Methoden, Informationen, Kenntnisse, Einstellungen usw. können dabei zu divergierenden Ergebnissen führen.

◊ Ob die Aussage „alle Depressiven sind selbstmordgefährdet" empirisch wahr oder falsch ist, kann ein Psychiater aufgrund der klinischen Erfahrung beantworten. Die Antwort hängt unter anderem davon ab, wie er die Gruppe der Depressiven abgrenzt und wann er von einer Selbstmordgefährdung spricht.[190] Wir können aber auch eine wissenschaftliche Untersuchung durchführen, in der wir bei einer möglichst großen und repräsentativen Gruppe von Depressiven nach Anzeichen für eine Selbstmordgefährdung suchen. Auch hier hängt das Ergebnis unter anderem von der Zusammensetzung der Untersuchungsgruppe, den betrachteten Indikatoren und den verwendeten Kriterien ab.

Da die Wahrheit der interessierenden wissenschaftlichen Aussagen weder eindeutig zu definieren noch eindeutig festzustellen ist, wird der Begriff der Wahrheit im alltäglichen Wissenschaftsbetrieb häufig vermieden. Stattdessen sagen wir beispielsweise vorsichtiger, dass eine Hypothese oder Theorie „zutreffend" oder „gültig" zu sein scheint oder dass wir sie „akzeptieren".

Logische und empirische Notwendigkeit

Die Unterscheidung zwischen logischer und empirischer Wahrheit führt zu zwei unterschiedlichen Interpretationen der Implikation: zur Unterscheidung zwischen logischen und empirischen Notwendigkeiten.

Bei einem korrekten Syllogismus oder einem anderen allgemeingültigen logischen Schluss (z.B. Modus tollens) erfolgt der Schluss von der Prämisse auf die Konklusion mit logischer Notwendigkeit. Diese logisch zwingende Folgerung wird in der üblichen zeilenweisen Darstellung eines Syllogismus, wie z.B. in (3–8), durch die Linie zwischen Prämisse und Konklusion ausgedrückt, in der prädikatenlogischen Notation, z.B. in (3–9), durch das Implikationszeichen hinter der Prämisse.

In den universellen Aussagen, die unter anderem als Bestandteile der Syllogismen auftreten, ist die Implikation eine materielle: Sie bezeichnet keine logische Notwendigkeit, sondern eine (angenommene) empirische Notwendigkeit.[191] Sie repräsentiert eine Aussage über einen Zusammenhang zwischen zwei Prädikaten, die durch empirische Befunde bestätigt, aber auch erschüttert werden kann. Es ist also durchaus denkbar, dass eine angenommene empirische Notwendigkeit tatsächlich nicht besteht. Dagegen ist keine Situation vorstellbar, in der eine logische Notwendigkeit nicht gilt.

---

[190] Vermutlich wird er diese Aussage als zutreffend bezeichnen, denn Suizidvorstellungen und -versuche kommen bei Depressiven so häufig vor, dass sie mit zu den Diagnosekriterien für die sog. *Major Depression* gehören (DSM-IV, 1996, S. 382).

[191] zur Unterscheidung siehe auch oben Fußnote 181, Seite 80

Implikationen im Sinne von logischen und empirischen Notwendigkeiten treten in wissenschaftlichen Aussagen mitunter gemeinsam auf.

◊ Im Ausdruck (3–15) zur Aussage über die Selbstmordgefährdung bezeichnet die Implikation hinter der geschweiften Klammer eine logische Notwendigkeit, das heißt sie gilt allein aufgrund der Form der Prämissen. In den Teil-Aussagen $\forall x$: $[D(x) \rightarrow G(x)]$ und $\forall x$: $[S(x) \rightarrow D(x)]$ („alle Depressiven sind selbstmordgefährdet" und „alle Schizophrenen sind depressiv") entsprechen die Implikationen keinen logischen, sondern angenommenen empirischen Notwendigkeiten, die sich als falsch herausstellen können.[192]

Deduktiv-logische Argumente in der Wissenschaft

Wie wir in späteren Kapiteln noch sehen werden, spielen deduktiv-logische Schlüsse in der Wissenschaftsphilosophie und der psychologischen Forschungsmethodik eine sehr wichtige Rolle. Auf drei Themengebiete sei explizit hingewiesen.

- Seit Rudolf Carnap vertreten viele Wissenschaftsphilosphen und Fachwissenschaftler die Auffassung, dass die Theorien der empirischen Wissenschaften genau wie die Theorien der Mathematik als deduktive Systeme aufgebaut werden sollen: Aus einer begrenzten Menge von Grundannahmen (*Axiomen*) sollen alle anderen Aussagen der Theorie (*Theoreme*) logisch ableitbar sein. Dieser Aufbau wird als *Standardtheorienkonzeption* bezeichnet (siehe Kapitel 11.1).
- Seit Karl Popper vertreten viele Wissenschaftsphilosophen und Fachwissenschaftler die Auffassung, dass wissenschaftliche Theorien dadurch empirisch geprüft werden, dass aus ihnen empirische Vorhersagen logisch abgeleitet werden. Treten diese Vorhersagen nicht ein, kann die Theorie nach dem *Modus tollens* falsifiziert oder angezweifelt werden. Dieses Vorgehen wird als *Falsifikationsmethodologie* bezeichnet (siehe Kapitel 9.2).
- Seit Carl Hempel und Paul Oppenheim versteht man unter einer wissenschaftlichen Erklärung eine logische Ableitung des zu erklärenden Befundes aus einer allgemeinen Theorie und speziellen Voraussetzungen. Diese Explikation wird als *deduktiv-nomologische Erklärung* bezeichnet (siehe Kapitel 8.1).

In allen drei Fällen wird sich bei genauer Betrachtung herausstellen, dass die Argumente nur in erster Annäherung deduktiv-logischer Art sind: Theorien sind keineswegs deduktiv-logisch aufgebaut, sie werden auch nicht aus logisch zwingenden Gründen falsifiziert, und eine wissenschaftliche Erklärung muss nicht unbedingt eine logische Ableitung beinhalten. Im folgenden Kapitel 4 werden wir sehen, dass in der Wissenschaft neben den deduktiv-logischen Schlüssen auch induktive Argumente eine wesentliche Rolle spielen.

---

[192] Tatsächlich gibt es viele Personen, die schizophren, aber nicht depressiv sind, d.h. für die $S(x)$ empirisch wahr und $D(x)$ empirisch falsch ist. Die Implikation $S(x) \rightarrow D(x)$ ist für diese Personen dann falsch. Damit ist auch die universelle Aussage $\forall x$: $[S(x) \rightarrow D(x)]$ empirisch falsch.

4 Induktive Argumente

Die Frage der Rechtfertigung induktiver Schlüsse ist eines der ältesten und wichtigsten Probleme der Erkenntnis- und Wissenschaftstheorie.[193] Wir werden die Abgrenzung von Deduktion und Induktion beschreiben (Kapitel 4.1), unterschiedliche Arten von Induktion betrachten (Kapitel 4.2) und auf verschiedene Rechtfertigungen für induktive Argumente eingehen (Kapitel 4.3).

4.1 Abgrenzung von Deduktion und Induktion

- Die logische Implikation ist eine Verbindung zwischen Aussagen, die *wahrheitskonservierend* und *nicht gehaltserweiternd* ist:
  - Aus der Wahrheit des ersten Satzes (der Prämisse) folgt zwangsläufig die Wahrheit des zweiten Satzes (der Konklusion): Wenn die Prämisse wahr ist, muss auch die Konklusion wahr sein.
  - Der Gehalt der Konklusion kann nicht über den Gehalt der Prämisse hinausgehen, d.h. die Konklusion kann nicht mehr aussagen als die Prämisse: Wenn der Gehalt des zweiten Satzes größer wäre als der des ersten Satzes, könnte man aus der Wahrheit des ersten nicht mit Sicherheit auf die Wahrheit des zweiten schließen.

◊ In einer Vorlesung mit 99 Teilnehmern sitzen in der ersten Reihe fünf Personen, die wir mit a_1 bis a_5 bezeichnen. Sie bilden eine Menge, die wir P nennen.

Für die Person a_1 haben wir feststellt, dass sie ihren Misserfolg (M) bei der Lösung einer Statistikaufgabe nicht auf eine interne Ursache (wie z.B. ihre mangelnden Kenntnisse) zurückführt, sondern auf einen externen Faktor (wie z.B. die zu hohe Schwierigkeit der Aufgabe) attribuiert (E). Diese Feststellung können wir aussagenlogisch durch einen Satz I1 ausdrücken: „$M(a_1) \wedge E(a_1)$". Stellen wir entsprechende externale Attribuierungen nach Misserfolg auch für die anderen vier Personen der ersten Reihe fest, erhalten wir entsprechende Aussagen I2 bis I5.

---

193 umfassendere Darstellung mit weiteren Literaturangaben: Westermann & Gerjets (1994), kurzer Überblick: Westermann & Gerjets (1991)

Insgesamt können unsere Feststellungen durch eine Konjunktion dieser Aussagen ausgedrückt werden: $I1 \wedge I2 \wedge I3 \wedge I4 \wedge I5$. Diese Aussage ist definitionsgemäß äquivalent mit einem quantorenlogischen Allsatz, den wir A5 nennen: $\forall a_i \in P: M(a_i) \wedge E(a_i)$.

Es ist offensichtlich (und auch über eine Aufstellung entsprechender Wahrheitstafeln beweisbar), dass zwischen A5 und zum Beispiel I1 eine Implikationsbeziehung besteht: $A5 \rightarrow I1$. Aus der Wahrheit des Allsatzes A5 folgt deduktiv-logisch die Wahrheit des Individualsatzes I1, weil der Gehalt von I1 im Gehalt von A5 enthalten ist.

Gehaltserweiternde Schlüsse

- Das wesentliche Merkmal induktiver Argumente besteht darin, dass sie *ampliativ* sind: Der Gehalt der Konklusion geht über den Gehalt der Prämisse hinaus.

Aus der Wahrheit der Prämisse folgt deshalb nicht zwangsläufig die Wahrheit der Konklusion: Gehaltserweiternde Schlüsse sind nicht wahrheitskonservierend.

◊ Neben unserem Allsatz A5 über die fünf Personen in der ersten Reihe haben wir einen Individualsatz I99: „$M(a_{99}) \wedge E(a_{99})$", der sich auf die einzige Person in der hintersten Reihe bezieht. Zwischen A5 und I99 besteht natürlich keine deduktiv-logische Implikationsbeziehung. Vielmehr geht der Gehalt von I99 über den Gehalt von A5 hinaus. Deshalb kann I99 falsch sein, auch wenn A5 wahr ist. Die Wahrheit von I99 folgt nicht zwangsläufig aus der Wahrheit des Allsatzes A5.

Es ist allerdings nicht sinnvoll, alle gehaltserweiternden Argumente als induktive Argumente zu bezeichnen. Vielmehr sprechen wir von Induktion nur dann, wenn die Annahme der Wahrheit der Konklusion tatsächlich auch sachlich durch die in der Prämisse zusammengefassten bisherigen Erfahrungen gestützt wird. Damit können induktive Schlüsse *pragmatisch* folgendermaßen gekennzeichnet werden:

- Wir bezeichnen ein Argument als induktiv, wenn
  1. die Wahrheit der Konklusion nicht notwendigerweise aus der Wahrheit der Prämisse folgt, weil der Konklusionsgehalt über den Prämissengehalt hinausgeht, wenn aber
  2. die Prämisse dennoch die Konklusion in irgendeiner Weise unterstützt, ihr Gewicht verleiht oder sie wahrscheinlicher macht. [194]

◊ Der „Schluss" von der Wahrheit der Aussage „$M(a_1) \wedge E(a_1)$" über die externale Misserfolgsattribution einer Person auf die Wahrheit einer Aussage über die heutige Sonnenscheindauer auf der Zugspitze ist keine Induktion, weil die Wahrheit der beiden Aussagen in keinem erkennbaren Zusammenhang steht.

Im Unterschied zur Deduktion ist ein induktives Argument kein sicherer Schluss von einer Prämisse auf eine Konklusion. Um die sprachlichen Formulierungen einfach zu

[194] Dieses Kriterium kann bei Bedarf weiter präzisiert werden, indem wir z.B. fordern, dass sich Prämisse und Konklusion auf die gleichen Begriffe beziehen müssen.

halten, wird aber auch im Zusammenhang mit der Induktion von Schlüssen, Prämissen und Konklusion gesprochen, obwohl diese Begriffe streng genommen fest mit deduktiv-logischen Implikationen verbunden sind. Um den Unterschied zumindest in den formalen Darstellungen deutlich zu machen, werden in diesem Kapitel induktive Argumente z.B. als $A \gtrapprox B$ bezeichnet, während die Notation $A \to B$ der deduktiv-logischen Implikation vorbehalten bleibt.

4.2 Arten der Induktion

Obwohl die Klasse der induktiven Argumente sehr vielfältig ist, wird der Begriff der Induktion häufig mit den *enummerativen* Induktionen (Kapitel 4.2.1) gleichgesetzt. Daneben treten induktive Argumente auch in Form von *eliminativen* Induktionen (Kapitel 4.2.2) und empirischen Vermutungen (Kapitel 4.2.3) auf.

4.2.1 Enummerative Induktion

Bei einer enummerativen Induktion wird aus einer bestimmten Anzahl beobachteter Fälle auf nicht-beobachtete Fälle geschlossen. Wird auf *einzelne* Situationen oder Personen geschlossen, liegt eine *Extrapolation* vor. Wird auf *alle* interessierenden Situationen oder Personen geschlossen, spricht man von einer *Generalisierung*.

Beim einfachsten Fall einer Extrapolation wird aus der Tatsache, dass die Objekte a_1 bis a_n das Merkmal oder die Eigenschaft F haben, die Aussage abgeleitet, dass auch ein weiteres Objekt a_{n+1} die Eigenschaft F hat:

(4–1) $$F(a_1) \wedge F(a_2) \wedge \ldots \wedge F(a_n) \gtrapprox F(a_{n+1}).$$

Die den Objekten zugeschriebene Eigenschaft F kann natürlich auch aus einer Konjunktion von mehreren Eigenschaften bestehen.

◊ Im Beispiel des vorigen Kapitels 4.1 wurde vom beobachteten Zusammentreffen der Merkmale M (Misserfolg) und E (externale Attribution) bei den ersten fünf Personen auf die letzte Person geschlossen:

(4–2) $$[M(a_1) \wedge E(a_1)] \wedge [M(a_2) \wedge E(a_2)] \wedge \ldots \wedge [M(a_5) \wedge E(a_5)] \gtrapprox M(a_{99}) \wedge E(a_{99}).$$

Im einfachsten Fall einer Generalisierung wird aus der Prämisse die Aussage abgeleitet, dass alle entsprechenden Objekte diese Eigenschaft haben:

(4–3) $$F(a_1) \wedge \ldots \wedge F(a_n) \gtrapprox \forall_i\, F(a_i)$$

Eine Generalisierung kann auch in dem Schluss bestehen, dass für alle Objekte eine implikative Beziehung zwischen zwei Merkmalen besteht.

◊ Das gemeinsame Auftreten von Misserfolg (M) und externaler Attribution (E) bei fünf Personen könnte auf eine implikative Beziehung zwischen Misserfolg und externaler Attribution bei allen Personen verallgemeinert werden:

(4–4) $[M(a_1) \wedge E(a_1)] \wedge \ldots \wedge [M(a_5) \wedge E(a_5)] \not\Rightarrow \forall_i\, M(a_i) \rightarrow E(a_i)$.

Diese enummerativen Induktionen beruhen auf der (impliziten) Annahme, dass die betrachteten Phänomene und Objekte einheitlich oder *uniform* sind. Je weniger diese Uniformitätsannahme zutrifft, desto eher führt das induktive Argument zu einer Konklusion, die sich als empirisch falsch herausstellen wird.

Inwieweit die Uniformitätsannahme erfüllt ist, hängt vom betrachteten Merkmalsbereich ab. In aller Regel verhalten sich physikalische Objekte und chemische Substanzen viel uniformer als psychologische Untersuchungspersonen. Innerhalb der Psychologie wiederum ist die Uniformität zum Beispiel bei psycho-physischen Merkmalen und Zusammenhängen meist erheblich größer als bei der Betrachtung von Handlungsplanungen oder Krankheitsbewältigungen.

4.2.2 Eliminative Induktion

Bereits die englischen Empiristen Francis Bacon und John Stuart Mill haben betont, dass Induktion keineswegs nur einfach enummerativ ist. Wissenschaftliche Induktion sollte ihrer Auffassung nach vielmehr vor allem eine *eliminative* Induktion sein: Alle anderen Einflussfaktoren sollten ausgeschlossen werden.

Mill nennt zwei Grundmethoden der eliminativen Induktion: die Übereinstimmungsmethode und die Differenzmethode. Danach können wir einen allgemeinen implikativen oder kausalen (d.h. Ursache-Wirkungs-) Zusammenhang zwischen zwei Merkmalen F und G annehmen, wenn folgende Bedingungen erfüllt sind:

- F und G treten regelmäßig miteinander auf, unabhängig von der Variation anderer möglicher Einflussfaktoren (*Übereinstimmungsmethode*) und
- Situationen, in denen G bzw. nicht-G eintritt, unterscheiden sich nur dadurch, dass im ersten Fall auch F vorliegt, im zweiten Fall aber nicht (*Differenzmethode*).

Die Berechtigung eines induktiven Arguments, das heißt das Ausmaß, in dem eine allgemeine kausale Aussage durch Beobachtungen gestützt ist, hängt also nicht so sehr von der Anzahl der bestätigenden Instanzen und der Uniformität des betrachteten Phänomenbereiches ab. Viel bedeutsamer sind die Vielfalt an Umständen, unter denen die vorliegenden Fälle beobachtet worden sind. Diese Vielfalt muss oft aktiv gesucht oder hergestellt werden. Mills Methoden der eliminativen Induktion sind deshalb Anleitungen zur Durchführung gezielter Untersuchungen und Experimente.

Ein valides Experiment zur Untersuchung des Zusammenhangs von zwei Merkmalen F und G zeichnet sich dadurch aus, dass es zwei Beobachtungsbedingungen gibt, die sich nur dadurch unterscheiden, dass in der einen F vorliegt, in der anderen aber nicht. Tritt nun G in der Bedingung F stets auf, in der Bedingung $\neg$F aber nie, ist F eindeutig die Ursache von G (siehe dazu im einzelnen Kapitel 7.2.5).

4.2.3 Empirische Vermutungen

Zu einer wissenschaftlichen Theorie sind in der Regel verschiedene wissenschaftliche Untersuchungen und Experimente durchgeführt worden, in denen sich die Gültigkeit dieser Theorie empirisch gezeigt hat. Meist gibt es aber auch Untersuchungen, die zu theoriekonträren Ergebnissen geführt haben.

◊ Skinners Theorie des operanten Verhaltens ist erfolgreich in vielen Experimenten angewendet worden, in denen unter bestimmten Reizbedingungen auf eine Verhaltensweise regelmäßig eine bestimmte positive Konsequenz folgte. Weit weniger geeignet ist die Theorie dagegen für die Anwendung auf Beobachtungslernen, intrinsisch motiviertes Verhalten und Spracherwerb.[195]

Theorien haben demnach keinen universellen, sondern nur einen beschränkten erfolgreichen Anwendungsbereich.[196] Häufig wird eine Theorie auf eine Situation angewendet, ohne dass explizit geprüft werden kann, ob sie in diesem Fall gültig ist. Man unterstellt vielmehr die Gültigkeit der Theorie, um eine bestimmte Vorgehensweise zu begründen, eine praktische Vorhersage zu machen oder eine erfolgversprechende Maßnahme abzuleiten. Wir bezeichnen die ungeprüfte Annahme der Gültigkeit einer Theorie in einer bestimmten Situation als eine empirische Vermutung.

◊ Bei der Untersuchung von Determinanten und Korrelaten der Zufriedenheit von Studierenden mit ihren Studienbedingungen griffen wir auf die Einstellungstheorie von Fishbein und Ajzen zurück, um Verfahren zur Messung der Zufriedenheit zu konzipieren und zu gründen.[197] Diese Theorie konnte im Rahmen unserer Untersuchung nicht empirisch geprüft werden, aufgrund zahlreicher erfolgreicher Anwendungen in ähnlichen Kontexten wurde aber angenommen, dass sie gültig ist.

Empirische Vermutungen entstehen auch, wenn keine Theorie, sondern eine Methode, Technik oder Vorgehensweise als erfolgreich angenommen wird.

◊ Nach der Theorie von Aaron Beck kommen Depressionen durch verschiedene Arten von Denkfehlern (z.B. negative Schemata, falsche Schlüsse) zustande.[198] Einige Untersuchungen mit entsprechenden Befragungen von Depressiven bestätigen diese Theorie. Wird ein Depressiver mit einer entsprechenden kognitiven Verhaltenstherapie behandelt, wird implizit angenommen, dass die Theorie auch für diese Person gilt, ohne dass eine wissenschaftlich strenge Überprüfung dieser Annahme möglich oder beabsichtigt ist.

---

[195] Bower & Hilgard (1983, S. 290-303)

[196] Diese Sichtweise widerspricht den Auffassungen von bedeutenden Philosophen, ist aber durch die strukturalistische Konzeption gut begründet (siehe Kapitel 11.8).

[197] Fishbein & Ajzen (1975), Westermann, Heise, Spies & Trautwein (1996)

[198] Davison & Neale (1996, S. 258-260, 274)

4.3 Berechtigung induktiver Argumente

Wie in diesem Kapitel deutlich geworden ist, bezeichnen wir einen „Schluss“ von einer Aussage auf eine andere Aussage als induktiv, wenn er gehaltserweiternd ist, wenn er deshalb nicht wahrheitskonservierend ist und wenn trotzdem die Konklusion durch die Prämisse gestützt wird.

Den Ergebnissen induktiver Argumente kommt zwar nicht die absolute Sicherheit deduktiver Ableitungen zu, trotzdem erscheinen sie uns aber nicht gänzlich unbegründet und willkürlich. Jedes induktive Argument A ⋟ B wirft damit zwei Fragen auf:

- Wie begründet oder gerechtfertigt ist es, aus der Aussage A über eine begrenzte Anzahl von Fällen die darüber hinausgehende Aussage B abzuleiten?
- Inwieweit wird die weiter gehende Aussage B durch die zugrunde liegende Beobachtungsaussage A „bestätigt“ oder „gestützt“?

Diese Fragen nach der *Rechtfertigung* induktiver Verallgemeinerungen und nach dem Grad der *Bestätigung* von induktiv gewonnenen Vorhersagen, Hypothesen oder Theorien durch die zugrunde gelegten empirischen Daten umreißen das sog. Induktionsproblem. Für uns von Interesse sind zwei Wege zur Beantwortung dieses Problems: die analytische und die pragmatische Rechtfertigung.

4.3.1 Analytische Rechtfertigung der Induktion

Bei induktiven Argumenten folgt die Konklusion zwar nicht mit logischer Sicherheit aus der Prämisse, es scheint aber, dass die Prämisse A die Konklusion B irgendwie „wahrscheinlich“ macht. Ein induktives Argument A ⋟ B kann deshalb mit einer Aussage über eine bedingte Wahrscheinlichkeit gleichgesetzt werden. Wenn A gegeben ist, soll die Wahrscheinlichkeit von B hoch sein, d.h. sie soll viel größer als Null sein (idealerweise sogar nahe 1 liegen).

(4–5) $A \gtrdot B \leftrightarrow P(B \mid A) >> 0$

Interpretiert wird P dabei nicht als objektive, sondern als *subjektive* oder *personelle* Wahrscheinlichkeit, die den Grad des Glaubens einer vollständig rationalen Person an die Wahrheit der Aussage B oder an das Eintreten des von B beschriebenen Ereignisses ausdrückt.[199] Falls A eine Aussage über eine Reihe von empirischen Beobachtungen ist und B eine allgemeinere Hypothese oder Theorie darstellt, kann

[199] Empirisch erfasst werden subjektive Wahrscheinlichkeiten durch direkte Einschätzungen oder dadurch, dass man untersucht, mit welchem Einsatz auf das Eintreten von B gewettet wird. Rational sind die subjektiven Wahrscheinlichkeiten nur dann, wenn sie nicht notwendigerweise zu Verlusten führen. Dazu müssen sie u.a. die Axiome der statistischen Wahrscheinlichkeit erfüllen (Kutschera, 1972a, S. 70-88).

die personelle Wahrscheinlichkeit P auch als erste Annäherung an den *Grad der Bestätigung* von B durch A interpretiert werden.[200]

Von den subjektiven Wahrscheinlichkeiten ausgehend haben Vertreter der Analytischen Wissenschaftsphilosophie genaue induktive Wahrscheinlichkeiten zu bestimmen versucht.[201] Die Grundidee besteht darin, durch Einführung zusätzlicher Rationalitätsbedingungen die verschiedenen möglichen subjektiven Wahrscheinlichkeitszuordnungen eindeutig auf eine bestimmte ausgezeichnete *logische Wahrscheinlichkeit* c zu reduzieren. Sie wird als partielle logische Implikation und damit als eine rein analytische oder syntaktische Relation zwischen der Prämisse A und der Konklusion B interpretiert. So wie im deduktiven Schluss die Prämissen die Konklusion implizieren, weil die Konklusion im Gehalt der Prämissen enthalten ist, so sollen im induktiven Argument die Prämissen die Konklusion partiell implizieren, weil sich der Gehalt der Prämissen und der Konklusion teilweise überschneiden.

Dieses Vorhaben hat sich als sehr kompliziert, schwierig und problematisch erwiesen. Ein primäres Problem besteht darin, dass sich induktive Wahrscheinlichkeiten bisher nur für künstliche Sprachen bestimmen lassen, die im Vergleich zur tatsächlichen Wissenschaftssprache sehr einfach sind. Außerdem ergeben sich für Allsätze mit unbegrenzten Objektmengen Wahrscheinlichkeitswerte von Null. Damit wären alle Gesetze und Hypothesen, die Aussagen von dieser allgemeinen Form sind, gleich unwahrscheinlich und unbestätigt. Man betrachtet logische Wahrscheinlichkeiten deshalb nicht mehr für Generalisierungen, sondern nur noch für Extrapolationen, deren Konklusionen Aussagen über einzelne Fälle sind.

4.3.2 Pragmatische Rechtfertigungen der Induktion

Das im vorangegangen Kapitel besprochene Programm einer formalen induktiven Logik sollte globale, logisch-syntaktische und kontextunabhängige Regeln für korrekte Induktionen erbringen. Als pragmatisch werden dagegen die philosophischen Ansätze zur Behandlung des Induktionsproblems bezeichnet, nach denen die Adäquatheit eines induktiven Schlusses wesentlich vom Inhalt der Prämissen und Konklusionen, vom Verwendungszusammenhang und von der Nützlichkeit des Schlusses abhängt. Aus pragmatischer Sicht lässt sich einem induktiven Argument zwar „kein Garantieschein für sicheren Erfolg beifügen“, es lassen sich aber offenbar auch keine besseren Methoden finden.[202] Deshalb kann die begründete Ableitung von Erwartungen aufgrund induktiver Argumente rational sein, auch wenn sie zu falschen Konklusionen führt.

◊ Man beobachtet zahlreiche Verhaltenstherapien von Phobien, die erfolgreich waren. Daraus leitet man ab, dass auch die nächsten Phobiker durch Verhaltenstherapie

[200] zum Grad der (induktiven) Bestätigung: Lenzen (1974), Gemes (1998), Christensen (1999)

[201] Carnap (1971, 1986), Cohen (1981), Kutschera (1972a), Stegmüller (1973a)

[202] Reichenbach (1935, S. 418), Salmon (1979), Strawson (1952), Holland et al. (1986)

erfolgreich behandelt werden können. Selbst wenn die nächste verhaltenstherapeutische Phobienbehandlung nicht erfolgreich sein sollte, war es doch rational, unter den gegebenen Umständen einen Erfolg erwartet zu haben.

Konkret wird die Berechtigung eines induktiven Arguments nicht nur von dem in der Prämisse zusammengefassten Wissen bestimmt, sondern auch von der vorliegenden Situation, der untersuchten Fragestellung, dem aktivierten Hintergrundwissen, den aktuellen Zielen, dem erwarteten Wissenszuwachs, dem möglichem Nutzen usf.

Wenn wir uns vor einem bestimmten Wissenshintergrund verschiedene induktive Schlüsse vorstellen, so können diese uns offensichtlich mehr oder minder begründet oder gewagt erscheinen. Wir wollen im folgenden von diesem Vorverständnis ausgehen und versuchen, Faktoren zu explizieren, von denen die Güte, Adäquatheit oder die *Berechtigung* eines induktiven Schlusses abhängen kann.

◊ Von den ersten zehn untersuchten Vorlesungsteilnehmern haben acht Personen einen Misserfolg external attribuiert und zwei internal. Daraus ist der induktive Schluss, dass der Teilnehmer Nummer 99 external attribuiert, berechtigter als der ebenfalls mögliche induktive Schluss, dass er internal attribuiert.

Allgemein soll die Berechtigung eines induktiven Schlusses umso höher sein, je bessere Gründe es für die Erwartung gibt, dass die Konklusion wahr ist oder sich bei einer Überprüfung als wahr herausstellen wird. Eine Analyse der philosophischen und psychologischen Konzeptionen zum induktiven Denken führt zu vier Faktoren, die diese Berechtigung beeinflussen: die Anzahl, die Validität und die Variabilität der bisherigen positiven Fälle sowie die Ähnlichkeit der bisherigen positiven Fälle zu dem neuen Fall.[203]

Anzahl und Anteil der bisherigen Fälle

- Die Berechtigung eines induktiven Schlusses ist umso größer,
  - je größer die Anzahl und der Anteil der bisherigen positiven Fälle ist, die in die Prämisse eingehen und
  - je kleiner die Anzahl und der Anteil der bisherigen negativen Fälle ist.[204]

◊ Beim oben betrachteten induktiven Schluss A5 $\ggg$ I99 bezog sich die Prämisse auf die externalen Misserfolgsattributionen der fünf zuerst untersuchten Vorlesungsteilnehmer. Wenn nicht nur die ersten fünf der 99 Vorlesungsteilnehmer, sondern die ersten 20, 50 oder gar 98 Teilnehmer external attribuieren, haben wir zunehmend Grund anzunehmen, dass I99 tatsächlich wahr ist, dass also der Zusammenhang zwischen Misserfolg und externaler Attribution auch für den 99. Vorlesungsteilnehmer gilt. Die induktiven Schlüsse der entsprechenden Allsätze A5, A20, A50 oder A98 auf die Konklusion I99 werden dementsprechend sukzessiv immer berechtigter.

---

[203] Westermann & Gerjets (1994, S. 459-465)

[204] Die Anzahl bisheriger Beobachtungen wurde von Carnap (siehe Kapitel 4.3.1) als wichtigste Determinante der Größe der induktiven Wahrscheinlichkeit herausgestellt.

Treten unter den bisherigen Beobachtungen auch abweichende Fälle auf, so ist für die Berechtigung des induktiven Schlusses nicht nur die Anzahl der beobachteten Sachverhalte wichtig, sondern auch der Anteil positiver Fälle an der Gesamtzahl der Beobachtungen.

◊ Attribuieren von den ersten 50 Vorlesungsteilnehmer 40 external (d.h. 80%), fünf aber internal, so ist die Berechtigung des induktiven Schlusses auf den 99. Vorlesungsteilnehmer geringer als wenn alle 50 bisher beobachteten Teilnehmer external attribuieren. Die Berechtigung des induktiven Schlusses ist bei einem Anteil positiver Fälle von 80% höher als beispielsweise bei einem Anteil von 60%.

Validität der Fälle

- Die Berechtigung eines induktiven Schlusses ist umso höher,
  - je größer die Validität, Güte oder Sicherheit der in der Prämisse zusammengefassten positiven Befunde ist und
  - je kleiner die Validität, Güte oder Sicherheit der negativen Befunde ist.

Die Validität empirischer Befunde kann durch eine Fülle von Faktoren herabgesetzt werden (siehe Kapitel 13). Am schwersten wiegen Fehler bei der Erfassung der beteiligten Variablen (Variablenvalidität), systematische Unterschiede zwischen den Untersuchungsbedingungen (interne Validität) und falsche Datenauswertungen und Ergebnisinterpretationen (statistische Validität).

◊ Die Güte der empirischen Beobachtungen, die die Prämisse A5 des induktiven Schlusses A5 $\approx\!>$ I99 bilden, ist z.B. herabgesetzt, falls die Personen gar keinen Misserfolg erlebt haben oder falls sie ihre Antworten verfälschen, um einen guten Eindruck zu machen.

Variabilität der Fälle

- Die Berechtigung eines induktiven Schlusses ist umso höher,
  - je größer die Variabilität der bisherigen positiven Fälle ist und
  - je kleiner die Variabilität der bisherigen negativen Fälle ist.

Je größer die Zahl der Merkmale ist, in denen sich die bisherigen positiven Fälle unterscheiden und je größer die Unterschiede auf diesen divergierenden Merkmalen sind, desto stabiler ist der betrachtete Merkmalszusammenhang und desto berechtigter ist der Schluss, dass sich dieser Zusammenhang auch bei dem noch nicht betrachteten Fall zeigen wird.[205]

Diese Variabilität unter den bisherigen Fällen beeinflusst die Berechtigung des induktiven Schlusses nur insofern, als sie sich auf Merkmale bezieht, die für den betrachteten Zusammenhang relevant sind. Dies zu beurteilen, erfordert Hintergrundwissen darüber, welche Merkmale für die betrachteten Variablenzusammenhänge relevant zu sein pflegen.

---

[205] Thagard & Nisbett (1982), Cohen (1989), Kruse (1997)

◊ Wenn die ersten fünf untersuchten Studenten enge Freunde aus der gleichen Schulklasse sind, ist die Berechtigung einer induktiven Verallgemeinerung der Befunde auf andere Studierende geringer als wenn sie sich in Herkunft, Alter und Geschlecht stark unterscheiden.

Ähnlichkeit neuer und bisheriger Fälle

- Die Berechtigung eines induktiven Schlusses ist umso höher,
  - je größer die Ähnlichkeit zwischen den neuen und den bisherigen positiven Fällen und
  - je kleiner die Ähnlichkeit zwischen den neuen und den bisherigen negativen Fällen ist.

Die Ähnlichkeit der Fälle ist dabei umso höher, je mehr Merkmale oder Merkmalsausprägungen sie gemeinsam haben und je weniger ihre Merkmale oder Ausprägungen divergieren. Merkmale werden dabei in dem Maße beachtet und gewichtet, in dem sie für die betrachteten Zusammenhänge relevant sind. Diese Relevanz wiederum muss auf der Basis des vorhandenen theoretischen und praktischen Wissens bestimmt werden.

◊ Ist der Vorlesungsteilnehmer 99 weit älter und berufserfahrener als die übrigen Studenten (z.B. ein Teilnehmer eines Seniorenstudiums), ist die Berechtigung von A5 ⪸ I99 geringer als im Falle eines typischen Studenten, falls es theoretische oder empirische Hinweise darauf gibt, dass berufserfahrene Senioren andere Attributionsstile haben als Zwanzigjährige. Die Berechtigung wird aber beispielsweise nicht beeinflusst, wenn von der Person 99 nur bekannt ist, dass sie die einzige Berlinerin unter den Studierenden ist und wenn es keine Hinweise darauf gibt, dass Berliner andere Attributionsstile haben.

Grad der Bestätigung von Hypothesen

Der Grad der Bestätigung einer Hypothese oder Theorie soll das Ausmaß bezeichnen, in dem sie durch die vorliegenden empirischen Beobachtungen gestützt wird.[206] Nach den syntaktischen Rechtfertigungen der Induktion wird der Grad der Bestätigung einer Hypothese mit ihrer (personellen oder logischen) Wahrscheinlichkeit gleichgesetzt. Diese ist vor allem von der Zahl der bisherigen positiven Fälle abhängig.[207] Adäquater scheint es, bei der Explikation des Bestätigungsbegriffs alle Faktoren zu berücksichtigen, die nach unserer pragmatischen Analyse die Berechtigung eines induktiven Arguments beeinflussen:

- Der Grad der Bestätigung einer Hypothese oder Theorie durch die bisherigen Beobachtungen hängt von der Anzahl der hypothesenkonformen und -konträren

[206] Lenzen (1974), Gadenne (1994a, S. 418-424)
[207] siehe oben Kapitel 4.3.1

Untersuchungsergebnisse ab, von Validität dieser Beobachtungen, ihrer Variabilität und ihrer Ähnlichkeit zu den noch nicht beobachteten Fällen.[208]

Ceteris-paribus-Bedingungen

Wenn wir in den vorausgegangenen Absätzen den Einfluss verschiedener Faktoren auf die Berechtigung eines induktiven Schlusses bzw. die induktive Bestätigung einer Hypothese beschrieben haben, geschah dies unter der stillschweigenden Annahme, dass alle anderen möglichen Einflussfaktoren konstant sind. Eine derartige Konstanzannahme wird als *Ceteris-paribus-Bedingung* bezeichnet.[209]

Wenn mehrere Einflussfaktoren gleichzeitig und gegensinnig variieren, kann man hingegen keine Aussagen über den resultierenden Gesamteffekt machen.

◊ Wird der Anteil der external attribuierenden Teilnehmer, d.h. der positiven Fälle, größer, nimmt aber gleichzeitig auch die Variabilität der negativen (internal attribuierenden) Fälle zu, kann nicht sicher entschieden werden, ob die Berechtigung insgesamt steigt, fällt oder gleich bleibt.

Wenn man jeweils voraussetzt, dass es keine gegensinnig wirksamen Faktoren gibt, können die Überlegungen in den vorangegangenen Absätzen zu konkreten Aussagen über die Wirkung von Anzahl, Validität, Variabilität und Ähnlichkeit auf Berechtigungen und Bestätigungen zusammengefasst werden:[210]

- Die Berechtigung eines induktiven Schlusses und die Bestätigung der entsprechenden Hypothese wird vergrößert,
  - wenn bei den positiven Fällen mindestens einer der vier Faktoren erhöht wird, wenn bei ihnen keiner der anderen Faktoren vermindert wird und wenn bei den negativen Fällen keiner der Faktoren erhöht wird.
  - wenn bei den negativen Fällen mindestens einer der Faktoren vermindert wird, wenn bei ihnen keiner der anderen Faktoren erhöht wird und wenn bei den positiven Fällen keiner der Faktoren vermindert wird.
- Die Berechtigung eines induktiven Schlusses und die Bestätigung der entsprechenden Hypothese wird verkleinert,
  - wenn bei den positiven Fällen mindestens einer der Faktoren vermindert wird, wenn bei ihnen keiner der anderen Faktoren erhöht wird und wenn bei den negativen Fällen keiner der Faktoren vermindert wird.
  - wenn bei den negativen Fällen mindestens einer der Faktoren erhöht wird, wenn bei ihnen keiner der anderen Faktoren vermindert wird und wenn bei den positiven Fällen keiner der Faktoren erhöht wird.

---

[208] Die Ähnlichkeit zwischen allen beobachteten und noch nicht beobachteten Anwendungsfällen ist generell um so größer, je repräsentativer die bisherigen Fälle sind.

[209] siehe unten Kapitel 7.2.4

[210] Die vier Faktoren beeinflussen auch die empirischen Urteile von Personen zur Berechtigung eines induktiven Schlusses (Gerjets, Westermann & Lütkemeier, 1994).

Die identifizierten Berechtigungsfaktoren verdeutlichen das beständige Risiko, dass induktive Schlüsse aufgrund späterer Erkenntnisse aufgegeben oder modifiziert werden müssen. Die Unsicherheit und die Vorläufigkeit des Wissens sind wesentliche Kennzeichen jeder *empirischen* Wissenschaft.

Überlegungen zur Berechtigung induktiv verallgemeinernder Aussagen in der Wissenschaft können nicht zu (absoluter) Sicherheit für diese Generalisierungen führen, sondern sie können nur dazu animieren, sich bei der Formulierung induktiver Schlüsse so rational wie möglich zu verhalten: Man muss bewusst möglichst alle Faktoren beachten, von denen es nach bisherigem Wissen abhängen könnte, ob die Konklusionen sich gegebenenfalls tatsächlich als wahr herausstellen.

5 Bedeutung und Definition

In jedem wissenschaftlichen Fach müssen zur Beschreibung und Erklärung der interessierenden Phänomene bestimmte Begriffe neu eingeführt oder bekannte Begriffe in einer speziellen Bedeutung verwendet werden.[211]

◊ In der Psychologie ist der Begriff des „Leistungsmotivs" neu eingeführt worden. Die Begriffe der „Einstellung" und des „Wissens" werden in anderer Bedeutung verwendet als in der Alltagssprache.[212]

Durch fachspezifische Begrifflichkeiten bekommen wissenschaftliche Aussagen eine genauere Bedeutung. Dies erleichtert die kritische Diskussion von wissenschaftlichen Ideen und Befunden, aber auch die Ableitung von Folgerungen und Vorhersagen, die praktisch anzuwenden oder empirisch zu überprüfen sind.

Sprachliche Begriffe sind, allgemein gesagt, Zeichen oder Symbole. Andere Zeichen, die wir verwenden, sind Gesten, Verkehrsschilder, Piktogramme, Abkürzungen usw. Die Semiotik, die wissenschaftliche Disziplin, die sich mit Zeichensystemen beschäftigt, hat drei Teile und Gegenstandsbereiche:[213]

- die *Syntax,* d.h. die Beziehungen zwischen den Zeichen untereinander,
- die *Semantik,* d.h. die Beziehungen zwischen den Zeichen und dem Bezeichneten,
- die *Pragmatik,* d.h. die Beziehung zwischen den Zeichen und ihrer Verwendung.

Wenn wir nach der Bedeutung eines Begriffs oder eines anderen Zeichens fragen, so wollen wir, grob gesprochen, wissen, für was dieses Zeichen steht, was sein Sinn ist, auf was es hinweist. In der Sprachphilosophie und Sprachwissenschaft gibt es zwei grundsätzlich verschiedene Vorstellungen darüber, wie die Bedeutung von Begriffen zu analysieren und festzulegen ist:[214]

---

211 Die Entwicklung spezieller Sprachen ist keine Besonderheit der Wissenschaften. Eigene Jargons finden sich auch bei Motorradfahrern, Musikern, Jägern usf.

212 So spricht man im Alltag von „Wissen", wenn etwas (relativ) sicher und bewusst ist, während in der Kognitionspsychologie zum „Wissen" auch (falsche) Meinungen und (unbewusste) Fertigkeiten gehören (siehe z.B. Anderson, 1996a, S. 229-230).

213 Morris (1988), Regenbogen & Meyer (1998, S. 599-600)

214 Regenbogen & Meyer (1998, S. 94), Theorien der Bedeutung: Speck (1980, S. 49-59)

- Die *realistische Bedeutungstheorie* geht davon aus, dass die Bedeutung eines Begriffs durch den Sachverhalt bestimmt wird, auf den er verweist.
- Die *Gebrauchstheorie der Bedeutung* geht davon aus, dass die Bedeutung eines Begriffs durch die Art seines Gebrauchs bestimmt wird.

Die realistische Bedeutungstheorie wird allgemein in der Semantik vorausgesetzt und vor allem von den Logischen Empiristen vertreten. Die Gebrauchstheorie ist der Pragmatik zuzurechnen und geht auf die Spätwerke von Ludwig Wittgenstein zurück.

Nach der üblichen realistisch-semantischen Betrachtungsweise wird die Bedeutung eines Begriffs durch seine Intension und seine Extension bestimmt (Kapitel 5.1). Die Bedeutung wissenschaftlicher Begriffe kann auf unterschiedliche Weise und mit unterschiedlicher Präzision festgelegt werden: durch explizite Definitionen (Kapitel 5.2), durch operationale und bedingte Definitionen (Kapitel 5.3) und durch Explikationen (Kapitel 5.4).[215] Aus pragmatischer Sicht wird Bedeutung vor allem durch paradigmatische Anwendungen bestimmt (Kapitel 5.5).[216]

5.1 Intension und Extension von Begriffen

- Die *Extension* (auch *Referenz* oder *Denotation*) eines Begriffs ist gleich der Menge der Objekte, die „unter diesen Begriff fallen“, d.h. die mit diesem Begriff bezeichnet werden können.

◊ Die Extension des Begriffs „Sozialphobiker“ umfasst die Menge aller Personen, die Sozialphobiker sind, d.h. auf die das Prädikat „ist Sozialphobiker“ zutrifft.

Entspricht ein Begriff einem zwei- oder dreistelligen Prädikat, besteht die Referenzmenge aus geordneten Paaren oder Tripeln.

◊ Die Extension des Begriffs „Angstauslöser“ umfasst alle Paare von Personen und Objekten, die die Aussageform „Objekt o löst bei Person p Angst aus“ erfüllen.

Zwei Begriffe haben die gleiche extensionale (oder referentielle, denotative) Bedeutung, wenn ihre Objektmengen identisch sind.

◊ Wenn die Menge der Phänomene, auf die das Prädikat „ist eine Sozialphobie“ zutrifft, genau gleich der Menge der Phänomene ist, auf die das Prädikat „ist eine soziale Angststörung“ zutrifft, haben die Begriffe „soziale Angststörung“ und „Sozialphobie“ die gleiche extensionale Bedeutung.[217]

---

[215] In der Philosophie gibt es unterschiedliche Auffassungen darüber, welche dieser verschiedenen Arten von Bedeutungsfestlegungen tatsächlich als Definitionen zu bezeichnen sind (Schischkoff, 1974; Seiffert & Radnitzky, 1989; Speck, 1980).

[216] Die folgenden Darstellungen basieren teilweise auf Hempel (1974), Groeben & Westmeyer (1975, S. 43-59), Mittelstraß (1995a), Regenbogen (1998, S. 134-135), Speck (1980, S. 124-128, 217-222) und Sprung & Sprung (1987, S. 68-81).

[217] Gleiche extensionale Bedeutung haben auch Abendstern und Morgenstern (siehe S. 46).

Die Objektmengen zweier Begriffe können sich auch überschneiden, so dass einige Objekte unter beide Begriffe fallen.

◊ Die extensionalen Bedeutungen der Begriffe „Sozialphobiker“ und „Depressive“ überschneiden sich, da einige Menschen sowohl sozialphobisch wie depressiv sind.

Wenn alle Objekte, die unter einen Begriff A fallen, auch unter den Begriff B fallen und wenn es zumindest einige Objekte unter B gibt, die nicht unter A fallen, dann ist B extensional ein Oberbegriff von A.

◊ Da alle sozialen Phobien unter die Angststörungen fallen, aber die Angststörungen nicht nur Soziale Phobien umfassen (sondern z.B. auch Agoraphobien und Panikstörungen), ist „Angststörung“ ein Oberbegriff zu „Soziale Phobie“.

- Die *Intension* (oder der *Inhalt*, der *Sinn*) eines Begriffs ist gleich der Menge der Attribute, die ein Objekt besitzen muss, um unter diesen Begriff zu fallen.[218]

◊ Eine Soziale Phobie ist vor allem dadurch gekennzeichnet, dass die betreffende Person vor oder in bestimmten sozialen oder Leistungssituationen (z.B. Party, Referat, Einkauf) eine anhaltende, ausgeprägte, unangemessene und beeinträchtigende Angst empfindet, sich zu blamieren.[219]

Wenn zwei Begriffe die gleiche intensionale Bedeutung haben, haben sie zwangsläufig auch gleiche Extensionen. Die Umkehrung gilt jedoch nicht unbedingt: Extensional gleiche Begriffe können intensional verschiedene Bedeutung haben. Sie können dann nicht ohne weiteres gegeneinander ausgetauscht werden.

◊ Durch die Begriffe „Gefängnisinsassen“, „Häftlinge“ und „Knackis“ wird extensional die gleiche Menge von Personen bezeichnet, sie werden aber mit unterschiedlicher intensionaler Bedeutung verwendet. Beispielsweise sind die Aussagen „Dein Freund sieht aus wie ein Knacki“ und „Dein Freund sieht aus wie ein Häftling“ für uns in der Regel nicht gleichbedeutend.

5.2 Explizite Definitionen

Definiert werden können nicht nur Begriffe, sondern auch Aussagen oder Prädikate, also Aussagenteile. Bei einer *expliziten Definition* erfolgt die Bedeutungsfestlegung dadurch, dass der zu definierende Ausdruck (das *Definiendum*) mit anderen Begriffen oder Aussagen (dem *Definiens*) gleichgesetzt wird.

---

[218] Die Ausdrücke *meaning* und *sense* werden in der Regel im Sinne der intensionalen Bedeutung gebraucht. Der Begriff der *Intension* darf nicht mit dem Begriff der *Intention* verwechselt werden. Intentionalität im allgemeinen ist die Gerichtetheit mentaler Zustände (siehe oben Seite 40). In der Psychologie sind *Intentionen* gleichbedeutend mit Absichten (Fishbein & Ajzen, 1975; Heckhausen, 1989).

[219] DSM-IV (1996, S. 473-474)

Explizite Definitionen können unterschiedlichen Zwecken dienen. Zum einen kann das Definiendum ein bekannter Ausdruck sein, dessen Bedeutung durch das Definiens präzisiert werden soll. Zum anderen kann das Definiendum ein neuer Ausdruck sein, der an die Stelle eines bisherigen, meist längeren treten soll.

Gebrauchsdefinition

Bei der expliziten Definition einer Aussage (dem Definiendum) wird ihre aussagenlogische Äquivalenz mit einer anderen Aussage (dem Definiens) festgelegt:[220]

(5–1) Definiendum $:\leftrightarrow$ Definiens.

Dies wird als Kontext- oder Gebrauchsdefinition bezeichnet, weil dabei ein interessierendes Prädikat im Kontext einer ganzen Aussage definiert wird.

In psychologischen Texten finden sich zahlreiche explizite Definitionen von Begriffen oder Aussagen, auch wenn sie gar nicht als solche gekennzeichnet sind:[221]

◊ „Jedes Ereignis, das in angemessener Verbindung mit einem Verhalten ... auftritt und dessen Stärke erhöht oder aufrecht erhält, wird ein Verstärker genannt."[222]

◊ „Zwei Elemente, die in der Kognition einer Person bestehen und füreinander relevant sind ..., ... stehen in einer dissonanten Beziehung zueinander, wenn ... das Gegenteil des einen Elements aus dem anderen folgt."[223]

In diesen Zitaten werden die Aussagen bzw. Prädikate „ist ein Verstärker" und „sind dissonant" definiert.[224] Indirekt werden damit auch die Begriffe „Verstärker" und „Dissonanz" definiert: als Klassen aller Objekte, auf die das jeweilige Prädikat zutrifft. Um dies zu verdeutlichen, formulieren wir das erste Beispiel (ohne den Sinn zu ändern) um und heben die Prädikate in Definiendum und Definiens hervor:

◊ Ereignis x *ist ein Verstärker* wenn und nur wenn gilt: Ereignis x *tritt in angemessener Verbindung mit einem Verhalten auf und erhöht dessen Stärke oder erhält sie aufrecht.*

Nominaldefinition

Die explizite Definition eines Begriffs wird als *Nominaldefinition* bezeichnet.[225]

◊ Der Erwartungswert E(X) einer diskreten Zufallsvariablen X, die die möglichen Werte $x_1, x_2, ..., x_n$ mit Wahrscheinlichkeiten $p_1, p_2, ..., p_n$ annimmt, ist wie folgt definiert:[226]

(5–2) $$E(X) := \sum_{i=1}^{n} x_i p_i \,.$$

---

220 Statt durch $:\leftrightarrow$ wird die definitorische Äquivalenz auch durch $\leftrightarrow_{def}$ bezeichnet.

221 systematische explizite Definitionen psychologischer Begriffe: Smedslund (1997)

222 Bredenkamp & Wippich (1977, S. 53)

223 Festinger (1978, S. 25-26)

224 Streng genommen handelt es sich hier nur um Aussageformen (siehe oben Seite 77).

225 symbolisiert durch $:=$ oder $=_{def}$.

226 Rasch (1995, S. 68), Reinhardt & Soeder (1978, S. 471)

Viele Nominaldefinitionen erfolgen nach dem klassischen Schema von Aristoteles für die Definition von *Artbegriffen*:

- Die Definition erfolgt durch Angabe seiner nächsthöheren Gattung (*genus proximum)* und des artunterscheidenden Merkmals (*differentia specifica)*.[227]

◊ „Handeln ist nach Weber alles menschliche Verhalten, mit dem der Handelnde einen 'Sinn' verbindet".[228]

◊ Eine Verhaltenstherapie ist als eine psychotherapeutische Vorgehensweise definiert, die auf lernpsychologischen Erkenntnissen beruht.[229]

Durch Nominaldefinition eines Artbegriffs wird eine Menge von Merkmalen spezifiziert, die zwei Eigenschaften hat.

Erstens sind alle Merkmale *zusammen hinreichend* für die Einordnung eines Objektes unter diesen Begriff: Wenn ein Objekt alle diese Merkmale besitzt, muss es zwangsläufig der entsprechenden Kategorie (Art) zugeordnet werden.

Zweitens ist jedes dieser Merkmale *einzeln notwendig* für die Einordnung eines Objektes in die durch diesen Begriff bezeichnete Kategorie (Art). Die Merkmale sind allen Objekten gemeinsam, die unter diesen Begriff fallen. Besitzt ein Objekt eines dieser Merkmale nicht, fällt es nicht unter diesen Begriff.

◊ Eine Vorgehensweise, die auf lernpsychologischen Erkenntnissen beruht, aber keine *psychotherapeutische* Vorgehensweise ist (sondern z.B. der Mitarbeiterführung dient), ist nach der obigen Definition keine Verhaltenstherapie.

Eigenschaften von Definitionen

- Eine Aussage ist nur dann eine Definition, wenn sie zwei Kriterien genügt: *Eliminierbarkeit* und *Nicht-Kreativität.*

Ein definierter Begriff ist insofern *eliminierbar*, als er im Prinzip durchgängig durch das Definiens ersetzt werden könnte, ohne dass sich der Wahrheitswert der entsprechenden Aussagen verändert.[230]

Eine Definition ist insofern *nicht-kreativ*, als sie eine rein begriffliche Operation ist. Definitionen bringen Klarheit und Ordnung in unsere Begrifflichkeit, sie dürfen aber nicht mit Erkenntnissen über die Welt außerhalb dieses Begriffssystems verwechselt wirden. Definiert jemand einen Begriff oder eine Aussage, kann diese Definition deshalb nicht empirisch wahr oder falsch sein.

◊ Die *Einstellung* (*attitude*) einer Person zu einem Objekt wird als ihre Gesamtbewertung dieses Objekts definiert.[231] Damit wird etwas über die Bedeutung dieses Begriffs

---

[227] Dass nicht alle Nominaldefinitionen nach diesem Schema erfolgen, zeigt Beispiel (5–2).

[228] Heckhausen (1989, S. 13)

[229] Davison & Neale (1996, S. 52)

[230] Praktiziert wird eine derartige Elimination natürlich nicht, denn das Definiendum wird ja häufig gerade als abkürzende Bezeichnung für ein unhandliches Definiens eingeführt.

mitgeteilt, aber nichts über Struktur, Ursachen, Folgen und Funktionen von Einstellungen.

Eine weitere wichtige Eigenschaft von Definitionen ist ihre *Kontextabhängigkeit*: Die Definition eines Begriffs oder einer Aussage erfolgt stets in Bezug auf eine bestimmte Begrifflichkeit oder Theorie. In anderen „Kontexten" können andere Definitionen sinnvoll und notwendig sein.

◊ Vertreter der *Rubikontheorie* der Handlungsphasen definieren eine Handlung als die Menge zeitlich geordneter Aktivitäten, die für die Erreichung eines Zieles relevant sind.[232] Anders als bei Max Weber umfasst eine Handlung nach dieser Theorie nicht nur offene Verhaltensweisen, sondern beispielsweise auch abwägende, planende und bewertende Überlegungen.

Adäquatheit

Eine Definition kann weder empirisch wahr noch empirisch falsch sein. Man kann sich aber natürlich sehr wohl darüber streiten, ob eine bestimmte Definition sinnvoll ist, ob sie mit anderen Definitionen verträglich ist usf. Die Definition eines Begriffs wird insbesondere dann als inadäquat bezeichnet, wenn sie zu eng oder zu weit ist.

- Zu eng ist eine Definition, wenn zu wenig Objekte unter den Begriff fallen.
- Zu weit ist eine Definition, wenn zu viele Objekte unter den Begriff fallen.

Beurteilt werden kann diese Adäquatheit einer Begriffsdefinition nur, wenn man bereits über Vorstellungen darüber verfügt, dass bestimmte Objekte unter den Begriff fallen müssen, andere aber nicht darunter fallen dürfen.

◊ Die Weltgesundheitsorganisation (WHO) hat „Gesundheit" als „vollständiges körperliches, seelisches und soziales Wohlbefinden" definiert.[233] Diese Definition ist zu eng, denn eine Person fällt nach dieser Definition bereits dann nicht mehr unter den Begriff „gesund", wenn sie sich über ihren Vorgesetzten ärgert und sich deshalb seelisch und sozial nicht vollständig wohl fühlt. Würde man dagegen „Gesundheit" beispielsweise als „Abwesenheit von körperlichem Beeinträchtigungen" definieren, wäre die Definition zu weit, weil man Personen, die psychisch schwer, körperlich aber nicht beeinträchtigt sind, nach dieser Definition als „gesund" bezeichnen müsste.

Zirkeldefinition

Eindeutig inadäquat ist eine Definition dann, wenn sie zirkelhaft ist. Eine *Zirkeldefinition* liegt dann vor, wenn in der Definition eines Begriffs auf diesen zu definierenden Begriff selbst zurückgegriffen wird.

---

231 Fishbein & Ajzen (1975), Westermann (1982)
232 Heckhausen (1989, S. 13)
233 Waller (1995, S. 9)

◊ „Vom Stand meines heutigen Wissens aus würde ich den Identitätsbegriff, der unserer Forschung zugrunde liegt, abschließend so definieren:

Identität ist ein Projekt, das zum Ziel hat, ein individuell gewünschtes oder notwendiges 'Gefühl der Identität' (*sense of identity*) zu erzeugen".[234]

Da derartige unmittelbare Zirkeldefinitionen so offensichtlich unbefriedigend sind, finden sie sich in der wissenschaftlichen Literatur glücklicherweise selten. Schwerer zu entdecken und auszumerzen sind mittelbare Zirkeldefinitionen, bei denen im Definiens Begriffe verwendet werden, bei deren Definition wiederum mittelbar oder unmittelbar auf das ursprünglich zu definierende Wort zurückgegriffen wird.

◊ Würde man „Gesundheit" als „Abwesenheit von Krankheit" und außerdem „Krankheit" als „Beeinträchtigung der Gesundheit" definieren, läge eine (mittelbare) Zirkeldefinition vor.

Undefinierte Grundbegriffe

Explizite Definitionen finden sich vor allem in der Logik, der Mathematik und den klassischen Naturwissenschaften. Unklarheiten oder gar Kontroversen über die Bedeutung von Begriffen sind deshalb dort sehr selten.

◊ „Unter der *Varianz* $V(X)$ einer Zufallsgröße X versteht man den Erwartungswert $E((X-\mu)^2)$"[235] oder kurzgefasst

(5–3) $V(X) := E[(X-\mu)^2]$.

Die Bedeutung des Begriffs der Varianz wird absolut präzise festgelegt, weil alle im Definiens auftretenden Begriffe (von den Begriffen der Zufallsgröße und des Erwartungswertes bis hin zu den Klammern und Exponenten) bereits vorher präzise explizit definiert worden sind. Die in den jeweiligen Definiensien auftretenden Begriffe sind ihrerseits wiederum explizit definiert. In der Mathematik finden wir also ganze Ketten von expliziten Definitionen der interessierenden Begriffe. Es ist allerdings weder sinnvoll noch möglich, diese Definitionsketten in beide Richtungen unendlich lange fortzuführen. Sie müssen vielmehr an einer geeigneten Stelle abgebrochen werden. Deshalb baut sich jede mathematische Disziplin auf bestimmten *undefinierten Grundbegriffen* auf, z.B. „natürliche Zahl", „Punkt" und „Gerade".[236]

In einer empirischen Wissenschaft kann eine Definitionskette so lange in Richtung auf immer elementarere Begriffe fortgesetzt werden, bis man auf Begriffe stößt, deren Bedeutung nicht mehr sprachlich festgelegt werden muss, sondern

---

[234] Keupp (1997, S. 34)

[235] Reinhardt & Soeder (1978, S. 471)

[236] Reinhardt & Soeder (1978, S. 21, 53, 133). Man sagt häufig, dass diese Grundbegriffe dadurch *implizit definiert* werden, dass Annahmen über die Beziehungen zwischen ihnen getroffen werden. Diese Bezeichnung ist jedoch irreführend, da es sich dabei nicht um eine Definition der Begriffe im üblichen Sinn handelt.

„aufzeigend" (*ostentativ*) bestimmt werden kann, d.h. durch Verweis auf konkret existierende Objekte oder Ereignisse.[237] Tatsächlich werden die Definitionsketten meist viel früher abgebrochen. Wie wir später sehen werden, bleibt die Bedeutung der Grundbegriffe psychologischer Theorien meist undefiniert und wird nur grob durch Verweis auf andere Theorien oder den allgemeinen Sprachgebrauch umschrieben. Was als undefinierte und nicht weiter zu analysierende Begriffe verwendet wird, hängt vom Fachgebiet und dem Anwendungsbereich der Theorie ab.

◊ In einer volkswirtschaftlichen Theorie können ganze Betriebe (mit ihren Kapazitäten, Produkten usw.) als Grundbegriffe betrachtet werden, in der Betriebswirtschaftslehre die einzelnen Abteilungen eines Betriebes (mit ihren Aufgaben und Möglichkeiten), in der Organisationspsychologie die einzelnen Teilnehmer einer Arbeitsgruppe (mit ihren Merkmalen und Eigenschaften).
◊ In einer arbeitspsychologischen Theorie zu den Ursachen der Arbeitszufriedenheit können die verschiedenen Bedürfnisse der Menschen als Grundbegriffe verwendet werden, in der Motivationspsychologie wird Abgrenzung, Genese und Anregung dieser Bedürfnisse näher beschrieben und erklärt.
◊ In der Motivations- und Lernpsychologie werden die betrachteten Reize (z.B. ein helles Licht als diskriminativer Hinweisreiz) undefiniert vorausgesetzt, in der Wahrnehmungspsychologie aber weiter analysiert.

Begriffliche Vagheit

Wie wir oben an den Beispielen gesehen haben, gleichen die expliziten Definitionen in der Psychologie in ihrem Aufbau den mathematischen Definitionen: Ein Definiendum (z.B. der Begriff „Dissonanz" oder das Prädikat „sind dissonant" oben auf Seite 104) wird jeweils mit einem bestimmten Definiens gleichgesetzt. Auch sind die Begriffe im Definiens entweder allgemein bekannt und verständlich oder vorher bereits näher umschrieben worden.[238]

Der wesentliche Unterschied zu Definitionen in der Mathematik und anderen formalen Wissenschaften besteht in der *geringeren Präzision* der Definitionen, die wir in der Psychologie oder anderen Natur- und Sozialwissenschaften finden: Nach der Definition verbleibt immer noch eine erhebliche Vagheit, weil die verwendeten Begriffe mit den Unklarheiten der Umgangs- oder Fachsprache behaftet sind.

◊ Es ist schwierig, genau die hinreichenden Bedingungen dafür anzugeben, wann für eine Person tatsächlich eine Kognition aus dem Gegenteil einer anderen folgt oder wann sie mit ihrem Verhalten einen Sinn verbindet: Sollen wir das Verhalten der Person beobachten oder sie fragen? Wird die Person uns eine unverfälschte Antworten geben wollen und können? Wie lange bleibt ein festgestellter Zustand bestehen?

Außerdem werden psychologische Begriffe in verschiedener Bedeutung verwendet.

---

[237] Seiffert & Radnitzky (1989, S. 31)

[238] Festinger erläutert vorher, dass er unter kognitiven Elementen alle Kenntnisse und Meinungen der Person über sich selbst und ihre Umwelt versteht (1978, S. 22-23).

◊ Die meisten Autoren verstehen „induktives Denken" als Ableitung allgemeiner Muster oder Regeln aus Einzelfällen, andere hingegen bezeichnen alle Denkprozesse als induktiv, die nicht eindeutig deduktiv sind.[239]

Häufig schlagen sich Bedeutungsunterschiede nicht in expliziten Definitionen nieder, sondern darin, dass für die gleichen Konzepte in verschiedenen Theorien unterschiedliche Zusammenhangsannahmen gemacht werden.

◊ Nach zweifaktoriellen Theorien ist jede Emotion sowohl von einem unspezifischen physiologischen Erregungszustand als auch von Kognitionen über die erregungsauslösende Situation abhängig.[240]

◊ Nach attributiven Theorien sind Emotionen positive oder negative Erlebnisqualitäten mit bestimmten Intensitäten, denen Situationsbewertungen (Attributionen) vorausgehen. Physiologische, mimische und gestische Komponenten gehören jedoch nicht notwendigerweise zu einer Emotion.[241]

◊ Nach physiologischen Theorien können Emotionen sowohl ohne unspezifische periphere Aktivierungen als auch ohne bewusste Wahrnehmungen, Kognitionen oder Attributionen auftreten.[242]

Derartige begriffliche Divergenzen werden zum Teil offen angesprochen und diskutiert, häufig bleiben sie aber unbemerkt. Dies führt zu Kommunikations- und Verständigungsschwierigkeiten: Wenn verschiedene Personen das gleiche Wort in unterschiedlicher Bedeutung verwenden, haben sie oft das Gefühl, sich gegenseitig gut zu verstehen, obwohl sie tatsächlich aneinander vorbei reden.

Offenheit von Begriffen

Die Vagheit psychologischer Begriffe hat aber nicht nur Nachteile. Wenn die Bedeutung eines Begriffes zunächst nur sehr grob umrissen ist, kann sie in Abhängigkeit von eingehenderen Untersuchungen und Überlegungen genauer spezifiziert werden. Teilweise bildet sich die schärfere Bedeutung eines Begriffs auch erst allmählich und fast unmerklich im Laufe der Verwendung heraus.

◊ Nach experimentellen Ergebnissen treten die von der Dissonanztheorie vorhergesagten Effekte nur auf, wenn die sich widersprechenden Kognitionen von erheblicher Relevanz sind, insbesondere wenn durch den Widerspruch eine Selbstverpflichtung der Person (*commitment*) entsteht oder ihr Selbstkonzept tangiert wird.[243] Seit diesen Erkenntnissen ist es sinnvoll, von Dissonanz nur noch zu sprechen, wenn nicht nur ein kognitiver Widerspruch vorliegt, sondern auch das Selbst der Person betroffen ist.[244]

---

239 z.B. Krause (1990) und Klauer (1993) vs. Holland, Holyoak, Nisbett & Thagard (1986)
240 Schachter (1964), Meyer, Schützwohl & Reisenzein (1993, S. 111-115)
241 Weiner (1986), Meyer et al. (1993, S. 169)
242 Öhman (1988), Birbaumer & Schmidt (1999, S. 647)
243 Aronson (1969), Brehm & Cohen (1962), Irle (1975), siehe unten Abschnitt 11.4.2
244 Greenwald & Ronis (1978), Westermann (1987a, S. 150)

◊ Der Begriff der Kreativität wird seit jeher in unterschiedlichen Bedeutungen verwendet, es scheint sich aber allmählich durchzusetzen, dass man eine Aufgabenlösung nur dann als kreativ bezeichnen kann, wenn sie nicht nur neu, ungewöhnlich oder überraschend ist, sondern auch eine sachlich adäquate Problemlösung darstellt.[245]

Da wissenschaftliche Begriffe oft nicht von vornherein eindeutig und explizit definiert sind, besteht ein wesentlicher Teil des Studiums eines Wissenschaftsgebiets darin, die Bedeutung der gebräuchlichen Begriffe immer besser zu erfassen.[246]

5.3 Operationale und bedingte Definitionen

Um jede Vagheit zu vermeiden, haben Vertreter des Logischen Empirismus ursprünglich *operationale Definitionen* für alle wissenschaftlichen Begriffe und Variablen gefordert: Die Bestimmung von Begriffszugehörigkeiten und Variablenausprägungen sollte nach genauen Kriterien erfolgen, die sich auf eindeutig beobachtbare Sachverhalte beziehen.[247]

Die operationale Definition darf nicht mit der *Operationalisierung* im Allgemeinen verwechselt werden. Als Operationalisierung bezeichnet man jede Zuordnung (möglicher) Beobachtungen (auch als Indikatoren, Manifestationen usw. bezeichnet) zu einer theoretischen, unbeobachtbaren Variablen. Die operationale Definition ist also nur eine mögliche Art der Operationalisierung, nach streng empiristischer Auffassung ist sie aber die einzig sinnvolle.

In der Psychologie ist die Idee der „ostentativen" Bedeutungsfestlegung durch operationale Definition vor allem durch die Behavioristen verfolgt worden.[248]

◊ In der Lerntheorie von Hull ist beispielsweise die Habitstärke ${}_SH_R$ (d.h. die Tendenz des Reizes S, die Reaktion R auszulösen) präzise als Funktion der Anzahl N der bisherigen verstärkten Lerndurchgänge definiert:[249]

$$(5\text{–}4) \qquad {}_SH_R := 1 - 10^{0{,}0395\,N}\,.$$

5.3.1 Operationale Definition von Dispositionsbegriffen

Ein entscheidender Nachteil von operationalen Definitionen zeigt sich bei sog. *Dispositionsbegriffen.*[250] Sie bezeichnen die Fähigkeit oder Neigung einer Person

245 Amabile (1983), Kuhlmei (1993)

246 Wenn die Aufgabe nicht darin besteht, einen Begriff neu zu definieren, sondern wenn herauszufinden ist, wie ein Begriff oder Ausdruck in einer Sprachgemeinschaft definiert ist, spricht man von einer Bedeutungsanalyse (*meaning analysis*) oder (etwas irreführend) von einer beschreibenden Definition (Opp, 1976, S. 199-201; Seiffert & Radnitzky, 1989, S. 29).

247 Bridgman (1927)

248 Bower & Hilgard (1983), Foppa (1965)

249 Foppa (1965, S. 341-342)

oder eines Objektes, in bestimmten Situationen auf bestimmte Weise zu reagieren. Wenn wir beispielsweise die Aussage „dieses Glas ist zerbrechlich“ haben, ist „zerbrechlich“ ein Dispositionsprädikat: Wir sagen von dem Glas aus, dass es zerbricht, falls es in bestimmtem Maße belastet wird. Falls keine entsprechende Belastung auftritt, tritt auch die Eigenschaft der Zerbrechlichkeit nicht offen hervor.

Zu den Dispositionsbegriffen gehören auch die Persönlichkeitsmerkmale (*traits*), mit denen wir in der Psychologie Personen charakterisieren.[251]

◊ Wenn wir eine Person als hochintelligent bezeichnen, meinen wir, dass sie in entsprechenden intellektuellen Leistungssituationen weit bessere Ergebnisse produziert als andere Personen. In anderen Situationen muss diese Eigenschaft nicht manifest werden.

Operational definiert werden kann ein Dispositionsbegriff D folgendermaßen: Die Aussage, dass ein Objekt p die Eigenschaft D hat, wird äquivalent gesetzt zu der Aussage, dass die Person p ein bestimmtes Verhalten V zeigt, wenn sie in einer bestimmten Situation S ist:

(5–5) $D(p) :\leftrightarrow [S(p) \rightarrow V(p)]$.

◊ Um das Prädikat „hochintelligent“ operational zu definieren, müssen wir festlegen, welches Verhaltensergebnis (z.B. Intelligenzquotient über 130) eine Person bei welcher Test- oder Aufgabensituation (z.B. Intelligenz-Struktur-Test IST 2000[252]) mindestens erreichen muss, um als hochintelligent bezeichnet zu werden.

Operationale Definitionen der Form (5–5) sind allerdings mit einem grundsätzlichen logischen Defekt behaftet. Aus ihnen ergibt sich logisch zwingend, dass man die betreffende Eigenschaft nicht nur den Objekten zuschreiben muss, die unter der Testbedingung S das Verhaltensergebnis V zeigen, sondern auch allen Objekten, die gar nicht der Testbedingung S unterworfen worden sind. Ist nämlich S(p) falsch, ist die Aussage $S(p) \rightarrow V(p)$ (nach der Definition der Implikation in Tabelle 3.2) stets wahr. Dann ist aber auch der nach (5–5) zu dieser Implikation äquivalente Ausdruck D(p) stets wahr. D(p) ist also stets wahr, wenn S(p) falsch ist.

◊ Wird das Prädikat „hochintelligent“ operational definiert, müssen wir auch alle Personen als „hochintelligent“ bezeichnen, die den Intelligenztest überhaupt nicht gemacht haben.

Diese Konsequenz ist natürlich inhaltlich nicht sinnvoll. Die aussagenlogisch formulierte operationale Definition kann deshalb nicht als adäquat angesehen werden.

---

250 Carnap (1936, 1937), Herrmann (1973), Stegmüller (1974)
251 Herrmann (1973), Brocke (2000)
252 Amthauer, Brocke & Liepmann (1998)

5.3.2 Einführung von Dispositionsbegriffen durch Reduktionssätze

Ausgeglichen werden kann dieser Mangel, indem man die Bedeutung eines Dispositionsprädikats durch eine *bedingte operationale Definition* festlegt, die als *Reduktionssatz* bezeichnet wird:

(5–6) $S(p) \rightarrow [D(p) :\leftrightarrow V(p)]$

Das Dispositionsprädikat D wird nicht mehr vollständig, sondern nur noch partiell definiert: nur für die Personen, die tatsächlich der Testsituation S unterworfen worden sind. Für sie ist die Disposition D explizit definiert, indem sie mit dem Verhaltensergebnis V äquivalent gesetzt wird. Für alle anderen ist D nicht definiert.

Unilaterale und bilaterale Reduktionssätze

Wenn wie in (5–6) Disposition und Verhalten äquivalent gesetzt werden, spricht man von einem bilateralen Reduktionssatz. Wird das Verhalten nur als hinreichende oder nur als notwendige Bedingung für die Disposition definiert, liegen unilaterale Reduktionssätze vor. Soll das Verhalten hinreichend für die Zuschreibung der Disposition sein, entspricht das dem Reduktionssatz

(5–7) $S(p) :\rightarrow [V(p) \rightarrow D(p)]$.

Will man dagegen das Verhalten als eine notwendige Bedingung für die Disposition betrachten, hat man den Reduktionssatz

(5–8) $S(p) :\rightarrow [D(p) \rightarrow V(p)]$.

In diesem Fall folgt aus dem kritischen Verhalten nicht unbedingt das Vorliegen der Disposition. Zeigt die Person in der Testsituation S das Verhalten V aber nicht, folgt daraus, dass sie definitionsgemäß auch nicht die Disposition D hat.

Probabilistische Reduktionssätze

Grundsätzlich sind Reduktionssätze *streng deterministisch* formuliert. Wir müssen also z.B. die Person p als hochintelligent bezeichnen, wenn sie das festgelegte kritische Verhaltensergebnis V in der Testsituation S zeigt, obwohl wir wissen, dass ein derartiges Testergebnis auch einmal zufällig zustande gekommen sein kann. Deshalb kann es sinnvoll sein, Reduktionssätze probabilistisch zu formulieren.[253] Der deterministischen Aussage (5–7) beispielsweise, nach der das Verhalten V hinreichend für die Zuschreibung der Disposition D ist, entspricht dem probabilistischen Reduktionssatz

(5–9) $S(p) :\rightarrow [P(D(p) | V(p)) = p]$.[254]

[253] Stegmüller (1983, S. 162)

[254] Wenn eine Person der Testbedingung S unterworfen worden ist, dann hat sie, falls sie das kritische Verhalten V zeigt, nach dieser bedingten Definition mit einer bestimmten

Mehrfache Reduktionssätze

Bei den bisher vorgestellten Formen von operationalen Definitionen und Reduktionssätzen wird nicht die Tatsache berücksichtigt, dass die Wissenschaftler keineswegs nur eine einzige Erfassungsmethode für ein Dispositionsprädikat akzeptieren. Sie wollen auch nicht für jede Erfassungsmethode ein neues Dispositionsprädikat benutzen. Sie akzeptieren vielmehr häufig mehr als eine Erfassungsmethode für das gleiche Dispositionsprädikat.

◊ Kein seriöser Psychologe ist der Auffassung, dass Intelligenz sich allein und vollständig durch die Ergebnisse in einem einzigen Test erfassen lässt. Höchst unbefriedigend wäre es aber auch, für jeden möglichen Intelligenztest einen separaten Intelligenzbegriff einzuführen („IST 2000"-Intelligenz, „HAWIE-R"-Intelligenz usw.). Vielmehr herrscht die Vorstellung vor, dass die zahlreichen Intelligenztests jeweils (mehr oder minder) unterschiedliche Aspekte der menschlichen Intelligenz erfassen.

Die (bedingte) Definition von psychologischen Dispositionsprädikaten sollte deshalb in der Regel durch mehrere Reduktionssätze erfolgen, die sich auf unterschiedliche Situationen S_1 bis S_n (d.h. z.B. n verschiedene Intelligenztests) und entsprechend viele Verhaltenskriterien V_1 bis V_n (z.B. bestimmte Mindestergebnisse) beziehen:

(5–10) $S_1(p) :\rightarrow [D(p) :\leftrightarrow V_1(p)]$

... .

... .

$S_n(p) :\rightarrow [D(p) :\leftrightarrow V_n(p)]$

◊ Die Disposition „hochintelligent" (H), kann durch zwei Reduktionssätze eingeführt werden, die sich auf die Durchführung von HAWIE-R und IST 2000 beziehen und von der Person p jeweils einen IQ von mindestens 130 fordern:

$HAWIE(p) :\rightarrow [H(p) :\leftrightarrow HAWIE\text{-}IQ(p) \geq 130]$

$IST(p) :\rightarrow [H(p) :\leftrightarrow IST\text{-}IQ(p) \geq 130]$.

Wird ein Begriff durch mehrere Reduktionssätze eingeführt, kann die Konsistenz dieser Bedeutungsspezifikation empirisch überprüft werden.

◊ Aus den beiden Reduktionssätzen für die Eigenschaft „hochintelligent" folgt, dass Personen genau dann einen HAWIE-IQ von mindestens 130 haben, wenn sie auch einen IST-IQ von mindestens 130 haben.

Wenn die Reduktionssätze deterministisch formuliert sind, können empirisch leicht Widersprüche auftreten: Wenn eine Person in einer der Testsituationen das geforderte Verhaltensergebnis zeigt, in einer anderen Testsituation aber nicht, müsste ihr einmal

---

Wahrscheinlichkeit p die Disposition D. In der Psychologie können wir in der Regel nur Größenordnungen von Wahrscheinlichkeiten angeben: Die Wahrscheinlichkeit, dass eine Person die Disposition hat, soll größer sein, wenn sie das Verhalten V zeigt, als wenn sie es nicht zeigt: $S(p) :\rightarrow [P(D(p) | V(p)) > P(D(p) | \neg V(p))]$.

die Disposition zugeschrieben werden, das andere Mal aber nicht. Aufgefangen werden können diese Inkonsistenzen durch eine probabilistische Formulierung oder Interpretation der Reduktionssätze.

◊ Unsere Spezifikation des Begriffs „hochintelligent" ist umso konsistenter, je weniger die empirischen Testergebnisse von der strengen Vorhersage abweichen. Allgemein ist die Operationalisierung von „Intelligenz" durch eine Menge von Tests um so konsistenter, je höher ihre Ergebnisse miteinander korrelieren, das heißt je höher ihre *konvergente Validität* ist.

Reduktionssätze als Manifestationsgesetze

Eine Menge von mehreren Reduktionssätzen zur Einführung eines einzigen Begriffs kann auch als ein System von Aussagen mit *empirischem Gehalt* interpretiert werden.[255] Gemäß (5–10) beispielsweise muss eine Person p, die in Situation S_1 die Verhaltensweise V_1 zeigt und der dementsprechend die Disposition D zugeordnet wird, in der Situation S_n die Verhaltensweise V_n zeigen. Diese Vorhersage kann empirisch geprüft werden und sich dabei als wahr oder falsch herausstellen.

Damit verschwimmt die herkömmliche Unterscheidung zwischen Definitionen einerseits, die nicht wahr oder falsch sein können, und Gesetzesannahmen andererseits, die im Prinzip empirisch bewährt oder falsifiziert werden können. Da die Einführung eines theoretischen Begriffs durch mehrere Reduktionssätze empirisch gehaltvolle Komponenten beinhaltet, können diese Sätze auch als spezielle Gesetzesannahmen betrachtet und als Manifestationsgesetze bezeichnet werden.

Überschussbedeutung

Ein grundsätzliches Problem der Einführung eines Begriffs durch eine operationale Definition oder durch eine Menge von Reduktionssätzen besteht darin, dass der so (bedingt) definierte Begriff keinerlei *Überschussbedeutung* besitzt. Er ist nichts anderes als eine Kurzbezeichnung für die Resultate von Tests oder Beobachtungen unter bestimmten Bedingungen. Dies konfligiert mit den Auffassungen der meisten Wissenschaftler: Für sie umfasst die Bedeutung von Fachbegriffen in der Regel mehr, als in den Ergebnissen endlich vieler Beobachtungen zum Ausdruck kommen kann. Da diese Überschussbedeutung aber nie genau definiert werden kann, bleiben die entsprechenden wissenschaftlichen Begriffe immer in bestimmtem Ausmaß vage.

◊ Ein operational definierter Begriff der *Intelligenz* ist gleichbedeutend mit den Ergebnissen bestimmter Intelligenztests. Die Aussage „Intelligenz ist, was die Intelligenztests messen" bringt dies zum Ausdruck. Sie wird häufig zitiert, um deutlich zu machen, dass eine operationale Definition von Begriffen wie Intelligenz nicht mit unseren fachwissenschaftlichen Vorstellungen übereinstimmt: Danach umfasst die

---

[255] Eine Aussage hat, vereinfacht gesagt, empirischen Gehalt, wenn ihr Aussagen über Beobachtbares widersprechen können (siehe unten Kapitel 10.2.2 und 11.7.3).

Intelligenz einer Person mehr, als man mit den vorliegenden Intelligenztests erfassen kann.

Angesichts dieser Schwierigkeiten ist auch der Logische Empirismus schließlich von der Forderung nach operationalen oder bedingt-operationalen Definitionen für alle wissenschaftlichen Begriffe abgerückt.[256] Es wird statt dessen zwischen zwei Klassen von Begriffen unterschieden: theoretische Begriffe und Begriffe für direkt Beobachtbares.

Operationale und bedingte Definitionen spielen beim systematischen Aufbau der theoretischen Begrifflichkeit eine wichtige Rolle, es wird aber nicht verlangt, dass alle theoretischen Begriffe mit Hilfe von empirischen Begriffen eindeutig definiert werden. Vielmehr werden verschiedene Formen von Zuordnungsregeln zwischen theoretischen und empirischen Begriffen zugelassen, und die Festlegung der Bedeutung von wissenschaftlichen Begriffen wird untrennbar mit der Aufstellung und empirischen Prüfung der zugehörigen Theorien verbunden. Diese sehr bekannte und fast zum Standard gewordene Konzeption zum Aufbau wissenschaftlicher Begrifflichkeiten und Theorien werden wir im einzelnen im Kapitel 11.1 betrachten.

Wegen der vielfältigen Schwierigkeiten, wissenschaftliche Begriffe in Disziplinen außerhalb der Mathematik explizit zu definieren, sind für die Psychologie und andere empirische Wissenschaften auch schwächere Methoden zur teilweisen Spezifikation der Bedeutungen von Begriffen von großer Relevanz: die Explikation, die Angabe paradigmatischer Beispiele und die mengentheoretische Charakterisierung von Begriffen. Sie werden in den folgenden Kapiteln 5.4, 5.5 und 6 besprochen.

5.4 Explikationen

Von einer Explikation spricht man, wenn ein vorhandener Begriff (das Explikandum) durch einen ähnlichen, aber exakteren Begriff (das Explikat) ersetzt wird.[257] Im Unterschied zu einer Nominaldefinition werden die Begriffe bei einer Explikation nicht gleichgesetzt. Vielmehr wird das Explikat verwendet, um das Explikandum genauer zu erläutern oder zu verdeutlichen.[258]

Ein Großteil der Ausführungen in wissenschaftlichen Texten stellen in diesem Sinne Explikationen dar. Sie dienen dazu, die Bedeutung bestimmter vorhandener Begriffe zu beschreiben, indem andere, präzisere Begriffe verwendet werden.

---

256 Carnap (1960), Hempel (1974)

257 Groeben & Westmeyer (1975, S. 57-59), Opp (1976, S. 246-254), Seiffert & Radnitzky (1989, S. 73-80), Stegmüller (1969, S. 373-376)

258 In Abhebung von der *Nominaldefinition* (siehe oben Seite 104) spricht man oft von einer *Realdefinition*, wenn man die Bedeutung eines Begriffs durch Angabe seiner Merkmale, seiner Bestandteile oder seines „Wesens“ bestimmt (Opp, 1976, S. 201-202; Regenbogen & Meyer, 1998, S. 135). Dies ist jedoch irreführend, da es sich um keine Gleichsetzung von Definiens und Definiendum handelt, sondern um eine Explikation.

◊ Der alltägliche Begriff der „Intelligenz“ kann durch die Unterscheidung verschiedener Intelligenzfaktoren oder durch die in einem bestimmten Intelligenztest zu lösenden Aufgaben expliziert werden, aber auch durch die Angabe der zugrunde liegenden kognitiven Strukturen und Prozesse.[259]

◊ Die Leistungsmotivation wird in der Psychologie als die „Auseinandersetzung mit einem Tüchtigkeitsmaßstab“ expliziert, vor allem aber dadurch, dass zwei Teilkomponenten unterschieden werden: „Hoffnung auf Erfolg“ und „Furcht vor Misserfolg“.[260]

In wissenschaftsphilosophischen und methodologischen Texten, also auch in dem gegenwärtig vorliegenden, nehmen Explikationen einen besonders großen Raum ein, denn ihr Hauptziel besteht meist darin, für bereits vorhandene und benutzte Konzepte verbesserte (d.h. konsistentere, tiefergehende, fundiertere oder präzisere) Erläuterungen oder Umschreibungen vorzustellen.

◊ Die in der Aussagenlogik definierte implikative Verknüpfung → von zwei Aussagen (siehe Tabelle 3.2) kann als Explikat des Begriffs „folgt aus“ der alltäglichen und wissenschaftlichen Umgangssprache betrachtet werden.

◊ Der Begriff der wissenschaftlichen Theorie wird in der strukturalistischen Wissenschaftstheorie als Netz von Theorie-Elementen expliziert, die jeweils aus verschiedenen Mengen von Modellen und Anwendungen bestehen (siehe Kapitel 11.2).

Jede Explikation kann unterschiedlich sinnvoll oder adäquat sein. Generell ist eine Explikation umso adäquater, je größer die Ähnlichkeit zwischen Explikat und Explikandum ist, je exakter das Explikat ist und je fruchtbarer das Explikat für die jeweils verfolgten Ziele ist. Daraus ergibt sich, dass das gleiche Explikat je nach vorliegender Situation und Problemstellung unterschiedlich adäquat sein kann.

Wie die obigen Beispiele zeigen, sind Explikationen keine rein begrifflichen Operationen. Sie erfolgen vielmehr häufig dadurch, dass auf eine fachwissenschaftliche Theorie zurückgegriffen wird. Damit ist die Adäquatheit einer Explikation allerdings auch von der Gültigkeit dieser Theorie abhängig. Außerdem wird deutlich, dass für fast jeden interessierenden Begriff verschiedene Explikationen denkbar und sinnvoll sind.

5.5 Paradigmatische Fälle

Explizit definieren lässt sich die Bedeutung eines Begriffes, indem der nächsthöhere Oberbegriff (*genus proximum*) und die spezifischen Unterschiede (*differentia specifica*) angegeben werden. Durch eine derartige Nominaldefinition wird eine Menge von Merkmalen spezifiziert, die einzeln notwendig und zusammen hinreichend für die Einordnung eines Objektes in die entsprechende Kategorie sind (siehe Kapitel 5.2).

---

[259] Jäger (1984), Schweizer (1997), Funke & Vaterrodt-Plünnecke (1998)

[260] Heckhausen (1989, S. 231-238)

Dieses klassische Idealmodell für eine Begriffsdefinition lässt sich allerdings für wichtige Begriffe in Wissenschaft und Alltag nicht oder nur sehr unvollkommen anwenden. Häufig bezeichnen wir verschiedene Objekte ohne zu zögern und ohne in Schwierigkeiten zu geraten mit einem Begriff, obwohl diese Objekte bei näherer Betrachtung überhaupt keine einzeln notwendigen und zusammen hinreichenden Merkmale gemeinsam haben.[261]

Diese grundsätzliche Schwierigkeit bei der Definition von Begriffen hat Ludwig Wittgenstein am Beispiel des Begriffs „Spiel" illustriert.[262]

◊ Zu den Spielen gezählt werden Fußballspiele der Bundesliga, Schachspiele am Kamin, Indianerspiele von Kindern usw. Gemeinhin wird vermutet, dass alle diese Vorgänge etwas gemeinsam haben müssten, weil sie sonst nicht unter denselben Begriff eingeordnet werden würden. Diese Gemeinsamkeiten würden dann das „Wesen des Spiels" ausmachen. Nach Wittgenstein lassen sich derartige Gemeinsamkeiten aber nicht finden. Es gibt lediglich eine Reihe von Ähnlichkeiten und Verwandtschaften zwischen den verschiedenen Spielen. Einige Spiele sind in bestimmten Merkmalen ähnlich (z.B. Fuß- und Handball), andere haben andere Ähnlichkeiten (z.B. Schach und Mühle).

Einige Ähnlichkeitsbeziehungen zwischen den Elementen einer Klasse von Objekten laufen parallel, andere divergieren. Dieses Geflecht wird als *Familienähnlichkeit* bezeichnet, weil auch die Mitglieder einer großen Familie in unterschiedlichem Ausmaß und in unterschiedlicher Hinsicht zueinander ähnlich sind, ohne stets eine bestimmte Menge gemeinsamer Merkmale zu besitzen. Derartige Familienähnlichkeiten finden sich nicht nur bei relativ konkreten alltäglichen Begriffen, sondern auch bei abstrakteren Konzepten wie „Zahl" oder „Beweis".

Unterstützung findet diese Position durch später durchgeführte psychologische Forschungen zur Kategorisierung von Objekten.[263]

◊ Nach den Ergebnissen zahlreicher Experimente sind die Abgrenzungen von alltäglichen Kategorien (z.B. Vogel, Krankheit, Tasse) kontinuierlich und variabel. Die Wahrscheinlichkeit beispielsweise, mit der ein Gefäß als Tasse oder als Schüssel bezeichnet wird, verändert sich allmählich mit der Form und ist deutlich situationsabhängig.

Zur Spezifikation der Bedeutung von Begriffen ohne bestimmte Gemeinsamkeiten hat Wittgenstein die Methode der paradigmatischen Beispiele beschrieben:

Erstens wird eine Menge von paradigmatischen Beispielen definiert, d.h. eine Menge von Objekten, die ohne Zweifel unter den zu definierenden Begriff fallen. Diese paradigmatische Beispielmenge wird extensional durch Aufzählung der zugehörigen Objekte definiert. In der psychologischen Kategorisierungsforschung

[261] Es gibt immer allgemeine Attribute, die allen Objekten gemeinsam sind, die unter einen Begriff fallen (z.B. sind alle Psychologen Lebewesen). Sie sind aber zusammen nicht hinreichend für die Einordnung eines Objektes in die betreffende Kategorie.

[262] Wittgenstein (1953), Stegmüller (1969, S. 611-613; 1985, S. 195-197)

[263] Rosch (1978), Giere (1994), Anderson (1996a, S. 153-156)

entsprechen die paradigmatischen Objekte den Objekten, die typisch für die betrachtete Kategorie sind und auch als Prototypen bezeichnet werden.[264]

Zweitens wird festgelegt, dass ein anderes Objekt dann mit in die durch den zu definierenden Begriff bezeichnete Kategorie eingeordnet wird, wenn es eine ausreichend hohe Ähnlichkeit zu einem, zu mehreren oder gar zu allen paradigmatischen Objekten hat.[265]

Da diese Ähnlichkeiten natürlich nicht eindeutig festliegen, ist die Bedeutungsspezifikation durch die Methode der paradigmatischen Beispiele unweigerlich mit einer erheblichen Vagheit behaftet. Sie hat aber für die Wissenschaftsphilosophie eine sehr große Bedeutung erlangt. Dies liegt nicht nur daran, dass sie unserer alltäglichen Art der Bedeutungsspezifikation entspricht. Vielmehr spielen paradigmatische Beispiele auch bei der Anwendung von wissenschaftlichen Theorien eine entscheidende Rolle. Dies wurde zuerst von Thomas Kuhn beschrieben (siehe Kapitel 9.3 und 10.3) und später innerhalb der strukturalistischen Wissenschaftstheorie systematisch berücksichtigt (siehe Kapitel 11.8).

---

264 In Untersuchungen wird diese „Typikalität“ direkt eingeschätzt. So wird Fußball als sehr typische Sportart eingeschätzt, Gewichtheben nicht (Anderson, 1996a, S. 153).

265 Ähnlichkeiten zwischen Objekten können durch direkte Einschätzungen erfaßt werden. In den einschlägigen psychologischen Untersuchungen wird die Ähnlichkeit der Objekte in einer Kategorie oder Familie aber meist mit der Anzahl der Merkmale gleichgesetzt, die sie nach Angaben der Personen gemeinsam haben (z.B. bei Rosch & Mervis, 1975). Vernachlässigt wird dabei allerdings, dass die Ähnlichkeit auch von Merkmalen bestimmt wird, in denen sich die Objekte unterscheiden (Tversky, 1977; Westermann, Hesse, Hiemisch & Kauer, 1996).

6 Charakterisierungen durch Mengen und Strukturen

Im Kapitel 5 wurde dargestellt, wie die Bedeutung wissenschaftlicher Begriffe durch explizite Definition, Angabe von paradigmatischen Fällen oder theoretische Explikation spezifiziert werden kann. Wir haben gesehen, dass die Bedeutung vieler psychologischer Begriffe relativ offen und vage bleibt. Diese definitorische Unbestimmtheit hat zwar auch Vorteile, kann aber leicht zu Unklarheiten, Missverständnissen und Verwirrungen führen. Diese Nachteile können jedoch weitgehend ausgeglichen werden: durch eine explizite und präzise Charakterisierung der wissenschaftlichen Begriffe, die Teil jeder strukturalistischen Rekonstruktion einer wissenschaftlichen Theorie ist. Dabei geben wir erstens die Art des Begriffs an, das heißt, ob er z.B. ein Objekt, eine Menge oder eine Relation bezeichnet. Zweitens spezifizieren wir, in welcher Beziehung er zu anderen Begriffen steht.

Für diese Charakterisierung von wissenschaftlichen Begriffen verwenden wir die mathematische Mengenlehre. Ihre wesentlichen Konzepte werden im folgenden eingeführt und illustriert: der Begriff der Menge selbst (Kapitel 6.1), die Verknüpfungen zwischen Mengen (Kapitel 6.2), die kartesischen Produkte (Kapitel 6.3), die Relationen (Kapitel 6.4) und Strukturen (Kapitel 6.5) sowie schließlich die Abbildungen von Mengen (Kapitel 6.6) und Strukturen (Kapitel 6.7).[266]

6.1 Mengen

- Eine *Menge* ist eine Zusammenfassung von bestimmten, eindeutig zu unterscheidenden Objekten unserer Anschauung oder unseres Denkens zu einem Ganzen. Die Objekte heißen die *Elemente* der Menge.

---

[266] psychologisch orientierte Einführungen: Coombs, Dawes & Tversky (1975, Anhang A2), Steyer & Eid (1993, S. 307-326); mathematische Darstellungen: Dallmann & Elster (1991, S. 64-75), Reinhardt & Soeder (1978, S. 23-51), Suppes (1960)

Viele Begriffe im Alltag und in der Wissenschaft bezeichnen Zusammenfassungen von bestimmten zusammengehörenden oder ähnlichen Dingen zu Mengen. Sie werden auch als Klassen oder Kategorien bezeichnet.[267]

◊ Der Begriff „Bundesländer" bezeichnet die Kategorie oder Klasse von Objekten, auf die das Prädikat „... ist ein Bundesland" zutrifft.

◊ Die psychologische Beschreibung von Personen durch Zuordnung von Adjektiven wie „aggressiv-gespannt" oder „hochintelligent" entspricht jeweils der Zusammenfassung der entsprechend beschriebenen Personen in einer Menge oder Kategorie.

Zur Bezeichnung von Mengen werden meist Großbuchstaben verwendet. Zur Bezeichnung von Elementen dienen Kleinbuchstaben. Werden die Elemente einer Menge aufgezählt, setzt man sie in geschweifte Klammern. Besteht die Menge P aus den Elementen a, b und c, wird dies $P = \{a, b, c\}$ geschrieben. Der Ausdruck „$a \in P$" bedeutet „a ist Element von P", „$d \notin P$" heißt „d ist nicht Element von P".

Die Einordnung eines Objektes a in eine Menge P ist äquivalent mit der Zuschreibung eines einstelligen Prädikats P zu diesem Objekt a, die wir im Kapitel 3.3 als P(a) bezeichnet haben.

Zwei Mengen heißen gleich, wenn sie dieselben Elemente enthalten. Die Reihenfolge der Elemente ist dabei nicht von Bedeutung. Beispielsweise sind die Mengen $A = \{a, b, c\}$ und $B = \{b, a, c\}$ gleich. Eine ganz besondere Menge ist die Menge ohne Elemente. Sie wird die *leere Menge* genannt und durch das Symbol $\varnothing$ bezeichnet. Die Beschreibung oder Definition von Mengen kann unterschiedlich erfolgen:

- Erstens haben sich feste Symbole für die Bezeichnung bestimmter Mengen eingebürgert. So werden wir $\mathbb{N}$, $\mathbb{R}$ und $\mathbb{R}_{0+}$ als Zeichen für die Mengen der natürlichen, der reellen und der nicht-negativen reellen Zahlen benutzen.[268]
  ◊ In der Psychologischen Diagnostik sind Begriffe wie „FPI-Skalen" oder „HAWIE-Untertests" allgemein verständliche Bezeichnungen für eindeutig festliegende Mengen von Bestandteilen bekannter Testverfahren.
- Zweitens kann jede Menge mit endlich vielen Elementen *extensional* definiert werden, d.h. indem alle ihre Elemente aufgezählt werden.
  ◊ Durch B := {Extraversion, Neurotizismus, Offenheit, Verträglichkeit, Gewissenhaftigkeit} ist die Menge der Persönlichkeitsfaktoren des Fünf-Faktoren-Modells („Big Five") definiert.[269]

---

[267] In der Mathematik werden z.B. die Konzepte des Zahlensystems, der Algebra, der Geometrie und der Wahrscheinlichkeitstheorie auf dem Begriff der Menge aufgebaut (Reinhardt & Soeder, 1978). Auch Begriffe wie Funktion, Struktur und Abbildung, die in psychologischen Texten häufig auftreten, bezeichnen bestimmte Arten von Mengen.

[268] Natürliche Zahlen sind 0, 1, 2, usw. Zu den rationalen Zahlen gehören darüber hinaus alle negativen ganzen Zahlen -1, -2, usw. sowie alle möglichen Zahlen zwischen zwei ganzen Zahlen, d.h. z.B. 15,3 und -6,47853. Zu den reellen Zahlen gehören zusätzlich auch alle Zahlen, die sich nicht durch endliche viele Dezimalstellen ausdrücken lassen (beispielsweise $\pi = 3{,}14159....$ und $e = 2{,}71828...$).

- Drittens kann jede Menge durch Angabe bestimmter Bedingungen *intensional* definiert werden. In der Mathematik ist dazu eine bestimmte Schreibweise gebräuchlich, bei der die geforderten Eigenschaften durch das Bedingungszeichen | angezeigt werden.[270]
  - ◊ Die Menge W(r) der möglichen Werte des Korrelationskoeffizienten r kann folgendermaßen definiert werden: $W(r) := \{x \mid x \varepsilon \mathbb{R} \wedge -1 \leq x \leq +1\}$. Sie umfasst danach alle Objekte, die Elemente der Menge der reellen Zahlen, nicht kleiner als –1 und nicht größer als +1 sind.
  - ◊ Sehr viele psychologische Fachbegriffe entsprechen Mengen, die nur intensional definiert werden können. Der Begriff „Sozialphobiker" beispielsweise bezeichnet die Menge aller Personen, die nach bestimmten Kriterien eine soziale Phobie haben.[271]

Die Grundbegriffe wissenschaftlicher Theorien, d.h. diejenigen Begriffe, die innerhalb einer Theorie nicht weiter definiert werden, bezeichnen immer Mengen.[272]

◊ In der Theorie der kognitiven Dissonanz tritt als Grundbegriff eine Menge von *Kognitionselementen* auf.

◊ In der Kognitionsarchitektur ACT* tritt als nicht weiter analysierter Grundbegriff eine Menge von *Kognitionseinheiten* auf.

◊ In der Rubikontheorie der Handlungsphasen gibt es als Grundbegriffe eine Menge von *Aktivitäten* (die offen oder verdeckt sein können) und eine Menge der *Ziele* (die bewusst oder unbewusst sein können).

Untermenge

- B ist eine Teil- oder Untermenge von A (symbolisiert als $B \subseteq A$) genau dann, wenn alle Elemente der Menge B auch Elemente der Menge A sind.[273]
- B ist dabei eine *echte* Untermenge von A (symbolisiert als $B \subset A$) genau dann, wenn es auch Elemente von A gibt, die nicht Elemente von B sind.

◊ Ist S die Menge der Sozialphobiker und P die Menge der Phobiker, gilt $S \subset P$, denn zur Menge der Phobiker gehören auch die Personen mit Platzangst, mit Höhenangst usw.

◊ Da die Dissonanztheorie wie die meisten anderen psychologischen Theorien Veränderungen über die Zeit beschreiben und erklären soll, gehört zu ihren Grundbegriffen eine Menge von betrachteten *Zeitpunkten*. Diese Menge kann als Untermenge der Menge der reellen Zahlen charakterisiert werden: $Zeitpunkte \subseteq \mathbb{R}$.

---

269 Borkenau & Ostendorf (1991), Zimbardo (1995, S. 480)

270 Statt des Bedingungszeichens | wird häufig auch ein Doppelpunkt verwendet.

271 DSM-IV (1996), vgl. oben Seite 103

272 Hier und im Folgenden wird auf strukturalistische Rekonstruktionen der Dissonanztheorie von Festinger (1978), der ACT*-Theorie von Anderson (1983) und der Rubikontheorie von Heckhausen (1989) und Gollwitzer (1991, 1996) zurückgegriffen, die von Westermann (1987a), Heise (1991) und Gerjets (1995) stammen (siehe unten Kapitel 11).

273 Die präzise explizite Definition lautet $B \subseteq A :\leftrightarrow \forall x: x \in B \rightarrow x \in A$.

◊ Nach der Kognitionstheorie ACT* gibt es eine Menge von kognitiven Einheiten, die das sog. deklarative Gedächtnis bilden. Das Langzeitgedächtnis und das Arbeitsgedächtnis sind Untermengen des deklarativen Gedächtnisses: *Arbeitsgedächtnis* ⊆ *Deklaratives Gedächtnis* und *Langzeitgedächtnis* ⊆ *Deklaratives Gedächtnis*.

Untermengen- und Elementbeziehung dürfen nicht verwechselt werden. Haben wir eine Menge {1,2,3} von natürlichen Zahlen, ist 2 ein Element dieser Menge: $2 \in \{1,2,3\}$. Das Element 2 ist aber keine Untermenge dieser Menge. Hingegen ist {2}, d.h. die Menge, die als Element 2 hat, eine Untermenge: $\{2\} \subseteq \{1,2,3\}$.

Potenzmenge

- Die Potenzmenge Po(A) einer Menge A ist die Menge aller ihrer Teilmengen.

Die Potenzmenge ist also eine Menge, die als Elemente wiederum Mengen enthält.[274]

◊ Ist A = {Antje, Björn, Claudia} eine Menge von drei Studierenden, umfasst ihre Potenzmenge drei Mengen mit jeweils einer Person, drei Kombinationen von zwei Personen sowie die gesamte und die leere Menge: Po(A) = { {Antje}, {Björn}, {Claudia}, {Antje, Björn}, {Antje, Claudia}, {Björn, Claudia}, {Antje, Björn, Claudia}, {∅} }.

Zentrale Begriffe psychologischer Theorien sind als Potenzmengen von Grundmengen zu charakterisieren.

◊ Die Dissonanztheorie bezieht sich auf die Kognitionen einer Person. Diese können aus mehreren elementaren Kognitionen zusammengesetzt sein. Der Begriff der *Kognitionen* bezeichnet also die Potenzmenge einer Grundmenge von *Kognitionselementen.*

◊ In der ACT*-Theorie tritt als Grundbegriff eine Menge elementarer *Kognitionseinheiten* auf. Ihre Potenzmenge umfasst alle möglichen zusammengesetzten *Kognitionen*, auf die die Theorie sich beziehen kann.

6.2 Verknüpfungsoperationen

In der Mengenlehre sind verschiedene Verknüpfungen von Mengen gebräuchlich, die sehr eng mit den logischen Junktoren zur Verknüpfung von Aussagen (siehe Kapitel 3.2.2) verwandt sind. Veranschaulicht werden diese Verknüpfungen durch sog. Euler- oder Venn-Diagramme (Abbildung 6.1), in denen zwei Mengen A und B jeweils durch einen Kreis dargestellt sind. Die Elemente von A und B können wir uns als Punkte innerhalb des jeweiligen Kreises vorstellen. Die Größe der Kreise und die Größe ihres Überschneidungsbereiches haben in Venn-Diagrammen keine inhaltliche Bedeutung und können deshalb nach Belieben gewählt werden.

---

274 $Po(A) := \{B \mid B \subseteq A\}$. Nach der Definition von Po(A) ist auch A selbst Element von Po(A). Da die leere Menge ∅ per definitionem Teilmenge jeder anderen Menge ist, ist sie auch Teilmenge von Po(A). Hat A n Elemente, enthält Po(A) 2^n Elemente.

Differenz

- Die Menge A\B enthält die Elemente von A, die nicht in B sind.[275]

Die Menge B\A ist dementsprechend die Menge der Elemente von B, die nicht auch zu A gehören. Ist $B \subseteq A$, so stellt die Differenz A\B das *Komplement* von B bezüglich A dar.

◊ Ist A die Menge der Diplom-Psychologen und B die Menge der Psychotherapeuten, stellt B\A die Menge der Psychotherapeuten dar, die keine Diplom-Psychologen sind (sondern z.B. Psychiater).

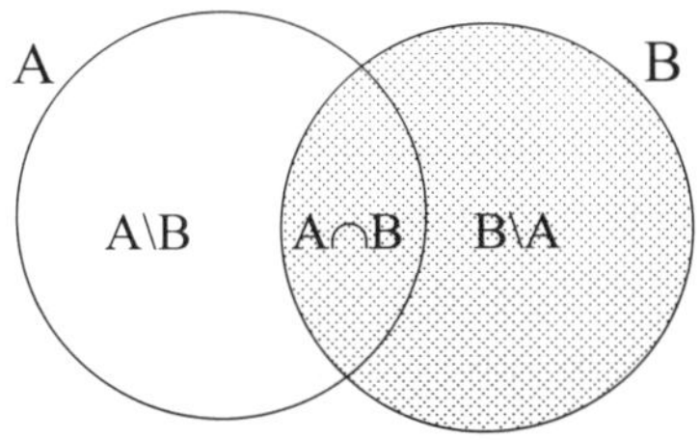

Abbildung 6.1: Venn-Diagramm zur Verknüpfung von Mengen

Durchschnitt

- Die Menge $A \cap B$ enthält die Objekte, die Elemente von A und von B sind.[276]

In der Abbildung entspricht der Durchschnitt dem Überschneidungsbereich der Kreise. Wenn die beiden Mengen keine gemeinsamen Elemente haben, d.h. wenn $A \cap B = \varnothing$, heißen A und B *disjunkt*.

◊ Nach der Dissonanztheorie sind zwei Kognitionen entweder dissonant, konsonant oder irrelevant zueinander. Die Mengen der *Dissonanten Kognitionen* und der *Konsonanten Kognitionen* können also keine Elemente gemeinsam haben, sie sind disjunkt.

◊ Bei den schweren Essstörungen werden zwei spezielle Diagnosen unterschieden.[277] Bei der *Anorexia Nervosa* hält die Person ein Körpergewicht aufrecht, das unter dem Minimum des normalen Gewichts liegt. Die *Bulimia Nervosa* ist durch wiederholte „Fressattacken" und „Abführmaßnahmen" gekennzeichnet, die betroffenen Personen halten ihr Körpergewicht aber um oder über dem Minimum. Beide Diagnosen schließen sich aus, die Mengen der anorektischen und der bulimischen Personen sind also disjunkt.

Vereinigung

- Die Menge $A \cup B$ enthält die Objekte, die Elemente von A oder von B sind.[278]

---

[275] $A \backslash B := \{x \mid x \in A \wedge x \notin B\}$

[276] $A \cap B := \{x \mid x \in A \wedge x \in B\}$

[277] DSM-IV (1996, S. 613-625)

[278] $A \cup B := \{x \mid x \in A \vee x \in B\}$

Wie an der Abbildung 6.1 deutlich wird, ist die Vereinigung von A und B gleich dem Durchschnitt plus den beiden Differenzmengen.[279]

◊ Nach ACT* ist das deklarative Gedächtnis eine Menge von kognitiven Einheiten, die aus den kognitiven Einheiten des Langzeitgedächtnisses und des Arbeitsgedächtnisses besteht: *Arbeitsgedächtnis* ∪ *Langzeitgedächtnis* = *Deklaratives Gedächtnis*.

6.3 Kartesische Produkte

Für die Analyse der wissenschaftlichen Begriffsbildung grundlegend sind die kartesischen Produkte zwischen Mengen. Sie können zwischen zwei oder mehr Mengen gebildet werden. Ein kartesisches Produkt ist die Menge aller möglichen Kombinationen der Elemente der ursprünglichen Mengen. Der einfachste Fall ist das kartesische Produkt zweier Mengen M_1 und M_2.

- Das kartesische Produkt $M_1 \times M_2$ ist die Menge aller möglichen geordneten Paare aus einem Element der Menge M_1 und einem Element der Menge M_2.[280]

◊ P = {Antje, Björn, Claudia, Dieter, Erik} ist die Menge der Mitglieder einer Selbsthilfegruppe und A = {Panikstörung, Sozialangst, Platzangst, Objektangst} ist eine Menge von möglichen Angststörungen.[281] Das kartesische Produkt P × A besteht aus 5 × 4 = 20 Elementen. Jedes von ihnen ist ein geordnetes Paar, dessen erstes Element aus der Menge der Personen und dessen zweites Element aus der Menge der Störungen stammt.

Im Einzelnen ausgeschrieben ist P × A = {⟨Antje, Panikstörung⟩, ⟨Antje, Sozialangst⟩, ⟨Antje, Platzangst⟩, ⟨Antje, Objektangst⟩, ⟨Björn, Panikstörung⟩, ⟨Björn, Sozialangst⟩, ⟨Björn, Platzangst⟩, ⟨Björn, Objektangst⟩, ⟨Claudia, Panikstörung⟩, ⟨Claudia, Sozialangst⟩, ⟨Claudia, Platzangst⟩, ⟨Claudia, Objektangst⟩, ⟨Dieter, Panikstörung⟩, ⟨Dieter, Sozialangst⟩, ⟨Dieter, Platzangst⟩, ⟨Dieter, Objektangst⟩, ⟨Erik, Panikstörung⟩, ⟨Erik, Sozialangst⟩, ⟨Erik, Platzangst⟩, ⟨Erik, Objektangst⟩}.

Ein kartesisches Produkt kann auch für eine einzige Menge gebildet werden. M × M enthält alle möglichen Kombinationen zwischen den Elementen der Menge M.[282]

◊ P × P hat 5 × 5 = 25 Elemente: {⟨Antje, Antje⟩, ⟨Antje, Björn⟩, ⟨Antje, Claudia⟩, ⟨Antje, Dieter⟩, ⟨Antje, Erik⟩, ⟨Björn, Antje⟩, ⟨Björn, Björn⟩, ..., ⟨Erik, Erik⟩}.

---

279 $A \cup B = \{A \cap B\} \cup A \backslash B \cup B \backslash A$

280 $M_1 \times M_2 = \{\langle x_1, x_2 \rangle \mid x_1 \in M_1 \wedge x_2 \in M_2\}$

281 Eine Panikstörung ist durch wiederholte, plötzliche und starke Angstzustände mit körperlichen Beeinträchtigungen (Panikattacken) gekennzeichnet. Außerdem haben wir in diesem Beispiel übermäßige und anhaltende Ängste vor sozialen oder Leistungssituationen (Sozialphobie), vor Plätzen oder Situationen, in denen eine Flucht schwer möglich ist (Agoraphobie) und vor bestimmten Klassen von Objekten oder Situationen wie Schlangen oder Spritzen (DSM-IV, 1996, S. 453-480).

282 M × M wird auch als M^2 bezeichnet. M^n ist dementsprechend das n-fache kartesische Produkt der Menge M mit sich selbst.

Bei kartesischen Produkten kommt es wesentlich auf die Reihenfolge an. $M_1 \times M_2$ und $M_2 \times M_1$ sind nicht identisch, außer wenn $M_1 = M_2$ ist. Man bezeichnet die Elemente eines kartesischen Produktes deshalb als *geordnete Paare* und schreibt sie meist in spitzen Klammern. Mengen hingegen, bei denen die Reihenfolge der Elemente keine Rolle spielt, werden mit geschweiften Klammern bezeichnet.

◊ Die geordneten Paare ⟨Antje, Panikstörung⟩ und ⟨Panikstörung, Antje⟩ sind verschieden. Das erste ist Element von $P \times A$, das zweite ist nicht Element von $P \times A$, wohl aber von $A \times P$. Die Mengen {Antje, Panikstörung} und {Panikstörung, Antje} dagegen sind gleich, weil sie die gleichen Elemente enthalten.

Bei drei Mengen haben die Elemente eines kartesischen Produktes die Form $\langle x_1, x_2, x_3 \rangle$. Derartige Anordnungen von drei Komponenten bezeichnet man als *Tripel*.[283]

◊ Haben wir neben den oben eingeführten Mengen P und A eine Menge S = {leicht, mittelschwer, schwer, remittiert} von Schweregraden, hat das kartesische Produkt zwischen den drei Mengen 80 Elemente: $P \times A \times S$ = {⟨Antje, Panikstörung, leicht⟩, ⟨Antje, Panikstörung, mittelschwer⟩, ..., ⟨Eric, Objektangst, remittiert⟩}.[284]

6.4 Relationen

Die wichtigsten wissenschaftlichen Begriffe sind Relationen. Sie bezeichnen Beziehungen zwischen den Elementen einer Menge oder den Elementen verschiedener Mengen. Konkret kann es sich um Beziehungen zwischen verschiedenen Personen, Objekten, Ereignissen, Ideen, Phänomenen usw. handeln.

◊ Nach der Dissonanztheorie werden zwei Kognitionen als dissonant bezeichnet, wenn für die betreffende Person aus der einen Kognition das Gegenteil der anderen folgt.[285] Sowohl im umgangssprachlichen wie im mengentheoretischen Sinn stellt die Dissonanz eine Relation zwischen jeweils zwei Kognitionen dar.

In der Mathematik ist eine Relation nichts anderes als eine bestimmte Untermenge eines bestimmten kartesischen Produktes:

- Jede Untermenge $R \subseteq M_1 \times ... \times M_n$ ist eine Relation auf den Mengen M_1 bis M_n.

Die Anzahl der am kartesischen Produkt beteiligten Mengen definiert die *Stelligkeit* der Relation: Eine Untermenge von $M_1 \times M_2 \times M_3$ beispielsweise ist eine dreistellige Relation. Allgemein heißt eine Relation, die auf n Mengen definiert ist, n-stellig.

◊ Die Dissonanz zwischen Kognitionen entspricht einer zweistelligen Relation *Disskog*, die auf dem kartesischen Produkt der Menge der Kognitionen mit sich selbst definiert ist: *Disskog* ⊆ *Kognitionen* × *Kognitionen*.

---

283 Bei vier und fünf Komponenten spricht man von Quadrupel bzw. Quintupel, allgemein von n-Tupeln. Allgemein gilt die Definition $M_1 \times ... \times M_n := \{\langle x_1, ..., x_n \rangle \mid x_i \in M_i\}$.

284 DSM-IV (1996, S. 5), „Remittiert" ist dabei eine Störung, die zurückgebildet ist.

285 Festinger (1978, S. 25-26)

Will man ausdrücken, dass ein Tupel $\langle x_1, ..., x_n\rangle$ Element einer Relation R ist, kann man statt $\langle x_1, ..., x_n\rangle \in R$ auch $R(x_1, ..., x_n)$ schreiben. Bei zweistelligen Relationen schreibt man entweder R(x,y) oder xRy, um auszudrücken, dass x und y in der Relation R stehen.

Welche Elemente des kartesischen Produktes konkret auch Elemente einer bestimmten Relation sind, muss sachgerecht bestimmt werden. Je nach Fragestellung erfolgt diese Bestimmung auf Grund von empirischen Beobachtungen und Untersuchungen, auf Grund theoretischer Überlegungen oder per Definition.

◊ Bei der Anwendung der Dissonanztheorie geht man meist ohne besondere Prüfung davon aus, dass bestimmte Kognitionen bei allen Personen dissonant sind, beispielsweise „Ich finde das Experiment langweilig" und „Ich habe anderen Studenten das Experiment als sehr interessant empfohlen".

Veranschaulichungen

Zweistellige Relationen lassen sich einfach tabellarisch und graphisch darstellen.

◊ Haben wir die obigen Mengen P und A und befragen die fünf Personen nach ihren gegenwärtigen Angstsymptomen, ist das Ergebnis dieser empirischen Untersuchung eine Untermenge von P × A, beispielsweise R_1 = {⟨Antje, Sozialangst⟩, ⟨Antje, Panikstörung⟩, ⟨Björn, Panikstörung⟩, ⟨Björn, Platzangst⟩, ⟨Björn, Objektangst⟩, ⟨Dieter, Objektangst⟩, ⟨Erik, Panikstörung⟩, ⟨Erik, Objektangst⟩}. Die Relation R_1 steht dann für acht Aussagen der Form „Person x hat Symptom y". Die Elemente dieser Relation sind in der Tabelle 6.1 durch eine Eins veranschaulicht. Eine Person (Claudia) steht zu keiner der vier Symptome in der Relation R_1, weil sie andere oder gar keine Symptome hat. Dieter hat nur eine spezifische Phobie vor einer bestimmten Klasse von Objekten, die anderen drei haben Panikstörungen, verbunden mit Sozial-, Platz- oder Objektangst.

Tabelle 6.1: Veranschaulichung von zweistelligen Relationen R_1 und R_2

	Antje	Björn	Claudia	Dieter	Erik
Panikstörung	1 2	1	2		1
Sozialangst	1		2		
Platzangst		1			
Objektangst		1 2		1	1 2

◊ Fragen wir die Eltern dieser Personen, welche Symptome sie im Alter von etwa 15 Jahren gezeigt haben, erhalten wir als Ergebnis in der Regel eine andere Relation, beispielsweise R_2 = {⟨Antje, Panikstörung⟩, ⟨Björn, Objektangst⟩, ⟨Claudia, Panikstörung⟩, ⟨Claudia, Sozialangst⟩, ⟨Erik, Objektangst⟩}. Die Elemente dieser Relation sind in der Tabelle durch eine Zwei veranschaulicht. Eine Person (Dieter) und eine Angststörung (Platzangst) sind an dieser Relation R_2 nicht beteiligt.

Als Beispiel für die graphische Darstellung einer Relation ist in der Abbildung 6.2 die Relation R_1 dargestellt.

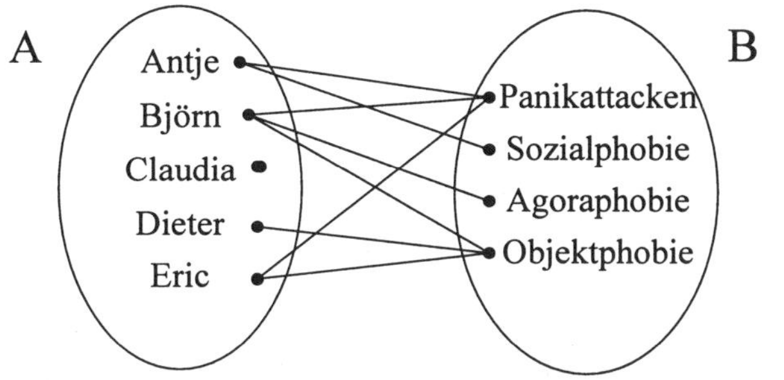

Abbildung 6.2: Graphische Darstellung einer zweistelligen Relation

Auftreten in der Psychologie

Etliche wichtige Begriffe psychologischer Theorien sind als zweistellige Relationen zu charakterisieren.

◊ Zum deklarativen Gedächtnis einer Person gehören zu verschiedenen Zeitpunkten unterschiedliche kognitive Einheiten. Zum festen Wissensbestand einer Psychologiestudentin, die sich gut auf die Statistik-Klausur vorbereitet hat, gehören beispielsweise Begriffe wie „Median" und „Konfidenzintervall", die ihr ein paar Monate vorher noch völlig unbekannt waren. Es ist deshalb sinnvoll, das deklarative Gedächtnis als Untermenge des kartesischen Produktes der Mengen der betrachteten kognitiven Einheiten und Zeitpunkte zu charakterisieren: *Deklaratives Gedächtnis* $\subseteq$ *Kognitionseinheiten* × *Zeit*.

Diagnosen von Personen entsprechen mindestens zweistelligen Relationen. Werden sie mit ergänzenden Angaben zum Beispiel zur Schwere der Störung oder ihrer Entstehung versehen sind, entsprechen sie drei- oder mehrstelligen Relationen.

◊ Das kartesische Produkt unserer oben eingeführten Beispielmengen P, A und S umfasst alle möglichen Kombinationen der fünf Personen, vier Angststörungen und vier Schweregrade. Diagnostizieren wir in einer Untersuchung nicht nur die Angststörungen bei diesen Personen, sondern auch die Schweregrade, ist das Ergebnis eine Untermenge R_3 von P × U × S, also beispielsweise R_3 = {⟨Antje, Sozialangst, mittelschwer⟩, ⟨Antje, Panikstörung, leicht⟩, ⟨Björn, Panikstörung, schwer⟩, ⟨Björn, Platzangst, schwer⟩, ⟨Björn, Objektangst, remittiert⟩, ⟨Dieter, Objektangst, mittelschwer⟩, ⟨Erik, Panikstörung, mittelschwer⟩, ⟨Erik, Objektangst, schwer⟩}.

Auch in psychologischen Theorien gibt es etliche Begriffe, die Relationen in Bezug auf drei oder mehr Mengen entsprechen.

◊ In der Rubikontheorie wird eine Handlung als eine Sequenz von Aktivitäten definiert, die auf ein Ziel gerichtet sind. Daher werden als Grundbegriffe Mengen von Aktivitäten, Zeiten und Zielen eingeführt. Der Begriff der zielgerichteten Aktivitäten wird dann als Untermenge des kartesischen Produktes dieser drei Mengen charakterisiert:

Zielaktivitäten $\subseteq$ *Ziele* $\times$ *Aktivitäten* $\times$ *Zeiten*. Ein Tripel aus einem Ziel, einer Aktivität und einem Zeitpunkt ist genau dann Element dieser Relation, wenn die betreffende Aktivität zu der gegebenen Zeit für die Erreichung des betrachteten Ziels nützlich ist.

6.5 Strukturen

Im Alltag und in der wissenschaftlichen Umgangssprache verwenden wir den Begriff der Struktur oder der Strukturierung meist, um auszudrücken, dass verschiedene Dinge sinnvoll angeordnet oder aufeinander abgestimmt sind: Der Student strukturiert seinen Tagesablauf, um möglichst viel Arbeitszeit für die Prüfungsvorbereitung zu haben; der Manager strukturiert den Betrieb neu, um kostengünstiger zu produzieren; der Politiker versucht seine Argumente in eine Struktur zu bringen, damit die Zuhörer ihnen folgen können usw.

◊ In den sog. kognitiven Verhaltenstherapien werden Depressionen und andere psychische Störungen durch „kognitive Umstrukturierungen" behandelt, das heißt dadurch, dass man die zugrunde liegenden Gedanken, Urteile und Wahrnehmungen verändert.[286]

In der mathematischen Mengenlehre ist der Begriff der Struktur präzise definiert. Um sie von Mengen zu unterscheiden, werden Strukturen häufig mit geschwungenen Buchstaben $\mathcal{A}, \mathcal{B}, \mathcal{C}, \ldots$ bezeichnet.

- Eine Struktur ist ein Tupel $\langle M_1, \ldots, M_n, R_1, \ldots, R_k \rangle$, bestehend aus
  - einer Anzahl von Mengen M_1 bis M_n und
  - einer Anzahl von Relationen R_1 bis R_k auf allen oder einigen dieser Mengen.

Die Stelligkeit der Relationen bestimmt den Typ einer Struktur. Eine Struktur mit einer zwei- und einer vierstelligen Relation beispielsweise hat den Typ $\langle 2, 4 \rangle$.

◊ Die Beispielmengen P und A von Personen und Angststörungen und die beschriebenen gegenwärtigen und vergangenen Symptomrelationen R_1 und R_2 ergeben die Struktur $\mathcal{A} = \langle P, A, R_1, R_2 \rangle$ vom Typ $\langle 2,2 \rangle$. Nehmen wir den Schweregrad hinzu (Relation R_3), erhalten wir die Struktur $\mathcal{B} = \langle R, A, S, R_1, R_2, R_3 \rangle$. Sie ist vom Typ $\langle 2, 2, 3 \rangle$.

Wie wir in nachfolgenden Kapiteln sehen werden, ist für die psychologische Forschungsmethodik der mengentheoretische Begriff der Struktur außerordentlich wichtig. Viele psychologische Begriffe entsprechen mengentheoretischen Strukturen, das Messen von objektiven oder subjektiven Merkmalen ist eine Abbildung von Strukturen, und wissenschaftliche Theorien können am besten als Strukturen beschrieben werden, die sich wiederum aus anderen Strukturen zusammensetzen.

Psychologische Begriffe entsprechen sehr häufig Äquivalenz- oder Ordnungsrelationen und -strukturen.

---

286 Davison & Neale (1996, S. 654)

6.5.1 Äquivalenzstrukturen

- Eine Äquivalenzrelation zerlegt eine Menge M in Untermengen, so dass jedes Element der Menge M zu genau einer Untermenge gehört.

Die Untermengen sind dann „paarweise disjunkt" (d.h. sie haben keine gemeinsamen Elemente) und „insgesamt erschöpfend" (d.h. sie ergeben zusammengefasst wieder die Menge M). Untermengen mit diesen Eigenschaften werden als Äquivalenzklassen bezeichnet. Bezeichnet wird eine Äquivalenzrelation durch das Symbol $\approx$.

- Eine Äquivalenzrelation ist reflexiv, symmetrisch und transitiv. Das heißt:
  - jedes Objekt ist äquivalent mit sich selbst (*Reflexivität*),
  - wenn Objekt a äquivalent mit Objekt b ist, dann ist auch b äquivalent mit a (*Symmetrie*),
  - wenn Objekt a äquivalent mit Objekt b ist und wenn b äquivalent mit c ist, dann ist auch a äquivalent mit c (*Transitivität*).
- Eine Objektmenge M zusammen mit einer Äquivalenzrelation $\approx$, d.h. das Paar $\langle M,\approx\rangle$, ist eine Äquivalenzstruktur.

In der Psychologie entsteht eine Äquivalenzstruktur immer dann, wenn wir Personen oder andere Objekte nach bestimmten Merkmalen (z.B. Diagnose, Zahl der Kinder, Beruf) in disjunkte und erschöpfende Untergruppen einteilen.

◊ Im Klassifikationssystem für psychische Störungen DSM-IV „werden Subtypen ... und Zusatzkodierungen vorgegeben, um eine höhere Genauigkeit zu erreichen. Als *Subtypen* werden sich gegenseitig ausschließende und zusammengenommen erschöpfende phänomenologische Untergruppen innerhalb einer Diagnose definiert ... Zum Beispiel wird die wahnhafte Störung aufgrund des Inhalts der Wahnphänomene in Subtypen unterteilt, wobei 7 Subtypen vorgesehen sind: Typus mit Liebeswahn, Typus mit Größenwahn, Typus mit Eifersuchtswahn, Typus mit Verfolgungswahn, Typus mit Körperbezogenem Wahn, Typus mit Gemischtem Wahn und Unspezifischer Typus. Im Gegensatz dazu müssen *Zusatzkodierungen* sich nicht gegenseitig ausschließen und zusammengenommen erschöpfend sein ...".[287] Eine Einordnung von Personen mit einer bestimmten Diagnose in Subtypen soll also zu einer Äquivalenzstruktur führen, eine Einteilung aufgrund von Zusatzkodierungen jedoch nicht.

Wissenschaftliche Begriffe, die Äquivalenzklassen oder -strukturen entsprechen, werden als *klassifikatorische Begriffe* bezeichnet.[288]

◊ Nach der Attributionstheorie können alle Ursachen und Gründe, die Personen für einen Misserfolg in einer Leistungssituation angeben, in vier Kategorien eingeteilt werden: internal-stabile Ursachen (z.B. mangelnde Fähigkeit), internal-variable Ursachen (z.B.

---

[287] DSM-IV (1996, S. 4). Durch Zusatzkodierungen wird z.B. angegeben, ob die Störung generalisiert ist oder günstige prognostische Merkmale hat.

[288] Hempel (1974), Kutschera (1972b)

mangelnde Anstrengung), external-stabile Ursachen (z.B. hohe Schwierigkeit) und external-variable Ursachen (z.B. zufällige Störungen).[289] Diese vier Ursachenkategorien sind Äquivalenzklassen.

Axiomatische Definition

Der Begriff einer Äquivalenzstruktur wird dadurch eindeutig definiert, dass man die Bedingungen angibt, die notwendig und hinreichend dafür sind, dass eine Äquivalenzstruktur vorliegt:[290]

(6–1) $\mathcal{A}$ ist eine *Äquivalenzstruktur* genau dann wenn

- (1) $\mathcal{A} = \langle M, R \rangle$
- (2) $M \neq \emptyset$
- (3) $R \subseteq M \times M$
- (4) $\forall x \in M$: xRx
- (5) $\forall x,y \in M$: $xRy \rightarrow yRx$
- (6) $\forall x,y,z \in M$: $xRy \wedge yRz \rightarrow xRz$.

Nach dieser expliziten Definition ist eine Äquivalenzstruktur ein geordnetes Paar (Punkt 1) aus einer nicht-leeren Menge M (2) und einer auf dieser Menge definierten zweistelligen Relation R (3), die reflexiv (4), symmetrisch (5) und transitiv (6) ist, das heißt die eine Äquivalenzrelation $\approx$ ist.

Eine derartige Definition nennt man eine *mengentheoretische Axiomatisierung*: In der Terminologie der Mengen, Relationen und Strukturen wird ein Konzept durch explizite Angabe von notwendigen oder hinreichenden Bedingungen definiert. Diese definierenden Bedingungen werden als *Axiome* bezeichnet.[291]

Mengentheoretische Axiomatisierungen sind in der Mathematik weit verbreitet, um abstrakte Konzepte (wie Metrik, Vektorraum oder Gruppe) zu definieren. In der strukturalistischen Wissenschaftstheorie werden sie verwendet, um empirische Theorien und ihre Elemente präzise zu rekonstruieren (siehe Kapitel 11.2).

6.5.2 Modelle

Für das Verständnis späterer Kapitel dieses Buches zentral ist der Begriff des Modells einer Struktur.

- Wenn die Axiome der Definition einer bestimmten Struktur in einem konkreten Fall erfüllt sind, ist die betreffende konkrete Struktur ein *Modell* des definierten abstrakten Konzepts.

---

289 Weiner (1988, S. 270)

290 Reinhardt & Soeder (1978, S. 31), Suppes (1960, S. 69, 80)

291 Genau genommen handelt es sich um die Definition eines mengentheoretischen Prädikats (hier: „ist eine Äquivalenzstruktur“), die durch eine Axiomatierung in informell-mengentheoretischen Begriffen erfolgt (Stegmüller, 1985, S. 39). Zum Begriff des Axioms siehe Kapitel 11.1

◊ P ist eine Menge von Patienten mit Wahnvorstellungen, die Relation R ist die diagnostische Einteilung der Patienten in sieben Subtypen. Sind diese Untermengen disjunkt und erschöpfend, ist R eine Äquivalenzrelation und die empirische Struktur $\langle P,R \rangle$ ist ein Modell einer Äquivalenzstruktur $\langle M,\approx \rangle$.

Wenn die Axiome, durch die ein Konzept definiert wird, in einer bestimmten möglichen Anwendung nicht gelten, liegt kein Modell dieses Konzepts vor.

◊ Bei einer Befragung sagt eine Abiturientin, dass sie in Dresden genau so gern wie in Leipzig und in Leipzig genau so gern wie in Jena studieren möchte. Außerdem gibt sie an, dass sie lieber in Dresden als in Jena studieren möchte. Für sie sind Dresden und Leipzig sowie Leipzig und Jena gleichwertig, nicht aber Dresden und Jena. Ihre Urteile verstoßen damit gegen die Bedingung (6) aus (5-10), das heißt sie sind nicht transitiv. Sie können deshalb nicht zu einer Äquivalenzstruktur führen.[292]

Der hier eingeführte Begriff des Modells stammt aus der mathematischen Modelltheorie. Ansonsten versteht man in Wissenschaft und Alltag unter einem Modell meist ein „Abbild“, eine vereinfachte, verkleinerte oder versuchsweise Veranschaulichung, die in wesentlichen Merkmalen dem „Urbild“ analog oder ähnlich ist. Ein Modell kann aber auch eine Art Vorbild sein.

◊ Ein Globus ist ein Modell der Erde, betriebliche Abläufe werden durch Schaubilder modelliert , politische Maßnahmen können an ausländischen Modellen orientiert sein.

6.5.3 Ordnungsstrukturen

Ordnungsrelationen müssen transitiv sein, sie dürfen aber nicht symmetrisch sein.

- Eine Relation R auf $M \times M$ ist eine *starke* Ordnungsrelation, wenn sie transitiv und asymmetrisch ist.[293]

Beispiele für starke Ordnungsrelation sind die Relationen „größer als“ (>) und „kleiner als“ (<) bei Zahlen. Die Strukturen $\langle \mathbb{R}, > \rangle$ und $\langle \mathbb{R}, < \rangle$ sind daher starke Ordnungsstrukturen oder kurz *starke Ordnungen.*

Empirisch entsteht eine starke Ordnung immer dann, wenn wir Personen oder Objekte gemäß der gemessenen, wahrgenommenen oder eingeschätzten Ausprägung eines bestimmten Merkmals in eine Rangordnung bringen. Zur Unterscheidung von der Größer-Relation zwischen Zahlen, bezeichnen wir starke Ordnungsrelationen, die sich auf nicht-numerische Objekte beziehen, durch das Symbol $\succ$.

---

[292] Derartige Verstöße gegen die Transitivität können dadurch zustande kommen, dass die subjektiven Unterschiede zwischen den zuerst verglichenen Städten sehr gering waren, zwischen Dresden und Jena aber einen kritischen Schwellenwert überschreiten.

[293] R ist *asymmetrisch* gdw $xRy \rightarrow \neg(yRx)$ für $\forall x,y \in M$. Die starke Ordnungsrelation wird auch als *strenge* Ordnungsrelation (Reinhardt & Soeder, 1978, S. 43) oder als *strict partial order* (Suppes, 1960, S. 72) bezeichnet.

◊ Bei der Behandlung eines phobischen Patienten werden die angstauslösenden Situationen zunächst identifiziert und dann nach dem Ausmaß der ausgelösten Angst angeordnet.[294] Diese „Angsthierarchie" entspricht einer Ordnungsstruktur $\langle A, \succ \rangle$, die aus einer Menge A von angstauslösenden Situationen und einer starken Ordnungsrelation $\succ$ besteht.

Zu beachten ist wiederum, dass empirische Urteile über Größen oder Rangordnungen nur dann tatsächlich zu Ordnungsrelationen und -strukturen führen, wenn die Urteile transitiv sind. Zustande kommen können Intransitivitäten bei menschlichen Beurteilungen durch Unaufmerksamkeiten oder andere Zufallseinflüsse, durch systematische Veränderungen der Auffassungen sowie vor allem dadurch, dass beim Größenvergleich verschiedener Objekte unterschiedliche Merkmale oder Kriterien in den Vordergrund gestellt werden.

◊ Ein Kunde gibt bei einer Befragung durch einen Marktforscher an, dass er lieber Wein als Sekt und lieber Sekt als Bier trinkt. Später gibt er an, dass er lieber Bier als Wein trinkt. Diese Intransitivität könnte dadurch entstanden sein, dass der Befragte bei seinen Beurteilungen zunächst an ein gutes Essen in einem gepflegten Lokal gedacht hat, später aber an die Durstbekämpfung nach einem langen Tag auf seiner Baustelle.

Partielle und vollständige Ordnungen

Ordnungsrelationen müssen nicht konnex sein.[295] Das heißt, es ist zulässig, dass für einige Objektpaare keine Information über die Rangordnung der beiden Objekte hinsichtlich des betrachteten Merkmals vorliegt. Die Elemente der Objektmenge M werden dann nur teilweise geordnet. In der graphischen Darstellung entspricht eine partielle starke Ordnung einem baumartigen Netz.

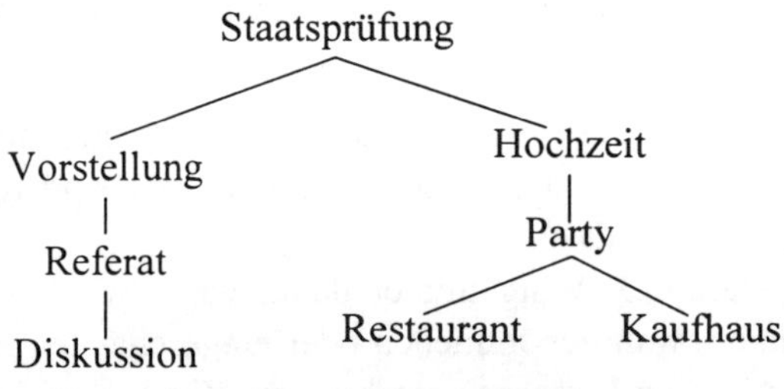

Abbildung 6.3: Beispiel für eine partielle Ordnung: angstauslösende Situationen

◊ Das Ergebnis einer Befragung eines Sozialphobikers ist in Abbildung 6.3 veranschaulicht. Eindeutig am meisten Angst hat der Patient vor seiner juristischen Staatsprüfung, die als Gruppenprüfung vor zahlreichen Prüfern stattfindet. Die für ihn weiterhin angstauslösenden Situationen zerfallen in zwei Bereiche: Leistungssituationen und soziale Situationen. Innerhalb der Leistungssituationen hat er am meisten Angst vor

[294] Davison & Neale (1996, S. 645-646)

[295] R ist *konnex* gdw $xRy \vee yRx$ für alle $x,y \in M$.

Vorstellungsgesprächen bei möglichen künftigen Arbeitgebern, dann vor Referaten und schließlich vor Diskussionen in Seminaren. Bei den sozialen Ereignissen macht ihm seine anstehende Hochzeitsfeier am meisten Angst, danach der Besuch einer größeren Party, außerdem hat er Angst sowohl vor Restaurant- wie vor Kaufhausbesuchen. Nicht festgestellt werden konnte, ob beispielsweise die Angst vor Vorstellungsgesprächen größer oder kleiner ist als die Angst vor der Hochzeitsfeier. Auf der Menge A der acht angstauslösenden Situationen ist somit eine starke Ordnungsrelation $\succ$ definiert, die nicht konnex ist. Die Struktur $\langle A, \succ \rangle$ ist also eine partielle Ordnung.

Ist die Ordnungsrelation dagegen nicht nur asymmetrisch und transitiv, sondern auch konnex, d.h. gilt $x \succ y$ oder $y \succ x$ für alle Paare (x, y) von Elementen der Objektmenge M, liegt eine *vollständige* Ordnung der Elemente von M vor.[296] Sie wird entsprechend ihrer graphischen Darstellung auch als *Kette* bezeichnet wird.

◊ Betrachten wir im letzten Beispiel nur die angstauslösenden Leistungssituationen A' = {Staatsprüfung, Vorstellung, Referat, Diskussion}, ist die transitive und asymmetrische Ordnungsrelation $\succ$ konnex. Die Struktur $\langle A', \succ \rangle$ ist damit eine vollständige Ordnung.

Auch psychologische Theorien enthalten etliche Begriffe, die partiellen Ordnungen entsprechen.

◊ In der ACT*-Theorie wird das prozedurale Wissen durch Produktionen (Bedingungs-Aktions-Paare) beschrieben. Das prozedurale Gedächtnis besteht aus Bedingungs- oder Musterknoten, die teilweise verbunden und hierarchisch geordnet sind.[297] Es entspricht damit einer partiellen starken Ordnung.

Quasi-Ordnungen

Neben der starken Ordnung können noch andere Ordnungsrelationen definiert werden. Für die Charakterisierung der Begriffe in den empirischen Wissenschaften ist eine Ordnungsrelation sehr relevant, die etwas missverständlich als Quasi-Ordnungsrelation bezeichnet wird.[298]

---

296 *simple ordering* bei Suppes (1960, S. 72)

297 Anderson (1983, S. 30-32), Heise (1991, S. 33, 37)

298 In der Mathematik wird häufig nicht die starke, sondern eine schwache Ordnung als Ausgangpunkt für den Aufbau des Systems der Ordnungsstrukturen genommen (Fraunholz et al., 1971, S. 210; Reinhardt & Soeder, 1978, S. 43; Suppes, 1960, S. 72). R ist eine *schwache Ordnungsrelation*, wenn sie reflexiv, antisymmetrisch und transitiv ist (z.B. $\leq$ und $\subseteq$). R ist *antisymmetrisch* gdw $xRy \wedge yRx \rightarrow x = y$ für $\forall\, x,y \in M$. Bei empirischen Relationen stellt die Antisymmetrie meist keine sinnvolle Eigenschaft dar. Ist beispielsweise Person x nicht intelligenter als y und ist y nicht intelligenter als x, dann sind beide Personen natürlich nicht gleich oder identisch, sondern äquivalent: $xRy \wedge yRx \rightarrow x \approx y$. Dies ist der Fall, wenn R eine Quasi-Ordnungsrelation ist. Die Quasi-Ordnungen werden teilweise als „weak orders" bezeichnet (Krantz, Luce, Suppes & Tversky, 1971, S. 14).

Eine Quasi-Ordnungsrelation ist eine Kombination aus einer Äquivalenzrelation $\approx$ und einer starken Ordnungsrelation $\succ$.[299] Quasi-Ordnungen sind in der Psychologie sehr häufig anzutreffen.[300]

◊ Bei der Besetzung einer Stelle werden im ersten Auswahlschritt alle Bewerber (Menge B) in drei Gruppen eingeteilt (geeignet, bedingt geeignet, ungeeignet). Zwischen Bewerbern aus verschiedenen Gruppen ist damit eine starke Ordnungsrelation $\succ$ erzeugt, während die Bewerber innerhalb einer Gruppe als äquivalent ($\approx$) eingestuft worden sind. Insgesamt ist eine vollständige Quasi-Ordnung hergestellt.

◊ Maslow unterscheidet fünf Kategorien, in die alle menschlichen Bedürfnisse eingeordnet werden können: Physiologische Bedürfnisse, Sicherheitsbedürfnisse, Kontakt- und Liebesbedürfnissen, Selbstachtungsbedürfnisse, Selbstverwirklichungsbedürfnisse. Diese fünf Kategorien werden in Form einer Hierarchie von niederen zu höheren Bedürfnissen angeordnet, und es wird angenommen, dass ein Bedürfnis auf einer höheren Stufe erst dann auftritt, wenn die Bedürfnisse der darunter liegenden Ebene erfüllt sind.[301] Bezeichnen wir die Menge menschlichen Bedürfnisse mit B, gibt es nach Maslows Konzeption also stets eine Quasi-Ordnung mit fünf Äquivalenzklassen.

◊ Nach Kohlberg entwickelt sich das moralische Urteil von Menschen in sechs Stufen von der Orientierung an Strafe und Gehorsam bis zur Orientierung an universellen ethischen Prinzipien.[302] Dabei kann keine Stufe übersprungen werden und die Reihenfolge der Stufen ist nicht umkehrbar. Jede Einteilung einer Menge von Personen nach der erreichten Stufe ihrer Moralentwicklung muss von daher eine Quasi-Ordnung ergeben.

Komparative Begriffe

Wissenschaftliche Begriffe, die einer der verschiedenen Ordnungsrelationen oder -strukturen entsprechen, werden als *ordinale* oder *komparative Begriffe* bezeichnet. Sie kommen in der Psychologie sehr häufig vor.

◊ Komparative Begriffe sind: die *moralische Orientierung* nach Kohlberg, die *Angst* eines Phobikers vor verschiedenen Stimuli (siehe oben Seite 132) sowie die *Intelligenzminderung* nach dem ICD-10.[303]

---

299 Eine Quasi-Ordnung ist also eine Struktur $\langle M, \succ, \approx \rangle$ mit einer starken Ordnungs- und einer Äquivalenzrelation (vgl. Leinfellner, 1967, S. 135-137).

300 R ist dann eine Quasi-Ordnungsrelation, wenn sie reflexiv und transitiv ist (Fraunholz et al., 1971, S. 208; Kondakow, 1978, S. 406; Suppes, 1960, S. 72). Im Unterschied zu einer Äquivalenzrelation darf sie aber nicht symmetrisch sein.

301 Maslow (1970), Weiner (1988, S. 321-325), Fisseni (1998, S. 207-216)

302 Colby & Kohlberg (1984)

303 Im ICD-10 (Dilling, Mombour & Schmidt, 1993, S. 253-260) werden leichte, mittelgradige, schwere und schwerste Intelligenzminderungen unterschieden.

6.6 Abbildungen und Funktionen

Abbildungen und Funktionen sind wichtige Spezialfälle von Relationen, die sich durch einen bestimmten Grad an Präzision auszeichnen.

Abbildungen

- Eine Relation R, die auf dem kartesischen Produkt A × B definiert ist, stellt eine Abbildung dar, wenn und nur wenn *jedem* Element der Menge A *genau ein* Element der Menge B zugeordnet wird.

◊ P sei eine Menge von Patienten und D sei eine Menge von psycho-diagnostischen Kategorien. $R \subseteq P \times D$ sei die Relation „hat eine diagnostizierte". Die Relation R ist dann eine Abbildung, wenn jeder Patient genau eine diagnostizierte Störung hat. Ein Beispiel für eine derartige Abbildung ist in Abbildung 6.4 dargestellt.

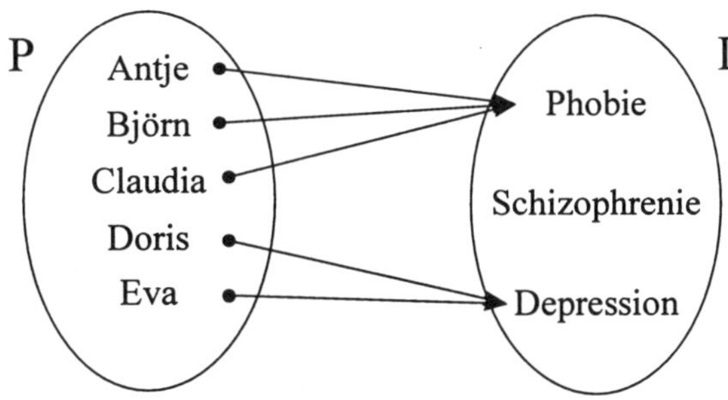

Abbildung 6.4: Beispiel für eine Abbildung

◊ Die unabhängige Variable eines Experiments, z.B. „Belohnungshöhe", entspricht einer Abbildung der Menge der Untersuchungseinheiten auf die Menge der Ausprägungen dieses Faktors, z.B. {1 DM, 8 DM}.

Bei einer Abbildung von A auf B kann jedes Element von B mehreren Elementen von A zugeordnet sein. Eine Relation ist allerdings keine Abbildung, wenn es ein Element von A gibt, das keinem oder mehreren Elementen von B zugeordnet ist.

◊ Bei Verwendung des Diagnosesystems DSM-IV werden einer Person häufig mehrere Diagnosekategorien zugeordnet, zum Beispiel „Major Depression", „Alkoholmissbrauch" und „antisoziale Persönlichkeit".[304] Diese Zuordnungen entsprechen damit einer Relation auf den Mengen der Personen und Diagnosekategorien, sie stellen aber keine Abbildung dar. Wird jedoch jeder Person nur ihre Hauptdiagnose zugeordnet,[305] liegt eine Abbildung von der Menge der Personen auf die Menge der Diagnosekategorien vor.

[304] Davison & Neale (1996, S. 66), DSM-IV (1996, S. 17-27)

[305] DSM-IV (1996, S. 6)

Bei einer Abbildung ist die erste Menge der Definitionsbereich, die zweite Menge der Bild- oder Wertebereich. Ist R eine Abbildung, schreibt man auch R: A ➡ B.[306] Da in Graphiken Definitionsbereiche links und Bildbereiche rechts liegen, wird eine Abbildung häufig als Relation definiert, die *linkstotal* und *rechtseindeutig* ist.[307]

Funktionen

- Eine Abbildung ist eine Funktion genau dann, wenn der Bildbereich gleich der Menge $\mathbb{R}$ der reellen Zahlen oder einer Teilmenge davon ist.

Funktionen sind also numerische oder quantitative Abbildungen. Sie werden (im Unterschied zu Relationen) meist mit Kleinbuchstaben (z.B. f) bezeichnet.[308]

◊ Wird jedem Patienten der Intelligenzquotient (IQ) nach dem zuletzt durchgeführten Intelligenz-Struktur-Test zugeordnet, liegt eine Funktion vor. Keine Abbildung und keine Funktion läge beispielsweise vor, wenn einigen Patienten die IQ-Werte aus zwei Testverfahren zugeordnet würden.

◊ Die abhängige Variable eines Experiments ist eine Funktion: Sie ordnet jeder Untersuchungseinheit einen empirischen Zahlenwert zu (z.B. für ihre Meinungsausprägung).

In psychologischen Theorien werden die Begriffe, über die die wichtigsten theoretischen Annahmen gemacht werden, meist als Variablen aufgefasst, die sehr viele unterschiedliche Größen annehmen können. Sie entsprechen damit Funktionen, die den interessierenden theoretischen Objekten jeweils eine reelle Zahl zuordnen.

◊ In Festingers Theorie der kognitiven Dissonanz ist jeder *Kognition* ein bestimmtes Ausmaß an *Dissonanzstärke* zugeordnet, die ein bestimmtes Ausmaß an *Reduktionsdruck* zur Folge hat. Die Begriffe der Dissonanzstärke und des Reduktionsdrucks entsprechen also zwei Funktionen von der Menge der Kognition in die Menge der nicht-negativen reellen Zahlen: *disstärke*: *Kognitionen* $\rightarrow \mathbb{R}_{0+}$ und *reddruck*: *Kognitionen* $\rightarrow \mathbb{R}_{0+}$.

◊ In der ACT*-Theorie hat jedes Element des deklarativen Gedächtnisses zu jeder Zeit eine bestimmte *Stärke* und eine bestimmte *Aktivation*. Die Stärke erhöht sich bei jedem Gebrauch um eine Einheit, die Höhe der Aktivation wird von der Stärke und den momentanen Aktivationsflüssen im Netzwerk bestimmt. Beide Größen entsprechen Funktionen von der Menge der Elemente des deklarativen Gedächtnisses in die reellen

---

306 Abbildungen werden meist mit einem einfachen Pfeil $\rightarrow$ symbolisiert. Die Pfeilform ➡ wird hier verwendet, um Verwechslungen mit dem Implikationspfeil $\rightarrow$ zu vermeiden.

307 R ist *linkstotal* gdw $\forall a \in A\ \exists b \in B$: aRb.
R ist *rechtseindeutig* gdw $\forall a \in A, b \in B$: aRb $\rightarrow \neg\exists b' \in B$: aRb'.
Eine Abbildung, die nicht nur linkstotal und rechtseindeutig ist, sondern auch rechtstotal und linkseindeutig, heißt umkehrbar eindeutig, eineindeutig oder *bijektiv*. Eine Abbildung ist *surjektiv*, wenn sie nicht nur links-, sondern auch rechtstotal ist. Eine Abbildung ist *injektiv*, wenn sie nicht nur rechts-, sondern auch linkseindeutig ist.

308 In der Mathematik werden die Begriffe Abbildung und Funktion oft gleichgesetzt (Dallmann et al., 1991, S. 71). Wir trennen sie hier, weil es in der Psychologie wichtig ist, ob eine Abbildung numerisch ist oder nicht (vgl. Steyer & Eid, 1993, S. 321-323).

Zahlen, d.h. *stärke*: *Deklaratives Gedächtnis* → $\mathbb{R}_{0+}$ und *aktivation*: *Deklaratives Gedächtnis* → $\mathbb{R}_{0+}$.

◊ Nach der Rubikontheorie hat jedes Ziel eine bestimmte *Motivationsstärke*. Wenn eine Person die Intention gebildet hat, ein Ziel zu erreichen, kommt dieser Zielintention eine bestimmte *Volitionsstärke* zu. Diese ist zum einen von der Motivationsstärke abhängig, zum anderen kann sie bei einer erhöhten Tätigkeitsschwierigkeit kurzfristig erhöht werden. Die zentralen Begriffen der Motivations- und Volitionsstärke entsprechen somit Funktionen *motivation*: *Ziele* → $\mathbb{R}$ und *volition*: *Zielintentionen* → $\mathbb{R}$.

Wissenschaftliche Begriffe, die als Funktionen zu charakterisieren sind, werden als *quantitative Begriffe* bezeichnet. Wenn bestimmte Bedingungen erfüllt sind und die Abstände zwischen den zugeordneten Zahlen sinnvoll zu interpretieren sind, spricht man von *metrischen* Begriffen.[309]

◊ Wenn eine Psychologin die Feststellung trifft, dass die Eheleute Schmidt sich in ihrem Temperament mehr unterscheiden als die Eheleute Müller, setzt sie (implizit) voraus, dass *Temperament* ein metrischer Begriff ist.

6.7 Abbildungen von Strukturen

Für die psychologische Forschungsmethodik ist von großer Bedeutung, dass nicht nur Mengen abgebildet werden können, sondern auch Strukturen. Eine Abbildung einer Struktur $\mathcal{A}$ in eine Struktur $\mathcal{B}$ liegt vor, wenn die Elemente der Objektmenge von $\mathcal{A}$ durch eine Funktion f so in die Objektmenge von $\mathcal{B}$ abgebildet werden, dass jede Relation zwischen den ursprünglichen Elementen durch eine entsprechende Relation zwischen den Bildelementen widergespiegelt wird.

Man spricht in diesem Fall von einer strukturerhaltenden oder homomorphen Abbildung, kurz auch von einem Homomorphismus zwischen $\mathcal{A}$ und $\mathcal{B}$.[310]

Von besonderem Interesse sind homomorphe Abbildungen, wenn eine Struktur aus empirischen Objekten und Relationen besteht, die andere hingegen aus reellen Zahlen und numerischen Relationen:

- Wenn eine empirische Struktur in eine numerische Struktur homomorph abgebildet wird, spricht man von Messen.[311]

---

[309] zu qualitativen, ordinalen und metrischen Begriffen: Hempel (1974), Leinfellner (1967)

[310] Es seien $\mathcal{A} = \langle A, R_1, ..., R_n \rangle$ und $\mathcal{B} = \langle B, S_1, ..., S_n \rangle$ zwei Strukturen des gleichen Typs. Die Abbildung f von A in B ist eine homomorphe Abbildung (ein Homomorphismus), wenn für alle $a_1, a_2 \in A$ und alle i = 1,..., n gilt: Wenn $a_1 R_i a_2$, dann $f(a_1) S_i f(a_2)$. Ist *f* eine bijektive Abbildung, stellt der Homomorphismus einen *Isomorphismus* dar.

[311] Eine Struktur $\langle M, R_1, ..., R_n \rangle$ heißt empirisch, wenn M eine Menge empirischer Objekte ist und wenn $R_1, ..., R_n$ beobachtbare Relationen sind.
Eine Struktur $\langle M, R_1, ..., R_n \rangle$ heißt numerisch, wenn M eine Menge von Zahlen ist.

◊ A sei die Menge von Zielen, die eine Person erreichen möchte: A = {Wohnung, Hilfskraftstelle, Segelschein, Vordiplom}. Wir legen ihr alle möglichen Paare dieser Ziele vor. Sie gibt jeweils an, welches dieser beiden Ziele ihr wichtiger ist. Das Ergebnis dieses *Paarvergleichs* ist eine empirische Präferenzrelation $\succ \subseteq A \times A$, zum Beispiel $\succ$ = {⟨Wohnung, Vordiplom⟩, ⟨Wohnung, Hilfskraftstelle⟩, ⟨Wohnung, Segelschein⟩, ⟨Vordiplom, Hilfskraftstelle⟩, ⟨Vordiplom, Segelschein⟩, ⟨Hilfskraftstelle, Segelschein⟩}. Um die empirische Struktur $\langle A,\succ\rangle$ homomorph auf eine numerische Struktur $\langle \mathbb{R},>\rangle$ abzubilden, ordnen wir jedem a_i von A eine Zahl so zu, dass sie die Präferenzurteile eindeutig widerspiegeln: Die numerische Größenrelation $f(a_i) > f(a_j)$ soll a_j genau dann gelten, wenn $a_i \succ a_j$ gilt. Eine von vielen Zuordnungen, die diese Forderung erfüllt, ist f(Wohnung) = 100, f(Vordiplom) = 50, f(Hilfskraftstelle) = 30; f(Segelschein) = 10.

Von der Art der abgebildeten Relation hängt das Skalenniveau der Messung ab. Umfasst die empirische Struktur nur eine Ordnungsrelation, können die den Objekten zugeordneten Zahlen nur die empirische Ordnung widerspiegeln. Alle anderen Relationen zwischen den zugeordneten Zahlen sind empirisch nicht bedeutsam.

◊ Aus der Zahlenzuordnung im letzten Beispiel folgt nicht, dass für unsere Person die Wohnung doppelt so wichtig ist wie das Vordiplom.

Man spricht in diesem Fall von einer Messung auf Ordinalskalenniveau.[312]

[312] Einführungen in die Messtheorie: Coombs, Dawes & Tversky (1975, Kap. 2), Gigerenzer (1981), Orth (1974, 1983), Steyer & Eid (1993, Kap. 2-8); umfassendere Darstellungen: Krantz, Luce, Suppes & Tversky (1971), Roberts (1979).

7 Kausalität und wissenschaftliche Gesetze

Ein wesentliches Ziel der Wissenschaft besteht darin, beobachtbare Sachverhalte zu erklären. Worin eine wissenschaftliche Erklärung bestehen kann, wird im Kapitel 8 besprochen. Dabei werden wir sehen, dass adäquate wissenschaftliche Erklärungen auf gesetzmäßige und ursächliche Zusammenhänge zwischen verschiedenen Variablen Bezug nehmen. Deshalb gehen wir zunächst auf wissenschaftliche Gesetze ein (Kapitel 7.1), anschließend wird der Begriff der Kausalität oder Ursächlichkeit expliziert (Kapitel 7.2). Die Thematiken der Gesetzmäßigkeit, der Kausalität und der Erklärung sind eng miteinander verbunden. Deshalb wird es bei den folgenden Darstellungen nicht immer vermeidbar sein, auf später dargestellte Sachverhalte vorzugreifen.

7.1 Wissenschaftliche Gesetze

Der Begriff des Gesetzes wird in allen empirischen Wissenschaften verwendet, vor allem in den klassischen Naturwissenschaften.[313]

◊ Aus der Physik bekannt sind das Fallgesetz (die Fallstrecke ist proportional dem Quadrat der Fallzeit), die Kepplerschen Gesetze (über Planetenbahnen und -geschwindigkeiten) und das Ohmsche Gesetz (Stromfluss ist gleich Spannung durch Widerstand). Außerdem gibt es mechanische und optische Gesetze, Strömungsgesetze, Strahlungsgesetze usw.[314]

In der Psychologie spricht man vergleichsweise selten von Gesetzen.

◊ Allgemein bekannt sind das Webersche und das Fechnersche Gesetz sowie das Stevenssche Potenzgesetz aus der Psychophysik, das gestaltpsychologische Prägnanzgesetz aus der Wahrnehmungspsychologie, Thorndikes Effektgesetz aus der Lernpsychologie und das Yerkes-Dodson-Gesetz aus der Motivationspsychologie.[315] Außerdem werden in der Kognitionspsychologie die Potenzgesetze des Lernens und des Vergessens beschrieben.[316]

---

313 Betrachtet werden hier empirische, nicht logische Gesetze (vgl. Kapitel 3.4.3).

314 Breuer (1994, 1996)

315 Zimbardo (1995, S. 170-172, 275-276), Zimbardo (1992, S. 432)

316 Anderson (1996a)

Sind Gesetze systematisch miteinander verknüpft, spricht man von einer *Theorie*.[317]

◊ Die Dissonanztheorie beinhaltet eine grundlegende Gesetzesannahme (das Fundamentalgesetz: „Je stärker die Dissonanz, desto höher der Druck, sie zu reduzieren") sowie etliche spezielle Gesetzesannahmen über die Determinanten der Dissonanz und die Konsequenzen des Reduktionsdrucks (z.B. „Je wichtiger eine Entscheidung ist, desto größer ist die Dissonanz nach der Entscheidung").[318]

In diesem Kapitel werden die Merkmale besprochen, durch die sich wissenschaftliche Gesetze von nicht-gesetzesmäßigen Aussagen unterscheiden.[319] Jedes dieser Merkmale ist eine notwendige Bedingungen dafür, dass eine Aussage ein Gesetz darstellt. Bislang sind jedoch keine Merkmale identifiziert worden, die zusammen genommen hinreichend dafür sind, dass ein Gesetz vorliegt.[320]

7.1.1 Wahrheit und Bestätigung

Ein erstes notwendiges Merkmal von wissenschaftlichen Gesetzen scheint darin zu bestehen, dass sie wahr oder zumindest auf Grund von Beobachtungen gut bestätigt sind. Allerdings können wir nie sicher sein, dass eine Aussage empirisch wahr oder bewährt ist. Oft sind lange für wahr gehaltene Gesetze später als falsch erkannt worden und bei vielen Gesetzen ist umstritten, ob sie gut bestätigt sind oder nicht. Deshalb können wir Gesetze nur im Sinne von *gesetzesartigen Aussagen* oder *Gesetzesannahmen* verstehen. Sie müssen nicht unbedingt gut bestätigt sein, sie dürfen aber auch nicht bereits widerlegt oder stark erschüttert sein.

◊ Für sehr große und sehr kleine Reize zeigen sich empirisch deutliche und regelmäßige Abweichungen vom Weberschen Gesetz. Das Fechnersche Gesetz bewährt sich zwar für kategoriale Urteile, nicht aber für direkte Größen- und Verhältnisschätzungen.[321] Trotzdem spricht man in der Wahrnehmungspsychologie durchgängig vom Weberschen und vom Fechnerschen Gesetz, weil diese Zusammenhangsannahmen sich zumindest approximativ gut bewährt haben.

7.1.2 Funktionale und implikative Verknüpfungen

Wissenschaftliche Gesetze zeichnen sich dadurch aus, dass sie eine Verknüpfung (eine Verbindung, einen Zusammenhang) zwischen zwei oder mehr Zuständen, Ereignissen, Größen oder *Variablen* beschreiben. Aussagen über einzelne Ereignisse, Mittelwerte, Häufigkeiten oder Naturkonstanten können *keine* Gesetze sein:

317 Zur adäquateren Explikation des Begriffs einer Theorie siehe Kapitel 11.
318 Festinger (1978)
319 ergänzend: Stegmüller (1983, Kapitel V), Sprung & Sprung (1987, S. 82-90), Opp (1976, S. 73-81)
320 zu notwendigen vs. hinreichenden Bedingungen siehe oben Kapitel 3.2.3
321 Gescheider (1985), Westermann (1987b)

◊ „die Gravitiationskonstante g beträgt 6,672 × 10^{-11}"[322]
◊ „das Erkrankungsrisiko für Schizophrenie beträgt etwas weniger als 1%"[323]
◊ „bei Little Albert wurde die auf eine weiße Ratte konditionierte Furcht auch auf einen weißen Bart generalisiert".[324]

In Abhängigkeit von der Art der verwendeten Begriffe können quantitative, ordinale und nominale Verknüpfungen unterschieden werden.

Quantitative Gesetze

In der Physik werden Gesetze in der Regel als funktionale Beziehung zwischen zwei oder mehreren quantitativen Variablen formuliert.

◊ Nach dem Gravitationsgesetz von Isaac Newton ergibt sich die Anziehungskraft F zwischen zwei Körpern mit den Massen m_1 und m_2 und dem Abstand r aus[325]

(7–1) $$F=g\frac{m_1m_2}{r^2}.$$

Dabei ist g die bekannte Gravitationskonstante.[326]

Auch in der Psychologie gibt es einige Gesetzmäßigkeiten, die sich als quantitative Funktionen formulieren lassen.

◊ Nach Fechners Gesetz ist die subjektive Größe R einer Reizempfindung eine logarithmische Funktion der physikalischen Reizgröße S:[327]

(7–2) $$R = a \log S + b.$$

Dabei sind a und b allerdings keine universellen Konstanten, sondern von den spezifischen Reizen, Personen und Situationen abhängig.

Ordinale Gesetze

Gesetzesannahmen in der Psychologie entsprechen häufig keinen präzisen Funktionsregeln, sondern Annahmen über monotone Zusammenhänge zwischen verschiedenen Variablen. Sie können in Sätzen mit „je ..., desto ..." oder „um so" formuliert werden, es finden sich aber auch viele andere sprachliche Umschreibungen.[328]

◊ Je größer die Dissonanz ist, desto größer ist der Druck, sie zu reduzieren.[329]

---

322 Breuer (1994, S. 45)
323 Davison & Neale (1996, S. 464)
324 Meyer, Schützwohl & Reisenzein (1993, S. 62-63)
325 Breuer (1994, S. 45)
326 Auch dieses grundlegende physikalische Gesetz ist nicht absolut wahr. Zum einen gilt es streng genommen nur für punktförmige Körper, d.h. für Körper, die eine Masse, aber keine Ausdehnung haben. Zum anderen ist nach Einsteins Relativitätstheorie die Anziehung von Körpern auch von ihrer (relativen) Geschwindigkeit abhängig.
327 Prinz (1990), Westermann (1987b)
328 Dass monotone Beziehungen angenommen werden, ist häufig aus dem Wortlaut nicht ersichtlich (z.B. bei „hängt ab von" oder „führt zu", siehe unten Kapitel 11.3.2).
329 Festinger (1978, S. 30)

◊ Die aktuelle Volitionsstärke oder Anstrengungsbereitschaft ist umso höher, je schwieriger die Tätigkeit ist.[330]

◊ Die Aktivationshöhe eines Gedächtnisknotens ist eine positive Funktion seiner Stärke.[331]

Nominale Gesetze

In der Psychologie finden wir häufig auch Gesetzesannahmen über Zusammenhänge zwischen verschiedenen kategorialen (nominalen oder qualitativen) Zuständen oder Ereignissen. Sie können als Konditionalsätze formuliert werden („Wenn ..., dann ...“), es gibt aber auch elegantere sprachliche Konstruktionen.

◊ „Wenn eine Person eine Entscheidung zwischen zwei Alternativen getroffen hat, dann entsteht bei ihr Dissonanz.“[332]

◊ Wenn der Bedingungsteil einer kognitiven Produktionsregel hinreichend genau mit der deklarativen Struktur übereinstimmt, wird diese Produktion ausgeführt.[333]

◊ Ist das Ziel nicht erreicht, werden Vermutungen über Ursachen des Misserfolgs geprüft.[334]

Gesetze als implikative Verknüpfungen

Nicht nur nominale, sondern auch funktionale und monotone Gesetzesannahmen können als „Wenn .., dann ...“-Aussagen formuliert werden.

◊ Das Fechnersche Gesetz entspricht der Aussage „Wenn ein Reiz die physikalische Größe S hat, dann hat die entsprechende Empfindung die Größe $R = a \log S + b$.

Die konditionale Verbindung zweier Teilaussagen ist deshalb ein gemeinsames Merkmal der bisher betrachteten wissenschaftlichen Gesetze.[335] Logisch können diese Wenn-dann-Aussagen mit Hilfe von Implikationen rekonstruiert werden.

◊ U ist die Aussage „eine Person hat eine Entscheidung getroffen“, V die Aussage „bei der Person entsteht Dissonanz“. Die Gesetzesannahme „Wenn eine Person eine Entscheidung zwischen zwei Alternativen getroffen hat, dann entsteht bei ihr Dissonanz“ kann dann vorläufig durch die Implikation $U \rightarrow V$ dargestellt werden.

Treten die Prämisse und die Konklusion dieser Verknüpfung (im wesentlichen) gleichzeitig auf, spricht man von einem *Koexistenzgesetz*. Liegt die Prämisse zeitlich vor der Konklusion, handelt es sich um ein *Sukzessionsgesetz*.

---

330 Heckhausen (1989, S. 215)

331 Anderson (1983, S. 22-23)

332 Festinger (1978, S. 47)

333 Anderson (1983, S. 23)

334 Heckhausen (1989, S. 217)

335 Nach Goodman (1973) besteht eine entscheidende notwendige Bedingung für die Gesetzesartigkeit einer Aussage in der *Projektierbarkeit* der verwendeten Prädikate (Stegmüller, 1983, S. 322-328). Dieses Kriterium wird hier nicht besprochen, da es für tatsächliche Gesetzesannahmen in aller Regel als erfüllt angesehen wird.

7.1.3 Allgemeinheit

Ein wesentliches Merkmal eines wissenschaftlichen Gesetzes besteht darin, dass es eine *allgemeine* Aussage über *einzelne* Objekte macht: eine Aussage, die auf jedes einzelne Element einer bestimmten Menge von interessierenden Objekte zutreffen soll, nicht nur auf einige der betrachteten Dinge, Personen, Gruppen, Situationen usw. Um ein wissenschaftliches Gesetz logisch darzustellen, genügt deshalb eine aussagenlogische Implikation der Form U → V nicht. Ein Gesetz entspricht eher einer prädikatenlogischen Aussagenform mit einem Allquantor:

(7–3) $\forall x\colon U(x) \rightarrow V(x)$.

Je nach Gegenstandsbereich kann x ein Element aus einer Menge von bestimmten Personen, Gruppen, Körpern, Ideen usw. sein.

◊ Die in der Dissonanztheorie enthaltene Gesetzesannahme „Wenn eine Person eine Entscheidung zwischen zwei Alternativen getroffen hat, vergrößert sich die relative Attraktivität der gewählten Alternative“ kann wie folgt geschrieben werden:

(7–4) $\forall p \in P\colon E(p) \rightarrow A(p)$

Dabei bezeichnet E das Prädikat „hat eine Entscheidung getroffen,“ und A das Prädikat „vergrößert die relative Attraktivität der gewählten Alternative“.[336] Durch p wird eine Person bezeichnet, für die die Dissonanztheorie gelten soll.

Die Allquantifizierung kann sich auch auf verschiedene Mengen erstrecken, beispielsweise auf alle Kombinationen von Personen, Situationen und Zeitpunkten, d.h. auf alle Elemente des kartesischen Produktes der Mengen P, S und T:

(7–5) $\forall (x,y,z) \in P{\times}S{\times}T\colon U(x,y,z) \rightarrow V(x,y,z)$.

◊ Das Fechnersche Gesetz vom logarithmischen Zusammenhang von subjektiven und objektiven Reizgrößen kann genauer formuliert werden, indem wir auf eine Menge J von Reizen, eine Menge P von Personen und eine Menge T von Zeitpunkten bezug nehmen:

(7–6) $\forall (j,p,t) \in J{\times}P{\times}T\colon R(j,p,t) = a(p,t) \log S(j) + b(p,t)$.

Durch diese Formulierung wird zugelassen, dass die Konstanten a und b für verschiedene Personen und Zeitpunkte unterschiedlich ausfallen können.

In wissenschaftlichen Gesetzen muss mindestens ein Allquantor auftreten, daneben können aber auch Existenzquantoren auftreten.

◊ Nach einer modifizierten Form der Dissonanztheorie kann es unmittelbar nach einer Entscheidung zu einer deutlichen Erhöhung der Attraktivität der nicht-gewählten Alternative kommen (*regret effect*). Dadurch tritt die eigentlich vorhergesagte relative

---

336 Die Vergrößerung der (subjektiven) Attraktivität der gewählten Alternative, relativ zur nicht gewählten Alternative, ist nach Festinger (1978) eine der wichtigsten Möglichkeiten, die nach einer Entscheidung entstehende Dissonanz zu reduzieren. Sie kann durch eine positivere Bewertung der gewählten und/oder durch eine negativere Bewertung der nichtgewählten Alternative zustande kommen.

Attraktivitätserhöhung erst nach einem (unbekannten) Mindestabstand t_{min} auf. Die Gesetzesannahme (7–4) muss dann entsprechend modifiziert werden, wobei neben der Menge P von Personen auch eine Menge T von Zeitpunkten betrachtet werden muss:

(7–7) $\forall(p,t) \in P{\times}T\ \exists t_{min}{\in}T{:}\ E(p,t) \rightarrow A(p,t')$ für alle $t' \geq t + t_{min}$.

7.1.4 Unerschöpflichkeit

Durch den Allquantor allein wird der wesentliche Aspekt dessen noch nicht erfasst, was man gemeinhin unter der Allgemeingültigkeit von wissenschaftlichen Gesetzen versteht. Entscheidend ist, dass der Allquantor sich unbedingt auf eine Menge beziehen muss, die offen ist, d.h. unendlich viele Elemente umfasst. Eine Allaussage, die sich auf eine abgeschlossene, endliche Menge von Objekten bezieht, kann kein wissenschaftliches Gesetz sein.

◊ Eine Aussage über „alle 1999 an der Freien Universität Berlin Studierenden" bezieht sich auf eine endliche Menge von Objekten, auch wenn die Menge relativ groß ist.

◊ Eine Aussage, die sich auf „alle Studierenden" bezieht, ist eine Aussage über eine offene Menge von Personen. Selbst wenn wir Millionen von Studierenden bereits untersucht haben: Es können in der Zukunft immer noch neue hinzukommen.

Dieses Abgrenzungskriterium von gesetzmäßigen Aussagen gegenüber nicht-gesetzesmäßigen Aussagen kann anschaulich als Unerschöpflichkeit bezeichnet werden: Ein wissenschaftliches Gesetz bezieht sich immer auf mehr Fälle, als bisher aufgezählt oder beobachtet worden sind.

Psychologische Theorien mit unbegrenztem Anwendungsbereich

Bei psychologischen Theorien wird der anvisierte Geltungsbereich meist nicht explizit angegeben. Aus den Darstellungen der Theorie lässt sich aber recht eindeutig ablesen, dass sie sich nicht auf endliche, sondern auf unbeschränkte, offene Mengen von Situationen, Zeitpunkten und Personen beziehen.

◊ Die allgemeinpsychologische Kognitionstheorie ACT von Anderson[337] soll grundsätzlich für alle Arten von kognitiven Aufgaben und Aktivitäten gelten sowie für alle Menschen, die gegenwärtig leben, früher gelebt haben oder irgendwann einmal leben werden. (Eventuell müssen dabei extrem stark geistig behinderte Menschen ausgenommen werden.)

◊ Das Risiko-Wahl-Modell von Atkinson[338] gilt zwar nur für bestimmte Arten von Leistungs- und Konfliktsituationen, dann aber grundsätzlich für eine uneingeschränkte Menge von Personen.

◊ Organisations- und unterrichtspsychologische Theorien beziehen sich auf alle möglichen Personen, die sich in den entsprechenden betrieblichen bzw. schulischen Situationen

337 Anderson (1993)
338 Atkinson (1957), Weiner (1988)

befinden. (Wegen der eingeschränkten Bezugssituationen kann bei diesen Theorien die Gültigkeit auf bestimmte Kulturen oder Gesellschaftssysteme eingeschränkt sein.)

◊ Entwicklungspsychologische Theorien beziehen sich meist auf alle Menschen in einem bestimmten Kapitel der Lebensspanne: Theorien zur Entwicklung metakognitiver Strategien auf Kinder im Vorschul- und Schulalter, Theorien zum erfolgreichen Altern auf Menschen im höheren Erwachsenenalter.[339]

Die Unerschöpflichkeit des Anwendungsbereiches eines Gesetzes muss nicht unbedingt darin bestehen, dass es sich auf unendlich viele Personen bezieht. Ein Gesetz kann sich auch auf endlich viele Personen oder im Extremfall nur auf eine einzelne Person beziehen. In diesem Fall ist der Anwendungsbereich dann unerschöpflich, wenn er für diese Personen unendlich viele Zeitpunkte, Situationen oder Aktivitäten umfasst.

◊ Beim Patienten A.B. kommt es immer dann zu schizophrenen Schüben, wenn sie familiäre Schwierigkeiten haben.

Psychologische Aussagen mit begrenztem Anwendungsbereich

Die Unerschöpflichkeit ist ein sinnvolles und unbedingt notwendiges Kriterium zur Abgrenzung von gesetzmäßigen Aussagen: Wissenschaftliche Gesetze sollen mehr aussagen als wir bereits aus der Erfahrung wissen oder wissen könnten.

Aussagen, die sich nur auf einen eindeutig begrenzten Anwendungsbereich beziehen, zählen wir damit nicht zu den wissenschaftlichen Gesetzesannahmen, auch wenn sie auf wissenschaftlichen Erkenntnissen oder Methoden beruhen.[340]

◊ Von den gegenwärtig Arbeitslosen hat mehr als die Hälfte keine abgeschlossene Berufsausbildung.

◊ Alle männlichen Teilnehmer haben die Klausur bestanden.

◊ Bei diesem Patienten ist die Schizophrenie erstmalig durch den Verlust des Arbeitsplatzes zum Ausbruch gekommen.

Ein wesentlicher Nachteil von Aussagen mit begrenztem Anwendungsbereich soll noch erwähnt werden, obwohl wir damit auf die Thematik der wissenschaftlichen Erklärung vorgreifen, die erst im Kapitel 8 behandelt wird. Ein Sachverhalt ist wissenschaftlich erklärt, wenn man ihn aus Gesetzen und Anfangsbedingungen logisch ableiten kann. Würde man auch Erklärungen durch wahre Allaussagen akzeptieren, die sich nur auf endliche Mengen beziehen, könnte man jeden beliebigen Sachverhalt einfach dadurch erklären, dass dieser Fall zu einer bestimmten Teilmenge von gleichartigen Fällen gehört.

---

[339] Mecklenbräuker, Wippich & Bredenkamp (1992), Baltes & Carstensen (1996)

[340] Andere Autoren bezeichnen auch derartige Vermutungen über Einzelereignisse und begrenzte Sachverhalte als wissenschaftliche Hypothesen (Groeben & Westmeyer, 1975, S. 113-114; Hussy & Möller, 1994, S. 476-479).

◊ Es soll erklärt werden, warum Sonja sich entschieden hat, Psychologie zu studieren. Wir untersuchen dazu Sonja und weitere 19 Abiturienten etwas genauer und stellen unter anderem fest: Die 5 Personen, die Psychologie studieren wollen, sind alle weiblich und haben einen Intelligenzquotienten von zwischen 110 und 115. Die weiblichen Personen in dieser Gruppe, die nicht Psychologie studieren, haben einen IQ unter 110 oder über 115. Auf Grund dieser Ergebnisse ist für diese Menge von 20 Abiturienten die folgende Konditionalaussage zutreffend: „Wenn eine Person weiblich ist und einen IQ zwischen 110 und 115 hat, dann entscheidet sie sich für ein Psychologiestudium".

Derartige Argumente sind keine adäquaten wissenschaftlichen Erklärungen, weil sie nur auf relativ zufälligen Merkmalskonfigurationen in bestimmten Situationen beruhen, die sich in anderen Situationen schon wieder anders darstellen können.[341]

7.1.5 Deterministisch oder probabilistisch

Bisher haben wir nur deterministische Gesetze bzw. Gesetzesannahmen betrachtet. Nach einem deterministischen Gesetz muss ein bestimmtes Ereignis V mit Notwendigkeit und ohne Ausnahme eintreten, wenn eine bestimmte Bedingung U vorliegt.

Nach einem probabilistischen Gesetz tritt das Ereignis V nur mit einer gewissen Wahrscheinlichkeit ein, wenn eine bestimmte Bedingungskonstellation U vorliegt. Es wird also eine Aussage über die bedingte Wahrscheinlichkeit $P(V|U)$ gemacht. Im Idealfall wird ein genauer Wert p oder ein Mindestwert p' für diese Wahrscheinlichkeit spezifiziert, d.h. zum Beispiel $P(V|U) = 0{,}33$ oder $P(V|U) \geq 0{,}80$.[342]

7.1.5.1 Physikalische Gesetzmäßigkeiten

Ob wissenschaftliche Gesetze deterministisch oder probabilistisch sein sollen oder sein müssen, wird vor allem in Bezug auf die Physik diskutiert.[343] Bis in das 20.

341 Derartige nicht gesetzesmäßig wahre Aussagen heißen *akzidentell* oder *kontingent*.

342 Bei gleichwahrscheinlichen Ereignissen ist die Wahrscheinlichkeit eines Ereignis der Quotient aus günstigen und möglichen Fällen definiert. Bei unabhängigen Wiederholungen eines Zufallsexperiments wird die Wahrscheinlichkeit als Grenzwert der relativen Häufigkeit interpretiert. In den empirischen Wissenschaften spricht man von der Wahrscheinlichkeit eines Ereignisses auch dann, wenn es weder gleichwahrscheinliche Ereignisse noch Wiederholungen unter gleichen Bedingungen gibt. Wahrscheinlichkeit bezeichnet dann die Neigung (*propensity*) eines bestimmten Ereignisses, in einer bestimmten Situation einzutreten (Frick, 1998; Popper, 1985, 1990; Williams, 1999). Diese singulären Wahrscheinlichkeiten können durch wiederholte Beobachtungen unter *relativ konstanten* Bedingungen *geschätzt* werden.

343 siehe dazu ausführlicher Stegmüller (1983, S. 559-582)

Jahrhundert hinein waren alle Gesetze der Physik deterministisch, beispielsweise die Gesetze der klassischen Mechanik[344] und der Relativitätstheorie Einsteins[345].

Hinter diesen deterministischen Gesetzen steht die Vorstellung einer deterministischen Grundstruktur der Welt. Es wird angenommen, dass die Natur tatsächlich mit strengen Ursache-Wirkungs-Zusammenhängen aufgebaut ist: Wenn bestimmte Bedingungen erfüllt sind, treten bestimmte Konsequenzen unweigerlich („mit Naturnotwendigkeit") ein (vgl. Kapitel 7.2.2). Daraus folgt, dass alle Ereignisse in dieser Welt eindeutig vorausbestimmt wären. Auch Menschen hätten damit keine Handlungs- und Entscheidungsfreiheit.

Dass uns die Welt sowohl im Alltag wie im wissenschaftlichen Labor nicht-deterministisch erscheint, wird auf die Beschränktheit der menschlichen Erkenntnismöglichkeiten zurückgeführt: Wir kennen weder alle komplexen gesetzmäßigen Zusammenhänge noch alle relevanten Einflussbedingungen. Die deterministisch formulierten Gesetzesannahmen der Wissenschaften sind danach Vereinfachungen und Idealisierungen, die uneingeschränkt nur in vollständig bekannten und abgeschlossenen Systemen gelten. In realen Untersuchungssituationen werden die deterministischen Ursache-Wirkungs-Zusammenhänge dagegen immer durch die Wirkung nicht kontrollierter Störfaktoren überlagert.[346]

In der Physik wurde das streng deterministische Weltbild durch die Quantenmechanik erschüttert, die von einer objektiv unbestimmten (probabilistischen) Grundstruktur der Welt ausgeht.

◊ Nach den Gesetzen der Quantenmechanik kann nicht die exakte Position eines Teilchens bestimmt werden, sondern nur die Wahrscheinlichkeit des Auftretens an einer bestimmten Raum-Zeit-Stelle.[347]

Insbesondere Albert Einstein konnte sich mit diesem Indeterminismus nie anfreunden.[348] Trotzdem ist die Wahrscheinlichkeitsinterpretation quanten-physikalischer Gesetze allgemein anerkannt. Eine theoretische Fundierung erhielt sie durch Heisenbergs *Unschärferelation.*

◊ Während in der klassischen Mechanik alle Größen prinzipiell beliebig genau gemessen werden können, gibt es nach der quantenmechanischen Unschärferelation eine definitiv

---

344 z.B. das Gravitationsgesetz (7–1) und das sog. Zweite Newtonsche Gesetz („Kraft ist gleich Masse mal Beschleunigung")

345 zur Einführung siehe Russell (1969), Sexl (1983) und Breuer (1996)

346 Die praktische Vorhersage künftiger Zustände komplexer Systeme kann auch an der beschränkten Erfassbarkeit gegenwärtiger Zustände scheitern. Wie durch die *Chaostheorie* gezeigt wird, können minimale Unterschiede zu völlig andersartigen Verläufen führen (Barton, 1994; Höger, 1992).

347 Breuer (1996, S. 359), Carnap (1986, S. 279-289), Mittelstraß (1995c, S. 429-436). Die probabilistische Interpretation der Quantentheorie wurde von Max Born initiiert und von Heisenberg und Bohr zur „Kopenhagener Deutung" weiterentwickelt.

348 „Gott würfelt nicht" (Fölsing, 1993, S. 644-673; Mittelstraß, 1995b, S. 469)

nicht überschreitbare Grenze der Genauigkeit, mit der Ort und Impuls eines Teilchens gleichzeitig bestimmt werden können.

Damit ist die Vollständigkeit und Präzision der Messung von Ursachenfaktoren prinzipiell begrenzt. Probabilistische Theorien sind offenbar das Beste, was die physikalische Wissenschaft erreichen kann.

7.1.5.2 Psychologische Gesetzmäßigkeiten

Einige psychologische Gesetze und Theorien sind explizit probabilistisch formuliert, insbesondere in der mathematischen Psychologie.[349]

◊ Theorien des Paarassoziations- und Konzeptlernens nehmen an, dass jeder Reiz oder jede Reizkomponente in jedem Lerndurchgang mit einer bestimmten Wahrscheinlichkeit mit der richtigen Antwort verbunden wird und dadurch der beobachtbare allmähliche Lernfortschritt entsteht.[350] Nach der Theorie des Konzepterwerbs durch sukzessive Hypothesenprüfung beispielsweise ergibt sich die Wahrscheinlichkeit p_n einer richtigen Antwort im Durchgang n im einfachsten Fall wie folgt:[351]

(7–8) $$p_n = 1 - 0{,}5(1 - 0{,}5c)^{n-1}.$$

Ein große Gruppe von psychologischen Theorien und Gesetzen ist zwar nicht explizit probabilistisch formuliert, bezieht sich aber auf Tendenzen oder Dispositionen zu bestimmten Verhaltensweisen.

◊ Nach der Lern- und Motivationstheorie von Clark Hull ergibt sich aus der multiplikativen Verknüpfung von Habitstärke und Antriebsstärke das *Reaktionspotential* für eine bestimmte Reaktion auf einen bestimmten Reiz. Ob eine bestimmte Reaktion tatsächlich ausgeführt wird, hängt aber nicht nur vom Reaktionspotential ab, sondern auch von einer zufällig variierenden Schwelle.[352]

◊ Nach dem Risiko-Wahl-Modell von Atkinson bestimmen die Höhe des Erfolgs- und des Misserfolgsmotivs sowie die subjektive Erfolgswahrscheinlichkeit die *resultierende Tendenz*, sich einer Leistungsaufgabe zuzuwenden.[353]

Die meisten Theoriendarstellungen und Lehrbücher der Psychologie scheinen am deterministischen Weltbild der klassischen Physik orientiert zu sein. Auf probabilistische Konzepte wird zwar bei der wahrscheinlichkeitstheoretischen Bewertung und „Absicherung" der empirischen Ergebnisse durch Signifikanztests zurückgegriffen, die Gesetzesannahmen sind aber deterministisch formuliert:

---

349 Überblicke: Coombs, Dawes & Tversky (1975), Restle & Greeno (1970), Sydow & Petzold (1981), Sixtl (1996)

350 Tack (1976), Wender (1990), Cheng (1997)

351 Bower & Trabasso (1964), Deppe (1977, S. 111-120). Dabei ist c die Wahrscheinlichkeit für die Auswahl der richtigen Hypothese, die aus den Daten geschätzt werden muss.

352 Bower & Hilgard (1983, S. 148)

353 Heckhausen (1989, S. 176)

◊ Thorndikes *Law of Effekt*: „Unter verschiedenen Reaktionen, die auf dieselbe Situation hin ausgeführt werden, werden - unter sonst gleichen Bedingungen - diejenigen stärker mit der Situation verknüpft, die von einem ... befriedigenden Zustand begleitet oder innerhalb kurzer Zeit gefolgt werden ...".[354]
◊ die Grundannahme von Festingers Dissonanztheorie: „Die Stärke des Drucks zur Dissonanzreduktion ist eine Funktion der Stärke der Dissonanz".[355]
◊ die Annahme zur Veränderung der Stärke einer Produktion in Andersons Kognitionstheorie ACT*: „That strength increases one unit with every successful application ...".[356]

Bei näherer Betrachtung wird aber deutlich, dass psychologische Gesetzesannahmen überwiegend probabilistisch gemeint und zu interpretieren sind, denn viele Autoren drücken aus, dass die postulierten Zusammenhänge nur tendenziell bestehen sollen oder dass bestimmte Ereignisse eintreten *können*, aber *nicht müssen*.

◊ Festinger formuliert seine Grundannahmen zwar deterministisch, nach seinen spezielleren Annahmen zur Entstehung und Reduktion der Dissonanz sind die von der Theorie vorhergesagten Sachverhalte „zumindest dann und wann" zu beobachten.[357]

Bei derartigen Formulierungen ist allerdings nicht eindeutig zu entscheiden, ob die probabilistischen Formulierungen eine nicht-deterministische Realität abbilden sollen oder nur eine Antwort auf die Fehlerbehaftetheit von Beobachtungen und Daten sind.

Implizit weit verbreitet zu sein scheint die folgende Auffassung: Den betrachteten Sachverhalten liegen eigentlich deterministische Gesetze zugrunde. Diese können aber nicht erkannt werden, weil alle Beobachtungen von vielen Variablen beeinflusst werden, von denen wir jeweils nur einige identifizieren können.

◊ Zwischen der Leistungsmotivation und dem tatsächlichen Erfolg in Leistungssituationen besteht allenfalls ein tendenzieller oder probabilistischer Zusammenhang, da Schulnoten und andere Erfolgsmaße von einer Vielzahl von anderen Ursachen abhängig sind.[358]

Wenn wir die anderen Faktoren nicht erfassen oder kontrollieren können, erscheint uns ihre Wirkung als Zufallsvariation. Überdies gelten alle Ursache-Wirkungs-Zusammenhänge nur für den Fall vollständig isolierter und kontrollierter Bedingungen, die wir aber bestenfalls approximativ herstellen können (siehe Kapitel 14). Damit können sich die eigentlich deterministischen Zusammenhänge nur als probabilistische Zusammenhänge manifestieren.

Insgesamt sollte in der Psychologie viel stärker explizit und systematisch überlegt werden, ob der betrachtete Gegenstandsbereich eine deterministische oder eine probabilistische Grundstruktur hat und ob Gesetzesannahmen deterministisch oder

---

354 Bower & Hilgard (1983, S. 45)
355 Festinger (1978)
356 Anderson (1983, S. 22)
357 Festinger (1978, S. 35, 103), sozialwissenschaftliche Beispiele: Opp (1976, S. 134-139)
358 Weiner (1988, S. 151)

probabilistisch formuliert werden sollen. Dadurch würde klarer verständlich, was mit den psychologischen Theorien und Annahmen eigentlich gemeint ist.

7.2 Kausalität

Im Alltag werden die Begriffe Kausalität, Ursache und Wirkung explizit gar nicht so häufig benutzt. Dennoch machen wir ständig Aussagen über Ursachen und ihre Wirkungen.[359] Immer wenn wir uns oder anderen eine „Warum?"-Frage stellen, erwarten wir als Antwort eine Kausalaussage, das heißt eine Aussage über (mögliche) Ursachen für den betrachteten Sachverhalt. Jede dieser Kausalaussagen stellt einen Versuch dar, das Zustandekommen dieses Sachverhalts zu erklären. Erklärung und Kausalität sind also eng miteinander verbunden.

In diesem Kapitel sollen einige für die Psychologie wichtige Explikationen der Begriffe der Ursache, der Wirkung und der Kausalität dargestellt werden.[360]

Kausalität setzt eine bestimmte zeitliche Reihenfolge voraus. Wenn das Ereignis U zeitlich vor dem Ereignis V eingetreten ist, kann U die Ursache für V sein, V kann aber nicht die Ursache für U sein. Wenn die Ereignisse U und V völlig zeitgleich eintreten, kann zwischen ihnen keine kausale Beziehung bestehen. Sukzessionsgesetze können also Kausalgesetze sein, Koexistenzgesetze nicht.

7.2.1 Singuläre und generelle Kausalaussagen

Sprachlich gibt es viele Möglichkeiten, Kausalaussagen zu formulieren, am direktesten sind Nebensätze, die durch „da", „weil" oder „denn" eingeleitet werden.

- ◊ Da Frau Meier als älteste von vier Geschwistern aufgewachsen ist, hat sie schon früh gelernt, Verantwortung zu übernehmen.
- ◊ Warum ist Herr Müller in den letzten Monaten so häufig krank? - Wahrscheinlich ist er durch seine Arbeit völlig überfordert.
- ◊ Die Konzentrationsschwierigkeiten der Kinder können eine Folge ihres häufigen Fernsehkonsums sein.

Bisher haben wir *singuläre Kausalaussagen* betrachtet, das heißt Aussagen über mögliche Ursachen von einzelnen Sachverhalten. Davon zu unterscheiden sind Aussagen über generelle Ursache-Wirkungs-Zusammenhänge. Sie werden als *Kausalgesetze* bezeichnet. Sprachlich werden sie meist (aber nicht immer) in „Wenn-dann"- oder „Je-desto"-Sätzen formuliert.

---

[359] Weiner (1988), Möller (1997)

[360] Die folgenden Darstellungen beruhen vor allem auf Stegmüller (1983, S. 501-638) und Speck (1980, S. 318-327) sowie auf Groeben & Westmeyer (1975, S. 76-106), Carnap (1986, S. 187-222) und Holland (1986). Wichtige Arbeiten zur Kausalität sind bei Sosa & Tooley (1993) abgedruckt. Verschiedene philosophische und psychologische Analysen der Kausalität stellt White (1990) kurz dar.

◊ „Wenn der Ausübung eines bestimmten Verhaltens ... immer die Vergabe von Nahrung folgt, dann tritt es pro Zeiteinheit häufiger als vor dem Versuch auf.“[361]
◊ „Unter sonst gleichen Bedingungen ist bei Motorneuronen die Erregbarkeit um so größer, je kleiner das Neuron ist.“[362]
◊ „Veränderte Anforderungen in der Produktion, beispielsweise Flexible Fertigungssysteme ..., führen dazu, dass sich Anforderungen an Qualifikationen verändern.“[363]

Von den singulären Kausalaussagen und den allgemeinen Kausalgesetzen unbedingt zu unterscheiden ist das *allgemeine Kausalitätsprinzip.* Es besteht in der Annahme, dass jedes Ereignis und jeder Zustand eine wohlbestimmte Ursache hat. Viele Naturwissenschaftler hatten dieses *Prinzip des universellen Determinismus* als heuristische Grundlage ihrer Arbeit akzeptiert: Es gab der wissenschaftlichen Suche nach allgemeinen Kausalgesetzen und singulären Kausalerklärungen eine Rechtfertigung. Seit Entwicklung der Quantentheorie ist es jedoch zweifelhaft, ob das Determinismusprinzip auch im subatomaren Bereich gilt (vgl. Kapitel 7.1.5.1).[364]

7.2.2 Kausalität und Notwendigkeit

Wie wir im Kapitel 7.1 gesehen haben, ist ein einfaches wissenschaftliches Gesetz sprachlich als Konditionalaussage („Wenn U, dann V“) und logisch als allquantifizierte Implikation formuliert: $\forall x: U(x) \rightarrow V(x)$. Damit kann sowohl eine empirische Regelmäßigkeit als auch eine Kausalbeziehung beschrieben werden.

Ein Kausalgesetz ist aber auf jeden Fall mehr als eine empirische Regelmäßigkeit. Die meisten Versuche, dieses Mehr zu spezifizieren, orientieren sich an den Vorstellungen der klassischen Physik: Die Begriffe der Ursache und der Kausalität beinhalten danach immer den Begriff der *Notwendigkeit* und die Vorstellung einer *Kraft* oder einer *Energieübertragung*: Ein Ereignis u ist im materiellen Sinn nur dann die Ursache eines Ereignisses v, wenn das Ereignis u das Ereignis v *tatsächlich hervorbringt*, d.h. wenn v *zwangsläufig* auf u folgen *muss*. Dies ist dann der Fall, wenn Energie von u auf v übertragen wird.[365]

Am einfachsten lässt sich dieser materielle Begriff der Kausalität anhand von Beispielen verdeutlichen:

◊ Eine Kugel liegt ruhig und frei beweglich auf dem Tisch. Sie wird mit einem Stock kräftig angestoßen und rollt dann weg. Der Stoß mit dem Stock ist dann ohne Zweifel

---

361 Bredenkamp (1998, S. 17)
362 Birbaumer & Schmidt (1999, S. 130)
363 Zimbardo & Gerrig (1999, S. 732)
364 Überträgt man dieses Determinismusprinzip auf psychische Ereignisse und Zustände, sind auch Gedanken, Gefühle und Empfindungen vollständig durch vorausgegangene physische oder psychische Zustände bestimmt. Die von uns empfundene Willens- oder Entscheidungsfreiheit kann dann nur eine Illusion sein (siehe oben Seite 47).
365 Kistler (1998)

eine Ursache des Wegrollens der Kugel, denn bei einem hinreichend starker Stoß wird so viel Energie auf die Kugel übertragen, dass sie notwendigerweise wegrollt.

◊ Ein Auto steht ruhig und frei beweglich vor einer Ampel. Die Ampel springt von Rot auf Grün, und das Auto fährt weg. Das Grün der Ampel ist nicht die materielle Ursache für das Wegfahren: Es überträgt keine Energie, es bringt das Wegfahren nicht tatsächlich hervor, es besteht keine Zwangsläufigkeit oder Notwendigkeit. Trotzdem kann zwischen Ampelgrün und Autowegfahren eine empirische Regelmäßigkeit bestehen, die durch einen Konditionalsatz oder eine Implikation beschrieben werden kann.

Der wesentliche Einwand gegen die materialistische Kausalitätsauffassung geht bereits auf David Hume zurück: Auch materielle kausale Beziehungen sind nicht direkt beobachtbar. Bei zwei Ereignissen u und v ist deren zeitliche Abfolge unmittelbar zu beobachten. Beobachtbar ist gegebenenfalls auch, dass die beiden Ereignisse regelmäßig miteinander verbunden sind. Die Aussage, dass das Ereignis u die Ursache des Ereignisses v ist, ist dagegen immer eine Konstruktion, eine Behauptung, die ausschließlich in unserer Vorstellung hervorgebracht wird.

Wird für zwei aufeinanderfolgende Ereignisse u und v ein Ursache-Wirkungs-Zusammenhang angenommen, so wird nach Hume unterstellt, dass es eine regelmäßige, gesetzmäßige Verknüpfung zwischen Ereignissen der Art U und Ereignissen der Art V gibt. Wenn wir spezielle Ereignisabfolgen kausal interpretieren, subsumieren wir sie also unter hypothetische Gesetze oder Theorien.[366] Dies ist sowohl bei materiellen als auch bei nicht-materiellen Prozessen möglich.

Die Begriffe der Kausalität und Ursache müssen damit nicht auf materielle, energieübertragende Ereignisse beschränkt werden, sondern können in einem sehr weiteren Sinn gebraucht werden.[367] Daher kann in allen Wissenschaftszweigen danach gestrebt werden, Gesetzesannahmen über Ursache-Wirkungs-Zusammenhänge aufzustellen und zu überprüfen.

◊ Das Einfühlungsvermögen des Therapeuten wird als Ursache für die positivere Befindlichkeit des Patienten bezeichnet, die Vorurteile als Ursache für die Gewalt, das angenehme Betriebsklima als Ursache für die geringen Fehlzeiten, die hohen Staatsausgaben als Ursache für die Inflation usw.

7.2.3 Bedingungsanalyse der Kausalität

Die Begriffe der Kausalität und der Ursache in ihrem weiten, nicht auf materielle, energieübertragende Systeme beschränkten Sinn, sollen im folgenden näher expliziert werden. Dazu greifen wir auf die aussagenlogischen Begriffe der notwendigen und hinreichenden Bedingung zurück: Besteht eine Implikation $A \rightarrow B$,

---

[366] Stegmüller (1983, S. 513), Cheng (1997, S. 369-370). Im Folgenden wird der Einfachheit halber nicht mehr zwischen Einzelereignissen und Ereigniskategorien unterschieden, sondern Kausalität nur noch für Sachverhaltstypen U und V betrachtet.

[367] Bunge (1997, S. 419), Rueger (1998)

ist A eine hinreichende Bedingung für B und B ist eine notwendige Bedingung für A (siehe Kapitel 3.2.3).

Wie wir gesehen haben, entspricht ein wissenschaftliches Gesetz allgemein einer Implikation, die für alle Elemente einer unendlichen Menge gültig sein soll:

(7–3) $\forall x\text{: } U(x) \rightarrow V(x)$.

Trotzdem wäre es voreilig, den Begriff der Ursache mit dem Begriff der hinreichenden Bedingung gleichzusetzen: In Wissenschaft und Alltag werden regelmäßig Sachverhalte als Ursachen bezeichnet, die tatsächlich die jeweilige Wirkung gar nicht allein hervorbringen können, die also keineswegs hinreichend für die jeweilige Wirkung sind. Eine wesentliche Eigenschaft von Ursachen scheint vielmehr zu sein, dass sie in gewissem Sinne notwendig sind, dass ohne sie die Wirkung also nicht eintritt.

Inus-Bedingungen

Eine differenzierte Explikation des Ursachenbegriffs besteht darin, eine Ursache als eine *Inus-Bedingung* für ein Ereignis zu bezeichnen.[368] Eine Ursache muss danach vier Bedingungen erfüllen, deren Anfangsbuchstaben im Englischen die Abkürzung *inus* ergeben: Eine Ursache ist *an **in**sufficient but **n**ecessary part of an **u**nnecessary but **s**ufficient condition.* Etwas genauer ausgeführt bedeutet dies:

(7–9) Eine Ursache U eines Ereignisses V ist
ein Teil einer Menge S von Bedingungen,
der unter den vorliegenden Umständen
- einzeln nicht hinreichend (***in**sufficient*)
- aber notwendig (***n**ecessary*) ist,

wohingegen die Gesamtbedingung S
- nicht notwendig (***u**nneccessary*), aber
- insgesamt hinreichend (***s**ufficient*)

für das Auftreten des Ereignisses V ist.

Die Bedingungen, die zu S, aber nicht zu U gehören, bezeichnen wir als *Randbedingungen* R.[369] Die Bedingungen dafür, dass U eine Ursache für V ist, können dann kurz wie folgt zusammengefasst werden:

- U ist notwendig, aber nicht hinreichend für V,
- $U \wedge R$ ist hinreichend, aber nicht notwendig für V,
- R ist nicht hinreichend für V.

---

[368] Mackie (1974), Stegmüller (1983, S. 583-593), Speck (1980, S. 321), Sosa & Tooley (1993)

[369] Fassen wir U und S als Mengen auf, gilt $U \subseteq S$, $U \cup R = S$ und $S \setminus U = R$.

Dass mit dieser Inus-Explikation tatsächlich die wesentlichen Aspekte dessen erfasst werden, was wir gemeinhin unter einer Ursache verstehen, kann an einem alltäglichen und einem psychologischen Beispiel deutlich gemacht werden.

◊ Ein Experte der Kriminalpolizei hat den Brand eines Hauses aufzuklären und kommt auf Grund seiner Untersuchungen zu dem Ergebnis, dass ein Kurzschluss die Ursache für das Feuer gewesen ist. Dies bedeutet:
  - Der Kurzschıuss ist *einzeln nicht hinreichend* für das Feuer, denn ohne genügend Sauerstoff und brennbares Material in der Nähe des Kurzschlusses oder mit einer guten Sprinkleranlage im Haus hätte der Kurzschluss nicht zum Brand geführt.
  - Der Kurzschluss und die anderen vorliegenden Bedingungen waren *zusammen nicht notwendig*, denn der Brand hätte auch durch eine andere Ursache (z.B. Brandstiftung) ausgelöst werden können.
  - Offensichtlich war der Kurzschluss aber mit den übrigen Bedingungen *zusammen hinreichend* für den Brand, denn ansonsten hätte es ja nicht gebrannt.
  - Unter den gegebenen Umständen war, und dies ist der entscheidende Kern der Kausalaussage des Brandexperten, der Kurzschluss *einzeln notwendig*, denn bei *Konstanz aller anderen Bedingungen* hätte es ohne den Kurzschluss nicht gebrannt.

◊ Eine Psychologin ist zu der Auffassung gelangt, dass der langjährige Heimaufenthalt von Jens die Ursache für seine wiederholte Straffälligkeit ist. Dies bedeutet:
  - Der Heimaufenthalt ist *einzeln nicht hinreichend*, denn viele Heimkinder werden nicht kriminell (z.B. weil sich die Heimerziehung positiv auswirkt).
  - Der Heimaufenthalt und die anderen Erfahrungen und Eigenschaften von Jens waren *zusammen nicht notwendig*, denn die Straffälligkeit hätte auch bei ganz anderen Lebensumständen auftreten können.
  - Bei Jens waren offensichtlich der Heimaufenthalt und die anderen Bedingungen *zusammen hinreichend* für die Straffälligkeit, denn ansonsten wäre es ja nicht zur Straffälligkeit gekommen.
  - Unter den gegebenen Umständen war nach Auffassung der Psychologin der Heimaufenthalt *einzeln notwendig*, d.h. bei Konstanz aller anderen Bedingungen wäre Jens nicht kriminell geworden.

Sowohl die Ursache U wie die sonstigen Teile R der Bedingungsmenge S können sehr komplexe Sachverhalte sein. Oft ist es möglich, sie weiter aufzuspalten und um Bestandteile zu bereinigen, die bei näherer Betrachtung gar nicht notwendig für den zu erklärenden Sachverhalt sind. Dies führt zu einer spezifischeren, sparsameren und damit besseren Erklärung.

Multiple Ursachen

Aus der Inus-Explikation (7–9) und den nachfolgenden Beispielen ergibt sich, dass jeder Sachverhalt V mehrere Ursachen U, U_1, U_2 ... haben kann: Jede von ihnen ist einzeln notwendig und zusammen mit anderen Bedingungen hinreichend für V. Greifen wir eine Ursache U für V heraus, gehören die anderen möglichen Ursachen U_1, U_2, ... zur Menge R der Randbedingungen.

◊ Der 19jährige Olaf prallt Samstagabend mit seinem Auto gegen einen Baum und verletzt sich und seine vier Mitfahrer schwer. Menschen aus unterschiedlichen Disziplinen nennen verschiedene Ursachen für diesen Unfall: überhöhte Geschwindigkeit (der Polizist), übersteuernde Fahrwerkskonstruktion (der Autoingenieur), altes Kopfsteinpflaster (der Straßenbauer), engstehende Bäume (der Automobilclub) usf. Jeder dieser Sachverhalte kann tatsächlich eine Ursache im Sinne der Inus-Explikation sein. Nach Auffassung des Straßenbauers beispielsweise wäre es ohne Kopfsteinpflaster nicht zu dem Unfall gekommen, auch wenn alle anderen Bedingungen gleich geblieben wären (z.B. die hohe Geschwindigkeit und die volle Besetzung des Autos).

Welche der notwendigen Bedingungen für einen zu erklärenden Sachverhalt als Ursache in den Vordergrund gerückt werden und welche Bedingungen damit im Hintergrund bleiben, ist abhängig vom Erfahrungsstand und den Zielen der erklärenden Person sowie von der Deutlichkeit, mit der verschiedene Merkmale in der jeweiligen Situation hervortreten. Bevorzugt als Ursachen herausgehoben werden außergewöhnliche Ereignisse sowie regelmäßige Korrelate des zu erklärenden Sachverhalts. Relativ überdauernde oder gewöhnliche Merkmale der Situation bilden hingegen eher die Rand- oder *ermöglichenden Bedingungen.*[370]

◊ Der Autounfall wird eher mit der ungewöhnlich hohen Geschwindigkeit als mit den seit jeher eng stehenden Bäumen erklärt, obwohl diese nach der Inus-Bedingung auch als Ursache bezeichnet werden können. In anderen Kontexten (z.B. bei einem Unfall in einer fast baumlosen Region) können sie aber durchaus als Ursache herausgehoben werden.

◊ Der Kurzschluss hätte nicht zum Feuer geführt, wenn das Haus in sauerstofffreier Umgebung gestanden hätte. Trotzdem wird der Sauerstoff nicht als Ursache genannt, weil er unter allen realistischen Umständen vorhanden ist. Im Weltraum kann das Vorhandensein von Sauerstoff aber eine wichtige Ursache für einen Brand sein.

Auch wenn die Inus-Explikation keine hinreichenden Bedingungen für die Identifikation einer Ursache angibt, ist sie doch die gegenwärtig bestmögliche Explikation der Begriffe der Ursache und der Kausalität. Dies bedeutet natürlich nicht, dass die Wörter Ursache und Kausalität immer in genau diesem Sinn verwendet werden. Wie jede Explikation ist auch die Inus-Explikation des Ursachenbegriffs eine Idealisierung und Verbesserung des üblichen Wortgebrauchs, die das Verständnis und die Verständigung verbessern soll.

◊ Wenn eine Psychologin den Heimaufenthalt als Ursache für die Straffälligkeit bezeichnet, möchte sie vielleicht nur ausdrücken, dass Heimaufenthalt und Straffälligkeit insofern etwas miteinander zu tun haben, als Heimkinder häufiger kriminell werden als andere Kinder. Sie muss sich dann aber vorhalten lassen, dass sie den Ursachenbegriff so verwendet, dass sie möglicherweise von ihren Gesprächspartnern missverstanden wird.

[370] Cheng & Novick (1992)

7.2.4 Ceteris-paribus-Bedingungen

Wie bei den vorangehenden Erläuterungen deutlich geworden ist, muss bei einer Inus-Explikation stets eine Annahme über die Konstanz aller anderen relevanten Bedingungen gemacht werden.

Zu diesen Bedingungen, die konstant bleiben sollen, gehören erstens andere mögliche Ursachen für den interessierenden Sachverhalt V und zweitens die Randbedingungen, unter denen das Ereignis U zu einer Ursache für V werden kann.[371] Zum ersten ist U nur dann einzeln notwendig für V, wenn die Bedingungen insofern konstant bleiben, dass keine anderen möglichen Sachverhalte X, Y, ... vorliegen, die auch unabhängig von U den Sachverhalt V hervorrufen können. Zum zweiten ist U mit den gegebenen Bedingungen zusammen hinreichend für V, aber nicht unbedingt unter veränderten Randbedingungen.

◊ Der Heimaufenthalt ist nur unter den gegebenen Umständen einzeln notwendig und zusammen mit ihnen hinreichend für die Straffälligkeit. Erstens hätten ohne einen Heimaufenthalt auch andere Umstände zur Straffälligkeit führen können (z.B. Anschluss an eine Bande in der Nachbarschaft). Zweitens hätten andere Umstände (z.B. Betreuung durch eine engagierte Psychologin) dazu führen können, dass Jens trotz des Heimaufenthalts nicht straffällig wird.

Derartige Annahmen über die Konstanz aller anderen relevanten Faktoren und Umstände werden als *Ceteris-paribus-Bedingungen* bezeichnet.

Ceteris-paribus-Bedingungen sind ein notwendiger Bestandteil aller Kausalgesetze, meist werden sie aber nicht explizit formuliert.[372] Manifest werden sie bei allen experimentellen Prüfungen von wissenschaftlichen Kausalannahmen, denn bei jedem Experiment wird versucht, möglichst alle nicht primär interessierenden Bedingungen konstant zu halten oder nur unsystematisch variieren zu lassen.

Da die Annahme der Gleichheit oder Unsystematik aller anderen relevanten Bedingungen ein wesentlicher Bestandteil aller Kausalaussagen ist, könnte man bei wissenschaftlichen Gesetzesannahmen stets explizit ein *ceteris paribus* einfügen. In die quantorenlogische Formulierung (7–3) wird deshalb ein Index *cp* eingefügt:

(7–10) $\forall x\text{: } U(x)_{cp} \rightarrow V(x).$

Aufgrund der Ceteris-paribus-Bedingungen sind wissenschaftliche Kausalgesetze immer *unvollständig*: Sie konzentrieren sich auf eine Ursache (oder auf eine begrenzte Menge von Ursachen) für den interessierenden Sachverhalt, während alle anderen möglichen Einflussfaktoren dadurch ausgeblendet werden, dass sie als konstant oder unsystematisch angenommen werden.

---

371 Siemer (1993)

372 Johansson (1980), Secord (1986), Macnamara, Govitrikar & Doan (1988), Salmon (1989), Fodor (1991), Schiffer (1991), Pietroski (1994), Wallach & Wallach (1994), Cheng (1997), zur Kritik: Mott (1992)

Wissenschaftliche Kausalgesetze beziehen sich damit auf vollständig kontrollierbare und gegenüber allen anderen möglichen Einflussfaktoren abgeschlossene Situationen. Sie beziehen sich also auf ideale Systeme, die in der natürlichen und sozialen Umwelt gewöhnlich nicht vorkommen. Sie können vielmehr höchstens in Experimentallabors approximativ hergestellt werden. Die Labors der verschiedenen Wissenschaftsbereiche unterscheiden sich dabei vor allem dadurch, welche wesentlichen anderen Einflussfaktoren kontrolliert werden müssen. Im klassischen naturwissenschaftlichen Labor werden vor allem störende physikalische Variablen kontrolliert. Es werden Luftdruck und Temperatur konstant gehalten, Einstrahlungen von außen abgeschirmt usw. In einem sozialpsychologischen Labor beispielsweise kommt es eher auf die Kontrolle von Einflüssen durch Versuchsleiter, vorangegangener Lebensereignisse, momentaner Stimmungen usw. an.

Bei der experimentellen Prüfung von Kausalannahmen muss allerdings nicht die absolute Konstanz aller anderen möglicherweise relevanten Variablen gefordert werden. Vielmehr müssen nur die *Verteilungen* dieser anderen Variablen unter allen Ausprägungen des interessierenden Faktors konstant bleiben, d.h. die nicht-interessierende Variablen müssen von ihm unabhängig sein.[373]

7.2.5 Kontrafaktische und manipulative Auffassung der Kausalität

Die Inus-Explikation der Kausalität beinhaltet zwei ältere und einfachere Explikationen der Begriffe der Ursache und der Kausalität: die kontrafaktische und die manipulative Sichtweise der Kausalität.

Aus der Inus-Explikation und den erläuternden Beispielen wird deutlich, dass jede Kausalaussage eine sog. *kontrafaktische Aussage* beinhaltet: Die kausale Aussage „U ist Ursache von V“ impliziert die Aussage „Wenn U nicht stattgefunden hätte, hätte unter den gegebenen Umständen auch V nicht stattgefunden“.[374]

U als die Ursache von V zu betrachten, bedeutet also auch, dass man das Eintreten von V unter den gegebenen Umständen dadurch hätte verhindern können, dass man (bei Konstanz aller anderen Bedingungen) das Eintreten von U verhindert hätte. Dies ist die *manipulative* oder *interventionistische* Sichtweise der Kausalität.[375]

Die kontrafaktischen und manipulativen Interpretationen der Kausalität zeigen, dass sich eine Kausalaussage nicht nur auf die einfachen Ereignisse U und V bezieht, sondern auch auf das Nicht-Eintreten dieser Ereignisse, d.h. $\neg$U und $\neg$V. Wir können U und V deshalb als *Variablen* betrachten. U ist die *unabhängige Variable*, V die *abhängige Variable*. Sie haben jeweils mindestens zwei Ausprägungen (U und $\neg$U bzw. V und $\neg$V), können aber auch unendlich viele Ausprägungen haben.

373 Rubin (1974, 1990), Steyer (1983, 1994, S. 669-670), Holland (1986)

374 Diese Aussage ist kontrafaktisch, weil U ja tatsächlich stattgefunden hat.

375 Blalock (1971), Stegmüller (1983, S. 600)

◊ Bei eine Aussage über eine kausale Verbindung zwischen Heimerziehung und Straffälligkeit nehmen U und V im einfachsten Fall jeweils zwei Ausprägungen an: Heimerziehung vs. keine Heimerziehung bzw. Straffälligkeit vs. keine Straffälligkeit. Bei einer differenzierteren Analyse können U und V jeweils mehr als zwei Ausprägungen haben. Beispielsweise kann U die Dauer des Heimaufenthalts in Monaten bezeichnen und V die Zahl der richterlichen Verurteilungen oder Maßnahmen.

Betrachten wir U und V als Variablen, beziehen sich Kausalaussagen auf Veränderungen oder Unterschiede auf diesen Variablen.[376] Wir bezeichnen sie als dU bzw. dV (d steht für Differenz). Die kurze Aussage „U ist Ursache von V" bedeutet also, dass Veränderungen oder Unterschiede auf der Variablen U die Ursache von Veränderungen oder Unterschieden auf der Variablen V sind:

- Wenn dU eintritt und wenn alle anderen Bedingungen gleich bleiben, dann tritt dV ein.

Aus den bisherigen Ausdrücken (7–3) und (7–10) erhalten wir damit die folgende vollständige Formulierung eines Kausalgesetzes:

(7–11) $\forall x\text{: } dU(x)_{cp} \rightarrow dV(x).$

Überprüfung von Kausalhypothesen

Zur Überprüfung von Kausalaussagen muss man die interessierenden Objekte unter mindestens zwei Bedingungen beobachten. Sie dürfen sich nur dadurch unterscheiden, dass in der einen die mögliche Ursache realisiert ist, in der anderen aber nicht. Alle anderen Bedingungen müssen so weit wie möglich konstant bleiben. Dieses Ziel kann im Prinzip auf dreierlei Weise angestrebt werden.[377]

- In Physik und anderen klassischen Naturwissenschaften können oft praktisch identische Substanzen oder Objekte hergestellt und unter verschiedenen Bedingungen untersucht werden. Häufig bleiben Objekte im Experiment auch so unverändert, dass dasselbe Objekt unter allen Bedingungen untersucht werden kann.
- Beides ist in der Regel nicht möglich ist, wenn Tiere, Menschen oder Gruppen untersucht werden: Die Erfahrungen, die sie unter einer Bedingung machen, lassen sich weder vernachlässigen noch rückgängig machen. Deshalb müssen psychologische Gesetzesannahmen dadurch überprüft werden, dass man unter den interessierenden Bedingungen jeweils mehrere Objekte untersucht und die *aggregierten* Ergebnisse betrachtet.[378] Um alle Merkmalsausprägungen tendenziell konstant zu halten, werden diese den Bedingungen zufällig zugeordnet (*Randomisierung*, siehe Kapitel 14.3).

---

[376] Siemer (1993, S. 730)
[377] Cook & Campbell (1979), Holland (1993), Rubin (1974)
[378] Bakan (1966), Bredenkamp (1972), Gadenne (1976), Iseler (1997), Sohn (1999)

- Ist keine zufällige Zuordnung möglich, können bekannte Unterschiede zwischen den Untersuchungseinheiten in den verschiedenen Bedingungen statistisch herausgerechnet werden (*Auspartialisierung*). Diese statistische Konstanthaltung führt in der Regel zu einer schwächeren Prüfung der Kausalhypothese als die experimentelle Randomisierung (siehe unten Kapitel 13 und 14).

7.2.6 Probabilistische Kausalität

Orientiert am deterministischen Weltbild der klassischen Physik (siehe Kapitel 7.1.5.1) wurden bis in die jüngste Zeit hinein in Philosophie und Naturwissenschaften nur streng deterministische Zusammenhänge als kausale Zusammenhänge bezeichnet: eine Ursache musste ihre Wirkung definitionsgemäß stets und mit Notwendigkeit nach sich ziehen (siehe Kapitel 7.2.2). Probabilistische Gesetze könnten danach keine kausalen Gesetze sein.[379]

Da die Quantenphysik mit ihren probabilistischen Gesetzen seit Jahrzehnten wohletabliert ist und da auch in anderen Wissenschaftsbereichen viele oder gar alle Gesetze probabilistisch zu sein scheinen, hat Patrick Suppes die Begriffe der Kausalität und der Ursache auch für probabilistische Gesetzmäßigkeiten expliziert.[380]

Ein Ereignis U ist nach Suppes eine *mögliche Ursache* für das spätere Ereignis V, wenn das Eintreten von U die Wahrscheinlichkeit für das Eintreten von V erhöht:[381]

(7–12) $P(V \mid U) > P(V)$.

Offensichtlich kann nicht jede mögliche Ursache auch als tatsächliche Ursache bezeichnet werden.

◊ V bezeichne das Ereignis, dass ein Greifswalder Medizinstudent im 5. Semester seinen Antrag auf Exmatrikulation abgibt. U ist die Tatsache, dass ein Greifswalder Medizinstudent im 5. Semester seine Wohnung kündigt. Die Wahrscheinlichkeit für V sei 0,20, die bedingte Wahrscheinlichkeit $P(V \mid U)$ sei 0,75.[382] Trotzdem würde niemand die Wohnungskündigung als Ursache für die Exmatrikulation bezeichnen. Wir würden

379 Stegmüller (1983, S. 526)

380 Suppes (1970), Weiterentwicklungen und Kritik: Stegmüller (1983, S. 600-638), Holland (1986), Otte (1987), Sosa & Tooley (1993), Sobel (1996), Cheng (1997)

381 In der Terminologie von Suppes wird von einer *Prima-facie-Ursache* gesprochen. Alle Ausführungen zur probabilistischen Kausalität gelten entsprechend auch für den Fall, dass U die Wahrscheinlichkeit für V nicht erhöht, sondern verringert. Die dargestellten Analysen der Kausalität können von einzelnen Sachverhaltstypen, die entweder eintreten können oder nicht, auch auf kontinuierliche Variablen verallgemeinert werden. Das Konzept der (Prima-facie-)Ursache wird dann nicht durch Vergleich von Wahrscheinlichkeiten, sondern als Differenz von Erwartungswerten expliziert (Holland, 1993; Steyer, 1992).

382 Derartige Wahrscheinlichkeiten können auch als Verhaltenstendenzen (*propensities*) bei einer einzelnen Person aufgefasst werden (siehe oben Fußnote 342 auf Seite 146).

vielmehr vermuten, dass es ein anderes Ereignis W gibt, das sowohl die Kündigung wie die Exmatrikulation verursacht hat.

Deshalb müssen weitere Bedingungen identifiziert werden, die notwendig sind, damit U tatsächlich eine Ursache für V ist. Die wichtigste von ihnen ist das Fehlen anderer wirksamer Ereignisse: U ist nur dann Ursache für V, wenn es kein weiteres Ereignis W gibt, das die erhöhte bedingte Wahrscheinlichkeit vollständig *absorbiert*, d.h. das allein zu dem gleichen erhöhten bedingten Wahrscheinlichkeitswert führt. Ein anderes Ereignis W absorbiert in diesem Sinne die Beziehung zwischen U und V, wenn neben (7–12) auch folgendes gilt:[383]

(7–13) $P(V \mid U \wedge W) = P(V \mid W)$.

In diesem Fall ist die bedingte Wahrscheinlichkeit für V nicht größer, wenn neben W auch U berücksichtigt wird. In W ist damit die gesamte Information über V enthalten, die auch in U enthalten ist.[384]

Tritt dieses absorbierende Ereignis W vor dem Ereignis U auf, wird U als eine *Scheinursache* von V bezeichnet. Tritt W zwischen U und V auf, ist U allenfalls eine *indirekte Ursache* von V.

◊ W sei die Tatsache, dass ein Greifswalder Medizinstudent einen Studienplatz an einer anderen Universität erhält. Gilt (7–13), d.h. ist die Wahrscheinlichkeit für ein Exmatrikulation unter der Bedingung des anderen Studienplatzes gleich der Wahrscheinlichkeit für eine Exmatrikulation unter der Bedingung des anderen Studienplatzes und der Wohnungskündigung, ist die Wohnungskündigung keine echte Ursache für die Exmatrikulation. Ist der Studienplatzbescheid W vor der Wohnungskündigung eingetroffen, ist die Wohnungskündigung eine Scheinursache. Ist der Bescheid zwischen Wohnungskündigung und Exmatrikulation eingetroffen, kann die Wohnungskündigung eine indirekte Ursache für die Exmatrikulation sein, sie muss es aber nicht sein.

Ein absorbierendes Ereignis W, durch das U zu einer Scheinursache oder einer indirekten Ursache wird, kann sich auf Grund eines anderen Ereignisses W' wieder als Scheinursache oder indirekte Ursache erweisen usf.

Um positiv zu definieren, wann im probabilistischen Fall ein Ereignis U tatsächlich eine direkte Ursache für ein anderes Ereignis V ist, muss man wiederum, wie im deterministischen Fall, hypothetisch eine Konstanz aller anderen Bedingungen annehmen. Wir fassen dazu alle vor V eingetretenen Ereignisse, außer U, zur Menge der Randbedingungen R zusammen. U ist nur dann eine tatsächliche Ursache von V, wenn die (bedingte) Wahrscheinlichkeit von V unter den gegebenen Bedingungen R durch Hinzunahme von U erhöht wird.[385]

---

383 Suppes (1970), Stegmüller (1983, S. 611), andere Explikationen: Salmon (1984), Waldmann & Holyoak (1992, S. 225)

384 Realitätsnäher kann man statt der exakten nur die approximative Gleichheit fordern.

385 nach Stegmüller (1983, S. 626), Mulaik (1986), Otte (1987, S. 53-54), Cheng & Novick (1992). Die Charakterisierung als Ursache setzt voraus, dass R tatsächlich alle

(7–14) $P(V \mid U \wedge R) > P(V \mid \neg U \wedge R)$.

Dieses probabilistische Kausalitätskonzept ist eine Verallgemeinerung der deterministischen Kausalität im Sinne der Inus-Explikation (7–9). Wenn wir diese Grundform für Veränderungen formulieren und den notwendigen Allquantor hinzufügen, erhalten wir als allgemeine Form für probabilistische Kausalgesetze:

(7–15) $\forall x: P(dV(x) \mid dU(x) \wedge R(x)) > P(dV(x) \mid \neg dU(x) \wedge R(x))$.

Etwas kürzer und übersichtlicher können wir auch schreiben:

(7–16) $\forall x: P(dV \mid dU) >_{cp} P(dV \mid \neg dU)$

Durch den cp-Index wird ausgedrückt, dass dU nur mit den konstanten anderen Bedingungen zusammen hinreichend für die höhere Wahrscheinlichkeit von dV ist. Auch eine kausale Aussage im probabilistischen Sinn kann wiederum als kontrafaktische Aussage interpretiert werden: Die Wahrscheinlichkeit für V hätte sich nicht verändert, wenn U nicht eingetreten wäre und alle anderen Bedingungen gleich geblieben wären.[386]

7.2.7 Kausale und assoziative Gesetzesannahmen

Nachdem wir im Kapitel 7.1 verschiedene Arten von wissenschaftlichen Gesetzen beschrieben und in den vorangegangen Teilen dieses Kapitels 7.2 den Begriff der Kausalität näher expliziert haben, soll nunmehr die schon mehrfach erwähnte Unterscheidung zwischen kausalen und assoziativen Gesetzesannahmen oder Gesetzen zusammenfassend dargestellt werden.

Kausalgesetze

Kausalgesetze sind allgemeine und unerschöpfliche Aussagen über Ursache-Wirkungs-Zusammenhänge zwischen Variablen. Als wesentliches Merkmal von deterministischen und probabilistischen Kausalgesetzen haben wir die (meist impliziten) Ceteris-paribus-Bedingungen identifiziert. Bei einem probabilistischen Kausalgesetz treten die konstanten Randbedingungen R in den bedingten Wahrscheinlichkeiten auf.

Wie die Formulierungen (7–11) und (7–15) zeigen, beziehen sich Kausalgesetze auf Zusammenhänge, die bei jedem einzelnen betrachteten Objekt bestehen (sollen). In verschiedenen Wissenschaftsbereichen werden dabei unterschiedliche Arten von Objekten betrachtet, ohne dass dies in den üblichen verbalen Formulierungen zum Ausdruck gebracht wird.

---

wirksamen anderen Variablen umfasst. Dies ist dann der Fall, wenn es *keine* weitere Variable Z gibt, so dass $P(V \mid U \wedge R \wedge Z) \neq P(V \mid U \wedge R)$ oder $P(V \mid \neg U \wedge R \wedge Z) \neq P(V \mid \neg U \wedge R)$ gilt (Papineau, 1989, S. 310-312).

386 Barker (1999), Noordhof (1999)

Die meisten Gesetze der Psychologie, insbesondere die der Allgemeinen Psychologie und der Entwicklungspsychologie, beziehen sich auf Merkmale einzelner Menschen und sollen für jeden Menschen gelten.

◊ Die direkt eingeschätzte subjektive Lautheit eines Tones ist eine Potenzfunktion des Schalldrucks.[387]

◊ Beständige Attribution von Erfolg auf internale und stabile Faktoren führt zu einem starken Leistungsmotiv.[388]

Etliche Gesetze der Sozialpsychologie und der Pädagogischen Psychologie hingegen beziehen sich auf Merkmale einzelner Gruppen und sollen für jede Gruppe gelten.

◊ Die Kohärenz einer Gruppe steigt, wenn sie mit anderen Gruppen in Konkurrenz steht.[389]

An *einzelnen* Untersuchungsobjekten (Personen oder Gruppen) kann man ein psychologisches Kausalgesetze aber meist nicht valide empirisch prüfen. Eine ausreichende Konstanthaltung anderer möglicher Einflussvariablen ist nur möglich, wenn jeder Behandlungsbedingung zufällig mehrere Personen zugeordnet werden (siehe oben Kapitel 7.2.4 und 7.2.5 und unten Kapitel 14).

Assoziationsgesetze

Assoziationsgesetze beziehen sich auf regelmäßige Zusammenhänge zwischen Variablen, unterstellen aber keine Ursache-Wirkungs-Beziehungen. Sie beinhalten deshalb keine Ceteris-paribus-Bedingungen, und zwar weder explizit noch implizit.

In der Psychologie werden assoziative Gesetze meist als Annahmen über Zusammenhänge zwischen Variablen über verschiedene Personen hinweg formuliert oder, was gleichbedeutend ist, als Annahmen über Unterschiede zwischen Gruppen von Personen mit verschiedenen Eigenschaften.

◊ „Bei Introvertierten erfolgen klassische Konditionierungen schneller als bei Extravertierten“[390] ist eine Annahme über einen Zusammenhang zwischen einer unabhängigen Variablen (Introversion vs. Extraversion) und einer abhängigen Variablen (Konditionierbarkeit) über verschiedene Personen hinweg bzw. eine Annahme über Unterschiede in der Konditionierbarkeit zwischen den beiden Personengruppen der Introvertierten und Extravertierten.

◊ „Männer und Frauen unterscheiden sich systematisch in ihrer Persönlichkeitsentwicklung“[391] ist eine assoziative Gesetzesannahme über die Unterschiede zwischen zwei vorgegebenen Gruppen hinsichtlich einer (noch nicht genauer spezifizierten) Menge von abhängigen Variablen.

---

387 Stevens (1975), Zimbardo & Gerrig (1999, S. 121-122)

388 Weiner (1988, S. 302)

389 Brown (1996, S. 552)

390 Eysenck (1962), vgl. Zimbardo (1995, S. 514)

391 Cohn (1991)

Bei diesen Assoziationsannahmen sind die Ausprägungen der unabhängigen Variablen (Geschlecht, Beruf usw.) bei verschiedenen Personen stets vorgegeben (wenn sie auch mitunter nicht einfach zu bestimmen sind). Sie können entweder gar nicht oder nur in sehr engen Grenzen verändert werden. Außerdem hängt jede dieser Variablen in bestimmter (wenn oft auch unbekannter) Weise mit einer (unbekannten) Vielzahl anderer Persönlichkeitsmerkmale zusammen.

Wenn wir eine Menge von Personen hinsichtlich einer dieser Variablen aufteilen, sind die resultierenden Gruppen auf keinen Fall hinsichtlich aller anderen Bedingungen gleich. Unterschiede auf der abhängigen Variablen V können deshalb nicht nur durch die Gruppierungsvariable U, sondern auch durch alle mit U zusammenhängen Persönlichkeitsmerkmale verursacht sein. Ceteris-paribus-Bedingungen können damit empirisch definitiv nicht erfüllt sein. Deshalb dürfen eventuelle Zusammenhänge zwischen einer Gruppierungsvariablen U und einer abhängigen Variablen V nicht als Kausalzusammenhang interpretiert werden.[392]

Unbesehen davon können wir auf einer theoretischen Ebene kausale Gesetzesannahmen über den Zusammenhang zwischen U und V mit Ceteris-paribus-Bedingung formulieren. Wir können diese angenommene Ursache-Wirkungs-Beziehung allerdings nicht direkt durch einen Gruppenvergleich empirisch überprüfen.[393]

◊ Die Introversion kann als Ursache für die schnellere Konditionierbarkeit angesehen werden, das Geschlecht als Ursache für die Entwicklungsunterschiede.

Mitunter wird theoretisch explizit zwischen kausal und nicht-kausal verbundenen Variablen differenziert.

◊ Empirisch finden sich deutliche Zusammenhänge zwischen erhöhtem Blutdruck (essentieller Hypertonie) einerseits und bestimmten Persönlichkeitsmerkmalen andererseits,

392 Man könnte versucht sein, diese Konsequenz dadurch zu vermeiden, dass man die Personen so auswählt, dass die Gruppen (z.B. von Männern und Frauen) hinsichtlich wichtiger weiterer Variablen (z.B: Computerkenntnissen) möglichst gleich sind. Diese *Parallelisierung* führt jedoch zu Untersuchungsgruppen, die anders als die Gesamtgruppen zusammengesetzt sind und deshalb leicht andere Gruppenunterschiede zeigen können. Würde man bei einer Untersuchung zu Geschlechtsunterschieden die Gruppen vorher parallelisieren, beispielsweise indem man zu jedem Mann in der Untersuchungsgruppe eine Frau mit annähernd gleicher Größe und gleichem Gewicht in die Untersuchung aufnimmt, wäre die weibliche Untersuchungsgruppe im Mittel größer und schwerer als die gesamte weibliche Bevölkerung.

393 Eine indirekte empirische Überprüfung ist innerhalb von umfangreicheren Strukturgleichungsmodellen (LISREL-Modellen) möglich (Backhaus, Erichson, Plinke & Weiber, 1996; Jöreskog & Sörbom, 1993). Aus empirischen Korrelationen werden dabei unter anderem Pfadkoeffizienten geschätzt. Sie drücken den Zusammenhang zweier Variablen (U und V) unter *Konstanthaltung* aller anderen im Modell berücksichtigten Variablen aus und stellen damit eine (approximative) Schätzung des kausalen Einflusses von U auf V dar.

insbesondere negativer Affektivität (Ängstlichkeit, Depressivität, ...) und Ausdrucksgehemmtheit. Aus klassischer psycho-somatischer Sicht sind die Persönlichkeitseigenschaften (zusammen mit anderen Merkmalen und Verhaltensweisen) Ursachen für das Krankheitsbild. Für Autoren mit somato-genetischer Ausrichtung sind sowohl die Persönlichkeitsmerkmale wie die Hypertonie durch die gleichen physiologischen und morphologischen Faktoren verursacht. Die Verbindung zwischen Persönlichkeitseigenschaften und Erkrankung ist für sie also eine assoziative, keine kausale.[394]

[394] Jorgensen, Johnson, Kolodziej & Schreer (1996)

8 Wissenschaftliche Erklärungen

Im Alltag wird der Begriff der Erklärung in verschiedenen Bedeutungen verwendet.

- Erklärung als Erläuterung von Funktionsweisen, Abläufen usw.
  - ◊ Der Psychologe erklärt Patienten, wie die Verhaltenstherapie einer Platzangst abläuft.
- Erklärung als Erläuterung der Bedeutung von Wörtern
  - ◊ Der Rechtsanwalt erklärt seinem Mandanten, was eine Revision ist.
- Erklärung als Korrektur einer falschen Meinung oder Wahrnehmung
  - ◊ Der Journalist erklärt Zuhörern, dass Frankfurt nicht die Hauptstadt von Hessen ist.
- Erklärung als Rechtfertigung einer Verhaltensweise durch Ziele oder Gründe
  - ◊ Der Autofahrer erklärt, dass er zu schnell fuhr, um pünktlich ins Konzert zu kommen.
- Erklärung als Erläuterung eines Textes, eines Bildes, usw.
  - ◊ Die Führerin erklärt Besuchern, was der Maler durch seine Farben ausdrücken will.
- Erklärung als Angabe von Ursachen für bestimmte Sachverhalte
  - ◊ Der Lehrer erklärt den Eltern, dass ihr Sohn Dirk regelmäßig seine Mitschüler angreift, weil er vergeblich versucht hat, die Anforderungen in der Schule zu erfüllen.
- Erklärung als Angabe von Ursachen für bestimmte Zusammenhänge
  - ◊ Der Marktpsychologe erklärt dem Vorstand, dass Verbraucher nicht-gekaufte Produkte abwerten, weil dadurch unangenehme Dissonanzen reduziert werden.

Nur die beiden letzten Formen von alltäglichen Erklärungen entsprechen dem, was man unter wissenschaftlichen Erklärungen versteht: Sie zielen auf die Angaben von Ursachen für einzelne Sachverhalte oder regelmäßige Zusammenhänge ab. Wissenschaftliche Erklärungen sind also *kausale* Erklärungen.

Wie schon in diesen einleitenden Charakterisierungen deutlich wird, setzt eine Erklärung immer die Beschreibung des zu erklärenden Sachverhaltes voraus. Streng genommen werden nicht Sachverhalte erklärt, sondern Aussagen über Sachverhalte. Erklärung ist deshalb immer Erklärung unter einer bestimmten Beschreibung. Verändert man die Beschreibung, verändert sich auch die Erklärung.

Die Wissenschaftsphilosophie hat sich intensiv mit der Frage beschäftigt, wodurch eine adäquate wissenschaftliche Erklärung gekennzeichnet ist. Sie hat dabei zunächst einen *logisch-systematischen* Ansatz gewählt. Er sieht von den beteiligten Personen ab und beschäftigt sich nur mit der Beziehung zwischen dem erklärten und dem erklärenden Sachverhalt. Bei *pragmatischen* Erklärungskonzeptionen dagegen wird der Verwendungszusammenhang mit berücksichtigt.

Eine aus logisch-systematischer Sicht stringente und ideale Form der kausalen wissenschaftlichen Erklärung ist die *deduktiv-nomologische Erklärung*, die im folgenden Kapitel 8.1 beschrieben wird. Falls die zur Erklärung herangezogenen Gesetzmäßigkeiten nicht deterministisch, sondern probabilistisch sind, haben Erklärungen keinen deduktiv-logischen Charakter mehr, sondern sind induktive, *probabilistische Erklärungen* (Kapitel 8.3). *Pragmatische Erklärungskonzeptionen* werden im Kapitel 8.4 dargestellt.[395]

8.1 Deduktiv-nomologische Erklärung

Die Idealform von wissenschaftlichen Erklärungen sind *deduktiv-nomologische.* Sie beruhen auf nomologischen (gesetzesartigen) Aussagen und deduktiven (logischen) Ableitungen: „Einen Vorgang 'kausal erklären' heißt, einen Satz, der ihn beschreibt, aus *Gesetzen und Randbedingungen* logisch ableiten“.[396]

◊ Das Zerreißen eines Fadens ist erklärt, wenn festgestellt wird, dass der Faden eine Zerreißfestigkeit von 1 kg hat und mit 2 kg belastet worden ist. Diese Erklärung enthält (implizit) die Gesetzeshypothese „Wenn ein Faden über eine bestimmte Zerreißfestigkeit hinaus belastet wird, zerreißt er“, sowie als Aussagen über Randbedingungen „Der Faden hat eine Zerreißfestigkeit von 1 kg“ und „Der Faden ist mit 2 kg belastet worden“.

8.1.1 Explanandum und Explanans

Die Beschreibung des zu erklärenden Sachverhalts wird als *Explanandum* (das zu Erklärende) bezeichnet. Es kann eine Aussage über einen einzelnen (singulären) Sachverhalt oder eine allgemeingültige, gesetzesartige Aussage sein.

Die Aussagen, aus denen das Explanandum logisch ableitbar sein soll, bilden das *Explanans* (d.h. das Erklärende). Es muss mindestens ein allgemeingültiges Gesetz enthalten. Außerdem enthält ein Explanans mindestens eine Rand- oder *Antezedensbedingung*, d.h. eine Aussage darüber, dass die Bedingungen für die Anwendbarkeit des Gesetzes gegeben sind.

Jede der Antezedensbedingungen ist einzeln notwendig und zusammen mit den anderen Antezedensbedingungen und Gesetzesannahmen hinreichend für die Ableitung des Explanandums. Im Sinne der Inus-Explikation aus Kapitel 7.2.3 ist

---

[395] Dieses Kapitel 8 beruht vor allem auf den Analysen von Hempel (1965) und Stegmüller (1983). Weitere Darstellungen und Entwicklungen: Westmeyer (1972), Groeben & Westmeyer (1975, S. 76-106), Opp (1976, S. 124-185), Salmon (1984, 1989, 1994), Groeben (1986), Sprung & Sprung (1987, S. 290-295), Schurz (1988a), Ruben (1993), Bunge (1997)

[396] Popper (1994, S. 31-32)

deshalb jeder der in den Antezedensbedingungen beschriebenen Sachverhalte eine Ursache für den durch das Explanandum beschriebenen Sachverhalt.[397]

Logische Ableitung

Die deduktiv-nomologische Erklärung eines singulären Sachverhaltes besteht in der logischen Ableitung der Sachverhaltsbeschreibung E aus der Konjunktion einer Menge G von deterministischen Gesetzen und einer Menge A von Antezedensbedingungen. Die folgende Darstellung wird als *Hempel-Oppenheim-Schema* der Erklärung bezeichnet:[398]

(8–17)	*Explanans*	$G = \{G_1, ..., G_n\}$	Gesetzesaussagen
		$A = \{A_1, ..., A_m\}$	Antezedensbedingungen
	Explanandum	E	Sachverhaltsbeschreibung

Falls zur Erklärung nur ein Gesetz und eine Antezedensbedingung notwendig ist, ergibt sich folgender Spezialfall:

(8–18)	*Explanans*	$\forall x$:	$U(x)_{CP} \rightarrow V(x)$
			$U(a)$
	Explanandum		$V(a)$

Die Gesetzesaussage ist als implikativer Allsatz mit Ceteris-paribus-Bedingung dargestellt. In der Antezedensbedingung wird festgehalten, dass für Person oder Objekt a die Bedingung U gegeben ist. Daraus folgt, dass für a auch der Sachverhalt V gelten muss (siehe den *modus ponens* der Aussagenlogik, Kapitel 3.4.1).

◊ Sonja bewertet neuerdings Greifswald viel positiver als früher (Sachverhaltsbeschreibung E). Wie können wir das erklären? Wir stellen fest, dass Sonja lange unschlüssig war, ob sie im Zulassungsverfahren für Psychologie Greifswald oder Potsdam als ersten Studienortwunsch angeben soll. Schließlich hat sie sich aber für Greifswald entschieden (Antezedensbedingung A). Gemäß der Dissonanztheorie wird nach einer Entscheidung die gewählte Alternative aufgewertet (Gesetzesannahme G). Die Entscheidung Sonjas für Greifswald können wir demnach als die Ursache für ihre positivere Bewertung der Stadt bezeichnen.[399]

---

397 Stegmüller (1983, S. 535) definiert dagegen die *Totalität* der Antezedensbedingungen als Ursache.

398 Hempel & Oppenheim (1948), Hempel (1972). Man spricht auch vom *Supsumtionsmodell* (*covering law model*), da das zu Erklärende einem Gesetz untergeordnet wird. Kritisch zur Anwendung in der Psychologie: Manicas & Secord (1983).

399 Zusätzlich muss man bei derartigen Erklärungen annehmen, dass alle anderen relevanten Bedingungen gleich geblieben sind (*Ceteris-paribus-Bedingung*, siehe Kapitel 7.2.4). Ohne derartige Ceteris-paribus-Bedingungen erhält man keine eindeutigen Erklärungen. Im Beispiel wäre die CP-Bedingung verletzt, wenn Sonja zwischen der

Abstraktion und Reduktion

Die in derartigen Erklärungen verwendeten Gesetzesannahmen sind abstrakter als die jeweiligen Beschreibungen der zu erklärenden Sachverhalte. Diese *Erklärungen durch Abstraktion* sind typisch für das theorie-orientierte und rationalistische Vorgehen in der Physik und der Ökonomie sowie in der Sozial-, Kognitions- und Persönlichkeitspsychologie. Besonders in empiristisch orientierten Forschungsbereichen findet man auch *Erklärungen durch Reduktion*, d.h. durch Verweis auf konkretere zugrunde liegende Mechanismen: Psychische Prozesse werden durch neuronale Strukturen und Abläufe erklärt, die neuronalen Prozesse durch chemische Reaktionen und diese werden schließlich auf physikalische zurückgeführt.[400]

Erklärungsketten

Jeder Sachverhalt, der in einer Antezedensbedingung beschrieben ist, kann wiederum erklärt werden, das heißt er kann das Explanandum einer weiteren deduktiv-nomologischen Erklärung sein.

◊ Um zu erklären, warum Sonja Greifswald und nicht Potsdam als ersten Studienortwunsch gewählt hat, befragen wir sie und erfahren, dass für sie drei Kriterien relevant waren: die fachliche Qualität der Ausbildung schien ihr insgesamt etwa gleich hoch zu sein, in Greifswald würde sie höchst wahrscheinlich eine schöne Wohnung bekommen, wohingegen sie in Potsdam vielleicht eher einen guten Nebenverdienst bekommen würde. Die Wahl von Greifswald folgt aus diesen Antezedensbedingungen zusammen mit der sehr gut gewährten Gesetzesannahme, dass bei jeder Entscheidung der erwartete Nutzen maximiert wird.[401]

Die in dieser Erklärung verwendeten Antezedensbedingungen können wiederum deduktiv-nomologisch erklärt werden usf.. Dadurch können ganze Erklärungsketten entstehen. Wenn in unterschiedlichen Stadien einer Erklärungskette die gleichen Variablen auftreten, kann ein zirkelhafter Wirkungsprozess entstehen, der sich selber stabilisiert oder aufschaukelt.

◊ Die Armut einer Person kann durch ihre Arbeitslosigkeit zu erklären sein, die Arbeitslosigkeit durch ihre unzureichende Mobilität und diese wiederum durch die Armut.

Erklärungen von Gesetzen und Theorien

Nicht nur einzelne Sachverhalte können wissenschaftlich erklärt werden, sondern auch Gesetze und Theorien. Eine deduktiv-nomologische Erklärung von Gesetzen liegt vor, wenn ein bestimmtes Gesetz G aus anderen Gesetzen $G_1 \wedge G_2 \wedge ...G_n$

---

ersten und zweiten Erhebung sich in jemanden verliebt hätte, der in Greifswald wohnt. Ihre positivere Bewertung wäre dann nicht nur durch Dissonanzreduktion zu erklären.

400 Valentine (1991, S. 112-114), Bunge (1997), Scott (1995, S. 2-5, 159-162)

401 zu Entscheidungstheorien und Erwartungswertmodellen: Jungermann et al. (1998)

abgeleitet werden kann. Empirische Antezedensbedingungen spielen in diesem Fall keine Rolle. Wir haben es mit einer rein theoretischen Erklärung zu tun.

◊ Zu erklären sei die spezielle dissonanztheoretische Gesetzesannahme „Nach einer Entscheidung wird die gewählte Alternative aufgewertet.“ Sie kann aus einer Verknüpfung von anderen dissonanztheoretischen Gesetzesannahmen abgeleitet werden:
  - Das Wissen um eine getroffene Entscheidung steht in Dissonanz mit den negativen Aspekten der gewählten Alternative.
  - Die Dissonanz ist umso größer, je negativer diese Bewertung ist.
  - Dissonanz führt zu Bestrebungen, sie durch kognitive Veränderungen zu reduzieren.

Wird nicht nur ein Gesetz G, sondern eine ganze Theorie T, die aus einer Menge von zusammengehörigen Gesetzen besteht, aus einer anderen Theorie T_1 abgeleitet und damit erklärt, liegt eine *Reduktion* von T auf T_1 vor.

◊ Die Neo-Behavioristen Dollard, Miller und Mowrer haben die Grundprozesse und Grundannahmen der Psychoanalyse in der Terminologie der Lerntheorie ausgedrückt.[402]

◊ Die Raum-Zeit-Theorie der klassischen Physik lässt sich vollständig in Einsteins spezielle Relativitätstheorie einfügen.[403]

Eine Theorie T, die auf eine Theorie T_1 reduziert werden kann, ist streng genommen überflüssig, weil alle Aussagen von T vollständig aus den Aussagen von T_1 folgen. Mit Reduktionsversuchen ist deshalb mitunter der Anspruch verbunden, ganze Theorien oder Wissenschaftsdisziplinen überflüssig zu machen.

◊ Die eliminativen Materialisten Paul und Patricia Churchland sind der Überzeugung, dass alle mentalen und kognitiven Begriffe und Theorien der Psychologie durch neurobiologische Konzepte ersetzt werden müssen.[404]

Tatsächlich lassen sich Theorien kaum jemals vollständig auf andere reduzieren und dann eliminieren. Sehr sinnvoll ist es aber, Theorien systematisch miteinander zu verbinden, um zu beschreiben, wie abstraktere Konzepte und Prozesse auf konkreteren Ebenen realisiert werden können (siehe unten Kapitel 11.6).

8.1.2 Adäquatheitsbedingungen

Als adäquat wird eine deduktiv-nomologische Erklärung nur dann bezeichnet, wenn verschiedene Bedingungen erfüllt sind:

1. Die logische Ableitung muss *korrekt* sein.
2. Das Explanans muss mindestens ein *allgemeines Gesetz* enthalten.
3. Das Explanans muss *empirischen Gehalt* haben.
4. Die Aussagen im Explanans müssen *wahr* oder zumindest *gut bewährt* sein.

---

[402] Davison & Neale (1996, S. 686), Pongratz (1973, S. 373)

[403] Balzer (1982, S. 219), Breuer (1996, S. 351), Scheibe (1997)

[404] Bechtel (1988b, Abschn. 5 und 6), siehe oben Kapitel 2.2.3.3

Nach der ersten Bedingung muss das Explanandum tatsächlich logisch aus dem Explanans folgen. Dadurch werden logisch falsche oder nicht zwingende Argumente vom Explanans auf das Explanandum ausgeschlossen.

◊ Genau genommen lautet die dissonanztheoretische Gesetzesannahme über die Bewertung der Alternativen nach Entscheidungen, dass nach einer Entscheidung die *relative* Attraktivität der gewählten Alternative erhöht wird, d.h. die gewählte Alternative aufgewertet *oder* die nicht-gewählte Alternative abgewertet wird. Legen wir diese Gesetzesannahme zugrunde, kann nicht zwingend abgeleitet werden, dass der gewählte Studienort von Sonja positiver bewertet wird als vorher. Unsere ursprüngliche Erklärung ist also streng genommen nicht korrekt.

Nach der zweiten Bedingung muss die zur Erklärung herangezogene Gesetzesannahme einer Konditionalaussage entsprechen, die sich auf alle Elemente eines unerschöpflichen Gegenstandsbereiches bezieht. Annahmen über einen abgeschlossenen Geltungsbereich sind zur wissenschaftlichen Erklärung nicht geeignet, weil für jeden zu erklärenden Sachverhalt eine spezielle Gesetzesannahme formuliert werden kann (siehe Kapitel 7.1.4).

◊ Im Abteil eines Zuges trifft Fritz Meyer seine ehemaligen Mitschülerinnen Sonja und Anja, die im ersten Semester Psychologie in Greifswald studieren. Er stellt fest, dass beide Greifswald deutlich positiver bewerten als früher. Würde man Aussagen mit beschränktem Geltungsbereich als Gesetze und Prämissenteile von Erklärungen zulassen, könnte man Sonjas positivere Bewertung auch dadurch „erklären", dass alle Psychologiestudentinnen in diesem Abteil Greifswald positiver bewerten.

Sinnvollerweise ist diese zweite Bedingung so zu verstehen, dass das allgemeine Gesetz nicht nur ein Assoziationsgesetz, sondern ein *Kausalgesetz* darstellt (vgl. oben Kapitel 7.2.7). Durch eine wissenschaftliche Erklärung eines Sachverhalts sollen tatsächliche Ursachen oder, anders ausgedrückt, *Realgründe* benannt werden. Die zur Erklärung herangezogenen Gesetze sollen möglichst die Mechanismen und Prozesse beschreiben, die dem zu erklärenden Sachverhalt zugrunde liegen.[405] Assoziationsgesetze liefern jedoch nur *Vernunftgründe*, das heißt Gründe für die Erwartung, dass der entsprechende Sachverhalt eintritt.

Nach der dritten Bedingung muss es möglich sein, dass die Gesetzesannahme sich auf Grund von empirischen Befunden als falsch erweist (vgl. unten Kapitel 9.2). Damit schließen wir Erklärungen durch tautologische und damit informationslose Gesetzesannahmen aus.

◊ Eine Gesetzesannahme, dass die gewählte Alternative nach der Entscheidung positiver, negativer oder gleich bewertet wird, ist mit zwar Sonjas positiverer Bewertung von Greifswald verträglich, sie ist aber auch mit jeder anderen Bewertung verträglich. Sie erklärt *alles* und damit *nichts*.

---

[405] Bunge (1997)

Mit der vierten Adäquatheitsbedingung soll vermieden werden, dass Gesetze oder Antezedensbedingungen, die empirisch noch nicht hinreichend überprüft sind oder sich sogar als zweifelhaft herausgestellt haben, zur Erklärung beobachtbarer Sachverhalte verwendet werden. Dass eine Gesetzesannahme im interessierenden Kontext gültig ist, kann allerdings meist nicht direkt geprüft werden. Es bleibt stets eine *empirische Vermutung*: ein induktives Argument unter Unsicherheit, das mehr oder minder berechtigt sein kann (vgl. Kapitel 4.3).

8.1.3 Dispositionelle Erklärungen

In der Psychologie werden Aussagen über das Verhalten oder Erleben von Personen häufig dadurch erklärt, dass man auf bestimmte Dispositionen dieser Personen verweist: auf Eigenschaften, Fähigkeiten, Überzeugungen, Ziele usw.[406] Im einfachsten Fall hat eine dispositionelle Erklärung folgende Struktur:

(8–19)	*Explanans*	$\forall x: D(x) \wedge U(x)_{CP} \rightarrow V(x)$	dispositionelles Gesetz
		$D(a) \wedge U(a)$	Antezedensbedingungen
	Explanandum	$V(a)$	Sachverhaltsbeschreibung

Nach dem angenommenen Gesetz soll für alle Personen oder Objekte (einer bestimmten Population) das Vorliegen der Bedingung U und der Disposition D *ceteris paribus* hinreichend für das Auftreten von V sein. In der Antezedensbedingung wird für eine bestimmte Person a die Bedingung U und die Disposition D festgestellt. Daraus folgt dann eindeutig, dass für diese Person a auch V auftreten muss.

◊ Eine Studentin entscheidet sich in der ersten Sitzung eines Seminars für ein Referatsthema, das vom Seminarleiter weder den ganz leichten noch den ganz schwierigen Themen zugeordnet worden ist. Der Seminarleiter erklärt diese Entscheidung dadurch, dass diese Studentin freie Wahl zwischen den unterschiedlich anspruchsvollen Themen hatte und dass sie bekanntermaßen hoch leistungsmotiviert ist (Antezedensbedingungen). Außerdem zieht er ein Gesetz aus dem Risiko-Wahl-Modell heran: Wenn eine Person hoch leistungsmotiviert ist und zwischen verschieden schweren Aufgaben wählen muss, dann wählt sie bevorzugt mittelschwere Aufgaben.[407]

8.1.4 Erklärungen, Vorhersagen und Diagnosen

Deduktiv-nomologische Erklärungen sind mit wissenschaftlichen Vorhersagen und Diagnosen verwandt: Ihre syntaktische Struktur ist gleich, die pragmatischen

406 Zur Einführung von Dispositionsbegriffen über bedingte Definitionen siehe Kapitel 5.3.
407 Atkinson (1957), Weiner (1988), Heckhausen (1989)

Zusammenhänge (d.h. die Anwendungsumstände) variieren allerdings systematisch.[408]

Erklärungen und Vorhersagen

Bei einer deduktiv-nomologischen Erklärung wird das Explanandum aus dem Explanans abgeleitet. Vorhersagen haben die gleiche syntaktische Struktur. Die pragmatischen Umstände unterscheiden sich jedoch.

- Bei einer Erklärung ist der zu erklärende Sachverhalt *bekannt*, und es müssen adäquate Gesetze und Antezedensbedingungen bestimmt werden, aus denen dieses Explanandum ableitbar ist.
- Bei Vorhersagen wird aus Antezedensbedingungen und Gesetzen eine Aussage über einen Sachverhalt abgeleitet, der *unbekannt* ist.
  - Ist dieser Sachverhalt ein zukünftiger, spricht man von einer *Prognose*.
  - Die Vorhersage eines vergangenen, aber unbekannten Zustandes ist eine *Retrognose*.

Jede vollständige, deduktiv-nomologische Erklärung entspricht also einer richtigen Retrognose und damit einer richtigen Vorhersage. Auf der anderen Seite ist nicht jede richtige Vorhersage auch eine adäquate wissenschaftliche Erklärung. Der Grund für diese Asymmetrie ist offensichtlich: Erklärungen erfordern Kausalgesetze, erfolgreiche Vorhersagen sind hingegen auch mit Assoziationsgesetzen möglich.

◊ Mit dem Assoziationsgesetz „Wenn eine Person im Intelligenz-Struktur-Test (IST 2000) einen IQ über 100 hat, dann hat sie im Hamburg-Wechsler-Intelligenztest für Erwachsene (HAWIE-R) einen IQ über 80“ kann man aus dem IST-IQ den HAWIE-IQ vorhersagen, aber nicht erklären.

Erklärung und Diagnose

Als Diagnose bezeichnet man in Medizin und Psychologie (im übertragenen Sinn auch in anderen Bereichen) die Angabe einer fallspezifischen Ursache für einen auffälligen oder störenden Sachverhalt. In einer diagnostischen Situation ist der zu erklärende Sachverhalt bekannt. Gesucht sind die individuellen Antezedensbedingungen (persönliche Eigenschaften oder Erfahrungen), aus denen (zusammen mit bewährten Gesetzmäßigkeiten) das Explanandum abgeleitet werden kann. Eine adäquate Diagnose stellt damit auch eine adäquate Erklärung dar: Der zu erklärende Sachverhalt wäre nicht eingetreten, wenn, unter sonst gleichen Bedingungen, die diagnostizierte Bedingung nicht vorgelegen hätte.

[408] Hempel (1965), Westmeyer (1972), Opp (1976, S. 163-185), Gadenne (1992), Waldmann & Holyoak (1992, S. 227)

8.1.5 Teleologische Erklärungen

Erklärungen, die sich auf Ziele, Zwecke oder zukünftige Ereignisse und Zustände beziehen, werden als *teleologisch* oder *intentional* bezeichnet.[409] Sprachlich entsprechen teleologische Erklärungen Sätzen mit *um zu, damit, weil* usw. Teleologische Erklärungen sind im Alltag sehr häufig, in der Wissenschaft findet man sie vor allem in der Psychologie und den Geschichtswissenschaften.

◊ Menschen greifen zu „Notlügen", um Konflikte zu vermeiden.[410]

◊ Premierminister Chamberlain reiste nach München, um den Krieg zu verhindern.

Auf den ersten Blick scheint man teleologische Erklärungen scharf von kausalen Erklärungen separieren zu müssen. Teleologische Erklärungen des menschlichen Handelns beziehen sich offenbar nicht auf (objektive) *Ursachen*, sondern auf (subjektive) *Gründe*, und sie scheinen Gegenwärtiges durch etwas Zukünftiges erklären zu wollen.[411]

Die Struktur einer teleologischen Erklärung kann durch den *praktischen Syllogismus* beschrieben werden, der auf Aristoteles zurückgeht:

(8–20) Die Person p will den Zustand z herbeiführen.
p ist überzeugt, dass z nur eintritt, wenn sie v ausführt.
- -
p führt v aus.

Bei genauerer Betrachtung erweisen sich auch teleologische Erklärungen als deduktiv-nomologische Erklärungen im üblichen Sinne, die den betrachteten Sachverhalt auf (vorangegangene) Antezedensbedingungen und (meist implizite) Gesetzesannahmen zurückführen. Erstens wird der Sachverhalt nicht durch das zukünftige Ereignis erklärt, sondern durch den gegenwärtigen oder vergangenen Wunsch, bestimmte Ziele zu erreichen. Zweitens sind Wünsche und Überzeugungen darüber, dass bestimmte Handlungen bestimmte Folgen haben, in Strukturen und Prozessen des Gehirns realisiert, die materielle Ursachen für andere Ereignisse sein können.[412]

Drittens folgt bei einem praktischen Syllogismus die zu erklärende Aussage nur dann zwingend aus der Prämisse, wenn man eine allgemeine Gesetzmäßigkeit

---

409 von Wright (1979), Martin (1995)

410 Wiemann & Giles (1996, S. 354)

411 Greve (1994, 1997), Macnamara, Govitrikar & Doan (1988). Die Erklärung von Handlungen durch allgemeine Ursache-Wirkungs-Gesetze wird nach Kurt Lewin als *Galileische Tradition* bezeichnet (Bischof, 1981; Lewin, 1986, S. 14-17; Stegmüller, 1983, S. 483). Die teleologische Erklärung des Handelns entspricht dagegen der *Aristotelischen Tradition.*

412 Pylyshyn (1981), vgl. oben Abschnitt 2.2.4.1 zum Funktionalismus

hinzufügt, die Intentionen und Überzeugungen mit Verhalten verbindet.[413] Sie kann wie folgt formuliert werden:

(8–21) Wenn eine Person p einen Zustand z herbeiführen will und wenn p überzeugt ist, dass das Verhalten v für z notwendig ist, dann führt p das Verhalten v aus.

8.1.6 Erklären und Verstehen

Wenn versucht wird, Geistes- und Naturwissenschaften zu unterscheiden (siehe oben Seite 40), wird immer wieder auch auf den vermeintlichen Gegensatz zwischen Erklären und Verstehen verwiesen. Kausale Erklärungen, so wird dann behauptet, seien auf die exakten Naturwissenschaften beschränkt, weil nur dort strenge Ursache-Wirkungs-Zusammenhänge zu finden seien. Menschliches Handeln und Erleben, also die Gegenstandsbereiche der Psychologie, aber auch der Geschichts-, Sozial-, Kunst- und Literaturwissenschaften, könne nicht kausal erklärt, sondern nur in ihrer jeweiligen Einmaligkeit verstanden werden. Erreicht werden soll dieses Verständnis, indem man sich in die Lage der anderen Person hineinversetzt und „einfühlt".

Innerhalb der Psychologie hat die Gegenüberstellung von Erklären und Verstehen eine lange Tradition und wird auch heute noch von verschiedenen Positionen aus intensiv diskutiert.[414] Wilhelm Dilthey formulierte Ende des 19. Jahrhundert prägnant „Die Natur erklären wir, das Seelenleben verstehen wir".[415] Dilthey beschrieb die Methode des Verstehens als Grundlage einer geisteswissenschaftlichen Psychologie und der Geisteswissenschaften insgesamt. Er wandte sich damit gegen die naturwissenschaftliche und erklärende Orientierung der Psychologie, die zu dieser Zeit insbesondere Hermann Ebbinghaus vertrat.[416]

Die These vom unauflöslichen Konflikt zwischen Erklären und Verstehen beruht jedoch auf einem unvollständigen Verständnis dessen, was eine wissenschaftliche Kausalerklärung und was ein wissenschaftliches Verständnis sein kann. Bei näherer Betrachtung sind Erklären und Verstehen gar keine unversöhnlichen Gegensätze. Erklären und Verstehen sind vielmehr voneinander abhängig und ergänzen einander.

Durch einfühlendes Verstehen können wir ohne Zweifel zu Erkenntnissen gelangen. Zum einen können wir Feststellungen über konkrete, für eine bestimmte Person geltende Sachverhalte treffen: über ihre Wahrnehmungen und Empfindungen, Ziele und Motive, Erfahrungen, Überzeugungen usw. Wir können damit unter anderem Aussagen über die Gründe ihres Tuns machen. Zum anderen können wir

---

413 Beckermann (1979, S. 475-485)

414 Balmer (1982), Dierstein (1995), Greve (1997), Gadenne (1997a), Groeben (1986), Manicas (1997), Patzig (1973), Traxel (1974, S. 405-412)

415 zit. nach Balmer (1982, S. 109), Groeben (1986, S. 2)

416 Lander (1993)

durch einfühlendes Verstehen Einsichten in Regelmäßigkeiten gewinnen, die bei einer bestimmten Person oder bei allen Personen auftreten.

Auch wenn diese Erkenntnisse für uns sehr evident und plausibel wirken, haben sie zunächst einmal hypothetischen Charakter. Dass sie durch die Methode des Verstehens gewonnen worden sind, garantiert noch nicht ihre Wahrheit, schließt sie aber selbstverständlich auch nicht aus. Auf jeden Fall sollten sie an Hand von weiteren Beobachtungen ausreichend empirisch abgesichert werden. Wenn dies gelingt, können sie als Antezedensbedingungen bzw. Gesetzesannahmen in der üblichen Weise in wissenschaftlichen Erklärungen verwendet werden.

Eine zweite Verbindung zwischen Erklären und Verstehen besteht darin, dass das „Verstehen" unseren Zustand bezeichnen kann, wenn wir für einen bestimmten Sachverhalt eine akzeptable „Erklärung" vorliegen haben: Wir verstehen einen Sachverhalt, wenn wir seine Ursachen kennen. Explizit benannt und erkannt werden dabei meist nur die fall- und situationsspezifischen Antezedensbedingungen. Da die ebenfalls zur Erklärung notwendigen Ursache-Wirkungs-Annahmen meist implizit bleiben, haben wir fälschlicherweise den Eindruck, dass wir den Sachverhalt nicht nomologisch erklärt, sondern fallspezifisch verstanden haben.

8.2 Probabilistische Erklärungen

Bei deduktiv-nomologischen Erklärungen wird vorausgesetzt, dass die herangezogenen Gesetze deterministisch sind. Viele wissenschaftliche Gesetzesannahmen sind aber probabilistisch zu verstehen (siehe Kapitel 7.1.5). Wie wir im folgenden sehen werden, hat es sich als schwierig erwiesen, den Begriff der wissenschaftlichen Erklärung auch für probabilistische Gesetze in befriedigender Weise zu explizieren.

8.2.1 Statistische Syllogismen

Überträgt man das Prinzip der deduktiv-nomologischen Erklärung auf den Fall probabilistischer Aussagen, erhält man sog. statistische Syllogismen: Aus einer Menge von Gesetzen, von denen mindestens eines probabilistisch ist, und einer Menge von Antezedensbedingungen wird eine Aussage über die Wahrscheinlichkeit eines Sachverhalts abgeleitet. Für den einfachen Fall mit einem probabilistischen Gesetz und einer Antezedensbedingung ergibt sich folgendes Schema:

(8–22)
$$\begin{array}{l} \forall x\!: P(V(x) \mid U(x)) = p \\ U(a) \\ \hline P(V(a)) = p \end{array}$$

Das probabilistische Gesetz besteht in der Aussage, dass die Wahrscheinlichkeit für einen bestimmten Sachverhalt V gleich einer bestimmten Zahl p ist, falls der Sachverhalt U gegeben ist. Die Antezedensbedingung stellt fest, dass für die Person oder das Objekt a der Sachverhalt U gilt. Daraus wird das Explanandum abgeleitet: Die Wahrscheinlichkeit, dass für Objekt a auch Sachverhalt V gilt, ist gleich p.

◊ Eine Person a sei an Schizophrenie erkrankt. Dieser Sachverhalt E soll erklärt werden. Als Ursachen kommen sowohl genetische Veranlagungen wie Lebensbelastungen in Frage. Bei der Anamnese wird festgestellt, dass auch seine Ehefrau kürzlich wegen einer Schizophrenie in Behandlung gewesen ist (Rand- oder Antezedensbedingung A_1). Geht man von den vorliegenden Befunden aus, beträgt die Erkrankungswahrscheinlichkeit etwa 1%, wenn auch der Ehepartner einmal an Schizophrenie erkrankt ist.[417] Nehmen wir an, dass dieser empirische Zusammenhang einem probabilistischen Gesetz pG_1 entspricht, erhalten wir folgende deduktiv-statistische Erklärung:

(8–23)		
	P(Schizophrenie | Ehepartner schizophren) = 0,01	pG_1
	Ehefrau von a ist schizophren	A_1
	P(Person a ist schizophren) = 0,01	P(E)

Für die gleiche Aussage E können aber unterschiedliche Wahrscheinlichkeiten abgeleitet werden, wenn andere probabilistische Gesetze verwendet werden.

◊ Bei einer zweiten Anamnese von a wird festgestellt, dass auch sein eineiiger Zwillingsbruder bereits an einer Schizophrenie erkrankt ist. Nach den vorliegenden Befunden beträgt die Erkrankungswahrscheinlichkeit etwa 44%, wenn auch ein eineiiger Zwilling an Schizophrenie erkrankt ist. Legen wir ein entsprechendes Gesetz pG_2 zugrunde, erhalten wir eine andere Wahrscheinlichkeit für den zu erklärenden Sachverhalt E:[418]

(8–24)		
	P(Schizophrenie |eineiiger Zwilling schizophren) = 0,44	pG_2
	eineiiger Zwilling von a ist schizophren	A_2
	P(Person a ist schizophren) = 0,44	P(E)

Beim statistischen Syllogismus können aus Prämissen, die als wahr angenommen worden sind und die sich nicht widersprechen, also Konklusionen abgeleitet werden, die sich widersprechen. Wegen dieser Widersprüchlichkeit sind statistische Syllogismen keine befriedigende Explikation von wissenschaftlichen Erklärungen. Eine direkte Übertragung des Prinzips der deduktiv-nomologischen Erklärung auf den Fall probabilistischer Gesetze scheint damit nicht sinnvoll zu sein.

8.2.2 Induktiv-statistische Systematisierungen

Eine Erklärung mit Hilfe von probabilistischen Gesetzen kann auch als induktives Argument betrachtet werden. Die Aussage E über den zu erklärenden Sachverhalt

---

417 Davison & Neale (1996, S. 464)

418 In der Fachliteratur werden zur Illustration probabilistischer Gesetze meist sehr große bedingte Wahrscheinlichkeiten unterstellt, die in der Psychologie kaum zu finden sind. Die Bedeutung eines probabilistischen Zusammenhangs wird jedoch nicht durch die absolute Höhe der bedingten Wahrscheinlichkeit bestimmt, sondern durch die Differenz zwischen der bedingten und der unbedingten Wahrscheinlichkeit.

wird dann mehr oder minder stark vom Explanans gestützt. Diese Form der wissenschaftlichen Erklärung wird als induktiv-statistische Systematisierung bezeichnet.[419] Sie kann wie folgt dargestellt werden:

(8–25)	*Explanans*	G	$= \{pG_1, ..., pG_n\}$	probabilistische Gesetze
		A	$= \{A_1, ..., A_m\}$	Antezedensbedingungen
		---------------------------	[q]	
	Explanandum	E		Sachverhaltsbeschreibung

Für den Spezialfall eines probabilistischen Gesetzes und einer Antezedensbedingung ergibt sich folgende Spezifikation:

(8–26)

$$\forall x\colon P(V(x) \mid U(x)) = p$$
$$U(a)$$
--------------------------- [q]
$$V(a)$$

Mit [q] wird dabei die Stärke der induktiven Stützung des Explanandums durch das jeweilige Explanans bezeichnet. Wenn q nahe Eins ist, wird dem zu erklärenden Sachverhalt durch das Explanans eine fast vollständige induktive Stützung verliehen.

Mit den induktiv-statistischen Systematisierungen sind schwierige konzeptuelle Probleme verbunden, von denen nur einige ganz kurz angerissen werden können.

Schon die adäquate Definition und Spezifikation des induktiven Stützungsmaßes q ist schwierig, wenn nicht gar unmöglich (siehe Kapitel 4.3.1). Im gegenwärtigen Zusammenhang kann q jedoch einfach gleich der Wahrscheinlichkeit p gesetzt werden, mit der nach dem probabilistischen Gesetz V eintritt, wenn U gegeben ist.

◊ Dass a schizophren ist, wird wesentlich stärker durch den schizophrenen Zwillingsbruder gestützt und erklärt (q = 0,44) als durch die schizophrene Ehefrau (q = 0,01).

Ein Explanandum kann somit durch verschiedene Gesetze (und Antezedensbedingungen) in unterschiedlichem Maße gestützt werden. Da zwischen Explanans und Explanandum kein Implikationsverhältnis besteht, beinhalten unterschiedliche Stützungen des gleichen Sachverhalts zwar keinen logischen Widerspruch, aber eine *Ambiguität*, die den Nutzen dieser Konzeption beträchtlich beeinträchtigt.

Um diese Ambiguität zu reduzieren, sollte zum einen möglichst das gesamte relevante und verfügbare Erfahrungswissen berücksichtigt werden.

◊ Ist bei der schizophrenen Person a sowohl der eineiige Zwilling als auch die Ehefrau schizophren, sollten beide Antezedensbedingungen sowie die Wahrscheinlichkeit P(Schizophrenie | eineiiger Zwilling und Ehefrau schizophren) genutzt werden.

Zum anderen sollten die Gesetze und Antezedensbedingungen in der Prämisse einer induktiv-statistischen Systematisierung so spezifisch und bestimmt sein wie möglich.

---

[419] Hempel (1962, 1965)

◊ P(Schizophrenie | Zwilling schizophren) ist bestimmter als P(Schizophrenie | Geschwister schizophren), da die Klasse der Zwillinge kleiner ist als die der Geschwister.

Praktisch sind diese Forderungen meist nur approximativ zu erfüllen, da genaue Wahrscheinlichkeiten für verbundene Ereignisse nicht ermittelt werden können.

◊ Einfache bedingte Wahrscheinlichkeiten wie P(Schizophrenie | Zwilling schizophren) lassen sich aus den Häufigkeiten in epidemiologischer Studien schätzen. Für bedingte Wahrscheinlichkeiten mit Konjunktionen von Ereignissen, also z.B. P(Schizophrenie | Zwilling und Ehepartner schizophren), ist es meist viel schwieriger, entsprechende Häufigkeiten zu finden. Für die Konjunktion aller individuellen Risikoprädiktoren sind exakte Wahrscheinlichkeitsschätzungen in der Regel gar nicht möglich, weil die Zahl der Fälle mit der jeweiligen Faktorenkombination viel zu gering ist.

Insgesamt sind induktiv-statistische Systematisierungen umso berechtigter und akzeptabler, je umfangreicher und je bestimmter das berücksichtigte Wissen ist.

8.3 Pragmatische Erklärungskonzeptionen

Bei den bisher betrachteten logisch-systematischen Konzeptionen zur Explikation adäquater wissenschaftlicher Erklärungen wurde ausschließlich das Explanans, das Explanandum und vor allem die Beziehungen zwischen ihnen analysiert. Die pragmatischen Erklärungskonzeptionen hingegen beziehen auch die Personen und Situationsumstände mit ein, in denen die jeweilige Erklärung stattfindet. Sie tragen damit der Tatsache Rechnung, dass eine Erklärung immer durch eine bestimmte Person abgegeben wird und häufig auch auf bestimmte Personen gerichtet ist.

◊ Ein Lehrer, ein Psychologe und ein Mediziner werden die regelmäßigen Angriffe von Dirk auf seine Mitschüler sehr unterschiedlich erklären. Der Psychologe beispielsweise wird außerdem unterschiedliche Erklärungen geben, wenn er mit den Eltern, den Mitschülern oder seinen Fachkollegen spricht.

Die logisch-systematischen Erklärungskonzeptionen entsprechen zweistelligen Relationen („Aussage E, das Explanandum, wird durch Aussage A $\wedge$ G, das Explanans, erklärt"). Die pragmatischen Erklärungskonzeptionen hingegen entsprechen drei- oder mehrstelligen Relationen („Person 1 erklärt E durch A $\wedge$ G", „Person 1 erklärt der Person 2 in Situation S die Aussage E durch A $\wedge$ G" usw.).

Aus logisch-systematischer Sicht hängt die Adäquatheit einer Erklärung vor allem von der Wahrheit (oder Bestätigung) der Aussagen im Explanans und von der Korrektheit (oder Berechtigung) der Ableitung des Explanandums ab. Aus pragmatischer Sicht ist eine Erklärung adäquat, wenn die Personen, für die sie gegeben wird, die genannten Ursachen und Zusammenhänge tatsächlich verstehen und wenn sie die Aussagen und Argumentationen als ausreichend ausführlich, fundiert und überzeugend akzeptieren. Dieses Verstehen und Akzeptieren hängt natürlich vom Wissens- und Erfahrungshintergrund der betreffenden Personen ab.[420]

Es gibt etliche Versuche, notwendige (und eventuell hinreichende) pragmatische Kriterien für adäquate Erklärungen zu identifizieren.[421] Dabei wird deutlich, dass es nicht nur ein oder zwei adäquate Formen der wissenschaftlichen Erklärung gibt. Je nach Situation können vielmehr ganz unterschiedliche Formen der Beantwortung von Warum-Fragen adäquat sein. Diese Menge der adäquaten wissenschaftlichen Erklärungen kann nicht abschließend definiert werden, sie kann vielmehr nur grob durch Angabe verschiedener paradigmatischer Beispiele umrissen werden.

Die logisch-systematischen Erklärungsformen, sowohl die deduktiv-nomologischen wie die probabilistischen, können sich auch nach pragmatischen Gesichtspunkten als adäquat erweisen, wenn die Voraussetzungen für ihre Anwendbarkeit zumindest approximativ erfüllt sind.[422]

Außerdem gibt es verschiedene Abschwächungen der deduktiv-nomologischen Erklärung, die aus logisch-systematischer Sicht unvollkommen sind, die jedoch unter manchen Umständen die bestmöglichen darstellen und als adäquat akzeptiert werden können. Einige ineinander übergehende Formen dieser *unvollständigen Erklärungen* werden im folgenden beschrieben.

Partielle Erklärungen

Viele Erklärungen, die in Alltag und Wissenschaft vorgeschlagen werden, erklären den beschriebenen Sachverhalt nur teilweise oder ungenau.

◊ Ein Psychologe in einer Marketingagentur, der bisher immer die SPD gewählt hat, bekommt den Auftrag, die Werbekampagne der CDU für die Bundestagswahl zu leiten. In der Woche vor dem Wahltag tritt er in die CDU ein. Ein Kollege erklärt dieses Ereignis mit Hilfe der Dissonanztheorie: Die durch einstellungskonträre Marketingarbeit erzeugte Dissonanz kann durch den Parteieintritt reduziert werden. Diese Erklärung ist partiell: Die Dissonanztheorie sagt zwar generell Bemühungen voraus, eine Dissonanz zu reduzieren. Die Theorie enthält auch spezielle Vorhersagen über die Veränderungen von Meinungen nach einstellungskonträren Verhaltensweisen. Die Theorie sagt aber nicht voraus, dass die Dissonanz bei dieser Person durch einen Parteieintritt verringert wird. Sie könnte z.B. auch durch eine heimliche Wahlstimme für die CDU verringert werden.

Leider wird das Partielle einer Erklärung meist nicht explizit mitgeteilt, es wird nur bei genaueren Analysen deutlich. Rezipienten halten deshalb viele Erklärungen fälschlicherweise für vollständig, eindeutig und nicht verbesserungsfähig.

---

420 Gärdenfors (1988)

421 Stegmüller (1983, S. 940-1074), Schurz (1988a, 1995). Eines dieser pragmatischen Erklärungskonzepte werden wir noch in Zusammenhang mit der strukturalistischen Theorienkonzeption kennen lernen (siehe Seite 250).

422 Bei der deduktiv-nomologischen Erklärung haben wir diese Bedingungen explizit als Adäquatheitsbedingungen erwähnt (Kapitel 8.1.2).

Rudimentäre Erklärungen

Als rudimentär wird eine Erklärung bezeichnet, bei der die gesetzmäßigen Zusammenhänge unerwähnt bleiben und stillschweigend als gültig vorausgesetzt werden. Mitunter bleiben auch einige der Antezedensbedingungen unerwähnt.

◊ Die Angriffe von Dirk auf seine Mitschüler können dadurch erklärt werden, dass er vergeblich versucht hat, die Anforderungen in der Schule zu erfüllen. Wenn ein Schüler die schulischen Anforderungen nicht erfüllen kann, folgt daraus aber nicht zwingend, dass er seine Mitschüler angreift. Die Erklärung des Angriffsverhaltens beruht vielmehr auf der impliziten Hypothese „Wenn Frustration, dann Aggression".[423] Außerdem fließen in die Erklärung implizite Antezedensbedingungen ein: dass Dirk durch die vergeblichen Versuche, die Anforderungen zu erfüllen, frustriert ist und dass seine Angriffe Aggressionen (und nicht etwa ungeschickte soziale Annäherungen) darstellen.

Fast alle in der alltäglichen oder wissenschaftlichen Umgangssprache formulierten Erklärungen sind in diesem Sinn rudimentär. Dies ist unproblematisch, solange klar ist, welche Komponenten fehlen und im Bedarfsfall ergänzt werden können.

Erklärungsskizzen

Mitunter werden rudimentäre Erklärungen abgegeben, bei denen notwendige Gesetze und Antezedensbedingungen noch nicht vollständig bekannt sind. Die rudimentäre Erklärung ist dann in eine Erklärungsskizze übergegangen.

◊ Wenn jemand die Angriffe Dirks auf seine Mitschüler durch einen Heimaufenthalt im ersten Lebensjahr erklärt, wird nur grob angedeutet, aufgrund welcher psychologischer Gesetze diese frühkindlichen Erfahrungen zu den späteren Aggressionen führen sollen.

Potenzielle Erklärungen

Ebenfalls pragmatisch motiviert sind potenzielle oder *Wie-möglich-Erklärungen.* Erklärt man einen Sachverhalt deduktiv-nomologisch, zeigt man, dass er aufgrund der gültigen Antezedensbedingungen und Gesetzmäßigkeiten auftreten muss. Bei einer potenziellen Erklärung können wir nur Konstellationen von Antezedensbedingungen angeben, unter denen es möglich war, dass der fragliche Sachverhalt eintreten kann. Wir wissen aber nicht, ob diese Antezedensbedingungen tatsächlich vorgelegen haben. Es können deshalb auch noch weitere potenzielle Erklärungen mit anderen Antezedensbedingungen und Gesetzesannahmen generiert werden.

◊ Die Exmatrikulation eines Medizinstudenten in Greifswald kann möglicherweise dadurch verursacht sein, dass er zu seiner Freundin nach München ziehen will, dass er kein Blut sehen kann, dass er eine Erbschaft gemacht hat usw.

Potenzielle Erklärungen umfassen oft auch Erklärungsketten, d.h. verschiedene mögliche Abläufe, die zu dem zu erklärenden Sachverhalt geführt haben könnten.

---

[423] zu Prüfungen und Modifikationen dieser Theorie: Koeck (1977)

Viele erklärende Argumente in der Psychologie sind nur potenzielle Erklärungen. Sie zeigen nicht, dass bestimmte Zustände oder Ereignisse eintreten müssen, sondern machen nur mehr oder minder deutlich, dass sie eintreten können oder dass sie unter bestimmten Voraussetzungen zu erwarten sind. Gehalt und Aussagekraft dieser unvollständigen Erklärungen sind natürlich recht gering. Sie sind kaum widerlegbar und es gibt in der Regel etliche genau so substantiierte Alternativerklärungen.

Pseudo-Erklärungen

Eine angeblich erklärende Argumentation ist eine Pseudo-Erklärung, wenn sie auf falschen Antezedensbedingungen oder unsubstantiierten Gesetzen beruht.

◊ Erklärt jemand das aggressive Verhalten von Dirk dadurch, dass sein Vater ein stadtbekannter Schläger ist, stellt das eine Pseudo-Erklärung dar, denn die (implizite) Gesetzesannahme „Aggressivität wird vererbt" ist durch das gegenwärtige wissenschaftliche Wissen nicht gestützt.[424]

Eine Pseudo-Erklärung liegt auch dann vor, wenn eine Assoziation fälschlicherweise als kausale Gesetzmäßigkeit interpretiert wird.

◊ Es soll erklärt werden, warum ein verstorbener Mann homosexuell war. Eine durch empirische Befunde gestützte Gesetzesannahme besagt, dass der INAH3-Nucleus bei heterosexuellen Männern mindestens doppelt so groß ist wie bei heterosexuellen Frauen und bei homosexuellen Männern.[425] Bei einer gezielten Autopsie des Mannes wird tatsächlich festgestellt, dass sein INAH3-Nucleus so klein ist wie bei den meisten Frauen. Die Homosexualität des Mannes kann dadurch nur dann adäquat erklärt werden, wenn *zusätzlich* angenommen wird, dass die Beziehung zwischen Nucleusgröße und Homosexualität nicht nur eine assoziative ist, sondern ein kausale, die auch *ceteris paribus* gilt.

Bei der Beantwortung psychologischer Warum-Fragen müssen Pseudo-Erklärungen mit falschen Antezedensbedingungen, nicht gestützten oder nur assoziativen Gesetzen vermieden werden. Um derartige Mängel in erklärenden Argumenten erkennen und ausräumen zu können, müssen wir die wesentlichen Antezedensbedingungen und Gesetzesannahmen stets möglichst offen nennen.

Zirkelerklärungen

Ein spezieller Fall von Pseudo-Erklärungen sind Zirkelerklärungen: Erklärungen bei denen die Antezedensbedingung aus dem Explanandum folgt. Die Gefahr, dass Erklärungen zirkulär und damit nichtssagend werden, besteht besonders bei der dispositionellen Erklärungen. Zirkulär ist eine dispositonelle Erklärung dann, wenn

---

[424] Birbaumer & Schmidt (1999, S. 663)

[425] Zimbardo & Gerrig (1999, S. 94-95)

die Zuschreibung einer Disposition D allein durch den zu erklärenden Sachverhalt V gerechtfertigt wird. Die angebliche Erklärung ist dann nur eine Etikettierung.

◊ Die Erklärung der Wahl eines mittelschweren Referats durch ein hohes Leistungsmotiv ist zirkulär, wenn das hohe Leistungsmotiv nur aus der Wahl des Referats gefolgert wird.

Um zirkuläre Erklärungen zu vermeiden, muss die Zuschreibung der Disposition aufgrund anderer und von V möglichst unabhängiger empirischer Beobachtungen erfolgen. Dies ist immer dann möglich, wenn die Disposition D nicht nur mit V verbunden ist, sondern durch Definitionen, Zuordnungsregeln oder Manifestationsgesetze auch noch mit mindestens einer anderen beobachtbaren Variablen Z.

◊ Die Erklärung der Referatwahl durch das Leistungsmotiv ist nicht zirkulär, wenn das Leistungsmotiv durch einen geeigneten psychologischen Test erfasst wird.[426]

---

426 Erfasst werden kann das Leistungsmotiv durch Fragebögen und eine spezielle Form des Thematischen Apperzeptionstests (TAT, siehe Heckhausen, 1989, S. 233-244).

9 Verifizierbarkeit und Falsifizierbarkeit

Was unterscheidet wissenschaftliche Erkenntnis von anderen, alltäglichen Formen der Erkenntnis? Bereits im ersten Kapitel dieses Buches wurde diese Frage aufgeworfen. Wie wir in den weiteren Kapiteln wiederholt gesehen haben, wird wissenschaftliche Erkenntnis üblicherweise in Aussagen formuliert: in Annahmen, Hypothesen, Gesetzen, Theorien usw. Wir können deshalb die Frage nach ihren besonderen Charakteristika konkretisieren: In welchen Merkmalen unterscheiden sich wissenschaftliche Aussagen von nicht-wissenschaftlichen Aussagen?

Nach Überzeugung der empiristischen Wissenschaftsphilosophen müssen wissenschaftliche Aussagen verifizierbar sein (Kapitel 9.1): Die Wissenschaftler müssen nachweisen, dass ihre Annahmen oder Theorien wahr sind. Karl Popper hat das Verifikationskriterium zu Recht scharf kritisiert und durch das Kriterium der Falsifizierbarkeit ersetzt: Wissenschaftliche Aussagen müssen sich als falsch erweisen können (Kapitel 9.2). Eine nähere Betrachtung zeigt aber, dass etliche Theorien, die unbestritten als wissenschaftlich anerkannt sind, gar nicht falsifizierbar sind. Wissenschaftliche und nicht-wissenschaftliche Aussagen sind offenbar gar nicht eindeutig auf Grund ihrer logischen Eigenschaften voneinander zu trennen, sondern nur durch die offenen oder stillschweigenden Übereinkünfte der Wissenschaftler (Kapitel 9.3).

9.1 Verifizierbarkeit

Die stärksten Bestrebungen, wissenschaftliche von nicht-wissenschaftlichen Aussagen eindeutig abzugrenzen, stammen von Rudolf Carnap und anderen empiristischen Wissenschaftsphilosophen.[427] Sie gehen von der Einteilung der Aussagen in analytische und synthetische aus, die eng mit der Unterscheidung zwischen logischer und empirischer Wahrheit verbunden ist, die bereits im Kapitel 3.4.3 erläutert wurde. Die Begriffe und Unterscheidungen, die im folgenden erläutert werden, sind zusammenfassend in der Abbildung 9.1 dargestellt.

---

[427] Die folgende Darstellung beruht teilweise auf Regenbogen & Meyer (1998), Russell (1997), Speck (1980) und Stegmüller (1969).

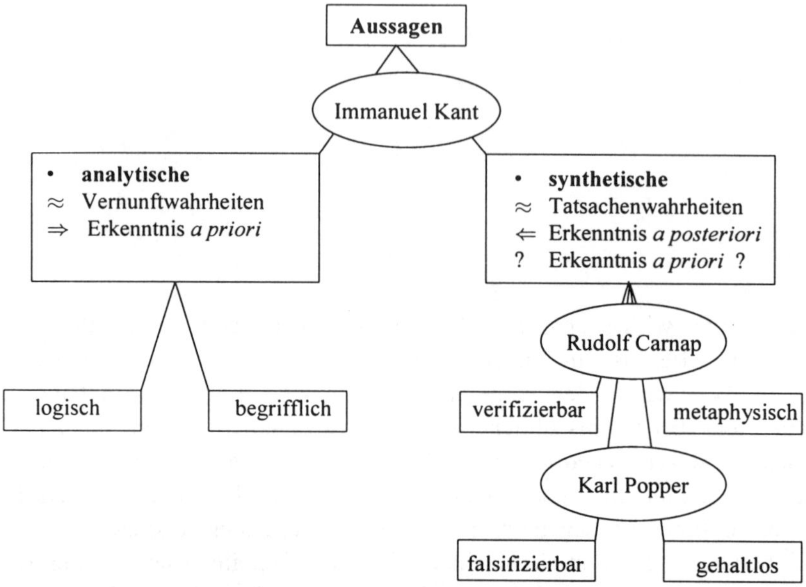

Abbildung 9.1: Einteilungen und Abgrenzungen (wissenschaftlicher) Aussagen

9.1.1 Analytische und synthetische Aussagen

Die Unterscheidung von analytischen und synthetischen Aussagen geht auf Immanuel Kants *Kritik der reinen Vernunft* aus dem 18. Jahrhundert zurück.

- Eine Aussage ist analytisch, wenn ihr Wahrheitswert ausschließlich von der Bedeutung der Ausdrücke abhängt, die in ihr vorkommen.
- Eine Aussage ist synthetisch, wenn ihr Wahrheitswert auch von den Sachverhalten abhängt, auf die sie sich bezieht.[428]

Zu den analytischen Aussagen gehören zum einen die logischen Wahrheiten, das heißt alle Aussagen, die allgemeingültigen logischen Aussageformen entsprechen: beispielsweise dem Modus tollens oder einem der korrekten Syllogismen.

---

[428] Etwa hundert Jahre vor Kant hat Gottfried Wilhelm Leibniz in ähnlicher Weise zwischen Vernunftwahrheit und Tatsachenwahrheit unterschieden. Vernunftwahrheiten sind nach Leibniz notwendig, und ihr Gegenteil ist unmöglich. Begründet werden sie, indem man sie (gegebenenfalls schrittweise) auf einfache Ideen zurückführt, die notwendigerweise wahr sind. Tatsachenwahrheiten sind dagegen nicht notwendig, auch ihr Gegenteil ist möglich. Begründet werden sie durch die Erfahrung.

◊ Die Aussage „Wenn alle Depressiven selbstmordgefährdet sind und alle Schizophrenen depressiv sind, dann sind alle Schizophrenen selbstmordgefährdet“ ist aufgrund ihrer logischen Struktur stets wahr (siehe Seite 85), d.h. sie ist eine analytische Aussage.

Analytisch sind zum anderen alle Aussagen, deren Wahrheit oder Falschheit sich zwangsläufig aus der Definition der verwendeten Begriffe ergibt. Dazu gehören vor allem Aussagen, bei denen der Prädikatbegriff bereits im Subjektbegriff enthalten ist. Die Negation einer analytisch wahren Aussage ist analytisch falsch oder, wie man auch sagt, *kontradiktorisch* (d.h. in sich widersprüchlich).

◊ Die Aussage „alle Schizophrenen sind psychisch krank“ ist analytisch wahr, weil die Schizophrenie als psychische Krankheit definiert ist. Dagegen ist die Aussage „der Schizophrene ist psychisch gesund“ kontradiktorisch oder analytisch falsch.

Der Wahrheitswert einer analytischen Aussage liegt somit von vornherein eindeutig und unabhängig von jeder Erfahrung fest.[429]

Bei synthetischen Aussagen kann dagegen die Wahrheit oder Falschheit nicht eindeutig aus logischen oder begrifflichen Überlegungen abgeleitet werden. Wir ziehen vielmehr Erfahrungen heran, um eine Entscheidung über den Wahrheitswert einer synthetischen Aussage zu treffen.[430]

◊ Synthetische Aussagen sind „Sigmund Freud starb am 23. September 1939 in London“ und „niedrig leistungsmotivierte Personen schreiben Misserfolge überwiegend ihren mangelnden Fähigkeiten zu“.[431]

Theorien, Hypothesen und Befunde der Psychologie und anderer Natur- und Sozialwissenschaften sollen Tatsachenwahrheiten sein, also synthetische Aussagen, die durch die Ergebnisse von Beobachtungen, Befragungen und Experimenten

---

429 Dieser Wahrheitswert muss aber natürlich nicht allen Personen bekannt sein.

430 Kant spricht von Erkenntnis *a priori*, wenn sie unabhängig von jeder Erfahrung ist. Erkenntnisse, die auf Erfahrung beruhen, sind *a posteriori*. Unstrittig ist: Analytizität impliziert Apriorität (Popper, 1984, S. 94). Das heißt: Analytische Aussagen sind stets a priori. Nach dem Modus tollens folgt daraus, dass a posteriori Aussagen stets synthetisch sind: Es gibt keine analytischen Aussagen a posteriori.

Kants zentrale und umstrittene erkenntnistheoretische These besteht darin, dass synthetische Aussagen nicht notwendigerweise a posteriori sind. Vielmehr gibt es nach Kant auch *synthetische Urteile a priori.* Sie drücken sog. transzendentale Erkenntnisse aus, d.h. nicht-analytische Erkenntnisse, deren Allgemeingültigkeit aber dennoch vor jeder Erfahrung sicher ist. Zu ihnen gehören die Anschauungsformen *Raum* und *Zeit* sowie das *Kausalitätsprinzip* (Jedes Ereignis hat eine regelmäßige Ursache). Ohne sie ist nach Kant keine mathematische oder naturwissenschaftliche Erkenntnis möglich. Die Möglichkeit transzendentaler Erkenntnisse über die Welt wird von den Vertretern des Empirismus und der Analytischen Wissenschaftsphilosophie als „metaphysisch“ abgelehnt. Man spricht eher von *apriorischen Annahmen*, die jeder Erkenntnis zugrunde liegen, die aber möglicherweise falsch sind.

431 Die erste Aussage ist nach Augenzeugenberichten wahr, die zweite wird aufgrund zahlreicher Untersuchungsergebnisse als richtig betrachtet (Weiner, 1988, S. 18, 303).

gestützt werden. Es besteht aber der Verdacht, dass ein wesentlicher Teil der Erkenntnisse in den empirischen Wissenschaften tatsächlich analytische Aussagen sind oder ihnen zumindest nahe kommen (siehe unten Kapitel 11.7.3.).[432]

9.1.2 Abgrenzungskriterium

Nach Auffassung von empiristischen Wissenschaftsphilosophen gibt es ein Kriterium, anhand dessen alle nicht-analytischen Aussagen in wissenschaftlich sinnvolle und wissenschaftlich sinnlose eingeteilt werden können:

- Eine nicht-analytische Aussage ist nur dann wissenschaftlich sinnvoll, wenn ihre Wahrheit oder Falschheit empirisch eindeutig festgestellt werden kann, das heißt, wenn sie sich im Prinzip mit Hilfe von Beobachtungen vollständig bestätigen oder *empirisch verifizieren* lässt.[433]

Alle anderen synthetischen Aussagen werden als „sinnlos“ oder „metaphysisch“ bezeichnet. Man nennt diese Abgrenzung deshalb auch das *empirische Sinnkriterium.*[434]

Eine vollständige Bestätigung einer wissenschaftlichen Aussage oder Theorie T mit Hilfe von Beobachtungen bedeutet, dass sie logisch zwingend aus einer Menge von Aussagen über Beobachtungsergebnisse folgt. Nennen wir diese Beobachtungsaussagen B_1 bis B_n, lautet das empirische Sinnkriterium wie folgt:

(9–1) $$B_1 \wedge \ldots \wedge B_n \rightarrow T.$$

Aussagen über direkt Beobachtbares, die in einer von der abzuleitenden wissenschaftlichen Aussage T unabhängigen Sprache formuliert sind, bezeichnet Carnap als *Protokollsätze.* Sie müssen unmittelbar und eindeutig verständlich sein, und ihre

432 Quine (1979, S. 27-42) betont, dass eine klare Trennung zwischen analytischen und synthetischen Aussagen nicht möglich sei. Seine Argumente für die Aufgabe dieser Unterscheidung sind aber nicht zwingend (Moore, 1997; Stegmüller, 1987a, S. 221-247). Sie legen vielmehr ein Kontinuum nahe: von den empirisch kaum zu erschütternden (analytischen) Aussagen bis zu den fast ausschließlich empirisch gestützten (synthetischen) Aussagen (Kukla, 1989).

433 Wittgenstein (1922), Carnap (1961), Stegmüller (1974, S. 181-183), Gemes (1998)

434 Das empirische Sinnkriterium soll zugleich wissenschaftliche und nicht-wissenschaftliche, empirische und metaphysische sowie sinnvolle und sinnlose Aussagen voneinander trennen. Damit werden metaphysische und nicht-empirische Aussagen mit sinnlosen Aussagen gleichgesetzt. Dagegen hat sich besonders Popper (1965, S. 253-292) vehement gewehrt. Er unterscheidet zunächst sinnvolle und sinnlose Aussagen und teilt alle sinnvollen Aussagen dann in „wissenschaftliche“ und „metaphysische“ ein. Demgemäß spricht er nicht mehr von einem Sinn-, sondern von einem Abgrenzungskriterium. Darüberhinaus kann ein derartiges Abgrenzungskriterium in verschiedenen Wissenschaften unterschiedlich positioniert sein. Eine Aussage, die in einer Naturwissenschaft nicht wissenschaftlich ist, kann in einer Sozialwissenschaft ihre wissenschaftliche Berechtigung haben (vgl. Stegmüller, 1974, S. 183-184).

Wahrheit muss mit Sicherheit zu erkennen sein. Protokollsätze sollen also fehlerfrei und unbeeinflusst „das Gegebene“ beschreiben. Deshalb kann der Logische Empirismus als *Positivismus* charakterisiert werden.

Die Verifizierbarkeit als Kriterium für Wissenschaftlichkeit ist recht alt und sehr weit verbreitet.[435] So legte Newton großen Wert darauf, keine bloßen Hypothesen zu veröffentlichen, sondern nur bewiesene Theorien. Bis zur Relativitätstheorie Einsteins glaubten die meisten Naturwissenschaftler, „Newton habe Gottes tiefste Gesetze entziffert, indem er sie aufgrund der Tatsachen bewiesen habe“.[436] Wenn heute in den Medien über gesellschaftlich relevante Themen (von der Gentechnik bis zur Kriminalität) diskutiert wird, werden ohne Zögern Pro- und Contra-Argumente mit der Einleitung „Es ist wissenschaftlich erwiesen, dass ...“ vorgebracht.

In der Wissenschaftsphilosophie hat sich das Verifikationskriterium hingegen eindeutig als unhaltbar erwiesen. Auf die wesentlichen Probleme hat insbesondere Popper wiederholt hingewiesen. Erstens werden Beobachtungen stets von theoretischen Vorannahmen beeinflusst. Zweitens müssen Theorien unbegrenzte Allsätze sein, deren Ableitung aus Beobachtungen keine logisch zwingende Deduktion, sondern allenfalls eine mit Unsicherheit behaftete Induktion ist.

9.1.3 Voraussetzungen für Beobachtungen

Das erste Problem entsteht beim Verifikationskriterium durch die Annahme einer voraussetzungslosen, unabhängigen, unmittelbar verständlichen Sprache, in der die Protokollsätze formuliert sind. Diese Annahme ist eindeutig nicht haltbar: Was eine Person „beobachtet“, welche Erfahrungen sie macht, ist stets abhängig von der Funktion ihrer Sinnesorgane, von ihren bisherigen Erfahrungen, vom begrifflichen Gerüst, das ihr zur Verfügung steht, von den linguistischen und fachwissenschaftlichen Fähigkeiten, die sie erworben hat, usw.[437] In diesem Sinne sind alle Beobachtungen *theoriegetränkt,* sie sind *Interpretationen im Licht von Theorien.*[438]

Selbst gewöhnliche Aussagen über einzelne Ereignisse sind von Theorien durchtränkt, weil in ihnen auch Universalien vorkommen, d.h. allgemeine Begriffe für Klassen von ähnlichen, aber nicht völlig gleichen Objekten, Verhaltensweisen oder Eigenschaften. Universalien gehen über die Bezeichnung von „unmittelbaren Erlebnissen“, die ja einmalig und in strengem Sinne nicht wiederholbar sind, hinaus.

---

435 Sprung & Sprung (1987, S. 61)

436 Lakatos (1982, S. 2)

437 Fodor (1984), Hanson (1958, S. 5-24), Kuhn (1981, S.137-141), Lakatos (1974b, S.96-97), Shapere (1982), Stegmüller (1985, S. 27-30)

438 Popper (1984, S. 73; 1994, S. 72), wobei der Begriff der Theorie alle Arten von individuellen Vorerfahrungen und Erwartungen mit umfasst.

Sie erfordern Konzepte oder „Theorien“ (wiewohl eines relativ geringen Allgemeinheitsgrades) darüber, was zur jeweiligen Klasse gehört und was nicht.[439]

◊ Die Aussage „Sigmund Freud starb am 23. September 1939 in London“ ist nur auf den ersten Blick ein unproblematischer Protokollsatz. Zum einen gibt es unterschiedliche Kriterien dafür, wann das Leben eines Menschen tatsächlich endet: beim Erlöschen aller höheren Gehirnfunktionen, beim definitiven Herz- und Kreislaufstillstand oder gar erst beim Ende des Zellstoffwechsels. Zum anderen gibt es unterschiedliche politische, historische und juristische Kriterien dafür, welche Gebiete zu „London“ gehören.

◊ Die Aussage einer Schulpsychologin „Lena hat sich in dieser Stunde aggressiv zu Oliver verhalten“ ist kein unproblematischer Protokollsatz: Welche Verhaltensweisen als aggressiv klassifiziert werden, ist in der Psychologie nicht eindeutig festgelegt und hängt wesentlich von den theoretischen Voreinstellungen ab.

Eine substanzwissenschaftliche Rechtfertigung erhält die philosophische Position von der Theoriegetränktheit aller Beobachtungen durch gestaltpsychologische, kognitive und soziale Ansätze der Wahrnehmungspsychologie. Danach ist jede Wahrnehmung ein aktiver Prozess: eine Kombination von außen aufgenommener und bereits im System vorhandener Information, eine Interpretation von sensorischen Daten auf der Basis der jeweiligen vorhandenen Kenntnisse und Erwartungen, oft sogar eine aktive Suche nach passender Information. Dies kann durch zahlreiche empirische Untersuchungen in überzeugender Weise demonstriert werden.[440]

9.1.4 Ableitung von Theorien aus Beobachtungen

Wenn wir das Verifikationskriterium (9–1) voll akzeptieren, kann eine Theorie oder Hypothese T keinen größeren Gehalt besitzen als die Konjunktion von Beobachtungsaussagen $B_1 \wedge ... \wedge B_n$, aus der sie logisch abgeleitet worden ist. Eine Theorie kann somit nach logisch-empiristischen Kriterien nicht mehr sein als die Zusammenfassung der zugrunde liegenden Beobachtungsaussagen. Da man immer nur eine endliche Anzahl von Beobachtungen anstellen kann, wären Theorien damit stets nur Aussagen über begrenzte Mengen von Sachverhalten.

◊ Eine psychologische Theorie des Gedächtnisses beschreibt nach dem empiristischen Sinnkriterium genau das Lernen, Erinnern und Vergessen, das die Versuchspersonen in den bisherigen Experimenten gezeigt haben. Sie würde aber nichts aussagen über das Gedächtnis anderer Personen in gleichartigen Experimenten oder über das Gedächtnis in alltäglichen Situationen.

---

[439] Popper (1965, S. 387; 1994, S. 61, 374-381). Trotzdem kann es natürlich Beobachtungssätze geben, die die gerade geprüften Theorien nicht voraussetzen und deshalb zur unabhängigen vergleichenden Bewertung verschiedener Theorien herangezogen werden können (Radnitzky, 1980, S. 326).

[440] Bruner (1957), Graumann (1966), Gordon (1989), Kebeck (1994)

Insbesondere Popper hat darauf hingewiesen, dass es nicht ausreichend ist, Theorien als Zusammenfassungen von Beobachtungsaussagen zu betrachten. Wissenschaftliche Theorien und Hypothesen und insbesondere die sog. Naturgesetze sollen vielmehr unbeschränkt für alle möglichen vergangenen, gegenwärtigen und zukünftigen Situationen und Zeiten gültig sein. Sie müssen deshalb die logische Form von Allaussagen über unendliche Objektmengen haben. [441]

Nicht-Verifizierbarkeit von Theorien

Wissenschaftliche Theorien entsprechen damit immer unbegrenzten Allsätzen. Beobachten können wir stets nur eine endliche Menge von Fällen, so dass Aussagen über Beobachtungsergebnisse immer Aussagen über endliche Mengen sind. Der Gehalt von Theorien geht also stets über den Gehalt von Beobachtungsaussagen hinaus. Deshalb kann eine Theorie nie logisch aus einer Menge von Beobachtungsaussagen abgeleitet werden, denn der Gehalt der Konklusion eines deduktiv-logischen Argumentes kann nicht über den Gehalt der Prämissen hinausgehen. Nach dem Verifikationskriterium des logischen Empirismus wären damit alle Theorien, die unbegrenzten Allsätzen entsprechen, wissenschaftlich nicht sinnvoll. Das Verifikationskriterium ist also definitiv zu eng und damit nicht akzeptabel.

Popper ersetzt deshalb das Verifikationskriterium durch das Kriterium der Falsifizierbarkeit.

Die Logischen Empiristen hielten jedoch am Ziel der Verifikation fest und interpretierten die Ableitung von Theorien aus Beobachtungen nicht als deduktiven, sondern als induktiven Schluss. In einer abgeschwächten Form des Verifikationskriteriums muss dann nur noch gefordert werden, dass eine wissenschaftliche Aussage *empirisch bestätigungsfähig* sein muss. Sie muss also so formuliert sein, dass Aussagen über Beobachtbares sie stützen können. Außerdem wurde versucht, ein formales System zur Rechtfertigung von induktiven Schlüssen und Ableitung von Stützungsmaßen zu entwickeln.[442] Popper hielt diesen Ausweg nicht für gangbar, da induktive Schlüsse seiner Auffassung nach prinzipiell nicht zu rechtfertigen sind.

9.2 Falsifizierbarkeit

Da das Verifikationskriterium der Logischen Empiristen aus den im vorigen Kapitel genannten Gründen nicht haltbar ist, machte Popper nicht die prinzipielle Verifizierbarkeit, sondern die prinzipielle Widerlegbarkeit (die sog. Falsifizierbarkeit) zum Kriterium für die Abgrenzung wissenschaftlicher und nicht-wissenschaftlicher Aussagen:

---

441 Popper (1994, S. 35), vgl. oben 7.1.3 und 7.1.4

442 Stegmüller (1969, S. 406-411), siehe Kapitel 4.3

- Ein theoretisches System wird dann und nur dann als wissenschaftlich bezeichnet, wenn es Aussagen macht, die mit Beobachtungen im Widerstreit stehen können.

Kurz zusammengefasst: Ein empirisch-wissenschaftliches System muss an der Erfahrung scheitern können.[443]

Popper kam zu dieser Erkenntnis, als ihm der wesentliche Unterschied zwischen physikalischen Theorien wie denen von Newton und Einstein auf der einen Seite und psychoanalytischen Theorien wie denen von Freud und Adler auf der anderen Seite deutlich wurde. Mit Adlers Theorie beispielsweise ist jedes menschliche Verhalten vereinbar, so dass sie ständig bestätigt wird. Einsteins Theorie hingegen steht mit bestimmten möglichen und ohne diese Theorie sogar erwarteten Beobachtungsergebnissen im Widerspruch.[444]

Theorie und Basissätze

Nach dem Falsifizierbarkeitskriterium muss also für jede Theorie T mindestens eine Beobachtungsaussage B existieren, aus der die Falschheit von T folgt:

(9–2) $\exists B\colon B \rightarrow \neg T.$

Dies ist genau dann der Fall, wenn die Theorie T die Negation eines Beobachtungssatzes B impliziert, denn nach dem Modus tollens (siehe Kapitel 3.4.1) ist die Forderung (9–2) äquivalent mit dem folgenden Ausdruck:

(9–3) $\exists B\colon T \rightarrow \neg B.$

Um falsifizierbar zu sein, muss eine wissenschaftliche Theorie also bestimmte beobachtbare Ereignisse „verbieten". Treten sie dennoch auf, folgt daraus die Falschheit der Theorie, sie kann falsifiziert werden. Eine Beobachtungsaussage B, die einen derartigen theoriekonträren Sachverhalt beschreibt, wird als *Basissatz* bezeichnet.

Im einfachsten Fall besteht eine *Theorie* aus einer einzigen Gesetzesaussage. Sie entspricht damit einer implikativen Allaussage der Form[445]

(9–4) $\forall x \in M\colon F(x) \rightarrow A(x)$ Theorie T

In der wissenschaftlichen Umgangssprache werden derartige Gesetzesannahmen durch „Wenn-dann-Sätze" ausgedrückt oder durch Sätze, die in derartige Konditionalsätze überführt werden können.

---

443 Popper (1994) sowie Albert (1980b), Gadenne (1984, 1994a), Seiffert & Radnitzky (1989), Westermann (1987c, Abschn. 2.3)

444 Diese von Popper (1965, S. 33-36) vollzogene Ausgrenzung psychoanalytischer Theorien scheint aus heutiger Sicht nicht adäquat zu sein. Zum einen verfügen auch als mustergültig anerkannte physikalische Theorien über einen nicht-falsifizierbaren Kernbereich (siehe Kapitel 11.7.3). Zum anderen könnte man auch aus der Psychoanalyse Konsequenzen ableiten und streng prüfen (Grünbaum, 1997).

445 siehe oben Kapitel 7.1

◊ „Wenn Frustration, dann Aggression" ist ein Konditionalsatz, die Annahme „Misserfolg führt zu Anspruchsniveausenkung" kann in einen Konditionalsatz umgeformt werden.

Jede Allaussage ist definitionsgemäß gleich einer Konjunktion von *Einzelfallaussagen.* Bei der Implikation (9–4) haben sie die Form

(9–5) $F(p) \rightarrow A(p)$ Einzelfallaussage T_p

Dabei steht p für eine bestimmte Person in einer bestimmten Situation.

Jede Implikation ist nur in genau einem Fall falsch (siehe Wahrheitstafel in Tabelle 3.2): Wenn die Prämisse wahr und die Konklusion falsch ist. Die Einzelfallaussage T_p in (9–5) ist also genau dann falsch, wenn F(p) wahr und A(p) falsch ist. Diese Beobachtungsaussage stellt einen *theoriekonträren Basissatz* dar:

(9–6) $F(p) \wedge \neg A(p)$ Basissatz B

Wenn es prinzipiell möglich ist, dass der durch B beschriebene Sachverhalt eintritt, ist T falsifizierbar.

◊ Bei der Frustrations-Aggressions-Theorie beschreibt ein theoriekonträrer Basissatz die Beobachtung, dass eine bestimmte Person frustriert worden ist und nicht aggressiv reagiert. Da eine derartige Beobachtung möglich ist, ist die Theorie falsifizierbar.

Falsifizierbarkeit als Konvention

Ob eine Theorie falsifizierbar ist, hängt also davon ab, ob beobachtbare Ereignisse denkbar sind, die einer Folgerung aus der Theorie widersprechen. Die Identifikation theoriekonträrer Beobachtungen ist allerdings in den meisten Fällen nicht so einfach, wie es zunächst den Anschein haben mag. Dafür gibt es mehrere Gründe, die wir in den folgenden Kapiteln 9.2.1 bis 9.2.3 betrachten werden:

- die mögliche Falschheit aller Beobachtungsaussagen,
- die Notwendigkeit von Zusatzannahmen bei der Ableitung von Beobachtungsaussagen aus Theorien und
- der probabilistische Charakter von Theorien.

Diese Überlegungen führen in jedem Fall zu dem Ergebnis, dass die Falsifizierbarkeit keine eindeutig feststellbare Eigenschaft einer Theorie ist. Sie ist vielmehr eine Eigenschaft, die eine Theorie erst per Konvention bekommt, d.h. durch Entscheidungen und Übereinkünfte. Damit ist die Falsifizierbarkeit kein logisch eindeutiges Kriterium zur Abgrenzung wissenschaftlicher Theorien mehr.

9.2.1 Fallibilität von Basissätzen

Ein Basissatz ist nach Popper eine Aussage über einen beobachteten Sachverhalt, der die Form einer singulären Existenzaussage hat („An der Raum-Zeit-Stelle x gibt es ...") und das Resultat eines ernsthaften Versuchs zur Falsifikation der Theorie ist.

Im Unterschied zu den Logischen Empiristen ist Popper davon überzeugt, dass auch Aussagen über Beobachtungen von Vorannahmen und Erwartungen abhängen und stets über das hinausgehen, was wir durch unmittelbare Erfahrungen sicher wissen können (siehe oben Kapitel 9.1.3). Auch Basissätze sind deshalb fallibel, d.h. man kann nie sicher sein, ob sie wahr oder falsch sind. Basissätze haben somit hypothetischen Charakter, sie sind aber deutlich konkreter als die zugrunde liegende Theorie.

Grundsätzlich kann man Basissätze durch Ableitung noch speziellerer Sätze überprüfen. Damit ergibt sich aber eine prinzipiell unendliche Begründungskette. Sie kann nur dadurch abgebrochen werden, dass man an einer Stelle auf weitere Prüfungen verzichtet und den entsprechenden Basissatz einfach akzeptiert. Idealerweise sollte dies ein Basissatz sein, über dessen Annahme sich alle sachverständigen Personen einig sind. Tatsächlich wird in Forschungsprozessen die Gültigkeit empirischer Ergebnisse meist ohne weitere Überprüfung akzeptiert.

Falsifizierbarkeit und Fallibilität

Auf jeden Fall führen die Popperschen Überlegungen zu der Erkenntnis, dass es in der Wissenschaft keine absoluten Wahrheiten geben kann. Da man jedes empirische Ergebnis anzweifeln kann, gibt es keinen logisch zwingenden Nachweis der Falschheit einer Theorie. Die Falsifizierbarkeit einer Theorie bedeutet *nicht*, dass ihre Falschheit *erwiesen* werden kann.

Die Falsifizierbarkeit einer Theorie als Kriterium für ihre Wissenschaftlichkeit muss deshalb durch Beschluss und Übereinkunft entstehen: Man legt von vornherein bestimmte mögliche Sachverhalte fest, die zur Falsifikation der Theorie führen, falls sie tatsächlich beobachtet werden. Da es gute Gründe geben mag, diese Festsetzungen zu einem späteren Zeitpunkt zu revidieren, kann auch die Falsifikation einer Theorie nie als endgültig betrachtet werden.

Worin kann der Erkenntnisgewinn in einer Wissenschaft bestehen, wenn nicht nur ihre Theorien und Hypothesen fallibel sind, sondern auch ihre empirische Basis, wenn es also weder definitiv wahre oder falsche Theorien noch unumstößliche Beobachtungstatsachen gibt?

Ein sinnvolles und erreichbares Ziel der wissenschaftlichen Forschung besteht darin, Theorien immer mehr zu verbessern, so dass sie mit immer mehr Beobachtungen übereinstimmen, das heißt sie sich immer stärker an die Wahrheit annähern. Um eine vorliegende Theorie zu verbessern, muss man ihre Schwachstellen entdecken und ausräumen. Dies ist am besten möglich, wenn die Theorie strengen Prüfungen unterzogen wird, wenn versucht wird, sie zu falsifizieren. Auf die Vor- und Nachteile einer derartigen Falsifikationsmethodologie werden wir später im Kapitel 10.2 zurückkommen.

9.2.2 Notwendigkeit von Zusatzannahmen

Oben haben wir festgestellt, dass aus einer Theorie T die Negation eines Basissatzes B ableitbar sein muss, damit die Theorie falsifizierbar ist (9–3). Dies war jedoch eine vorläufige Vereinfachung: Für die Ableitung von beobachtbaren Konsequenzen aus einer Theorie sind in aller Regel zusätzliche Annahmen notwendig. Dazu gehören vor allem Annahmen darüber, dass sich die theoretischen Konzepte tatsächlich in den konkret beobachtbaren Sachverhalten manifestieren und dass keine anderen Einflussfaktoren vorliegen (Ceteris-paribus-Bedingung).

◊ Eine Studentin versucht in der Universitätsbibliothek, einen Fachartikel zu kopieren, alle Kopiergeräte sind jedoch defekt. Nach der Frustrations-Aggressions-Theorie erwarten wir, dass sie auf diese Frustration aggressiv reagiert. Wir beobachten jedoch, dass sie fröhlich lachend das Gebäude verlässt.

Dies spricht nur auf den ersten Blick gegen die Frustrations-Aggressions-Theorie. Die Vorhersage von Aggression für die konkrete Frustrationssituation ist nämlich nur unter bestimmten Zusatzannahmen zwingend. Zum einen muss der Defekt der Kopierer für die Studentin tatsächlich eine ausreichend starke Frustration darstellen (und nicht etwa ein willkommener Vorwand, das Studium des Artikels zu vermeiden). Zum anderen dürfen keine anderen, stärker wirksamen Einflüsse vorliegen (wie eine gerade sehr gut bestandene Prüfung, die zu einer lang anhaltenden und kaum zu erschütternden Hochstimmung führt). Außerdem könnte es sein, dass die Aggression verdeckt oder später auftritt.

Aus dem beobachteten Verhalten der Studentin folgt damit nicht eindeutig, dass die Frustrations-Aggressions-Theorie falsch ist.

Zusatzannahmen und Falsifizierbarkeit

Die Notwendigkeit derartiger Zusatzannahmen hat schwerwiegende Konsequenzen für das Falsifizierbarkeitskriterium. Wenn die Negation eines Basissatzes nicht aus einer Theorie T allein ableitbar ist, sondern nur aus der Theorie zusammen mit geeigneten Zusatzannahmen, ist die Theorie T nicht mehr logisch zwingend über den Basissatz B falsifizierbar. Bezeichnen wir die Zusatzannahmen mit $Z_1, \ldots, Z_m$, gilt statt der einfachen Beziehung $T \rightarrow \neg B$ in (9–3) der Ausdruck

(9–7) $(T \wedge Z_1 \wedge \ldots \wedge Z_m) \rightarrow \neg B$.

Über den Modus tollens ergibt sich daraus

(9–8) $B \rightarrow \neg(T \wedge Z_1 \wedge \ldots \wedge Z_m)$,

was nach der Regel von deMorgan[446] äquivalent ist zu

(9–9) $B \rightarrow (\neg T \vee \neg Z_1 \vee \ldots \vee \neg Z_m)$.

---

[446] siehe Fußnote 180, Seite 79

Aus dem Basissatz B folgt also nicht zwangsläufig, dass die Theorie T falsch ist, sondern nur, dass die Theorie oder mindestens eine der Zusatzannahmen falsch ist (oder dass sowohl Theorie wie Zusatzannahmen falsch sind).

Falsifizierbarkeit trotz Zusatzannahmen

Eine naheliegende Konsequenz aus diesen Überlegungen könnte darin bestehen, wissenschaftliche Theorien als nicht falsifizierbar zu betrachten. Die Kritischen Rationalisten lehnen eine derartige *Immunisierung* von Theorien jedoch strikt ab, weil für sie die Falsifikation der einzigen Weg zum Erkenntnisgewinn ist.

Sie empfehlen vielmehr, die verwendeten Zusatzannahmen „per Konvention" zu akzeptieren: als *Hintergrundhypothesen*, die selbst streng überprüft werden können bzw. sich bereits in strengen Prüfungen bewährt haben. Diese Position ist allerdings mit zwei Problemen belastet.

Erstens kann Poppers Anspruch nicht länger aufrecht erhalten werden, dass seine Falsifikationsmethodologie keine induktiven, sondern nur deduktive logische Schlüsse beinhaltet: Wenn angenommen wird, dass früher bewährte Hilfshypothesen auch im Falle einer gegenwärtigen Theorienprüfung gelten, so ist das eine Erwartung, die in früherer Erfahrung begründet ist, also ein induktives Argument (eine empirische Vermutung, siehe Kapitel 4.2.3).

Zweitens sind viele Arten von Hilfshypothesen gar nicht streng empirisch überprüfbar. Dies gilt insbesondere für Hilfshypothesen, die sich auf einzelne Personen oder Objekte beziehen, an denen die Theorie empirisch überprüft werden soll.

◊ Es ist nicht möglich, für eine einzelne Person streng zu prüfen, ob ein bestimmtes Ereignis ein bestimmtes Maß an Frustration erzeugt hat.

Auch die Wirksamkeit anderer Einflussfaktoren kann streng genommen nie ausgeschlossen werden.[447] Aus diesem Grunde werden wissenschaftliche Theorien meist überprüft, indem man nicht Einzelfälle betrachtet, sondern verschiedene Fälle unter möglichst gleichartigen Bedingungen untersucht (siehe unten Kapitel 14).

Nach diesen Überlegungen ist die Falsifizierbarkeit keine rein logische Eigenschaft einer Theorie, über die mit Sicherheit entschieden werden kann. Die Falsifizierbarkeit ist vielmehr ein Merkmal, das Theorien durch Beschluss zugewiesen wird: Man trifft die Entscheidung, Theorien als falsifizierbar zu

---

[447] Popper betont ähnliches für physikalische Theorien und Gesetze: „Wir können von *keinem einzigen* Körper in der Natur direkt zeigen, dass er sich geradlinig fortbewegt, wenn keine Kraft auf ihn einwirkt, oder dass zwischen ihm und einem anderen Körper eine Anziehung nach dem Gravitationsgesetz wirkt. Alle diese Theorien beschreiben das, was wir als strukturelle Eigenschaften der Welt bezeichnen können, und ... die Schwierigkeit ... liegt ... in der Frage, wie man nachweisen kann, dass das Gesetz auch nur in *einem* Fall gilt; denn die Beschreibung und Überprüfung jedes einzelnen Falles setzt ihrerseits schon Strukturtheorien voraus" (Popper, 1994, S. 376-377).

betrachten, damit man im Falle einer tatsächlichen Falsifikation aus seinen Fehlern lernen kann.

9.2.3 Wahrscheinlichkeits- und Existenzaussagen

Die Forderung, dass wissenschaftliche Theorien falsifizierbar sein müssen, ist zwangsläufig mit der Annahme verbunden, dass alle wissenschaftlichen Theorien die Form implikativer Allaussagen haben. Andere Arten von Theorien müssen von vornherein als nicht-wissenschaftlich klassifiziert werden, da sie aus logischen Gründen nicht falsifizierbar sind: Theorien, die nicht deterministisch, sondern probabilistisch formuliert sind, und Theorien, die nicht nur All-, sondern auch Existenzaussagen enthalten. (Beide Eigenschaften können natürlich auch kombiniert auftreten.) Bei einigen Theorien tritt ihr probabilistischer oder existentialistischer Charakter deutlich in ihrer sprachlichen Formulierung zu Tage, bei anderen ist diese Eigenschaft durch die Formulierung verdeckt.

Existenzaussagen

Prägnante Beispiele für offene Existenzaussagen finden sich in der Physik, wenn die Existenz von Himmelskörpern, subatomaren Teilchen oder anderen Objekten mit bestimmten Eigenschaften vorhergesagt wird und danach entsprechend versucht wird, diese Objekte nachzuweisen. In der Psychologie gibt es etliche Aussagen, in denen die Existenz bestimmter Sachverhalte behauptet wird.

- ◊ Nach Klaus und Kendall gibt es unmittelbar nach der Geburt eine sensible Phase, während der es für eine optimale Entwicklung erforderlich ist, engen Körperkontakt mit dem Säugling zu halten.[448]
- ◊ Aus psychoanalytischer Sicht ist die Ursache einer generalisierten Angststörung ein unbewusster Konflikt zwischen dem Ich und Triebregungen des Es.[449]
- ◊ Die Netzhaut verfügt über drei unterschiedlich farbempfindliche Sensorentypen.[450]

Viel häufiger sind jedoch verdeckte Existenzaussagen. Da psychologische Theorien praktisch nie Zeitpunkt und -dauer eines vorhergesagten Ereignisses (also z.B. der Aggression nach einer Frustration) spezifizieren, behaupten sie nur die Existenz mindestens eines Zeitpunktes, zu dem dieses Ereignis stattfindet.

Probabilistische Aussagen

Unabhängig von Zustandekommen und Interpretation (vgl. Kapitel 7.1.5) stellen probabilistische Theorien und Hypothesen ein schwieriges Problem für das Falsifizierbarkeitskriterium dar. Probabilistische Aussagen sind streng genommen weder verifizierbar noch falsifizierbar, denn Aussagen über Wahrscheinlichkeiten

---

448 Rauh (1995, S. 183)
449 Davison & Neale (1996, S. 162)
450 Birbaumer & Schmidt (1999, S. 382)

können mit keinem Satz über endlich viele Beobachtungen in logischem Widerspruch stehen.

◊ Aufgrund vorliegender amerikanischer Befunde stellen wir die Hypothese auf, dass auch in Europa eine Person mit einer Wahrscheinlichkeit von 0,44 an Schizophrenie erkrankt, wenn beim eineiigen Zwillingsbruder bereits eine Schizophrenie ausgebrochen ist (siehe oben Seite 176). Es werden 100 Männer untersucht, deren eineiiger Zwillingsbruder schizophren ist. Es stelle sich heraus, dass keiner dieser Männer in seinem Leben jemals schizophren wird. Dieses Ergebnis lässt berechtigte Zweifel an der Gültigkeit der Hypothese mit der Erkrankungswahrscheinlichkeit 0,44 zu. Aus dem Ergebnis folgt aber nicht zwingend, dass unsere Hypothese falsch ist, denn unter den nächsten untersuchten 100 Zwillingspaaren könnten genau 88 sein, bei denen beide Brüder schizophren sind.

Popper schließt probabilistische Hypothesen dennoch nicht aus der Menge der wissenschaftlichen Aussagen aus, denn ihr wissenschaftlicher Wert und Nutzen ist unbestreitbar und die grundlegendsten Naturprozesse sind seiner Auffassung nach objektiv probabilistisch. Vielmehr empfiehlt er, durch Entscheidung, Beschluss oder Konvention Kriterien für eine „praktische Falsifikation" zu schaffen: Empirische Ergebnisse, die bei Gültigkeit der geprüften probabilistischen Hypothese sehr unwahrscheinlich sind, werden zum Anlass genommen, die Hypothese als unbrauchbar zu verwerfen. Diese Entscheidung ist aber nicht logisch zwingend und kann aufgrund weiterer Erkenntnisse auch revidiert werden.

Die übliche Anwendung von Signifikanztests in den Wissenschaften liefert derartige konventionelle Kriterien für die empirische Überprüfung von (probabilistischen und deterministischen) Hypothesen an Gruppen von Personen oder anderen Beobachtungseinheiten (siehe dazu Kapitel 15.3.6).

◊ Bei der Untersuchung von Männern mit schizophrenen Zwillingsbrüdern kann man beispielsweise festlegen, dass der tatsächliche Prozentsatz signifikant und mindestens um den Betrag eines mittelgroßen Effektes (siehe unten Kapitel 15.4) von den erwarteten 44% abweichen muss. Nach der Untersuchung der ersten 100 Männer müsste unsere Hypothese danach falsifiziert und ein Erkrankungsrisiko bei 100% angenommen werden. Würden bei der Untersuchung weiterer 100 Männern tatsächlich 88 Krankheitsfälle auftreten, würde die ursprüngliche Hypothese wieder als sehr gut bewährt gelten.

Sinnvoll festzulegen sind derartige Kriterien für eine praktische Falsifikation einer probabilistischen Hypothese jedoch nur, wenn die Hypothese auf zahlreiche Fälle bezogen wird. Eine probabilistische Hypothese über ein einzelnes Ereignis ist auch „praktisch" nicht falsifizierbar. Auch deshalb werden zur empirischen Prüfung von Hypothesen in der Psychologie in aller Regel zahlreiche Personen unter gleichen Bedingungen untersucht.

9.3 Pragmatische Abgrenzung

Carnap und Popper haben versucht, Kriterien für die Abgrenzung wissenschaftlicher Aussagen aufzustellen, die logisch formuliert werden können und im Prinzip sogar „extern", d.h. unabhängig von Kenntnissen im speziellen Fachgebiet angewendet werden können.[451] Ihre anfänglich sehr präzisen Kriterien haben sich als zu starr erwiesen und wurden zunehmend aufgeweicht und uminterpretiert. Zumindest gemessen am ursprünglichen Ziel, sinnvolle wissenschaftliche Aussagen von sinnloser Metaphysik oder zumindest doch von nicht-wissenschaftlichen Aussagen trennen zu können, muss das Programm zur Formulierung eines empirischen Sinn- oder Abgrenzungskriteriums als gescheitert angesehen werden. Zwar mag es viele unstreitige Beispiele sowohl für wissenschaftliche wie für nicht-wissenschaftliche Aussagen geben, aber es gibt eben auch einen nicht zu vernachlässigenden Übergangsbereich. Eine Abgrenzung von wissenschaftlichen und nicht-wissenschaftlichen Aussagen scheint deshalb allenfalls nach pragmatischen Kriterien möglich zu sein.

Nach skeptizistischen Auffassungen wie dem „erkenntnistheoretischen Anarchismus" von Paul Feyerabend gibt es überhaupt keine Möglichkeit, verschiedene Aussagensysteme hinsichtlich ihrer wissenschaftlichen Qualität vergleichend zu beurteilen. Sein „anything goes" ist zum berüchtigten Schlagwort gegen alle Gütekriterien für die Gewinnung von Erkenntnissen geworden.[452] Die Horoskope der Astrologie wären danach genau so viel Wert wie geprüfte und bewährte Theorien der Persönlichkeitspsychologie, die Regeln der Medizinmänner hätten die gleiche Güte wie die wissenschaftlich gestützte Medizin.[453]

Pragmatiker wie Thomas Kuhn sehen allein die Möglichkeit, dass die Mitglieder der *wissenschaftlichen Gemeinschaft* selbst („intern") entscheiden, welche Theorien ihnen akzeptabel erscheinen. Dieser pragmatische Aspekt wird auch in der Methodologie der Forschungsprogramme von Imre Lakatos betont, die auf der Paradigmenkonzeption Kuhns aufbaut und sie mit Poppers Falsifikationsmethodologie versöhnen soll. Diese pragmatischen Ansätze werden im folgenden dargestellt.

Wolfgang Stegmüller hat innerhalb der strukturalistischen Wissenschaftstheorie gezeigt, wie pragmatische Gesichtspunkte systematisch in der Wissenschaftstheorie berücksichtigt werden können, ohne in erkenntnistheoretischen Anarchismus abzugleiten, d.h. ohne das Ziel aufzugeben, Wissenschaft als rationales Unternehmen zu rekonstruieren und gegen nicht-wissenschaftliche Erkenntnisformen abzugrenzen (siehe unter Kapitel 11.9).

---

[451] Lakatos (1974a)

[452] Feyerabend (1976), Seiffert & Radnitzky (1989, S. 58-61)

[453] Beschreibungen und historische Einordnungen verschiedener Erkenntniswege: Eberhard (1987), Breuer (1988), Kriz, Lück & Heidbrink (1990)

9.3.1 Wissenschaftliche Gemeinschaften

Die wissenschaftstheoretische Konzeption von Kuhn beruht auf umfangreichen historischen und soziologischen Analysen der Entwicklung der Physik und Chemie.[454] Etliche der von ihm herausgearbeiteten Charakteristika dieser klassischen Naturwissenschaften finden sich auch in der Psychologie wieder, es gibt aber auch einige wesentliche Unterschiede.

Eine entscheidende Rolle im Prozess der wissenschaftlichen Erkenntnisgewinnung kommt nach Kuhn den *wissenschaftlichen Gemeinschaften* zu. Jede wissenschaftliche Gemeinschaft ist eine Spezialistengruppe, d.h. eine mehr oder minder große Gruppe von Personen, die eine bestimmte Art der Forschung betreiben. Charakterisiert ist jede wissenschaftliche Gemeinschaft dadurch, dass ihre Mitglieder relativ intensiv miteinander über ihre Forschungsansätze und -ergebnisse kommunizieren und dass ihre fachlichen Kenntnisse, Untersuchungsmethoden, Meinungen und Beurteilungskriterien relativ stark übereinstimmen.

Formal können wir eine konkrete wissenschaftliche Gemeinschaft WG als Untermenge der Menge der irgendwann einmal wissenschaftlich tätigen Personen charakterisieren: $WG \subseteq WISS$. Zusätzlich ist es für die präzise Analyse wissenschaftlicher Prozesse hilfreich, die zu einem bestimmten Zeitpunkt oder Zeitraum t zur WG gehörenden Personen gesondert als spezielle Untermenge zu kennzeichnen: $WG_t \subseteq WG$. Bezieht sich t auf einen umrissenen Entwicklungszeitraum, kann man WG_t als eine wissenschaftliche Generation bezeichnen.[455]

Um die gegenwärtigen Mitglieder einer konkreten wissenschaftlichen Gemeinschaft zu identifizieren, können unterschiedliche sozialwissenschaftliche Methoden angewendet werden. Man kann zum Beispiel betrachten, welche Personen in wissenschaftlichen Veröffentlichungen zitiert werden, sich ihre neuesten Manuskripte regelmäßig zusenden, die gleichen Kongressvorträge besuchen, als Gutachter für Forschungsprojekte, Publikationen, Habilitationen oder Berufungen bestellt werden und so fort. Je nach Wahl der konkreten Kriterien können sehr kleine und stark spezialisierte und sehr große und vielfältige wissenschaftliche Gemeinschaften identifiziert werden.

◊ Spezielle wissenschaftliche Gemeinschaften beschäftigen sich mit der Arbeitszufriedenheit in Verwaltungen oder mit Coping-Strategien von Frauen nach Krebsoperationen.

◊ Die große Gemeinschaft aller psychologischen Forscher besucht regelmäßig die großen nationalen und internationalen Kongresse, auf denen neben einem weiten Spektrum an speziellen Forschungsthemen auch übergreifendere Fragen behandelt werden.

Zwischen beiden Extremen können zahlreiche wissenschaftliche Gemeinschaften unterschiedlichen Allgemeinheitsgrades bestehen.

---

454 Kuhn (1974, 1977a, 1981, 1983), Hoyningen-Huene (1989), zusammenfassend: Westermann (1987c, Abschn. 2.4)

455 nach Balzer, Moulines & Sneed (1987, S. 210-215)

◊ Es gibt Gemeinschaften der Wissenschaftler, die sich mit der Kognitionspsychologie, der Gedächtnispsychologie, der Gedächtnisentwicklung oder der Entwicklung des Arbeitsgedächtnisses beschäftigen.

Die Grenzen einer konkreten wissenschaftlichen Gemeinschaft sind immer fließend und unscharf, denn bei etlichen Personen hängt die Zugehörigkeit deutlich von der Wahl der Kriterien oder des Zeitpunktes ab. Es gibt jedoch für jede interessierende wissenschaftliche Gemeinschaft einige Personen, die mit großer Sicherheit zu ihr gehören. Deshalb können wir über wissenschaftliche Gemeinschaften sprechen, auch wenn ihre genaue Zusammensetzung unbestimmt bleiben muss.

9.3.2 Paradigmen

Das wesentliche Charakteristikum einer wissenschaftlichen Gemeinschaft ist ihr *Paradigma*. Es stellt eine fachliche Prägeform dar (*disciplinary matrix*) und umfasst die von allen Mitgliedern geteilten Festlegungen (*commitments*):

- die allgemein akzeptierten Begrifflichkeiten, theoretischen Annahmen und empirischen Zusammenhänge,
- die der gemeinsamen Forschung zugrunde liegenden Weltanschauungen, Normen, Werte, Modelle, Analogien und Metaphern,
- die allgemein akzeptierten Standards für die Aufstellung, Überprüfung und Modifikation von Hypothesen und Theorien sowie
- die paradigmatischen Beispiele (*exemplars*).

Die paradigmatischen Beispiele sind vorbildliche Problemlösungen, wie man sie beispielsweise in den Übungsaufgaben von Lehrbüchern oder den Inhalten von Experimentalpraktika findet. In diesen Beispielen kommt alles zum Ausdruck, was zu einem Paradigma gehört: die von der wissenschaftlichen Gemeinschaft anerkannten Theorien, die als erfolgreich bewerteten Anwendungen dieser Theorien, Festlegungen von Hilfsmitteln, Apparaturen, Untersuchungsmethoden, Begriffsbildungen und Operationalisierungen.

In der Psychologie stellen der Behaviorismus und der Kognitivismus die deutlichsten Beispiele für Paradigmen dar.[456] Außerdem sind die *Bewusstseinspsychologie* in der Tradition von Wundt und die *Gestaltpsychologie* der Berliner Schule als Paradigmen im Sinne Kuhns beschrieben worden.

◊ Das Paradigma der Kognitionspsychologen ist unter anderem gekennzeichnet durch die Annahmen, dass das kognitive System Repräsentationen externer Objekte umfasst und dass menschliches Denken analog zur Informationsverarbeitung in Computern abläuft.[457]

◊ Nach dem Paradigma der Behavioristen wird das Verhalten ausschließlich durch Umweltreize gesteuert. [458]

---

456 Herrmann (1976), Groeben & Scheele (1977), Heinen (1980)

457 Lachman, Lachman & Butterfield (1979)

458 Bower & Hilgard (1983)

Ein Paradigma gibt der wissenschaftlichen Arbeit Richtung und Form. Es sagt dem Wissenschaftler, welche Arten von Objekten und Zusammenhängen er beschreiben und analysieren soll.

Kein psychologisches Paradigma ist allerdings so unangefochten und dominierend wie die Paradigmen der ausgereiften Naturwissenschaften.[459] Die Psychologie ist vielmehr eine *multiparadigmatische Wissenschaft*, in der verschiedene wissenschaftliche Gemeinschaften und Paradigmen nebeneinander existieren.

Erworben wird die einheitliche Sichtweise eines Paradigmas während der wissenschaftlichen Ausbildung: durch die Inhalte der Lehrveranstaltungen, durch die Bewertungen von Diplom-, Promotions- und Habilitationsarbeiten sowie durch die Begutachtung von Manuskripten für Zeitschriften und Anträgen für Forschungsprojekte. Während dieser langen Sozialisation neuer oder künftiger Mitglieder werden diese immer wieder mit typischen Problemen und paradigmatischen Lösungen konfrontiert. Sie erwerben damit ein oft implizites, intuitives Wissen über Theorien, Methoden und Normen, das dazu führt, dass sie Situationen in ähnlicher Weise „sehen" und Probleme in ähnlicher Weise angehen wie die anderen Mitglieder der wissenschaftlichen Gemeinschaft.

Die Bestandteile eines Paradigmas sind in der Regel nirgendwo vollständig niedergeschrieben. Über sie wird kaum offen diskutiert. Oft sind paradigmatische Annahmen den Wissenschaftlern überhaupt nicht bewusst und müssen erst rekonstruiert werden. Trotzdem verhalten sich die Mitglieder einer wissenschaftlichen Gemeinschaft so, als hätten sie beschlossen, das Paradigma als Basis ihres wissenschaftlichen Denkens und Handelns zu akzeptieren und nicht in Frage zu stellen.

Wissenschaftliche Theorien, Modelle und Hypothesen, die Bestandteile eines Paradigmas sind, werden also durch einen impliziten Beschluss der Mitglieder einer wissenschaftlichen Gemeinschaft akzeptiert. Im Gegensatz zu den Vorstellungen von Carnap und Popper spielen empirische Beobachtungen und Prüfungen dabei nur eine sehr untergeordnete Rolle. Etliche paradigmatische Annahmen sind auch so allgemein, dass sie gar keiner empirischen Prüfung oder Fundierung zugänglich sind.[460] Trotzdem sind derartige Beschlüsse weder willkürlich und unbegründet, denn insgesamt wird ein Paradigma nur so lange akzeptiert, wie es zu erfolgreicher wissenschaftlicher Forschung führt.

9.3.3 Harte Kerne von Forschungsprogrammen

Auch in der Methodologie der Forschungsprogramme von Imre Lakatos wird hervorgehoben, dass wissenschaftliche Theorien zumindest teilweise per Beschluss der

---

459 Peterson (1981), Staats (1981), Westmeyer (1981), Gholson & Barker (1985), Witte (1987)

460 Dazu gehören auch Kants synthetische Urteile a priori (Kukla, 1989).

Wissenschaftler akzeptiert werden.[461] Die von einem Paradigma im Sinne Kuhns geleitete Forschung einer wissenschaftlichen Gemeinschaft bezeichnet Lakatos als ein Forschungsprogramm. Jedes Forschungsprogramm ist durch eine Reihe von aufeinander folgenden Theorien T_1, T_2, T_3, ... mit einem gemeinsamen *harten Kern* gekennzeichnet. Dieser Kern besteht aus einer Klasse von theoretischen Aussagen, für die die Forscher beschlossen haben, sie trotz aller eventuell gegen sie sprechenden empirischen Befunde so lange wie mögliche beizubehalten. Die theoretischen Aussagen im harten Kern werden also per Beschluss als unwiderlegbar akzeptiert, sie sind vom Risiko einer Falsifikation ausgenommen. Theorieteile außerhalb des harten Kerns können verändert werden: zum einen um abweichende empirische Befunde zu erklären, zum anderen um die Theorie auf neue Sachgebiete anwenden zu können.

◊ In der psychologischen Forschung zur Dissonanztheorie werden die Grundannahmen der Theorie nicht in Frage gestellt: Kognitionen können konsonant und dissonant sein; die Größe der Dissonanz hängt von den Wichtigkeiten der Kognitionen ab; Dissonanz erzeugt einen Reduktionsdruck; dieser Druck ist umso größer, je größer die Dissonanz ist. Die verschiedenen Modifikationen und Weiterentwicklungen der Theorie stellen eine Theorienreihe dar.

In der Psychologie gibt es neben derartigen *theorie-orientierten* Forschungsprogrammen vor allem *problem-orientierte* Forschungsprogramme. In ihnen wird ein (relativ konstanter) Gegenstandsbereich sukzessiv mit Hilfe von verschiedenen Theorien, Hypothesen oder Modellen analysiert.[462]

◊ Wie Meinungen und Einstellungen von Personen geändert werden können, wird in der Psychologie seit mehreren Jahrzehnten erforscht. Dabei wurden verschiedene Theorien zugrunde gelegt und verschiedene Aspekte betont, beispielsweise Eigenschaftstheorien, Konditionierungstheorien, soziale Urteilstheorien, Konsistenztheorien und rationale Handlungstheorien.[463]

In beiden Arten von Forschungsprogrammen spielen Theorien (im weitesten Sinn) eine unterschiedliche Rolle. In einem theorie-orientierten Forschungsprogramm wird eine (relativ konstante) Theorie unter verschiedenen Bedingungen geprüft, auf verschiedene Sachverhalte angewendet und im Idealfall immer weiter verbessert. In einem problem-orientierten Forschungsprogramm wird geprüft, inwieweit ein (relativ konstantes) Sachgebiet mit Hilfe unterschiedlicher Theorien analysiert und idealerweise immer besser erklärt werden kann.

---

461 Lakatos (1974b, 1982), zusammenfassend: Westermann (1987c, Abschn. 2.5)

462 Herrmann (1976, 1994). Die meisten Forschungsaktivitäten sind Teil mehrerer Forschungsprogramme und sowohl theorie- wie problem-orientiert.

463 Saks & Krupat (1988), Stroebe & Jonas (1996)

10 Entstehung und Veränderung von Theorien

Wie wissenschaftliche Theorien entstehen, wird in Arbeiten zur Wissenschaftsgeschichte beschrieben, teilweise auch bei der Darstellung von Theorien in Monographien oder Lehrbüchern. In der Wissenschaftstheorie wird versucht, die Entstehung oder Genese von Theorien systematisch zu analysieren.

Weitgehend Einigkeit besteht darüber, dass die Entwicklung einer Theorie über die Zeit entscheidend von den vorhandenen Erfahrungen abhängt. Dabei werden je nach erkenntnistheoretischer Grundorientierung unterschiedliche Einflussfaktoren hervorgehoben. Empiristen betonen die „induktive“ Ableitung von neuen und modifizierten Theorien aus den jeweils gesammelten Erfahrungen (Kapitel 10.1). Rationalisten betonen die „deduktive“ Ableitung von Vorhersagen aus der jeweiligen Theorieform, deren Nicht-Eintreten Anlass für weitere Modifikationen ist (Kapitel 10.2). Schematisch ist dies in Abbildung 10.1 dargestellt. Bei der Entstehung einer psychologischen Theorie, lassen sich in der Regel alle Aspekte auffinden, je nach betrachteter Theorie aber unterschiedlich deutlich. Eine wichtige Rolle spielen auch, wie pragmatische Wissenschaftstheoretiker betonen, (stillschweigende) Übereinkünfte (Kapitel 10.3).

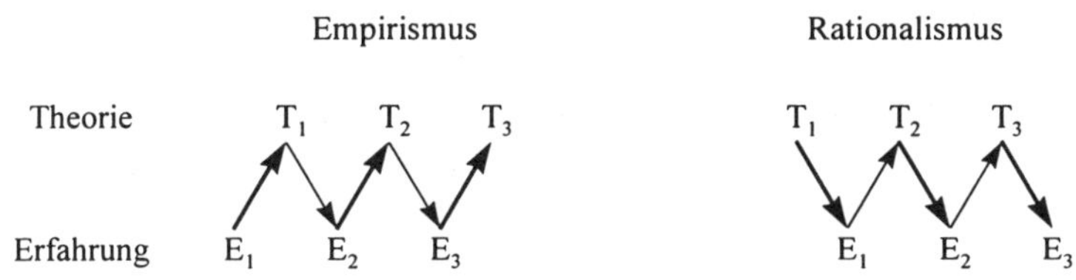

Abbildung 10.1: Induktive und deduktive Aspekte bei der Entstehung von Theorien

10.1 Verallgemeinerungen von Erfahrungen

Für Empiristen entstehen Theorien durch Abstraktion und Verallgemeinerung von Erfahrungen, die Ableitung von Theorien ist für sie also ein *induktiver* Prozess.

◊ Die Theorie der kognitiven Dissonanz ist Anfang der fünfziger Jahre aus Bemühungen entstanden, die vorliegenden Forschungsergebnisse zur Beeinflussung von Meinungen durch soziale Kommunikation zu integrieren.[464]

Entwicklungsstufen

Konkret wird bei der Beschreibung der Theoriengenese aus empiristischer Sicht häufig zwischen vier Stufen unterschieden:[465]

1. Die Objekte und Phänomene des Forschungsbereiches werden abgegrenzt, beobachtet und beschrieben. Dazu werden auch neue Begriffe eingeführt.
   ◊ Bereits in den vierziger Jahren wurden umfangreiche Erfahrungen über die Auswirkungen von meinungsändernden Kommunikationen (*persuasive communications)* gesammelt.[466] Diese reichen von Erziehungsprogrammen und Werbefeldzügen bis hin zur Ausbreitung von Gerüchten und Moden. In zahlreichen Berichten und praxisorientierten Untersuchungen werden Durchführung und Auswirkungen entsprechender Meinungsänderungen geschildert und interpretiert. Dazu wurden unter anderem Umfragen durchgeführt und interessierende Variablen miteinander korreliert. Beispielsweise wurde festgestellt, dass sich in einem von Erdbeben erschütterten Gebiet in starkem Maße Gerüchte verbreiteten, dass noch größere Katastrophen eintreten werden.[467]
2. Um nicht nur Beobachtungen sammeln und beschreiben zu müssen, werden *empirische Generalisierungen* aufgestellt: einfache, meist nominale Gesetzesannahmen, die die beobachteten Regelmäßigkeiten aufgreifen und verallgemeinern.
   ◊ Festinger begann seine integrative Arbeit mit einer Zusammenstellung der empirischen Ergebnisse zur Ausbreitung von Gerüchten. Als Regelmäßigkeit ergab sich dabei unter anderem: Damit ein Gerücht weite Verbreitung finden kann, muss eine große Anzahl von Personen sich in einer ähnlichen, unsicheren Lage befinden und in direktem oder indirektem Kontakt miteinander stehen.[468]

   In einem an der Yale-Universität durchgeführten Forschungsprogramm wurden ebenfalls allgemeine Aussagen über die Wirkung von Kommunikations- und Beeinflussungsprozessen aufgestellt und experimentell geprüft. Dabei ergab sich unter anderem, dass eine Meinungsänderung durch Vertreten der neuen Meinung im Rollenspiel gefördert und durch Erzeugung von Angst behindert wird.[469]
3. Die empirischen Generalisierungen werden in eine deduktive Systematisierung gebracht, so dass speziellere aus allgemeineren Sätzen abgeleitet werden können.

---

464 Festinger (1978, S. 8-11). Auch die Theorien von Charles Darwin und Jean Piaget entstanden nach umfangreichen Beobachtungen (Lewin, 1986, S. 37-38).

465 Hempel (1958, S. 158), Kutschera (1972b, S. 252-253), Stegmüller (1974, S. 465-468)

466 Hovland, Janis & Kelley (1953, S. V)

467 Festinger (1978, S. 229-237)

468 Festinger (1978, S. 9, 195)

469 Hovland, Janis & Kelley (1953, S. 2-6, 271, 278)

◊ Befunde zur Ausbreitung von Gerüchten und zur Meinungsänderung nach Rollenspielen werden durch die Annahme zusammengefasst, dass wir dazu tendieren, bevorzugt Informationen aufzunehmen, die mit unserem Verhalten übereinstimmen.

4. Das Stadium der Theorienbildung ist erreicht, wenn zur Erklärung der systematisierten Zusammenhänge Begriffe, Konstrukte und Annahmen verwendet werden, die nicht mehr vollständig durch beobachtbare Objekte und Beziehungen definiert werden können, sondern nur noch eine partielle Deutung erhalten.

   ◊ Mit dem theoretischen Begriff der Dissonanz und der Annahme, dass sie einen Reduktionsdruck nach sich zieht, kann Festinger viele Befunde zu Gerüchten, Rollenspielen und anderen Kommunikations- und Beeinflussungsprozessen in einheitlicher Weise theoretisch erklären. Außerdem können bislang nicht beachtete Phänomene aus der Theorie vorhergesagt und experimentell demonstriert werden, z.B. die veränderten Bewertungen gewählter und nicht-gewählter Alternativen nach getroffenen Entscheidungen oder die bevorzugte Aufnahme einstellungskongruenter Informationen.

Beschränkungen des Stufenschemas

Das Stufenschema gibt nur eine vereinfachte, unvollständige Darstellung der Theoriengenese.[470] Erstens sind in tatsächlichen Wissenschaftsprozessen die Stufen schwer abzugrenzen und können auch in veränderter Reihenfolge auftreten.

Zweitens müssen Beobachtung und Theorienbildung nicht so weit entfernt sein, wie es den Anschein hat. Sie sind vielmehr eng miteinander verknüpft. Zum einen sind ohne Theorie gar keine systematischen Beobachtungen möglich, denn „die Natur antwortet nicht, wenn sie nicht gefragt wird".[471] Außerdem gibt es keine voraussetzungslose Beobachtung, so dass die Wissenschaft nicht einfach von den Beobachtungen zur Theorie voranschreiten kann (siehe oben Kapitel 9.1.3).

Drittens werden wichtige Aspekte des wissenschaftlichen Fortschritts überhaupt nicht erwähnt, zum Beispiel Präzisierungen, empirische Bestätigungen oder Erschütterungen von Hypothesen oder Ersetzungen von Theorien durch bessere.

Viertens schließlich suggeriert dieses Stufenschema, dass die Theorien eindeutig und zwanglos aus Daten und empirischen Generalisierungen herauswachsen. Dies ist jedoch nicht der Fall. Die Einführung theoretischer Begriffe und Erklärungsprinzipien ist keine einfache Generalisierung, sondern ein Problemlösungsprozeß eigener Art, der zu verschiedenen Ergebnissen führen kann. Welche Konzepte und Annahmen ein Wissenschaftler zur theoretischen Erklärung empirischer Befunde heranzieht, hängt zum einen von den bisher vertretenen Theorien ab, zum anderen von den grundlegenden Orientierungen seiner wissenschaftlichen Gemeinschaft. Diese Faktoren werden im Rahmen der rationalistischen und pragmatischen Überlegungen zur Theoriengenese akzentuiert.

---

470 Stegmüller (1974, S. 471), Kutschera (1972b, S. 253)
471 Popper (1994, S. 225)

◊ Festingers Konzept der kognitiven Dissonanz und seine Annahme, dass Personen bestrebt sind, bestehende Dissonanz zu reduzieren, folgen nicht zwangsläufig aus den Befunden und Generalisierungen zu sozialen Beeinflussungsprozessen. Seine Theorie ergibt sich vielmehr aus den Grundannahmen einer Gruppe von Erklärungsansätzen, die man als *Konsistenztheorien* zusammenfasst: Kognitive Gegebenheiten streben nach Konsistenz, nach Ausgewogenheit, nach „guter Gestalt".[472] Diese Grundannahme geht auf die Berliner Schule der Gestaltpsychologie zurück. Aus ihr stammen Kurt Lewin, in dessen Theorie der Spannungsausgleich das oberste Leitprinzip ist, und Fritz Heider, dessen Balancetheorie noch heute bekannt ist. Festinger war Schüler von Lewin und erwähnt die Parallelität seiner Theorie zu den Ideen Heiders.[473]

10.2 Prüfungen und Verbesserungen

Für Rationalisten entstehen Theorien primär durch Nachdenken, durch gezielten Einsatz des menschlichen Verstandes. Im Prinzip können sie durch zunächst völlig unbegründete Einfälle, Spekulationen und Antizipationen entstehen.[474] Eine Theorie wird allerdings, und dies ist entscheidend, nur dann beibehalten, wenn sie sich in nachfolgenden strengen empirischen Prüfungen bewährt (Kapitel 10.2.1). Völlig neu sind Theorien nur selten. In der Regel besteht Theorienentwicklung darin, eine vorliegende Theorie zu falsifizieren und durch eine etwas andere, aber bessere Theorie zu ersetzen (Kapitel 10.2.2).

10.2.1 Strenge und Bewährung

Eine Theorie wird empirisch geprüft, indem Vorhersagen über beobachtbare Sachverhalte abgeleitet und mit tatsächlichen Untersuchungsergebnissen verglichen werden. Eine empirische Prüfung einer Theorie soll uns, allgemein gesagt, Informationen darüber geben, wie gut die Theorie ist, das heißt wie gut sie die Realität beschreiben, vorhersagen und erklären kann.

Besteht eine Theorie eine empirische Prüfung, d.h. stimmen die aus ihr abgeleiteten Vorhersagen hinreichend genau mit den Ergebnissen überein, spricht dies nur dann für die Güte der Theorie, wenn die Prüfung ausreichend streng war. Auch im Alltag sagt eine bestandene Prüfung oder ein erworbenes Zertifikat nur dann etwas über die Qualifikation der Person aus, wenn die Prüfung hinreichend streng war.

◊ Eine Psychologin führt in einem Betrieb eine Eignungsprüfung für eine besonders anspruchsvolle Tätigkeit durch. Setzt sie die Anforderungen zu niedrig, besteht die Gefahr, dass auch Personen die Prüfung bestehen, die tatsächlich gar nicht geeignet sind.

---

472 Heckhausen (1989, S. 37-38)
473 Festinger (1978, S. 21)
474 Popper (1994, S. 7-8)

Deshalb führt sie eine strenge Prüfung durch: Ein Bewerber muss sehr hohe und genau festgelegte Kriterien erfüllen, um für die Tätigkeit empfohlen zu werden.

Strenge Prüfungen von Theorien müssen demnach ein wichtiges Ziel jeder empirischen wissenschaftlichen Forschung sein. Dieses Ziel beinhaltet zwei Aspekte, die nicht vermengt werden dürfen: die Frage, inwieweit die Theorie prinzipiell streng *prüfbar* ist, und die Frage, inwieweit sie tatsächlich streng *geprüft* wird:

- Jede Theorie ist so zu formulieren, dass sie empirisch möglichst streng prüfbar ist.
- Jede empirische Prüfung einer Theorie ist möglichst streng zu gestalten.

Strenge Prüfbarkeit und empirischer Gehalt

Die Prüfbarkeit einer Theorie ist umso größer, je größer ihr *empirischer Gehalt* ist:

- Der empirische Gehalt ist umso größer, je mehr potenzielle Falsifikatoren die Theorie hat, das heißt je größer die Menge der möglichen Beobachtungsaussagen ist, die der Theorie widersprechen.[475]

Der empirische Gehalt einer Theorie und damit die Strenge, mit der sie prüfbar ist, kann erhöht werden, indem ihre Allgemeinheit und ihre Bestimmtheit vergrößert wird. Die *Allgemeinheit* einer Theorie wird erhöht, wenn die Menge der Objekte, Situationen oder Phänomene erhöht wird, auf die die Theorie anwendbar ist. Die *Bestimmtheit* einer Theorie wird erhöht, indem ihre Aussagen präzisiert werden.

◊ Die Dissonanztheorie diente ursprünglich zur Erklärung sozialer Beeinflussungsprozesse. Festinger erhöhte ihre Allgemeinheit, indem er sie auch auf Situationen nach Entscheidungen und aufgenötigtem einstellungskonträrem Verhalten anwendete.

◊ Die Bestimmtheit der Dissonanztheorie wird erhöht, wenn nicht nur irgendeine Art der Dissonanzreduktion vorhergesagt wird, sondern speziell angenommen wird, dass die tatsächliche Meinung geändert wird.[476]

Ist ein theoretischer Zusammenhang als Implikation A → B formuliert, ist die Allgemeinheit umso größer, je häufiger die Prämisse A erfüllt ist, und die Bestimmtheit ist umso größer, je unwahrscheinlicher es ist, dass die Konklusion B erfüllt ist.

Der Gehalt einer Theorie darf aber nicht unbeschränkt erhöht werden. Je größer der Gehalt ist, desto eher werden Daten der Theorie widersprechen.[477] Allgemeinheit und Bestimmtheit müssen deshalb so gewählt werden, dass die Theorie in empirischen Prüfungen auch noch eine faire Bewährungschance hat.

---

475 Popper (1994, S. 77-87)

476 siehe ausführlicher unten Kapitel 11.4.3

477 siehe Opp (1976, S. 264-277)

Strenge der Prüfung und Grad der Bewährung

Von der Strenge, mit der eine Theorie (aufgrund ihrer Formulierung) prüfbar ist, ist die Strenge zu unterscheiden, mit der sie in einer bestimmten Untersuchung tatsächlich geprüft wird.[478]

- Eine empirische Prüfung ist streng, wenn sie so angelegt ist, dass ein Scheitern der zu prüfenden Theorie zu erwarten ist, falls diese tatsächlich falsch ist.[479]

Anders ausgedrückt: Die Prüfung einer Theorie oder Hypothese ist um so strenger, je unwahrscheinlicher die aus der Theorie abgeleitete Vorhersage nach dem bisherigen Wissen (ohne die geprüfte Theorie) ist. Umgekehrt ist eine Prüfung umso weniger streng, je wahrscheinlicher es aufgrund anderer Theorien und Annahmen ist, dass die Theorie sich bewährt, auch wenn sie falsch ist.

Konkret erhöht oder vermindert werden kann die Strenge einer Prüfung durch die Art der Untersuchung, der Kontrolle von Störfaktoren, der statistischen Auswertung und der Entscheidungskriterien. Auf diese Aspekte der *Versuchsplanung* und der Sicherung der *Validität* der Untersuchung gehen wir ausführlich in den Kapiteln 12 bis 18 ein.

Wenn eine Theorie mehrfach empirisch geprüft wird und sich dabei jedes Mal bewährt, ist der *Grad der Bewährung* dieser Theorie umso größer, je größer die Anzahl der bestandenen Prüfungen ist. Viel stärker als von der Anzahl hängt der Bewährungsgrad aber von der Strenge der Prüfungen ab:

- Je strenger die Prüfungen waren, die eine Theorie erfolgreich bestanden hat, desto größer ist der Grad der Bewährung, den diese Theorie hat.[480]

10.2.2 Falsifikation und Erkenntnisfortschritt

Wenn sich bei gezielten empirischen Prüfungen systematische Abweichungen zwischen Theorie und Empirie zeigen, kann eine Theorie falsifiziert werden, sie muss aber nicht falsifiziert werden. Eine Theorie zu falsifizieren ist dann sinnvoll und notwendig, wenn sie durch eine bessere Theorie ersetzt werden kann.

Eine neue Theorie T_2 ist besser als die ursprüngliche Theorie T_1, wenn mit ihr ein Erkenntnisgewinn verbunden ist, d.h. wenn sie näher an der Wahrheit liegt. Dies ist dann der Fall, wenn die folgenden vier Bedingungen erfüllt sind:[481]

---

[478] Eine Theorie, die streng prüfbar ist, kann je nach Gestaltung der Untersuchung tatsächlich mehr oder weniger streng geprüft werden. Eine Theorie, die nicht streng prüfbar ist, kann tatsächlich auch nicht streng geprüft werden.

[479] Popper (1965, S. 220-240), Gadenne (1976, S. 56)

[480] Diese Bewährungsgrade nach Popper (1985, S. 217-278; 1994, S. 211-214) sollen, anders als Carnaps Bestätigungsmaße, keine Wahrscheinlichkeiten für die Gültigkeit von Theorien sein (Gadenne, 1994a; Lenzen, 1974). Im pragmatischen Konzept der Bestätigung (siehe oben Seite 98) ist die Strenge der Prüfung als Teil der Validität berücksichtigt (vgl. unten Kapitel 13).

1. T_2 steht mit allen Fakten in Einklang, mit denen auch T_1 in Einklang steht,
2. T_2 steht mit wenigstens einigen Basissätzen in Einklang, die T_1 widersprechen,
3. T_2 erlaubt darüber hinaus die Ableitung neuer oder präziserer Vorhersagen,
4. T_2 bewährt sich in zumindest einigen dieser Prüfungen.

Die Ersetzung einer Theorie durch eine bessere, wahrheitsnähere kann als Teil eines evolutionären Prozesses betrachtet werden, durch den die Anpassung der Organismen an die Umwelt sukzessiv verbessert wird.[482]

Empirischer Gehalt und Erkenntnisgewinn

Wenn die vier genannten Bedingungen erfüllt sind, hat die Theorie T_2 einen größeren *empirischen Gehalt* und ist empirisch *besser bewährt* als die Theorie T_1.

Die erste Bedingung ist meist nur dann zu erfüllen, wenn die T_2 keine völlig neue Theorie ist. Bestünde T_2 aus anderen Begriffen und Annahmen als T_1, wäre meist nicht eindeutig festzustellen, ob sie auch mit den gleichen vorliegenden Ergebnissen vereinbar ist. T_2 wird deshalb häufig eine verbesserte Version von T_1 darstellen.

In diesem Fall scheint es relativ einfach zu sein, auch die zweite Bedingung zu erfüllen, denn für jede Theorie lassen sich *ad hoc* spezifische Ergänzungen finden, die genau die abweichenden Ergebnisse erklären.[483]

Bei derartigen *ad hoc* Modifikationen kann jedoch meist die entscheidende dritte Bedingung nicht erfüllt werden: Neue Vorhersagen ergeben sich nur, wenn die Theoriemodifikationen hinreichend allgemein sind, und nur wenn die neue Theorie auch neue, überprüfbare Vorhersagen erlaubt, stellt sie tatsächlich einen Erkenntnisgewinn dar.

Progressive Theorienreihen

Wenn die modifizierte Theorie T_2 sich bei einer empirischen Prüfung nicht bewährt, muss auch sie wiederum modifiziert werden. Dadurch entsteht eine *Theorienreihe* T_1, T_2, T_3 usw. Diese Theorienreihe und damit auch das entsprechende Forschungsprogramm ist solange *progressiv*, wie die jeweils neueste Theorie besser (im oben definierten Sinn) als ihre Vorgängerin ist.[484]

◊ In etlichen Experimenten zur Überprüfung der Dissonanztheorie traten die aus der Theorie vorhergesagten dissonanzreduzierenden Kognitions- oder Verhaltensänderungen nicht auf (siehe oben Seite 109). Um diese abweichenden Befunde erklären zu können, wurde Festingers Form der Dissonanztheorie von verschiedenen Autoren modifiziert.[485]

---

481 Popper (1965, S. 232-242; 1994, S. 217, 429)

482 Campbell (1974), Markl (1987), Radnitzky (1988), Popper (1984)

483 Man kann stets annehmen, dass die an sich theoriekonformen Zusammenhänge durch spezifische Merkmale der beteiligten Personen oder der realisierten situationalen Umstände verfälscht worden sind (*Exhaustion* der Theorie, siehe oben Seite 35).

484 Lakatos (1974b, S. 115-117)

485 Aronson (1968), Irle (1975), siehe unten Abschnitt 11.4.2

Da diese Theoriemodifikationen zunehmend besser geeignet sind, vorliegende empirische Befunde zu erklären, sind sie Elemente einer progressiven Theorienreihe.

◊ Für Attributionstheoretiker wird menschliches Verhalten und Erleben wesentlich durch Ursachenwahrnehmungen bestimmt. Als entscheidend wurde dabei zunächst angesehen, ob eine internale oder eine externale Ursachenzuschreibung vorgenommen wurde. Später wurden die zugeschriebenen Ursachen zusätzlich danach klassifiziert, ob sie stabil oder variabel sind. Eine noch bessere Erklärung empirischer Befunde erhielt man, als man außerdem zwischen kontrollierbaren und unkontrollierbaren Ursachen unterschied.[486]

◊ Die ACT*-Theorie von J.R. Anderson war bei ihrer Präsentation im Jahre 1983 das letzte Element einer (progressiven) Reihe von Theorien zur Erklärung menschlicher kognitiver Prozesse.[487] Am Anfang stand ein Modell zur Computersimulation der inhaltlichen Kategorisierungen, in denen die freie Wiedergabe von Lernmaterial erfolgte. In nachfolgenden Theorieformen wurden sukzessiv verschiedene vorliegende theoretische Konzepte integriert: propositionale Netzwerkrepräsentationen, Produktionssysteme und Mechanismen der Aktivationsausbreitung. Diese Veränderungen erfolgten, um immer mehr Bereiche von kognitiven Phänomenen simulieren und erklären zu können.[488]

10.3 Anpassungen und Umwälzungen

Aus pragmatischer Sicht werden bei der Betrachtung der Genese einer Theorie die Faktoren betont, die mit ihrer Verwendung zu tun haben: mit den Personen, die sie vertreten, mit den Zwecken, denen die Theorie dienen soll, mit der wissenschaftlichen Entwicklungsperiode, in der die Theorie entstand. Beschrieben und betont werden derartige pragmatische Faktoren insbesondere von Thomas Kuhn.[489]

Nach seinen Ergebnissen müssen während der Entwicklung einer Wissenschaft normalwissenschaftliche und revolutionäre Phasen unterschieden werden. Während der langen normalwissenschaftlichen Phasen läuft die Theorienentwicklung völlig anders ab als in den relativ kurzen revolutionären Phasen.

Normalwissenschaftliche Forschung

Jede normalwissenschaftliche Phase ist durch ein bestimmtes Paradigma gekennzeichnet, d.h. durch ein allgemein akzeptiertes fachliches Prägesystem und seine exemplarischen Problemlösungsbeispiele, die zu einer einheitlichen Art der Weltsicht, der Problembearbeitung und Forschung führen. Die normale, paradigmengeleitete Forschung beruht auf der impliziten Annahme, dass die wissenschaftliche Gemeinschaft grundsätzlich weiß, wie die Welt beschaffen ist.

---

486 Weiner (1992, S. 248-253)

487 Anderson (1983, S. vii - ix)

488 In nachfolgenden Jahren wurde auch die ACT* erheblich revidiert. Eine der späteren Versionen ist ACT-R (Anderson, 1993, 1996b; Anderson & Matessa, 1997).

489 Kuhn (1974, 1977a, 1981), vgl. oben Seite 199 ff.

Der Nachteil normalwissenschaftlicher Forschung besteht darin, dass sie eher bestrebt ist, an bestimmten Begriffen, Gesetzen, Theorien und Methoden festzuhalten, als neue Theorien und überraschende Fakten zu finden. Man kann sie „als einen rastlosen und hingebungsvollen Versuch beschreiben, die Natur in die von der Fachausbildung gelieferten Begriffsschubladen hineinzuzwängen".[490]

Der Vorteil der normalwissenschaftlichen Forschung besteht darin, dass die Paradigmen die Fähigkeit des Wissenschaftlers verbessern, fachwissenschaftliche Probleme zu lösen. Ein Paradigma zwingt die Wissenschaftler, ihre Gegenstandsbereiche mit einer Genauigkeit und bis zu einer Tiefe zu beschreiben und zu erklären, die sonst niemals in Angriff genommen worden wären.

◊ Innerhalb des behavioristischen Paradigmas wurden viele Aspekte des Lernens bei Tieren und Menschen in zahlreichen Experimenten sehr detailliert analysiert, beispielsweise der Verlauf von Generalisationsgradienten, die Grenzen der Reizdiskrimination oder die Wirkung unterschiedlicher intermittierender Verstärkungen.[491]

Anomalien

Besonders interessant sind in der normalwissenschaftlichen Forschung systematische Abweichungen zwischen theoretischen Erwartungen und empirischen Beobachtungen. Sie werden von Kuhn als *Anomalien* bezeichnet. Nach Popper sollen derartige Anomalien (unter bestimmten Bedingungen) zur Falsifikation der Theorie und zur Aufgabe des gesamten Paradigmas führen. Kuhn zieht jedoch aus seinen historischen Untersuchungen den Schluss, dass Wissenschaftler noch niemals auf eine Anomalie mit einer sofortigen Falsifikation der ganzen Theorie reagiert haben.

◊ Obwohl in etlichen Experimenten vorhergesagte, dissonanzreduzierende Effekte nicht auftraten, wurde die Dissonanztheorie nicht aufgegeben, sondern mehrfach modifiziert.

◊ Nach der ursprünglichen Lern- und Motivationstheorie von Clark Hull ist die Stärke oder Wahrscheinlichkeit einer Reaktion auf einen Reiz von der allgemeinen Antriebsstärke und der Anzahl der bisherigen Verstärkungen abhängig („Reaktionspotential = Triebstärke mal Habitstärke"). Nicht erklärt werden kann mit dieser Theorie, dass Lernen auch ohne unmittelbare Verstärkung erfolgen kann (latentes Lernen) und dass die Verhaltensintensität auch vom aktuellen Ausmaß der Belohnung abhängt (Crespi-Effekt). Angesichts dieser abweichenden Befunde wurde Hulls Theorie nicht aufgegeben, sondern um eine Anreizkomponente ergänzt.[492]

Zur Beschreibung und Erklärung der interessierenden Phänomene versuchen die normalwissenschaftlichen Forscher beständig, ihre Theorien mit der Empirie in eine bessere Übereinstimmung zu bringen. Die Theorien werden dabei als Werkzeuge betrachtet, mit denen die Empirie bearbeitet wird. Gelingt die theoretische

[490] Kuhn (1981, S. 19)
[491] Bredenkamp & Wippich (1977), Foppa (1965)
[492] Weiner (1988, S. 73-88)

Beschreibung und Erklärung der empirischen Phänomene nicht, diskreditiert dies zunächst einmal nicht die Theorie, sondern nur den Wissenschaftler: „Das ist ein schlechter Zimmermann, der seinem Werkzeug die Schuld gibt".[493]

Lässt sich eine Anomalie nicht anders beseitigen, müssen die Begriffe und Annahmen der Theorie so verändert werden, dass auch diese Anomalie erklärt werden kann. Erst wenn diese Anpassung erfolgreich abgeschlossen ist, stellt die Anomalie eine wirkliche Entdeckung in dem Sinne dar, dass man nicht nur bestimmte Beobachtungen hat, sondern diese auch in Begriffe fassen und durch Theorien einordnen kann. Diese Entdeckungen und theoretischen Modifikationen sind eine besonders wichtige Art des normalwissenschaftlichen Fortschritts.

Auch wenn das Paradigma die Forscher wiederholt in schwierig aufzulösende Anomalien hineinführt, so bleibt das eigentliche Paradigma während der normalwissenschaftlichen Phasen doch im wesentlichen unverändert, alle Theoriemodifikationen sind mit ihm verträglich.

◊ Alle von Anderson in die verschiedenen Formen seiner ACT-Theorie einbezogenen Begriffe und Konzeptionen gehören zum kognitionspsychologischen Paradigma, sie beruhen alle auf der Grundannahme, dass die menschliche Geistestätigkeit als informationsverarbeitendes System betrachtet werden kann.

Außerordentliche Wissenschaft

Wenn sich eine wichtige Anomalie hartnäckig und über längere Zeit allen Auflösungsversuchen widersetzt, kann dies die Wissenschaft in eine Krise und eine Phase *außerordentlicher Wissenschaft* führen. Im Gegensatz zur normalen ist die außerordentliche Forschung dadurch gekennzeichnet, dass verschiedene konkurrierende, aber letztendlich nicht voll befriedigende Modifikationen der paradigmatischen Theorien auftauchen. Außerdem werden zunehmend die bisher unhinterfragt anerkannten Theorien, Methoden, Regeln und Normen zur Diskussion gestellt.

◊ In den fünfziger, sechziger Jahren zeigte sich deutliche Unzufriedenheit mit dem behavioristischen Paradigma, weil es nicht geeignet schien, komplexere geistige Prozesse (Problemlösen, Textverstehen, Sprachentwicklung usw.) adäquat zu erklären.

Wissenschaftliche Revolutionen

Eine Phase außerordentlicher Wissenschaft kann dadurch beendet werden, dass die aufgetretenen Anomalien im Rahmen des bisherigen Paradigmas doch noch aufgelöst werden können. Wenn dies nicht gelingt, kann die Krise in eine *wissenschaftliche Revolution* münden. Diese besteht darin, dass das alte Paradigma der wissenschaftlichen Gemeinschaft durch ein neues abgelöst wird.

Anders als Änderungen des Paradigmas innerhalb des normalwissenschaftlichen Forschungsprozesses ist die „revolutionäre" Ersetzung eines Paradigmas durch ein

[493] Kuhn (1981, S. 93)

anderes nicht mehr Teil eines kumulativen Entwicklungsprozesses, sondern stellt einen völligen Neuaufbau des betreffenden Fachgebietes dar: Nach dieser Revolution haben die Wissenschaftler ihre Anschauungen, Methoden und Ziele vollständig geändert, sie sehen die Welt ihres Fachgebietes „mit anderen Augen", auch wenn sie die gleichen Phänomene betrachten, die sie vorher schon einmal untersucht haben.

◊ Im behavioristischen Paradigma wurde Lernen als passive, mechanische Kopplung zwischen Verhaltensweisen und Umweltereignissen betrachtet. Im kognitivistischen Paradigma beruht menschliches Lernen auf der aktiven Verarbeitung von Informationen und führt zur Bildung von Erwartungen, Regeln, Wissenselementen, Plänen usw.[494]

Im Vergleich zur normalwissenschaftlichen Entwicklung neuer oder modifizierter Theorien ist die revolutionäre Theoriengenese viel weniger eingeschränkt und vorherbestimmt. Die Theorien vor und nach einer wissenschaftlichen Revolution sind *inkommensurabel*, das heißt sie sind in ähnlichem Sinne unvergleichbar wie verschiedene Sprachen: Übersetzungen sind jeweils nur bis auf eine bestimmte Annäherung möglich. Beispielsweise kann meist nicht eindeutig festgestellt werden, ob eine vor- und eine nachrevolutionäre Theorie mit den gleichen empirischen Ergebnissen verträglich sind. Auch kann meist nicht eindeutig bewiesen werden, dass die neue Theorie empirisch gehaltvoller oder besser bestätigt ist als die alte. Trotzdem können die neuen Theorien in bestimmter Hinsicht ein Fortschritt gegenüber den alten darstellen, beispielsweise weil sie umfassender sind, weil sie präziser sind oder weil sie Phänomene erklären, die vorher gar nicht analysiert werden konnten.

Da es keine allgemein akzeptierten Kriterien für die Wahl zwischen verschiedenen Paradigmen gibt, spielen bei der Entstehung und Verbreitung eines neuen Paradigmas wissenschaftssoziologische und wissenschaftspsychologische Faktoren eine entscheidende Rolle. Statt logisch, theoretisch oder empirisch fundierten Argumentationen finden sich in diesen Umbruchphasen häufig (wie bei politischen Revolutionen) Überredungsversuche, Polemiken, Propagandafeldzüge usw.[495]

---

494 Bower & Hilgard (1983, 1984)

495 Die Bezeichnung „wissenschaftliche Revolution" rechtfertigt Kuhn durch die Parallelität mit politischen Revolutionen. Beide werden durch ein wachsendes Gefühl eingeleitet, dass die bestehenden Institutionen den von ihnen selbst mitgeschaffenen Problemen nicht gerecht werden. Diese Institutionen sollen durch andere ersetzt werden, mit Mitteln, die von ihnen selbst verboten wurden. Dabei entsteht vorübergehend eine Periode ohne vorherrschende Institution. Dieser revolutionäre Prozess ist durch Auseinandersetzungen zwischen Anhängern des alten und des neuen Systems gekennzeichnet. Da die Kombattanten keinen Rahmen für die Beilegung ihrer Meinungsverschiedenheiten anerkennen, müssen sie „letzten Endes zu den Methoden der Massenüberredung Zuflucht nehmen, die oft genug Gewalt einschließen" (Kuhn, 1981, S. 105 – 106).

Vor allem aber versuchen die Vertreter des neuen Paradigmas, die nachwachsende Generation auf ihre Sichtweise einzuschwören. Gelingt dies, kann man ruhig darauf warten, dass die Vertreter des alten Paradigmas sich allmählich zurückziehen.[496]

Selbst in einer revolutionären Phase erfolgt die Theorienbildung jedoch nicht völlig frei, sondern wird durch vorhandene Paradigmen, Theorien, Techniken, geistige Strömungen, gesellschaftliche Bedingungen usf. beeinflusst.

◊ Das psychoanalytische Paradigma von Sigmund Freud entstand unter dem Einfluss medizinischer Studien und Behandlungen der Hysterie (Charcot und Breuer), biologischer Selektionsmechanismen (Darwin), physikalischer Energieerhaltungsprinzipien (von Helmholtz) und sozialer Verdrängungs- und Unterdrückungsgewohnheiten.[497] Die grundlegenden Mechanismen der Triebakkumulation und -abfuhr zeigen deutliche Analogien zu den damals modernen hydrodynamischen Techniken (Dampfmaschinen).
◊ Im kognitionspsychologischen Paradigma finden wir das gleiche Streben nach allgemeinen Gesetzen und experimenteller Fundierung wie im behavioristischen Paradigma. Grundkonzepte (wie das Kurzzeitgedächtnis) und Techniken (wie das serielle Lernen) stammen aus der Psychologie des verbalen Lernens.[498] Denkprozesse werden als Informationsverarbeitung erklärt, zunächst mit verschiedenen Speichern und sequentieller Arbeitsweise, später teilweise analog zu Computern, die parallel arbeiten.
◊ Nach der Signalentdeckungstheorie erfolgen Entscheidungen analog zur Prüfung statistischer Hypothesen mit Signifikanztests. Nach der Attributionstheorie von Kelly erfolgen Ursachenzuschreibungen analog zu varianzanalytischen Berechnungen.[499]

Neue Paradigmen und Theorien, und seien sie auf den ersten Blick noch so originell, sind demnach kaum jemals vollständig neu, sondern in der Regel in die aktuelle Wissenssituation eingebettet. Eine neue und adäquate Theorie zu entwickeln, erfordert nicht nur Wissen, sondern auch Kreativität. Bei der Suche nach neuen theoretischen Ideen können verschiedene Strategien und Heuristiken der Problemlösung hilfreich sein: der Rückgriff auf analoge Lösungen in anderen Bereichen, die systematische Integration bisheriger Forschungsergebnisse, die Auswertung von explorativen Untersuchungen, die Nutzung von introspektiven Erfahrungen, die Analyse der biologischen Zweckmäßigkeit u.ä.[500]

---

496 „Eine neue wissenschaftliche Wahrheit pflegt sich nicht in der Weise durchzusetzen, dass ihre Gegner überzeugt werden und sich als belehrt erklären, sondern vielmehr dadurch, dass die Gegner allmählich aussterben und dass die heranwachsende Generation von vornherein mit der Wahrheit vertraut gemacht ist" (Max Planck, 1928, zitiert nach Kuhn, 1981, S. 162).

497 Weiner (1988, S. 17-72)

498 Lachman, Lachman & Butterfield (1979, S. 35-87)

499 Gigerenzer (1988, 1991)

500 Dörner (1994), McGuire (1997).

11 Struktur wissenschaftlicher Theorien

Im Kapitel 10 wurde die *Genese* von Theorien behandelt, d.h. wie Theorien aufgebaut *werden*. Die Wissenschaftstheorie hat sich jedoch stärker mit der *Struktur* von Theorien beschäftigt, d.h. wie Theorien aufgebaut *sind*: Aus welchen Komponenten bestehen Theorien? Wie sind diese miteinander verbunden? Wie sind Theorien und ihre Komponenten formuliert? Welche Aussagen lassen sich aus ihnen ableiten?

Die Ergebnisse wissenschaftstheoretischer Analysen empirischer Theorien können als *Metatheorien* gekennzeichnet werden, d.h. als Theorien über (substanzwissenschaftliche) Theorien. Metatheorien können deskriptiv oder normativ verwendet werden, d.h. um zu beschreiben, wie substanzwissenschaftliche Theorien tatsächlich sind oder um festzulegen, wie sie sein sollten.

Sehr einflussreich war die metatheoretische Konzeption, die vom logischen Empirismus entwickelt worden ist und die als *Standardtheorienkonzeption* bezeichnet wird. Sie wird im Kapitel 11.1 vorgestellt. Eine differenziertere und adäquatere Beschreibung substanzwissenschaftlicher Theorien erhalten wir durch die *strukturalistische Wissenschaftstheorie*. Dies wird ausführlich in den Kapiteln 11.2 bis 11.9 demonstriert. Dabei wird sich unter anderem zeigen, dass diese strukturalistische Metatheorie gut geeignet ist, die Verbindung verschiedener Theorien und die Veränderung einer Theorie über die Zeit nachzuzeichnen.

11.1 Standardkonzeption: Theorien als deduktive Aussagensysteme

Die letzte Version der vom logischen Empirismus entwickelten *Standardkonzeption* wissenschaftlicher Theorien kann in vier Punkten zusammengefasst werden:[501]

---

[501] Carnap (1986, S. 225-245), Feigl (1970), Hempel (1970), zusammenfassend: Groeben & Westmeyer (1975, S. 61-62), Suppe (1977) und Stegmüller (1974, S. 197, 234-235)

1. *Axiomatisierte Aussagensysteme*
   Eine wissenschaftliche Theorie ist ein axiomatisiertes deduktives Aussagensystem, das heißt sie umfasst eine Menge von Aussagen, die logisch aus einer Menge von Grundaussagen (Axiomen) ableitbar sind.[502]
2. *Logische Formalisierung*
   Die axiomatische Formulierung der Theorie erfolgt in einer einheitlichen formalen Sprache, vorzugsweise in der Prädikatenlogik.
3. *Zweisprachenkonzeption*
   Es gibt eine theoretische Sprache L_T und eine Beobachtungssprache L_O.
4. *Zuordnungsregeln*
   Zumindest einige Begriffe der theoretischen Sprache L_T sind durch Zuordnungsregeln mit Begriffen der Beobachtungssprache L_O verbunden.

Im folgenden Kapitel 11.1.1 werden die in den letzten beiden Punkten angesprochenen Sprachen und Zuordnungen besprochen, im Kapitel 11.1.2 dann die geforderten Axiomatisierungen und Formalisierungen.

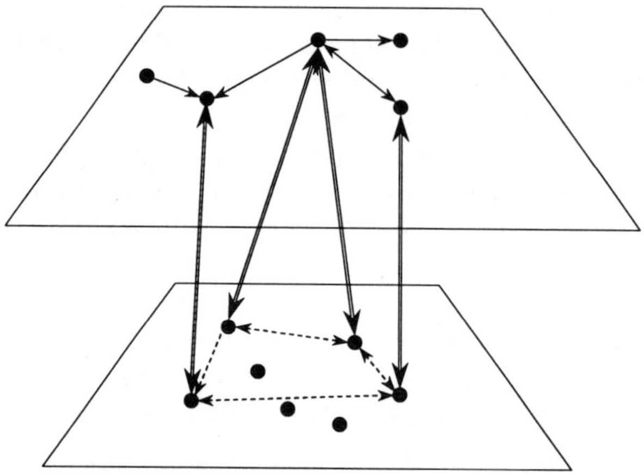

Abbildung 11.1: Veranschaulichung der Zweisprachenkonzeption

[502] Die hier geforderte deduktive Ableitung von theoretischen Aussagen aus den Axiomen ist zu unterscheiden von der logisch-empiristischen Vorstellung einer „induktiven Ableitung" von Theorien aus Beobachtungen (siehe Kapitel 10.1).

11.1.1 Zweisprachenkonzeption und Zuordnungsregeln

Die Zweisprachenkonzeption wurde von Carnap eingeführt, da sich seine ursprüngliche Forderung nicht realisieren ließ, alle theoretischen Begriffe durch explizite operationale Definitionen eindeutig und vollständig auf Beobachtbares zurückzuführen (siehe oben Kapitel 5.3). Die Beobachtungssprache L_O enthält nur Begriffe, die Beobachtbares bezeichnen oder durch explizite Definitionen auf Beobachtungsbegriffe zurückgeführt werden können. Alle anderen Begriffe gehören zur theoretischen Sprache L_T. *Zuordnungsregeln* sind Sätze, die mindestens einen Beobachtungsbegriff und mindestens einen theoretischen Begriff enthalten und Hinweise auf die möglichen empirischen Anwendungen der Theorie geben.

In der Abbildung 11.1 wird die Zweisprachenkonzeption durch zwei übereinander schwebende Netze veranschaulicht. Die Knoten des oberen, theoretischen Netzes repräsentieren die Variablen und Begriffe der Theorie. Die Fäden zwischen diesen Knoten stellen die theoretischen Annahmen über die Zusammenhänge zwischen diesen theoretischen Konzepten dar. Dementsprechend stellen die Knoten des unteren, empirischen Netzes beobachtbare Variablen und Beobachtungsbegriffe dar, während die Fäden zwischen diesen Knoten regelmäßige Beziehungen zwischen beobachtbaren Größen repräsentieren. Die Zuordnungsregeln sind als vertikale Stränge dargestellt, die einige Knoten des theoretischen Netzes mit einigen Knoten des empirischen Netzes verbinden.

Psychologische Anwendungen

Die Zweisprachenkonzeption liegt vielen bekannten psychologischen Konzeptionen zugrunde, die mit dem Problem der Operationalisierung verbunden sind.

Die *Operationalisierung* ist einer der ersten und wichtigsten Schritte jedes psychologischen Forschungsprozesses:[503] Für jeden wissenschaftlichen Begriff, der in der Fragestellung oder Hypothese auftritt, muss festgelegt werden, wie er praktisch und konkret hergestellt oder erfasst werden soll.

◊ Gemäß einer Gesetzesannahme der Dissonanztheorie ist der verbleibende Meinungsunterschied umso kleiner, je kleiner die Belohnung für ein einstellungskonträres Verhalten ist. Um zu untersuchen, ob diese Annahme in einer bestimmten Situation gültig ist, müssen mindestens eine größere und eine kleinere Belohnung festgelegt werden und die tatsächlichen Meinungen der beteiligten Personen müssen möglichst unverfälscht und genau erfasst werden (z.B. über einen Fragebogen oder ein Interview).

Eine bewährte Vorgehensweise zur Begründung von Operationalisierungen ist die *Konstruktvalidierung.*[504] Dabei wird theoretisch und empirisch untersucht, ob ein vorliegendes Test- oder Fragebogenverfahren tatsächlich geeignet ist, das interessierende Merkmal zu erfassen. Dazu wird zunächst theoretisch spezifiziert, mit

503 Bortz & Döring (1995, S. 60), Kerlinger (1978, S. 74)
504 Cronbach (1984, S. 121-157), Fisseni (1990, S. 86-91)

welchen anderen theoretischen Variablen das interessierende Merkmal positiv oder negativ verbunden ist und mit welchen theoretischen Größen es nichts zu tun haben sollte. Dann wird empirisch geprüft, ob diese Erwartungen zutreffend sind.

◊ Die Intelligenz von Personen sollte u.a. positiv mit der Güte ihrer Schulabschlüsse zusammenhängen, negativ mit Zeit, die sie für das Lösen von Problemen benötigen, aber möglichst gar nicht mit ihrem Neurotizismusgrad. Für die Konstruktvalidität eines Intelligenztests spricht es deshalb, wenn sich diese theoretisch erwarteten Beziehungen in den Korrelationen des Tests mit den entsprechenden empirischen Werten für Schulbildung, Bearbeitungszeiten und Neurotizismus wiederfinden.

Die Zweisprachenkonzeption liegt auch den kausalanalytischen Verfahren wie LISREL zugrunde. Sie prüfen substanzwissenschaftliche Hypothesen über kausale Zusammenhänge zwischen mehreren Größen anhand von nicht-experimentellen, korrelativen Daten.[505] Dabei wird explizit unterschieden zwischen den theoretischen oder latenten Variablen, auf die sich die Kausalhypothesen beziehen, und ihre beobachtbaren Indikatoren, über deren Korrelationen die empirische Prüfung erfolgt.

◊ Um die Abhängigkeit des Berufserfolgs von Wirtschaftswissenschaftlern von ihrer Intelligenz, ihrer Ausbildungsqualität und ihrer sozialen Herkunft zu untersuchen, wird jede dieser drei latenten Variablen durch mehrere Beobachtungsvariablen operationalisiert. Der Berufserfolg einer Person kann beispielsweise durch das Jahresgehalt und durch die Einschätzung der Vorgesetzten erfasst werden, die Intelligenz durch die verschiedenen Untertests des Intelligenz-Struktur-Tests usw.

Probleme

Die von der Zweisprachenkonzeption vorausgesetzte strikte Trennung zwischen einer theoretischen Sprache und einer Beobachtungssprache ist mit verschiedenen Problemen behaftet.

Erstens gibt es keine klaren Kriterien dafür, was direkt beobachtbar ist. Vielmehr muss man von einem Kontinuum ausgehen, das von ganz direkten sinnlichen Erfahrungen bis hin zu relativ indirekten Beobachtungen unter Verwendung komplexer Apparaturen reicht.

◊ Direkt beobachten kann man, dass eine Person bei einem Intelligenztest die Frage nach der Hauptstadt von Belgien mit „Amsterdam“ beantwortet. Der Blutdruck und der Hautwiderstand bei der Beantwortung dieser Frage sind nur mit Hilfe physiologischer Messinstrumente und damit nur indirekt beobachtbar. Noch indirekter sind die „Beobachtungen“ neuronaler Ereignisse, die ein Elektroenzephalogramm (EEG) oder eine Positronen-Emissions-Tomograph (PET) liefert.

Zweitens gibt es keine Beobachtungen, die frei von Voraussetzungen oder Theorien (in einem ganz allgemeinen Sinn) sind. In jede Beobachtung fließen vorhandene Kenntnisse, Begrifflichkeiten, Erwartungen oder Gewohnheiten mit ein, auch wenn

[505] Jöreskog & Sörbom (1993), siehe oben Fußnote 393, Seite 163

es dem Beobachter nicht bewusst ist. Beobachtungen sind immer Interpretationen im Lichte von Theorien, sie sind immer von Theorien „durchtränkt".[506]

Deshalb ist es sinnvoll, nicht mehr von einer Beobachtungssprache zu reden, sondern von *vorher verfügbaren Begriffen.*[507] Zu diesen gehören auch Begriffe, die zwar nicht im engeren Sinne direkt beobachtbar sind, die aber bereits im Zusammenhang mit anderen Theorien eingeführt worden sind.

◊ Wenn wir in der Dissonanztheorie von einem einstellungskonträren Verhalten sprechen, setzen wir voraus, dass allen Anwendern der Theorie hinreichend klar ist, was unter der Einstellung einer Person zu verstehen ist und wie die direkt nicht beobachtbaren Einstellungen durch Fragebögen oder Interviews erfasst werden können. Im Zusammenhang mit der Dissonanztheorie ist „Einstellung" also ein vorher verfügbarer Begriff.

Dies hat den Vorteil, dass theoretische und nicht-theoretische Begriffe nicht generell getrennt werden müssen, sondern speziell in Bezug auf eine Theorie die bereits bekannten Begriffe von den neuen, theoriespezifischen Begriffen abgegrenzt werden können. Weiterentwickelt wird dieser Gedanke im Kriterium für theoriespezifische Begriffe der strukturalistischen Wissenschaftstheorie (siehe Kapitel 11.7).

11.1.2 Formalisierung und Axiomatisierung

Die vom logischen Empirismus geforderte eindeutige *Formalisierung* von wissenschaftlichen Theorien in einer künstlichen Sprache, die keine umgangssprachlichen Begriffe mehr enthält, hat sich in keiner wissenschaftlichen Disziplin durchsetzen können. Gerade die Physik, die wie keine andere empirische Wissenschaft Gebrauch von mathematischen Formulierungen macht, ist nicht vollständig formalisierbar.

Sehr gebräuchlich und nützlich sind in den Naturwissenschaften dagegen Kombinationen von formalen und umgangssprachlichen Ausdrücken.[508] Als besonders geeignet hat sich dabei die *informell-mengentheoretische* Schreibweise erwiesen, die von der strukturalistischen Wissenschaftstheorie zur Rekonstruktion wissenschaftlicher Theorien verwendet wird. Sie ist sowohl ausreichend exakt wie hinreichend flexibel (siehe Kapitel 11.3 und 11.4).

Großen Einfluss hat die Forderung der Logischen Empiristen nach der *Axiomatisierung* gehabt. Nicht nur die Theorien der Mathematik, sondern auch die Theorien der empirischen Wissenschaften sollten stets in axiomatisierter Form dargestellt werden. Dies bedeutet, dass alle Aussagen der Theorie aus einer bestimmten Untermenge von Aussagen ableitbar sein sollen.

- Die grundlegenden Aussagen einer Theorie bezeichnet man als ihre *Axiome.* Die aus ihnen ableitbaren theoretischen Aussagen sind die *Theoreme.*

---

[506] vgl. oben Kapitel 9.1.3

[507] Hempel (1970, 1974)

[508] zu den Vorteilen: Opp (1976), Gadenne (1994b)

Prinzipiell darf kein Axiom aus den anderen Axiomen ableitbar sein (sonst wäre es definitionsgemäß kein Axiom, sondern ein Theorem). Vor allem aber muss ein Axiomensystem widerspruchsfrei sein: Aus den Axiomen darf nicht zugleich eine Aussage A und ihre Negation $\neg A$ ableitbar sein. Aus praktischen Gründen sollte die Untermenge von Axiomen außerdem möglichst klein sein.

Durch eine Axiomatisierung werden die grundlegenden Annahmen der Theorie deutlicher herausgehoben, und die Menge der Aussagen, die tatsächlich in einer Theorie enthalten sind, kann klarer abgegrenzt werden. Dadurch wird es leichter, eine Theorie zu erlernen, sich mit ihr vertraut zu machen, sie zu überprüfen und sie praktisch anzuwenden. Wegen ihrer unbestreitbaren Vorteile ist die Axiomatisierung von Theorien in der Wissenschaftstheorie als Idealvorstellung weitgehend akzeptiert.[509]

Bei der tatsächlichen Darstellung psychologischer Theorien im Original oder in Lehrbüchern sind die Texte jedoch oft so ungeordnet und ungenau abgefasst, dass es schwierig oder gar unmöglich ist, die Menge der von der Theorie getroffenen Aussagen oder die Untermenge der axiomatischen Grundaussagen zu identifizieren. In diesen Fällen bleibt unklar, ob bestimmte Aussagen mit der Theorie kompatibel sind, ob sie ihr widersprechen oder ob sie mit ihr gar nicht in Verbindung stehen. Dies vermindert beträchtlich den Wert, den die Theorie für die Erklärung und Vorhersage von beobachtbaren Phänomen haben kann.

Bei vielen psychologischen Theorien lassen sich die Axiome zumindest im Nachhinein relativ leicht bestimmen. Am besten ist das natürlich bei einfachen Theorien möglich, die nur aus wenigen Aussagen bestehen. Aber auch umfangreiche theoretische Systemen lassen sich auf wenige Grundannahmen zurückführen.

◊ Die Grundannahmen der Dissonanztheorie sind von Festinger in seinem Buch so deutlich beschrieben worden, dass sie als Axiome formuliert werden können.[510]

◊ Die Balancetheorie von Fritz Heider ist zunächst graphentheoretisch, später mengentheoretisch formuliert und axiomatisiert worden.[511]

◊ Für die psychoanalytische Theorie von Freud hat Rapaport eine Menge von unabhängigen Grundannahmen identifiziert.[512]

509 In der klassischen Axiomatisierung der Geometrie durch Euklid werden zunächst Grundbegriffe explizit definiert (z.B. „ein Punkt ist, was keine Teile hat“) und dann Eigenschaften und Beziehungen formuliert (z.B. „durch zwei Punkte geht genau eine Gerade“), die der Anschauung entnommen sind. Modernere Axiomatisierungen (wie der Geometrie von David Hilbert) lassen die Grundbegriffe undefiniert und wählen die Axiome so, dass sich alle Aussagen der Theorie ableiten lassen (Mittelstraß, 1995a, S. 240; Regenbogen & Meyer, 1998, S. 90; Reinhardt & Soeder, 1978, S. 129).

510 Krause (1972), Opp (1976, S. 347-352), Westermann (1987a, S. 14-19)

511 Cartwright & Harray (1956), Sukale (1971)

512 Rapaport (1959)

Etliche Theoriendarstellungen nähern sich dem Ideal einer axiomatischen Formulierung deutlich an: Zunächst werden explizit die Grundannahmen dargestellt, dann die sich daraus ergebenden Folgerungen.

◊ Anderson fasst seine ACT*-Theorie in 15 Punkten zusammen, die mit den entsprechend formulierten Annahmen der Vorläuferversion verglichen werden können.[513]

◊ Die Leistungsmotivationstheorie von Atkinson (das *Risiko-Wahl-Modell*) umfasst sechs Grundannahmen.[514] Die wichtigsten Aussagen dieser Theorie lassen sich aus diesen Axiomen logisch ableiten. Zu diesen Theoremen gehört unter anderem die Aussage, dass bei Personen, die stärker erfolgs- als misserfolgsmotiviert sind, die Annäherungstendenz gegenüber Leistungsaufgaben bei mittleren Schwierigkeiten am größten ist.

Einige bekannte Theorien der Psychologie sind mathematisch präzise und explizit in axiomatisierter Form formuliert.

◊ Die Lern- und Motivationstheorie von Clark Hull besteht in ihrer letzten Fassung aus 34 Axiomen (17 sog. Postulate und 17 untergeordnete, aber nicht aus den Postulaten ableitbare Corollarien). Sie enthalten sowohl Aussagen über die Beziehung zwischen theoretischen Begriffen als auch Aussagen über Beziehungen zwischen theoretischen und empirischen Variablen (Zuordnungsregeln). Aus ihnen werden 133 Theoreme über beobachtbare Sachverhalte deduziert.[515]

◊ Bower und Trabasso haben eine Theorie entwickelt, die den Erwerb einfacher Konzepte durch sukzessive Hypothesenprüfung erklärt. Sie wird als mathematisch-statistisches Modell mit sieben Grundannahmen formuliert. Aus diesen Axiomen lassen sich eindeutig Theoreme ableiten, beispielsweise über die Form der Lernkurve, d.h. die Veränderung der Wahrscheinlichkeit richtiger Antworten über die Lerndurchgänge.[516]

Auch die wissenschaftlichen Theorien, bei denen Grundannahmen identifiziert oder Axiome explizit formuliert sind, entsprechen allerdings nicht vollständig der Idealvorstellung von Theorien als deduktiven Aussagesystemen.

- Oft gibt es nicht die Möglichkeit, zweifelsfrei festzustellen, ob bestimmte Aussagen tatsächlich aus den Axiomen ableitbar sind.[517]
- In der Regel gibt es mehr als eine Möglichkeit, eine Menge von Aussagen als Axiome hervorzuheben und die restlichen als Theoreme zu betrachten, ohne dass eine dieser Möglichkeiten die eindeutig beste ist.
- Etliche Aussagen, die wir üblicherweise als wesentliche Konsequenzen der Theorie betrachten, folgen tatsächlich gar nicht logisch zwingend aus den

---

513 Anderson (1983, S. 22-23)

514 Weiner (1988, S. 151-156), Gadenne (1994b, S. 298-299)

515 Foppa (1965, S. 336-356)

516 Bower & Trabasso (1964), Bredenkamp & Wippich (1977, S. 175-182), Deppe (1977, S. 103-125), vgl. oben Seite 148, die Lernkurve ist dort in (7–8) dargestellt.

517 Nach dem bekannten Unvollständigkeitssatz von Kurt Gödel gibt es in vielen formalen Systemen Sätze, bei denen nicht entscheidbar ist, ob sie aus den Axiomen folgen oder nicht (Regenbogen & Meyer, 1998, S. 712).

Axiomen allein. Sie können vielmehr nur mit Hilfe von zusätzlichen Annahmen und Informationen abgeleitet werden.

◊ Spezielle Gesetzesannahmen der Dissonanztheorie (z.B. „Nach einem einstellungskonträren Verhalten wird die Meinung umso stärker geändert, je geringer die Belohnung ist") ergeben sich aus den Grundannahmen der Theorie nur unter zusätzlichen Annahmen zur Entstehung von Dissonanz (z.B. „Je kleiner die Belohnung für ein einstellungskonträres Verhalten ist, desto größer ist die Dissonanz").

◊ Aus den mathematischen Theorien der Lernpsychologie lassen sich präzise empirisch prüfbare Aussagen (zum Beispiel über die genaue Wahrscheinlichkeit einer richtigen Antwort im zehnten Lerndurchgang) nur ableiten, wenn zuvor ein oder mehrere Modellparameter bestimmt worden sind. Diese spiegeln beispielsweise die anfängliche Wahrscheinlichkeit für eine richtige Antwort oder die Schnelligkeit des Lernprozesses wider. Sie können auf Grund von allgemeinen Kenntnissen und bisherigen Erfahrungen gesetzt oder aus den betrachteten Daten geschätzt werden.

◊ Aus den Grundannahmen des Risiko-Wahl-Modells ergeben sich die bekannten und empirisch geprüften Aussagen nur, wenn zusätzliche Annahmen gemacht werden. Beispielsweise muss angenommen werden, dass die theoretische Variable der resultierenden Tendenz sich monoton auf die Stärke der Präferenz von verschiedenen Aufgaben auswirkt und dass die theoretische Variable der Erfolgswahrscheinlichkeit unmittelbar durch Misserfolge bei ähnlichen Aufgaben abgesenkt wird.[518]

Wenn die zur Ableitung wesentlicher theoretischer Aussagen aus den Axiomen notwendigen Zusatzannahmen lediglich unproblematische und selbstverständliche Hilfsannahmen darstellen würden, könnte man sie vernachlässigen und die Standardtheorienkonzeption als brauchbare Annäherung beibehalten. Tatsächlich sind die zusätzlich notwendigen Annahmen häufig aber so problematisch oder inhaltlich so gehaltvoll, dass sie essenzielle Bestandteile der Theorie darstellen und grundsätzlich nicht weniger Aufmerksamkeit verdienen als andere Teile des theoretischen Systems. Die strukturalistische Theorienkonzeption nimmt deshalb von der Vorstellung der Theorien als deduktive Aussagensysteme Abschied und berücksichtigt alle bei der Ableitung theoretischer Aussagen wesentlichen Annahmen jeweils explizit als spezifische Bestandteile der Theorie.

11.2 Strukturalistische Analyse von Theorien: Überblick

Aufbau, Funktion und Entwicklung wissenschaftlicher Theorien können besonders umfassend, systematisch und differenziert mit dem Instrumentarium der *strukturalistischen Wissenschaftstheorie* beschrieben werden. Diese noch relativ junge metatheoretische Konzeption basiert auf Analysen der Struktur physikalischer Theorien von Joseph Sneed.[519] Verbreitet wurde sie durch die Schriften von

---

518 Gadenne (1994b, S. 300-301)

519 Sneed (1976, 1979)

Wolfgang Stegmüller, einem der bekanntesten deutschsprachigen Wissenschaftsphilosophen.[520] Wolfgang Balzer und Carlos Ulises Moulines haben die Konzeption entscheidend weiterentwickelt.[521] Angewendet worden ist die strukturalistische Wissenschaftstheorie inzwischen auf verschiedene Wissenschaftsbereiche von der Physik über die Biologie und die Ökonomie bis zur Psychologie.[522]

Sie wurde zunächst als „Nicht-Aussagen-Konzeption" (*non-statement view*) bezeichnet, später dann als strukturalistische Theorienkonzeption (*structuralist view of scientific theories)*, strukturalistische Wissenschaftstheorie (*structuralist theory of science)* oder kurz als Strukturalismus (*structuralism*). Die Bezeichnungen bieten allerdings, wegen der Mehrdeutigkeit der Begriffe „Struktur" und „Strukturalismus", Anlass zu Verwirrungen und Verwechslungen.

Der Begriff der Struktur bezeichnet ganz allgemein den Aufbau, das Gefüge oder die Anordnung von Teilen zu einem Ganzen. Dementsprechend besteht in der Mathematik, wie wir im Kapitel 6.5 gesehen haben, eine Struktur aus mindestens einer Menge von Objekten und mindestens einer Relation zwischen ihnen.

Als strukturalistisch werden Denkansätze bezeichnet, nach denen „es bei der Erforschung eines Gebietes auf die Untersuchung seiner abstrakten Struktur ankommt, d.h. auf die Klärung der Beziehungen zwischen seinen einzelnen Teilen".[523] In der strukturalistischen Wissenschaftstheorie wird die Struktur eines bestimmten Teils des menschlichen Wissens analysiert: die Struktur von empirisch-wissenschaftlichen Theorien. Dabei werden Strukturen im mathematischen Sinn benutzt.

Der wissenschaftstheoretische Strukturalismus muss deutlich von den zahlreichen anderen Konzeptionen unterschieden werden, die ebenfalls als „strukturalistisch" bezeichnet werden. Allgemein bekannt sind vor allem der sprach- und sozialwissenschaftliche Strukturalismus.[524] Auch in der Geschichte der Psychologie finden sich verschiedene Konzeptionen, die als strukturalistisch bezeichnet werden.[525]

---

[520] Stegmüller (1979, 1980, 1985, 1986)

[521] Balzer (1982, 1985, 1992, 1997), Balzer, Moulines & Sneed (1987), Balzer & Moulines (1996; in print)

[522] Eine erste systematische Anwendung der strukturalistischen Konzeption für Theorien und Untersuchungen der Psychologie habe ich in dem Buch *Strukturalistische Theorienkonzeption und empirische Forschung in der Psychologie* (Westermann, 1987a) gegeben, kürzere Einführungen in mehreren Artikeln (1987c, 1987d, 1988). Weitere psychologische Anwendungen: Stephan (1990), Heise (1991, 1998), Gerjets (1995) und in den Sammelbänden von Westmeyer (1989a, 1992).

[523] Regenbogen & Meyer (1998, S. 635-636)

[524] Diese Formen des Strukturalismus sind primär ein Produkt der französischen Geistesgeschichte (Dosse, 1996; Kunzmann et al., 1991, S. 231; Regenbogen & Meyer, 1998, S. 636; Schiwy, 1984; Strube et al., 1996, S. 510-512, 691-693).

Der Strukturalismus der Linguistik geht auf Ferdinand de Saussure zurück. Sprache (*langue*) ist danach ein (überindividuelles, soziales und unbewusstes) System von abstrakten Zeichen, die wesentlich durch ihre Beziehungen untereinander definiert sind.

Ein wesentlicher Teil der strukturalistischen Analyse einer wissenschaftlichen Theorie besteht darin, die Theorie in der Terminologie der Mengen- und Relationstheorie zu rekonstruieren. Eine *Rekonstruktion* ist eine systematische und verbesserte Neuformulierung.[526] Die Rekonstruktion einer Theorie soll einerseits möglichst präzise, konsistent und sachgerecht sein, andererseits soll das Rekonstrukt den Originaldarstellungen und -absichten möglichst genau entsprechen. In der Regel sind beide Ziele nicht gleichzeitig zu erreichen, so dass Rekonstruktionen von Theorien viele Entscheidungen, Kompromisse und Gratwanderungen beinhalten: Soll man Ungenauigkeiten bei den Begriffen beseitigen oder ihre Bedeutung bewusst offen lassen? Wie soll man die Lücken im Gefüge der Annahmen schließen? In welcher Weise sollen zu schwache Behauptungen präzisiert werden? Müssen wir zu starke Behauptungen abschwächen?[527]

Bestandteile der Rekonstruktion einer Theorie

Die strukturalistische Rekonstruktion und Analyse von wissenschaftlichen Theorien erfolgt auf verschiedenen Ebenen.

- Zwischen den Theorien einer wissenschaftlichen Disziplin bestehen vielfältige Verbindungen und Beziehungen, die durch *intertheoretische Bänder* beschrieben werden können.

Aus dieser abstrakten Struktur geht das individuelle und konkrete Sprechen (*parole*) hervor. Die Bedeutung der Zeichen, das heißt ihre Beziehungen zu den bezeichneten Objekten und Ideen, Merkmalen und Beziehungen beruht auf Konventionen.

Auf die Ethnologie und Soziologie übertragen hat diesen Strukturalismus Claude Levi-Strauss, der nach Zeichen- und Klassifikationssystemen suchte, die den Denk- und Verhaltensgewohnheiten von Naturvölkern zugrunde liegen. Weitere bekannte Vertreter strukturalistischer Denkansätze sind der Psychoanalytiker Jacques Lacan und der Philosoph und Historiker Michel Foucault.

525 Der psychologische Strukturalismus von W. Wundt und insbesondere seinem Schüler E.B. Titchener fasst psychische Einheiten (z.B. Wahrnehmungen) als Strukturen auf, d.h. als assoziative Bündelungen oder Mosaike einzelner Empfindungen, die durch sachverständige Introspektion beschrieben werden sollten (Häcker & Stapf, 1998, S. 844). Vor allem die Behavioristen kritisierten, dass diese introspektiven Ergebnisse nicht intersubjektiv nachprüfbar sind.

Als Strukturpsychologie wird außerdem die von W. Dilthey (siehe oben Seite 174) begründete geisteswissenschaftliche Psychologie bezeichnet, die menschliche Handlungen hermeneutisch interpretiert und dabei von einer sinnvollen Gliederung des psychischen Apparates ausgeht (Regenbogen & Meyer, 1998, S. 636).

Auch die Untersuchungen und Erklärungen der Entwicklung von Denkstrukturen durch Jean Piaget werden als strukturalistisch bezeichnet (Gardner, 1984).

526 Hempel (1972), Kamlah (1980), Stegmüller (1973a, S. 8-15), Scheibe (1988)

527 Diese Situation ähnelt der Lage eines Architekten, der ein kunstgeschichtlich wertvolles, aber baufälliges Haus rekonstruiert. Er muss einerseits, um modernen Vorschriften und Komfortvorstellungen zu genügen, neue Materialien und Techniken verwenden, andererseits das Rekonstrukt aber so originalgetreu wie möglich gestalten.

- Jede einzelne wissenschaftliche Theorie kann als eine geordnete Struktur verschiedener Theorie-Elemente beschrieben und graphisch durch ein *Theorie-Netz* veranschaulicht werden.
- Das *Basiselement* dieses Netzes umfasst die Grundannahmen der Theorie, die anderen Elemente stellen Erweiterungen für verschiedene Anwendungsbereiche oder Modifikationen aufgrund abweichender Ergebnisse dar.
- Jedes *Theorie-Element* besteht aus einem abstrakten Kern und einer Menge von konkreten Situationen, auf die diese abstrakten Begriffe und Zusammenhänge angewendet werden sollen.[528]
- Im *abstrakten Kern* eines Theorie-Elementes werden die verwendeten Begriffe charakterisiert und die angenommenen gesetzesmäßigen Zusammenhänge spezifiziert. Dies erfolgt in relativ präziser Weise durch informell-mengentheoretische Axiomatisierungen.
- Die Menge der *intendierten Anwendungen* besteht aus den paradigmatischen Anwendungen (im Sinne von Kuhn, siehe Abschn. 9.3), den übrigen streng geprüften und bewährten Anwendungen (im Sinne von Popper, siehe Abschn. 10.2) und den daraus abgeleiteten vermuteten Anwendungen (induktive empirische Vermutungen, siehe Abschn. 4.3.2).

Am besten wird die strukturalistische Wissenschaftstheorie verständlich, wenn man sich mit ihr am Beispiel vertraut macht. Bei den folgenden Darstellungen wird zur Illustration und Erläuterung durchgängig auf die Strukturalisierung von Festingers Dissonanztheorie Bezug genommen, da die Theorie gut bekannt und von einer mittleren Komplexität ist.[529]

11.3 Grundlegende Begriffe und Annahmen: das Basiselement einer Theorie

Das Basiselement eines Theorie-Netzes repräsentiert diejenigen Annahmen der Theorie, die in jeder Form und Anwendung der Theorie unbedingt erfüllt sein sollen.

Leon Festinger hat die Grundbegriffe und die Grundannahmen der Dissonanztheorie im ersten Abschnitt seines Buches ausführlich dargestellt.[530] Sie können in den folgenden vier Aussagen zusammengefasst werden:

a) Zwischen kognitiven Elementen gibt es drei Arten von Beziehungen: irrelevante, dissonante und konsonante.
b) Die Stärke der Dissonanz bzw. Konsonanz nimmt in dem Maße zu, wie die Wichtigkeit oder der Wert der betreffenden Elemente zunimmt.

---

[528] Der abstrakte Kern eines Theorie-Elementes hat nichts mit dem harten Kern eines Forschungsprogrammes im Sinne von Lakatos zu tun.

[529] Zugrunde gelegt wird eine formal verbesserte Rekonstruktion (Westermann, in print).

[530] Festinger (1978, S. 15-42)

c) Die gesamte Dissonanz zwischen einem kognitiven Element und den restlichen Kognitionen der Person ist abhängig von dem gewichteten Anteil an relevanten Elementen, die mit dem fraglichen Element dissonant sind, wobei jede relevante Beziehung nach der Bedeutung der an der Beziehung beteiligten Elemente gewichtet wird.
d) Die Präsenz von Dissonanz erzeugt Druck zur Reduktion oder Beseitigung der Dissonanz, und die Stärke des Drucks zur Dissonanzreduktion ist eine Funktion der Stärke der Dissonanz.

Diese Grundbegriffe und Grundannahmen der Theorie werden als Basiselement des Theorie-Netzes rekonstruiert. Die spezielleren Begriffe und Annahmen der Theorie führen, wie später dargestellt wird, zu den anderen Theorie-Elementen des Netzes.

11.3.1 Potenzielle und tatsächliche Modelle von Theorie-Elementen

Jede Entität, also jede Person und jede Personengruppe, für die die Gesetzesannahmen eines Theorie-Elementes tatsächlich gelten, ist ein *tatsächliches Modell* dieses Theorie-Elementes.[531] Um untersuchen zu können, ob diese Annahmen in einem konkreten Anwendungsfall tatsächlich gelten, müssen zunächst die Mengen, Relationen und Funktionen, auf die diese Annahmen sich beziehen, hergestellt, beobachtet oder gemessen werden. Wenn diese Konzepte identifiziert werden können, ist ein *potenzielles Modell* des interessierenden Theorie-Elementes definiert.

◊ Eine Person ist ein *potenzielles Modell* des Basiselementes der Dissonanztheorie, wenn wir sie in der dissonanztheoretischen Begrifflichkeit beschreiben können. Dazu müssen wir die interessierenden Kognitionen identifizieren und Informationen über Dissonanz und Wichtigkeit von Kognitionspaaren sowie über die Stärke der Dissonanz und des Reduktionsdrucks bei einzelnen Kognitionen haben.

◊ Ein *tatsächliches Modell* der Dissonanztheorie ist diese Person nur dann, wenn zwischen der Wichtigkeit, Stärke und Reduktionsdruck die oben in den Punkten (b) bis (d) genannten Beziehungen bestehen. Ist beispielsweise die Dissonanz für eine Kognition größer als für eine andere, muss nach Punkt (d) auch der Reduktionsdruck größer sein.

Um genau beschreiben zu können, wie eine Entität beschaffen sein muss, um ein potenzielles oder ein tatsächliches Modell des Theorie-Elementes T zu sein, müssen wir die Prädikate „ist ein potenzielles Modell von T" und „ist ein tatsächliches Modell von T" so präzise wie möglich definieren. Dazu verwendet man im Strukturalismus die Methode der mengentheoretischen Axiomatisierung, die bereits im Kapitel 6.5 erläutert worden ist. Für jedes Theorie-Element können dadurch die Menge M_p der potenziellen Modelle und die Menge M der tatsächlichen Modelle intensional definiert werden.

---

[531] Zum mathematischen Modellbegriff siehe oben Seite 130.

Durch die Definition der Menge M_p werden alle Begriffe des Theorie-Elements mengentheoretisch genau charakterisiert. Durch die Definition der Menge M werden die Annahmen als Beziehungen zwischen den Begriffen präzise formuliert.

Die Bedingungen, die zur Definition der Menge M_p dienen, sind *terminologische Axiome*. Die bei der Definition der Menge der Modelle hinzukommenden Bedingungen sind *substanzielle Axiome*. Sie entsprechen den Gesetzesannahmen der Theorie.

Die mengentheoretische Definition von potenziellen und tatsächlichen Modellen wird im folgenden Kapitel 11.3.2 am Beispiel des Basiselements der Dissonanztheorie erläutert. Die dabei verwendeten unterschiedlichen Arten von Begriffen (Mengen, Relationen, Funktionen) wurden bereits im Kapitel 6 dargestellt.

Wer an der formellen Ausführung einer strukturalistischen Theorienformulierung (noch) nicht interessiert ist, kann die mengentheoretischen Definitionen (zunächst) überfliegen und sich auf die erläuternden Textpassagen beschränken.

11.3.2 Mengentheoretische Definitionen von (potenziellen) Modellen

Im folgenden sind zunächst die axiomatischen Definitionen der Menge M_p(DissB) der potenziellen Modelle und der Menge M(DissB) der tatsächlichen Modelle des Basiselements DissB der Dissonanztheorie aufgeführt. Die formale Struktur und die inhaltliche Interpretation ihrer Bestandteile wird anschließend erläutert. Die beabsichtigte inhaltliche Interpretation wird bereits durch die gewählten Bezeichnungen für die Terme dieses Basiselements ausgedrückt.

Wir beginnen mit der Definition der Menge der potenziellen Modelle.

(11–1) $\mathcal{A} \in M_p$(DissB) gdw

(1) $\mathcal{A}$ = ⟨*Zeitpunkte*, *Rohkognitionen*, *Kognitionen*, *Disskog*, *Konskog*, *paardiss*, *paarkons*, *paarwicht*, *disstärke*, *reddruck*, *konfl*, *stütz*⟩

(2) *Zeitpunkte* $\subseteq \mathbb{R}$

(3) *Rohkognitionen* $\neq \varnothing$

(4) *Kognitionen* $\subseteq$ *Rohkognitionen* $\times$ *Zeitpunkte*

(5) *Disskog* $\subseteq$ *Kognitionen* $\times$ *Kognitionen*
Konskog $\subseteq$ *Kognitionen* $\times$ *Kognitionen*
Disskog $\cap$ *Konskog* $= \varnothing$

(6) *paardiss*: *Disskog* $\rightarrow \mathbb{R}_{0+}$
paarkons: *Konskog* $\rightarrow \mathbb{R}_{0+}$

(7) *paarwicht*: (*Disskog* $\cup$ *Konskog*) $\rightarrow \mathbb{R}_{0+}$

(8) *disstärke*: *Kognitionen* $\rightarrow \mathbb{R}_{0+}$

(9) *reddruck*: *Kognitionen* $\rightarrow \mathbb{R}_{0+}$

(10) *konfl*: *Disskog* $\rightarrow \mathbb{R}_{0+}$ mit

$$\mathit{konfl}(c_{it}) := \sum_{\forall c_{kt}:\,(c_{it},c_{kt}) \in \mathit{Disskog}} \mathit{paarwicht}(c_{it}, c_{kt})$$

(11) *stütz*: *Konskog* $\rightarrow \mathbb{R}_{0+}$ mit

$$\text{stütz}(c_{it}) := \sum_{\forall c_{kt}:\,(c_{it},c_{kt})\in \text{Konskog}} \text{paarwicht}(c_{it}, c_{kt})$$

Es folgt die Definition der Menge der tatsächlichen Modelle.

(11–2) $\mathcal{A} \in$ M(DissB) gdw

(10) $\mathcal{A} \in M_p$(DissB)

(11) $\forall (c_{it}, c_{jt}), (c_{ku}, c_{lu}) \in$ *Disskog*:

Wenn *paarwicht*(c_{it}, c_{jt}) < *paarwicht*(c_{ku}, c_{lu}),

Dann *paardiss*(c_{it}, c_{jt}) < *paardiss*(c_{ku}, c_{lu})

$\forall (c_{it}, c_{jt}), (c_{ku}, c_{lu}) \in$ *Konskog*:

Wenn *paarwicht*(c_{it}, c_{jt}) < *paarwicht*(c_{ku}, c_{lu})

dann *paarkons*(c_{it}, c_{jt}) < *paarkons*(c_{ku}, c_{lu})

(12) $\forall c_{it}, c_{ju} \in$ *Kognitionen*:

Wenn $\dfrac{\mathit{konfl}(c_{it})}{\mathit{konfl}(c_{it}) + \mathit{stütz}(c_{it})} < \dfrac{\mathit{konfl}(c_{ju})}{\mathit{konfl}(c_{ju}) + \mathit{stütz}(c_{ju})}$

dann *disstärke*(c_{it}) < *disstärke*(c_{ju})

(13) $\forall c_{it}, c_{ju} \in$ *Kognitionen*:

Wenn *disstärke*(c_{it}) < *disstärke*(c_{ju})

dann *reddruck*(c_{it}) < *reddruck*(c_{ju})

Erläuterungen

Nach Definition (11–1) muss ein potenzielles Modell des Basiselementes DissB neun Bedingungen (Axiome) erfüllen. Nach Axiom (1) ist jedes potenzielle Modell von DissB eine Struktur aus zwölf Komponenten. In den Axiomen (2) bis (5) werden die ersten fünf Komponenten als Mengen charakterisiert, in den Axiomen (6) bis (9) die anderen sieben Komponenten als Funktionen.

Nach der Definition (11–2) muss ein tatsächliches Modell von DissB ein potenzielles Modell sein (Axiom 10) und die substanziellen Axiome (11) bis (13) erfüllen.

Da die verbale Theoriedarstellung von Kognitionen ausgeht, würde es nahe liegen, die Kognitionen als nicht weiter analysierte Grundmenge einzuführen. Dann könnten wir aber nicht ausdrücken, dass sich die Menge der Kognitionen einer Person über die Zeit teilweise ändert: Einige kommen hinzu, andere verschwinden. Deshalb wird der Begriff *Kognitionen* im Axiom (4) als Untermenge des kartesischen Produktes aus einer Grundmenge von *Rohkognitionen* (Axiom 3) und der Grundmenge der betrachteten *Zeitpunkte* (Axiom 2) charakterisiert. Die Elemente der Menge der Kognitionen werden als c_{it}, c_{iu}, c_{jt} usw. bezeichnet. Die Elemente c_{it} und c_{iu} bezeichnen die gleiche Rohkognition c_i (z.B. „Ich lese ein Statistik-Buch") zu unterschiedlichen Zeiten t und u (z.B. gestern 20.15 Uhr und heute 11 Uhr). Die Elemente c_{it} und c_{jt} sind unterschiedliche Rohkognitionen c_i und c_j (z.B. „Ich lese ein

Statistik-Buch" und „Im Fernsehen beginnt ein Kriminalfilm"), die gleichzeitig bestehen.

Disskog ist die Kurzbezeichnung für die Menge aller Paare von Kognitionen, die dissonant sind. *Konskog* bezeichnet die Menge aller konsonanten Kognitionspaare. Beide Mengen müssen disjunkt sein (Axiom 5).[532] Da nach Festinger die Stärke dieser Dissonanzen und Konsonanzen von der Wichtigkeit der beteiligten Elemente abhängt (siehe oben Annahme b), gibt es drei Funktionen mit den Kurzbezeichnungen *paardiss*, *paarkons* und *paarwicht* (Axiome 6 und 7), die jeweils den Kognitionspaaren in ihrem Definitionsbereich eine reelle Zahl für die Wichtigkeit zuordnen. Die Art der Abhängigkeit der paarweisen Dissonanz bzw. Konsonanz von der Wichtigkeit wird in der verbalen Theoriendarstellung nicht genauer spezifiziert. Vermutlich sind aber monotone Abhängigkeiten gemeint. Diese Annahme ist in Axiom 11 formuliert.

In Axiom 9 werden zwei Funktionen *konfl* und *stütz* definiert, die für jede Kognition die paarweisen Wichtigkeiten über alle zu ihr dissonanten bzw. konsonanten Kognitionen aufsummieren. Sie drücken damit das Ausmaß der kognitiven *Konflikte* bzw. der kognitiven *Stützung* aus, das auf die einzelnen Kognitionen entfällt. Nach Festinger ist der Widerstand gegen eine Änderung einer Kognition umso größer, je größer das Ausmaß dieser kognitiven Stützung ist. Axiom 12 drückt aus, dass die Dissonanzstärken für einzelne Elemente eine Funktion der gewichteten Anteile von paarweisen Dissonanzen und Konsonanzen sind (Annahme c).

Festingers zentrale Annahme betrifft den Zusammenhang zwischen *Dissonanzstärke* und *Reduktionsdruck* (siehe oben Punkt d). Diese Annahme bezieht sich nicht mehr auf Kognitionspaare, sondern auf einzelne Kognitionen. Deshalb sind die entsprechenden Funktionen mit den Kurzbezeichnungen *disstärke* und *reddruck* auf der Menge der Kognitionen definiert (Axiome 8 und 9). Da Festinger die Art des funktionalen Zusammenhangs wiederum nicht spezifiziert hat, unterstellen wir erneut, dass ein monotoner Zusammenhang angenommen wird: Je größer die Dissonanzstärke, desto größer der Reduktionsdruck (Axiom 13).

11.4 Spezielle Begriffe und Annahmen: Bereichselemente

Neben den allgemeinen Annahmen im Basiselement beinhalten komplexere Theorien speziellere Annahmen, die jeweils nur für bestimmte Anwendungsbereiche gelten sollen. Rekonstruiert werden diese speziellen Annahmen durch Theorie-Elemente, die wir als *Bereichselemente* bezeichnen.

[532] In den Axiomen werden stets die Kurzbezeichnungen für die Begriffe verwendet, im Text wegen der besseren Lesbarkeit häufig auch die längeren Bezeichnungen.

Für die Dissonanztheorie beschreibt Festinger vier *Anwendungsbereiche*:

- Dissonanz nach Entscheidungen
- Dissonanz nach einstellungskonträren Verhaltensweisen (*forced compliance*),
- Dissonanz bei Aufnahme und Auswahl von Informationen und
- Dissonanz bei Meinungsverschiedenheiten in sozialen Situationen.

Sie können als Bereichselemente DissE, DissF, DissI und DissS rekonstruiert werden und sind in der Abbildung 11.2 durch fett umrandete Ellipsen unterhalb des Basiselements symbolisiert. Exemplarisch wird das Bereichselement DissF im folgenden Kapitel 11.4.1 genauer betrachtet.

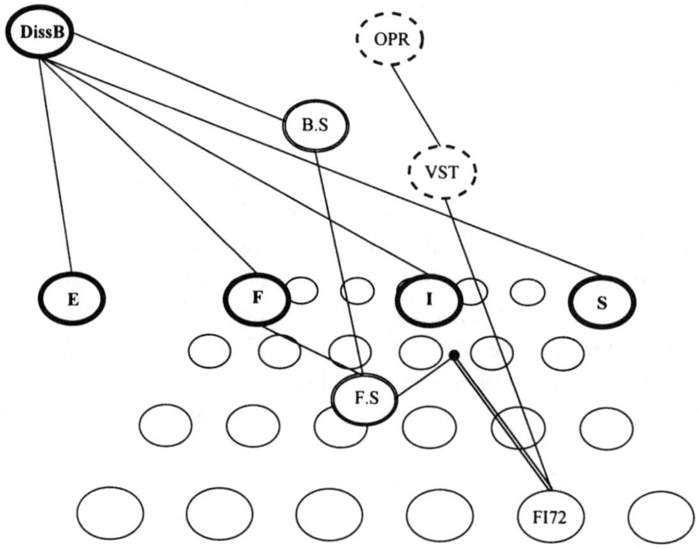

Abbildung 11.2: Wichtige Teile des Theorie-Netzes für die Dissonanztheorie

Ein weiterer wesentlicher Bestandteil von Theorie-Netzen sind Theorie-Elemente, die Modifikationen der Theorie repräsentieren. Modifikationen der Dissonanztheorie sind in der Abbildung 11.2 durch doppelte Umrandungen gekennzeichnet. Einige von ihnen werden im Kapitel 11.4.2 beschrieben.

Im Theorie-Netz repräsentiert werden können außerdem die ganz speziellen theoretischen Bezugspunkte der verschiedenen empirischen Anwendungen und Prüfungen der Theorie. Die zahlreichen empirienahen Theorie-Elemente der Dissonanztheorie sind in der Abbildung durch einfache Ellipsen symbolisiert. Eines dieser Anwendungselemente, DissFI72, wird exemplarisch im Kapitel 11.4.3 besprochen.

Durch entsprechende Netze von Theorie-Elementen lassen sich auch andere psychologische Theorien rekonstruieren.[533]

11.4.1 Forced-compliance-Dissonanz

In Forced-compliance-Situationen ist das Wissen um die eigene Einstellung, Überzeugung oder Meinung dissonant damit, dass man eine andere Meinung offen vertreten hat. Nach Festingers Theorie gelten folgende spezielle Annahmen:

1. Die Dissonanz bei einem einstellungskonträren Verhalten ist umso stärker,
   a) je wichtiger die involvierte Meinung oder das ausgeführte Verhalten für die Person ist und
   b) je geringer die versprochene Belohnung für die Einwilligung bzw. die angedrohte Bestrafung für die Nicht-Einwilligung ist.
2. Je größer der Druck zur Reduktion bestehender Dissonanz ist, desto mehr wird
   a) die Wichtigkeit der involvierten Überzeugungen und Verhaltensweisen verringert,
   b) die subjektive Größe der erhaltenen Belohnung bzw. vermiedenen Bestrafung erhöht oder
   c) die persönliche Meinung oder Überzeugung so geändert, dass der Unterschied zur vertretenen Meinung geringer wird.[534]

Diese speziellen Annahmen werden in einem Bereichselement DissF rekonstruiert. Bei der folgenden Definition der potenziellen Modelle werden spezielle Funktionen (*mein*ungs*unt*erschied, *wicht*igkeit und *belohn*ung) auf einer Untermenge *Meinkon* von Kognitionen über einstellungskonträres (*forced compliance*) Verhalten eingeführt. Bei der anschließenden Definition (11–4) der tatsächlichen Modelle werden die angenommenen Zusammenhänge zwischen diesen Variablen spezifiziert.

Da Festinger spezielle Annahmen über Zusammenhänge zwischen der Größe des Reduktionsdrucks einerseits und der Größe der *Veränderung* der subjektiven Wichtigkeiten, Belohnungshöhen und Meinungen trifft (siehe oben Punkt 2), werden neben t und u noch jeweils spätere Zeitpunkte t+ bzw. u+ betrachtet.

Die speziellen Annahmen der Dissonanztheorie sollen, wie bei wissenschaftlichen Theorien üblich, nur *ceteris paribus* und *probabilistisch* gelten. Erstens wird angenommen, dass für alle möglichen Werte jedes Einflussfaktors alle anderen bekannten und unbekannten Einflussfaktoren konstant sind oder gleiche

533 Explizit als Theorie-Netze rekonstruiert wurden die Kognitionstheorie ACT* (Heise, 1991, 1992, 1993; Heise & Westermann, 1989), die Rubikontheorie der Handlungsphasen (Gerjets, 1995; Heise, Gerjets & Westermann, 1994), die Handlungstheorie von Kuhl (Heise, 1998, 1999), dimensionale Theorien der Emotion (Reisenzein, 1992), Erwartungswerttheorien des Nutzens (Stephan, 1989), Theorien der Verhaltensinteraktion (Westmeyer, 1989b) und Balancetheorien (Manhart, 1994, 1995).

534 Festinger (1978, S. 96-102)

Wahrscheinlichkeitsverteilungen haben (siehe Kapitel 7.2.4). Zweitens sollen die angenommenen Zusammenhänge nur mit einer gewissen hohen, aber unbekannten Wahrscheinlichkeit gelten (siehe Kapitel 7.1.5). In unserer Axiomatisierung sind diese Annahmen durch die Subskripte *cp* und *p* symbolisiert.

(11–3) $\mathcal{A} \in M_p(\text{DissF})$ gdw

(1) $\mathcal{A}$ = ⟨*Zeitpunkte*, *Rohkognitionen*, *Kognitionen*, *Disskog*, *Konskog*, *paardiss*, *paarkons*, *paarwicht*, *disstärke*, *reddruck*, *konfl*, *stütz*, *Meinkon*, *meinunt*, *wicht*, *belohn*⟩

(2) ⟨*Zeitpunkte*, *Rohkognitionen*, *Kognitionen*, *Disskog*, *Konskog*, *paardiss*, *paarkons*, *paarwicht*, *disstärke*, *reddruck*, *konfl*, *stütz*⟩ $\in M_p(\text{DissB})$

(3) $\mathit{Meinkon} \subseteq \mathit{Kognitionen}$

(4) $\mathit{meinunt}: \mathit{Meinkon} \rightarrow \mathbb{R}$

(5) $\mathit{wicht}: \mathit{Kognitionen} \rightarrow \mathbb{R}_{0+}$

(6) $\mathit{belohn}: \mathit{Meinkon} \rightarrow \mathbb{R}_{0+}$

(11–4) $\mathcal{A} \in M(\text{DissF})$ gdw

(7) $\mathcal{A} \in M_p(\text{DissF})$

(8) ⟨*Zeitpunkte*, *Rohkognitionen*, *Kognitionen*, *Disskog*, *Konskog*, *paardiss*, *paarkons*, *paarwicht*, *disstärke*, *reddruck*, *konfl*, *stütz*⟩ $\in M(\text{DissB})$

(9) $\forall\, c_{it}, c_{ju} \in \mathit{Meinkon}$:

$$\begin{array}{llcl} \text{Wenn}_{cp} & \mathit{wicht}(c_{it}) & < & \mathit{wicht}(c_{ju}) \\ \vee & \mathit{belohn}(c_{it}) & > & \mathit{belohn}(c_{ju}) \\ \text{dann}_p & \mathit{disstärke}(c_{it}) & < & \mathit{disstärke}(c_{ju}). \end{array}$$

(10) $\forall\, c_{it}, c_{ju}, c_{it+}, c_{ju+} \in \mathit{Meinkon}$ mit $t < t+$, $u < u+$:

$$\begin{array}{llcl} \text{Wenn}_{cp}\ 0 < & \mathit{reddruck}(c_{it}) & < & \mathit{reddruck}(c_{ju}) \\ \text{dann}_p\ 0 > & \mathit{wicht}(c_{it+}) - \mathit{wicht}(c_{it}) & > & \mathit{wicht}(c_{ju+}) - \mathit{wicht}(c_{ju}) \\ \vee\ 0 < & \mathit{belohn}(c_{it+}) - \mathit{belohn}(c_{it}) & < & \mathit{belohn}(c_{ju+}) - \mathit{belohn}(c_{ju}) \\ \vee\ 0 > & \mathit{meinunt}(c_{it+}) - \mathit{meinunt}(c_{it}) & > & \mathit{meinunt}(c_{ju+}) - \mathit{meinunt}(c_{ju}). \end{array}$$

Die Definition der tatsächlichen und potenziellen Modelle der Bereichselemente DissE, DissI und DissS erfolgt ähnlich und soll hier nicht dargestellt werden.

11.4.2 Modifikationen der Dissonanztheorie

In Experimenten zur Dissonanz bei einstellungskonträrem Verhalten zeigten sich keineswegs immer die von der ursprünglichen Theorie vorhergesagten Meinungsunterschiede. Sie scheinen nur aufzutreten, wenn die Personen das Verhalten freiwillig zeigen und sich offen zu ihm bekennen. Liegen diese Voraussetzungen nicht vor, ist der verbleibende Meinungsunterschied häufig umso kleiner, je größer die versprochene Belohnung ist (Verstärkungseffekt).[535]

---

[535] Irle & Möntmann (1978, S. 325-332)

Um diese Befunde theoretisch erklären zu können, wurden verschiedene Modifikationen der Dissonanztheorie vorgenommen. Sie nennen verschiedene Bedingungen, die notwendig sind, damit tatsächlich kognitive Dissonanz auftritt:[536]

- Nach Brehm und Cohen muss die Person ein Gefühl der Selbstverpflichtung (*commitment*) haben und Handlungs- bzw. Entscheidungsfreiheit empfinden.
- Nach Aronson muss das Verhalten der Person mit ihrem Selbstkonzept inkonsistent sein und das persönliche Selbstwertgefühl tangieren.

Beide Annahmen entsprechen jeweils einer Modifikation des Bereichselementes DissF. Als Beispiel ist in Abbildung 11.2 das Element DissF.S für die Selbstkonzeptannahmen von Aronson eingezeichnet. Da diese modifizierten Dissonanzbedingungen auch für die anderen Anwendungsbereiche angenommen worden sind, ist in der Abbildung auch ein allgemeineres Element DissB.S enthalten, das die Ergänzung des Basiselements um Aronsons Selbstkonzeptannahmen repräsentiert.

Durch zusätzliche Theorie-Elemente lassen sich auch andere Modifikationen der Grund- oder Bereichsannahmen der Theorie darstellen.

◊ Nach Martin Irle entsteht Dissonanz nur dann, wenn eine Kognition einer Hypothese widerspricht, die gut bestätigt ist und im Selbst der Person verankert ist.[537]

◊ Etliche Experimente zeigen, dass nach einer Entscheidung die Attraktivitätsunterschiede zwischen gewählten und nichtgewählten Alternativen zunächst gar nicht, wie im Bereichselement DissE angenommen, größer werden, sondern sich für eine gewisse Zeit einander annähern (*regret effect*).[538]

11.4.3 Empirische Anwendungen der Dissonanztheorie

Auf der untersten Ebene eines Theorie-Netzes sind die Theorie-Elemente repräsentiert, die unmittelbar den empirischen Untersuchungen zur jeweiligen Theorie zugrunde liegen.

Aus dem Theorie-Netz der Dissonanztheorie soll ein empirienahes Element exemplarisch beschrieben werden. Das in der Abbildung 11.2 eingezeichnete Element DissFI72 repräsentiert die speziellen theoretischen Annahmen des Experiments von Dieter Frey und Martin Irle, das 1972 veröffentlicht wurde.[539]

In dem Experiment wurde die dissonanztheoretische Annahme über den Zusammenhang zwischen der Höhe der *Belohnung* für ein einstellungskonträres Verhalten und dem verbleibenden *Meinungsunterschied* betrachtet: Je größer die

---

[536] Aronson (1968), Brehm & Cohen (1962), Beauvois & Joule (1996); zu weiteren Anwendungen, Entwicklungen und Modifikationen der Dissonanztheorie: Beckmann (1984), Berkowitz & Devine (1989), Etgen & Rosen (1993), Harmon-Jones & Mills (1999), Shultz & Lepper (1996)

[537] Frey (1981), Irle (1975)

[538] Festinger & Walster (1964), Irle & Möntmann (1978, S. 309-315)

[539] Frey & Irle (1972, 1978)

Belohnung, desto geringer ist die Meinungsangleichung, d.h. desto größer ist der verbleibende Unterscheid zwischen vertretener und tatsächlicher Meinung. Es sollte gezeigt werden, dass entsprechend der Theoriemodifikation von Aronson dieser positive Zusammenhang zwischen Belohnung und Meinungsunterschied nur dann besteht, wenn das Selbstkonzept der Personen tangiert ist.

Dazu wurden Gymnasiasten veranlasst, einen Aufsatz gegen die Senkung des Wahlalters schreiben, obwohl sie deutlich für die Senkung waren. Für dieses einstellungskonträre Verhalten wurden ihnen entweder 1 DM oder 8 DM bezahlt. Außerdem wurde einem Teil der Schüler gesagt, dass die Aufsätze mit Namensnennung veröffentlicht werden, sie die Mitarbeit aber verweigern können. Bei einem anderen Teil der Schüler wurde die Freiwilligkeit nicht explizit betont, es wurde ihnen aber Anonymität zugesichert.[540]

Die potenziellen und tatsächlichen Modelle des experimentellen Theorie-Elements DissFI72 werden im folgenden definiert und anschließend erläutert. Dabei soll vor allem verdeutlicht werden, wie empirische Befunde theoretisch vorhergesagt, interpretiert und erklärt werden. Zur Veranschaulichung dient die Abbildung 11.3.

(11–5) $\mathcal{A} \in M_p$(DissFI72) gdw

(1) $\mathcal{A}$ = ⟨*Zeitpunkte*, *Rohkognitionen*, *Kognitionen*, *Disskog*, *Konskog*, *paardiss*, *paarkons*, *paarwicht*, *disstärke*, *reddruck*, *konfl*, *stütz*, *Meinkon*, *Selbsttang*, *meinunt*, *belohn*⟩

(2) ⟨*Zeitpunkte*, *Rohkognitionen*, *Kognitionen*, *Disskog*, *Konskog*, *paardiss*, *paarkons*, *paarwicht*, *disstärke*, *reddruck*, *konfl*, *stütz*, *Meinkon*, *meinunt*, *wicht*, *belohn*⟩ $\in M_p$(DissF)

(3) *Selbsttang* $\subseteq$ *Kognitionen*.

(11–6) $\mathcal{A} \in$ M(DissFI72) gdw

(4) $\mathcal{A} \in M_p$(DissFI72)

(5) $\forall\, c_{it}, c_{jt} \in$ *Meinkon*: *meinunt*(c_{it}) = *meinunt*$(c_{jt}) > 0$

(6) $\forall\, c_{it}, c_{jt} \in$ *Meinkon* $\cap$ *Selbsttang*:
Wenn_{cp} *belohn*(c_{it}) $<$ *belohn*(c_{jt})
dann_p *disstärke*(c_{it}) $>$ *disstärke*(c_{jt}).

(7) $\forall\, c_{it}, c_{it+}, c_{jt}, c_{jt+} \in$ *Meinkon* $\cap$ *Selbsttang* mit $t < t+$:
Wenn_{cp} *reddruck*(c_{it}) $>$ *reddruck*(c_{jt})
dann_p *meinunt*(c_{it+}) $<$ *meinunt*(c_{jt+}).

(8) $\forall\, c_{it}, c_{jt}, c_{jt}, c_{jt+} \in$ *Meinkon/Selbsttang*:
Wenn_{cp} *belohn*(c_{it}) $<$ *belohn*(c_{jt})
dann_p *meinunt*(c_{it+}) $<$ *meinunt*(c_{jt+}).

540 Der resultierende Versuchsplan mit zwei Faktoren (Belohnungshöhe und Öffentlichkeit/Entscheidungsfreiheit), jeweils zwei Ausprägungen und vier Behandlungsbedingungen wird später genauer besprochen (Tabelle 12.7 auf Seite 285).

In diesen Axiomen sind c_{it} und c_{it+} die Kognitionen über das einstellungskonträre Verhalten vor und nach dem einstellungskonträren Verhalten bei der geringen Belohnung; c_{jt} und c_{jt+} sind die entsprechenden Kognitionen bei der hohen Belohnung. Aufgrund von Vorbefragungen wird vorausgesetzt, dass die Schüler tatsächlich eine positive Meinung zur Senkung des Wahlalters haben, dass der Meinungsunterschied also für alle Personen positiv ist (Axiom 5).

Nach der Theoriemodifikation von Aronson ist die Kognition über das einstellungskonträre Verhalten selbstwerttangierend, wenn die Schüler die Aufsätze freiwillig schreiben und öffentlich vertreten. Für diese Bedingung werden folgende theoretische Annahmen gemacht (siehe linken Teil der Abbildung 11.3):

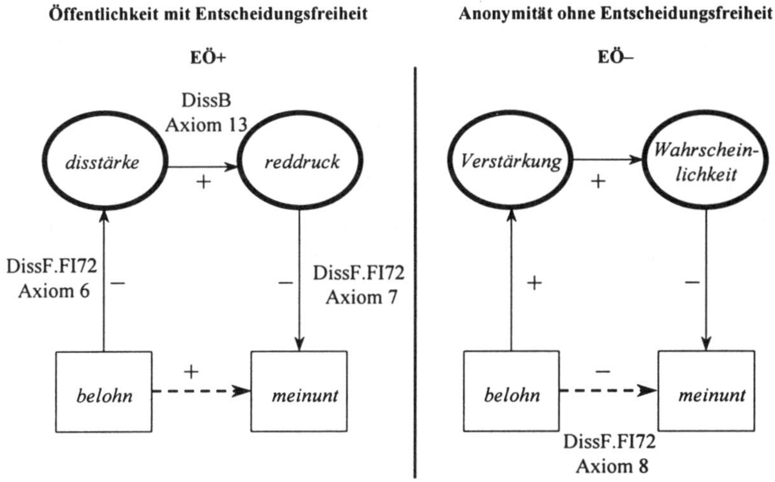

Abbildung 11.3: Empirische und theoretische Zusammenhänge im Dissonanz-Experiment von Frey und Irle

(1) Je kleiner die Belohnung ist, desto größer ist die Dissonanz (Axiom 6, in der Abbildung 11.3 durch den linken vertikalen Pfeil veranschaulicht).[541]

(2) Je größer die Dissonanz ist, desto größer ist der Reduktionsdruck (zentrale Annahme im Basiselement, linker oberer Pfeil).[542]

(3) Je größer der Reduktionsdruck ist, desto kleiner ist der verbleibende Meinungsunterschied (Axiom 7, vertikaler Pfeil in Abbildung 11.3).[543]

---

541 Axiom 6 in (11–6) ergibt sich aus Axiom 9 der Definition (11–4) der Modelle von DissF, wenn der Prämissenteil zur Funktion *Wichtigkeit* fortgelassen wird.

542 Axiom 13 der Definition (11–2) der Modelle des Basiselements

Insgesamt wird somit die Vorhersage abgeleitet, dass der Meinungsunterschied umso geringer wird, je kleiner die Belohnung ist (Dissonanz-Effekt, linker unterer Pfeil in der Abbildung 11.3). Diese theoretische Vorhersage wurde im wesentlichen durch die Daten bestätigt: In der Bedingung mit Öffentlichkeit und Entscheidungsfreiheit glichen die Schüler ihre Meinung bei geringer Belohnung stärker ihrem Verhalten an.

Ohne Hinweis auf Öffentlichkeit und Freiwilligkeit ist dagegen nicht zu erwarten, dass das Selbstkonzept tangiert wird. Damit ist nach der Theoriemodifikation von Aronson auch keine Dissonanz zu erwarten. Vielmehr ist unter dieser Bedingung, so die Hypothese der Autoren, eine *Verstärkungstheorie* der Einstellungsänderung gültig, die auf der Theorie des *operanten* Lernens von Skinner beruht. Diese zweite theoretische Bezugslinie des Experimentes von Frey und Irle ist im Theorie-Netz in der Abbildung 11.2 durch die Theorie-Elemente VST und OPR repräsentiert. Im rechten Teil der Abbildung 11.3 ist die verstärkungstheoretische Argumentation schematisch dargestellt. Eine höhere Belohnung ist eine größere Verstärkung für die (einstellungskonträre) Meinungsäußerung. Je größer die Verstärkung für ein Verhalten ist, desto größer ist nach Grundprinzip der operanten Konditionierung die Wahrscheinlichkeit, dass es wiederholt wird (rechter oberer Pfeil). Die nach dem Aufsatzschreiben erfasste Meinung ähnelt danach bei höherer Belohnung stärker der geäußerten Meinung. Je größer die Belohnung ist, desto geringer wird also der Meinungsunterschied. Diese Hypothese entspricht Axiom 8 in (11–6) und ist rechts unten in Abbildung 11.3 schematisiert. Durch die Daten wurde sie gut bestätigt.

Holismus

Die strukturalistische Analyse eines psychologischen Experiments macht deutlich, dass empirische Hypothesenprüfungen stets *holistisch* sind: Wir können nicht einzelne Zusammenhangsannahmen isoliert überprüfen, sondern nur Gefüge von Annahmen als Ganzes.[544] Dazu gehören zum einen die Zusammenhangsannahmen, die in den substanziellen Axiomen der speziellen Theorie-Elemente und des Basis-Elements formuliert sind. Zum anderen werden eine ganze Reihe von expliziten und impliziten Zusatzannahmen mit überprüft, beispielsweise über die adäquate Messung der abhängigen Variablen oder über die Gruppengleichheit zum Ausgangszeitpunkt.

Wenn die empirischen Ergebnisse den theoretisch begründeten Erwartungen entsprechen, kann die untersuchte Situation insgesamt als Modell des komplexen Theorie-Elementes beschrieben werden. Weichen die Daten systematisch von den Erwartungen ab, ist das Theorie-Element als Ganzes nicht geeignet, den untersuchten

543 Axiom 7 aus (11–6) ergibt sich aus Axiom 10 in Definition (11–4), wenn die Konklusionsteile zu *Wichtigkeit* und *Belohnung* fortgelassen werden und gemäß Axiom 5 meinunt (c_{it}) = meinunt (c_{jt}) gesetzt wird.

544 Dieser Holismus wurde vor allem von Quine betont und wird als Duhem-Quine-These bezeichnet (Gadenne, 1998b; Gähde, 1996; Stegmüller, 1987b, S. 265-269).

Anwendungsfall zu beschreiben und zu erklären. Es ist aber meist nicht möglich, eindeutig zu klären, welche der Annahmen zu den Abweichungen geführt haben.

Anwendung in natürlichen Situationen

Eine wissenschaftliche Theorie mit kausalen Theorie-Elementen kann nicht nur in wissenschaftlichen Experimenten angewendet werden, sondern approximativ auch in „natürlichen", „alltäglichen", das heißt nicht künstlich hergestellten Situationen.[545]

◊ Die Dissonanztheorie kann bei der Planung einer Werbekampagne für einen Konsumartikel oder bei der klinischen Einzelfallarbeit angewendet werden.

Die spezifischen theoretischen Bezugspunkte derartiger „natürlicher" Anwendungen können auch durch spezielle empirienahe Theorie-Elemente rekonstruiert werden, die sich von den bisher eingeführten Theorie-Elementen in einem wichtigen Punkt unterscheiden: Sie enthalten keine Ceteris-paribus-Bedingungen, sie stellen also keine kausalen Gesetzmäßigkeiten dar, sondern lediglich Zusammenhänge (Kovariationen) zwischen Variablen.

◊ Ein spezielles Forced-compliance-Element für natürliche Verkaufssituationen kann die folgende Annahme enthalten: Hat man Konsumenten durch Teilnahme an einem Preisausschreiben dazu gebracht, gegen ihre Überzeugung oder Gewohnheit ein bestimmtes Produkt zu kaufen, so wird sich die Meinung zu diesem Produkt umso stärker zum Positiven hin verändern, je geringer die Gewinne sind. Es wird also eine positive Assoziation von Gewinnhöhe und Meinungsunterschied vorausgesagt, der in anderen Forced-compliance-Theorie-Elementen angenommene kausale Zusammenhang zwischen Belohnungshöhe und Meinungsunterschied muss jedoch nicht unterstellt werden.

Die Elimination der Ceteris-paribus-Bedingungen ist notwendig, weil in nicht-experimentellen Situationen andere Faktoren nicht gleich (oder gleichverteilt) sind.

◊ An welchen Preisausschreiben (mit unterschiedlichen Gewinnen) Konsumenten teilnehmen oder nicht, kann nicht zufällig bestimmt werden. Die Gruppen unterscheiden sich deshalb in vielen Merkmalen: nicht nur in den ausgesetzten Gewinnen, sondern auch in den persönlichen Einstellungen, Merkmalen und Vorerfahrungen.

Während man bei der Anwendung eines kausalen Theorie-Elements im Experiment die Konstanz aller nicht primär interessierenden Bedingungen annehmen kann, sollte man zur Beschreibung und Erklärung einer natürlichen Situation Theorie-Elemente verwenden, die möglichst viele der relevanten Einflussfaktoren einbeziehen.

---

[545] Der wesentliche Unterschied zu experimentellen Situationen besteht darin, dass die Untersuchungseinheiten den Ausprägungen der UV nicht zufällig zugeordnet sind.

11.5 Intratheoretische Relationen

Die Elemente eines Theorie-Netzes können in verschiedenen Beziehungen zueinander stehen. Um sie darzustellen, können auf der Menge der Theorie-Elemente verschiedene Relationen definiert werden. Die Wichtigsten von ihnen haben wir implizit schon bei der Beschreibung der Theorie-Netze in den vorangegangenen Kapiteln kennen gelernt: Spezialisierungen, Erweiterungen und Vereinfachungen. Diese Relationen sind Spezialfälle einer generellen Relation, die hier als Differenzierung bezeichnet werden soll.[546]

- Ein Theorie-Element T_2 ist eine *Differenzierung* eines Elementes T_1, wenn T_2 zahlreichere oder spezifischere Zusammenhangsannahmen enthält als T_1.

In diesem Fall ist es schwieriger, die substanziellen Axiome von T_2 als von T_1 zu erfüllen. Die Menge der Modelle von T_2 ist deshalb kleiner als die von T_1.

Da eine derartige Differenzierung auf unterschiedliche Weise erfolgen kann, können wir verschiedene Spezialfälle der Differenzierungsrelation unterscheiden: Spezialisierungen, Erweiterungen, Vereinfachungen und Kombinationen dieser Differenzierungen.

- T_2 ist eine *Spezialisierung* von T_1, wenn T_2 in der gleichen Begrifflichkeit wie T_1 zusätzliche oder strengere Anforderungen formuliert.[547]

◊ Wenn das Bereichselement für Dissonanz nach Entscheidungen (DissE) dahingehend modifiziert wird, dass nach der getroffenen Entscheidung die Attraktivitätsunterschiede zwischen gewählter und abgelehnter Alternative zunächst konvergieren und dann divergieren (*regret effect*, siehe Seite 233), ist das entsprechende Theorie-Element DissE.R eine Spezialisierung von DissE.

- T_2 ist eine *Erweiterung* von T_1, wenn in T_2 zusätzliche Annahmen unter Beteiligung zusätzlicher Begriffe formuliert werden.[548]

---

546 Zur genauen Definition dieser (teilweise unterschiedlich benannten) Relationen: Westermann (1989, S. 42), Diederich (1981, S. 182-190), Stephan (1989, S. 99).

547 Die Mengen der potenziellen Modelle von T_1 und T_2 sind dann gleich. Die Menge der tatsächlichen Modelle von T_2 ist eine Untermenge der Menge der tatsächlichen Modelle von T_1. Die Hauptvertreter des Strukturalismus bemühen sich, alle wissenschaftlichen Theorien durch Netze von Theorie-Elementen zu rekonstruieren, zwischen denen ausschließlich Spezialisierungsrelationen bestehen und führen deshalb möglichst viele Begriffe schon im Basiselement ein (Balzer et al., 1987, S. 170). Die ständigen terminologischen Erweiterungen, die für wissenschaftliche Theorien aus allen Bereichen typisch sind, können dadurch jedoch nicht adäquat abgebildet werden.

548 In diesem Fall kann die Menge der tatsächlichen Modelle von T_2 auf eine Untermenge der Menge der tatsächlichen Modelle von T_1 reduziert werden: Streichen wir aus den tatsächlichen Modellen von T_2 die zusätzlichen Terme heraus, sind die entstehenden Strukturen jeweils tatsächliche Modelle von T_1.

◊ Die Bereichselemente (z.B. DissE) sind Erweiterungen der Basiselemente, weil zusätzliche (nicht-T-theoretische) Begriffe eingeführt und neue Zusammenhangsannahmen getroffen werden.
◊ Die Modifikationselemente der Dissonanztheorie (z.B. DissB.S und DissF.S) ergeben sich aus den ursprünglichen Elementen (DissB bzw. DissF), indem ein Mengenbegriff (hier: der Begriff *Selbsttang* der selbstkonzepttangierenden Kognitionen) hinzugefügt wird und die substanziellen Axiome auf diese Untermenge eingeschränkt werden.

- T_2 ist eine *Vereinfachung* von T_1, wenn aus T_1 Begriffe und die entsprechenden Zusammenhangsannahmen fortgelassen werden.[549]

◊ Die Bereichselemente (z.B. DissF) beziehen sich jeweils auf mehrere Determinanten der Dissonanzstärke und mehrere Manifestationen des Reduktionsdrucks (z.B. *meinunt*, *wicht*, *belohn*). Jedes Theorie-Element, das nur eine Determinante und eine Manifestation betrifft (z.B. *belohn* und *meinunt*) ist eine Vereinfachung von DissF.

Im Theorie-Netz in Abbildung 11.2 sind die Differenzierungsrelation und ihre Spezialfälle durch Linienverbindungen dargestellt. Sind die Elemente T_1 und T_2 durch eine einfache Linie verbunden und steht T_2 rechts unter T_1, so ist T_2 eine Erweiterung von T_1. Steht T_2 hingegen rechts oberhalb von T_1, so ist T_2 eine Vereinfachung von T_1. Eine Spezialisierung ist durch eine doppelte Linie verdeutlicht.

Einige Elemente im Theorie-Netz, insbesondere die empirienahen, entstehen dadurch, dass ein Bereichselement zunächst vereinfacht und dann differenziert wird.

◊ DissFI72 ergibt sich aus einer Vereinfachung des modifizierten Bereichselements DissF.S, die sich nur noch auf die Variablen *belohn* und *meinunt* bezieht (in Abbildung 11.2 durch einen Punkt angedeutet). Da DissFI72 noch zusätzliche Annahmen enthält (z.B. über die Meinung der Personen vor der Untersuchung), ist es eine Spezialisierung dieser Vereinfachung.

11.6 Intertheoretische Relationen

Im vorangegangenen Kapitel haben wir Beziehungen zwischen Theorie-Elementen innerhalb eines Theorie-Netzes betrachtet (*intra*theoretische Verbindungen). Nicht minder wichtig für die Wissenschaft sind Beziehungen zwischen verschiedenen Theorien. Sie werden als *inter*theoretische Relationen bezeichnet.

Globale Relationen und lokale Bänder

Beziehungen zwischen ganzen Theorien werden als *globale* intertheoretische Relationen bezeichnet. Von Wissenschaftsphilosophen wird vor allem untersucht, ob

549 Das „alte“ Element T_1 ist dann formal eine Erweiterung des „neuen“ Elements T_2.

Theorien begrifflich oder empirisch äquivalent sind, ob eine Theorie auf eine andere reduziert werden kann oder ob sie durch die andere approximiert werden kann.[550]

Die globalen Theoriebeziehungen beruhen auf *lokalen* intertheoretischen Relationen, d.h. auf Verbindungen, die zwischen einzelnen Begriffen oder Annahmen aus verschiedenen Theorien bestehen. Diese lokalen Relationen werden im Strukturalismus durch intertheoretische *Bänder* (*intertheoretical links*) zwischen Theorie-Elementen aus verschiedenen Theorie-Netzen rekonstruiert.[551]

Sind verschiedene Theorie-Netze durch intertheoretische Bänder miteinander verknüpft, sprechen wir von einem *Theorie-Holon.*

Determinierende und interpretative Bänder

Die für uns wichtigen intertheoretischen Bänder sind die *interpretativen* und die *determinierenden* Bänder.[552] Interpretative Bänder dienen dazu, die Bedeutung von Begriffen aus einer Theorie durch Verweis auf eine andere Theorie zu spezifizieren. Bei determinierenden Bändern geht man noch einen Schritt weiter: Durch Verknüpfung mit der anderen Theorie bestimmt man die genauen Werte, die eine Funktion annimmt bzw. die konkreten Objekte, die zu einer Relation oder Menge gehören.

Interpretative Bänder spielen bei der Anwendung und Prüfung von Theorien eine wichtige Rolle. Sowohl die Grundbegriffe einer Theorie, die im Basiselement eingeführt werden, als auch die Begriffe, die in den Bereichselementen hinzukommen, werden in ihrer Bedeutung nicht innerhalb der Theorie und nicht durch die Theorie festgelegt. Bei der Anwendung und Prüfung einer Theorie wird deshalb häufig auf andere Theorien zurückgegriffen, um diese Begriffe zu interpretieren.[553]

Intertheoretische Bänder können deskriptiv und präskriptiv verwendet werden. Zum einen kann man mit ihnen die üblicherweise bei der Anwendung einer Theorie vorgenommenen Rückgriffe auf andere Theorien beschreiben. Zum anderen können wir neue intertheoretische Bänder formulieren, um Theorien gezielt zu verbessern.

Intertheoretische Bänder für die Dissonanztheorie

Die für das Basiselement der Dissonanztheorie zentralen Begriffe der *Kognitionen* und *Rohkognitionen* können in ihrer Bedeutung dadurch präzisiert werden, dass wir

[550] Balzer, Moulines & Sneed (1987, S. 247-385), wo darüber hinaus auch noch die Spezialisierung und die Theoretisierung von Theorien besprochen wird.

[551] Balzer, Moulines & Sneed (1987, S. 57-62)

[552] Moulines (1992), Moulines & Polanski (1996), dort werden neben determinierenden Bändern auch implikative Bänder (*entailment links*) beschrieben.

[553] Jede Theorie T verfügt über einige Begriffe, deren Bedeutung sich ausschließlich aus ihr selbst ergeben und die als T-theoretische Begriffe bezeichnet werden (siehe unten Kapitel 11.7). Sie können deshalb nicht mit anderen Theorien verbunden werden.

sie mit entsprechenden Begriffen aus dem Basiselement ACT*-B der Kognitionstheorie ACT* verknüpfen.[554] Die Grundmenge *Rohkognitionen* in DissB kann mit der Grundmenge der kognitiven Einheiten (*cognitive units*) in ACT* verknüpft werden. Die Menge der tatsächlichen *Kognitionen* wird mit dem deklarativen Gedächtnis (Menge DM der *declarative memory units*) in ACT* verknüpft.[555] Nach dieser Verknüpfung können alle weiterführenden Aussagen, die ACT* über Kognitionen macht (z.B. über Stärken, Aktivationen, gegenseitigen Verbindungen), zur Interpretation und Erklärung dissonanztheoretischer Befunde herangezogen werden.[556]

Der für das Bereichselement DissF wichtige Begriff des Meinungsunterschieds kann durch eine Verbindung mit der Einstellungstheorie von Martin Fishbein und Icek Ajzen präziser interpretiert und erfasst werden. Nach dieser Theorie ist die Einstellung (*attitude*) zu einem Objekt (oder einer Person, einer Idee, einem Verhalten usw.) gleichbedeutend mit der Gesamtbewertung dieses Objekts.[557] Abhängig ist diese Einstellung von den Überzeugungen (*beliefs*) der Person darüber, welche Attribute dieses Objekt hat, und von ihren Bewertungen dieser Attribute. Die in dissonanztheoretischen Untersuchungen betrachteten „Meinungen“ entsprechen eher „Einstellungen“ als „Überzeugungen“. Es ist also sinnvoll, ein *interpretatives* Band zwischen dem Begriff des Meinungsunterschieds in Festingers Dissonanztheorie und den Einstellungsunterschieden in der Theorie von Fishbein und Ajzen zu formulieren. Außerdem können Einstellungen auf der Basis dieser Theorie quantitativ erfasst werden: zum einen über direkte Einschätzungen auf bewertenden Dimensionen, zum anderen durch Erfassung und Kombination von Überzeugungen.[558] Verwenden wir die Ergebnisse innerhalb der dissonanztheoretischen Beschreibungen und Erklärungen, haben wir ein *determinierendes* Band.

Bänder zwischen Handlungs- und Kognitionstheorien

Intertheoretische Bänder können auch verwendet werden, um Theorien, die getrennt entwickelt, dargestellt und angewendet wurden, gezielt miteinander zu verbinden.

---

[554] Zur strukturalistischen Rekonstruktion von ACT* siehe Heise (1991).

[555] Beide Begriffe sind als Untermengen des kartesischen Produkts der Grundmenge an Kognitionen (*Rohkognitionen* bzw. *cognitive units*) mit der Zeit charakterisiert.

[556] Formal ist ein intertheoretisches Band eine Untermenge des kartesischen Produktes der Mengen potenzieller Modelle der Theorie-Elemente. Im Beispiel kann das Band L kurz wie folgt formuliert werden:
$(x,y) \in L \subseteq M_p(\text{DissB}) \times M_p(\text{ACT*-B}) \leftrightarrow \textit{Rohkognitionen} \subseteq \textit{Cu} \wedge \textit{Kognitionen} \subseteq \textit{DM}.$

[557] Fishbein & Ajzen (1975)

[558] Eine Methode zur Einstellungsmessung durch direkte Bewertungen ist das semantische Differential, eine indirekte Erfassung von Einstellungen erfolgt z.B. durch die verbreiteten Likert-Skalen (Fishbein & Ajzen, 1975; Westermann, 1982, 1983a).

Besonders notwendig und erfolgversprechend ist eine derartige Verbindung zwischen Handlungstheorien einerseits und Kognitionstheorien andererseits.[559]

Psychologische Handlungstheorien finden wir vor allem in der Sozial-, Motivations- und Arbeitspsychologie.[560] Sie beschreiben zielgerichtetes menschliches Verhalten auf einem relativ hohen, „molaren" Niveau. Sie verwenden Begriffe wie Ziele, Wünsche, Entscheidungen, Intentionen, Pläne und Motive. Diese entsprechen zumindest zum Teil bewusst zugänglichen Prozessen und Zuständen.

Psychologische Kognitionstheorien finden sich vor allem in der Allgemeinen Psychologie.[561] Sie analysieren menschliches Denken und Handeln auf einem relativ niedrigen, „molekularen" Niveau. Sie verwenden Begriffe wie Repräsentation, Schema, Aktivation, Netzwerk und Produktion. Diese entsprechen zumeist nicht bewusst zugänglichen Prozessen und Zuständen.

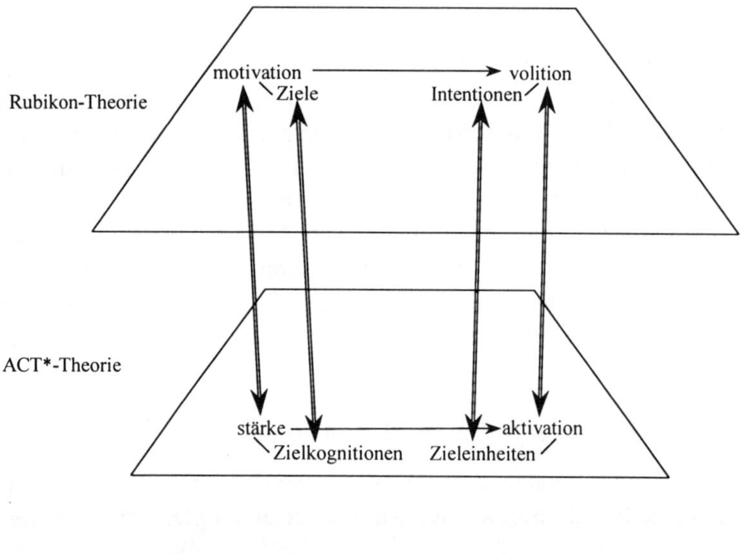

Abbildung 11.4: Verknüpfung von Rubikontheorie und ACT*-Theorie: grundlegende Bänder

Menschliche Aktivitäten werden von Handlungs- und Kognitionstheorien demnach auf unterschiedlichen Ebenen und Auflösungsgraden beschrieben. Zwischen beiden Ebenen müssen jedoch systematische Relationen bestehen: Handlungen müssen

559 Westermann & Heise (1996), Gerjets (1995)

560 z.B. Cranach, Kalbermatten, Indermühle & Gugler (1980), Heckhausen (1989), Hacker (1997)

561 z.B. Anderson (1996a), Dörner (1987), Holland et al. (1986)

kognitiv realisiert werden. Um diese möglichen Realisationsbeziehungen zu beschreiben, haben wir intertheoretische Bänder zwischen Begriffen der Rubikontheorie und der ACT*-Theorie formuliert.[562] Sie sind in der Abbildung 11.4 veranschaulicht.

Erstens wird zwischen der *motivation* der verschiedenen Ziele und der *stärke* der entsprechenden Zielkognitionen ein monotoner Zusammenhang angenommen, zweitens zwischen der *volition* der Intentionen und der *aktivation* der kognitiven Zieleinheiten.

Durch diese Zuordnung von Begriffen ergibt sich auch eine Zuordnung von Gesetzesannahmen aus beiden Theorien: Nach der Rubikontheorie besteht zwischen Motivationsstärke und Volitionsstärke ein monotoner Zusammenhang („Je größer die Motivation, desto größer die Volition"). Nach der ACT*-Theorie besteht ein monotoner Zusammenhang zwischen der Stärke und der Aktivation einer deklarativen kognitiven Einheit. Nach der Verknüpfung der Theorien stellt damit der kognitionspsychologische Zusammenhang (auf der unteren Ebene) eine Realisierung und Erklärung des handlungspsychologischen Zusammenhangs (obere Ebene) dar.

11.7 Theoretische Begriffe und empirischer Gehalt

Die Mengen der potenziellen und tatsächlichen Modelle sind die wichtigsten Bestandteile des Kerns eines Theorie-Elementes. Zu einer umfassenden Rekonstruktion eines Theoriekerns gehören darüber hinaus die Bänder (*links*) zu anderen Theorien, die im Kapitel 11.6 analysiert wurden, und eine Trennung der theoretischen von den nicht-theoretischen Begriffen, auf die dieses Kapitel eingeht.[563]

11.7.1 Theoretische und nicht-theoretische Begriffe

In der Zweisprachenkonzeption des logischen Empirismus (siehe Kapitel 11.1) gehören zur theoretischen Sprache diejenigen Begriffe, deren Bedeutung sich nicht vollständig aus beobachtbaren Objekten, Eigenschaften und Relationen ergibt. In der strukturalistischen Wissenschaftstheorie wird die Klasse der theoretischen Begriffe enger und präziser gefasst. Ob ein Begriff theoretisch ist, hängt von seiner Funktion in der Theorie und ihren Anwendungen ab. Deshalb erfolgt die Klassifikation als theoretisch nicht mehr generell, sondern spezifisch für jede einzelne Theorie.

---

[562] Gerjets (1995), Gerjets, Heise, Graw & Westermann (1996), Gerjets, Heise & Westermann (1995)

[563] Zum Theoriekern gehören außerdem die Eindeutigkeits- oder Querverbindungen (*Constraints*): notwendige, meist aber implizite Annahmen über Konstanzen oder erlaubte Variationen von Funktionswerten über verschiedene Anwendungen des gleichen Theorie-Elements (Balzer et al., 1987, S. 40-47; Stegmüller, 1985, S. 81-87; Stegmüller, 1986, S. 56-67; Westermann, 1987a, S. 25-29).

Allgemein gesagt ist ein Begriff „theoretisch in Bezug auf die Theorie T“ (kurz: *T-theoretisch*), wenn er spezifisch für diese Theorie ist und wenn seine Bedeutung wesentlich von ihrer Gültigkeit abhängt. Das ist dann der Fall, wenn man bei allen bekannten und akzeptierten Bestimmungsmethoden für diesen Begriff die Gültigkeit der Theorie T (in mindestens einem Anwendungsfall) voraussetzen muss.[564]

Das strukturalistische Theoretizitätskriterium ist ein stark pragmatisches Kriterium. Die Bezeichnung eines Begriffs als T-theoretisch ist stets davon abhängig, welche Methoden bekannt und akzeptiert sind, um festzustellen, welche Objekte unter diesen Begriff fallen oder welche Ausprägungen das bezeichnete Merkmal hat. Durch dieses Kriterium werden also keine logischen Wahrheiten festgestellt, sondern beschrieben, wie die Vertreter einer Theorie T (gegenwärtig) mit ihr umgehen.

Eingeführt werden T-theoretische Begriffe meist im Basiselement der Theorie.

◊ Theoretisch in Bezug auf die Dissonanztheorie (kurz: *Diss-theoretisch*) sind die zentralen Begriffe *disstärke* und *reddruck*, denn in der dissonanztheoretischen Forschung gibt es keine allgemein akzeptierten Methoden, diese Variablen direkt und unabhängig von der Gültigkeit der Theorie zu erfassen.

Zu den nicht-T-theoretischen Begriffen gehören notwendigerweise alle Grundmengen der Theorie T, da diese gerade dadurch gekennzeichnet sind, dass sie innerhalb der Theorie nicht auf andere Begriffe zurückgeführt werden.

◊ Grundbegriffe der Dissonanztheorie und damit *nicht-Diss-theoretisch* sind die Mengenbegriffe *Zeitpunkte* und *Rohkognitionen*.[565]

Auch die Begriffe der Theorie, auf die sich die empirischen Untersuchungen zu dieser Theorie unmittelbar beziehen, sind immer nicht-T-theoretische Begriffe. In der Psychologie handelt es sich dabei oft um Begriffe, die erst in den Bereichselementen oder noch spezielleren Theorie-Elementen eingeführt worden sind.

◊ Im Experiment von Frey und Irle werden empirisch die *Belohnung*shöhe und das Ausmaß des *Mein*ungs*unt*erschieds betrachtet. Die Variable Belohnungshöhe ist relativ direkt beobachtbar. Um individuelle Meinungen und Meinungsunterschiede valide zu erfassen, muss man hingegen beispielsweise auf die Einstellungstheorie von Fishbein und Ajzen und auf die Likert-Methode zur Skalenkonstruktion zurückgreifen.[566]

Die Ableitung empirisch prüfbarer Vorhersagen und die einheitliche Interpretation beobachtbarer Zusammenhänge zwischen verschiedenen nicht-T-theoretischen Variablen erfolgt mit Hilfe von Annahmen über gesetzmäßige Zusammenhänge von

---

564 Sneed (1979, S. 31-33), Stegmüller (1985, S. 45-75), Balzer, Moulines & Sneed (1987, S. 62-73). Neben diesem informellen Kriterium sind im Strukturalismus auch formelle Theoretizitätskriterien entwickelt worden (Balzer, 1996; Balzer et al., 1987, S. 73-78), die jedoch für die Psychologie nicht so sinnvoll anwendbar sind.

565 Auch die anderen wichtigen Begriffe erweisen sich als nicht-Diss-theoretisch: die *Kognitionen*, die Untermengen *Disskog* und *Konskog* und die Funktion *paarwicht*.

566 siehe oben Fußnote 558, Seite 241

T-theoretischen Variablen. Dazu muss die Theorie auch Annahmen über Zusammenhänge zwischen T-theoretischen und nicht-T-theoretischen Variablen enthalten.

◊ Im Experiment von Frey und Irle wird der kleinere Meinungsunterschied bei geringer Belohnung dadurch erklärt, dass geringere Belohnung für einstellungskonträres Verhalten zu stärkerer Dissonanz führt und diese nach der fundamentalen dissonanztheoretischen Gesetzesannahme mit einem größeren Reduktionsdruck verbunden ist (vgl. oben Abbildung 11.3). *Disstärke* und *Reddruck* sind dabei Diss-theoretische Begriffe und werden nicht direkt gemessen.

T-theoretische Begriffe finden sich in allen etwas komplexeren psychologischen Theorien. Sie fehlen allenfalls in einfachen und empirienahen Hypothesen über Variablenzusammenhänge. Aussagen ohne T-theoretische Begriffe können zwar Befunde zusammenfassend beschreiben, aber eben nicht auf einer allgemeineren und abstrakteren Ebene theoretisch erklären.[567]

In der Psychologie können die Werte T-theoretischer Variablen meist nicht numerisch genau bestimmt werden. Möglich sind vielmehr nur Aussagen über die Rangordnung von Merkmalsausprägungen. Dies liegt daran, dass die theoretischen Annahmen jeweils lediglich einen monotonen Zusammenhang zwischen einer theoretischen und einer nicht-theoretischen Variablen spezifizieren.

◊ *Dis*sonanz*stärke* und *Red*uktions*druck* sind nach den Axiomen 10 und 11 aus (11–6) monoton mit *Belohn*ungshöhe und *Mein*ungs*unt*erschied verbunden. [568]

Bei physikalischen Theorien hingegen finden wir exaktere Gesetzesannahmen und damit auch genauer errechenbare T-theoretische Größen.[569]

11.7.2 Partialmodelle

Geht man von einem potenziellen Modell eines Theorie-Elements aus und eliminiert alle T-theoretischen Begriffe, erhält man ein sog. partielles potenzielles Modell oder, kürzer ausgedrückt, ein Partialmodell. Bei der Definition der Partialmodelle eines Theorie-Elements werden dementsprechend nur die nicht-theoretischen Begriffe eingeführt und charakterisiert.

◊ Beim Basiselement DissB umfasst das Partialmodell die Begriffe *Zeitpunkte*, *Rohkognitionen*, *Kognitionen*, *Disskog*, *Konskog* und *paarwicht*. Beim Bereichselement DissF beispielsweise kommen die speziell eingeführten Begriffe (*Meinkon*, *meinunt*, *wicht*, *belohn*) hinzu, da diese nicht-Diss-theoretisch sind.

---

[567] Ohne T-theoretische Begriffe beschrieben werden z.B. Verläufe psychophysischer Funktionen, Lokalisationen von Fertigkeiten im Gehirn oder Risikofaktoren für Erkrankungen, obwohl erklärende Theorien jeweils aussagekräftiger wären.

[568] Diss-theoretisch sind auch *paardiss* und *paarkons* (Westermann, 1987a, S. 72-75).

[569] Beispielsweise ist das Gewicht eines Körpers proportional zur Auslenkung einer Federwaage (Balzer et al., 1987, S. 68-72).

Die Menge aller Partialmodelle eines Theorie-Elements wird mit M_{pp} bezeichnet. Diese Menge M_{pp} gehört ebenso wie die Mengen M_p und M der potenziellen und tatsächlichen Modelle zum Kern K der Theorie.

Die Menge der Partialmodelle umfasst die *möglichen Anwendungen*, d.h. die *möglichen empirischen Daten* für ein Theorie-Element: Um ein Theorie-Element auf einen bestimmten Realitätsausschnitt anwenden zu können, muss diese Situation als Partialmodell des Theorie-Elementes beschreibbar sein. Zu einer Anwendungssituation gehören bestimmte Beobachtungseinheiten, Behandlungen, Beobachtungen, situationale Umstände und Zeitpunkte.[570]

Durch ein Partialmodell werden Anwendungssituationen zwar ohne T-theoretische, aber mit den übrigen Begriffen einer Theorie T beschrieben. Die Art der Beschreibung wird damit von der Theorie bestimmt. Es werden genau die Objekte, Merkmale und Relationen einbezogen, die für die Theorie relevant sind. Partialmodelle sind (Re-)Konstruktionen der Realität: Daten, die wir „durch die Brille der Theorie" erblicken.[571]

◊ Um das Basiselement der Dissonanztheorie auf eine bestimmte Person in einer bestimmten Situation anzuwenden, müssen wir zu mindestens einem Zeitpunkt Kognitionen, dissonante und konsonante Kognitionspaare identifizieren und die Wichtigkeit dieser Kognitionspaare bestimmen. Um das Bereichselement DissF anwenden zu können, müssen wir darüber hinaus noch Informationen über die Ausprägungen von mindestens zwei der zusätzlichen bereichsspezifischen Variablen haben: einer unabhängigen, mit der Dissonanzstärke und einer abhängigen, mit dem Reduktionsdruck verbundenen Variablen (z.B. *Wichtigkeit* und *Meinungsunterschied*).

Viele der nicht-T-theoretischen Variablen einer Theorie sind allerdings nicht direkt beobachtbar. Ihre Ausprägungen können nur indirekt aus anderen Beobachtungen abgeleitet werden. Um diese Ableitungen oder Aufbereitungen zu begründen, ziehen wir unser Alltagsverständnis, vor allem aber fachwissenschaftliche Theorien, Methoden und Konventionen heran. Die Ausprägung von abhängigen Variablen wird je nach Fragestellung z.B. durch systematische Beobachtungen, standardisierte Skalen oder Reaktionszeiten bestimmt. Um bestimmte Ausprägungen einer unabhängigen Variablen zu realisieren, versucht man meist gezielt, entsprechende Situationen herzustellen und andere mögliche Einflussfaktoren zu kontrollieren.[572]

◊ Bei der Anwendung der Dissonanztheorie werden abhängige Variablen wie Meinungen und Attraktivitäten durch die üblichen Befragungs- und Skalierungsmethoden erfasst. Durch feste experimentelle Situationen und Abläufe versucht man sicherzustellen, dass alle Personen eine bestimmte Kognition haben (z.B. wissen, dass sie gerade freiwillig einen Aufsatz gegen die Senkung des Wahlalters geschrieben haben). Die unabhängige

---

570 abgekürzt: utosch für *units*, *treatments*, *observations*, *settings* und *chronos* (Cook et al., 1990, S. 495)

571 Balzer (1982, S. 288-291; 1997, S. 134-145), Kuipers (1996, S. 93)

572 Beispiele siehe oben Kapitel 1.3

Variable wird durch gezielte Gestaltung der experimentellen Situation hergestellt (z.B. wird der einen Hälfte der Personen 1 DM versprochen, der anderen Hälfte 8 DM).

11.7.2.1 Ergänzung von Partialmodellen zu tatsächlichen Modellen

Ist eine Situation als Partialmodell eines Theorie-Elements beschrieben, kann untersucht werden, ob es auch ein tatsächliches Modell ist. Dazu muss geprüft werden, ob das Partialmodell so um theoretische Begriffe ergänzt werden kann, dass ein tatsächliches Modell entsteht. Dazu müssen die Daten hinreichend genau mit den substanziellen Axiomen übereinstimmen. Ob dies der Fall ist, wird in der Psychologie an Hand von statistischen Signifikanztests entschieden (siehe unten Kapitel 15).[573]

◊ Beim Experiment von Frey und Irle gehören zum Partialmodell vor allem die selbstwerttangierenden Kognitionen über das einstellungskonträre Aufsatzschreiben, die Belohnungen von 1 bzw. 8 DM und die Unterschiede zwischen der tatsächlichen und der vertretenen Meinung. Hinzugefügt werden müssen die theoretischen Variablen Dissonanzstärke und Reduktionsdruck, und zwar gemäß der Axiome 6 und 7 des Theorie-Elements DissFI72 (siehe Abbildung 11.3): stärkere Dissonanz bei 1 DM als bei 8 DM Belohnung und größerer Reduktionsdruck bei kleinerem Meinungsunterschied. Außerdem muss das Fundamentalgesetz der Theorie (Axiom 13 des Basiselements DissB) erfüllt sein: größerer Reduktionsdruck bei stärkerer Dissonanz. Diese Zuordnungen sind dann konsistent möglich, wenn die mit 1 DM belohnten Personen tatsächlich einen signifikant und wesentlich kleineren Meinungsunterschied zeigen als die mit 8 DM belohnten. Bei einem entgegengesetzten empirischen Ergebnis lässt sich die Situation nicht als Modell der Dissonanztheorie darstellen.

Auch die Anwendung einer psychologischen Theorie in einer natürlichen Situation entspricht dem Versuch, Partialmodelle zu potenziellen Modellen zu ergänzen. Unterschiedliche Theorien und Sichtweisen führen dabei zu unterschiedlichen Suchrichtungen und Deskriptionen.

◊ Beschreibt und analysiert man ein störendes Verhalten bei einer Person (z.B. einen Waschzwang) vom Standpunkt der operanten Verhaltenstheorien aus, werden bei einer sog. Verhaltensanalyse die vorangehenden, begleitenden und nachfolgenden Situationen, Ereignisse und Verhaltensweisen der Person und ihrer Umwelt systematisch erfasst.[574] Dies entspricht dem Versuch, ein Partialmodell eines Elementes der operanten Verhaltenstheorie zu identifizieren.[575] Anschließend kann man mögliche Verstärker für das störende Verhalten und mögliche diskriminative Hinweisreize identifizieren. Das Partialmodell wird dadurch zu einem potenziellen Modell ergänzt. Wird (während einer therapeutischen Intervention) empirisch gezeigt, dass diese Reize und Verstärker

---

573 Die Bereiche, in denen Axiome noch approximativ gelten sollen, in die Beschreibung des Theorie-Elements aufzunehmen (Balzer, 1997; Moulines, 1996), ist deshalb für uns nicht sinnvoll.

574 Schulte (1976), Hautzinger (1996)

575 Kraiker (1977, 1980)

tatsächlich das störende Verhalten aufrechterhalten, liegt ein tatsächliches Modell der operanten Verhaltenstheorie vor.

◊ Wird der gleiche Fall von anders ausgerichteten Personen beschrieben und analysiert, wird die Aufmerksamkeit von vornherein auf andere Sachverhalte gelenkt. Ein Psychoanalytiker erhebt Informationen über frühkindliche Entwicklungen und Ereignisse, ein kognitiver Verhaltenstherapeut fahndet nach fehlerhaften Einschätzungen und Einstellungen, ein Mediziner nach Gehirnerkrankungen und -verletzungen.[576] Auf Grund der unterschiedlichen theoretischen Hintergründe kommen sie bei der Beschreibung des gleichen Falls zu unterschiedlichen Partialmodellen und damit auch zu unterschiedlichen Modellen und theoretischen Erklärungen.

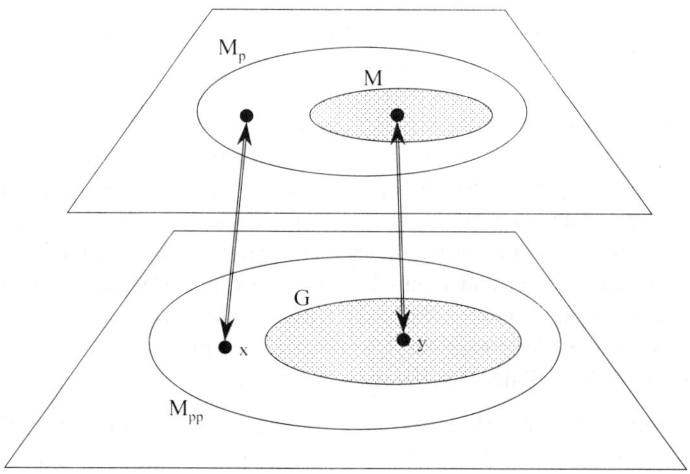

Abbildung 11.5: Der Geltungsbereich und die potenziellen, tatsächlichen und partiellen potenziellen Modelle eines Theorie-Elements[577]

Die Mengen der potenziellen, tatsächlichen und partiellen potenziellen Modelle eines Theorie-Elements sind in der Abbildung 11.5 veranschaulicht. Dort ist eine obere, theoretische und eine untere, nicht-theoretische Ebene dargestellt. Auf der oberen Ebene ist die Menge M der tatsächlichen Modelle des Theorie-Elements symbolisiert. Sie ist stets eine Untermenge der Menge M_p der potenziellen Modelle. Auf der unteren Ebene haben wir die Menge M_{pp} der Partialmodelle. Die Doppelpfeile symbolisieren sowohl die Reduktion der potenziellen Modelle auf die Partialmodelle als auch die Ergänzung der Partialmodelle zu potenziellen und eventuell tatsächlichen Modellen. Die symbolisierten partiellen potenziellen Modelle x und y

[576] Davison & Neale (1996, S. 167-169)
[577] im Anschluß an Diederich (1981, S. 13) und Balzer (1982, S. 50)

können jeweils zu einem potenziellen Modell ergänzt werden. Die Ergänzung von y ist dabei ein tatsächliches Modell, die Ergänzung von x dagegen nicht.

11.7.2.2 Erkenntnistheoretische Konsequenzen

Die Vorstellung des logischen Empirismus, dass die Wissenschaften auf einer sicheren Basis von personen- und theorieunabhängigen Beobachtungen aufbauen können, hat sich als nicht haltbar erweisen. Deshalb betonen wir aus strukturalistischer Sicht von vornherein, dass die empirische Basis einer wissenschaftlichen Theorie stets aus Strukturen besteht, die von dieser Theorie mitbestimmt werden.

Die erkenntnistheoretische Position des Strukturalismus ist deshalb stark pragmatisch und konstruktivistisch geprägt: Die „Wirklichkeit" ist nicht etwas Eindeutiges und Vorhandenes, das es zu entdecken gilt, vielmehr konstruieren wir uns ein Bild oder ein Modell von der Wirklichkeit, indem wir den interessierenden Phänomenbereich „durch die Brille der Theorie" betrachten.

Alle Systeme, die nicht als Partialmodelle der Theorie aufgefasst werden können, die also nicht durch die Brille der Theorie betrachtet werden können, müssen für diese Theorie außerhalb des Interesses bleiben. Mit Theorien ist aus strukturalistischer Sicht also kein universeller Anwendungsanspruch verbunden. Jede Theorie hat vielmehr nur einen bestimmten Bereich möglicher Anwendungen.

Grundsätzlich können durch die Brille einer Theorie nicht alle Aspekte der vorgefundenen oder hergestellten Systeme betrachtet und erkannt werden. Gerade psychologisch interessante Phänomene werden stets von einer Vielzahl von Faktoren beeinflusst, von denen in einer Theorie stets nur ganz wenige berücksichtigt werden. Deshalb können parallel zueinander verschiedene Theorien benutzt werden, um unterschiedliche Aspekte eines Phänomenbereiches oder komplexen Sachverhaltes zu beschreiben und zu erklären. Bei der empirischen Prüfung einer dieser Theorien müssen jeweils die Einflüsse der anderen Faktoren ausgeschaltet oder konstant gehalten werden. Dazu werden in den empirischen Wissenschaften Experimente oder andere kontrollierte Untersuchungstechniken eingesetzt (siehe Kapitel 12).

◊ Die von der Dissonanztheorie betrachteten Meinungsunterschiede nach einstellungskonträrem Verhalten können nicht nur von den theoretisch berücksichtigten Variablen (Belohnung und Wichtigkeit bzw. Dissonanzstärke und Reduktionsdruck) beeinflusst werden, sondern beispielsweise auch von vorangegangenen Erfahrungen (vor allem in ähnlichen Situationen), von Erwartungen und Vermutungen (z.B. über das beste Verhalten), von Persönlichkeitseigenschaften (z.B. Anschlussbedürfnis). Um diese weiteren Einflüsse konstant zu halten, wird die Dissonanztheorie nicht am Verhalten einzelner Personen in ihrem Alltag überprüft, sondern man betrachtet Personengruppen in kontrollierten Experimentalsituationen.

Theoriegetränktheit

Besonders von Popper wurde betont, dass alle Beobachtungen theoriegetränkt oder theoriegeladen sind (siehe Kapitel 9.1.3). Auf der Basis des strukturalistischen Theoretizitätskriteriums können wir drei verschiedene Aspekte dieser Theoriegetränktheit unterscheiden.[578]

Erstens sind die T-theoretischen Begriffe theoriegetränkt in einem starken Sinn: Ihre Ausprägungen lassen sich nicht unabhängig von der Gültigkeit der Theorie T ermitteln.

Zweitens können die für eine Theorie T nicht-theoretischen Begriffe in der Regel nur auf der Basis anderer Theorien erfasst werden und sind deshalb (in einem schwächeren Sinn) ebenfalls theoriegetränkt.

Drittens sind Beobachtungen in dem Sinne theoriegetränkt, dass die vom Forscher zugrunde gelegte Theorie bestimmt, welche empirischen Systeme Partialmodelle der Theorie sein können, welche Aspekte der Realität also „durch die Brille der Theorie" betrachtet werden können.

11.7.2.3 Theoretische Erklärung

In den beschriebenen Beispielen wird die wichtige Funktion von T-theoretischen Begriffen in der Wissenschaft deutlich: Sie dienen dazu, verschiedene empirische Zusammenhänge einheitlich zu erklären. Der Begriff der *Erklärung* erhält dabei durch die strukturalistische Wissenschaftstheorie eine neue Bedeutung: Die Theorie erklärt empirische Phänomene, wenn diese Sachverhalte Modelle der Theorie sind.[579]

◊ Im Falle der Dissonanztheorie werden durch den Zusammenhang zwischen den Diss-theoretischen Begriffen Dissonanzstärke und Reduktionsdruck Zusammenhänge zwischen verschiedenen empirischen Variablen einheitlich erklärt: der Zusammenhang zwischen der Belohnungshöhe und den Meinungsunterschieden, zwischen der Wichtigkeit der Entscheidung und den Attraktivitätsunterschieden, zwischen der Attraktivität des Kommunikators und der Meinungsangleichung usw.

Gegenüber der klassischen deduktiv-nomologischen Erklärung und ihren Varianten und Abschwächungen (siehe oben Kapitel 8) hat dieses pragmatische Erklärungskonzept des Strukturalismus wesentliche Vorteile.[580] Erstens setzt es nicht voraus, dass die Beschreibung eines zu erklärenden Sachverhalts tatsächlich logisch aus Gesetzesannahmen und Randbedingungen folgt. Zweitens bezieht es sich auf die Erklärung von ganzen Klassen von empirischen Phänomenen und nicht nur von einzelnen Sachverhalten. Drittens wird das zu Erklärende nicht nur unter einzelne Gesetze subsumiert, sondern unter ganze Theorien oder Theorie-Netze mit all ihren

[578] Stegmüller (1980, S. 51, 152)

[579] Präziser gesagt müssen sich diese empirischen Phänomene als Partialmodell eines Theorie-Elements bechreiben lassen, das sich zu einem Modell ergänzen lässt.

[580] Balzer (1997, S. 320-327), Bartelborth (1996, 1999), van Fraassen (1988)

inter- und intratheoretischen Verbindungen. Das zu Erklärende wird in einen umfassenden theoretischen Kontext eingebettet, der unterschiedlich differenzierte Vorstellungen über das Zustandekommen der interessierenden Sachverhalte enthält. Eine derartige theoretische Einbettung bringt uns einem wichtigen Ziel jeder Wissenschaft näher: die Phänomene zu *verstehen*.[581]

11.7.3 Geltungsbereich und Gehalt eines Theorie-Elements

- Die Menge derjenigen Partialmodelle eines Theorie-Elements T, die zu tatsächlichen Modellen ergänzt werden können, wird als *Geltungsbereich* von T bezeichnet und mit G(T) abgekürzt (vgl. Abbildung 11.5).[582]

Besitzt eine Theorie keine T-theoretischen Begriffe, ist der Geltungsbereich G(T) gleich der Menge M(T) der Modelle von T.

- Ein Theorie-Element ist *empirisch gehaltvoll*, wenn empirische Situationen denkbar sind, die zwar als Partialmodelle des Theorie-Elements beschreibbar sind, nicht aber als tatsächliche Modelle.

Dies ist dann der Fall, wenn es Daten geben kann, die dem Theorie-Element widersprechen oder, anders ausgedrückt, wenn in einem Modell des Theorie-Elementes T bestimmte empirische Ergebniskonstellationen nicht auftreten dürfen.[583]

Ist ein Theorie-Element T empirisch gehaltvoll, ist G(T) eine echte Untermenge von $M_{pp}(T)$ und M(T) ist eine echte Untermenge von $M_p(T)$. Ein empirisch gehaltvolles Theorie-Element ist, grob gesprochen, falsifizierbar im Sinne von Popper.

◊ Ein Partialmodell des Theorie-Elements DissFI72 ist, wie wir gerade gesehen haben, nicht zu einem tatsächlichen Modell zu ergänzen, wenn in der Experimentalbedingung mit geringerer Belohnung ein größerer Meinungsunterschied auftritt als in der Bedingung mit höherer Belohnung. Dieses Theorie-Element ist also empirisch gehaltvoll.

- Ein Theorie-Element T wird als *empirisch gehaltlos* bezeichnet, wenn alle Partialmodelle zu tatsächlichen Modellen ergänzt werden können.

---

581 Friedman (1988), vgl. Schurz (1988b) zu einer formalisierten Theorie des Verstehens

582 Im Strukturalismus wird G(T) als der *empirische Gehalt* des Theorie-Elements T bezeichnet (Balzer et al., 1987, S. 82-85; Westermann, 1987a, S. 82-85). Diese Bezeichnung führt jedoch leicht zu Verwechselungen mit dem bekannten Konzept des empirischen Gehalts einer Theorie im Sinne von Popper (siehe oben Kapitel 10.2.2).

583 Da wissenschaftliche Theorien (implizit) probabilistisch interpretiert und mit Ceteris-paribus-Annahmen versehen werden (siehe Kapitel 7.2.4), sind Signifikanztests oder andere Entscheidungskriterien notwendig, um zu beurteilen, ob empirische Ergebnisse mit einem Theorie-Element vereinbar sind.

In diesem Fall sind keine Beobachtungen denkbar, die den Annahmen des Theorie-Elements widersprechen. Es gibt also keine Situationen, in denen zwar die terminologischen Axiome erfüllt sind, nicht aber die substanziellen. Der Geltungsbereich G(T) ist in diesem Fall gleich der Menge $M_{pp}(T)$ der Partialmodelle, und die Menge $M_p(T)$ der potenziellen Modelle ist gleich der Menge M der tatsächlichen Modelle. Empirisch gehaltlose Theorie-Elemente sind in Poppers Sinn nicht falsifizierbar.

In Wissenschaften, die sich als empirisch verstehen, wird unterstellt, dass alle Theorien und Hypothesen empirisch gehaltvoll sind, also synthetische Aussagen darstellen. Insbesondere Jan Smedslund hat jedoch demonstriert, dass bekannte psychologische Aussagen offenbar analytisch sind, also notwendigerweise wahr und damit empirisch nicht gehaltvoll.[584] Dies bedeutet aber nicht, dass psychologische Theorien insgesamt empirisch gehaltlos sind und dass empirische Prüfungen dieser Theorien überflüssig sind. Zwar ist das Basiselement in der Regel empirisch gehaltlos. Die differenzierteren Elemente des Theorie-Netzes hingegen haben meist durchaus empirischen Gehalt.

◊ Empirisch gehaltlos ist das Basiselement DissB der Dissonanztheorie. Liegt ein Partialmodell vor, d.h. haben wir Informationen über dissonante und konsonante Kognitionspaare und deren Wichtigkeit, können wir daraus mit Hilfe der substanziellen Axiome aus (11–2) Aussagen über Dissonanzstärke und Reduktionsdruck ableiten. Diese Aussagen können aber mit keinen möglichen Beobachtungen in Konflikt stehen, weil im dissonanztheoretischen Basiselement noch keine Annahmen darüber enthalten sind, wie sich ein möglicher Reduktionsdruck in beobachtbarer Weise manifestiert. Wie wir exemplarisch für DissFI72 gesehen haben (siehe oben Kapitel 11.4.3), gibt es differenziertere Elemente im Theorie-Netze, die gehaltvoll sind, so dass ihnen empirische Ergebnisse entgegenstehen können.

◊ Auch in der Rubikontheorie ist das Basiselement empirisch gehaltlos, während die Bereichselemente empirischen Gehalt haben.[585]

◊ In der ACT*-Theorie sind neben dem Basiselement auch die Bereichselemente noch gehaltlos, erst noch differenziertere Theorieformen haben empirischen Gehalt.[586]

In etlichen empirischen Forschungsarbeiten werden konkrete Hypothesen untersucht, die empirisch gehaltlos sind, weil die angenommenen Zusammenhänge schon aus der Bedeutung der verwendeten Begriffe folgen. Sie bedürfen deshalb keiner empirischen Prüfung. Beobachtete Abweichungen können vielmehr nur inkonsistente Begriffsverwendungen darstellen.

◊ Nach einer empirischen Untersuchung von Feather wurde von Personen „am attraktivsten ... Erfolg bei einer schwierigen Aufgabe bewertet, ... am unangenehmsten

---

584 Smedslund (1979, 1984, 1994), Brandtstädter (1982, 1984), Gergen (1986a), Kukla (1989), Wallach & Wallach (1994, 1998), Kritik: Reisenzein (1984), Mees (1984)
585 Gerjets (1995, S. 143-145)
586 Heise (1991, 1993), siehe auch Wexler (1978) und Anderson (1980)

Misserfolg bei einfachen Aufgaben."[587] Würde man die Personen bitten, die Bedeutung des Begriffes der „Attraktivität" (eines Erfolges) und der „Unangenehmheit" (eines Misserfolgs) zu erläutern, würden sie sinngemäß wahrscheinlich wie folgt antworten: „Attraktiv" ist ein Erfolg, wenn ich ihn bei einer schwierigen Aufgabe habe, „unangenehm" ist ein Misserfolg, wenn mir eine einfache Aufgabe misslingt. Aus dieser Explikation der Begriffe folgt also bereits das, was als empirischer Befund dargestellt wurde.

11.8 Intendierte Anwendungen

Wenn in den vorangegangenen Kapiteln 11.3 bis 11.7 die einzelnen Elemente eines theoretischen Netzes analysiert und beschrieben wurden, haben wir primär die verschiedenen Bestandteile betrachtet, aus denen der abstrakte *Kern* eines Theorie-Elements besteht: die potenziellen Modelle, die tatsächlichen Modelle, die Bänder zu anderen Elementen und die partiellen potenziellen Modelle.

Aus den bisherigen Beschreibungen von Theorie-Elementen dürfte bereits deutlich geworden sein, dass ein formaler oder abstrakter Kern allein noch keine empirische Theorie darstellt. Theorien einer empirischen Wissenschaft müssen sich von Theorien einer formalen Wissenschaft dadurch unterscheiden, dass sie Aussagen über die „Realität" außerhalb der Theorie erlauben. Zu einer empirischen Theorie gehört neben den Begriffen und Annahmen deshalb immer auch eine Spezifikation der Situationen, für die diese Theorie gültig sein soll.

◊ Die Bereichselemente der Dissonanztheorie unterscheiden sich nicht nur in ihren Begriffen und Zusammenhangsannahmen, sondern auch darin, dass sie auf unterschiedliche Situationen angewendet werden sollen: auf Personen, die Entscheidungen getroffen haben, die zu einem einstellungskonträren Verhalten genötigt worden sind, die Informationen suchen oder die sozialen Beeinflussungsprozessen ausgesetzt sind.

- Jedes Element T eines Theorie-Netzes besteht deshalb aus zwei Komponenten: dem Kern K und der Menge I der intendierten Anwendungen: $T = \langle K,I \rangle$.

Die Verbindungen zwischen Theoriekern und Theorieanwendungen werden im Kapitel 11.8.1 betrachtet. Die intendierte Anwendungsmenge ist stets offen und nur unscharf abzugrenzen (Kapitel 11.8.2). Zu ihr gehören nicht nur die bekannten erfolgreichen Anwendungen, sondern auch die vermuteten und die zweifelhaften Anwendungen. Von verschiedenen Personen und zu unterschiedlichen Zeiten kann die Gültigkeit der Theorie für unterschiedliche Anwendungssituationen angenommen werden, die Vertreter einer Theorie können also unterschiedliche empirische Behauptungen mit ihr verbinden (Kapitel 11.8.3).

---

[587] Weiner (1988, S. 284)

11.8.1 Intendierte Anwendungen und empirische Behauptungen

Theoriekern und Theorieanwendungen eines Theorie-Elements sind auf zweierlei Weise miteinander verbunden. Zum einen ist die Menge I der intendierten Anwendungen eine Untermenge der Menge M_{pp} der möglichen Anwendungen. Zum anderen sind mit jedem Theorie-Element T eine *empirische Behauptung* und zahlreiche *empirische Hypothesen* verbunden. Diese Zusammenhänge werden im folgenden näher erläutert und sind in der Abbildung 11.6 skizziert.

Wie wir im Kapitel 11.7.2 gesehen haben, ist ein partielles potenzielles Modell eines Theorie-Elementes eine Struktur, die eine mögliche Anwendung dieses Elementes darstellt. Jedes Partialmodell entspricht einem Realitätsausschnitt, der in der nicht-theoriespezifischen Begrifflichkeit dieses Theorie-Elementes beschrieben wird. Es kann aber durchaus Systeme geben, die rein formal zwar durch die Brille der Theorie betrachtet werden können, die also als Partialmodelle der Theorie beschrieben werden können, auf die die Theorie aber nicht angewendet werden soll.

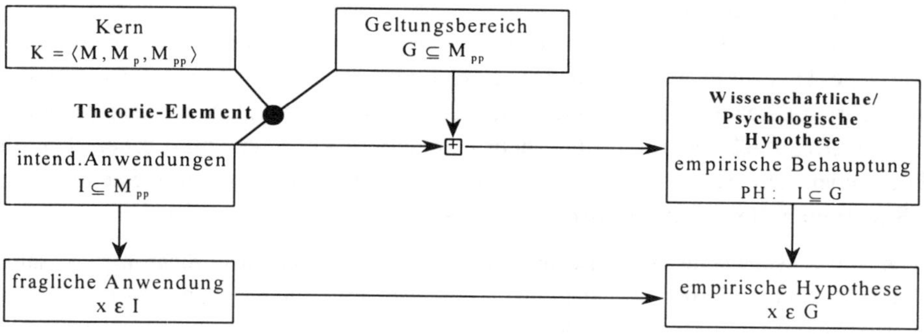

Abbildung 11.6: Zusammenhänge zwischen Theoriekern und Theorieanwendungen

◊ Ein Hundezüchter beobachtet, dass seine Tiere stark davor zurückscheuen, einen Fluss zu durchqueren. Er treibt jeden Hund dazu, einmal durch das Wasser zu laufen und gibt ihnen anschließend eine großes oder ein kleines Stück Fleisch. Anschließend beobachtet er, wie sehr sich ihre Scheu vor dem Wasser verringert hat.

Diese Situation kann als Partialmodell eines Theorie-Elementes für Forced-compliance-Dissonanz beschrieben werden. Wenn wir unterstellen, dass die Hunde „Kognitionen" haben und die Scheu vor dem Wasser als „negative Meinung" beschreiben, ist das aufgenötigte Durchqueren des Wassers ein „einstellungskonträres Verhalten". Zeigen die Hunde anschließend eine größere Bereitschaft, das Wasser zu durchqueren, ist dies als Anpassung der Meinung an das Verhalten oder als Verringerung des Meinungsunterschieds zu beschreiben.

Allerdings kann man der Auffassung sein, dass die Dissonanztheorie für Hunde gar nicht gelten soll, beispielsweise weil man es nicht für sinnvoll hält, anzunehmen, dass Tiere Kognitionen und Meinungen haben. In diesem Fall wäre die Hundesituation zwar eine mögliche, aber keine intendierte Anwendung.

Die Menge der Anwendungen eines Theorie-Elements, die von einem Wissenschaftler oder einer Wissenschaftlergruppe zu einer bestimmten Zeit tatsächlich als intendierte Anwendungen betrachtet werden, ist entweder gleich der Menge der Partialmodelle oder eine Untermenge. Für alle Theorie-Elemente gilt also $I \subseteq M_{pp}$.[588]

Ein Partialmodell ist genau dann eine erfolgreiche Anwendung eines Theorie-Elements, wenn es zu einem tatsächlichen Modell ergänzt werden kann, das heißt, wenn die T-theoretischen Begriffe so hinzugefügt werden können, dass alle substanziellen Axiome des Theorie-Elements (zumindest approximativ) erfüllt sind. Die Menge der Partialmodelle, die auf diese Weise zu Modellen ergänzt werden können, ist der *Geltungsbereich* G des Theorie-Elements (siehe Kapitel 11.7.3).

- Mit jedem Theorie-Element ist zu jedem Zeitpunkt die *empirische Behauptung* $I \subseteq G$ verbunden: die vorläufige und revidierbare Annahme, dass alle momentan intendierten Anwendungen auch erfolgreiche Anwendungen sind.[589]

Eine empirische Behauptung ist eine Rekonstruktion dessen, was wir als *psychologische* oder (allgemeiner) *wissenschaftliche Hypothese* bezeichnet haben.

Fasst man die empirischen Behauptungen für alle Elemente eines Theorie-Netzes zusammen, erhält man die empirische Behauptung, die mit dem gesamten Netz verbunden ist. Sie drückt das aus, was zu einer bestimmten Zeit mit Hilfe der Theorie über die Realität ausgesagt wird.

11.8.2 Zusammensetzung der intendierten Anwendungsmenge

Die Menge I der intendierten Anwendungen eines Theorie-Elementes ist ein pragmatisches Konzept, mit dessen Hilfe der tatsächliche Umgang mit Theorien und ihren Anwendungen zu rekonstruieren ist. Nach dem bisher Gesagten ist die Menge I grundsätzlich offen, sie umfasst unendlich viele Elemente, und sie kann nur unscharf abgegrenzt werden.

Die Offenheit der Menge der intendierten Anwendungen entsteht dadurch, dass zum einen neue erfolgreiche Anwendungen hinzukommen und dass zum anderen vorläufig aufgenommene Anwendungen nach theorie- und erwartungswidrigen empirischen Ergebnissen wieder eliminiert werden.

---

588 Sneed (1979, S. 181-182), Balzer, Moulines & Sneed (1987, S. 88). Bei genauerer Betrachtung hat es Vorteile, I als Untermenge der *Potenzmenge* von M_{pp} zu charakterisieren. Die Menge von intendierten Anwendungen besteht dann aus mehreren Klassen von Anwendungsmöglichkeiten, innerhalb derer die Partialmodelle einander relativ ähnlich sind, während zwischen diesen Klassen eine recht große Heterogenität bestehen kann. Die Zahl dieser Anwendungsfälle innerhalb einer Klasse kann sehr groß und unbekannt sein. Die verschiedenen Klassen hingegen sind in der Regel wohlbekannt.

589 Falls es keine T-theoretischen Begriffe gibt, lautet die empirische Behauptung $I \subseteq M$. Bei genauer Formulierung von empirischen Behauptungen sind auch die Querverbindungen (Eindeutigkeitsbedingungen, *constraints*) mit einzubeziehen (Balzer et al., 1987, S. 89-92; Westermann, 1987a, S. 81-82).

Jede Anwendungsmenge muss unendlich viele Elemente umfassen, weil eine Theorie nicht nur endlich viele Beobachtungen zusammenfassen soll, sondern auch Aussagen über nicht untersuchte oder zukünftige Fälle erlauben muss.

Eine genaue extensionale oder intensionale Definition der Menge I lässt sich aus verschiedenen Gründen nicht geben. In der Zusammensetzung der intendierten Anwendungsmenge spiegeln sich zum einen die Ansichten, Überzeugungen und Gewohnheiten der Wissenschaftler wider, die häufig gar nicht explizit gemacht werden können und sich auch über die Zeit und zwischen den Personen beträchtlich unterscheiden können. Die unendlich vielen möglichen Anwendungen einer Theorie können sich zum anderen in einer Vielzahl von Merkmalen unterscheiden. Kein Anwender einer Theorie kann von vornherein präzise definieren, welche Merkmale einzeln notwendig und zusammen hinreichend dafür sind, dass eine sinnvolle Anwendung der Theorie vorliegt.

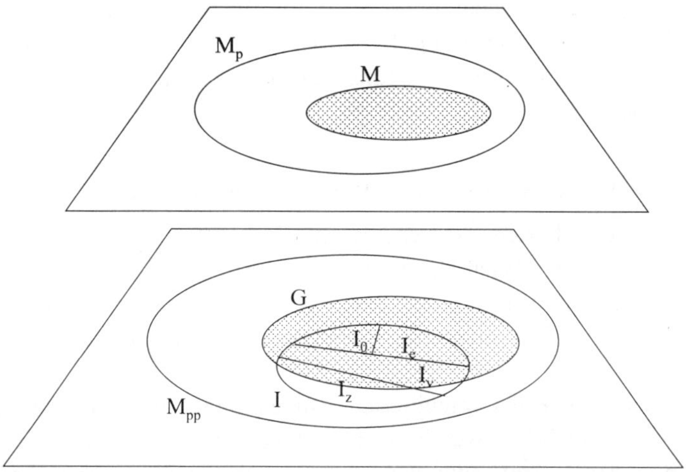

Abbildung 11.7: Veranschaulichung der Menge der intendierten Anwendungen

Die Zusammensetzung der intendierten Anwendungsmenge I lässt sich also nur grob umschreiben.[590] Einige Anwendungen und Partialmodelle gehören auf jeden Fall dazu: die *paradigmatischen* und die späteren *erfolgreichen* Anwendungen. Außerdem gehören zu den intendierten Anwendungen alle möglichen Anwendungen,

[590] Um die Abgrenzung genauer gestalten zu können, müssten vor allem präzisere Maße für die Ähnlichkeit zwischen den vermuteten und den bisherigen erfolgreichen Anwendungen definiert und erhoben werden (siehe die Überlegungen zur Berechtigung empirischer Vermutungen im Kapitel 4.3). Dies setzt voraus, dass man die Merkmale benennen kann, die die Ergebnisse im betrachteten Anwendungsbereich beeinflussen.

die ihnen sehr ähnlich sind (*vermutete* Anwendungen). Vorläufig zur Menge I gezählt werden schließlich alle Anwendungen, bei denen noch empirisch geprüft werden muss, ob sie erfolgreiche Anwendungen sind (*zweifelhafte* Anwendungen). Diese vier Teilmengen der intendierten Anwendungen werden in der Abbildung 11.7 veranschaulicht und im folgenden näher beschrieben.[591]

(1) Paradigmatische Anwendungen

Wenn eine neue Theorie der Fachöffentlichkeit vorgestellt wird, legen ihre Vertreter meist auch gleich eine oder mehrere empirische Untersuchungen mit theoriekonformen Ergebnissen vor. Sie werden als paradigmatische Anwendungen bezeichnet und in der Untermenge I_0 von I zusammengefasst.[592] Sie entsprechen in etwa dem, was Thomas Kuhn als paradigmatische Beispiele (*exemplars*) bezeichnet hat.[593] Während der Arbeit mit der Theorie wird in der Regel nicht in Zweifel gezogen, dass die paradigmatischen Anwendungen tatsächlich erfolgreiche Anwendungen sind. Es wird also angenommen, dass die Untermenge I_0 von I auch eine Untermenge des Geltungsbereichs G ist: $I_0 \subseteq G$ (vgl. Abbildung 11.7). Dieser Teil der empirischen Behauptung wird also durchgängig als zutreffend akzeptiert.

Auf den weiteren Umgang mit dieser Theorie haben die paradigmatischen Anwendungen einen sehr prägenden Einfluss. Die nachfolgenden empirischen Untersuchungen und Prüfungen der Theorie finden häufig unter relativ ähnlichen Bedingungen statt. Vor allem die Operationalisierungen der betrachteten Variablen entsprechen oft sehr genau den paradigmatischen Anwendungen. In Lehrbüchern werden die paradigmatischen Anwendungen häufig herangezogen, um die Theorie anschaulich darzustellen und zu zeigen, dass sie sich empirisch bewährt hat.

◊ Festinger hat schon in seiner ersten Darstellung der Dissonanztheorie für jeden der vier Anwendungsbereiche Untersuchungen angeführt, die er als erfolgreiche Anwendungen seiner Theorie interpretiert.[594] Etliche von ihnen sind tatsächlich in dem Sinne paradigmatisch geworden, als sie die nachfolgende dissonanztheoretische Forschung sehr stark geprägt haben:
- das Experiment von Brehm zur Veränderung der Attraktivität von gewählten und nicht gewählten Konsumartikeln,
- die Experimente von Janis und King zur Meinungsangleichung nach einer einstellungskonträren öffentlichen Rede,
- Festingers Experiment zur Aufnahme von Information nach einer Entscheidung und
- verschiedene Experimente zur Meinungsänderungen und Beeinflussungsversuchen in Gruppensituationen.

---

591 Westermann, Heise & Gerjets (1992)
592 Sneed (1979, S. 267-286), Balzer, Moulines & Sneed (1987, S. 38-39)
593 Kuhn (1977b, 1981), siehe oben Seite 199
594 Festinger (1978)

◊ Als Belege für die empirische Fundierung der Rubikontheorie der Handlungsphasen schildern Heckhausen und Gollwitzer insgesamt 14 eigene Experimente, von denen sich fünf auf die vier Handlungsphasen und die restlichen auf die abwägenden und die planenden Bewusstseinslagen beziehen.[595]

◊ Die wichtigste paradigmatische Anwendung der ACT*-Theorie ist im Teilbereich des Faktenabrufs das Experiment von Reder und Ross zum Wiedererkennen von einfachen Sätzen.[596] Es wird von Anderson selbst als Anwendungsbeispiel für seine Theorie genannt und bezieht erstmals auch ACT*-spezifische Gesetze in die empirische Prüfung mit ein. Für den Teilbereich des Fertigkeitserwerbs kommt vor allem ein Experiment von McKendree und Anderson zum Erlernen des Programmierens in LISP als paradigmatische Anwendung in Frage.[597]

◊ Im Falle von Skinners operanter Verhaltenstheorie stellen die klassischen Tier-experimente in der Skinner-Box die ersten paradigmatischen Anwendungen der Theorie dar. In ihnen konnte gezeigt werden, dass operantes Verhalten durch seine Konsequenzen zuverlässig gesteuert werden kann. Spätere Anwendungen der Theorie bezogen sich auf unterschiedliche Organismen, Verhaltensweisen, Stimuli, Verstärkungspläne usf.[598]

Zu den paradigmatischen Anwendungen der Theorie durch ihre ersten Vertreter gehören oft auch Anwendungen auf bekannte und durch andere Theorien gut erklärte Phänomene. In der Regel wird eine neue Theorie nur dann bemerkt und akzeptiert, wenn sie auch bekannte Sachverhalte aus dem angezielten Anwendungsbereich gut beschreiben und erklären kann. Dies ist am besten dann möglich, wenn die neue Theorie Konzepte und Annahmen vorliegender Theorien integriert.

◊ Anderson zeigt bei der Präsentation seiner ACT*-Theorie, dass sie vorliegende Befunde zur unterschiedlichen Kodierung geometrischer und verbaler Informationen und zur mentalen Rotation erklären kann.[599]

(2) Erfolgreiche Anwendungen

Falls eine Theorie nicht völlig unbeachtet bleibt, werden nach den paradigmatischen Anwendungen noch weitere Untersuchungen durchgeführt. Sie können zum einen dazu dienen, die Theorie unter anderen, eventuell strengeren Bedingungen zu überprüfen. Das Ziel kann auch darin bestehen, eine interessierende inhaltliche Fragestellung mit Hilfe dieser Theorie zu analysieren.

Jede nicht-paradigmatische Anwendung mit theorie- und vorhersagekonformen Ergebnissen gehört zur Menge I_e der (nachfolgenden) erfolgreichen Anwendungen. Diese ist ebenfalls eine Untermenge des Geltungsbereichs des Theorie-Elements: $I_e \subseteq G$ (siehe Abbildung 11.7).

---

595 Heckhausen (1989), Gollwitzer (1991), Gerjets (1995, S. 128-141)
596 Reder & Ross (1983), Heise (1991, S. 97-114)
597 McKendree & Anderson (1987), Heise (1991, S. 151-165)
598 Bower & Hilgard (1983, S. 247-307), Kraiker (1980, S. 223-224)
599 Anderson (1983)

◊ Zu den nachfolgenden erfolgreichen Anwendungen der Dissonanztheorie gehört das bereits mehrfach angesprochene Experiment mit den einstellungskonträren Aufsätzen zur Senkung des Wahlalters von Frey und Irle. Es weist deutliche Ähnlichkeiten zu den paradigmatischen Experimenten zur Dissonanz nach einstellungskonträrem Verhalten auf. Es ist zum einen eine erfolgreiche Anwendung des speziellen Theorie-Elements DissFI72, das die spezifischen theoretischen Annahmen repräsentiert, die dem Experiment zugrunde liegen. Zum anderen gehört es zu den erfolgreichen Anwendungen aller übergeordneten Theorie-Elemente: des Bereichselements DissF, seiner selbstkonzeptbezogenen Modifikation DissF.S, der bereichsübergreifenden Modifikation DissB.S und des Basiselements DissB.

(3) Vermutete Anwendungen

Die intendierten Anwendungsmengen von empirischen Theorien sind nicht auf die bereits bekannten erfolgreichen Anwendungen beschränkt. Personen, die eine empirische Theorie vertreten, unterstellen vielmehr eine gewisse Allgemeingültigkeit der Theorie. Sie nehmen dabei meist gar nicht in naiver Weise an, dass die Theorie für alle Objekte, Situationen und Phänomene adäquate Beschreibungen und Erklärungen liefern kann. Sie sind aber in der Regel überzeugt, dass die Theorie auch in allen Situationen erfolgreich anwendbar ist, die bisherigen erfolgreichen Anwendungen in wesentlichen Merkmalen ausreichend ähnlich sind.

Zu jeder erfolgreichen Anwendung eines Theorie-Elements gibt es also eine Menge hinreichend ähnlicher Partialmodelle, für die ohne empirische Prüfung angenommen wird, dass sie zu Modellen des Theorie-Elements ergänzt werden können. Wir bezeichnen diese Partialmodelle als vermutete Anwendungen und fassen sie zur Untermenge I_v zusammen. Die Annahme $I_v \subseteq G$ ist dann Teil der empirischen Behauptung, die mit diesem Theorie-Element verbunden ist.

Aussagen über vermutete Anwendungen beinhalten keine deduktiv-sicheren Schlüsse, sondern induktive, mit Unsicherheit behaftete Erwartungen. Diese haben wir im Kapitel 4.2 als empirische Vermutungen bezeichnet. Da diese Vermutungen sich auch als falsch herausstellen können, ist in Abbildung 11.7 die Darstellung so gewählt, dass nur ein Teil der Menge der vermuteten Anwendungen tatsächlich auch Teilmenge des Geltungsbereichs ist.

◊ Zu den intendierten Anwendungen der dissonanztheoretischen Elemente DissFI72, DissF.S, DissF und DissB gehört nicht nur das Partialmodell, das der experimentellen Situation von Frey und Irle entspricht, sondern auch alle Partialmodelle, die mögliche ähnliche Anwendungssituationen beschreiben. Von der untersuchten Situation können sie sich beispielsweise dadurch unterscheiden, dass das Experiment ein Jahr später stattfindet oder dass Ludwigshafener statt Mannheimer Gymnasiasten untersucht werden oder dass eine Rede und kein Aufsatz ausgearbeitet werden muss. Nach dem vorliegenden Fachwissen können wir annehmen, dass keiner dieser Unterschiede einen wesentlichen Einfluss auf das empirische Ergebnis hat.

Die Menge I_v der vermuteten Anwendungen unterscheidet sich in zwei wesentlichen Merkmalen von den beiden Teilmengen der paradigmatischen und der nachfolgenden erfolgreichen Anwendungen. Erstens umfasst die Menge I_v stets unendlich viele Elemente, da zu jeder erfolgreichen Anwendung unendlich viele hinreichend ähnliche Anwendungen denkbar sind. Zweitens ist die Menge I_v nur vage abgegrenzt, denn es ist häufig nicht eindeutig zu entscheiden, ob eine mögliche Anwendung noch hinreichend ähnlich zu einer erfolgreichen Anwendung ist oder nicht.

◊ Wenn 1999 Rostocker Lehrlinge einen Aufsatz gegen die Senkung des Wahlalters schreiben sollen und dafür mit 1 DM oder 8 DM belohnt werden, ist es fraglich, ob die Gültigkeit der Dissonanztheorie ohne empirische Prüfung unterstellt werden kann. Die Unterschiede zwischen dieser möglichen Anwendung der Theorie und der bekannten erfolgreichen Anwendung von Frey und Irle können durchaus zu veränderten Beziehungen zwischen den betrachteten Variablen führen. Ist das Thema für diese Jugendlichen so bedeutsam, dass überhaupt Dissonanz entstehen kann? Ist ein einstellungskonträrer Aufsatz für sie überhaupt selbstkonzepttangierend oder sind sie daran gewöhnt, andere Meinungen zu vertreten? Wirken die beiden Geldbeträge überhaupt noch als unterschiedlich hohe Belohnungen?

(4) Zweifelhafte Anwendungen

Wenn wir eine Theorie nur auf Situationen anwenden würden, die den paradigmatischen oder nachfolgenden erfolgreichen Anwendungen sehr ähnlich sind, würden wir kaum Informations- und Erkenntniszuwächse erzielen, denn die neuen empirischen Ergebnisse würden im Wesentlichen nur das bestätigen, was wir auf Grund der vorliegenden Ergebnisse schon relativ sicher erwarten können.

Für den wissenschaftlichen Fortschritt ist es deshalb unabdingbar, dass untersucht wird, inwieweit eine Theorie auch in Bereichen erfolgreich anwendbar ist, die in wesentlichen Aspekten nicht den bisherigen erfolgreichen Anwendungen ähneln. In einem solchen Fall haben wir zwar die Hypothese, dass die Theorie auf den zu betrachtenden Realitätsausschnitt erfolgreich anwendbar ist, vor der empirischen Prüfung sind wir aber unsicher, ob diese Hypothese zutreffend ist. Wir sprechen in diesem Fall von einer zweifelhaften Anwendung. Die Untermenge der zweifelhaften Anwendungen wird als I_z bezeichnet. Ihre Elemente sind nur vorläufig in die Menge der intendierten Anwendungen aufgenommen worden, und es wird nur versuchsweise behauptet, dass $I_z \subseteq G$ gilt, d.h. dass alle zweifelhaften Anwendungen erfolgreiche Anwendungen darstellen.

- Wenn das Partialmodell a zur Untermenge I_z der zweifelhaften Anwendungen gehört, bezeichnen wir die Aussage $a \in G$ als eine *empirische Hypothese*.

Die empirische Hypothese entspricht der Annahme, dass das Theorie-Element in diesem möglichen Anwendungsfall auch tatsächlich gilt. Ob eine empirische Hypothese zutreffend ist oder nicht, muss aufgrund der Ergebnisse einer empirischen Untersuchung entschieden werden. Sollten die empirischen Ergebnisse nicht theoriekonform sein, kann diese mögliche Anwendung aus der Menge der intendierten Anwendungen eliminiert werden. In der Abbildung 11.7 gehört deshalb nur ein Teil der Menge I_Z zum Geltungsbereich G.

Sprechen die empirischen Ergebnisse dafür, dass eine erfolgreiche Anwendung der Theorie vorliegt, wird das entsprechende Partialmodell zu einer erfolgreichen Anwendung, d.h. zu einem Element der Untermenge I_e.

11.8.3 Das Vertreten von Theorien

Wenn ein konkretes Theorie-Element beschrieben wird, muss streng genommen immer mit angegeben werden, für welchen Wissenschaftler oder welche Wissenschaftlergemeinschaft und in welchem Zeitraum die intendierte Anwendungsmenge gelten soll. $T^P = \langle K,I,WG_t \rangle$ ist die Schreibweise für ein derartiges *pragmatisch angereichertes* Theorie-Element.[600] Sie macht deutlich, dass aus strukturalistischer Sicht ein konzeptueller Kern K nur dadurch zu einer empirischen Theorie T wird, dass zu einem bestimmten Zeitpunkt t eine bestimmte Wissenschaftlergemeinschaft WG_t die Absicht hat, sie auf bestimmte Systeme I anzuwenden.

Überträgt man diese pragmatische Anreicherung auf ganze Theorie-Netze, können die Konzeptionen von Kuhn und Lakatos (siehe Kapitel 9.3 und 10.3) innerhalb der strukturalistischen Wissenschaftstheorie präziser ausgedrückt werden.[601]

Das *Basiselement*, aus dem sich alle anderen Elemente des Netzes durch Differenzierung ergeben, entspricht dem *Paradigma* der *wissenschaftlichen Gemeinschaft* im Sinne Kuhns oder dem *harten Kern* des auf diese Theorie orientierten *Forschungsprogramms* im Sinne von Lakatos. Der Kern des Basiselements repräsentiert die Begriffe und Zusammenhänge, die in allen von der wissenschaftlichen Gemeinschaft intendierten Anwendungen der Theorie vorkommen. Die intendierte Anwendungsmenge enthält eine Untermenge I_0 von ersten erfolgreichen Anwendungen der Theorie, die den paradigmatischen Beispielen (*exemplars*) von Kuhn entspricht.

Die übrigen auf diesem Basiselement aufgebauten Theorie-Elemente können über die Zeit oder zwischen verschiedenen Mitgliedern der wissenschaftlichen Gemeinschaft variieren. Dadurch bestehen bei verschiedenen Untergruppen von WG_t unterschiedliche Theorie-Netze. Solange diese aber auf dem gleichen Basiselement aufgebaut sind, bewegen sich diese Wissenschaftler im gleichen Paradigma im Sinne Kuhns, sie vertreten im Sinne des Strukturalismus die gleiche Theorie.

Dieses Konzept des Vertretens einer Theorie durch eine wissenschaftliche Gemeinschaft soll im Folgenden noch etwas genauer beschrieben werden.[602] Dass

600 Stegmüller (1986, S. 112)

601 Stegmüller (1975, 1985, 1986), Balzer, Moulines & Sneed (1987, S.205-223)

602 in Anlehnung an Stegmüller (1973c, S. 194, 1980, S. 150) und Sneed (1971, S. 266)

jedes Mitglied einer wissenschaftlichen Gemeinschaft WG die gleiche Theorie T vertritt, bedeutet vereinfacht gesagt folgendes:

- jedes $p \in WG$ kennt und akzeptiert zur Zeit t ein Theorie-Netz N_{pt}, das auf einem Basiselement $T\text{-}B = \langle K_B, I_B \rangle$ aufgebaut ist;
- p akzeptiert die Menge $I_0 \subseteq I_B$ von paradigmatischen Anwendungen für den Basiskern K_B;
- p ist überzeugt, dass es für die Theorie-Elemente T_i, T_j, ...$\in N_{pt}$ nicht-leere Mengen I_{ei}, I_{ej}, ... erfolgreicher Anwendungen gibt,
- p hat die begründete Hoffnung auf empirische und theoretische Fortschritte, d.h. auf Erweiterung der Mengen der erfolgreichen Anwendungen und auf Einführung weiterer erfolgreich anwendbarer Theorie-Elemente.

Die in diesen Punkten enthaltenen Merkmale können prinzipiell auf zweierlei Weise verwendet werden. Zum einen könnten wir mit ihrer Hilfe für jede Person festlegen, ob sie zu dieser wissenschaftlichen Gemeinschaft WG_t gehört oder nicht. Stringenter und den Intentionen Kuhn eher entsprechend ist es aber, wenn wir die wissenschaftliche Gemeinschaft mit Hilfe sozialwissenschaftlicher Kriterien umreißen[603] und dann anhand der eben genannten Merkmale prüfen, ob alle Mitglieder tatsächlich im beschriebenen Sinne die gleiche Theorie T vertreten. Wichtig ist auf jeden Fall, dass die Personen das gleiche Basiselement und die gleichen paradigmatischen Beispiele akzeptieren. Die darauf aufgebauten Theorie-Netze können unterschiedlich sein, ebenso die übrigen (also nicht paradigmatischen) intendierten Anwendungen.

11.9 Theorieentwicklung

Die Entwicklung einer Theorie über die Jahre oder Jahrzehnte, in denen sie in einer wissenschaftlichen Disziplin vertreten und angewendet wird, kann durch eine Aufeinanderfolge von Theorie-Netzen beschrieben werden. Je mehr Theorie-Netze man rekonstruiert, desto genauer wird die Theorieentwicklung nachgezeichnet. Solange das Basiselement konstant bleibt, können wir von der gleichen Theorie sprechen. Bei Veränderung des Basiselements dagegen liegt eine neue Theorie vor.

11.9.1 Wissenschaftliche Fortschritte und Rückschläge

Der Vergleich verschiedener Theorie-Netze kann zum einen wissenschaftliche Fortschritte und Rückschläge anzeigen, zum anderen können diese Fortschritte und Rückschritte sich auf das Theoretische und auf das Empirische beziehen. Wir können damit vier Grundformen der Wissenschaftsentwicklung unterscheiden:[604]

---

603 siehe oben Seite 198
604 modifiziert nach Stegmüller (1979, S. 33; 1980, S. 114-115)

- Jede Verfeinerung des Theorie-Netzes, das heißt die Einführung eines neuen Theorie-Elements, ist ein *theoretischer Fortschritt.*
  - ◊ Die wesentlichen theoretischen Fortschritte in der Entwicklung der Dissonanztheorie stellen Theorie-Elemente wie DissF.S und DissB.S dar, die jeweils die Bedingungen genauer spezifizieren, unter denen überhaupt Dissonanz auftreten soll.
  - ◊ Neue Theorie-Elemente mit neuen Spezialbegriffen und Spezialaxiomen können sich auch auf intendierte Anwendungsbereiche beziehen, die weit von den paradigmatischen Anwendungen entfernt sind. Die Dissonanztheorie ist beispielsweise auch auf unvorhersehbare negative Handlungskonsequenzen, unnötige Anstrengungen in Leistungssituationen und Zufriedenheit mit der Arbeit angewendet worden.[605]
- Die Ausdehnung der Menge der intendierten Anwendungen ist ein *empirischer Fortschritt.*
  - ◊ Es liegen zahlreiche Experimente zur Dissonanztheorie vor, deren Ergebnisse mit den Vorhersagen aus der Theorie übereinstimmen.[606] Die Entwicklung der Dissonanztheorie kann deshalb als *empirisch progressiv* bezeichnet werden.
- Ein *empirischer Rückschlag* entsteht, wenn eine zweifelhafte, d.h. eine versuchsweise aufgenommene Anwendung nach den empirischen Ergebnissen keine erfolgreiche Anwendung ist.
  - ◊ Die erwähnten Experimente, die keine divergierende, sondern konvergierende Attraktivitäten zwischen gewählten und nicht-gewählten Alternativen zeigten, waren empirische Rückschläge für die ursprüngliche Theorieform.
- Ein *theoretischer Rückschlag* tritt ein, wenn eine Verfeinerung des Netzes zurückgenommen werden muss, das heißt, wenn sich für ein bestimmtes Theorie-Element keine oder nicht genügend erfolgreiche Anwendungen finden lassen.
  - ◊ Festingers ursprüngliche Annahme, dass Personen generell Informationen vermeiden, durch die die Dissonanz ansteigt, erwies sich als empirisch nicht haltbar. Die entsprechenden Theorie-Elemente (die als Differenzierungen des Bereichselements DissI zu rekonstruieren sind) mussten modifiziert bzw. aufgegeben werden.

Da alle empirischen Befunde fallibel, also möglicherweise falsch sind, folgt keiner dieser wissenschaftlichen Entwicklungsfortschritte oder -rückschläge mit logischer Zwangsläufigkeit aus den empirischen Befunden. Alle Veränderungen im Theorie-Netz oder den intendierten Anwendungsmengen der Theorie-Elemente beruhen auf Entscheidungen, die (mehr oder minder bewusst und mehr oder minder stringent) auf der Basis der vorliegenden empirischen Befunde getroffen werden.

Empirische und theoretische Fortschritte oder Rückschläge sind deshalb immer vorläufig und revidierbar.

---

605 Adams (1965), Bossong (1982), Irle & Möntmann (1978, S. 352-365)

606 Cooper & Fazio (1984), Frey et al. (1982), Irle & Möntmann (1978), Weiner (1992)

◊ Einige frühe Anwendungen der Dissonanztheorie könnten wieder aus der Menge der erfolgreichen Anwendungen eliminiert werden, weil sie methodische Mängel aufweisen.[607]

Empirische Rückschläge können theoretische Fortschritte einleiten: wenn es gelingt, neue oder modifizierte Theorie-Elemente zu schaffen, die die abweichenden Ergebnisse befriedigend erklären können und in anderen Kontexten erfolgreich anwendbar sind. Die modifizierte Theorie ist im Sinne von Popper besser und wahrheitsnäher, es liegt eine progressive Entwicklung im Sinne von Lakatos vor.[608]

◊ Die Experimente mit konvergierenden Attraktivitätsunterschieden stellten zunächst empirische Rückschläge dar, führten dann aber zu einem theoretischen Fortschritt durch die Annahme, dass vor den Dissonanzeffekten Effekte des Bedauerns (*regret effects*) eintreten (siehe oben Kapitel 11.4.2).

11.9.2 Die empirische Immunität von Theorien

Aus strukturalistischer Sicht ergibt sich eindeutig, dass eine Theorie nicht falsifizierbar im Sinne von Popper ist. Sie ist vielmehr „immun" gegenüber „aufsässigen Erfahrungen".[609] Für diese Immunität gibt es zwei hauptsächliche Gründe: die Offenheit und Modifizierbarkeit der intendierten Anwendungsmenge und die Offenheit und Modifizierbarkeit des Theorie-Netzes.

Deuten empirische Untersuchungsergebnisse darauf hin, dass ein Theorie-Element auf eine bestimmte Situation nicht erfolgreich anwendbar ist, kann das entsprechende Partialmodell aus der Menge der zweifelhaften Anwendungen und damit aus der Gesamtmenge der intendierten Anwendungen entfernt werden. Damit werden auch ähnliche Partialmodelle aus der Menge der intendierten Anwendungen entfernt. Die empirische Behauptung, die mit dem Theorie-Element verbunden ist, wird entsprechend eingeschränkt. Man behauptet also nicht mehr, dass die Theorie diesen Realitätsbereich adäquat beschreiben und erklären kann.

In einem theorie-orientierten Forschungsprogramm wird man dann in anderen Bereichen nach erfolgreichen Anwendungen suchen. Befindet man sich in einem Forschungsprogramm, das nicht um eine bestimmte Theorie, sondern um einen bestimmten Phänomen- oder Problemkomplex herum zentriert ist, wird man andere Theorien zur Beschreibung und Erklärung heranziehen.[610]

Die empirische Behauptung zu einem Theorie-Element beinhaltet nicht nur (relativ) sicheres Wissen (über bisherige erfolgreiche Anwendungen), sondern auch

[607] Bredenkamp (1972, S. 90-96), Chapanis & Chapanis (1964). Diese mögliche Elimination kann allerdings unterbleiben, weil verbesserte nachfolgende Experimente die Ergebnisse im Wesentlichen bestätigten, diese also offenbar von den Mängeln nicht durchschlagend verfälscht worden sind (Frey, 1984; Irle & Möntmann, 1978).

[608] siehe oben Kapitel 10.2.2 und Kuipers (1996)

[609] Stegmüller (1980, S. 121)

[610] zu psychologischen Forschungsprogrammen: Herrmann (1976) und oben Kapitel 9.3.3

unsichere Vorhersagen und Erwartungen (über vermutete oder zweifelhafte Anwendungen). Die wissenschaftlichen Gesetze, die durch die Elemente eines Theorie-Netzes dargestellt werden, sind deshalb stets *Gesetzesannahmen*: Sie geben nicht an, was unbedingt sein muss, sondern was erwartet werden kann.

Der Anwendungsbereich für ein bestimmtes Theorie-Element liegt also nicht unveränderlich fest, sondern hängt davon ab, unter welchen Bedingungen sich der Theoriekern als erfolgreich anwendbar erweist. Es liegt eine *partielle Autodetermination* vor: Theorien bestimmen ihren Anwendungsbereich teilweise selbst.[611]

Wird ein ganzes Theorie-Element aus dem Netz entfernt, muss dies die Kerne und intendierten Anwendungen in anderen Anwendungsbereichen nicht tangieren.

◊ Die an Skinners Theorie des operanten Verhaltens orientierte Forschung enthält verschiedene Versuche, neue erfolgreiche Anwendungsgebiete der Theorie zu finden. So ist versucht worden, den Spracherwerb beim Kinde als operantes Lernen zu erklären.[612] Auch wenn derartige Versuche scheitern und aufgegeben werden, ist das grundlegende Theorie-Element der operanten Verhaltenstheorie keineswegs als falsifiziert anzusehen. Vielmehr wird nur die Behauptung (vorläufig) zurückgenommen, dass Sprachentwicklungsprozesse spezifische Formen operanten Verhaltens sind. Das ist aber noch kein Grund, die Behauptung zurückzunehmen, dass die Theorie erfolgreich beispielsweise auf zwangsneurotisches Verhalten anwendbar ist.

Es gibt keine empirischen Daten, die mit dem Basiselement unvereinbar sind: Da die substanziellen Axiome der Basiselemente sich auf theoriespezifische Begriffe beziehen, haben sie keinen empirischen Gehalt (siehe Kapitel 11.7.3). Daher ist es nicht gerechtfertigt, eine Theorie ganz zu verwerfen, wenn die Bemühungen scheitern, bestimmte Theorie-Elemente auf bestimmte Situationen anzuwenden. Es gibt keinen Grund, dieses Scheitern der Theorie insgesamt anzulasten und sie als irgendwie „falsifiziert", „erschüttert" oder „belastet" zu bezeichnen. Die Theorie hat sich zumindest bei den paradigmatischen Anwendungen bewährt und kann noch Generationen von Wissenschaftlern in bestimmten Kontexten gute Dienste leisten.

11.9.3 Mögliche Ziele der wissenschaftlichen Forschung

Popper hat gezeigt, dass das Ziel der wissenschaftlichen Forschung nicht darin bestehen kann, zu sicheren, wahren Aussagen über die Realität zu gelangen. Nach seiner Auffassung soll Forschung darauf gerichtet sein, die Falschheit von Theorien aufzuzeigen und sie durch Verbesserung näher an die Realität heranzuführen.

Aus strukturalistischer Sicht zeigt sich, dass Theorien auch nicht falsifizierbar, sondern weitgehend „immun" gegenüber Erfahrungen sind. Von den Ergebnissen empirischer Untersuchungen direkt beeinflusst werden nur die Aussagen darüber, auf welche Fälle die Theorie erfolgreich anwendbar ist und auf welche nicht: Neue

611 Stegmüller (1985, S. 225)
612 Bower & Hilgard (1983, S. 280-282, 300-303)

erfolgreiche Anwendungen können hinzukommen, zweifelhafte oder vermutete Anwendungen müssen eventuell aus der Menge der intendierten Anwendungen entfernt werden. Die empirischen Behauptungen und Hypothesen werden also in Abhängigkeit von den Ergebnissen empirischer Untersuchungen beständig verändert.

Das Ziel der Wissenschaft kann deshalb nicht darin bestehen, eine Theorie insgesamt zu verifizieren, zu falsifizieren, zu bewähren oder zu erschüttern. Die wissenschaftliche Arbeit soll vielmehr zu Erkenntnisgewinnen führen, das heißt zu einer Zunahme unseres Wissens über die betrachteten Bereiche. Dies beinhaltet sowohl empirische wie theoretische Erkenntnis: Es gilt, das Wissen über empirische Zusammenhänge zu vermehren und die theoretischen Erklärungen für diese Zusammenhänge zu verbessern. Theoretisches und empirisches Wissen existieren nicht unabhängig voneinander, sondern sind unauflösbar in den empirischen Behauptungen der Theorien und Theorie-Elemente miteinander verbunden.

Am deutlichsten werden Erkenntnisgewinne in den theoretischen und empirischen Fortschritten einer Wissenschaft. Jede erfolgreiche Anwendung der Theorie auf eine neue Situation und jede Weiterentwicklung der Theorie stellt eine Vermehrung unseres empirischen bzw. theoretischen Wissens über den betrachteten Gegenstandsbereich dar. Aber auch in empirischen oder theoretischen Rückschlägen liegt Erkenntnisgewinn: Wir erfahren, dass die erwarteten Zusammenhänge nicht bestehen oder dass eine Ausgestaltung der Theorie nicht aufrechtzuerhalten ist.

Ein ganz wesentliches Ziel der empirischen Forschung ist damit die Abgrenzung der erfolgreichen Anwendungsbereiche der wissenschaftlichen Theorien: Für jedes Theorie-Element ist die Menge I_e so eindeutig wie möglich gegen die Anwendungen abzugrenzen, die nicht zum Geltungsbereich gehören. Die Abgrenzung erfolgreicher und nicht-erfolgreicher Anwendungen bedeutet, dass man nach Faktoren sucht, die mit den Ursachenvariablen (disordinal) interagieren (siehe Kapitel 16.5).[613]

Jede empirische Untersuchung, in der die empirische Hypothese geprüft wird, dass ein bestimmtes Theorie-Element auf bestimmte Personen in einer bestimmten Situation anwendbar ist, trägt zu dieser Abgrenzung erfolgreicher und nicht-erfolgreicher Anwendungen bei. Die folgenden Kapitel beschäftigen sich mit der Planung, Durchführung und Auswertung von empirischen und insbesondere von experimentellen Untersuchungen.

---

[613] vgl. Greenwald, Pratkanis, Leippe & Baumgardner (1986) zur Abgrenzung des Anwendungsbereiches für den „Schläfer-Effekt“ bei der Kommunikationswirkung

12 Grundzüge der Experimentalmethodik

Im Kapitel 1.3 haben wir ein weites Spektrum von Untersuchungsarten kennen gelernt, das in der psychologischen Forschung angewendet wird. Es reichte von kontrollierten Laboruntersuchungen bis zu Evaluationen gesellschaftlicher Institutionen. Eine zentrale Stellung nehmen dabei die experimentellen Untersuchungen ein, denn sie sind am besten geeignet, wissenschaftliche Hypothesen über kausale Zusammenhänge zu überprüfen. In diesem Kapitel 12 und den folgenden Kapiteln 13 bis 18 werden wir uns mit Fragen der experimentellen *Versuchsplanung* beschäftigen: Wie müssen wir ein Experiment gestalten, durchführen und auswerten, damit wir eine möglichst gute Prüfung unserer Kausalhypothese bekommen?

Im Kapitel 12.1 wollen wir zunächst die wesentlichen Eigenschaften psychologischer Experimente anschaulich kennzeichnen und die experimentelle Methode definitorisch abgrenzen. Dann werden wir die wichtigsten experimentellen Versuchspläne (*designs*) kennen lernen (Kapitel 12.2). Im Kapitel 12.3 wird geschildert, wie eine experimentelle Untersuchung in der Psychologie typischerweise abläuft und wie sie in wissenschaftlichen Zeitschriften der Fachöffentlichkeit vorgestellt wird. Im *Theorieteil* werden die wissenschaftlichen Fragestellungen und Hypothesen spezifiziert (Kapitel 12.3.1). Im *Methodenteil* werden die Untersuchungsbedingungen und -abläufe festgelegt und die empirischen Hypothesen und Vorhersagen abgeleitet (Kapitel 12.3.2). Im *Ergebnisteil* werden empirische Ergebnisse beschrieben, statistische Hypothesen geprüft und die Größe der erhaltenen Effekte ermittelt (Kapitel 12.3.3). Im *Diskussionsteil* schließlich werden die wissenschaftlichen Fragestellungen und Hypothesen aufgrund der Ergebnisse zu beantworten versucht (Kapitel 12.3.4).[614]

---

[614] Diese Kapitel basieren wesentlich auf dem Enzyklopädieartikel zur *Planung und Auswertung von Experimenten* (Hager & Westermann, 1983a), auf wegweisenden Arbeiten von Jürgen Bredenkamp (1969a, 1972, 1980) und Volker Gadenne (1976) sowie auf den Weiterentwicklungen von Willi Hager (1987, 1992b).

Eine trefflich illustrierte erste Einführung in die Experimentalmethodik stammt von Huber (1995). Ausführlichere Darstellungen geben Holzkamp (1964), Selg (1975), Traxel (1974), Kerlinger (1978), Schulz, Muthig & Koeppler (1981), Snodgrass, Levy-

12.1 Kennzeichen von Experimenten

Zur Charakterisierung von psychologischen Experimenten bieten sich vier hauptsächliche Merkmale an: die absichtliche Herstellung oder Auswahl von situativen Bedingungen, die systematische Variation der Bedingungen, die Betrachtung der Auswirkungen der vorgenommenen Bedingungsvariationen und die Kontrolle anderer möglicher Einflussfaktoren.

(1) Absichtliche Herstellung oder Auswahl von Untersuchungsbedingungen

Nach Wilhelm Wundt ist die *Willkürlichkeit*, mit der die Bedingungen hergestellt werden können, das erste und wichtigste Definitionskriterium für Experimente.[615] Der Begriff der Willkürlichkeit wird heute leicht missverstanden: „Willkürlich" meint *nicht* „unbegründet" oder „zufällig", sondern „frei wählbar" oder „absichtlich". Außerdem muss eine experimentelle Bedingung nicht unbedingt vom Experimentator selbst willkürlich hergestellt werden. Sie kann auch von anderen Instanzen hergestellt und vom Experimentator frei ausgewählt werden.

◊ Will man untersuchen, ob man die Hyperaktivität von Kindern durch eine operante Gegenkonditionierung verringern kann, muss man eine Situation herstellen (z.B. im Beobachtungsraum eines psychologischen Instituts) oder auswählen (z.B. im Spielzimmer einer Kinderklinik), die es gestattet, jede ruhige Aktivität eines Kindes (z.B. durch ein Lob) zu verstärken.

Insbesondere wenn die experimentellen Bedingungen absichtlich und gezielt hergestellt sind, bezeichnet man sie auch als experimentelle Behandlungen (*treatments*), und zwar auch dann, wenn es sich nicht um eine medizinische oder klinisch-psychologische Behandlung im engeren Sinn handelt.

Berger & Haydon (1985), Solso & Johnson (1989), Sarris (1990), McGuigan (1993), Levine & Parkinson (1994) und MacBurney & Middleton (1994).

Etliche englischsprachige Standardwerke zur Versuchsplanung (*experimental design*) akzentuieren die statistischen Auswertungsmethoden stärker als die konzeptuellen Planungsprobleme (Keppel, 1991; Kirk, 1995; Winer, Brown & Michels, 1991). Wertvolle Hinweise für die Durchführung von Experimenten und Quasi-Experimenten außerhalb des Labors („im Feld") finden sich bei Cook & Campbell (1979). Außerdem gibt es spezielle Einführungen in die Experimentalmethodik z.B. für die Sozialpsychologie (Aronson, Brewer & Carlsmith, 1985), die Pädagogische Psychologie (Campbell & Stanley, 1963), die Klinische Psychologie (Ferstl & Niebel, 1983) die Arbeits- und Organisationspsychologie (Cook & Campbell, 1976) und die Evaluationsforschung (Boruch, 1997).

Viele konkrete Hinweise finden sich in Anleitungen für Experimentalpraktika (Heckhausen, 1969; Irtel, 1993b; Lüer, 1987; Pauli & Arnold, 1972; Sarris, 1985). Bei der Durchführung von Experimenten sind entsprechende Computerprogramme hilfreich (Beringer, 1994; Hunt, 1994; Irtel, 1993a).

Zur Geschichte des Experiments in der Psychologie: Wertheimer (1986).

[615] Hofstätter (1957, S. 100)

(2) Systematische Variation der Bedingungen

Um die Auswirkungen der experimentellen Behandlung systematisch zu untersuchen, werden die experimentellen Bedingungen gezielt verändert. Diese *Variierbarkeit* ist nach Wundt die zweite notwendige Eigenschaft eines Experimentes.[616]

◊ Um die Wirkung der operanten Gegenkonditionierung zu untersuchen, wird bei den Kindern der Behandlungsgruppe ruhige Aktivität stets durch Lob verstärkt, bei der Kontrollgruppe jedoch nicht.

Schematisch werden die Experimentalbedingungen in einem Versuchsplan (*design*) dargestellt. Die wichtigsten Versuchspläne werden im Kapitel 12.2 beschrieben.

(3) Betrachtung der Auswirkungen der Bedingungsvariationen

Um die Auswirkungen der vorgenommenen Bedingungsvariationen bestimmen zu können, wird eine *abhängige Variable* festgelegt, deren Ausprägungen unter den verschiedenen Bedingungen ermittelt und verglichen werden. Werden zur Erfassung der interessierenden Auswirkungen zwei oder mehr abhängige Variablen betrachtet, liegt ein *multivariates Experiment* vor.

◊ Bei der operanten Gegenkonditionierung hyperaktiver Kinder ist die Häufigkeit hyperkinetischer Verhaltensweisen (z.B. pro Stunde in einer standardisierten Umgebung) eine mögliche abhängige Variable Y. Ein zweites adäquates Maß für den Erfolg der Verhaltensmodifkation ist beispielsweise die subjektive Einschätzung der Eltern über die Angemessenheit des kindlichen Verhaltens (abhängige Variable Y').

(4) Kontrolle anderer möglicher Einflussfaktoren

Treten in den Experimentalbedingungen unterschiedlich hohe Werte der abhängigen Variablen auf, sind diese Unterschiede nur dann eindeutig durch die unterschiedlichen Behandlungen verursacht, wenn es über die gezielt hergestellte Variation der Bedingungen hinaus keine relevanten und systematischen Unterschiede zwischen den Experimentalbedingungen und den in ihnen untersuchten Personen gibt. Deshalb muss man unbedingt versuchen, die Wirkung anderer möglicherweise ergebnisrelevanter Einflussfaktoren auszuschalten.

◊ Die Verhaltenshäufigkeiten nach der operanten Konditionierung können nicht nur vom Verstärkungsplan beeinflusst werden, sondern auch von der Kompetenz der Therapeuten oder der erfahrenen Zuwendung.

---

[616] Hofstätter (1957, S. 100). Eine dritte notwendige Eigenschaft von Experimenten ist nach Wundt die *Wiederholbarkeit*. Dies folgt bereits aus der Willkürlichkeit: Wenn experimentelle Bedingungen frei hergestellt werden können, dann lassen sie sich auch wiederholt herstellen. Psychologische Experimente sind aber nicht in allen Aspekten wiederholbar, denn Personen verändern sich stets über die Zeit.

Ist ein mutmaßlicher Einflussfaktor bekannt, kann sein Einfluss kontrolliert werden, indem er konstant gehalten oder gleichmäßig verteilt wird (siehe Kapitel 14.2).

◊ Der eventuelle Einfluss unterschiedlicher Kompetenzen oder Persönlichkeitsmerkmale der Versuchsleiter kann dadurch ausgeschaltet werden, dass entweder nur ein einziger Versuchsleiter verwendet wird (Konstanthaltung) oder dass jeder Versuchsleiter gleich häufig in jeder Experimentalbedingung eingesetzt wird (Gleichverteilung).

◊ Wenn in den Experimentalbedingungen ohne und mit Verstärkung das Ausmaß an Zuwendung und Lob, das die Kinder erhalten, systematisch unterschiedlich sind, können sie die abhängige Variable beeinflussen und eine Wirkung der Verstärkungstechniken vortäuschen oder verdecken. Um das zu vermeiden, müssen sie in allen Bedingungen konstant gehalten werden. Die Kinder der Kontrollgruppe erhalten deshalb genau so häufig Lob wie die der Verstärkungsgruppe, aber unabhängig vom Verhalten.

Unbekannte Einflussfaktoren können durch Zufallszuordnung (Randomisierung) in ihrem Einfluss kontrolliert werden (siehe im einzelnen Kapitel 14.3). Besonders wichtig ist die Zufallszuordnung der Untersuchungspersonen zu den Untersuchungsbedingungen. Zumindest auf lange Sicht werden dadurch alle möglichen Merkmale der Personen gleichmäßig auf alle Bedingungen verteilt.

◊ Wenn die Kinder den Experimentalbedingungen zufällig zugeordnet werden, wird die Wahrscheinlichkeit minimiert, dass die meist unbekannten möglichen Ursachen für die hyperkinetischen Verhaltensauffälligkeiten das Ergebnis systematisch beeinflussen.

Definition des Experiments

Experimente werden durchgeführt, um wissenschaftliche Kausalhypothesen empirisch zu prüfen. Dazu müssen die angenommenen Ursachenfaktoren variiert und andere mögliche Einflussfaktoren kontrolliert werden. Dies ist nur möglich, wenn jeweils mehrere Untersuchungseinheiten (Tiere, Menschen, Gruppen) einer Bedingung ausgesetzt werden. Da die Störvariablen nie vollständig bekannt sind, erfordert ihre Kontrolle immer die zufällige Zuordnung der Untersuchungseinheiten zu den Untersuchungsbedingungen. Die Randomisierung stellt deshalb das definierende Kriterium für psychologische Experimente dar:

- Eine Untersuchung ist genau dann ein Experiment, wenn die Untersuchungseinheiten zufällig den Untersuchungsbedingungen (bzw. den Untersuchungsreihenfolgen bei intra-individueller Bedingungsvariation) zugeordnet sind.

Nach unserer Definition ist die Randomisierung damit notwendige und hinreichende Bedingung für das Vorliegen eines Experimentes. Abweichend von Wundt kann damit auch eine Untersuchung als Experiment bezeichnet werden, bei der die Bedingungsvariation weder willkürlich noch wiederholbar ist.

◊ Durch die Universitätsverwaltung werden für den Präparierkurs der Medizinstudenten computergestützte Arbeitsplätze eingerichtet. Da die Finanzmittel nur für genau die Hälfte der Studenten ausreichen, wird durch Los bestimmt, welche Studenten herkömmlich und welche mit Computern unterrichtet werden. Ein empirischer Vergleich des Lernerfolgs in beiden Unterrichtsbedingungen ist aufgrund der vorliegenden Randomisierung eine experimentelle Untersuchung. Da die Bedingungsvariation von Außen vorgegeben wurde, ist sie nicht willkürlich und auch nicht unbedingt wiederholbar.

12.2 Experimentelle Versuchspläne

Schematisch werden die verschiedenen Experimentalbedingungen in einem Versuchsplan (*design*) dargestellt.[617] Wird genau ein Aspekt der experimentellen Bedingungen variiert, wird dadurch ein *experimenteller Faktor* definiert und die Untersuchung hat genau eine *unabhängige Variable* (UV) (*single-factor design*, Kapitel 12.2.1). Werden unabhängig voneinander mehrere Aspekte der Situation verändert, umfasst der Versuchsplan mehrere Faktoren (*factorial design*, Kapitel 12.2.2). Werden die Personen nacheinander unter mehreren Bedingungen oder zu wiederholten Gelegenheiten untersucht, liegt ein Versuchsplan mit Messwiederholung vor (*repeated-measures design*, Kapitel 12.2.3).

12.2.1 Einfaktorielle Versuchspläne

Im einfachsten Fall wird eine Behandlungsbedingung mit einer Kontrollbedingung verglichen. Die Vergleichsbedingung beinhaltet die spezifische Behandlung nicht. Sie wird in möglichst allen anderen Aspekten aber genau so behandelt wie die Behandlungsgruppe. In diesem Fall hat die UV zwei Ausprägungen (auch Stufen oder Modalitäten genannt). Ist die UV mit A bezeichnet, heißen die Ausprägung z.B. A_1 und A_2.

◊ Um die Wirkung der operanten Gegenkonditionierung zu untersuchen, wird bei den Kindern der Behandlungsgruppe ruhige Aktivität stets durch Lob verstärkt, bei der Kontrollgruppe jedoch nicht. Wir haben dann die UV A („Verstärkungsplan") mit den Ausprägungen A_1 („ohne Verstärkung") und A_2 („kontinuierliche Verstärkung").

Die in Tabelle 12.1 eingetragenen y-Werte symbolisieren die Werte der abhängigen Variablen bei den einzelnen Untersuchungseinheiten. Der erste Index bezeichnet wie üblich die Zeile, der zweite die Spalte, zu der der jeweilige Wert gehört. Die Zahl der Untersuchungseinheiten in der Bedingung A_1 wird allgemein mit n bezeichnet, die Anzahl in Bedingung A_2 mit m. Die letzte Zeile enthält die arithmetischen Mittelwerte für die beiden Untersuchungsbedingungen. Statistisch ausgewertet werden derartige Zweigruppenpläne in der Regel durch t-Tests.

---

617 Genauer kann man unterscheiden zwischen den in Experimenten tatsächlich realisierten *Versuchsplänen* und den möglichen *Versuchsplan-Anlagen* (-Layouts) zur Anordnung der unabhängigen Variablen und ihrer Ausprägungen (Hager, 1987, S. 56).

Tabelle 12.1: Einfaktorieller Versuchsplan mit zwei Ausprägungen

A_1	A_2
y_{11}	y_{12}
y_{21}	y_{22}
...	...
y_{n1}	y_{m2}
$\bar{y}_1$	$\bar{y}_2$

Sollen verschiedene Arten oder Ausprägungen der Behandlung verglichen werden, können weitere experimentelle Bedingungen eingeführt werden. Dadurch erhält man eine unabhängige Variable mit mehr als zwei Ausprägungen. Ein Beispiel für einen entsprechenden Versuchsplan enthält Tabelle 12.2.

Tabelle 12.2: Einfaktorieller Versuchsplan mit drei Ausprägungen

A_1	A_2	A_3
y_{11}	y_{12}	y_{13}
y_{21}	y_{22}	y_{23}
...	...	...
y_{n1}	y_{m2}	y_{p3}
$\bar{y}_1$	$\bar{y}_2$	$\bar{y}_3$

◊ Neben der Kontrollbedingung ohne Verstärkung von ruhigem Verhalten (A_1) können zwei Experimentalbedingungen mit unterschiedlichen Verstärkungsplänen hergestellt werden: In der Bedingung A_2 werden alle ruhigen Verhaltensweisen verstärkt (kontinuierliche Verstärkung), in einer weiteren Experimentalbedingung A_3 nur ein bestimmter Anteil von z.B. 20% (intermittierende Verstärkung).

Statistisch ausgewertet werden derartige Versuchspläne mit drei oder mehr Ausprägungen oft durch eine einfaktorielle Varianzanalyse.[618] Hat die unabhängige Variable eine größere Zahl von quantitativ unterschiedlichen Ausprägungen, kann der Zusammenhang mit der abhängigen Variablen gezielter mit Hilfe von Regressions- und Trendanalysen beschrieben und geprüft werden.[619]

---

618 Eine rein varianzanalytische Auswertung ist meist nicht optimal (siehe Kapitel 15).

619 Zur einfaktoriellen Varianzanalyse: Bortz (1999, Kap. 7), Hays (1994, Kap. 10); zur linearen Regression: Bortz (1999, Kap. 13.2), Hays (1994, Kap. 14); zur Trendanalyse: Bortz (1999, Kap. 7.4), Bredenkamp (1968), Hager (1996a), Hays (1994, Kap. 16), Keppel (1991, Kap. 7).

In SPSS können diese Analysen im Menu *Allgemeines lineares Modell* durchgeführt werden (Syntaxbefehle: UNIANOVA und GLM bzw. MANOVA für ältere Versionen), es

12.2.2 Mehrfaktorielle Versuchspläne

Wird gleichzeitig die Auswirkung mehrerer Faktoren untersucht, ergibt sich ein mehr- oder multifaktorieller Versuchsplan. Ein Versuchsplan mit zwei Faktoren mit zwei bzw. drei Ausprägungen ist in Tabelle 12.3 dargestellt.

Tabelle 12.3: Zweifaktorieller vollständig gekreuzter Versuchsplan

	A_1	A_2	
B_1	y_{111} y_{211} ... y_{n11}	y_{112} y_{212} ... y_{n12}	$\bar{y}_{\bullet 1 \bullet}$
B_2	y_{121} y_{221} ... y_{n21}	y_{122} y_{222} ... y_{n22}	$\bar{y}_{\bullet 2 \bullet}$
B_3	y_{131} y_{231} ... y_{n31}	y_{132} y_{232} ... y_{n32}	$\bar{y}_{\bullet 3 \bullet}$
	$\bar{y}_{\bullet\bullet 1}$	$\bar{y}_{\bullet\bullet 2}$	$\bar{y}_{\bullet\bullet\bullet}$

◊ In dem Experiment zur operanten Gegenkonditionierung der hyperaktiven Kinder kann neben der unabhängigen Variablen „Verstärkungsplan“ (UV A) mit den Ausprägungen „ohne Verstärkung“ (A_1) und „kontinuierliche Verstärkung“ (A_2, Versuchsplan siehe Tabelle 12.1) als zweiter Faktor B die „Art der gegebenen Verstärkung“ variiert werden (unabhängige Variable B mit den drei Ausprägungen Lob, Süßigkeiten und Geld). Es gibt dann $2 \cdot 3 = 6$ Behandlungsbedingungen, und jede von ihnen ist eine Kombination aus einem Verstärkungsplan und einer Verstärkungsart.

Jede der Zellen dieses *A × B – Versuchsplans* symbolisiert eine der sechs möglichen Kombinationen je einer Ausprägung des Faktors B mit einer Ausprägung des Faktors A. Wenn jeder Bedingungskombination eine bestimmte Anzahl von Untersuchungs-

gibt dafür aber auch spezielle Module (Menus: *Mittelwerte vergleichen* bzw. *Regression*, Syntaxbefehle: MEANS, BREAKDOWN, ONEWAY bzw. REGRESSION).

einheiten zufällig zugewiesen wird, bezeichnet man die Faktoren A und B als „vollständig gekreuzt“ (*completely randomized factorial design*).

Zur Bezeichnung der Werte der abhängigen Variablen Y bei den Untersuchungspersonen sind nunmehr drei Indizes notwendig. Der erste Index bezeichnet die Nummer der Person innerhalb einer Bedingungskombination. Der zweite Index gibt die Zeile (d.h. die Ausprägung des Faktors B), der dritte die Spalte (d.h. die Ausprägung des Faktors A) an, unter dem diese Person untersucht worden ist.

Die Mittelwerte der abhängigen Variablen sind in den jeweiligen Randspalten und -zeilen dargestellt. Die Punkte weisen dabei auf die Indizes hin, über die die Aufsummierung und Mittelwertsbildung erfolgt.[620]

Mehrfaktorielle Versuchspläne werden meist mit Hilfe von mehrfaktoriellen Varianzanalysen ausgewertet. Dafür ist es vorteilhaft, wenn das Design *ausbalanciert* oder *orthogonal* ist. Dies ist der Fall, wenn die Zahl der Untersuchungseinheiten in allen Zellen gleich ist.[621]

Eingenistete Faktoren

Werden nicht alle theoretisch möglichen Kombinationen der Ausprägungen der unabhängigen Variablen auch tatsächlich im Experiment realisiert, spricht man von einem (teil-)*hierarchischen* Versuchsplan und von *eingenisteten* (*geschachtelten*) Faktoren. Der dreifaktorielle Versuchsplan mit einem eingenisteten Faktor in Tabelle 12.4 ist als *Split-plot-Plan* bekannt:[622] Jede Ausprägung des Faktors C wird einer Ausprägung des Faktors B untergeordnet und die Untersuchungseinheiten in diesem „plot“ werden dann zufällig auf die Ausprägungen des anderen Faktors A aufgeteilt („gesplittet“). Dies kann als A × (B × C) symbolisiert werden.

Ob für den eingenisteten Faktor ein Haupteffekt besteht, kann nur unter der Annahme geprüft werden, dass er nicht mit den anderen Faktoren interagiert. Diese Interaktionshypothesen ihrerseits sind in diesem Versuchsplan aber nicht prüfbar.[623]

◊ Im Experiment zur Gegenkonditionierung der hyperaktiven Kinder soll neben „Verstärkungsplan“ (UV A) und „Art der Verstärkung“ (UV B) auch das Studienfach der verschiedenen Versuchsleiter (UV C mit den Ausprägungen Medizin, Psychologie, Pädagogik, Betriebswirtschaft, Soziologie und Biologie) untersucht werden. Jeder

---

620 Die mit Indizes versehenen y- und $\bar{y}$-Symbole in den bisher vorgestellten Versuchsplänen sollen mit der Notation vertraut machen, die in Abhandlungen zur Statistik und Versuchsplanung üblich ist. Bei der Darstellung von Versuchsplänen in Diplomarbeiten, Publikationen usw. sind diese Symbole entbehrlich, da es vor allem darauf ankommt, die unabhängigen Variblen, ihre Modalitäten und Kombinationen in übersichtlicher Form deutlich zu machen (siehe zum Beispiel Tabelle 12.7, Seite 285).

621 Hager (1987, S. 60-61), Keppel (1991, S. 213-214)

622 Diese Bezeichnung stammt aus der ursprünglichen Anwendung dieser Pläne in den Agrarwissenschaften (Winer et al., 1991, S. 365-366).

623 zur Auswertung: Bortz (1999, Kap. 11.1), Winer et al. (1991, Kap. 5.14, 5.15 und 6.6)

Ausprägung von B werden zwei Studienfächer zufällig zugeordnet. Zur Prüfung von Hypothese über die Auswirkung des Studienfachs C muss angenommen werden, dass es nicht mit der Art des Verstärkers B interagiert. Die Probanden werden den zwölf Bedingungskombinationen zufällig zugeordnet.

Da die Prüfung von Hypothesen über eingenistete Faktoren so stark eingeschränkt ist, sollte man Faktoren, die hypothesenrelevant und inhaltlich von unmittelbarem Interesse sind, nicht einnisten. Eingenistet werden können vielmehr vor allem Kontrollfaktoren, die stark mit der abhängigen Variablen assoziiert sind und die deshalb die Präzision des Experiments erhöhen (siehe unten Abschnitt 15.6.2). Häufig werden potenziell relevante Merkmale der Untersuchungspersonen als eingenistete Kontrollfaktoren in den Versuchsplan mit aufgenommen. Die Personen mit der gleichen Ausprägung dieses Faktors bilden dann einen *parallelisierten Block* und werden den Ausprägungen der übrigen Faktoren zufällig zugeordnet (*randomized blocks design*).

Tabelle 12.4: Dreifaktorieller Versuchsplan mit einem eingenisteten Faktor

		A_1	A_2		
B_1	C_1	y_{i111}	y_{i121}	$\bar{y}_{\bullet 1 \bullet 1}$	$\bar{y}_{\bullet 1 \bullet \bullet}$
	C_2	y_{i112}	y_{i122}	$\bar{y}_{\bullet 1 \bullet 2}$	
B_2	C_3	y_{i213}	y_{i223}	$\bar{y}_{\bullet 2 \bullet 3}$	$\bar{y}_{\bullet 2 \bullet \bullet}$
	C_4	y_{i214}	y_{i224}	$\bar{y}_{\bullet 2 \bullet 4}$	
B_3	C_5	y_{i315}	y_{i325}	$\bar{y}_{\bullet 3 \bullet 5}$	$\bar{y}_{\bullet 3 \bullet \bullet}$
	C_6	y_{i316}	y_{i326}	$\bar{y}_{\bullet 3 \bullet 6}$	
		$\bar{y}_{\bullet \bullet 1 \bullet}$	$\bar{y}_{\bullet \bullet 2 \bullet}$		$\bar{y}_{\bullet \bullet \bullet \bullet}$

◊ Bei der Gegenkonditionierung der hyperaktiven Kinder wird neben den unabhängigen Variablen „Verstärkungsplan“ und „Art der Verstärkung“ auch die „Herkunft“ der Kinder (aus sechs Bundesländern) berücksichtigt. Die sechs Ausprägungen dieses neuen Faktors C werden zufällig den drei Ausprägungen des Faktors B zugeordnet (siehe wiederum den Versuchsplan in Tabelle 12.4). Den beiden Ausprägungen des Faktors A werden die Kinder zufällig zugeteilt.

Besteht jede Ausprägung eines Faktors, der in einen experimentellen Faktor eingenistet ist, aus genau einer Untersuchungsperson und wird jede Untersuchungsperson unter allen Ausprägungen des anderen experimentellen Faktoren beobachtet, liegt ein Versuchsplan mit wiederholter Messung vor.

12.2.3 Wiederholte Messungen

Bisher hatten wir nur die inter-individuelle Variation der experimentellen Bedingungen betrachtet: Jede Person wird nur unter einer Ausprägung (Modalität) der unabhängigen Variablen bzw. unter einer Kombination der Ausprägungen der unabhängigen Variablen untersucht (*between-subjects design*).

- Bei einer intra-individuellen Bedingungsvariation wird jede Person unter allen Ausprägungen einer unabhängigen Variablen untersucht (*within-subjects design* oder *repeated-measures design*).[624]

Dadurch bilden die Versuchspersonen einen eigenen experimentellen Faktor, der auch in den Versuchsplänen explizit dargestellt werden kann und meist mit S (für *subjects*) bezeichnet wird.

In einem mehrfaktoriellen Experiment können Faktoren mit inter- und intra-individueller Bedingungsvariation gemeinsam auftreten (*mixed design*). Die Tabelle 12.5 ist ein zweifaktorieller Versuchsplan, in dem die unabhängige Variable A inter-individuell variiert wird, die unabhängige Variable B hingegen intra-individuell.

Die Zeilen p_{11} bis p_{1n} und p_{21} bis p_{2m} in Tabelle 12.5 stellen die $n + m$ Untersuchungspersonen dar. Wie ein Vergleich mit Tabelle 12.4 deutlich macht, bilden die Untersuchungspersonen einen Faktor, der in den experimentellen Faktor A eingenistet ist: $B \times (A \times S)$.[625] Die Personen werden den Ausprägungen A_1 und A_2 zufällig zugeordnet und dann allen drei Ausprägungen der unabhängigen Variablen B ausgesetzt. B wird deshalb auch kurz als *wiederholter Faktor* bezeichnet. Die Werte der abhängigen Variablen unter diesen drei Ausprägungen sind *wiederholte Messungen.*[626]

---

624 Die Begriffe *within-subjects* und *repeated-measures* werden häufig austauschbar verwendet. Sie sollten aber besser getrennt werden, denn eine *wiederholte Messung* muss nicht mit einer *Bedingungsvariation innerhalb* der Personen verbunden sein, sie kann auch unter gleichen Bedingungen erfolgen (Zeitreihen, siehe unten Seite 278).

625 Gegenüber den vorangegangenen Versuchsplänen sind hier Zeilen- und Spaltenfaktor vertauscht, um den eingenisteten Faktor in gleicher Weise darstellen zu können wie in Tabelle 12.4.

626 Für die Auswertung mit Statistikprogrammen müssen die Werte auf der AV, die die gleichen Personen unter verschiedenen Ausprägungen einer unabhängigen Variablen haben, als unterschiedliche (abhängige) Variablen eingegeben werden.

Tabelle 12.5: Zweifaktorieller Versuchsplan mit einem wiederholten Faktor

		B_1	B_2	B_3	
	p_{11}	y_{111}	y_{121}	y_{131}	
	...	...	...	...	
A_1	p_{1i}	y_{11i}	y_{12i}	y_{13i}	$\bar{y}_{1\bullet\bullet}$
	...	...	...	...	
	p_{1n}	y_{11n}	y_{12n}	y_{13n}	
	p_{21}	y_{211}	y_{221}	y_{231}	
	...	...	...	...	
A_2	p_{2i}	y_{21i}	y_{22i}	y_{23i}	$\bar{y}_{2\bullet\bullet}$
	...	...	...	...	
	p_{2m}	y_{21m}	y_{22m}	y_{23m}	
		$\bar{y}_{\bullet 1\bullet}$	$\bar{y}_{\bullet 2\bullet}$	$\bar{y}_{\bullet 3\bullet}$	$\bar{y}_{\bullet\bullet\bullet}$

◊ Im Experiment zur operanten Gegenkonditionierung der hyperaktiven Kinder sollen die beiden unabhängigen Variablen „Verstärkungsplan" (UV A) und „Art der Verstärkung" (UV B) untersucht werden. Da jedes Kind zu mehreren Sitzungen an aufeinander folgenden Tagen kommen muss, besteht eine gute Möglichkeit, die Konditionierung bei jedem Kind mit allen Arten von Verstärkungen (Lob, Süßigkeiten und Geld) durchzuführen und danach jeweils die Häufigkeit des hyperkinetischen Verhaltens zu erheben. Jedes Kind kann also unter allen drei Ausprägungen des Faktors B beobachtet werden. Ihre Reihenfolge wird für jedes Kind zufällig bestimmt. Jedes Kind wird aber weiterhin jeweils einer Ausprägung des Faktors A zufällig zugeordnet.

Auf den ersten Blick scheinen intra-individuelle Bedingungsvariationen Vorteile zu haben: die einzelnen Personen liefern in kürzerer Zeit mehr Information, es können unmittelbar individuelle Veränderungen über verschiedene Bedingungen untersucht werden, außerdem wird die statistische Auswertung präziser (siehe Kapitel 15.6.2).

Ein wesentlicher Nachteil der intra-individuellen Bedingungsvariation besteht darin, dass durch die Abfolge der verschiedenen Bedingungen spezifische Störeinflüsse entstehen können (siehe unten Kapitel 14.1.1 und 14.3.3). Diese werden dadurch zu kontrollieren versucht, dass man die Abfolge der Bedingungen möglichst für jede Person zufällig bestimmt. Oft können diese Störungen aber nicht vollständig ausgeglichen werden. Dies führt dazu, dass sich die Wirkungen der verschiedenen

---

Die Auswertung kann sowohl über eine univariate Varianzanalyse für Messwiederholungen als auch über eine multivariate Varianzanalyse erfolgen. SPSS führt im *Allgemeinen linearen Modell* beide Arten von Tests durch. Bei der multivariaten Analyse werden die Ausprägungen des wiederholten Faktors als unterschiedliche abhängige Variablen behandelt. Eine univariate Analyse mit mehr als zwei Messungen beruht auf speziellen Annahmen zur Homogenität (genauer: Sphärizität oder Zirkularität) der Varianzen und Kovarianzen (Bortz, 1999, Kap. 9; Hager & Westermann, 1984; Keppel, 1991, Kap. 15-18; Lewis, 1993). Sind diese Annahmen erfüllt, ist die univariate Analyse teststärker, ansonsten in etlichen Fällen der multivariate Test.

Bedingungen nicht ausreichend klar trennen lassen. Deshalb ist in der Psychologie die intra-individuelle Bedingungsvariation weitaus seltener als die inter-individuelle.

Ein häufig anzutreffender Spezialfall der intra-individuellen Bedingungsvariation ist die *Vorher-nachher-Messung*: Die abhängige Variable wird nicht nur nach der jeweiligen Behandlung untersucht, sondern bei jeder Person auch vorher. Der wesentliche Vorteil besteht darin, dass Informationen über die individuellen Veränderungen durch die experimentelle Behandlung vorliegen. Dem stehen jedoch die erwähnten spezifischen Störeinflüsse durch die wiederholte Erhebung entgegen.

Zeitreihen

Von der intra-individuellen Bedingungsvariation zu unterscheiden ist die mehrfache Beobachtung der Personen unter den *gleichen* experimentellen Bedingungen. Diese speziellen Arten der wiederholten Messungen werden häufig als Zeitreihen bezeichnet. Mit ihnen wird geprüft, wie die abhängige Variable sich über die Zeit bzw. über mehrere Wiederholungen der gleichen Behandlung verändert.

Tabelle 12.6: Versuchsplan mit einem Zeitreihenfaktor

		T_1	...	T_9	
	p_{11}	y_{111}	...	y_{191}	
	...	...	...	...	
A_1	p_{1i}	y_{11i}	...	y_{19i}	$\bar{y}_{1\bullet\bullet}$
	...	...	...	...	
	p_{1n}	y_{11n}	...	y_{19n}	
	p_{21}	y_{211}	...	y_{291}	
	...	...	...	...	
A_2	p_{2i}	y_{21i}	...	y_{29i}	$\bar{y}_{2\bullet\bullet}$
	...	...	...	...	
	p_{2m}	y_{21m}	...	y_{29m}	
		$\bar{y}_{\bullet 1\bullet}$		$\bar{y}_{\bullet 9\bullet}$	$\bar{y}_{\bullet\bullet\bullet}$

Durch eine Zeitreihenmessung wird stets ein Faktor zum Versuchsplan hinzugefügt. Haben wir beispielsweise eine experimentelle unabhängige Variable mit zwei Ausprägungen A_1 und A_2 und werden die Personen neunmal untersucht, liegt ein 2 mal 9-Versuchsplan vor, der in Tabelle 12.6 dargestellt ist. Die Ausprägungen T_1 bis T_9 des Faktors T stellen dabei die neun (wiederholten) Messungen dar.

◊ Bei der operanten Gegenkonditionierung hyperkinetischer Kinder wird an neun Tagen jeweils eine Unterrichtsstunde mit (kontinuierlicher) Verstärkung ruhiger Verhaltensweisen durchgeführt (Bedingung A_2). Für jede Stunde und jedes Kind wird die Häufigkeit hyperkinetischer Verhaltensweisen ermittelt. Ein Abfall über die ersten neun Tage zeigt, dass das störende Verhalten tatsächlich operant kontrolliert werden kann. Dass die Verringerung der hyperkinetischen Verhaltensweisen tatsächlich auf die Verstärkung zurückzuführen ist, wird durch Vergleich mit der Kontrollbedingung A_1

geprüft, bei der es keine systematischen Verstärkungen gibt, aber alle anderen Bedingungen gleich sind.

◊ In ähnlicher Weise durch Messwiederholung untersucht werden kann die Verkürzung der Bearbeitungszeit bei aufeinander folgenden Übungsdurchgängen zur Formulierung mathematischer Beweise, der Abfall des Adaptationsniveaus in Abhängigkeit von der Zeit in der Dunkelheit oder die Steigerung der Anstrengung bei Bearbeitung gleichartiger Aufgaben mit zunehmender Schwierigkeit.

Das Prinzip der wiederholten Messung der abhängigen Variablen unter den gleichen Bedingungen kann natürlich auch auf Fälle mit zwei oder mehr experimentellen Faktoren verallgemeinert werden.

◊ Im Experiment zur Gegenkonditionierung hyperaktiver Kinder hatten wir zwei vollständig gekreuzte UV, eine eingenistete UV und insgesamt zwölf Bedingungskombinationen (Tabelle 12.4). Für jede der ihnen zugewiesenen Untersuchungspersonen kann die Häufigkeit hyperaktiver Verhaltensweisen z.B. zwanzig Mal erhoben werden.

12.3 Komponenten experimenteller Untersuchungen

Ganz allgemein gesagt, ist der Ausgangspunkt einer wissenschaftlichen Forschungsarbeit eine Frage- oder Problemstellung, und das Ziel besteht darin, die Ausgangsfrage besser zu beantworten, das Ausgangsproblem besser lösen zu können. Dazu werden systematisch Erfahrungen gesammelt und ausgewertet. Dabei können verschiedenartige Untersuchungsarten (Experiment, Quasi-Experiment usw.) und Erhebungsmethoden (Beobachtungen, Testungen, physiologische Messungen usw.) eingesetzt werden (siehe Kapitel 1.3). Dementsprechend unterschiedlich sind auch die konkreten Abläufe und Vorgehensweisen in psychologischen Forschungsarbeiten. Es gibt aber dennoch etliche Arbeitsschritte und Abläufe, die fast immer zu einer adäquaten empirisch-psychologischen Forschungsarbeit gehören. Eingeteilt werden diese Hauptkomponenten einer empirischen Forschungsarbeit in vier Phasen:

1. Theorie,
2. Methode,
3. Ergebnisse und
4. Diskussion.

Es hat sich eingebürgert, diese Begriffe als Gliederungspunkte in wissenschaftlichen Veröffentlichungen von empirischen Forschungsergebnissen zu verwenden.[627]

---

627 Richtlinien für empirische Arbeiten in Fachzeitschriften wurden von der American Psychological Association (1994) und der Deutschen Gesellschaft für Psychologie (1997) herausgegeben. Für die Durchführung und Präsentation statistischer Auswertungen liegen auch verbesserte Empfehlungen vor (Wilkinson & the Task Force on Statistical Inference, 1999). Weitere Hinweise für die Gestaltung von Untersuchungs-

Die vier Phasen sind unter anderem dadurch charakterisiert, dass unterschiedliche Arten von Fragestellungen und Hypothesen aufgestellt bzw. geprüft werden.

- Die theoretische Arbeit geht von allgemeinen Fragestellungen aus und mündet (explizit oder implizit) in spezifische *wissenschaftliche Hypothesen.*
- Die methodischen Entscheidungen und Festlegungen führen dazu, dass eine konkrete Anwendungssituation und damit eine bestimmte *empirische Hypothese* spezifiziert wird. Aus ihr können konkrete *empirische Vorhersagen* abgeleitet werden.
- Die Auswertung der Ergebnisse erfolgt in der Regel über Signifikanztests, die bestimmte *statistische Hypothesen* prüfen.
- In der abschließenden Diskussion werden die Ergebnisse der statistischen Hypothesenprüfung verwendet, um Entscheidungen über die empirischen und wissenschaftlichen Hypothesen zu treffen.

Diese verschiedenen Arten von Hypothesen liegen auf unterschiedlichen Ebenen, müssen aber systematisch und eindeutig miteinander verbunden werden, damit wir auf der Basis der empirischen Daten über sie entscheiden können. Wichtig ist vor allem die Unterscheidung und die Verbindung zwischen den wissenschaftlichen Hypothesen, die den uns interessierenden inhaltlichen Fragestellungen und Vermutungen entsprechen, einerseits und den statistischen Hypothesen andererseits, die in (fast) allen wissenschaftlichen Untersuchungen tatsächlich geprüft werden.

Die verschiedenen Phasen und Hypothesen einer wissenschaftlichen Untersuchung werden im Folgenden beschrieben und am Beispiel des Experimentes von Frey und Irle illustriert. Etliche Bestandteile dieses Untersuchungsprozesses sind so vielschichtig und wichtig, dass sie zunächst nur angerissen werden können und in späteren Kapiteln noch ausführlich dargestellt werden.

12.3.1 Theorieteil: wissenschaftliche Fragestellungen und Hypothesen

Im Theorieteil wird zunächst die allgemeine *Frage-* oder *Problemstellung* beschrieben. Diese *Forschungsfragestellung* kann sich zum einen primär auf einen bestimmten Sachverhalt und seine Ursachen oder Folgen beziehen (*problem-orientiertes Forschungsprogramm*). Zum anderen kann sie primär auf eine bestimmte Theorie und ihre Ausgestaltung oder Gültigkeit gerichtet sein (*theorie-orientiertes Forschungsprogramm*). Beide Sichtweisen können natürlich auch in verschiedener Weise kombiniert sein.[628]

◊ Frey und Irle beschäftigen sich allgemein mit der Beziehung zwischen Belohnung und Meinungsunterschied nach einstellungskonträrem Verhalten.[629] Primär führen sie ihr

---

abläufen und -berichten: Hager (1987), Hager & Spies (1991), Lewin (1986), Huber (1995, Kap. 4), Traxel (1974).

628 siehe oben Kapitel 9.3.3

629 Frey & Irle (1972)

Experiment aber durch, um eine bestimmte modifizierte Version der Dissonanztheorie empirisch zu überprüfen, nach der Dissonanz nur entsteht, wenn das Selbstkonzept tangiert oder bedroht ist (siehe Kapitel 11.4.3).

Jede wissenschaftliche Arbeit muss auf einer umfassenden Sichtung, Zusammenfassung und Analyse der bereits vorhandenen *Fachliteratur* beruhen.[630] Aus diesen Vorarbeiten ergeben sich begriffliche Präzisierungen und Systematisierungen, empirische Befunde und mögliche theoretische Erklärungen.

◊ Frey und Irle beziehen sich auf das paradigmatische Experiment von Festinger und Carlsmith, in der die dissonanztheoretische Hypothese bestätigt wurde, dass die Meinungsänderung (als Manifestation des Reduktionsdrucks) bei einer großen Belohnung für einstellungskonträres Verhalten (also geringer Dissonanzstärke) kleiner ist als bei geringen Belohnungen.[631] Sie berücksichtigen aber auch, dass diese Befunde keineswegs in allen nachfolgenden Untersuchungen bestätigt worden sind. Vielmehr hat sich auch die verstärkungstheoretisch zu erwartende positive Beziehung gezeigt. Deshalb beziehen Frey und Irle sich auf Aronsons Theoriemodifikation, nach der Dissonanz nur erzeugt wird, wenn das Selbstkonzept tangiert oder bedroht ist.

Wissenschaftliche Hypothesen

Die Analyse der vorliegenden Theorien, Hypothesen und Forschungsbefunde führt in der Regel zu präziseren Forschungsfragestellungen, vor allem aber zu begründeten Vermutungen über die zu erwartenden Ergebnisse.

◊ Frey und Irle erwarten, dass bei einem selbstkonzepttangierenden, einstellungskonträren Verhalten Dissonanz auftritt und dass die tatsächliche Einstellung umso stärker in Richtung auf die ausgedrückte Meinung verändert wird, je kleiner die Belohnung ist. Wird das Selbstkonzept durch ein einstellungsdiskrepantes Verhalten nicht bedroht, tritt keine Dissonanz auf, und die tatsächliche Meinung wird um so stärker in Richtung auf die ausgedrückte Meinung verändert, je größer die Belohnung ist.

Eine derartige vermutete oder erwartete Antwort auf eine Forschungsfragestellung bezeichnet man als *Forschungshypothese*, als *wissenschaftliche Hypothese* oder speziell für unser Fach als *psychologische Hypothese*.

Wissenschaftliche Hypothesen sind Aussagen, die sich auf substanzwissenschaftliche Konstrukte, Begriffe, Merkmale oder Variablen beziehen. Zu ihnen gehören alle Arten von Aussagen darüber, dass bestimmte Gesetzesannahmen, Zusammenhangsvermutungen, Modellvorstellungen, theoretische Erklärungen, vorläufige Problemlösungen usw. (für bestimmte Arten von Situationen und

---

[630] Zur Fachliteratur gehören einschlägige Lehrbücher, Monographien, Beiträge in Sammelbänden und Kongressberichten sowie Übersichtsartikel und Darstellungen empirischer Untersuchungen in Zeitschriften. Das Auffinden relevanter Arbeiten wird durch Datenbanken (vor allem PSYNDEX und PSYCHINFO) erheblich erleichtert, die über die Universitätsbibliotheken zugänglich sind.

[631] Festinger & Carlsmith (1959), Kritik: Chapanis & Chapanis (1964)

Personen) zutreffend sind. Sie dürfen nicht mit den statistischen Hypothesen gleichgesetzt werden, die durch Signifikanztests geprüft werden.[632]

In einer strukturalistischen Rekonstruktion entspricht eine wissenschaftliche Hypothese einer empirischen Behauptung für ein bestimmtes Theorie-Element: Die spezifizierten Variablenzusammenhänge sollen in allen intendierten Anwendungsfällen tatsächlich gelten.[633] Diese intendierten Anwendungsmengen sind per definitionem unabgeschlossen und nur grob abgegrenzt (siehe oben Kapitel 11.8).

Wissenschaftliche Hypothesen können sich dahingehend unterscheiden, wie abstrakt oder empirienah sie sind, wie präzise und wie komplex sie sind, ob sie auf eine umfangreiche Theorie bezogen sind oder nicht, wie groß der Geltungsanspruch ist, wie sehr sie durch vorliegende wissenschaftliche Erkenntnisse gestützt sind usf.

In manchen Forschungsberichten sind die wissenschaftlichen Hypothesen explizit formuliert. In anderen Fällen hingegen lassen sich die wissenschaftlichen Hypothesen, die der empirischen Forschung zugrunde liegen, nur mehr oder minder eindeutig und vollständig rekonstruieren.

In problem-orientierten Forschungsarbeiten sind die wissenschaftlichen Hypothesen oft nicht abstrahiert und theoriebezogen, sondern direkt auf beobachtbare Sachverhalte bezogen.

◊ „Komplexe sprachliche Ausdrücke in der Gebärdensprache gelingen Personen, die diese seit der frühen Kindheit verwenden, besser als Personen, die die Gebärdensprache erst im Erwachsenenalter erlernt haben."[634]

◊ „Die rezeptiven Felder der Thalamusneurone sind um so kleiner, je weiter distal sie auf den Extremitäten liegen."[635]

Außerdem sind Hypothesen in problem-orientierten Forschungsprogrammen oft sehr unspezifisch, die Untersuchungen sind dementsprechend eher *explorativ*.

◊ Ost- und Westdeutsche unterscheiden sich in ihren politischen Einstellungen.

◊ Die Auswirkungen von Arbeitslosigkeit hängen von der familiären Unterstützung und den individuellen Bewältigungsstrategien ab.

Untersuchungen in theorie-orientierten Forschungsprogrammen sind meist auf spezifische wissenschaftliche Hypothesen ausgerichtet und primär *hypothesenprüfend*. Untersucht werden können sowohl Kausalhypothesen als auch Assoziationshypothesen (siehe oben Kapitel 7.2.7).

---

632 Bolles (1962), Bredenkamp (1972, 1980), Meehl (1967, 1986), Westermann & Hager (1982), Hager (1992b, S. 11), Chow (1996), siehe Kapitel 12.3.3 und 15 bis 17

633 Bezieht sich die wissenschaftliche Hypothese auf eine komplexere Theorie, entspricht sie einer empirischen Behauptung, die mit einer ganzen Reihe von Theorie-Elementen verbunden ist. Auch wenn eine Forschungshypothese eher eine informelle Vermutung und nicht an eine Theorie gebunden ist, können die ihr zugrunde liegenden Konzepte und Annahmen durch ein Theorie-Element rekonstruiert werden.

634 Zimbardo & Gerrig (1999, S. 483)

635 Birbaumer & Schmidt (1999, S. 314)

12.3.2 Methodenteil: empirische Vorgehensweisen und Erwartungen

Wie im vorigen Kapitel deutlich wurde, sind psychologische Hypothesen noch zu allgemein, um *vollständig* empirisch überprüft zu werden. Psychologische Hypothesen sind nur *exemplarisch* überprüfbar, das heißt jeweils nur für ganz bestimmte Anwendungsfälle.

Jeder Anwendungsfall einer psychologischen Hypothese umfasst bestimmte situationale Bedingungen, bestimmte Personen sowie bestimmte Methoden zur Auslösung bzw. Erhebung der interessierenden Sachverhalte. Im Methodenteil eines empirischen Untersuchungsberichtes werden die wesentlichen Merkmale der betrachteten Anwendungssituation dargestellt und begründet.[636]

12.3.2.1 Festlegung der Untersuchungsart

Bei der Planung einer empirischen Untersuchung muss zunächst die *Untersuchungsart* festgelegt werden. Wichtig ist insbesondere, ob die psychologische Hypothese experimentell geprüft werden kann oder ob nur eine quasi-experimentelle oder eine korrelative Untersuchung möglich ist. Außerdem kann man sich mitunter entscheiden, ob die Untersuchung unter künstlichen oder natürlichen Bedingungen, das heißt „im Labor" oder „im Feld" durchgeführt werden soll. Zur Prüfung von Kausalhypothesen sind Experimente (im Labor und Feld) am besten geeignet (siehe Kapitel 14.3).

◊ Frey und Irle führen ihr Experiment in einer relativ natürlichen, nämlich unterrichtsähnlichen Situation durch.

12.3.2.2 Festlegung und Operationalisierung der Variablen

Die zu untersuchenden Sachverhalte müssen so weit konkretisiert werden, dass sie eindeutig hervorgerufen bzw. beobachtet werden können.

◊ Um einstellungskonträres Verhalten untersuchen zu können, ließen Frey und Irle Mannheimer Gymnasiasten Aufsätze gegen die Senkung des Wahlalters schreiben. Die wenigen Schüler, die vor dem Experiment eine negative Meinung über die Senkung äußerten, wurden nicht mit in die Auswertung einbezogen.

Die Wahl der in der Untersuchung zu betrachtenden Variablen wird unmittelbar durch die psychologische Hypothese bestimmt. Bei Assoziationshypothesen sind alle Variablen gleichberechtigt. Bei der Prüfung von Kausalhypothesen entsprechen die *unabhängigen Variablen* im Experiment den vermuteten Ursachen, die *abhängigen Variablen* den vermuteten Wirkungen.

---

[636] Ein Merkmal der Untersuchungssituation ist unwesentlich, wenn es das Ergebnis der Untersuchung nicht beeinflusst. Beispielsweise mögen Alter und Geschlecht der Versuchsleiter in einem psychophysischen Experiment unwesentlich sein, während sie das Ergebnis eines Experimentes zur Einstellungsänderung beeinflussen können.

◊ Frey und Irle betrachten als abhängige Variable die Meinung ihrer Personen zur Senkung des Wahlalters. Zur Prüfung ihrer wissenschaftlichen Hypothese sind zwei unabhängige Variablen notwendig:
   - die Belohnung für das einstellungsdiskrepante Verhalten und
   - das Ausmaß, in dem das Selbstkonzept durch Öffentlichkeit oder Entscheidungsfreiheit tangiert ist.

◊ Frey und Irle nahmen an, dass das Selbstkonzept durch dieses einstellungskonträre Verhalten nicht bedroht wird, wenn die Person keine Möglichkeit hatte, dieses Verhalten zu vermeiden oder wenn dieses Verhalten vollständig anonym ist. Wenn aber eine Entscheidungsmöglichkeit bestand, sollte das Selbst betroffen sein, insbesondere wenn das Verhalten öffentlich ist und negative Sanktionen befürchtet werden müssen.

Intensiv überlegt und geprüft werden muss, welche weiteren Variablen das Ergebnis unter den gegebenen Umständen mit beeinflussen oder gar deutlich verfälschen können. Auf dieser Basis muss festgelegt werden, welche potenziellen Störvariablen konstant gehalten, eliminiert, randomisiert oder auf eine andere Weise *kontrolliert* werden sollen (siehe unten Kapitel 14). Die übrigen Merkmale der untersuchten Personen und Situationen bleiben (zumindest zunächst) unberücksichtigt.

◊ Konstant gehalten und damit explizit kontrolliert haben Frey und Irle die wichtigsten Merkmale der Untersuchungsdurchführung: Instruktionen, Durchführungszeiten usw. Miterfasst wurden die anfänglichen Meinungen der Schüler.

Falls die spezifizierten unabhängigen oder abhängigen Variablen noch nicht direkt beobachtbar sind, müssen ihnen konkrete, direkt beobachtbare Größen oder Erhebungsmethoden zugeordnet werden (*Operationalisierung*).

◊ Die Einstellung zur Senkung des Wahlalters wurde von Frey und Irle durch Selbsteinschätzung der Personen auf einer elfstufigen graphischen Skala erhoben, die von -5 („stark gegen die Herabsetzung") über 0 („unentschieden") bis +5 („stark für die Herabsetzung") reichte.

◊ Die unabhängige Variable Belohnung wurde in zwei Ausprägungen realisiert, indem der einen Gruppe von Personen 1 DM, der anderen 8 DM versprochen wurde.

◊ Für die zweite unabhängige Variable (Tangierung des Selbstkonzepts) wurden ebenfalls zwei Ausprägungen festgelegt: Der einen Hälfte der Personen wurde gesagt, dass sie die freie Entscheidung haben, an dem Versuch teilzunehmen, und dass sie ihren Aufsatz namentlich kennzeichnen und öffentlich verteidigen müssen. Diese Ausprägung bezeichnen wir mit EÖ+. Es wird angenommen, dass hier das Selbstkonzept tangiert ist und Dissonanz auftritt. Der anderen Gruppe wurde kein expliziter Hinweis auf eine Entscheidungsfreiheit gegeben, und der Aufsatz sollte anonym bleiben (EÖ–). Hier soll das Selbstkonzept nicht tangiert sein und keine Dissonanz auftreten, sondern das Prinzip der operanten Verstärkung gelten.[637]

---

[637] Die unabhängige Variable hatte noch zwei weitere, mittelstarke Ausprägungen (mit Entscheidungsfreiheit, aber ohne Öffentlichkeit sowie ohne Entscheidungsfreiheit, aber mit Öffentlichkeit). Außerdem wurde noch eine Kontrollgruppe ohne Hinweise auf

Bei der Festlegung der genauen Umstände der empirischen Anwendungs- oder Prüfsituationen und insbesondere bei der Operationalisierung der Variablen hat man meist die Wahl zwischen zwei oder mehr unterschiedlichen Möglichkeiten.

◊ Die Einstellung zur Senkung des Wahlalters kann durch Verhaltensbeobachtung oder durch Skalierung erhoben werden. Die Skalierung kann durch Antworten auf einer bipolaren Skala erfolgen, aber auch durch Aufsummierung der Antworten zu mehreren Fragen. Diese Fragen wiederum können allgemein-bewertend sein (wie beim *semantischen Differential*) oder einzelne Überzeugungen ausdrücken. Die Aussagen über einzelne Überzeugungen wiederum können nach der höchsten Trennschärfe (*Likert-Skala*) oder nach Expertenurteilen (*Thurstone-Skala*) ausgewählt werden.[638]

Unabhängig davon, wie die Spezifikation von Anwendungssituationen und Operationalisierungen ausfällt: Die getroffenen Entscheidungen müssen im Methodenteil beschrieben und begründet werden, damit sie von anderen Wissen-schaftlern nachvollzogen und akzeptiert oder kritisiert werden können. Die Begründungen können sich sowohl auf theoretische Überlegungen wie auf empirische Ergebnisse stützen.

◊ Die Messung von Einstellungen mit Likert-Skalen ist gut mit Fishbeins Theorie der Einstellung verträglich.[639]

Häufig erfolgt die Wahl von Anwendungssituation und Operationalisierung auch in Anlehnung an paradigmatische oder andere erfolgreiche Anwendungen.[640]

12.3.2.3 Versuchsplan und -ablauf

Aus den unabhängigen Variablen und ihren Operationalisierungen ergibt sich der *Versuchsplan* der Untersuchung.

◊ Im Experiment von Frey und Irle werden die beiden unabhängigen Variablen vollständig gekreuzt, d.h. es werden alle möglichen Bedingungen realisiert, die durch Kombination der beiden Faktoren entstehen. Der von uns hier betrachtete Teil des Experiments entspricht einem 2×2-Versuchsplan (Tabelle 12.7). Die Personen werden den vier Bedingungskombinationen zufällig zugewiesen.

Tabelle 12.7: Versuchsplan für das Experiment von Frey und Irle (vereinfacht)

Öffentlichkeit mit Entscheidungsfreiheit	Belohnung 1 DM	8 DM
ja (EÖ+)	⟨1,1⟩	⟨1,2⟩
nein (EÖ–)	⟨2,1⟩	⟨2,2⟩

Belohnung und Entscheidungsfreiheit bzw. Öffentlichkeit untersucht. Diese Experimentalgruppen sollen der Einfachheit halber unberücksichtigt bleiben.

638 zu den Methoden: Bortz & Döring (1995), Roth (1984), Sixtl (1982)

639 Fishbein & Ajzen (1975), Westermann (1982, 1983a)

640 siehe oben Kapitel 9.3.2

Entsprechend den bisherigen Festlegungen ist der konkrete *Ablauf* der einzelnen Untersuchungen der Personen in den unterschiedlichen Bedingungskombinationen festzulegen und zu beschreiben. Dazu gehören unter anderem die Rekrutierung der Versuchspersonen, die Schulung der Versuchsleiter, der apparative Aufbau des Versuchs und die Instruktion der Untersuchungspersonen und ihre spätere Aufklärung über den Zweck der Untersuchung.[641]

12.3.2.4 Empirische Hypothesen und empirische Vorhersagen

Durch die im Methodenteil einer Untersuchung getroffenen Festlegungen wird eine mögliche Anwendungssituation für die psychologische Hypothese spezifiziert. Sie kann als Partialmodell eines empirienahen Theorie-Elementes beschrieben werden, das zur Menge der noch zweifelhaften Anwendungen gehört. Aufgrund der Ergebnisse dieser Untersuchung soll die *empirische Hypothese* geprüft werden, dass diese zweifelhafte Anwendung tatsächlich eine erfolgreiche Anwendung ist, d.h. dass die angenommenen Variablenzusammenhänge in der betrachteten Situation gelten.[642]

Unter der Annahme, dass die empirische Hypothese zutreffend ist, können *Vorhersagen über die empirischen Ergebnisse* getroffen werden. Diese begründeten Erwartungen bezeichnen wir als *empirische Vorhersagen.* Sie beziehen sich in der Regel nicht auf einzelne Versuchspersonen, sondern auf Ergebnisse in ganzen Gruppen. In der psychologischen Forschung werden meist arithmetische Mittelwerte betrachtet und empirische Vorhersagen über ihre Größenordnung getätigt.

◊ Im Experiment von Frey und Irle werden für die Bedingungen mit und ohne Tangierung des Selbstkonzepts (EÖ+ bzw. EÖ–) aus der Dissonanz- bzw. der Verstärkungstheorie Meinungsänderungen in unterschiedlicher Richtung vorhergesagt:

- In der Bedingung EÖ+ findet bei 1 DM Belohnung eine größere Meinungsänderung statt als bei 8 DM Belohnung (Dissonanzeffekt). Deshalb ist unter 1 DM ein geringerer Meinungswert als unter 8 DM zu erwarten. Wir erwarten also, dass die Y-Variable in der Bedingung $\langle 1,1 \rangle$ tendenziell kleiner ist als in der Bedingung $\langle 1,2 \rangle$. Betrachten wir arithmetische Mittelwerte, erhalten wir folgende empirische Vorhersage:

  (12–1) $\bar{y}_{11} < \bar{y}_{12}$.

- In der Bedingung EÖ– findet bei 1 DM eine kleinere Meinungsänderung statt als bei 8 DM (Verstärkungseffekt). Deshalb ist unter 1 DM ein höherer mittlerer Meinungswert als unter 8 DM zu erwarten. Daraus ergibt sich die empirische Vorhersage

  (12–2) $\bar{y}_{21} > \bar{y}_{22}$.

---

641 zur konkreten Formulierung von Instruktionen: Lüer (1987), Huber (1995, S. 124-128); zur Aufklärung von Personen und anderen ethischen Problemen: Lenk (1979), Schuler (1980), Lewin (1986, S. 21-33), Rehm & Strack (1994, Kap. 6), Huber (1995, Kap. 9)

642 zur genaueren Definition empirischer Hypothesen siehe oben Kapitel 11.8.1

Wenn wir davon sprechen, dass Vorhersagen über empirische Beobachtungen von psychologischen (oder empirischen) Hypothesen abgeleitet, deduziert oder impliziert werden, ist das nur in einem approximativen Sinn gemeint. Empirische Vorhersagen ergeben sich aus den empirischen Hypothesen nur dann logisch zwingend, wenn zusätzliche Annahmen gemacht werden (siehe unten Kapitel 16.1). Vor allem müssen die *Variablenvalidität* (Kapitel 13.5) und die *interne Validität* (Kapitel 14) des Experiments ausreichend hoch sein.

12.3.2.5 Testplanung

Die Auswertung erfolgt in der Psychologie in aller Regel mit Hilfe von *Signifikanztests*. Die Tests müssen so ausgewählt werden, dass möglichst eindeutig geprüft werden kann, ob die Übereinstimmungen bzw. die Abweichungen, die zwischen Daten und Vorhersagen bestehen, als zufällig oder als systematisch zu betrachten sind.

◊ Frey und Irle verwenden zwei F-Tests, die zwei Hypothesen prüfen, die sich auf Mittel- oder Erwartungswerte in den Populationen beziehen: $\mu_{11} = \mu_{12}$ und $\mu_{21} = \mu_{22}$.[643]

Die *Personenzahl* in jeder der Bedingungskombinationen muss so gewählt werden, dass bei den eingesetzten Signifikanztests nicht nur die Wahrscheinlichkeit für einen Fehler 1. Art (das Signifikanzniveau α), sondern auch die Wahrscheinlichkeit β für einen Fehler 2. Art ausreichend klein ist (siehe im einzelnen Kapitel 15.5). In den meisten empirischen Arbeiten wird jedoch eine derartige Testplanung nicht durchgeführt. Dies hat häufig zur Folge, dass die Fallzahl zu klein ist, um Mittelwertsunterschiede als signifikant aufzuweisen.

◊ Frey und Irle untersuchen in jeder der vier Bedingungskombinationen 16 Personen, haben diese Zahl jedoch ohne systematische Testplanung festgelegt.

12.3.3 Ergebnisteil: statistische Hypothesen und Tests

Wenn die Untersuchung durchgeführt und die Werte der Personen auf den interessierenden Variablen erhoben worden sind, werden die Daten ausgewertet und die wichtigsten Ergebnisse beschrieben. Betrachtet werden sollten dabei in erster Linie immer diejenigen Ergebnisse, die zur Entscheidung über die empirischen Hypothesen notwendig sind.

Als erstes sollten stets die *Rohdaten* inspiziert werden, vor allem die Häufigkeitsverteilungen der abhängigen Variablen in den einzelnen Bedingungen bzw. die Streudiagramme korrelierender Variablen.[644] Auf diese Weise können unwahrscheinliche oder unmögliche Werte entdeckt werden, die durch Fehler bei der Erhebung oder Eingabe der Daten entstanden sind.

---

643 Eine eindeutigere Prüfung erfolgt durch gerichtete t-Tests (siehe unten Kapitel 16.2).

644 In SPSS sind im Menu *Graphiken* z.B. Histogramme und Streudiagramme zu erzeugen.

Stets sollte man bei der Dateninspektion auf besondere Merkmale der Verteilungen achten, die die Ergebnisse und ihre Interpretation drastisch beeinflussen können. Dazu gehören sehr schiefe oder ausgeprägt zweigipfelige Verteilungen sowie sehr extreme Variablenausprägungen („Ausreißer"). Sie führen dazu, dass das arithmetische Mittel nicht im Bereich der häufigsten Werte liegt, also die zentrale Tendenz der Daten nicht so eindeutig charakterisiert wie bei symmetrischen und unimodalen Verteilungen. Außerdem können Korrelationen und Mittelwertsvergleiche schon durch einen Ausreißer ganz drastisch verändert werden.[645]

Fälle mit Ausreißerwerten können von der Datenauswertung ausgeschlossen werden, insbesondere natürlich wenn der begründete Verdacht besteht, dass sie z.B. auf Fehler bei der Reizpräsentation, der Antwortregistrierung oder der Instruktion zurückzuführen sind. Man darf dabei aber natürlich die Daten nicht bewusst so verändern, dass das gewünschte Ergebnis eher eintritt.

Deskriptive Statistiken (Mittelwerte, Varianzen, Korrelationen, usw.) geben einen ersten zusammenfassenden Eindruck von den empirischen Ergebnissen. Sie können numerisch genau in Tabellen oder anschaulicher in Graphiken dargestellt werden.

◊ In Tabelle 12.8 sind die Mittelwerte der Meinungsangaben in den vier Experimentalbedingungen von Frey und Irle aufgeführt. Sie entsprechen den beiden empirischen Vorhersagen.

Tabelle 12.8: Experiment von Frey und Irle: Meinungsmittelwerte

Entscheidungsfreiheit und Öffentlichkeit	Belohnung 1 DM	8 DM
EÖ+	0,06	2,56
EÖ–	3,75	1,94

In der großen Mehrheit der empirischen Untersuchungen in der Psychologie werden zur Auswertung der Daten *Signifikanztests* (vor allem t- und F-Tests) verwendet. Erweist sich ein empirisches Ergebnis (z.B. ein Unterschied zwischen zwei Gruppenmittelwerten) als signifikant, wird es in der Regel als systematisch und „statistisch abgesichert" betrachtet, ansonsten als zufällig.[646]

◊ Frey und Irle haben in den Ausprägungen EÖ+ und EÖ– empirische F-Werte von 4,32 bzw. 4,93 erhalten, die für die Fehlerwahrscheinlichkeit $\alpha = 0{,}05$ beide signifikant sind. Die vorhergesagten Mittelwertsordnungen $\bar{y}_{12} > \bar{y}_{11}$ und $\bar{y}_{21} > \bar{y}_{22}$ werden deshalb als systematisch interpretiert.

[645] Bortz (1999, S. 206-207). Als Ausreißer betrachtet werden können z.B. Variablenausprägungen, die mehr als drei Standardabweichungen vom Mittelwert entfernt liegen (Stevens, 1990, S. 11-15).

[646] Diese übliche Interpretation ist zu undifferenziert, da sie Effektgröße und Teststärke nicht berücksichtigt (siehe unten Kapitel 15 bis 17).

Mit Signifikanztests können *statistische Hypothesen* geprüft werden. Das sind Annahmen oder Behauptungen über Verteilungen oder Parameter von Zufallsvariablen in Populationen. Einige Beispiele für statistische Hypothesen:

- $\mu_1 < \mu_2$ Alternativhypothese: einseitiger t-Test für Mittelwerte
- $\mu_1 = \mu_2 = \mu_3 = \mu_4$ Nullhypothese: Varianzanalyse für vier Gruppen
- $\rho = 0$ Nullhypothese: t-Test für Korrelationskoeffizient
- $\mu_1 < \mu_2 < \mu_3$ Hypothese: ordinaler Trend bei drei Mittelwerten.[647]

In empirischen Untersuchungen werden derartige statistische Hypothesen geprüft, um über die eigentlich interessierenden empirischen und wissenschaftlichen Hypothesen zu entscheiden. Deshalb müssen statistische Tests so ausgewählt werden, dass ihre möglichen Ausgänge eindeutig und sinnvoll auf die möglichen Entscheidungen über die empirische Hypothese abgebildet werden können (siehe Kapitel 16).

Um die Größe der empirischen Unterschiede auszudrücken, müssen *Effektgrößen* berechnet werden: standardisierte Mittelwertsdifferenzen, Korrelationskoeffizienten oder Varianzanteile (siehe Kapitel 15.4). In empirischen Arbeiten wird dies häufig unterlassen. Dies kann zum einen zur Folge haben, dass kleine, wegen einer großen Untersuchungsgruppe aber signifikante Effekte fälschlicherweise als bedeutsam interpretiert werden. Zum anderen werden häufig bedeutsame Effekte nicht beachtet, weil sie (wegen zu kleiner Untersuchungsgruppe) insignifikant geblieben sind.

◊ Frey und Irle teilen keine Effektgrößen mit, die beiden hier interessierenden Effekte sind aber (wie eine nachträgliche Berechnung zeigt) relativ groß.[648]

Über die gezielte Prüfung der Hypothesen und Vorhersagen hinaus können noch weitere interessierende Aspekte der empirischen Ergebnisse beschrieben und analysiert werden. Dabei können zum einen weitere, nicht so zentrale Hypothesen geprüft werden. Zum anderen kann eine Dateninspektion zu mannigfaltigen Erkenntnissen führen, die für die Interpretation der Ergebnisse oder die weitere Forschung anregend sein können.

12.3.4 Diskussionsteil: von statistischen zu wissenschaftlichen Aussagen

Im Diskussionsteil eines Untersuchungsberichtes werden die wesentlichen empirischen Ergebnisse zusammengefasst und interpretiert. Dabei wird auch erörtert, ob sie durch Störvariablen oder Durchführungsfehler beeinflusst worden sind.

---

[647] Mit μ werden Populationsmittelwerte bezeichnet, mit ρ die Korrelationskoeffizienten in der Population. Die letzte statistische Hypothese kann nicht direkt durch einen Signifikanztest überprüft werden (siehe unten Kapitel 16.4).

[648] Die Mittelwertsunterschiede entsprechen Korrelationen von 0,34 bzw. 0,38. Dies sind nach Cohen (1988, S. 26) bereits große Effekte (siehe Kapitel 15.4.3).

◊ Im Experiment von Frey und Irle entsprechen die empirischen Mittelwertsrelationen den empirischen Vorhersagen, und die Mittelwertsunterschiede sind groß und signifikant.

Auf dieser Basis kann eine Entscheidung über die empirischen Hypothesen getroffen werden. Damit wird auch ein Beitrag zur Bewertung der wissenschaftlichen Hypothese und zur Beantwortung der Ausgangsfragestellung geleistet.

◊ Die empirische Hypothese kann eindeutig akzeptiert werden. Frey und Irles psychologische Hypothese, dass das Selbstkonzept tangiert sein muss, damit Dissonanz entsteht, hat damit eine empirische Bestätigung gefunden.

Manche Untersuchungen sprechen durchgängig für oder gegen die Gültigkeit der zugrunde gelegten Hypothesen. Häufig werden aber in verschiedenen Teilen der betrachteten Personengruppen, Untersuchungsbedingungen oder Variablen die theoretischen Erwartungen in unterschiedlichem Ausmaß bestätigt. Mitunter sind die Ergebnisse auch so uneindeutig, dass eine erhebliche Unsicherheit über die Gültigkeit der empirischen Hypothesen bestehen bleibt.

Abschließend können mögliche Konsequenzen für weitere theoretische Entwicklungen, empirische Untersuchungen und praktische Anwendungen aufgezeigt und erörtert werden.

13 Validität einer Untersuchung

Im Folgenden wird zunächst die Validität einer Untersuchung allgemein definiert (Kapitel 13.1). Dann werden Strenge, Wohlwollen und Fairness als Aspekte dieser Validität charakterisiert (Kapitel 13.2 und 13.3). Abschließend wird die bekannte Unterscheidung zwischen interner und externer Validität eingeordnet (Kapitel 13.4).

13.1 Validität als Wahrscheinlichkeit von richtigen Entscheidungen

Im vorangegangenen Kapitel haben wir gesehen, dass in einer empirischen Untersuchung die empirische Hypothese geprüft wird, dass bestimmte Variablenzusammenhänge in der betrachteten Situation bestehen. Die angenommenen Zusammenhänge zwischen den psychologischen Variablen können in einem Theorie-Element T formuliert werden. Die Untersuchungssituation kann als Partialmodell und zweifelhafte Anwendung dieses Theorie-Elementes beschrieben werden. Die geprüfte empirische Hypothese (EH) entspricht der Aussage, dass dieses Partialmodell a zum Geltungsbereich von T gehört: $a \in G(T)$.

Die Validität einer Untersuchung soll, allgemein gesagt, ihre Eignung, Güte oder Fähigkeit bezeichnen, zu einer richtigen Entscheidung über die empirische Hypothese zu führen. Dies umfasst zwei Aspekte: falsche empirische Hypothesen müssen als falsch und richtige empirische Hypothesen müssen als richtig erkannt werden. Eine empirische Untersuchung hat also eine perfekte Validität, wenn keine richtige Hypothese als falsch und keine falsche Hypothese als richtig bezeichnet wird.

Praktisch werden wir eine Untersuchung mit perfekter Validität nie identifizieren können. Erstens ist nie absolut sicher, ob eine empirische Hypothese tatsächlich richtig oder falsch ist. Wir können deshalb nie sicher sein, dass eine Untersuchung zu einer richtigen Entscheidung geführt hat.

Zweitens kann jedes Untersuchungsergebnis fehlerhaft sein. Zum einen werden unsere Beobachtungen von unseren Erwartungen, Motiven, Kenntnissen usw. beeinflusst. Zum anderen kann jeder beobachtete Sachverhalt von anderen als den untersuchten Faktoren beeinflusst werden, ohne dass wir dies wissen oder erfahren.

◊ Empirische Ergebnisse können fälschlicherweise für eine empirische Hypothese sprechen, wenn die Untersuchungspersonen ihre Antworten bewusst oder unbewusst so geben, dass sie mit den (mutmaßlichen) Erwartungen der Versuchsleiter konform sind.[649]

Da Untersuchungen mit perfekter Validität nicht zu realisieren sind, kann das Ziel nur in der *Maximierung der Validität* bestehen:

- Jede empirische Untersuchung ist so zu gestalten, dass ihre Validität so groß wie möglich wird.

Um systematisch überlegen zu können, ob konkrete Aspekte der Versuchsplanung oder -durchführung tatsächlich zu einer Erhöhung der Validität führen, soll das Konzept der Validität im Folgenden präziser definiert werden.[650]

Tabelle 13.1: Validität einer Untersuchung: Entscheidungsalternativen und Entscheidungswahrscheinlichkeiten

	tatsächlicher Zustand	
Entscheidung	EH zutreffend	EH unzutreffend
EH akzeptiert	$1-f$	e
EH abgelehnt	f	$1-e$

Zur Vereinfachung gehen wir weiterhin davon aus, dass die empirische Hypothese tatsächlich entweder wahr oder falsch, zutreffend oder unzutreffend ist.[651] Dementsprechend soll es auch bei der Beurteilung der empirischen Hypothese nur zwei Alternativen geben: Die EH wird entweder als zutreffend akzeptiert oder als unzutreffend abgelehnt. Es gibt dann vier Entscheidungsalternativen (siehe Tabelle 13.1). In zwei von ihnen wird eine falsche Entscheidung getroffen, in den anderen beiden eine richtige. Die bedingten Wahrscheinlichkeiten für die falschen Entscheidungen bezeichnen wir mit e und f, die für die richtigen mit $1-e$ und $1-f$.[652]

- Die EH ist unzutreffend, wird aber akzeptiert. Die bedingte Wahrscheinlichkeit für eine derartige *fälschliche Akzeptierung* wird mit e bezeichnet.
- Die EH ist zutreffend, wird aber abgelehnt. Die bedingte Wahrscheinlichkeit für eine derartige *fälschliche Ablehnung* wird mit f bezeichnet.
- Die EH ist unzutreffend und wird auch abgelehnt. Die bedingte Wahrscheinlichkeit für eine derartige *richtige Ablehnung* ist gleich $1-e$.
- Die EH ist zutreffend und wird auch akzeptiert. Die bedingte Wahrscheinlichkeit für eine derartige *richtige Akzeptierung* ist gleich $1-f$.[653]

---

649 Rosenthal (1969)

650 Westermann (1987a, S. 108-113; 1987c, S. 37-38)

651 Es soll also keine Zwischenzustände wie „teilweise zutreffend" geben.

652 zu bedingten Wahrscheinlichkeiten: Bortz (1999, S. 54-55), Hays (1994, Kap. 1.12)

653 Es wird also definiert $e := P(\text{EH akzeptiert} \mid \text{EH falsch})$ und $f := P(\text{EH abgelehnt} \mid \text{EH zutreffend})$. Daraus folgt nach dem Additionssatz der Wahrscheinlichkeitsrechnung

Ausdrücklich zu betonen ist, dass diese Entscheidungswahrscheinlichkeiten nicht bekannt sind und auch nicht konkret ermittelt oder berechnet werden können. Sie sind abstrakte theoretische Größen, die für methodische Analysen sehr nützlich sind: zum einen für die Definition der Validität einer Untersuchung, zum anderen um zu überlegen, durch welche Vorgehensweisen die Validität erhöht werden kann.

Nachdem die Entscheidungswahrscheinlichkeiten eingeführt sind, kann genauer umschrieben werden, was die Validität einer Untersuchung bedeuten soll:

- Die Validität einer Untersuchung ist um so größer, je größer die Wahrscheinlichkeit ist, dass die Untersuchung Ergebnisse erbringt, die zu einer richtigen Entscheidung über die geprüfte empirische Hypothese führen.

Aus dieser Definition ergeben sich verschiedene konkretere Konsequenzen, die für Überlegungen zur Gestaltung von empirischen Untersuchungen relevant sind:

- Die Validität einer Untersuchung wird größer, wenn sowohl die Wahrscheinlichkeit e für eine fälschliche Akzeptierung als auch die Wahrscheinlichkeit f für eine fälschliche Ablehnung der empirischen Hypothese EH kleiner wird.
- Die Validität wird größer, wenn e sinkt und f gleich bleibt.
- Die Validität wird größer, wenn f sinkt und e gleich bleibt.

Umgekehrt führen erhöhte Fehlerwahrscheinlichkeiten zu einer Verringerung der Validität: Die Validität wird kleiner, wenn sowohl e wie f ansteigen oder wenn eine dieser beiden Wahrscheinlichkeiten steigt und die jeweils andere gleich bleibt.

Wenn die beiden Fehlerwahrscheinlichkeiten sich gegenläufig verändern, das heißt wenn e sinkt und f steigt oder wenn f sinkt und e steigt, kann keine Aussage darüber getroffen werden, ob die Validität größer oder kleiner wird, da die genauen Werte von e und f ja unbekannt sind.

Durch welche Vorgehensweisen die Validität erhöht werden kann, wird vor allem im Kapitel 14 besprochen. Zuvor müssen noch die beiden Aspekte näher erläutert werden, die nach unserer Definition in die Validität einer Untersuchung einfließen und die wir als die *Strenge* und das *Wohlwollen* der Untersuchung bezeichnen.

13.2 Strenge einer Prüfung

Nach der Falsifikationsmethodologie von Popper kann Erkenntnisfortschritt nur über die Falsifikation (und anschließende Verbesserung) von Theorien erfolgen. Deshalb stellt Popper die methodische Forderung auf, dass die empirischen Prüfungen von Theorien so streng wie möglich sein sollen. Dabei ist die Prüfung einer Theorie in einer Untersuchung um so strenger, je weniger sich das von der geprüften Theorie vorhergesagte Ergebnis auch aus anderen bewährten oder akzeptierten Theorien oder

(Bortz, 1999, S. 54) dann P(EH abgelehnt | EH falsch) = 1-e und P(EH akzeptiert | EH zutreffend) = 1-f.

Annahmen ableiten lässt.[654] Die können konkurrierende inhaltliche Theorien sein, aber auch Annahmen über störende Einflussfaktoren.

◊ Die aus der Dissonanztheorie vorhergesagte größere Meinungsänderung bei geringerer Belohnung folgt auch aus Attributions- und Selbstwahrnehmungstheorien.[655] Sie würde auch aus der Annahme folgen, dass die Probanden die Erwartungen des Versuchsleiters kennen und sie durch ihre Meinungsäußerungen bestätigen wollen.

Je strenger eine Prüfung ist, desto schwerer wird es einer unzutreffenden Hypothese gemacht, sich zu bewähren, und desto größer ist die Chance, dass unzutreffende Hypothesen auch als solche erkannt und abgelehnt werden. Poppers Forderung nach strengen Prüfungen entspricht in unserer Validitätskonzeption der Forderung, dass die Wahrscheinlichkeit $1-e$ möglichst groß, dass also die Wahrscheinlichkeit e möglichst klein sein soll: Je kleiner e ist und je größer damit die Komplementärwahrscheinlichkeit $1-e$ ist, desto größer ist die Wahrscheinlichkeit, dass eine unzutreffende EH tatsächlich abgelehnt wird und desto kleiner ist das Risiko, dass eine Hypothese sich fälschlicherweise bewährt.

Da die Wahrscheinlichkeit e nicht bekannt ist, kann man die Strenge einer Prüfung nicht quantitativ ausdrücken. Man kann aber verschiedene Untersuchungen oder verschiedene mögliche Vorgehensweisen innerhalb einer bestimmten Untersuchung hinsichtlich ihrer Strenge vergleichen. Man kann also sagen, dass eine Untersuchung strenger ist als eine andere oder dass die eine Durchführungs- oder Auswertungsstrategie zu einer strengeren Prüfung führt als die andere.

Stehen für die Prüfung einer Theorie verschiedene mögliche Anwendungen zur Verfügung, kann man die Strenge der Prüfung erhöhen, indem man Umstände wählt, die für eine Bewährung der Theorie besonders ungünstig sind. Besonders strenge Prüfungen sind möglich, wenn die Theorie für eine bestimmte Situation Vorhersagen macht, die sehr ungewöhnlich sind und weder aus dem Alltagsverständnis noch aus anderen akzeptierten theoretischen Konzeptionen abzuleiten sind.

◊ Für den Anwendungsbereich der sozialen Kommunikationsprozesse enthält die Dissonanztheorie unter anderem die spezielle Gesetzesannahme, dass eine Person ihre Meinung umso eher an die eines Kommunikators anpasst, je attraktiver oder kompetenter dieser erscheint. Die daraus abzuleitenden Vorhersagen sind auch aus etlichen anderen Theorien und der Alltagserfahrung zu gewinnen. Die Gesetzesannahme über die größere Meinungsänderung bei geringerer Belohnung für einstellungskonträres Verhalten erlaubt dagegen ungewöhnlichere Vorhersagen und damit strengere Prüfungen.

In einer bestimmten Untersuchungssituation kann man die Strenge der Prüfung erhöhen, indem man die Kriterien verschärft, die erfüllt sein müssen, bevor man die geprüfte empirische Hypothese als bewährt akzeptiert. Sehr häufig folgt aus der

---

[654] Popper (1965, S. 391; 1985, S. 238-239). Die hier betrachtete Strenge, mit der eine Theorie in einer Untersuchung geprüft wird, ist von der Strenge zu unterscheiden, mit der eine Theorie *prüfbar* ist (siehe oben Kapitel 10.2.1).

[655] Weiner (1988, S. 243-246), Bem (1967)

Gültigkeit der geprüften empirischen Hypothese eine statistische Mittelwertsvorhersage wie z.B. $\bar{y}_1 > \bar{y}_2$ (siehe oben Kapitel 12.3.2). In diesem Fall kann man die Strenge beispielsweise durch folgende Kriterienverschärfungen erhöhen:

- der Mittelwertsunterschied soll nicht nur auf dem 5%-, sondern auch auf dem 1%-Niveau signifikant sein,
- der Mittelwertsunterschied soll nicht nur signifikant sein, sondern auch sehr groß,
- der Mittelwertsunterschied soll nicht nur in der Gesamtgruppe der Personen auftreten, sondern auch in relevanten Untergruppen (z.B. Männer und Frauen).
- der Mittelwertsunterschied soll nicht nur auf der abhängigen Variablen Y auftreten, sondern auch auf anderen abhängigen Variablen Y', Y'' usw.

Wenn sich zwei mögliche Untersuchungen in einem derartigen Punkt unterscheiden, in allen anderen Punkten aber gleich sind, ist die eine strenger als die andere.

13.3 Wohlwollende und faire Prüfungen

Erhöht man die Strenge einer Untersuchung, d.h. verringert man die Fehlerwahrscheinlichkeit e für fälschliche Bewährungen, führt dies in aller Regel dazu, dass die Wahrscheinlichkeit f für fälschliche Ablehnungen der EH erhöht wird. Die Komplementärwahrscheinlichkeit $1-f$ für die Akzeptierung einer zutreffenden EH wird damit verringert. Durch eine Erhöhung der Strenge wird es also auch zutreffenden empirischen Hypothesen schwerer gemacht, sich zu bewähren.

Poppers Forderung nach strengen Prüfungen muss deshalb ergänzt werden: Hypothesen müssen auch angemessene Bewährungschancen haben, insbesondere bei den ersten Prüfungen.[656] Bei der Gestaltung einer Untersuchung muss also auch darauf geachtet werden, dass die Wahrscheinlichkeit f ausreichend klein und die Wahrscheinlichkeit $1-f$ ausreichend groß ist. Je größer $1-f$ ist, desto wohlwollender nennen wir die Prüfung.

Auch das Wohlwollen ist nicht numerisch genau auszudrücken, sondern nur im Vergleich zwischen verschiedenen möglichen oder tatsächlichen Untersuchungen. Erhöhen kann man das Wohlwollen generell durch Prüfung von Theorien unter besonders günstigen Umständen. In konkreten Untersuchungen wird das Wohlwollen beispielsweise dadurch erhöht, dass man eine Hypothese auch dann als bewährt betrachtet, wenn der vorhergesagte Mittelwertsunterschied das 5%-Signifikanzniveau knapp verfehlt, wenn er nur in einigen Teilgruppen von Personen oder nur bei einigen abhängigen Variablen auftritt usw.

[656] Pähler (1981), Gadenne (1984, S. 81-86), Hager & Westermann (1983a, S. 29-32)

Fairness

Wie die vorausgegangen Absätze deutlich gemacht haben, wird durch Maßnahmen zur Erhöhung der Strenge meist das Wohlwollen gesenkt, und Erhöhungen des Wohlwollens senken die Strenge. Prinzipiell lässt sich jede Untersuchung so gestalten, dass sie extrem streng oder extrem wohlwollend ist. Bei einer extrem strengen Untersuchung wird die empirische Hypothese mit sehr hoher Wahrscheinlichkeit abgelehnt, auch wenn sie zutreffend ist. Bei einer extrem wohlwollenden Untersuchung wird die EH sehr wahrscheinlich akzeptiert, auch wenn sie unzutreffend ist. In beiden Extremfällen sagt das empirische Untersuchungsergebnis kaum etwas über die tatsächliche Gültigkeit der geprüften Theorien und Hypothesen aus. Den höchsten Informationswert haben hingegen empirische Untersuchungen, bei denen Strenge und Wohlwollen gleich groß sind. Wenn dies der Fall ist, bezeichnen wir die Untersuchung als eine *faire Prüfung* der empirischen Hypothese.

Obwohl die beiden Wahrscheinlichkeiten $1-e$ und $1-f$ nicht numerisch genau bestimmbar sind, sollte man bei der Gestaltung der Untersuchung stets das Ziel verfolgen, die empirische Hypothese nicht offensichtlich unfair zu prüfen.[657]

13.4 Interne versus externe Validität

Die Merkmale und Bedingungen des Experiments, die die Strenge, das Wohlwollen und die Fairness der Prüfung (eventuell) beeinflussen, werden als (potenzielle) Störvariablen der Validität bezeichnet.[658] Üblicherweise werden diese möglichen Störvariablen in verschiedene Gruppen eingeteilt. Dementsprechend unterscheidet man verschiedene Aspekte der Validität einer Untersuchung. In den folgenden Kapiteln 14 bis 17 werden wir ausführlich die Störvariablen der *internen Validität* und der *statistischen Validität* besprechen.

Die Begriffe der internen und statistischen Validität stammen aus Arbeiten von Donald Campbell zur Planung von Experimenten und Quasi-Experimenten und sind in der Psychologie außerordentlich bekannt geworden.[659] Sie beziehen sich auf die zwei wichtigen Entscheidungen, mit denen ein empirischer Forscher konfrontiert ist:

- Gibt es eine statistische Beziehung zwischen den konkret untersuchten Variablen? Unterscheiden sich beispielsweise die Werte der abhängigen Variablen in Experimental- und Kontrollgruppe systematisch? (*statistische Validität*)
- Kann eine vorliegende statistische Assoziation als eine kausale Beziehung betrachtet werden? Haben beispielsweise die verschiedenen Behandlungen in der

[657] In einigen Darstellungen wird der Begriff der Fairness in anderer Bedeutung verwendet und bezeichnet den Teilaspekt der Validität, der hier Wohlwollen genannt wird (Erdfelder & Bredenkamp, 1994).

[658] Störvariablen werden häufig auch als Stör*faktoren* bezeichnet.

[659] Campbell & Stanley (1963), Cook & Campbell (1979)

Experimental- und der Kontrollgruppe die unterschiedlichen Ausprägungen der abhängigen Variablen ursächlich hervorgebracht? (*interne Validität*)

Jede Bedingung, die die Wahrscheinlichkeit erhöht, dass eine dieser Fragen falsch beantwortet wird, ist eine Störvariable der statistischen bzw. internen Validität.

Störungen der statistischen Validität müssen in jeder Untersuchung vermieden werden, das heißt sowohl in Experimenten und Quasi-Experimenten wie in einfachen Gruppenvergleichen und Korrelationsstudien. Wie wir im Kapitel 15 im Einzelnen sehen werden, besteht eine häufige Störung der statistischen Validität darin, dass die Teststärke des Signifikanztests zu gering ist. Vermieden werden können diese Störungen durch eine adäquate *Testplanung*.

Die interne Validität ist Voraussetzung für die valide Prüfung von Kausalhypothesen in Experimenten oder Quasi-Experimenten. Sie ist gestört, wenn systematische Unterschiede zwischen der Kontroll- und der Behandlungsgruppe bestehen, die über die unterschiedlichen experimentellen Behandlungen hinausgehen. Dies wird durch eine *Randomisierung* ausgeschlossen.

Neben der internen und der statistischen Validität werden von Campbell und anderen Autoren noch die *externe Validität* und die *Konstrukt-* oder *Variablenvalidität* beschrieben. Sie werden durch die folgenden beiden Fragen charakterisiert:

- Beziehen sich die kausal assoziierten Variablen tatsächlich auf die zu untersuchenden theoretischen Begriffe? (*Variablenvalidität*)
- Lässt sich die kausale Beziehung zwischen diesen Konstrukten auf andere Personen, Situationen und Zeitpunkte generalisieren? (*externe Validität*)

Das folgende Kapitel 13.5 enthält einen kurzen Überblick zur Variablenvalidität. Die sog. externe Validität wird im Kapitel 18 besprochen, das auf die Identifikation von Moderatorvariablen abzielt, von denen die Geltungsbereiche der psychologischen Hypothesen und Theorie-Elemente abhängen.

13.5 Variablenvalidität

Die Variablenvalidität betrifft die adäquate Erfassung oder *Operationalisierung* von nicht direkt beobachtbaren Konzepten durch empirische Beobachtungen oder Messungen.

◊ Wenn die Hypothese geprüft werden soll, dass der Meinungsunterschied nach einem einstellungskonträren Verhalten um so kleiner ausfällt, je kleiner die Belohnung ist, müssen die Konzepte „Meinungsunterschied", „einstellungskonträres Verhalten" und „Belohnung" operationalisiert werden.

- Ganz allgemein ausgedrückt ist die Validität einer empirischen Variablen und des entsprechenden Erhebungsverfahrens um so höher, je eindeutiger und sicherer die individuellen Ausprägungen der interessierenden theoretischen Variablen durch die individuellen Ausprägungen der empirischen Variablen erfasst werden.

Eine perfekte Variablenvalidität läge vor, wenn wir aus der Ausprägung der erhobenen empirischen Variablen mit Sicherheit auf die Ausprägung der interessierenden theoretischen Variablen schließen könnten. Eine derartige absolute Sicherheit ist nur zu erreichen, wenn wir die theoretische und empirische Variable als äquivalent definieren. Dies ist nur dann möglich, wenn die substanzwissenschaftliche Hypothese sich bereits auf sehr konkrete Variablen bezieht, beispielsweise auf Reaktionszeiten oder Anzahl von richtigen Antworten.[660]

◊ Wenn einer Personengruppe 1 DM und der anderen 8 DM gezahlt werden, entsprechen die Ausprägungen der UV eindeutig einer geringeren und einer höheren Ausprägung der interessierenden Ursachenvariablen „Belohnung".

Da ein theoretischer Begriff aber meist mehr ausdrücken soll als jede empirische Variable, lässt sich die Validität einer empirischen Variablen in der Regel nicht eindeutig und vollständig sichern. Man kann vielmehr nur versuchen, sich mit unterschiedlichen Methoden einer optimalen Variablenvalidierung anzunähern.

Theoretische und empirische Validierung

Eine Zuordnung von empirischen Operationen oder Beobachtungen zu theoretischen Konzepten kann als begriffliche Festlegung oder als empirische Hypothese aufgefasst werden:[661]

- Interpretiert man eine Operationalisierung als analytische Aussage, das heißt als Definition oder Konvention, muss sie theoretisch und argumentativ begründet werden: dadurch, dass sie einfach oder plausibel ist, dass sie erfolgreich oder nützlich ist, dass sie mit einer bestimmten Theorie verträglich ist usf.
- Fasst man eine Operationalisierung als synthetische, das heißt empirisch gehaltvolle Aussage auf, muss sie zusätzlich durch die Ergebnisse empirischer Untersuchungen bestätigt werden.

Im Idealfall sollte jede Zuordnung einer empirischen und einer theoretischen Variablen nicht nur theoretisch gut begründet sein, sondern sich auch in strengen empirischen Überprüfungen bewährt haben. Tatsächlich lassen sich aber viele Operationalisierungsannahmen nur sehr unvollkommen theoretisch ableiten oder empirisch überprüfen. Mitunter werden deshalb nur Plausibilitätsüberlegungen angestellt oder Erfahrungen aus dem Alltag herangezogen.

660 Im Kapitel 5.3 wurde dargestellt, dass die Forderung, *alle* theoretischen Begriffe durch operationale Definitionen vollständig auf empirische Beobachtungen zurückzuführen, zu inakzeptablen Konsequenzen führt. Vor allem könnte man verschiedene empirische Phänomene nicht mehr einheitlich theoretisch beschreiben und erklären.

661 Opp (1976, S. 223-225), Gadenne (1984, S. 23-39)

Methoden zur Validierung

Die zur Sicherung der Variablenvalidität adäquaten Wege sind je nach Art der betrachteten empirischen Variablen und theoretischen Konstrukte sehr unterschiedlich und können nur bedingt in Form von allgemeingültigen Regeln und Empfehlungen beschrieben werden. Um zu beurteilen, wie gut die Passung zwischen den empirischen und den theoretischen Variablen ist, muss in der Regel auf fachliches Hintergrundwissen zurückgegriffen werden, das heißt auf Theorien und empirische Befunde zu diesen Konzepten.

- Die Variablenvalidität ist um so höher, je stringenter sich eine Operationalisierung begründen lässt und je besser die Theorien und Befunde abgesichert sind, auf die man dabei zurückgreift.

◊ Um die Größe der Meinungsunterschiede empirisch zu erfassen, können Fragen und Antwortalternativen so gestaltet werden, dass sie mit einer bewährten Einstellungstheorie verträglich sind und dass die bekannten Tendenzen zu Antwortverfälschungen minimiert werden.

Generell ist die Variablenvalidität um so höher, je besser die folgenden Bedingungen erfüllt sind (jeweils unter Konstanz aller anderen Bedingungen):[662]

- Die realisierten Ausprägungen der empirischen Variablen decken alle möglichen Ausprägungen der theoretischen Variablen ab. Bei unabhängigen Variablen werden nicht nur mittlere Bereiche realisiert, sondern auch extreme Ausprägungen. Dadurch wird die *Durchschlagskraft* der unabhängigen Variablen erhöht: Hat sie tatsächlich eine Wirkung auf die abhängige Variable, wird dies mit höherer Wahrscheinlichkeit entdeckt.[663]
- Stehen für ein theoretisches Konzept mehrere adäquate Operationalisierungen zur Verfügung, werden möglichst viele von ihnen verwendet (*konzeptuelle Replikation*). Können nur einige der vorliegenden Operationalisierungen eingesetzt werden, sollen diese möglichst verschiedenartig sein.
- Das *Skalenniveau* der empirischen Variablen entspricht dem Begriffstypus der theoretischen Variablen. Wenn in der wissenschaftlichen Hypothese quantitative Begriffe, Veränderungen oder Differenzen angesprochen werden, muss die empirische Variable mindestens Intervallskalenniveau haben. Bezieht sich die wissenschaftliche Hypothese hingegen nur auf monotone Zusammenhänge, genügt Ordinalskalenniveau.

Ein bestimmtes Skalenniveau einer empirischen Variablen ist allerdings noch keine Garantie dafür, dass sie eine sinnvolle Operationalisierung eines quantitativen theoretischen Konzeptes darstellt. So ist Ordinalskalenniveau notwendig, aber nicht hinreichend dafür, dass die Ordnung der empirischen Werte der Ordnung der

---

662 im einzelnen: Hager & Westermann (1983a, S. 33-46)
663 Bredenkamp (1980, S. 31-34), McClelland (1997, S. 4-5)

theoretischen Merkmalsausprägungen entspricht, und Intervallskalenniveau ist notwendig, aber nicht hinreichend dafür, dass die beobachtbaren Zahlendifferenzen die interessierenden Merkmalsunterschiede widerspiegeln.

Das Skalenniveau einer Variablen ist keineswegs eindeutig bestimmt, sondern hängt davon ab, ob sie als Ergebnis einer repräsentationalen, einer abgeleiteten oder einer sog. Indexmessung betrachtet wird. Als (Index-)Messungen auf dem höchsten, dem Absolutskalenniveau können wir diejenigen psychologischen Variablen betrachten, die auf Abzähloperationen beruhen. Dazu gehören Testwerte (Anzahl der positiv beantworteten Items), Reaktionszeiten (Anzahl der Millisekunden) und direkte Einschätzungen (Anzahl der „übersprungenen" Antwortkategorien).[664]

Zwei weitere für die Sicherung der Variablenvalidität besonders wichtige Aspekte werden im Folgenden etwas ausführlicher angesprochen. Zum einen muss die Konfundierung von Variablen vermieden werden (Kapitel 13.5.1). Zum anderen müssen Tests und Skalen so konstruiert sein, dass sie eine möglichst hohe Validität und Reliabilität haben (Kapitel 13.5.2).

13.5.1 Konfundierung von Variablen

Beeinträchtigt wird die Variablenvalidität einer empirischen Untersuchung vor allem dadurch, dass verschiedene theoretische Begriffe konfundiert werden. Eine Konfundierung liegt dann vor, wenn eine empirische Variable als Operationalisierung mehrerer theoretischer Variablen betrachtet werden kann.

◊ In verschiedenen Experimenten werden den Personen wiederholt und unabhängig von ihren tatsächlichen Ergebnissen sehr schlechte Leistungen zurückgemeldet. Dies ist eine Methode zur Induktion von gedrückter Stimmung, der resultierende Zustand wird aber auch als „Hilflosigkeit", „Frustration" oder „Misserfolgserlebnis" interpretiert.

Selbst bei sehr konkreten Variablen kann sich die Operationalisierung bei näherer Betrachtung als uneindeutig erweisen, weil Variablen konfundiert sein können.

◊ Die Zahlung von 1 DM oder 8 DM an jeden Probanden entspricht nicht unbedingt nur unterschiedlichen Ausprägungen der Variable „Belohnung". Beispielsweise könnte es sein, dass die Zahlung von 1 DM als „Beleidigung" oder „Ausbeutung" empfunden wird und ein aggressives Beharren auf der bisherigen Meinung nach sich zieht.

Reaktionsstile

Die Antworten von Personen in psychologischen Befragungen, Tests oder Skalierungen werden nicht nur von den tatsächlichen Sachverhalten oder Meinungen bestimmt, sondern (mehr oder minder stark) auch von sog. Reaktionsstilen (*response sets*).[665] Wiederholt empirisch aufgezeigt werden konnten vor allem zwei

---

664 Suppes & Zinnes (1963), Dawes (1977), Westermann (1987a, S. 128-140)

665 Sprung & Sprung (1987, 403-404), Mummendey (1995), Bortz & Döring (1995, S. 170-172, 210-216), Zuckerman & Knee (1995), Sudman, Bradburn & Schwarz (1996)

Verfälschungstendenzen: die *Tendenz zu sozial erwünschten Antworten* und die *Ja-Sage-Tendenz* (d.h. die Tendenz zur Bevorzugung positiver Antworten). Tritt eine dieser Tendenzen bei der Erhebung einer (abhängigen) Variablen auf, liegt eine Konfundierung mit den eigentlich interessierenden theoretischen Variablen vor.

Diese Konfundierung führt aber nicht zwangsläufig zu einer Beeinträchtigung der Validität eines Experimentes. Nur wenn ein Reaktionsstil unter einer Ausprägung der unabhängigen Variablen anders ausgeprägt ist als unter einer anderen, wird die Wahrscheinlichkeit für Fehlentscheidungen über die empirische Hypothese erhöht.

Vermeiden oder verringern kann man die Verfälschung der Antworten durch Reaktionsstile durch eine adäquate Gestaltung der Erhebungssituation. Um die Tendenz zu sozial erwünschten Antworten zu reduzieren, muss möglichst verhindert werden, dass die Personen irgendeine soziale Bewertung oder Kontrolle befürchten. Um eine Ja-Sage-Tendenz auszugleichen, müssen die Fragen möglichst variantenreich und mit unterschiedlichen Zielrichtungen formuliert werden.

◊ Die Meinung zur Senkung des Wahlalters kann über den Grad der Zustimmung oder Ablehnung (z.B. auf einer Skala von -5 bis +5) zu folgenden Aussagen erfasst werden:
- Alle Bürger sollen möglichst früh an der politischen Willensbildung mitwirken.
- Ohne gewisse Lebenserfahrung kann man nicht beurteilen, was für das Land gut ist.

Zustimmende Antworten sprechen bei der ersten Frage für, bei der zweiten gegen eine Senkung des Wahlalters.

Erwartungseffekte

Das Verhalten und die Antworten der Probanden einer Untersuchung können auch von ihren Erwartungen darüber beeinflusst werden, was das Ziel der Untersuchung ist und was von ihnen erwartet wird. In diesem Fall sind in den Antworten die Erwartungen und die interessierende theoretische Variable konfundiert. Diese Probandenerwartungen hängen von verschiedenen Anforderungsmerkmalen der Untersuchungssituation ab (*demand characteristics*). Zu diesen Determinanten gehören die Erwartungen der Versuchsleiter, das heißt ihre Auffassungen über die zu erwartenden Versuchsergebnisse.[666]

Wenn in den Experimentalbedingungen unterschiedliche Versuchspersonenerwartungen auftreten, wird die Validität gestört und die Wahrscheinlichkeit für Fehlentscheidungen erhöht.

Um die Bildung unterschiedlicher Erwartungen in den Versuchsbedingungen zu verhindern, kann man die Probanden zur Bildung einer falschen Erwartung verleiten, man kann sie aber auch über den Zweck des Experimentes aufklären und sie um Kooperation und Ehrlichkeit bitten.

---

[666] Rosenthal & Rosnow (1969), Bungard (1980, 1984), Bredenkamp (1980, Kap. IV), Hager & Westermann (1983a, S. 43-45), Harris & Rosenthal (1985), Valentine (1991)

13.5.2 Tests und Skalen

Wenn eine (abhängige) Variable sich auf individuelle Fähigkeiten, Eigenschaften oder Ähnliches bezieht, kann zur Operationalisierung auf psychologische Tests und Skalen zurückgegriffen werden. Ihre Ergebnisse bestehen im einfachsten Fall darin, dass jede Person aufgrund ihrer Antworten eine Zahl zugeordnet bekommt. Um ein Merkmal zu erfassen, werden in der Regel mehrere Fragen oder Aufgaben gestellt und die Antworten auf eine geeignete Weise zusammengefasst.

◊ Frey und Irle baten jeden Probanden, seine Meinung zur Senkung des Wahlalters auf einer elfstufigen Ratingskala anzugeben, die von +5 (stark für die Herabsetzung) über 0 bis –5 (stark gegen die Herabsetzung) reichte. In anderen Experimenten werden häufig mehrere Fragen zur untersuchten Thematik gestellt und die Antworten gemittelt.

Im Allgemeinen ist die Validität von Tests und Skalen um so höher,

- je größer die Übereinstimmung zwischen den Inhalten der Fragen oder Aufgaben und der Bedeutung des zu erfassenden Konstrukts ist (*inhaltliche Validität*)
- je höher die empirische Variable mit anderen Operationalisierungen des interessierenden Konstrukts korreliert (*konvergente Validität*),
- je geringer die empirische Variable mit Operationalisierungen von anderen Konstrukten korreliert, die nach der zugrunde liegenden Theorie vom interessierenden Konstrukt unabhängig sind (*divergente Validität*).[667]

Die Höhe der konvergenten Validität, die für ein empirisches Erhebungsverfahren zu erreichen ist, hängt ganz wesentlich von der Genauigkeit (*Reliabilität*) der Zahlenzuordnung ab. Diese Reliabilität ist im allgemeinen um so höher,

- je weniger das Erhebungsergebnis von subjektiven Einflüssen der Forscher abhängig ist (*Objektivität*),
- je höher die Ergebnisse der Aufgaben oder Fragen miteinander korrelieren, die zu einer einzigen Variablen zusammengefasst werden (*Homogenität*),
- je gleichmäßiger die Antworten auf die positiven und negativen Alternativen verteilt sind (*mittlere Schwierigkeit*).

Die verschiedenen Kriterien und Methoden für die optimale Operationalisierung von theoretischen Variablen im Einzelnen zu beschreiben und zu bewerten, sprengt den Rahmen dieses Buches und bleibt einer nachfolgenden Darstellung vorbehalten.[668]

---

[667] Untersuchungen konvergenter und divergenter Validitäten sind die Hauptbestandteile einer sog. Konstruktvalidierung (siehe oben Seite 217). Die Ergebnisse werden systematisch in einer *Multitrait-Multimethod-Matrix* (MTMM) zusammengestellt (Campbell & Fiske, 1959; Ostendorf, Angleitner & Ruch, 1986; Saris & Münnich, 1995).

[668] Literatur siehe oben Fußnoten 40 bis 42, Seite 26f

14 Interne Validität

Die schwersten Beeinträchtigungen der Validität einer psychologischen Untersuchung sind die Störungen der sog. internen Validität. Grob gesagt ist eine Untersuchung dann intern valide, wenn die Untersuchungsbedingungen sich bis zur Erhebung der abhängigen Variablen (AV) ausschließlich dadurch unterscheiden, dass die unabhängigen Variablen (UV) verschiedene Ausprägungen haben. Alle Variablen außer den gezielt variierten UV müssen also in allen Untersuchungsbedingungen die gleiche *Ausprägung* oder die gleiche *Verteilung* haben. Diese Gleichheit oder Gleichverteilung aller nicht primär interessierenden Merkmale bezeichnen wir als *Ceteris-paribus-Bedingung*. Die interne Validität heißt deshalb auch *Validität der Ceteris-paribus-Bedingungen*.

Wenn die interne Validität gegeben ist, können Unterschiede auf der abhängigen Variablen nur durch die unterschiedlichen Ausprägungen der unabhängigen Variablen verursacht worden sein. Das empirische Ergebnis einer intern validen Untersuchung ist also eindeutig kausal interpretierbar.

Die interne Validität kann durch verschiedene Arten von Störvariablen beeinträchtigt werden (Kapitel 14.1), und es gibt verschiedene Verfahrensweisen, diese Störungen zu vermeiden: Konstanthaltung (Kapitel 14.2), Randomisierung (Kapitel 14.3) und Kontrollfaktoren (Kapitel 14.4).

14.1 Einteilung von Störvariablen

Die interne Validität einer Untersuchung ist ein theoretisch definierbares Ideal. Empirisch lässt sich nie positiv feststellen, dass eine Untersuchung vollständig intern valide ist, denn die Menge der möglichen Variablen, hinsichtlich derer sich die Untersuchungsbedingungen unterscheiden können, ist stets unendlich groß. Das Ziel kann deshalb nur darin bestehen, die Untersuchung so zu gestalten, dass man sich dem Ideal der intern validen Untersuchung so weit wie möglich nähert. Dazu muss man versuchen, die möglichen und die tatsächlichen Störvariablen zu identifizieren und zu kontrollieren.

14.1.1 Mögliche Störvariablen

Jede Abweichung von den Ceteris-paribus-Bedingungen, das heißt jeder Unterschied zwischen den Untersuchungsbedingungen vor Erhebung der AV, der über die unabhängigen Variablen hinausgeht, kann die Wahrscheinlichkeit von Fehlentscheidungen über die empirische Hypothese erhöhen und ist eine *mögliche Störvariable* der internen Validität. Mögliche Störvariablen der internen Validität sind also Variablen, die mit der unabhängigen Variablen der Untersuchung kovariieren, korrelieren oder statistisch assoziiert sind.[669] Die Störung der internen Validität ist dabei (unter sonst gleichen Bedingungen) um so größer, je größer die statistische Assoziation ist.

Die möglichen Störvariablen der internen Validität können in drei Gruppen eingeteilt werden: Unterschiede zwischen den Situationen, Unterschiede zwischen den Personen und Unterschiede zwischen den Positionen.

(1) Unterschiede zwischen Situationen

Die interne Validität kann gestört werden, wenn die räumlichen, zeitlichen oder situationalen Umstände sich unterscheiden, unter denen die verschiedenen Ausprägungen der unabhängigen Variablen realisiert werden.

◊ In einer Untersuchung zur Abhängigkeit der Meinungsangleichung von der erhaltenen Belohnung werden die Personen in der Untersuchungsbedingung mit hoher Belohnung überwiegend in einem luxuriösen Tagungshotel mit vielen Kontakt- und Unterhaltungsmöglichkeiten untergebracht und von weltläufigen, selbstsicheren Wissenschaftlern untersucht. Die meisten Personen in der Bedingung mit geringer Belohnung dagegen müssen mehrere Stunden in stickigen und dunklen Kellerräumen der Universität verbringen und werden von ängstlichen Hilfskräften untersucht. In diesem Fall liegt eine mögliche Störung der internen Validität vor: Die Variable „Angenehmheit des Untersuchungsortes" korreliert mit der UV „Belohnungshöhe".[670]

Weitere mögliche Störvariablen der internen Validität eines psychologischen Experiments sind Unterschiede zwischen den Ausprägungen der UV hinsichtlich der Untersuchungszeitpunkte, des Instruktionswortlautes, des Versuchsleiterverhaltens, der Lärmbelästigungen, der Antwortregistrierung usw.

---

669 im Einzelnen: Steyer (1983, Kap. 5; 1994, Kap. 2)

670 Die Höhe der Korrelation lässt sich in diesem Fall einfach über eine Vierfelder-Häufigkeitstafel (siehe Bortz, 1999, S. 218-219) berechnen. Sind alle Personen in der einen Gruppe im Hotel und alle Personen der anderen Gruppe in der Universität untersucht worden, ist die (Punkt-Vierfelder- oder Phi-) Korrelation zwischen beiden Variablen gleich 1. Sind beispielsweise von den 50 Personen der niedrig belohnten Gruppe 40 im Hotel untersucht worden und von den 50 hochbelohnten Personen nur 20, beträgt die Korrelation 0,41. Die mögliche Beeinträchtigung der internen Validität ist also geringer. Noch geringer ist sie, wenn in der einen Gruppe 20 und in der anderen 21 Personen im Hotel untersucht worden sind (Korrelation gleich 0,02).

(2) Unterschiede zwischen Personen

Werden unter den Ausprägungen der unabhängigen Variablen verschiedene Personen untersucht (inter-individuelle Bedingungsvariation), kann die interne Validität durch alle Unterschiede zwischen diesen Personengruppen gestört werden.

◊ Wenn in der einen Untersuchungsbedingung (hohe Belohnung) der Anteil der Gymnasiasten an den Untersuchungspersonen höher ist als in der anderen Bedingung (niedrige Belohnung), liegt eine mögliche Störung der internen Validität vor, denn die UV korreliert mit dem Merkmal „besuchte Schule" und damit auch mit allen mit ihr assoziierten Persönlichkeitsmerkmalen (Intelligenz, soziale Schicht, politische Kenntnisse usw.).[671]

Unterschiede zwischen den Personen in den Untersuchungsbedingungen können außerdem hinsichtlich des Anteils der Geschlechter, des mittleren Lebensalters, der Mitarbeitsbereitschaft, der Vorerfahrung mit ähnlichen Versuchen usw. bestehen.

(3) Unterschiede zwischen Positionen

Bei wiederholter Untersuchung der gleichen Person unter verschiedenen Ausprägungen der unabhängigen Variablen (*intra-individuelle Bedingungsvariation*) kann die interne Validität dadurch gestört sein, dass die Werte der abhängigen Variablen nicht nur von der gerade realisierten Ausprägung abhängen, sondern auch von vorangegangenen Behandlungen beeinflusst werden. Die speziellen Störungen bei intra-individueller Bedingungsvariation werden als *Sequenzeffekte* bezeichnet. Sie können in folgende Gruppen eingeteilt werden:[672]

- Eine spätere Behandlung kann anders wirken, weil die Wirkung einer früheren Behandlung noch nicht abgeklungen ist. Dies wird als *Übertragungseffekt* (carry-over effect) oder *Vermengung von Behandlungswirkungen* bezeichnet.
  ◊ Wenn Personen zuerst für 1 DM und später für 8 DM einen einstellungskonträren Aufsatz schreiben sollen, erleben sie den zweiten Betrag als einen *erhöhten* und damit als eine echte *Belohnung* für das einstellungskonträre Verhalten. Werden Personen dagegen erst unter der 8 DM- und später unter der 1 DM-Bedingung untersucht, erleben sie die zweite Belohnung als eine *verminderte* und damit eventuell sogar als eine *Bestrafung* für das einstellungskonträre Verhalten.
- Eine spätere Behandlung kann wegen eines *zwischenzeitlichen Geschehens* anders wirken als eine frühere, das heißt weil relevante Bedingungen verändert oder bedeutsame Ereignisse eingetreten sind.
- Durch die Abfolge verschiedener Bedingungen werden die Personen dazu angeregt, Vermutungen über die untersuchten Fragestellungen und die erwarteten

---

671 Die Zahlenbeispiele aus der Fußnote 670 sind unmittelbar übertragbar. Sind beispielsweise in der einen Bedingung 40 der 50 Personen Gymnasiasten, in der anderen Gruppe 20, beträgt die Korrelation zwischen „Belohnungshöhe" und „ besuchte Schule" 0,41.

672 Hager (1987, S. 96-103), Keren (1993)

Ergebnisse aufzustellen. Zumindest einige Personen versuchen, ihre Antworten daran auszurichten (*Erwartungseffekte*).[673]

- Die Personen können durch frühere Behandlungen aufmerksamer und empfänglicher für spätere werden (*Sensitivierung*), aber auch unempfindlicher gegenüber späteren Beeinflussungen (*Desensitivierung*).
- Die Personen sind bei späteren Behandlungen mit der Situation und den Aufgaben vertrauter (*Übung*), sie können aber auch unter einer körperlichen oder geistigen *Ermüdung* leiden.
- Die Personen werden bei späteren Behandlungen eine *Erinnerung* an ihre Antworten bei früheren Behandlungen haben. Sie können versuchen, beim zweiten Mal möglichst ähnliche Antworten zu geben, sie können aber auch bewusst nach einer Variation der Antworten streben.

14.1.2 Tatsächliche Störvariablen

Nach dem bisher Gesagten ist jede vor der AV auftretende Variable, die mit der unabhängigen Variablen der Untersuchung korreliert oder assoziiert ist, eine mögliche Störvariable der internen Validität. Nicht jede mögliche Störvariable der internen Validität setzt auch tatsächlich die Validität der Untersuchung herab. Die Wahrscheinlichkeiten für Fehlentscheidungen über die empirische Hypothese wird durch einen bestimmten Unterschied zwischen den Untersuchungsbedingungen nur erhöht, falls die entsprechende Variable auch mit der *abhängigen* Variablen der Untersuchung statistisch assoziiert ist.

◊ Die unterschiedliche Verteilung der Untersuchungsorte auf die Untersuchungsbedingungen oder die unterschiedliche Zusammensetzung der Personengruppen in den Untersuchungsbedingungen führt nur dann zu einer tatsächlichen Störung der internen Validität, wenn die Werte der abhängigen Variablen „Meinungsunterschied" vom Untersuchungsort bzw. von der Schulform beeinflusst werden, das heißt wenn die AV mit den möglichen Störvariablen „Untersuchungsort" oder „besuchte Schulform" assoziiert ist.

Ob eine mögliche Störvariable tatsächlich einen Einfluss auf die abhängige Variable hat, lässt sich für eine konkrete Untersuchungssituation empirisch allenfalls feststellen, wenn die experimentelle Bedingungsvariation erfolgt und die abhängige Variable erhoben ist. Die Beeinträchtigung der internen Validität lässt sich dann aber nicht mehr vermeiden.[674] Deshalb ist es notwendig, vor dem Experiment mögliche

[673] siehe oben Seite 301

[674] Die Wirkungen der unabhängigen Variablen und der Störvariablen auf die AV sind dann nicht mehr eindeutig zu trennen. Es liegt damit kein valides Experiment vor, sondern bestenfalls ein Quasi-Experiment. Statistisch abgeschätzt werden kann nur noch die Wirkung beider Variablen zusammen (multiple Korrelation, siehe Bortz, 1999, S. 433-456) sowie jeweils die Wirkung einer Variablen bei Konstanthaltung der anderen (Partialkorrelationen, siehe Bortz, 1999, S. 429-433).

Störvariablen zu identifizieren, Erwartungen über ihre Auswirkungen abzuleiten und sie dann gegebenenfalls zu kontrollieren. Vermutungen über die Wirkungen einer möglichen Störvariablen werden als *Störhypothesen* bezeichnet.

◊ Unterscheiden sich die Untersuchungsorte zwischen den Experimentalbedingungen, hat diese mögliche Störvariable vermutlich eine Wirkung auf die abhängige Variable, da nach verschiedenen Theorien und empirischen Befunden sowohl angenehme Umstände wie hohes Sozialprestige die Bereitschaft fördern, sich an eine von Anderen vertretene Meinung anzunähern.[675] Um diese mögliche Störung der internen Validität zu vermeiden, dürfen die Untersuchungsorte zwischen den Experimentalbedingungen nicht systematisch variieren.

Zur Ableitung und Begründung von Störhypothesen kann sowohl Alltags- wie Fachwissen herangezogen werden. Wissenschaftlich gut fundierte Störhypothesen sind meist gerichtet: Sie spezifizieren die Richtung des Einflusses der potenziellen Störvariablen auf die AV. Dadurch kann auch bestimmt werden, ob der Einfluss der Störvariablen in die gleiche oder entgegengesetzte Richtung geht wie der vermutete Einfluss der unabhängigen Variablen, das heißt ob die Störvariable den Effekt der unabhängigen Variable eher verstärken oder eher abschwächen, neutralisieren bzw. gar umkehren würde.

◊ Bei einem selbstwerttangierenden, einstellungskonträren Verhalten werden bei kleineren Belohnungen größere Meinungsanpassungen erwartet als bei größeren Belohnungen. Ist der Untersuchungsort in der Bedingung mit großer Belohnung stets sehr angenehm und bei kleiner Belohnung sehr unangenehm, ist die vermutete Wirkung der Störvariablen antagonistisch zur vermuteten Wirkung der UV. Sie kann also einen möglichen Belohnungseffekt verdecken.

Wenig fundierte Störhypothesen (wie sie vielleicht von Laien oder Studienanfängern auf Grund ihrer Alltagserfahrungen vorgebracht werden) sind häufig ungerichtet und unspezifisch. Man nimmt an, dass eine Störvariable etwas mit der abhängigen Variablen zu tun hat, kann diese Annahme aber nicht hinreichend begründen und deshalb auch die Richtung der Wirkung nicht angeben.

Auch eine kaum begründete Störvariable kann natürlich wirksam sein und sollte deshalb möglichst kontrolliert werden. Vordringlich sind allerdings immer die möglichen Störvariablen zu kontrollieren, für deren Wirksamkeit es empirische oder theoretische Anhaltspunkte gibt.

Um es zusammenzufassen: Eine Variable ist ein tatsächliche Störvariable der internen Validität, wenn sie sowohl mit der UV als auch mit der AV assoziiert ist.

◊ Um die Validität des Experimentes anzuzweifeln, genügt es nicht, darauf hinzuweisen, dass die Personen in den experimentellen Bedingungen z.B. unterschiedliche Schulbildungen haben. Es genügt auch nicht, allein auf eine bestehende Abhängigkeit der Bereitschaft zu einer Meinungsänderung von der Schulbildung hinzuweisen. Eine

[675] Stroebe & Jonas (1996)

begründete Vermutung über eine Störung der internen Validität muss beides beinhalten: eine begründete Vermutung über die Ungleichheit der Schulbildung in den Ausprägungen der UV und eine begründete Vermutung über die Assoziation der Schulbildung mit dem resultierenden Meinungsunterschied.

Die Assoziationen der interessierenden abhängigen Variablen mit den verschiedenen Persönlichkeits- oder Situationsmerkmalen sind empirisch vorgegeben und können vom Experimentator nicht beeinflusst werden. Eine mögliche Störung der internen Validität durch eine bestimmte Variable kann deshalb nur dadurch verhindert werden, dass man ihre Assoziation mit der unabhängigen Variablen beseitigt. Dafür gibt es verschiedene Vorgehensweisen, die als (experimentelle) Kontrolltechniken bezeichnet werden.

Bekannte und leicht zu erfassende bzw. zu beeinflussende Störvariablen können durch *Konstanthaltung* kontrolliert werden (Kapitel 14.2). Die für die psychologische Forschung wichtigste Kontrolltechnik ist die Zufallszuordnung oder *Randomisierung* (Kapitel 14.3). Konstanthaltung und Randomisierung können kombiniert werden, wenn man mögliche Störvariablen systematisch variiert und als *Kontrollfaktoren* explizit im Versuchsplan einführt (Kapitel 14.4).

14.2 Konstanthaltung und Elimination von Störvariablen

Wenn für eine Untersuchung vermutet wird, dass eine konkrete Variable zu einer Störung der internen Validität führt, kann diese mögliche Störung durch eine *Konstanthaltung* vermieden werden: Es wird dafür gesorgt, dass die mögliche Störvariable für alle Bedingungen und Personen die gleiche Ausprägung hat.

◊ Die mögliche Störung der internen Validität durch die Variable „Untersuchungsort“ wird ausgeschaltet, wenn alle Untersuchungen in der gleichen Umgebung stattfinden (d.h. z.B. alle im Hotel oder alle im Universitätsraum). Dementsprechend wird eine Störung durch die Variable „besuchte Schulart“ vermieden, wenn nur Gymnasiasten oder nur Hauptschüler untersucht werden.

Konstant gehalten und damit als Störvariablen ausgeschaltet werden in psychologischen Experimenten vor allem Merkmale der Versuchsdurchführung: der Wortlaut der Instruktion, das Reizmaterial, die Darbietungszeiten, die Tasten zur Registrierung der Antworten usw. sollen für alle Untersuchungspersonen gleich sein.

Ein Spezialfall der Konstanthaltung einer potenziellen Störvariable ist ihre *Elimination,* d.h. ihre Reduzierung auf eine Ausprägung von Null.

◊ Alle möglichen Beeinträchtigungen der internen Validität durch unterschiedliche Sozialkontakte und Ablenkungen werden dadurch vermieden, dass alle Personen während der gesamten Untersuchung in abgeschlossenen Räumlichkeiten bleiben müssen.

◊ Mögliche störende Wirkungen durch verschiedene Persönlichkeitseigenschaften und Verhaltensweisen der Versuchsleiter können durch eine automatisierte Versuchsdurchführung (Tonband, Computer usw.) ausgeschaltet werden.

Jede Konstanthaltung oder Elimination ist mit einem (mehr oder minder großen) technischen oder organisatorischen Aufwand verbunden. Deshalb werden vor allem diejenigen der möglichen Störvariablen konstant gehalten oder eliminiert, für die es die am besten begründeten Störungshypothesen gibt und für die die höchsten Korrelationen mit der UV und der AV zu erwarten sind.

Je nach Fragestellung und Untersuchungsgebiet haben damit sehr unterschiedliche Arten von Variablen Priorität. In wahrnehmungspsychologischen Untersuchungen müssen vor allem physikalische Reiz- und Umgebungsmerkmale konstant gehalten werden (Lärmpegel, Beleuchtungsstärken usw.). In der Gedächtnis- und Kognitionspsychologie sind beispielsweise die Bekanntheit und Bedeutung des zu lernenden Materials oder das Vorwissen der Personen über die zu lösenden Probleme konstant zu halten. In motivations- und sozialpsychologischen Experimenten ist vor allem auf die Konstanz von Situations- und Versuchsleitermerkmalen zu achten.

Die Kontrolle der internen Validität durch Konstanthaltung oder Elimination ist mit verschiedenen Nachteilen behaftet.

- Die Konstanthaltung und Elimination einer möglichen Störvariable erfordert immer einen gewissen Zusatzaufwand bei der Vorbereitung oder Durchführung der Untersuchung. Sollen mehrere Variablen gleichzeitig konstant gehalten werden, erreicht der notwendige technische oder organisatorische Aufwand leicht die Obergrenze des praktisch Machbaren.
- Konstanthaltung und Elimination ist in natürlichen Lebenskontexten (Kindergartengruppen, Schulklassen oder Betriebsabteilungen) meist nicht zu realisieren, sondern nur in den speziellen Räumlichkeiten eines „psychologischen Labors".
- Praktisch anwendbar sind Konstanthaltung und Elimination nur zur Kontrolle von möglichen Störvariablen, die bekannt sind und die durch relativ grobe Maßnahmen der Untersuchungsgestaltung angegangen werden können.
  - ◊ Leicht konstant zu halten sind objektiv zu erfassende Merkmale von Personen (Geschlecht, Alter, usw.) und einfach zu verändernde Merkmale von Situationen (Raumeinrichtung, Sozialkontakte usw.). Problematischer gestaltet sich die Konstanthaltung von Persönlichkeitseigenschaften (z.B. Aggressivität, Intelligenz), die nur mit zusätzlichem Aufwand und begrenzter Genauigkeit und Treffsicherheit (Reliabilität und Validität) erfasst werden können.
- Durch die Konstanthaltung oder Elimination einer Variablen wird unweigerlich der Anwendungsbereich eingeschränkt, auf den sich die Untersuchung bezieht: Die Ergebnisse erlauben nur noch Aussagen über die Gültigkeit der wissenschaftlichen Hypothese für die gewählte Ausprägung der Störvariablen.
  - ◊ In der Untersuchung von Frey und Irle wurden z.B. Schultyp, Schulort, Alter, Untersuchungssituation und Art des einstellungskonträren Verhaltens konstant gehalten. Ihre psychologische Hypothese über den Zusammenhang zwischen Belohnung und Meinungsanpassung (oder Dissonanz und Dissonanzreduktion auf der theoretischeren Ebene) wurde daher nur für diesen Anwendungsbereich empirisch überprüft.

Eine mögliche Störung der internen Validität kann aber auch vermieden werden, ohne dass die betreffende Störvariable auf ein bestimmte Ausprägung beschränkt wird: Es muss erreicht werden, dass die mögliche Störvariable zwischen den Untersuchungsgruppen nicht systematisch, sondern nur zufällig variiert. Dazu dient die Randomisierung (auch Zufallszuordnung genannt).

14.3 Randomisierung

Die wichtigste Randomisierung ist die zufällige Zuordnung der Personen zu den Bedingungen (Kapitel 14.3.1). Randomisiert werden können aber auch andere Untersuchungseinheiten (Kapitel 14.3.2), Reihenfolgen von Bedingungen bei intraindividueller Variation (Kapitel 14.3.3) sowie situationale Merkmale (Kapitel 14.3.4).

14.3.1 Randomisierung von Untersuchungspersonen

In psychologischen Experimenten untersucht man in den meisten Fällen unterschiedliche Gruppen von Personen unter den verschiedenen Ausprägungen der unabhängigen Variablen. Bei dieser inter-individuellen Bedingungsvariation kann die interne Validität durch alle Unterschiede gestört werden, die zwischen diesen Untersuchungsgruppen bestehen (siehe oben Seite 305). Um diese möglichen Störungen der internen Validität zu vermeiden, werden die einzelnen Untersuchungspersonen den verschiedenen Experimentalbedingungen zufällig zugeordnet.

Nach einer Randomisierung können zwischen den Personengruppen durchaus noch Unterschiede bestehen. Diese Unterschiede können hinsichtlich bekannter oder leicht erfassbarer Variablen bestehen, aber auch hinsichtlich Variablen, deren Ausprägungen unbekannt oder schwieriger feststellbar sind.

◊ Teilt man 48 Untersuchungspersonen, 24 Männer und 24 Frauen, zufällig auf zwei Bedingungen zu je 24 Personen auf, wird man nicht selten Unterschiede in der Geschlechtsverteilung feststellen: In der einen Gruppen befinden sich beispielsweise 13 Frauen und 11 Männer, in der anderen 10 Frauen und 14 Männer. In gleicher Weise kann die eine Gruppe im Durchschnitt z.B. etwas introvertierter, dicker oder kränker sein als die andere (was aber nicht so einfach bemerkt wird).

Die Wahrscheinlichkeit, dass hinsichtlich einer bestimmten Variablen ein Unterschied zwischen den Personengruppen von einer bestimmten Größe besteht, ist jedoch um so kleiner, je größer die Zahl der zufällig zugeordneten Personen ist.

◊ Werden je 24 Frauen und Männer zufällig auf zwei Bedingungen zu je 24 Personen aufgeteilt, ist zu erwarten, dass der Frauenanteil jeweils 12/24 = ½ beträgt. Die Wahrscheinlichkeit, dass der tatsächliche Anteil deutlich von der Gleichverteilung abweicht und z.B. 1/3 oder weniger bzw. 2/3 oder mehr beträgt, beläuft sich auf etwa

4%. Bei 96 Personen, 48 Frauen und 48 Männer, wäre die Wahrscheinlichkeit für entsprechende Anteile von höchstens 1/3 oder mindestens 2/3 nur noch gleich 0,2%.[676]

Durch eine Randomisierung der Personen werden mögliche Störungen durch Gruppenunterschiede also „auf lange Sicht" immer unwahrscheinlicher. Dies gilt sowohl für bekannte wie unbekannte Variablen und ist ein Grund dafür, dass ein Experiment um so aussagekräftiger ist, je mehr Personen untersucht worden sind.

Wenn man eine Person einer Untersuchungsbedingung zufällig zuordnet, werden zwangsläufig auch alle situationalen Merkmale, die von dieser Person abhängen, damit zufällig zugeordnet.

◊ Führen einige Untersuchungspersonen ihre Aufgaben so engagiert durch, dass die jeweiligen Versuchsleiter sie besonders freundlich behandeln, wird durch die Randomisierung der Personen auch dieses unübliche Verhalten der Versuchsleiter zufällig über die Untersuchungsbedingungen verteilt.

Bemerkt man nach einer Randomisierung noch wesentliche Gruppenunterschiede, muss man die drohenden Beeinträchtigungen der internen Validität nicht unbesehen hinnehmen, sondern kann die Randomisierung wiederholen.

Nach Beginn der experimentellen Behandlungen muss man aber darauf achten, dass das Ergebnis der Randomisierung bis zur Erhebung der abhängigen Variablen erhalten bleibt. Alle ausgewählten und zufällig zugeordneten Personen sollten vollständig an der Untersuchung teilnehmen. Ausfälle von Untersuchungspersonen können die interne Validität stören, wenn mindestens ein Merkmal dieser ausgefallenen Personen mit der experimentellen Behandlung korreliert.

◊ Von den 24 Personen (jeweils 12 Männer und 12 Frauen) in einer Experimentalbedingung fallen 3 Frauen und 3 Männer aus. In der anderen fallen 5 Frauen und 1 Mann aus, evtl. weil die Bedingung für Frauen unangenehm war, für Männer aber nicht. Die unterschiedliche Zusammensetzung der Personengruppen am Ende der Untersuchung ist eine mögliche Störvariable der internen Validität. Sie stört tatsächlich die interne Validität, wenn die abhängige Variable mit dem Geschlecht assoziiert ist.

Die Randomisierung ist zur Sicherung der internen Validität unverzichtbar: Sie ist die einzige Möglichkeit, die zahlreichen unbekannten oder nicht erfassbaren Störvariablen zu kontrollieren, die sich auf Unterschiede zwischen Personen beziehen. Deshalb ist die Randomisierung eine notwendige Bedingung dafür, dass wir eine Untersuchung als ein Experiment bezeichnen (siehe oben Seite 270).

Dass wir randomisieren müssen, um Störvariablen zu kontrollieren, ist der Hauptgrund dafür, dass in der psychologischen Forschung meist Gruppenergebnisse und nicht Einzelfälle betrachtet werden. Obwohl die interessierenden Kausalhypothesen sich auf Prozesse innerhalb einzelner Personen beziehen, können wir sie mit genügend hoher interner Validität nur überprüfen, indem wir die Ergebnisse von

---

[676] Fishers exakter Vierfelder-Test bzw. approximativer Chi-Quadrat-Test auf Unabhängigkeit (Bortz, Lienert & Boehnke, 1990, S. 110-113; Hays, 1994, S. 863-864)

mehreren Personen zusammenfassen, die jeweils zufällig einer von verschiedenen Bedingungen zugeordnet worden sind.[677]

Praktische Durchführung

Durchgeführt werden kann eine Zufallszuordnung durch verschiedene Arten von „Zufallsexperimenten". Dabei können auch Vorkehrungen getroffen werden, damit in jede der Bedingungen gleich viele Personen kommen.

◊ Beim (vereinfachten) Versuchsplan von Frey und Irle (siehe oben Tabelle 12.7 Seite 285) kann man die vier Bedingungen durchnummerieren und für jede Person einen Würfel werfen. Würfe einer 5 oder 6 werden ignoriert und wiederholt. Um sicherzustellen, dass jeder Untersuchungsbedingung die gleiche Zahl von Personen zugeordnet wird, werden am besten Lose hergestellt und „ohne Zurücklegen" gezogen. Für die erste Untersuchungsperson wird eines aus vier Losen gezogen, für die zweite eines aus den verbleibenden drei usf. Für die fünfte Person wird wieder eines aus vier Losen gezogen.[678]

Tabelle 14.1: Einige Zufallsanordnungen der Ziffern 0 bis 9

5	0	3	8	1	4	2	6	9	7
7	8	2	6	5	0	1	4	3	9
3	1	2	6	5	8	4	7	0	9
3	8	5	9	0	1	4	6	2	7
1	6	4	8	5	9	2	3	7	0
9	7	6	2	0	1	3	5	8	4
0	8	3	1	2	7	6	5	4	9
2	3	9	7	8	4	6	0	1	5
9	0	5	8	6	2	1	3	4	7
5	7	0	8	2	1	3	9	4	6
9	6	4	3	7	0	1	2	5	8
9	8	5	3	7	4	6	2	0	1

677 Die damit geprüften sog. *Aggregathypothesen* haben einen geringeren Gehalt als individuenbezogene Kausalhypothesen (Westmeyer, 1998). Dieser Nachteil lässt sich aber nicht vermeiden, wenn man vordringlich hoch valide Prüfungen anstrebt. Sowohl die statistische Auswertung von Einzelfalluntersuchungen wie die kausale Interpretation ihrer Ergebnisse ist außerordentlich fehleranfällig, weil die wiederholt erhobenen Werte in schwer abschätzbarer Weise voneinander abhängig sind (Krauth, 1986a).

678 Die Untersuchungspersonen sollten nur dann selbst an der Auslosung beteiligt werden, wenn es von Inhalt oder Fragestellung des Experimentes sinnvoll ist zu betonen, dass die Art der Aufgabe oder Behandlung zufallsabhängig bestimmt wird.

Erleichtert wird die Randomisierung durch Tabellen von *Zufallsanordnungen* (*random permutations*).[679] Zur Verdeutlichung ist in der Tabelle 14.1 ein kleiner Ausschnitt aus einer Tabelle von Zufallsanordnungen von zehn Ziffern aufgeführt.

◊ Zur zufälligen Zuordnung einer Person zu einer von vier Experimentalbedingungen wählt man in einer Tabelle von Zufallsanordnungen von zehn Ziffern eine Zeile willkürlich als Startpunkt aus. In der Reihenfolge, in der die Ziffern 1 bis 4 in dieser Zeile stehen, werden die ersten vier Personen den Bedingungen zugeordnet. Die Ziffern 0 und 5 bis 9 werden ignoriert. Die nächste Zeile dient der Zuordnung der folgenden vier Personen usf.

Häufiger als Tabellen mit Zufallsanordnungen findet man Tafeln mit *Zufallszahlen (random digits)*.[680] Sie bestehen aus Hunderten oder Tausenden von Ziffern (0 bis 9), die jeweils zufällig bestimmt worden sind. Sie sind vor allem zur zufälligen Auswahl von Stichprobenelementen aus Populationen nützlich (siehe unten Seite 335), können aber auch zur Zufallszuordnung eingesetzt werden.

◊ Zur zufälligen Zuordnung einer Person zu einer von vier Experimentalbedingungen wählt man willkürlich eine der Ziffern in einer Tabelle von Zufallszahlen als Startpunkt aus. Steht an der nächsten Stelle eine 1, 2, 3 oder 4, ordnet man die Person dieser Experimentalbedingung zu. Andere Ziffern ignoriert man und geht zur nächsten Stelle.

Aus einer Tabelle von Zufallsanordnungen der Ziffern 0 bis 9 lassen sich auch Zufallszahlen gewinnen. Man greift dazu eine Ziffer willkürlich als Startpunkt heraus und liest dann die folgenden Ziffern *spaltenweise* nach oben oder unten ab.

14.3.2 Randomisierung anderer Untersuchungseinheiten

In den meisten psychologischen Experimenten stellen einzelne Personen (gegebenenfalls auch einzelne Tiere) die Untersuchungseinheiten und Merkmalsträger dar, das heißt die Werte der abhängigen Variablen für jeden untersuchten Organismus werden als Rohdaten genommen. Dementsprechend müssen die Untersuchungspersonen oder -tiere den Experimentalbedingungen zufällig zugeordnet werden, um Störungen der internen Validität so weit wie möglich zu vermeiden.

Bei der Untersuchung etlicher Fragestellungen und Hypothesen sind die Untersuchungseinheiten und Merkmalsträger jedoch bestimmte *Gruppen* von Personen (z.B. Ehepaare, Familien, Schulklassen, Abteilungsangehörige) oder andere

---

[679] Fisher & Yates (1963), Yaremko, Harari, Harrison & Lynn (1982/83), Snodgrass et al. (1985), Winer et al. (1991)

[680] Fisher & Yates (1963), Kreyszig (1968), Kriz (1983), Snodgrass et al. (1985), Levine & Parkinson (1994), MacBurney & Middleton (1994). In SPSS werden im Menu *Transformieren – Berechnen* (Syntax: COMPUTE) durch die Funktion UNIFORM(max) Zufallszahlen zwischen 0 und der gewählten Zahl max erzeugt. Da die Ziffern in den Programmen und Tabellen durch deterministische Algorithmen generiert werden, heißen sie korrekt *Pseudo*-Zufallszahlen bzw. -Anordnungen.

mehr oder minder abstrakte *Untersuchungseinheiten* (z.B. Schulen, Betriebe, Länder). Zur Sicherung der internen Validität müssen dann diese komplexeren Einheiten zufällig den Untersuchungsbedingungen zugeordnet werden.

◊ Es soll untersucht werden, ob der Erfolg von Familientherapien von der Art der Therapieorientierung abhängt. Dazu werden zwei Experimentalbedingungen hergestellt: psychoanalytische und gesprächstherapeutische Therapie. Nach Ende der Therapie soll der Erfolg bei jeder Familie durch einen „neutralen" Experten nach ausführlichen Beobachtungen und Gesprächen auf einer Skala von -10 bis +10 eingeschätzt werden. Untersuchungseinheiten sind hier die Familien. Zur Sicherung der internen Validität muss jede Familie zufällig einer der Therapiebedingungen zugeordnet werden.

14.3.3 Randomisierung von Reihenfolgen

Die Sequenzeffekte, die bei der intra-individuellen Bedingungsvariation auftretenden speziellen Störungen der internen Validität, können dadurch verringert werden, dass die Reihenfolgen zufällig bestimmt werden, in der die verschiedenen Bedingungen realisiert werden. Dafür gibt es im wesentlichen drei Möglichkeiten: vollständiges Ausbalancieren, Zufallsanordnungen und unvollständiges Ausbalancieren:[681]

- Die K möglichen Abfolgen der m Bedingungen A_1 bis A_m werden in zufällige Reihenfolge gebracht.[682] Für die ersten K Personen werden diese Abfolgen nacheinander realisiert, für die nächsten K Personen in anderer zufälliger Reihenfolge usw. Ist die Zahl der Personen genau gleich K oder gleich einem Vielfachen von K, sind die Reihenfolgen und Positionen *vollständig ausbalanciert.*
- Für jede einzelne Person wird die *zufällige Reihenfolge* der Behandlungsbedingungen bestimmt, am besten mit Hilfe einer Tabelle von Zufallsanordnungen. In diesem Fall muss die Zahl der Personen nicht genau gleich einem Vielfachen von K sein.
- Bei m Ausprägungen werden m verschiedene Reihenfolgen so gewählt, dass jede Bedingung gleich häufig an jeder Stelle steht (*unvollständiges Ausbalancieren*). Ist m eine gerade Zahl, können die Reihenfolgen so gewählt werden, dass jede Bedingung gleich häufig vor und nach jeder anderen Bedingung steht. Schreibt man die m Reihenfolgen untereinander, nennt man die entstehende Anordnung ein *Lateinisches Quadrat* (Beispiel in Tabelle 14.2).

Vollständiges Ausbalancieren oder (insbesondere bei großen Untersuchungsgruppen) zufällige Reihenfolgen sind zur Kontrolle von Sequenzeffekten am besten geeignet. Wenn sich in einem Experiment nur eine begrenzte und vergleichsweise kleine Zahl verschiedener Reihenfolgen realisieren lässt, muss man auf das unvollständige Ausbalancieren zurückgreifen.

---

[681] ausführlicher: Hager (1987, S. 96-103)

[682] Dies sind $K = 1 \cdot 2 \cdot \ldots \cdot m = m!$ (m-Fakultät, siehe Bortz, 1999, S. 60) verschiedene Reihenfolgen. Bei zwei Bedingungen ist K gleich 2, m = 3 ist K = 6 usf.

Tabelle 14.2: Lateinisches Quadrat für vier Versuchsbedingungen

A_1	A_2	A_3	A_4
A_2	A_4	A_1	A_3
A_3	A_1	A_4	A_2
A_4	A_3	A_2	A_1

Auch durch vollständig ausbalancierte oder randomisierte Reihenfolgen wird allerdings die Wahrscheinlichkeit für Störungen der internen Validität durch Sequenzeffekte nur dann auf lange Sicht immer geringer, falls diese Sequenzeffekte vollständig symmetrisch sind. Ein unsymmetrischer Sequenzeffekt liegt dann vor, wenn die Ausprägung A_i vor der Ausprägung A_j anders wirkt als die Ausprägung A_j vor der Ausprägung A_i.

Kaum Grund für die Annahme asymmetrischer Sequenzeffekte gibt es bei ganz einfachen und schnell ausführbaren Aufgaben wie beispielsweise bei der Beurteilung der Lautheit verschiedener Sinustöne in der Psychophysik oder der Reproduktion sinnarmer Silben in der Gedächtnispsychologie. Hier sind intra-individuelle Bedingungsvariationen ohne Probleme möglich.

◊ Um zu prüfen, ob das *Fechnersche Gesetz* die Beziehung zwischen physikalischem Gewicht und subjektiven Gewichtsurteil adäquat beschreibt, wurden 17 Reize (von 75 bis 3400 Gramm) von jeder Versuchspersonen 10mal auf einer Kategorienskala von 1 bis 11 eingeschätzt. Für jede Versuchsperson wurde die Reihenfolge der 17 Reize innerhalb der 10 Durchgänge jeweils mit Hilfe einer Tabelle für Zufallspermutationen festgelegt.[683]

◊ Nach der *Theorie der Verarbeitungstiefe* von Craik und Lockhart führt eine tiefe, semantische (bedeutungsbezogene) Verarbeitung von Informationen zu besseren Behaltensleistungen als einer oberflächliche, nicht-semantische.[684] In einer Überprüfung bekamen Probanden 40 Substantive für jeweils 200 msec tachistoskopisch dargeboten. Vor jeder Darbietung bekamen die Personen eine Karte vorgelegt. Bei der einen Hälfte der Reize war darauf ein unvollständiger Satz gedruckt (z.B. Auf dem Tisch befand sich ...“). Bei der anderen Hälfte der Reize war auf der Karte eine Abfolge aus Konsonanten (K) und Vokalen (V) symbolisiert (z.B. KVKKV). Bei jeder tachistoskopischen Reizdarbietung musste so schnell wie möglich entschieden werden, ob das dargebotene Substantiv (z.B. TASSE) zum angefangenen Satz passt (semantische Bedingung) bzw. aus der angegebenen Folge von Konsonanten und Vokalen besteht (nicht-semantische Bedingung). Nach einer kurzen Pause wurden die 40 Substantive zusammen mit 80 weiteren vorgelegt und die Personen mußten bei jedem Reiz entscheiden, ob er in der ersten Phase dargeboten wurde oder nicht. Theoriekonform wurden dabei die Reize aus der semantischen Bedingung schneller und häufiger richtig wiedererkannt. Um die interne Validität dieses Experiments mit intra-individueller Bedingungsvariation zu

683 Westermann (1987b, S. 275)

684 Craik & Lockhart (1972), Lass, Lüer & Ulrich (1987, S. 317-319), Zimbardo & Gerrig (1999, S. 251)

sichern, muss die Abfolge der experimentellen Bedingungen (semantisch vs. nicht-semantisch) zufällig bestimmt werden.

In den meisten anderen Gebieten der Psychologie muss dagegen mit asymmetrischen Sequenzeffekten gerechnet werden. Deshalb wird dort zu Recht auf intra-individuelle Variationen von experimentellen Bedingungen weitgehend verzichtet.

14.3.4 Randomisierung von Untersuchungsmerkmalen

Die interne Validität eines Experiments kann auch durch situationale Unterschiede gestört werden, die über die beabsichtigten, unterschiedlichen Ausprägungen der unabhängigen Variablen hinausgehen (z.B. verschiedene Untersuchungsorte, Materialien, Darbietungszeiten oder Versuchsleiter, siehe oben Kapitel 14.1). Da eine Konstanthaltung derartiger situationaler Störvariablen den betrachteten Anwendungsbereich reduziert (siehe oben Kapitel 14.2), ist es häufig vorteilhafter, sie durch Randomisierung zu kontrollieren. Da es stets sehr viele mögliche Störvariablen gibt, sollte bei der Planung und Durchführung eines Experiments danach gestrebt werden, dass möglichst viele situationale Variablen sich zufällig auf die Experimentalbedingungen verteilen. Dazu muss man insbesondere die Versuchstermine, -räume und -leiter zufällig zuordnen.

- Finden die Untersuchungen der Personen nicht gleichzeitig, sondern an verschiedenen Tagen und zu unterschiedlichen Zeiten statt, sollen diese Untersuchungstermine den experimentellen Bedingungen zufällig zugeordnet werden. Vermieden werden dadurch (zumindest auf lange Sicht) alle Störungen der internen Validität durch Variablen, die mit den Untersuchungsterminen assoziiert sind: z.B. eine niedrigere Leistungsfähigkeit in der Mittagszeit, eine niedrigere Motivation kurz vor dem Wochenende, eine höhere Ablenkung durch Flurgeräusche während der Vorlesungszeit usw.
- Finden die Untersuchungen in unterschiedlichen Räumen, Gebäuden oder Orten statt, soll für jeden Untersuchungsort zufällig bestimmt werden, welche der Experimentalbedingungen realisiert wird. Dadurch werden alle mit den Versuchsorten assoziierten möglichen Störvariablen kontrolliert.
- Werden die Untersuchungen durch verschiedene Versuchsleiter durchgeführt, sollen Versuchsleiter und Experimentalbedingungen einander zufällig zugeordnet werden. Dadurch werden alle mögliche Störungen der internen Validität durch Persönlichkeits- oder Verhaltensmerkmale der Versuchsleiter minimiert: durch ihr Geschlecht, ihr Temperament, ihre soziale Schicht, ihre (vermuteten) Einstellungen usw.

In kognitionspsychologischen Experimenten werden abhängige Variablen wie z.B. die Behaltensleistung, Reaktionsschnelligkeit, Lösungsgüte und Verwechselungshäufigkeit typischerweise über mehrere Durchgänge mit unterschiedlichen Reizen erfasst und anschließend gemittelt. Um systematische Einflüsse von Reizsequenzen zu vermeiden, sollten Auswahl und Abfolgen der Reize stets möglichst zufällig sein.

◊ Bei der experimentellen Prüfung der *Theorie der Verarbeitungstiefe* (siehe vorangegangenes Kapitel) können verschiedene Untersuchungsmerkmale für jede Person einzeln nach dem Zufallsprinzip bestimmt werden: welche Untermenge von 40 Reize aus der Gesamtmenge der 120 Substantive für die Beurteilung ausgewählt werden, ob ein Reiz der semantischen oder der nicht-semantischen Beurteilungsbedingung zugeordnet wird, ob der Vorreiz auf der Karte zum Reiz passt oder nicht, welcher der geeigneten und verfügbaren Vorreize für diesen Reiz ausgewählt werden und in welcher Reihenfolge die Reize beim Wiedererkennenstest dargeboten werden.[685]

In vielen Fällen lassen sich Untersuchungspersonen und Untersuchungsmerkmale nicht unabhängig voneinander randomisieren, weil sie (aufgrund praktischer Beschränkungen) nicht vollständig miteinander zu kombinieren sind. Die Zufallszuordnung muss dann schrittweise erfolgen. Wie man dabei konkret vorzugehen hat, hängt wesentlich von der konkreten Untersuchungssituation ab.

◊ Für ein dissonanztheoretisches Experiment mit vier Experimentalbedingungen stehen 80 Untersuchungspersonen und zwei unterschiedliche Untersuchungsräume (einer in einem Luxushotel, einer im Institutskeller) mit jeweils 40 fest vorgegebenen Untersuchungsterminen zur Verfügung. Es gibt 10 Versuchsleiter, von denen allerdings 4 nur im Institut und 4 nur im Hotel tätig werden können.
   a) Für jeden der beiden Versuchsleiter, die im Hotel und im Institut tätig sein können, werden vier Termine für jeden der beiden Orte zufällig ausgewählt. Dazu werden die vierzig Termine pro Ort durchnummeriert, und in einer Tabelle von Zufallszahlen wird jeweils die nächste zweistellige Zahl abgelesen. (Zahlen, die über 40 sind oder zu bereits vergebenen Terminen gehören, werden überschlagen.) Auf die gleiche Weise erhalten die übrigen acht Versuchsleiter zufällig jeweils acht Termine an einem Ort.
   b) Jeder Untersuchungsperson wird zufällig ein Untersuchungstermin und ein Untersuchungsort zugewiesen. Dazu nummeriert man die Termine über beide Orte von 1 bis 80 durch und bestimmt deren Reihenfolge durch Zufallszahlen.
   c) Jeder der vier Bedingungen werden zehn Termine an jedem Ort zufällig zugeordnet. Dazu teilt man die Termine jeweils in Viererblöcke ein und bestimmt für jeden Block mit Hilfe von Zufallsanordnungen eine neue Abfolge der vier Bedingungen.

14.3.5 Randomisierung und Präzision

Wie wir im Kapitel 14.2 gesehen haben, führt die Konstanthaltung oder Elimination einer möglichen Störvariablen immer zu einer Einschränkung des Anwendungsbereiches, auf den sich die Untersuchung bezieht. Durch eine Randomisierung wird diese Einschränkung vermieden. Gegenüber der Konstanthaltung hat die Randomisierung allerdings einen wesentlichen Nachteil: Lässt man eine Störvariable zufällig

---

[685] Lass, Lüer & Ulrich (1987, S. 319)

variieren und ist sie tatsächlich mit der abhängigen Variablen assoziiert, so wird (im Vergleich zu einer Konstanthaltung dieser Variablen) die Varianz der abhängigen Variablen in den Experimentalbedingungen erhöht.

◊ In dem dissonanztheoretischen Experiment kann das durchschnittliche Ausmaß des verbleibenden *Meinungsunterschieds* vom Untersuchungsort abhängen, z.B. weil von weltläufigen Versuchsleitern im Luxushotel vertretene Meinungen stärker übernommen werden. Deshalb wird innerhalb der Experimentalbedingungen die Varianz der Werte der abhängigen Variablen größer sein, wenn für jede Person der Untersuchungsort zufällig bestimmt wird als wenn der Untersuchungsort für alle Personen konstant gehalten wird.

Durch die höhere Varianz der AV in den Experimentalbedingungen wird die Präzision des Experiments verringert (siehe unten Kapitel 15.6): Unter sonst gleichen Bedingungen wird die Wahrscheinlichkeit geringer, tatsächlich bestehende Unterschiede als statistisch signifikant zu entdecken. Will man diesen Nachteil vermeiden, ohne die unbestreitbaren Vorteile der Randomisierung aufzugeben, kann man mögliche Störvariablen systematisch variieren und als Kontrollfaktoren einführen.

14.4 Einführung eines Kontrollfaktors

Zur Kontrolle der internen Validität kann man die Konstanthaltung und die Randomisierung kombinieren. Eine mögliche Störvariable wird nicht auf einem Wert konstant gehalten, man lässt sie auch nicht zufällig variieren, sondern man realisiert systematisch mindestens zwei Ausprägungen der möglichen Störvariablen und führt sie als weitere unabhängige Variable in den Versuchsplan ein. Auf jeder Stufe dieses zusätzlichen Faktors werden die Personen dann zufällig den Ausprägungen des anderen Faktors, d.h. den Experimentalbedingungen zugeordnet.

Im Unterschied zu den inhaltlich interessierenden *Experimentalfaktoren* bezeichnet man unabhängige Variablen, die zur Kontrolle möglicher Validitätsstörungen eingeführt werden, als *Kontrollfaktoren*. Je mehr Ausprägungen ein Kontrollfaktor hat, desto umfassender ist (unter sonst gleichen Bedingungen) die Kontrolle der möglichen Störvariablen.

Zum einen können als Kontrollfaktoren vorgegebene Merkmale der Untersuchungseinheiten verwendet werden, zum Beispiel das Geschlecht, die Altersklasse, der Beruf oder das Studienfach. Die Personen werden nach ihren Ausprägungen auf der gewählten Kontrollvariable klassifiziert und dann zufällig den Untersuchungsbedingungen zugeordnet (*randomized blocks design*, vgl. oben Abschnitt 12.2.2). Man kann die Ausprägungen der Kontrollvariablen auch so wählen, dass stets genau K Personen zu jedem Block gehören, die dann zufällig auf die K Ausprägungen oder Kombinationen der anderen Faktoren verteilt werden. Man spricht dann von einer *Parallelisierung* oder einem *matched sample design*.

◊ Ist die Kontrollvariable die Intelligenz der Untersuchungspersonen, bringt man die Personen gemäß ihres IQ in eine Rangreihe. Die Personen auf den ersten K Plätzen bilden den ersten Block und werden zufällig auf die K Ausprägungen oder Ausprägungskombinationen verteilt. Die nächsten K Personen ebenso usf.

Als Kontrollfaktoren können auch experimentell manipulierbare Variablen verwendet werden, deren Ausprägungen die Personen zufällig zugeordnet werden können.

◊ Zur Prüfung der psychologischen Hypothese über den Zusammenhang zwischen Belohnungshöhe und Meinungsunterschied hatten wir eine unabhängige Variable mit zwei Ausprägungen definiert (Tabelle 12.1, Seite 272). Wird die mögliche Störvariable „Untersuchungssituation“ als zweite unabhängige Variable B eingeführt, wird aus dem einfaktoriellen Versuchsplan ein zweifaktorieller. Wird beispielsweise jeweils ein fester Anteil der Personen in jeder der beiden Experimentalbedingungen im Luxushotel und im Institutskeller untersucht, hat dieser Kontrollfaktor zwei Ausprägungen (B_1 und B_2).

Mitunter werden gleichzeitig auch mehrere Kontrollfaktoren eingeführt. Dadurch entstehen dreifaktorielle oder noch komplexere Versuchspläne.

◊ Neben dem Experimentalfaktor A (Belohnungshöhe) und dem Kontrollfaktor B (Untersuchungssituation) kann als zweiter Kontrollfaktor C der „Bildungsgrad„ der Untersuchungspersonen mit den Ausprägungen „Studienabschluss„ (C_1), „Hochschulreife„ (C_2) und „Fachschulreife„ (C_3) eingeführt werden. Der entstehende dreifaktorielle Versuchsplan mit 2 mal 2 mal 3 Zellen ist in Tabelle 14.3 dargestellt. Von den Werten der abhängigen Variablen Y ist jeweils nur ein Wert i stellvertretend dargestellt.

Tabelle 14.3: Versuchsplan mit drei vollständig gekreuzten Faktoren

		A_1	A_2		
C	B_1	y_{i111}	y_{i112}	$\bar{y}_{\bullet 11 \bullet}$	$\bar{y}_{\bullet\,\bullet\bullet}$
	B_2	y_{i121}	y_{i122}	$\bar{y}_{\bullet 12 \bullet}$	
C	B_1	y_{i211}	y_{i212}	$\bar{y}_{\bullet 21 \bullet}$	$\bar{y}_{\bullet\,\bullet\bullet}$
	B_2	y_{i221}	y_{i222}	$\bar{y}_{\bullet 22 \bullet}$	
C	B_1	y_{i311}	y_{i312}	$\bar{y}_{\bullet 31 \bullet}$	$\bar{y}_{\bullet\,\bullet\bullet}$
	B_2	y_{i321}	y_{i322}	$\bar{y}_{\bullet 32 \bullet}$	
		$\bar{y}_{\bullet\bullet\bullet 1}$	$\bar{y}_{\bullet\bullet\bullet 2}$	$\bar{y}_{\bullet\bullet 1 \bullet}$ $\bar{y}_{\bullet\bullet 2 \bullet}$	$\bar{y}_{\bullet\bullet\bullet\bullet}$

Ist eine Variable als Kontrollfaktor eingeführt, kann empirisch geprüft werden, ob sie tatsächlich die interne Validität gestört hätte, falls sie nicht kontrolliert worden wäre.

Ist eine Variable als Kontrollfaktor eingeführt, kann empirisch geprüft werden, ob sie tatsächlich die interne Validität gestört hätte, falls sie nicht kontrolliert worden wäre. Eine Variable kann nur dann eine tatsächliche Störvariable der internen Validität sein, wenn sie mit der abhängigen Variablen assoziiert ist (siehe oben Seite 306), das heißt wenn die Mittelwerte der AV für verschiedene Ausprägungen dieser Variablen unterschiedlich sind.

◊ Im Experiment zum Zusammenhang zwischen Belohnungshöhe (Faktor A) und Meinungsunterschied (abhängige Variable Y) wird der Untersuchungsort als Kontrollfaktor (Faktor B) eingeführt, weil Grund zu der Annahme besteht, dass er das Ausmaß der Meinungsänderung mitbeeinflusst und deshalb die interne Validität tatsächlich herabsetzen würde, falls er nicht kontrolliert wird. Aus dieser Hypothese folgt die empirische Vorhersage, dass die Meinungen Y sich über die verschiedenen Ausprägungen von B unterscheiden: $\bar{y}_{\bullet\bullet 1\bullet} \neq \bar{y}_{\bullet\bullet 2\bullet}$ in der Notation von Tabelle 14.3. Wenn diese Vorhersage zutreffend ist, wurde der Kontrollfaktor B zu Recht eingeführt.

Die Einführung eines Kontrollfaktors kann auch die Prüfung der primär interessierenden empirischen Hypothesen verbessern. Zum einen erhöht in der Regel jede zusätzliche unabhängige Variable die Präzision der statistischen Hypothesenprüfung (siehe unten Kapitel 15.6.2). Zum anderen können die empirischen Vorhersagen, die aus den interessierenden psychologischen Hypothesen abgeleitet worden sind, nicht nur für die Gesamtgruppe empirisch überprüft werden, sondern auch für die einzelnen Ausprägungen und Ausprägungskombinationen der anderen unabhängigen Variablen. Dies ist für die differenzierte Prüfung psychologischer Hypothesen sehr wichtig, kann aber erst später eingehend erläutert werden (siehe Kapitel 16.5 zur statistischen Interaktion und Kapitel 18 zur Identifikation von Moderatorvariablen).

15 Signifikanztestvalidität

Entscheidungen über wissenschaftliche und empirische Hypothesen beruhen, wie wir in den vorangegangenen Kapiteln gesehen haben, meist auf den Ergebnissen von statistischen Auswertungen, insbesondere auf den Ergebnissen von Signifikanztests. Die statistische Validität einer Untersuchung bezieht sich auf die Adäquatheit der statistischen Auswertungen. Sie ist gestört, wenn ein Aspekt der statistischen Auswertung die Wahrscheinlichkeit für eine Fehlentscheidung über die empirische Hypothese erhöht.

Die Faktoren, die die statistische Validität beeinträchtigen, teilen wir in drei Gruppen ein, das heißt wir unterscheiden drei Teilaspekte der statistischen Validität:

- Die statistische Validität wird durch alle Faktoren gestört, die die Fehlerwahrscheinlichkeiten α und β beim verwendeten Signifikanztest erhöhen, z.B. Verletzungen der Unabhängigkeitsannahme, zu geringe Fallzahlen, zu geringe Präzision usw. (*Signifikanztestvalidität*, in diesem Kapitel 15).
- Die statistische Validität wird gestört, wenn die statistischen Hypothesen und Verfahren für die Prüfung der interessierenden wissenschaftlichen Hypothese nicht optimal ausgewählt sind (*Hypothesenvalidität*, Kapitel 16).
- Die statistische Validität wird durch falsche Interpretation der statistischen Ergebnisse gestört, vor allem durch mangelnde Beachtung von Teststärke, Effektgröße oder Fehlerkumulation (*Entscheidungsvalidität*, Kapitel 17).

Die herkömmliche, auch heute noch häufig realisierte Form des Signifikanztests bringt verschiedene Beeinträchtigungen der Validität mit sich (Kapitel 15.1). Wie die Signifikanztestvalidität erhöht werden kann, hängt auch davon ab, wie der Signifikanztest begründet und interpretiert wird. Üblicherweise wird angenommen, dass die Personen Zufallsstichproben aus den interessierenden Populationen darstellen und dass die betrachteten Variablen in diesen Populationen normalverteilt mit gleichen Varianzen sind (Kapitel 15.2). Daraus wird häufig gefolgert, dass Signifikanztests ausschließlich zur Prüfung von Hypothesen über unbekannte Populationen an Hand von zufälligen Stichproben geeignet sind. Diese Auffassung ist aber falsch. Signifikanztests können auch unter der Annahme abgeleitet werden, dass alle Anordnungen der vorliegenden empirischen Daten gleich wahrscheinlich sind (Kapitel 15.3). Durch dieses Permutationsprinzip lassen sich Signifikanztests auch für die zahlreichen Fälle begründen, in denen keine Zufallsstichproben vorliegen oder keine Annahmen über Normalverteilung und Varianzgleichheit gerechtfertigt sind.

Um die Wahrscheinlichkeit von Fehlentscheidungen über empirische Hypothesen möglichst gering zu halten, muss der herkömmliche Signifikanztest wesentlich modifiziert werden. Zum einen müssen bei der Entscheidung nicht nur Signifikanzen, sondern auch empirische Effektgrößen berücksichtigt werden (Kapitel 15.4 und später Kapitel 17.1). Zum anderen muss die Zahl der Untersuchungseinheiten so gewählt sein, dass die Teststärke $1-\beta$ ausreichend groß und die Wahrscheinlichkeit β für einen Fehler 2. Art klein genug ist (Kapitel 15.5). Außerdem kann die Validität eventuell dadurch verbessert werden, dass die Fehler- oder Binnenvarianz verringert und damit die Präzision vergrößert wird (Kapitel 15.6).

15.1 Herkömmliche Form von Signifikanztests

Im Folgenden werden die notwendigen Bestandteile eines Signifikanztests erläutert. Sie ergeben, wie wir später sehen werden, allerdings noch keine optimale Vorgehensweise zur Prüfung empirischer Hypothesen.[686]

15.1.1 Bestandteile

Der Signifikanztest in der herkömmlichen Form wird im Folgenden am Beispiel eines t-Tests für unabhängige Gruppen dargestellt. Er prüft Hypothesen über die Erwartungswerte μ_1 und μ_2 einer Variablen Y in zwei Experimental- oder Personengruppen A_1 und A_2.

(1) Aufstellung einer Nullhypothese und einer Alternativhypothese

Null- und Alternativhypothesen werden in der Regel so formuliert, dass sie die Menge der möglichen Parameter disjunkt und erschöpfend einteilen. Die Alternativhypothese ist beim t-Test, je nach Fragestellung, gerichtet oder ungerichtet.

- Die ungerichtete Alternativhypothese lautet $\mu_1 \neq \mu_2$ bzw., anders geschrieben, $\mu_1 - \mu_2 \neq 0$. Die entsprechende Nullhypothese H_0 lautet $\mu_1 = \mu_2$ bzw. $\mu_1 - \mu_2 = 0$.
- Eine gerichtete Alternativhypothese beim t-Test ist $\mu_1 > \mu_2$ bzw., anders geschrieben, $\mu_2 - \mu_1 > 0$. Die entsprechende Nullhypothese ist $\mu_1 \geq \mu_2$ bzw. $\mu_1 - \mu_2 \leq 0$.[687]

---

[686] Diese übliche Form entspricht im Wesentlichen der Testtheorie von Fisher (1956).

[687] Die Nullhypothese muss nicht unbedingt eine Differenz von Null zwischen den beiden Mittelwerten behaupten. Sie kann bei entsprechenden Fragestellungen z.B. auch als $\mu_1 - \mu_2 = c$ bzw. $\mu_1 - \mu_2 \leq c$ formuliert werden, wobei c eine bestimmte Zahl ist.

(2) Festlegung des Signifikanzniveaus α

Es wird die maximale Wahrscheinlichkeit α für einen *Fehler 1. Art* festgelegt, das heißt dafür, dass die Nullhypothese abgelehnt wird, obwohl sie richtig ist. Es gilt also: P (Ablehnung von H_0 | H_0 zutreffend) $\leq \alpha$.[688] Nach einer weithin akzeptierten Konvention wird α meist gleich 0,05 oder gleich 0,01 gesetzt.

(3) Erhebung der empirischen Daten

Erhoben werden die Ausprägungen der Variablen Y bei n_1 Personen aus der Gruppe A_1 und n_2 Personen aus der Gruppe A_2. Die arithmetischen Mittelwerte von Y in den beiden Gruppen heißen $\bar{y}_1$ und $\bar{y}_2$, die Varianzen s_1^2 und s_2^2.

(4) Berechnung des empirischen Wertes der Teststatistik[689]

$$(15\text{–}1) \qquad t_{emp} = \frac{\bar{y}_1 - \bar{y}_2}{\sqrt{\dfrac{(n_1-1)s_1^2 + (n_2-1)s_2^2}{n_1+n_2-2}}} \sqrt{\frac{n_1 n_2}{n_1+n_2}}$$

Die Zahl der Freiheitsgrade (abgekürzt *FG* oder *df* für *degrees of freedom*) ist für diesen Test gleich $n_1 + n_2 - 2$.[690]

(5) Bestimmung der Überschreitungswahrscheinlichkeit

Es wird die Wahrscheinlichkeit p dafür ermittelt, dass bei Gültigkeit der Nullhypothese eine t-verteilte Zufallsvariable mit *df* Freiheitsgraden einen Wert annimmt, der mindestens so weit in Richtung der Alternativhypothese liegt wie t_{emp}.[691]

Bei einer gerichteten Alternativhypothese in positiver Richtung (z.B. $\mu_1 - \mu_2 > 0$) ist p die Wahrscheinlichkeit, dass die Teststatistik t mindestens so groß ist wie t_{emp}:

$$(15\text{–}2) \qquad p = P(t \geq t_{emp}).$$

---

688 Der Großbuchstabe P ist die Abkürzung für Wahrscheinlichkeit (*probability*).

689 Die Bestandteile dieser Formel werden unterschiedlich bezeichnet (Bortz, 1999, S. 138; Hays, 1994, S. 325-327), auch wird meist einfach t statt t_{emp} geschrieben.

690 Falls die Varianzen von Y in den beiden Populationsgruppen nicht gleich sind, kann eine verallgemeinerte Testform mit weniger Freiheitsgraden benutzt werden (siehe unten Fußnote 843, Seite 397).

691 In SPSS wird zu jeder berechneten Teststatistik die Überschreitungswahrscheinlichkeit p angegegen. Das Analysesystem STATISTICA sowie das Tabellenkalkulationsprogramm EXCEL ermitteln auch zu jedem empirischen t-Wert, den wir per Hand berechnet oder aus einem Artikel entnommen haben, das zugehörige p. Abschätzen kann man p-Werte auch aus ausführlicheren Tabellen der t-Verteilung (Bortz, 1999, Tabelle D).

Bei einer ungerichteten Alternativhypothese (z.B.: $\mu_1 - \mu_2 \neq 0$) ist p die Überschreitungswahrscheinlichkeit für absolute Beträge:

(15–3) $p = P(|t| \geq |t_{emp}|)$.

Da bei ungerichteten Alternativhypothesen Abweichungen in beiden Richtungen gegen die Nullhypothese sprechen, heißt der t-Test in diesem Fall zweiseitig, bei gerichteten Alternativhypothesen dementsprechend einseitig.[692]

(6) Entscheidung über die statistischen Hypothesen

Die Nullhypothese H_0 wird abgelehnt und die Alternativhypothese H_1 wird akzeptiert, wenn die Überschreitungswahrscheinlichkeit p kleiner oder gleich dem Signifikanzniveau α ist, ansonsten wird die H_0 (vorläufig) beibehalten.

Kritische Werte

Wenn ein Signifikanztest per Hand oder mit einem einfachen Taschenrechner durchgeführt wird, kann man bei den beiden letzten Schritten auch die folgende, im Ergebnis äquivalente Vorgehensweise wählen.

(5*) Bestimmung eines Ablehnungsbereiches

Aus Tabellen, die in jedem Statistikbuch abgedruckt sind, ermittelt man (für die gegebenen Freiheitsgrade und das gewählte Signifikanzniveau) den *kritischen Wert* t_α, den die Teststatistik t unter Gültigkeit der Nullhypothese nur mit einer Wahrscheinlichkeit von höchstens α überschreitet:

(15–4) $P(|t| \geq |t_\alpha|) \leq \alpha$ für ungerichtete Alternativhypothesen bzw.

(15–5) $P(t \geq t_\alpha) \leq \alpha$ für gerichtete Alternativhypothesen.

Die möglichen Werte von t, die jenseits der kritischen Werte t_α liegen, bilden den Ablehnungs- oder *Rejektionsbereich.*

(6*) Entscheidung über die statistischen Hypothesen

Die Nullhypothese H_0 wird abgelehnt und die Alternativhypothese H_1 wird akzeptiert, wenn der empirische Wert der Teststatistik in den Rejektionsbereich fällt. Ansonsten wird die H_0 (vorläufig) beibehalten.

---

[692] In SPSS wird stets die zweiseitige Überschreitungswahrscheinlichkeit angegeben. Die p-Werte für einseitige Tests erhält man durch Halbierung der zweiseitigen p-Werte.

Man kann zweiseitige Tests auch so auffassen, dass einer exakten Nullhypothese (z.B. $\mu_1 - \mu_2 = 0$) zwei gerichtete Alternativhypothesen gegenüberstehen. Weicht das Ergebnis signifikant von H_0 ab, wird je nach Richtung der Abweichung H_{1A} (z.B. $\mu_1 - \mu_2 > 0$) oder H_{1B} (z.B. $\mu_1 - \mu_2 < 0$) akzeptiert (Leventhal & Huynh, 1996).

Allgemeines Entscheidungsprinzip

Mit Signifikanztests kann nicht bewiesen werden, dass eine statistische Hypothese richtig oder falsch ist. Sie dienen vielmehr dazu, um auf Grund von empirischen Daten zu begründeten Entscheidungen über die Akzeptierung oder Ablehnung von statistischen Hypothesen zu gelangen: Liegt der empirische Wert der Teststatistik in einem Bereich, der unter Gültigkeit der Nullhypothese relativ unwahrscheinlich ist, wird die Nullhypothese abgelehnt und die Alternativhypothese angenommen.

15.1.2 Beeinträchtigungen der statistischen Validität

Die herkömmliche Form des Signifikanztests ist von verschiedenen Standpunkten aus als unzulänglich bezeichnet worden.[693] Einige wesentliche Kritikpunkte können wie folgt zusammengefasst werden:

1. Eine exakte Nullhypothese wie $\mu_1 - \mu_2 = 0$ ist streng genommen niemals wahr, denn die Wahrscheinlichkeit, dass eine kontinuierliche Zufallsvariable einen ganz bestimmten Wert annimmt, ist stets gleich Null.
2. Die Entscheidung über die Nullhypothese beruht auf dem p-Wert, der bedingten Wahrscheinlichkeit der erhaltenen (oder extremerer) Daten unter der Nullhypothese: $P(D|H_0)$. Diese bedingte Wahrscheinlichkeit sagt nichts über die bedingten Wahrscheinlichkeiten $P(H_0|D)$ und $P(H_1|D)$ dafür aus, dass bei den gegebenen Daten die Nullhypothese bzw. die Alternativhypothese wahr sind.
3. Der mit einem empirischen Ergebnis verbundene p-Wert gibt weder die Bedeutsamkeit noch die Replizierbarkeit des Ergebnisses an.
4. Die Signifikanz oder Nicht-Signifikanz eines Tests sagt nicht unbedingt etwas über die Größe der Abweichung der Daten von der Nullhypothese aus.
5. Ob eine vorliegende Abweichung von der Nullhypothese als signifikant entdeckt wird oder nicht, hängt sehr stark von der Anzahl der Untersuchungseinheiten ab.

Die in den ersten drei Punkten zusammengefassten Argumente werden gern gegen die Methodik des Signifikanztest ins Feld geführt, tatsächlich geben sie aber nur vermeidbare Fehler bei der Interpretation der Tests und ihrer Ergebnisse wieder.

Die ersten beiden Punkte sind nur dann kritisch, wenn man tatsächlich genaue Wahrscheinlichkeiten für die Wahrheit der geprüften Hypothesen erwartet und die p-

---

[693] Zu Grundlagen und Problemen der Signifikanztests und ihrer Anwendung in der Psychologie gibt es ältere und neuere *Sammelbände* (Harlow, Mulaik & Steiger, 1997; Heerman & Braskamp, 1970; Morrison & Henkel, 1970), *Monographien* (Abelson, 1995; Bredenkamp, 1972; Chow, 1996; Rettler, 1985; Stegmüller, 1973b; Witte, 1980), *Diskussionen* (Carver, 1993; Chow, 1998; Shrout, 1997) und *Artikel* (Bakan, 1966; Cohen, 1994; Cortina & Dunlap, 1997; Dar, Serlin & Omer, 1994; Falk & Greenbaum, 1995; Frick, 1996; Giere, 1972; Gigerenzer, 1993; Hagen, 1997; Hager, 1987; Kirk, 1996; Leiser, 1986; Meehl, 1967; Sedlmeier, 1996; Thompson, 1999; Wainer, 1999; Westermann & Hager, 1982, 1983a,b).

Werte in dieser Richtung fehlinterpretiert. Der Signifikanztest liefert aber *per definitionem* keine Informationen zu $P(H_0 | D)$ und $P(H_1 | D)$, den Wahrscheinlichkeiten der Hypothesen angesichts der Daten.[694] Die signifikanzstatistischen Entscheidungen über Akzeptierung oder Ablehnung von Null- und Alternativhypothese beruhen vielmehr allein auf $P(D | H_0)$, der Wahrscheinlichkeit der Daten unter Gültigkeit der Nullhypothese.

Wie im dritten Punkt angesprochen, meinen viele Anwender fälschlicherweise, kleine p-Werte zeigten an, dass die Unterschiede oder Zusammenhänge inhaltlich bedeutsam sind. Tatsächlich ist der gefundene Effekt nur *ceteris paribus* um so größer, je kleiner p ist (nur bei konstanten Fallzahlen und Binnenvarianzen).

In den letzten beiden Punkten wird ein sehr wichtiger Sachverhalt angesprochen. Wird zur Entscheidung über empirische Hypothesen nur der Signifikanztest in der beschriebenen Standardform herangezogen, wird die Validität der Untersuchung unweigerlich beeinträchtigt. Das Risiko für falsche Entscheidungen über die empirische Hypothese ist erhöht, weil zwei wesentliche Größen unberücksichtigt bleiben: die Größe der Abweichung der Daten von der Nullhypothese (der *empirische Effekt*) und die Wahrscheinlichkeit für die Entdeckung eines vorliegenden Effektes (die *Teststärke* $1-\beta$) bzw. die komplementäre Wahrscheinlichkeit für die fälschliche Beibehaltung der Nullhypothese (die *Fehlerwahrscheinlichkeit 2. Art* β).[695]

In späteren Teilen dieses Kapitels wird dargestellt, wie Signifikanztests so in den Forschungsprozess eingegliedert werden können, dass diese Validitätsstörungen vermieden werden. Zuvor müssen wir uns jedoch näher mit den theoretischen Grundlagen dieses Tests beschäftigen.

15.2 Signifikanztests als Populationstests

Zur mathematischen Begründung eines Signifikanztests muss gezeigt werden, dass eine geeignete Teststatistik unter Gültigkeit der Nullhypothese eine bestimmte *Testverteilung* hat. Diese Beweise sollen hier nicht dargestellt werden, denn sie erfordern Kenntnisse in der mathematischen Statistik, die nicht vorausgesetzt werden können. Es soll aber versucht werden, die dahinter liegenden Prinzipien deutlich zu machen.

---

[694] Durch das Bayes-Theorem (Bortz, 1999, S. 57-58; Hays, 1994, S. 45-47) können zwar *A-posteriori*-Wahrscheinlichkeiten $P(H_0 | D)$ und $P(H_1 | D)$ berechnet werden, die dazu benötigten *A-priori*-Wahrscheinlichkeiten $P(H_0)$ und $P(H_1)$ sind aber stets unbekannt. Man kann sie allenfalls durch subjektive Erwartungen schätzen.

[695] Effektgrößen und Fehler 2. Art werden in der weit verbreiteten Konzeption des Signifikanztests von R.A. Fisher nicht berücksichtigt, wohl aber in der Testtheorie von Neyman und Pearson (Brenner-Golomb, 1993; Gigerenzer, 1993; Hager, 1992b, S. 36-39; Huberty, 1993; Ostmann & Wutke, 1994; Westermann & Hager, 1982).

15.2.1 Stichprobenkennwerte-Verteilungen

Grundlegend für Signifikanztests sind *Stichprobenkennwerte-Verteilungen*, das heißt Wahrscheinlichkeitsverteilungen von Stichprobenstatistiken (Mittelwerten, Varianzen, Häufigkeiten usw.). Sie geben an, wie wahrscheinlich es ist (unter bestimmten Voraussetzungen), dass die jeweilige Stichprobenstatistik in einem bestimmten Bereich liegt. Als *Testverteilungen* werden die Stichprobenkennwerte-Verteilungen bezeichnet, die Verteilungen von gebräuchlichen Teststatistiken sind (von t-Werten, F-Werten usw.).

Veranschaulichung

Das Konzept der Stichprobenkennwerte- und Testverteilungen soll am Beispiel der typischen Hypothesen H_0: $\mu_1 - \mu_2 \leq 0$ und H_1: $\mu_1 - \mu_2 > 0$ erläutert werden.

◊ Wir wollen untersuchen, ob Mathematikstudenten eine höhere Studienzufriedenheit haben als Betriebswirtschaftsstudenten. Dazu lassen wir $n_1 = 32$ Mathematikstudenten und $n_2 = 30$ Betriebswirtschaftsstudenten zwei Aussagen beurteilen (abhängige Variable Y z.B. mit Werten zwischen 0 und 20).[696] Die Mittelwerte seien $\bar{y}_1 = 12{,}0$ und $\bar{y}_2 = 10{,}0$, die Standardabweichungen $s_1 = 3{,}0$ und $s_2 = 4{,}0$.

Stellen wir uns vor, dass wir wiederholt aus zwei interessierenden Populationen Zufallsstichproben des Umfangs $n_1 = 32$ und $n_2 = 30$ ziehen und Stichprobenkennwerte berechnen. Da wir Mittelwerte vergleichen wollen, interessiert uns besonders der Stichprobenkennwert $\bar{y}_1 - \bar{y}_2$. Bei den verschiedenen Stichproben werden sich die erhaltenen Mittelwertsdifferenzen voneinander unterscheiden.

◊ Für $\bar{y}_1$ könnten wir z.B. die Werte 12,0; 10,5; 11,7 usw. bekommen, für $\bar{y}_2$ 10,0; 11,3; 10,2 usw. Als Differenz $\bar{y}_1 - \bar{y}_2$ bekämen wir folglich +2,0; -0,8; +1,5 usw.

Ziehen wir sehr viele Stichproben, können wir empirische Verteilungen von Stichprobenkennwerten betrachten, indem wir die Häufigkeiten auszählen, mit denen beispielsweise die verschiedenen Mittelwertsdifferenzen aufgetreten sind. Wir können auch die Mittelwerte und die Standardabweichungen dieser empirischen Mittelwertsdifferenzen berechnen.

◊ Bei 400 Stichproben von Mathematik- und Betriebswirtschaftsstudenten könnten die Mittelwertsdifferenzen $\bar{y}_1 - \bar{y}_2$ beispielsweise im Mittel 1,1 betragen und eine Standardabweichung von 0,8 haben.

Bei unendlich vielen Stichproben geht diese Häufigkeitsverteilung der empirischen Mittelwertsdifferenzen $\bar{y}_1 - \bar{y}_2$ in eine Wahrscheinlichkeitsverteilung der Zufallsvariablen $\bar{Y}_1 - \bar{Y}_2$ über. Diese Wahrscheinlichkeitsverteilung ist die Stichprobenkennwerte-Verteilung dieser Mittelwertsdifferenz.

---

696 Beispielsweise „Insgesamt bin ich mit meinem jetzigen Studium zufrieden" und „Ich finde mein Studium wirklich interessant", wobei der Grad der Zustimmung jeweils durch Zahlen von 0 bis 10 kodiert wird (Westermann et al., 1996).

Mathematisches Ergebnis

Tatsächlich ziehen müssen wir die unendlich vielen Stichproben nicht, denn die Stichprobenkennwerte-Verteilung kann unter der Voraussetzung mathematisch abgeleitet werden, dass die beobachteten Werte unabhängige Realisationen von zwei normalverteilten Zufallsvariablen mit gleichen Erwartungswerten sind:[697]

- Wenn Y_1 und Y_2 normalverteilt sind mit den Varianzen σ_1^2 und σ_2^2 und wenn Y_1 und Y_2 gleiche Erwartungswerte $\mu_1 = \mu_2$ haben und wenn die n_1 bzw. n_2 Stichprobenwerte unabhängige Realisationen dieser Zufallsvariablen Y_1 und Y_2 sind,
  - dann ist die Stichprobenkennwerte-Verteilung der Mittelwertsdifferenzen, d.h. die Verteilung der Zufallsvariable $\bar{Y}_1 - \bar{Y}_2$, eine Normalverteilung mit Erwartungswert $\mu_1 - \mu_2$ und Standardabweichung

    (15–6) $$\sigma_{\bar{Y}_1-\bar{Y}_2} = \sqrt{\frac{\sigma_1^2}{n_1} + \frac{\sigma_2^2}{n_2}},$$

  - das heißt die Zufallsvariable

    (15–7) $$Z = \frac{\bar{Y}_1 - \bar{Y}_2}{\sigma_{\bar{Y}_1-\bar{Y}_2}}$$

    ist dann standardnormalverteilt mit Erwartungswert 0 und Varianz 1.

Da der Erwartungswert von $\bar{Y}_1 - \bar{Y}_2$ gleich $\mu_1 - \mu_2$ ist, können wir diese Populationsdifferenz *erwartungstreu* (d.h. ohne systematische Verzerrung) durch unsere Stichprobendifferenz $\bar{y}_1 - \bar{y}_2$ schätzen.

Die Standardabweichung einer Stichprobenkennwerte-Verteilung wird als Standardfehler (*standard error*) der entsprechenden Statistik bezeichnet. Er ist ein Ausdruck für die Unsicherheit der Schätzung des entsprechenden Populationswertes (z.B. $\mu_1 - \mu_2$) durch die Stichprobenstatistik (z.B. $\bar{y}_1 - \bar{y}_2$). Wie an der Definitionsformel (15–6) zu sehen ist, ist der Standardfehler in aller Regel viel geringer als die Standardabweichungen σ_1 und σ_2 der ursprünglichen Zufallsvariablen. Diese Verringerung ist proportional zur Wurzel aus der Stichprobengröße. Deshalb können wir Populationswerte um so genauer schätzen, je größer die Stichprobe ist („Konsistenz" der Parameterschätzung).

◊ In der fiktiven Untersuchung der Studienzufriedenheit (siehe Seite 327) hat sich $\bar{y}_1$ = 12,0, $\bar{y}_2$ = 10,0, s_1 = 3,0 und s_2 = 4,0 ergeben. Zur Veranschaulichung nehmen wir an, dass die Populationsvarianzen entsprechend $\sigma_1^2 = 9$ und $\sigma_2^2 = 16$ betragen. Unter der Nullhypothese $\mu_1 - \mu_2 = 0$ ist $\bar{Y}_1 - \bar{Y}_2$ dann (approximativ) normalverteilt mit Erwartungswert 0 und Standardabweichung (dem Standardfehler).

697 Fisz (1970, S. 412-413)

(15–8) $$\sigma_{\bar{y}_1-\bar{y}_2} = \sqrt{\frac{\sigma_1^2}{n_1} + \frac{\sigma_2^2}{n_2}} = \sqrt{\frac{9}{32} + \frac{16}{30}} = 0{,}9025.$$

In der Abbildung 15.1 ist die entsprechende Stichprobenkennwerte-Verteilung dargestellt. Darin ist die empirische Mittelwertsdifferenz von 2 sowie der kritische Wert eingezeichnet, den die Mittelwertsdifferenzen nur mit einer Wahrscheinlichkeit von $\alpha = 0{,}05$ überschreiten.[698]

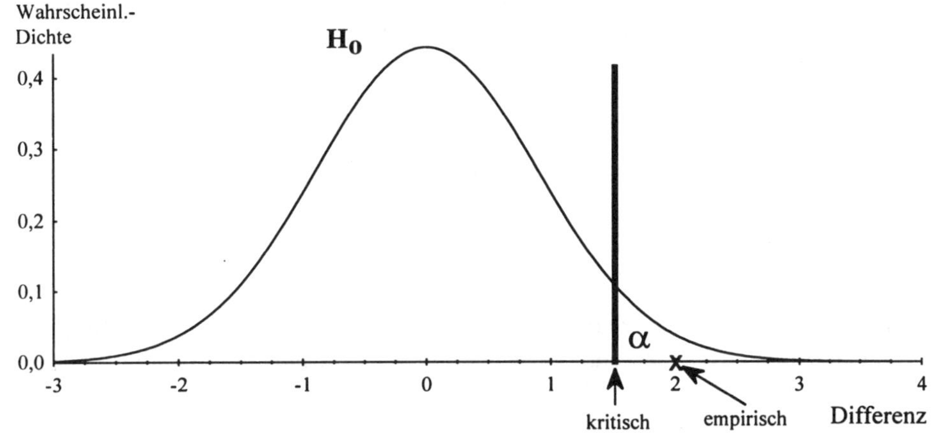

Abbildung 15.1: Stichprobenkennwerte-Verteilung der Mittelwertsdifferenz $\bar{y}_1 - \bar{y}_2$ unter Gültigkeit der Nullhypothese

15.2.2 Hypothesenprüfung

Die Befunde zur Stichprobenkennwerte-Verteilung der Mittelwertsdifferenzen können wir nutzen, um Hypothesen über die entsprechenden Populationsunterschiede zu testen, beispielsweise die Nullhypothese $\mu_1 - \mu_2 \leq 0$ gegen die Alternativhypothese $\mu_1 - \mu_2 > 0$.

In aller Regel sind die Varianzen der abhängigen Variablen in der Population nicht bekannt, sie müssen vielmehr durch die erwartungstreue Stichprobenvarianz geschätzt werden. Die Definitionsformel lautet z.B. für die Gruppe 1:[699]

(15–9) $$s_1^2 = \frac{1}{n_1 - 1} \sum_{i=1}^{n_1} (y_{i1} - \bar{y}_1)^2 .$$

---

698 Für eine Variable, die standardnormalverteilt ist $(\mu = 0, \sigma = 1)$, ist für $\alpha = 0{,}05$ (einseitig) der kritische Wert $z_{0,95} = 1{,}645$. Da die Stichprobenkennwerte-Verteilung hier eine Standardabweichung von 0,9025 hat, liegt der kritische Wert bei 1,485.

699 Bortz (1999, S. 91), Hays (1994, S. 217-218). Die eigentliche Stichprobenvarianz S^2 mit n_1 statt n_1-1 im Nenner (Bortz, 1999, S. 42; Hays, 1994, S. 182-185) ist nicht erwartungstreu und wird nur selten verwendet.

Die geschätzte Standardabweichung der Stichprobenkennwerte-Verteilung der Mittelwertsdifferenzen (d.h. ihr Standardfehler) beträgt dann analog zu (15–6)

$$(15\text{–}10) \qquad s_{\bar{Y}_1-\bar{Y}_2} = \sqrt{\frac{s_1^2}{n_1} + \frac{s_2^2}{n_2}}\,.$$

Kann man annehmen, dass die Varianzen in den beiden entsprechenden Populationen gleich sind, $\sigma_1^2 = \sigma_2^2 = \sigma^2$, wird die gemeinsame Varianz σ^2 durch ein gewogenes Mittel (*pooled estimate*) der Werte s_1^2 und s_2^2 geschätzt:[700]

$$(15\text{–}11) \qquad s_p^2 = \frac{(n_1-1)s_1^2 + (n_2-1)s_2^2}{n_1+n_2-2}\,.$$

Der geschätzte Standardfehler beträgt dann einfach

$$(15\text{–}12) \qquad s_{\bar{Y}_1-\bar{Y}_2} = \sqrt{s_p^2\left(\frac{1}{n_1} + \frac{1}{n_2}\right)} = s_p\sqrt{\frac{n_1+n_2}{n_1\,n_2}}\,.$$

Mit diesem Standardfehler erhält man die Teststatistik t, die wir teilweise bereits in (15–1) kennen gelernt haben und die strukturell der Teststatistik (15–7) für bekannte Varianzen entspricht:

$$(15\text{–}13) \qquad t_{emp} = \frac{\bar{y}_1 - \bar{y}_2}{s_{\bar{Y}_1-\bar{Y}_2}} = \frac{\bar{y}_1 - \bar{y}_2}{s_p\sqrt{\dfrac{n_1+n_2}{n_1\,n_2}}} = \frac{\bar{y}_1 - \bar{y}_2}{s_p}\sqrt{\frac{n_1\,n_2}{n_1+n_2}}\,.$$

Bei Gültigkeit der *exakten* Nullhypothese $\mu_1 - \mu_2 = 0$ (das ist diejenige unter H_0 fallende Parametersituation, die am nächsten an dem von H_1 abgedeckten Bereich liegt), ist die t_{emp} entsprechende Zufallsvariable nicht, wie im Falle bekannter Populationsvarianzen, normalverteilt. Sie folgt vielmehr einer t-Verteilung mit $n_1 + n_2 - 2$ Freiheitsgraden (*FG* oder *df*).[701] Für kleinere Stichproben weicht die t-Verteilung etwas von der Normalverteilung ab. Je größer die Stichprobe wird, desto besser kann sie durch die Standardnormalverteilung approximiert werden.

◊ Für die fiktive Untersuchung zur Studienzufriedenheit ergibt sich als Schätzung für die gemeinsame Varianz innerhalb der beiden Populationen nach (15–11):

$$(15\text{–}14) \qquad s_p^2 = \frac{(n_1-1)s_1^2 + (n_2-1)s_2^2}{n_1+n_2-2} = \frac{31\cdot 9 + 29\cdot 16}{32+30-2} = 12{,}38\,.$$

Der geschätzte Standardfehler der Mittelwertsdifferenz ist:

$$(15\text{–}15) \qquad s_{\bar{Y}_1-\bar{Y}_2} = \sqrt{s_p^2\left(\frac{1}{n_1} + \frac{1}{n_2}\right)} = \sqrt{12{,}38\left(\frac{1}{32} + \frac{1}{30}\right)} = 0{,}894\,.$$

---

[700] Bortz (1999, S. 137-138), Hays (1994, S. 326), s_p^2 wird auch z.B. als $\hat{\sigma}_p^2$ bezeichnet

[701] Fisz (1970, S. 408-412), Kreyszig (1968, S. 161-162, 350-351)

Der empirische Wert der t-Statistik berechnet sich daraus wie folgt:

$$(15\text{–}16)\qquad t_{emp} = \frac{\bar{y}_1 - \bar{y}_2}{s_{\bar{Y}_1-\bar{Y}_2}} = \frac{12{,}0-10{,}0}{0{,}894} = 2{,}24$$

Mit diesem t-Wert ist bei den in unserem Fall vorliegenden 60 Freiheitsgraden eine Überschreitungswahrscheinlichkeit von $p = 0{,}014$ verbunden. Approximation durch die Normalverteilung ergibt praktisch den gleichen Wert: $p = 0{,}013$. Haben wir das Signifikanzniveau auf $\alpha = 0{,}05$ festgelegt, ist der Mittelwertsunterschied also eindeutig in der erwarteten Richtung signifikant und die Alternativhypothese $\mu_1 - \mu_2 > 0$ wird akzeptiert. Zur gleichen Entscheidung gelangen wir, wenn wir den kritischen Wert der t-Teststatistik betrachten: Er liegt für 60 Freiheitsgrade bei $t_{crit} = 1{,}67$ und ist damit deutlich kleiner als der empirische t-Wert.[702]

Mit Hilfe eines Standardfehlers kann auch ein *Konfidenzintervall* für einen unbekannten Parameter (oder eine Parameterdifferenz) aufgestellt werden. Es spezifiziert einen Bereich um eine Stichprobenstatistik, der, vereinfacht gesagt, mit einer bestimmten hohen Wahrscheinlichkeit den entsprechenden tatsächlichen Parameterwert enthält. Bei Approximation durch die Normalverteilung umfasst das 95%-Konfidenzintervall einen Bereich von knapp zwei Standardfehlern um den Stichprobenwert.[703] Aus seiner Lage ist auch eindeutig abzulesen, ob ein entsprechender (zweiseitiger) Test signifikant wird oder nicht.[704]

◊ Die kritischen Werte für $\alpha = 0{,}05$ sind bei der Normalverteilung $z_{0,025} = -1{,}96$ und $z_{0,975} = +1{,}96$. Für die Differenz $\Delta_{12} = \mu_1 - \mu_2$ von Mittelwerten und die entsprechende Stichprobendifferenz $d_{12} = M_1 - M_2$ ergeben sich die untere und obere Grenze des 95%-Konfidenzintervalls für deshalb aus

$$(15\text{–}17)\qquad d_{12} - 1{,}96\, s_{\bar{Y}_1-\bar{Y}_2} \qquad \text{und} \qquad d_{12} + 1{,}96\, s_{\bar{Y}_1-\bar{Y}_2}\,.$$

Umfasst dieses Konfidenzintervall nicht den Wert Null, ist die Mittelwertsdifferenz in einem zweiseitigen Test auf dem 5%-Niveau signifikant.

15.2.3 Voraussetzungen und Annahmen

Wie wir im vorangegangenen Abschnitt gesehen haben, müssen bestimmte Annahmen gemacht werden, um mathematisch beweisen zu können, dass ein empirischer t-Wert unter Gültigkeit der exakten Nullhypothese eine t-Verteilung (mit $n_1 + n_2 - 2$ Freiheitsgraden) hat:

---

702 p-Wert für die t-Verteilung aus MS-EXCEL, p-Wert für die Normalverteilung und t_{crit}-Wert aus Bortz (1999, Tabelle D) und Hays (1994, Table III).

703 Bei graphischen Ergebnisdarstellungen wird deshalb häufig um jeden Mittelwert ein Bereich von zwei Standardfehlern eingezeichnet (in SPSS als *Fehlerbalkendiagramme* bezeichnet). Ähnlichen Zwecken dienen die *Boxplots*, die Mediane, Quartile und Extremwerte enthalten.

704 zu Interpretation und Anwendung: Brandstätter (1999), Cohen (1994), Harlow, Mulaik & Steiger (1977), Hays (1994, S. 191-195)

1. die beobachteten Werte der abhängigen Variablen sind voneinander unabhängige Realisationen zweier Zufallsvariablen,
2. die Zufallsvariablen sind in beiden Populationsgruppen normalverteilt und
3. die Varianzen dieser beiden Verteilungen sind gleich (homogen).

Entsprechende Annahmen müssen beispielsweise auch für die F-Tests der Varianz-, Regressions- und Kovarianzanalysen getroffen werden.[705] Allgemein bezeichnet man Testverfahren, die auf derartigen Annahmen über Normalverteilung und Varianzhomogenität beruhen, als *parametrische* Verfahren. Diese Voraussetzungen sind keine inhaltlich-psychologischen Annahmen, sondern *statistische Hilfstheorien*. Sie können als Hilfstheorien (oder genauer: Theorie-Elemente) mit empirischem Gehalt interpretiert werden.

Hilfstheorien mit empirischem Gehalt

Die vorliegenden Datenwerte können dann als unabhängige Realisationen der gleichen Zufallsvariablen betrachtet werden, wenn die entsprechenden Merkmalsträger eine Zufallsstichprobe aus der gleichen Population darstellen.[706] In diesem Fall können die übrigen Voraussetzungen eines parametrischen Testverfahrens als Annahmen über die tatsächliche Verteilung der betrachteten Variablen in der tatsächlich existierenden Population interpretiert werden. Sie können an Hand von Daten empirisch überprüft werden und sich dabei als unzutreffend herausstellen. Sie entsprechen damit einer *Hilfstheorie mit empirischem Gehalt*.

◊ Es soll die Hypothese geprüft werden, dass Studierende beider Geschlechter in den drei Studienfächern Agrarwissenschaften, Betriebswirtschaftslehre und Biologie sich nicht in ihrer Zufriedenheit mit den Studieninhalten, mit den Studienbedingungen und mit der Bewältigung der Studienbelastungen unterscheiden.[707] Zu den statistischen Voraussetzungen für die Validität einer multivariaten Varianzanalyse gehört, dass die drei abhängigen Variablen in den sechs interessierenden Populationen multivariat normalverteilt sind.[708] Diese Annahme ist empirisch gehaltvoll, da sie im Prinzip für die Populationen der zur Zeit in Deutschland immatrikulierten männlichen und weiblichen Studierenden dieser drei Fächer überprüft werden kann.[709]

---

[705] Im Rahmen des Allgemeinen linearen Modells (*GLM*), das den Varianz- und Regressionsanalysen zugrunde liegt, entspricht dies Annahmen über die Verteilung der Fehlerkomponenten (Bortz, 1999, S. 274; Hays, 1994, S. 390).

[706] zur genaueren Formulierung: Rasch (1995, S. 238)

[707] erfasst z.B. durch drei Skalen mit jeweils drei Items (Westermann et al., 1996)

[708] Bei großen und gleichmächtigen Stichproben ist das Verfahren relativ robust gegenüber Abweichungen von diesen Voraussetzungen (Bortz, 1999, S. 576; Stevens, 1992, S. 238).

[709] Praktisch zu überprüfen sind derartige Hilfstheorien nicht an der Population, sondern nur an (zufälligen) Stichproben und mit Hilfe statistischer Verfahren (z.B. Chi-Quadrat-Anpassungstest, siehe Bortz, 1999, S. 160-161).

Sind die Voraussetzungen der Normalverteilung und Varianzhomogenität nicht erfüllt, unterscheidet sich die tatsächliche Verteilung der empirischen Teststatistik (z.B. t_{emp}) mehr oder minder stark von der Stichprobenkennwerte- oder Testverteilung (z.B. der t-Verteilung mit n_1+n_1-2 FG), die bei der Berechnung der Überschreitungswahrscheinlichkeit p (bzw. der kritischen Werte t_{crit}) zugrunde gelegt wird. Die tatsächlichen Wahrscheinlichkeiten für Fehler 1. und 2. Art können sich deshalb von den nominellen Fehlerwahrscheinlichkeiten α und β unterscheiden, die bei der Entscheidung vorausgesetzt werden.

Empirische Überprüfung von statistischen Annahmen

In etlichen Statistikbüchern wird empfohlen, vor der Durchführung von statistischen Tests mit Hilfe anderer statistischer Tests zu überprüfen, ob die Verteilungsvoraussetzungen für den interessierenden Test erfüllt sind. Bevor beispielsweise die Gleichheit von Erwartungswerten mit einem t-Test überprüft wird, soll also geprüft werden, ob die Zufallsvariable in den beiden Populationen normalverteilt ist und ob die Varianzen homogen sind. Aus verschiedenen Gründen sollte man dieser Empfehlung jedoch nicht Folge leisten.

- Die üblichen t- und F-Tests sind außerordentlich *robust*: Nach den Ergebnissen von Computersimulationen werden ihre Ergebnisse durch moderate Abweichungen von den Annahmen nur wenig beeinflusst, insbesondere wenn die Fallzahlen in den Untersuchungsbedingungen ungefähr gleich groß sind.[710]
- Die üblichen t- und F-Tests sind auch relativ *effizient*. Sind ihre Verteilungsannahmen erfüllt, hat kein anderer Test eine höhere Teststärke. Auch bei Abweichungen von den Annahmen ist ihre Teststärke oft nicht kleiner als die der entsprechenden Rangtests. Sie kann allerdings dann stark absinken, wenn die Daten sehr deutliche Ausreißer enthalten.[711]
- Wenn die Untersuchungsgruppen klein sind, können Abweichungen von den Annahmen zwar unter ungünstigen Umständen merkliche Auswirkungen auf die Ergebnisse haben. Die statistischen Tests dieser Annahmen haben dann aber nur eine sehr geringe Teststärke, sie entdecken Abweichungen also meist nicht.[712]
- Wenn die Untersuchungsgruppen groß sind, werden die Tests auf Normalverteilung und Varianzgleichheit leicht signifikant. Nach dem *Zentralen*

---

710 zusammenfassend: Hager, Lübbeke & Hübner (1983), Judd, McClelland & Culhane (1995, S. 452-555), Keppel (1991, S. 97-99, 105-108), Sawilowsky & Blair (1992), Stevens (1990, S. 41-43), Winer et al. (1991, S. 100-110). Die ermittelten p-Werte können allerdings von den tatsächlichen dann deutlich abweichen, wenn die Varianzen extrem heterogen sind, wenn die Gruppengrößen sich sehr unterscheiden oder wenn zwei Annahmen gleichzeitig verletzt sind.

711 Marascuilo & McSweeney (1977), Zimmerman & Zumbo (1993), Wilcox (1995, S. 54-58)

712 Wilcox (1995, S. 67)

Grenzwertsatz[713] sind die Auswirkungen von Verletzungen der Verteilungsannahmen aber um so geringer, je größer die Zahl der Stichprobenelemente ist. Unabhängig von der Verteilung, die die abhängige Variable Y in der Population hat, nähern sich die Verteilungen der Stichprobenmittelwerte und ihrer Differenzen damit jeweils einer Normalverteilung an. Für praktische Zwecke ist die Näherung dann ausreichend genau, wenn die Fallzahl insgesamt mindestens 30 bis 40 beträgt.[714]

Obwohl t- und F-Tests parametrische Testverfahren sind, können sie also ohne weiteres auch dann angewendet werden, wenn die Populationsverteilung unbekannt, nicht-normal oder varianzheterogen sind. Die Untersuchungsgruppen sollten aber stets möglichst groß und von gleichem Umfang sein. Außerdem sollte man Entscheidungen über empirische Hypothesen nur vorsichtig treffen, wenn p-Werte relativ dicht am Signifikanzniveau α liegen.

In den meisten psychologischen Untersuchungen lassen sich die Annahmen über Populationsverteilungen aber gar nicht sinnvoll interpretieren und überprüfen, weil es weder reale Populationen noch Zufallsstichproben daraus gibt.

15.2.4 Forschung ohne Zufallsstichproben

In Lehrbüchern der angewandten Statistik wird üblicherweise zwischen deskriptiver (beschreibender) und inferentieller (schlussfolgernder) Statistik unterschieden. Statistische Parameterschätzungen und Signifikanztests werden dabei der Inferenzstatistik zugeordnet. Sie sollen dazu dienen, die Stichprobenergebnisse auf die Population zu verallgemeinern.

◊ In der Markt-, Meinungs- und Wahlforschung dienen Untersuchungen mit Zufallsstichproben dazu, Aussagen über die Verhältnisse in den entsprechenden Populationen zu machen: z.B. über die Ausstattungspräferenzen aller möglichen Käufer eines Mittelklasseautos oder über die Stimmabsichten aller Wahlberechtigten.

Diese Anwendung entspricht genau den statistischen Populationsmodellen, die bei der Ableitung der Testverteilungen zugrunde gelegt werden: Wenn die Untersuchungseinheiten zufällige Stichproben aus zwei interessierenden Populationen sind, können die an ihnen beobachteten Werte ohne Probleme, wie bei der Ableitung der Stichprobenkennwerte-Verteilung vorausgesetzt, als unabhängige Realisationen von zwei (normalverteilten) Zufallsvariablen betrachtet werden. Diese übliche populationsbasierte Interpretation statistischer Tests verführt dazu, die Bedeutung von Zufallsstichproben zu überschätzen.[715]

---

713 Bortz (1999, S. 93), Hays (1994, Kap. 6.7), mathematische Formulierungen und Beweise: Fisz (1970, S. 234-241), Rasch (1995, S. 177)

714 Bortz (1999, S. 93-94), Hays (1994, S. 316)

715 Bredenkamp (1972, S. 14-20), Hager & Westermann (1983a, S. 119), Frick (1998)

Merkmale von Zufallsstichproben

Eine Zufallsstichprobe liegt dann vor, wenn jedes Element der Population die gleiche Chance hat, als Element der Stichprobe ausgewählt zu werden.[716]

◊ Um eine Zufallsstichprobe der Größe n aus der Population der am heutigen Tage in Deutschland immatrikulierten Betriebswirtschaftsstudenten zu ziehen, kann man in mehreren Schritten vorgehen. Zunächst wird bei allen Universitäten die Zahl der jeweils Immatrikulierten ermittelt: N_1 in Kiel, N_2 in Greifswald, N_3 in Hamburg usw. Diese werden dann in hypothetischer Weise durchnummeriert. Kiel bekommt die Plätze 1 bis N_1, Greifswald N_1+1 bis N_1+N_2 usw. Anschließend werden n Zufallszahlen bestimmt (je nach Gesamtzahl der Immatrikulierten fünf- oder sechsstellige). Bei jeder Zufallszahl wird festgestellt, auf welche Universität sie entfällt. Innerhalb dieser Universität kann dann jeweils ein Betriebswirtschaftstudent zufällig ausgewählt werden.

Verallgemeinerungen von Stichproben auf Populationen sind keine deduktiven Ableitungen, die zu sicher wahren Ergebnissen führen. Sie sind vielmehr gehaltserweiternde, induktive Argumente (siehe oben Kapitel 7). Ihre Berechtigung ist unter sonst gleichen Bedingungen umso höher, je unverzerrter die untersuchte Stichprobe ist, das heißt je geringer die statistische Assoziation zwischen den betrachteten abhängigen und unabhängigen Variablen einerseits und der Auswahl der Stichprobe aus der Population andererseits ist. Auch nicht-zufällige Stichproben können hinreichend unverzerrt sein. Je unverzerrter eine Stichprobe ist, desto geringer ist die Gefahr, dass die Verteilungen der interessierenden Variablen in der Stichprobe systematisch von den Verteilungen in der Population abweichen, eine Verallgemeinerung von der Stichprobe auf die Population also zu falschen Ergebnissen führt.

◊ Soll eine Aussage über die Studienzufriedenheit deutscher Betriebswirtschaftsstudenten gemacht werden und befragt man dazu nur die 15 Teilnehmer an einem freiwilligen Trainingsseminar zur psychologischen Gesprächsführung im betrieblichen Alltag, werden sich vermutlich Zufriedenheitswerte zeigen, die systematisch von den mittleren Werten der Population abweichen.

In der grundlagenwissenschaftlichen psychologischen Forschung und insbesondere in allgemeinpsychologischen Experimenten werden fast nie Zufallsstichproben verwendet. Dieser Verzicht hat zunächst einmal praktische Gründe. Es gelingt kaum, eine aus den Einwohnern zufällig ausgewählte Stichprobe (auch nur einigermaßen) vollständig dazu zu bewegen, an einem Experiment in einem Psychologischen

---

[716] Bortz (1999, S. 87), Hays (1994, S. 53). Diese übliche Definition einer Zufallsstichprobe ist nur für endliche Populationen sinnvoll anwendbar, denn bei unendlichen Populationen ist die Wahrscheinlichkeit, dass ein bestimmtes Element gezogen wird, stets gleich Null. Eine Zufallsstichprobe aus einer unendlichen Grundgesamtheit liegt vor, wenn die interessierende Variable für alle Stichprobenelemente die gleiche Verteilungsfunktion hat (Rasch, 1995, S. 238).

Institut teilzunehmen. Psychologische Experimente werden vielmehr meist mit Personen durchgeführt, die sich aus bestimmten Gründen zur Teilnahme bereit erklären: weil sie für ihr Psychologie-Vordiplom „Versuchspersonenstunden“ benötigen, weil sie dem Versuchsleiter einen Gefallen tun wollen, weil sie etwas Geld verdienen wollen, weil sie etwas über sich selbst zu erfahren hoffen usf.

Wissenschaftstheoretische Begründungen

Der Verzicht auf Zufallsstichproben ist auch konzeptuell gut zu begründen. Die psychologische Forschung ist in der Regel gar nicht daran interessiert, Aussagen über die Eigenschaften von Populationen abzuleiten oder zu prüfen. Sie ist vielmehr an den kausalen Zusammenhängen und Prozessen interessiert, die innerhalb einzelner Individuen oder Gruppen ablaufen.

Wenn kausale Zusammenhangsannahmen experimentell überprüft werden, müssen die Untersuchungspersonen nicht unbedingt Zufallsstichproben aus wohldefinierten Populationen sein. In einem Experiment betrachtet man stets nur einen von sehr vielen intendierten Anwendungsfällen eines Theorie-Elements. Es wird lediglich geprüft, ob diese Theorieform in der betrachteten Anwendungssituation gültig ist (siehe oben Abschnitt 11.7). Experimentelle Ergebnisse beziehen sich also zunächst einmal nur auf Ursache-Wirkungs-Zusammenhänge für die untersuchten Personen und Situationen. Empirische Vermutungen über die Übertragbarkeit der Ergebnisse auf andere Personen und Situationen sind induktive Argumente. Ihre Berechtigung hängt vor allem von der Ähnlichkeit der untersuchten und der anderen interessierenden Personen ab (siehe oben Abschnitt 4.3).[717]

Auch die Abgrenzung erfolgreicher und nicht-erfolgreicher Anwendungsbereiche von Theorien, die aus strukturalistischer Sicht ein Hauptziel der wissenschaftlichen Forschung ist, erfordert keine Zufallsstichproben. Hat sich eine Theorie beispielsweise an Psychologiestudenten bewährt, kann sie systematisch und sukzessiv für andere Bevölkerungsgruppen überprüft werden: beispielsweise erst für Gymnasiasten, dann für Berufsschüler, dann für Versicherungsangestellte, dann für Altersheimbewohner usw. Bewährt sich die Theorie bei diesen Personengruppen, wird ihr erfolgreicher Anwendungsbereich allmählich immer weiter ausgedehnt. Bewährt sich die Theorie für einige Personengruppen nicht, gilt es in nachfolgenden Untersuchungen, die erfolgreichen und nicht-erfolgreichen Anwendungsbereiche systematisch zu trennen.

Bei jeder Prüfung einer empirischen Hypothese kommt es vor allem darauf an, die interne Validität und die kausale Interpretierbarkeit der Untersuchung zu gewährleisten. Entscheidend ist dazu vor allem die Randomisierung, d.h. die *zufällige Zuordnung* der Untersuchungseinheiten und Untersuchungsbedingungen

---

717 Wird ein Experiment an einer Zufallsstichprobe durchgeführt (wobei die Personen außerdem zufällig auf die Bedingungen verteilt werden), sind die Ergebnisse besser auf andere Zufallsstichproben aus der gleichen Population verallgemeinerbar.

(siehe Abschnitt 14.3). Die untersuchten Personen müssen dazu *keine zufälligen Stichproben* aus einer bestimmten Population sein: Die Zufallsauswahl ist keine notwendige Bedingung für die Zufallszuordnung. Die Zufallsauswahl ist auch nicht hinreichend für eine intern valide Prüfung einer Kausalhypothese und kann die Zufallszuordnung auf keinen Fall ersetzen.

Zufallsstichproben sind auch nicht notwendig, wenn man aus kritisch-rationalistischer Sicht das Hauptziel der empirischen Forschung darin sieht, Theorien und Hypothesen streng zu prüfen und sie gegebenenfalls zu falsifizieren. Die Falsifikation erfolgt nicht aus Selbstzweck, sondern um die geprüften Theorien durch modifizierte Formen zu ersetzen, die besser mit den Daten verträglich sind (siehe oben Abschnitt 10.2). Da eine psychologische Kausalhypothese für jedes Individuum aus einer bestimmten offenen Personengruppe gelten soll (z.B. für alle gesunden Erwachsenen aus dem westlichen Kulturkreis, siehe oben Abschnitt 7.1.4), muss sie auch für jede Gruppe von Personen gelten, für zufällig ausgewählte ebenso wie für nicht-zufällige. Gilt die Hypothese für eine untersuchte Stichprobe nicht, kann sie folglich auch nicht, wie intendiert, für alle Personen der Population gelten, und sollte durch eine bessere ersetzt werden.

Um eine Hypothese streng zu prüfen, kann man sogar Personengruppen bewusst so auswählen, dass es der Hypothese schwer gemacht wird, sich zu bewähren.

◊ Die Hypothese, dass Eltern grammatikalisch richtige Sätze ihrer Kinder verstärken (und somit das Sprachlernen nach den Prinzipien des operanten Konditionierens ermöglichen), wird durch den Befund erschüttert, dass Kinder in Bostoner Oberschichtfamilien vor allem für Aussagen verstärkt werden, die wahr sind und nicht für solche, die syntaktisch richtig sind.[718]

Hilfstheorien ohne empirischen Gehalt

Obwohl in psychologischen Experimenten praktisch keine Zufallsstichproben zu finden und keine Aussagen über Populationen beabsichtigt sind, werden doch standardmäßig Signifikanztests angewendet, die in den Statistiklehrbüchern als Verfahren beschrieben werden, um an Hand von Zufallsstichproben Aussagen über Populationen zu treffen. Dieser Widerspruch ist offensichtlich, wird aber von den meisten Statistikern und Psychologen geflissentlich ignoriert. Glücklicherweise kann dieser Widerspruch aufgelöst werden: Zum einen durch die Begründung von Signifikanztests über das Permutationsprinzip, die im folgenden Abschnitt beschrieben wird. Zum anderen kann man gerade verfügbare Probanden (oder sonstige Merkmalsträger) als Zufallsstichproben uminterpretieren. Dafür gibt es zwei Möglichkeiten:[719]

---

[718] Frick (1998, S. 532)

[719] Freedman & Lane (1983b), Hays (1994, S. 226), Westermann (1987a, S. 122-124), Iseler (1997), Reichardt & Gollob (1999, S. 117-118)

- Man interpretiert die Menge der N Untersuchungseinheiten als Zufallsstichprobe aus einer endlichen Population vom Umfang N, die genau gleich der Untersuchungsgruppe ist.
- Man interpretiert die Untersuchungseinheiten als Zufallsstichprobe aus einer *hypothetischen Population,* die all die Einheiten umfasst, die man mit gleichen Wahrscheinlichkeiten für diesen Versuch hätte auswählen können.

Damit ist der Signifikanztest keine Vorgehensweise mehr, um Aussagen zu prüfen, die sich auf eine reale Population beziehen, die unabhängig von der jeweiligen Untersuchung existiert und interessiert. Auch die Frage, inwieweit die Verteilungsannahmen erfüllt sind, die diesem Test zugrunde liegen, ist dann keine Frage mehr, die prinzipiell empirisch entscheidbar ist. Die Annahmen des statistischen Tests entsprechen einer *Hilfstheorie ohne empirischen Gehalt*. Der Test selber ist ein Verfahren zur Überprüfung von Hypothesen über Gleichheit bzw. Unterschiedlichkeit von Gruppen und Mittelwerten, die sich ausschließlich auf die untersuchten Fälle beziehen.[720] Er entspricht damit den Permutationstests, die im folgenden Kapitel besprochen werden.

15.3 Signifikanztests als Permutationstests

Die Anwendung von Signifikanztests kann ohne Zufallsstichproben und ohne Annahmen über Populationsverteilungen gerechtfertigt werden, weil Signifikanztests auch als Permutationstests begründet werden können.

Das Prinzip und die Anwendung von Permutationstests wird zunächst am Beispiel eines einfachen Tests für den Vergleich von zwei unabhängigen Gruppen veranschaulicht (Kapitel 15.3.1) und anschließend in etwas allgemeinerer Form erläutert (Kapitel 15.3.2). Die üblichen Rangtests sind entweder Permutationstests oder Annäherungen an sie (Kapitel 15.3.3). Methodologisch viel wichtiger ist aber, dass auch die üblichen parametrischen Tests Approximationen an Permutationstests sind (Kapitel 15.3.4). Sie sind deshalb auch dann anwendbar, wenn keine Zufallsstichprobe vorliegt und keine Annahmen über Populationsverteilungen gemacht werden können (Kapitel 15.3.5).[721]

---

[720] Der t-Test ist unter den üblichen Bedingungen tatsächlich ein (konservativer) Test der mittleren Behandlungseffekte in zwei Untersuchungsgruppen (Reichardt & Gollob, 1999).

[721] Die folgenden Darstellungen beruhen vor allem auf dem ausgezeichneten Lehrbuch der nicht-parametrischen Statistik von Marascuilo & McSweeney (1977), den einführenden Monographien von Edgington (1995) und Good (1994) sowie der sehr fundierten Dissertation von Willmes (1987).

15.3.1 Beispiel für den Vergleich von zwei Gruppen

Das Prinzip der Permutationstests soll an einem typischen, einfachen Experiment verdeutlicht werden. Die Probanden sind zwei Bedingungen (Ausprägungen) A_1 und A_2 zufällig zugewiesen (randomisiert) worden. Aus der wissenschaftlichen und der empirischen Hypothese ergibt sich die empirische Vorhersage $\bar{y}_2 > \bar{y}_1$.

◊ In Anlehnung an Frey und Irle lassen wir Studenten freiwillig und öffentlich gegen die Einführung einer elternunabhängigen Studienförderung argumentieren, obwohl sie ganz überwiegend dafür sind. Danach erfassen wird ihre Einstellung zu dieser Studienförderung, indem wir sie sich selbst auf einer Skala von -100 („absolut dagegen") bis +100 („absolut dafür") einschätzen lassen. Nach der Dissonanztheorie für Forced Compliance erwarten wir eine weniger positive Einstellung bei einer geringen Belohnung (A_1) als bei einer hohen Belohnung (A_2).

Um die Rechnungen übersichtlich zu halten, nehmen wir an, dass das Experiment mit nur 10 Personen durchgeführt worden ist, vier in der Gruppe A_1, sechs in A_2. Tabelle 15.1 enthält mögliche empirische Ergebnisse.[722]

Tabelle 15.1: Fiktive empirische Ergebnisse

A_1	A_2
39	36
42	55
17	48
40	61
	54
	64
$\bar{y}_1 = 34{,}50$	$\bar{y}_2 = 53{,}00$
$s_1 = 11{,}73$	$s_2 = 10{,}04$

Üblicherweise werden zwei unabhängige Gruppen durch einen t-Test verglichen.

◊ Die gemeinsame Standardabweichung nach (15–11) beträgt $s_p = 10{,}7$, der Standardfehler der Mittelwertsdifferenz (15–12) ist $s_{\bar{y}_1-\bar{y}_2} = 6{,}9$. Daraus ergibt sich der empirische Wert der t-Statistik nach (15–13): $t_{emp} = 2{,}68$.

Dieser parametrische Test beruht auf der Annahme, dass die erhaltenen Daten zufällige Stichproben aus normalverteilten und varianzgleichen Populationen sind. Bei Permutationstests sind diese Annahmen unnötig, denn sie betrachten nur die in der konkreten Untersuchung erhaltenen N Werte der abhängigen Variablen Y und ihre möglichen Aufteilungen auf die beiden Untersuchungsgruppen.[723]

---

[722] Die Zahlenwerte stammen von Marascuilo & McSweeney (1977, S. 265).

[723] Der im Folgenden erläuterte Test wurde von R. A. Fisher und E. J. G. Pitman entwickelt.

Tabelle 15.2: Mögliche Permutationen und Mittelwertsstatistiken

Gruppe A_1				Gruppe A_2						$\bar{y}_1$	$\bar{y}_2$	$\bar{y}_2 - \bar{y}_1$	t
17	36	39	40	42	48	54	55	61	64	33,00	54,00	21,00	3,53
17	36	39	42	40	48	54	55	61	64	33,50	53,67	20,17	3,20
17	36	40	42	39	48	54	55	61	64	33,75	53,50	19,75	3,06
17	39	40	42	36	48	54	55	61	64	34,50	53,00	18,50	2,68
17	36	39	48	40	42	54	55	61	64	35,00	52,67	17,67	2,46
17	36	40	48	39	42	54	55	61	64	35,25	52,50	17,25	2,36
17	36	39	54	40	42	48	55	61	64	36,50	51,67	15,17	1,93
...	...	...	...	...	...	...	...	...	...	...	...	...	...
36	39	48	61	17	40	42	54	55	64	46,00	45,33	-0,67	-0,07
...	...	...	...	...	...	...	...	...	...	...	...	...	...
48	55	61	64	17	36	39	40	42	54	57,00	38,00	-19,00	-2,82
54	55	61	64	17	36	39	40	42	48	58,50	37,00	-21,50	-3,76

Die Durchführung eines Permutationstests für unsere Beispieldaten wird an der Tabelle 15.2 demonstriert. Sie enthält in den ersten beiden Spalten (angedeutet) alle möglichen Aufteilungen der fiktiven zehn Datenwerte auf die beiden Experimentalgruppen von vier und sechs Personen. Jede dieser Aufteilungen entspricht einem möglichen Ergebnis der experimentellen Randomisierung. Die Anzahl der möglichen Aufteilungen ergibt sich aus dem Binomialkoeffizient:[724]

$$(15–18) \qquad \binom{n_1 + n_2}{n_1} = \binom{10}{4} = \frac{10!}{4!6!} = 210\,.$$

Von den „zehn über vier" gleich 210 möglichen Aufteilungen sind in der Tabelle nur die ersten sieben, die letzten zwei und eine mittlere aufgeführt. Die angenommenen tatsächlichen Daten aus Tabelle 15.1 erscheinen an vierter Stelle. Für jede Aufteilung sind die Mittelwerte, ihre Differenz und der empirische t-Wert (15–1) berechnet.[725] Die Aufteilungen sind nach der Größe dieser Werte geordnet. Die Rangfolge ist unabhängig davon, ob die Mittelwerte, die Differenzen oder der t-Wert betrachtet werden. Wir betrachten deshalb im Folgenden nur noch den vertrauten t-Wert.[726]

[724] Dies entspricht der Anzahl der Möglichkeiten, n_1 Elemente *ohne Zurücklegen* aus $n_1 + n_2$ Elementen zu ziehen (Bortz, 1999, S. 60-62; Hays, 1994, Kap. 3.7). Die Menge der möglichen Ergebnisse bei einer Auswahl *mit Zurücklegen* ist die Grundlage der mit den Permutationstests verwandten *bootstrap*-Techniken (Efron & Tibshirani, 1993; Good, 1994; Rietz, Rietz & Rudinger, 1997; Sievers, 1990).

[725] Als Mittelwertsdifferenz wird nicht $\bar{y}_1 - \bar{y}_2$, sondern $\bar{y}_2 - \bar{y}_1$ verwendet, damit sie bei hypothesenkonformen Ergebnissen positiv ist. Diese Differenz wird auch als Zähler der t -Statistik verwendet. In SPSS wird dazu die Gruppe mit den hypothesengemäß höheren Werten, hier also A_2, als die erste definiert.

[726] Am einfachsten kann die Rangordnung der Aufteilungen generiert werden, wenn man nur die Summe der Werte der kleineren Stichprobe berechnet.

Nehmen wir zuerst den Fall an, dass unsere empirische Hypothese zutreffend ist. Dann müssten die Werte der AV Y unter A_2 dazu tendieren, größer zu sein als die Werte der AV unter A_1. Bei Gültigkeit unserer empirischen Hypothese sind also positive Werte für den t-Wert wahrscheinlicher als negative.

Als zweites gehen wir von dem Fall aus, dass unsere empirische Hypothese unzutreffend ist, und zwar in dem Sinne unzutreffend, dass die Werte der AV völlig unabhängig von der Gruppeneinteilung in A_1 und A_2 sind.

◊ Die empirische Hypothese, dass die Forced-Compliance-Elemente der Dissonanztheorie für die untersuchte Situation gelten, ist in diesem Sinne falsch, wenn die Ausprägung der Meinung in keinem Zusammenhang mit der Höhe der Belohnung steht.

Wegen der Randomisierung sind alle möglichen Aufteilungen der *Personen* auf die beiden Gruppen (in einem vorgegebenen Verhältnis) gleich wahrscheinlich. Wenn die Werte der Personen auf der AV nicht von der Bedingung abhängen, unter der sie untersucht werden, sind dann auch alle möglichen Aufteilungen der *Datenwerte* auf die beiden Bedingungen gleich wahrscheinlich. In unserem Fall sind also bei Unabhängigkeit von UV und AV alle 210 möglichen Aufteilungen der 10 Datenwerte auf die beiden Gruppen (im Verhältnis 4 zu 6) gleich wahrscheinlich. Die Wahrscheinlichkeiten für sehr kleine und sehr große Werte der Teststatistik t lassen sich damit aus der Tabelle 15.2 ermitteln. Sie können in der üblichen Weise die Basis für eine signifikanzstatistische Entscheidung bilden.

Die fiktiven Daten in Tabelle 15.1 führen zu einem $t = 2{,}68$. Unter der Nullhypothese, dass alle möglichen Aufteilungen gleich wahrscheinlich sind, ergibt sich nach Tabelle 15.2 nur in vier von 210 Fällen ein Mittelwertsunterschied, der mindestens so groß ist wie der erhaltene. Die Überschreitungswahrscheinlichkeit für dieses Ergebnis beträgt also $p = 4/210 = 0{,}019$.

In unserem Beispiel ist der Permutationstest also auf dem 5%-Niveau signifikant, nicht aber auf dem 1%-Niveau. Haben wir vorher $\alpha = 0{,}05$ festgelegt, lehnen wir die Nullhypothese ab, dass die Aufteilungen gleich wahrscheinlich sind. Wir nehmen damit an, dass die Werte der AV Y nicht unabhängig von der Ausprägung der UV A sind, sondern die Werte in der Bedingung A_2 tendenziell (oder im Mittel) größer sind als unter A_1. Dies spricht für die Gültigkeit der empirischen Hypothese.

15.3.2 Grundlagen und Hypothesen von Permutationstests

Das am Beispiel illustrierte Prinzip eines Permutationstests lässt sich in folgenden Punkten zusammenfassen:

- Bei einem Permutationstest werden nur die in der konkreten Untersuchung erhaltenen N Werte der abhängigen Variablen Y betrachtet.
- Wenn die AV Y von der unabhängigen Variablen A unabhängig ist, sind alle möglichen Aufteilungen der N Werte von Y auf die Ausprägungen von A gleich wahrscheinlich.

- Berechnet man den Wert einer geeigneten Teststatistik für jede dieser möglichen Aufteilungen, bekommt man die Verteilung, die diese Teststatistik bei Gültigkeit der Nullhypothese hat.
- Diese Verteilung dient als Testverteilung, anhand der die Überschreitungswahrscheinlichkeiten bestimmt werden.
- Gehört zum empirischen Wert der Teststatistik eine Überschreitungswahrscheinlichkeit p, die kleiner als das festgesetzte Signifikanzniveau α ist, hat man ein Ergebnis erhalten, das unter den Annahmen, die bei der Ableitung dieser Verteilung zugrunde gelegt wurden, zwar nicht unmöglich, relativ zu dem gewählten Signifikanzniveau aber unwahrscheinlich ist.
- Nach der üblichen Logik des Signifikanztests entscheidet man sich in einem solchen „unwahrscheinlichen" Fall dafür, die zugrunde liegende Annahme als falsch zu betrachten: Die Nullhypothese der Unabhängigkeit von AV und UV wird verworfen, und es wird angenommen, dass die Werte der AV unter der einen Ausprägung der UV tendenziell höher sind als unter der oder den anderen.

Die Prinzipien des exakten Permutationstests lassen sich auf alle wichtigen statistischen Fragestellungen anwenden und können die üblichen parametrischen Methoden ersetzen: von den t-Tests für unabhängige und abhängige Messungen über ein- und mehrfaktorielle Varianzanalysen, multiple Vergleiche, Regressions-, Korrelations- und Trendanalysen bis hin zu multivariaten Verfahren.

Nullhypothesen

Die von Permutationstests geprüften Hypothesen dürfen nicht vorschnell mit den Hypothesen der entsprechenden parametrischen Verfahren gleichgesetzt werden. Die geprüfte Nullhypothese ist die Annahme, unter der die Testverteilungen und die Überschreitungswahrscheinlichkeiten abgeleitet werden:

- Alle möglichen Aufteilungen der Datenwerte auf die untersuchten Gruppen sind gleich wahrscheinlich.

Diese Gleichwahrscheinlichkeit lässt sich aus allgemeineren Annahmen ableiten: dass die zugrunde liegenden Prozesse rein zufällig oder dass die betrachten Variablen vollständig voneinander unabhängig sind.[727] Für den einfachen Fall eines Vergleiches der Werte einer abhängigen Variablen Y unter verschiedenen Ausprägungen einer unabhängigen Variablen A kann dies auf verschiedene Weisen formuliert werden:

- Die Verteilungen von Y sind unter allen Ausprägungen von A gleich.
- Die Ausprägungen von Y sind unabhängig von den Ausprägungen von A.

---

[727] Wissenschaftliche Hypothesen über systematische Wirkungen oder Zusammenhänge werden gegen diese Zufälligkeits- oder Unabhängigkeitsannahmen getestet (Abelson, 1995, S. 18-26).

- Für zwei zufällig ausgewählte Werte Y_i und Y_j aus zwei Ausprägungen A_i und A_j gilt mit gleicher Wahrscheinlichkeit $Y_i > Y_j$ und $Y_i < Y_j$.

Etwas konkretere Formulierungen ergeben sich für den Fall von Experimenten, in denen die Personen den Ausprägungen zufällig zugeordnet werden:

- Die Ausprägungen der unabhängigen Variablen A haben bei keiner Untersuchungseinheit eine Wirkung auf die Ausprägung der abhängigen Variablen Y.
- Die Ausprägungen der abhängigen Variable Y sind fest mit den Personen verbunden und bleiben konstant, wenn die Personen einer anderen Ausprägung der unabhängigen Variablen A zugeordnet werden.

Bei einer richtig durchgeführten Randomisierung sind alle möglichen Aufteilungen der Personen auf die Gruppen gleich wahrscheinlich. Die experimentelle Randomisierung allein ist aber nicht hinreichend für die Gleichwahrscheinlichkeit aller Aufteilungen der Daten auf die Gruppen. Notwendig ist immer die Annahme der Unabhängigkeit der betrachteten Variablen. Permutationstests, bei denen eine Randomisierung die Basis für die Gleichwahrscheinlichkeit aller Aufteilungen der Werte auf die Gruppen ist, werden auch als *Randomisierungstests* bezeichnet.[728]

Alternativhypothesen

Die Alternativhypothese eines Permutationstests ist die Negation der Nullhypothese:

- Die Aufteilungen der Werte der AV auf die Ausprägungen der UV sind nicht gleich wahrscheinlich.

Sie ergibt sich aus der Annahme, dass die zugrunde liegenden Prozesse systematisch wirken oder die betrachteten Variablen voneinander abhängig sind:

- Die AV ist nicht unabhängig von der UV.
- Unter verschiedenen Ausprägungen der UV ergeben sich unterschiedliche Verteilungen der AV.
- Bei mindestens einer Untersuchungseinheit verändert sich der Wert der AV, wenn sie einer anderen Ausprägung der UV zugeordnet ist.
- Bei mindestens einer Untersuchungseinheit hat die UV eine Auswirkung auf den Wert der AV.[729]

---

728 Da in diesem Fall die experimentelle Randomisierung durch eine statistische Neu-Zuordnung ergänzt wird, spricht man auch von Re-Randomisierungs-Tests.

729 Das heißt es gilt $Y_{i1} - Y_{i2} \neq 0$. Entsprechende (fiktive) Unterschiedshypothesen für einzelne Untersuchungseinheiten liegen auch parametrischen Tests zugrunde, wenn die untersuchten Einheiten keine Zufallsstichprobe sind (Frick, 1998; Reichardt & Gollob, 1999, S. 118). Da meist von jeder Untersuchungseinheit nur ein Wert der abhängigen Variablen unter einer Bedingung erhoben werden kann, ist bei randomisierten Gruppen die Differenz der inter-individuellen Mittelwerte $\bar{y}_1 - \bar{y}_2$ die beste Schätzung für die individuellen Differenzen $y_{i1} - y_{i2}$ (Holland, 1986; Iseler, 1996; Rubin, 1990).

Hypothesen über Größenordnungen

Im Vergleich zu den parametrischen Tests sind die Alternativhypothesen von Permutationstests sehr unspezifisch. Durch die Wahl der Teststatistik lässt sich allerdings beeinflussen, auf welche Abweichungen von der Nullhypothese der Test vor allem anspricht. Dies wird am Beispiel zweier Gruppen deutlich:

- Mit Mittelwertsdifferenzen, t-Werten und Wertesummen als Teststatistik wird der Permutationstest vor allem bei Unterschieden in der zentralen Tendenz (Mittelwerte, Mediane usw.) signifikant.
- Mit dem Quotienten aus den Varianzen der beiden Gruppen wird der Test vor allem bei Unterschieden in der Variabilität (Varianz, Interquartilabstände, Spannbreite usw.) signifikant.

Da diese Statistiken eine Richtungsinformation enthalten, kann man einen Permutationstest auch einseitig durchführen. Verwendet man als Teststatistik Wertsummen, Mittelwertsdifferenzen oder t-Werte, bedeutet die Akzeptierung einer gerichteten Alternativhypothese ganz allgemein, dass die Werte der AV Y unter der einen Bedingung, z.B. A_2, *tendenziell größer* sind als unter der anderen (A_1). Diese Aussage soll konkret folgendes bedeuten: Wählt man zufällig jeweils einen Wert der AV aus beiden Bedingungen aus, ist die Wahrscheinlichkeit, dass der Y-Wert aus A_2 größer ist als der aus A_1 höher als die Wahrscheinlichkeit, dass der Wert aus A_1 größer ist als der aus A_2. Dies ist genau dann der Fall, wenn für die Werte in A_2 ein höherer Platz in der gemeinsamen Rangordnung erwartet wird. Für eine experimentelle Untersuchung, in der wir den Zusammenhang zwischen A und Y kausal interpretieren, bedeutet das inhaltlich ausgedrückt: A_2 hat eine positive Wirkung auf Y.[730]

Wenn die Verteilungen in beiden Gruppen symmetrisch sind, sprechen Permutationstests mit Wertsummen, Mittelwertsdifferenzen oder t-Werten als Teststatistik ausschließlich auf Mittelwertsunterschiede an. Zur Überprüfung der gerichteten Mittelwertsvorhersagen, die sich aus den meisten psychologischen Hypothesen ergeben, sind deshalb einseitige Permutationstests sehr gut geeignet.

◊ Für das Experiment von Frey und Irle haben wir im Abschnitt 12.3.2.4 in der Dissonanzbedingung EÖ+ die Vorhersage abgeleitet, dass die Meinung unter 1 DM Belohnung weniger positiv ist als unter 8 DM. Für die Verstärkungsbedingung EÖ– wurde eine gegenteilige Wirkung der Belohnung erwartet. Als Mittelwertsvorhersagen ergeben sich daraus $\bar{y}_{11} < \bar{y}_{12}$ (12–1) und $\bar{y}_{21} > \bar{y}_{22}$ (12–2). Mit einem einseitigen Permutationstest kann überprüft werden, ob der erwartete Mittelwertsunterschied als systematisch oder zufällig zu betrachten ist.

---

730 Cliff (1993a)

15.3.3 Rangtests als Permutationstests

Die in den meisten Statistikbüchern beschriebenen Rangtests arbeiten nicht mit den erhaltenen Messwerten, sondern mit ihren Rängen. Bei ihrer Anwendung müssen keine Annahmen über die Normalverteilung und Varianzhomogenität gemacht werden. Sie gehören deshalb zu den nicht-parametrischen oder verteilungsfreien Tests. Am bekanntesten sind der Mann-Whitney-U-Test für den Vergleich zweier unabhängiger Gruppen, der Wilcoxon-Test für abhängige Gruppen und der Friedman-Test, die sog. Rang-Varianzanalyse für den Vergleich mehrerer Gruppen.[731] Sie beruhen auf dem Prinzip der Permutationstests.

Beim Rangtest für unabhängige Gruppen werden die erhaltenen Messwerte aus beiden Gruppen in eine gemeinsame Rangordnung gebracht. Dann wird die Summe T_1 der Ränge in der kleineren der beiden Gruppen berechnet.[732] Die Verteilung dieser Rangsumme über alle möglichen Aufteilungen ist dann die Testverteilung.

Tabelle 15.3: Mögliche Permutationen und Rangstatistiken

Gruppe A_1				Gruppe A_2						T_1	p	t
1	2	3	4	5	6	7	8	9	10	10	0,005	3,53
1	2	3	5	4	6	7	8	9	10	11	0,010	3,20
1	2	4	5	3	6	7	8	9	10	12	0,019	3,06
1	2	3	6	4	5	7	8	9	10	12	0,019	2,46
1	3	4	5	2	6	7	8	9	10	13	0,033	2,68
1	2	4	6	3	5	7	8	9	10	13	0,033	2,36
1	2	3	7	4	5	6	8	9	10	13	0,033	1,93
...	...	...	...	...	...	...	...	...	...			...
2	3	6	9	1	4	5	7	8	10	20	0,381	-0,07
...	...	...	...	...	...	...	...	...	...			...
6	8	9	10	1	2	3	4	5	7	33	0,995	-2,82
7	8	9	10	1	2	3	4	5	6	34	1,000	-3,76

In der Tabelle 15.3 sind die Daten aus Tabelle 15.1 in Ränge transformiert und nach ihrer jeweiligen Rangsumme T_1 geordnet. Für jede Permutation k ist die Überschreitungswahrscheinlichkeit angegeben, die sich aus Division ihres Rangplatzes durch die Gesamtzahl von 210 Permutationen ergibt.[733] Für unsere fiktiven Daten aus Tabelle 15.1 ergibt sich eine Rangsumme von 13 und damit bestenfalls der fünfte Platz. Da auch zwei andere Permutationen die gleiche

[731] Darstellungen: Bortz, Lienert & Boehnke (1990), Marascuilo & McSweeney (1977)

[732] Für den Rangtest bei zwei unabhängigen Gruppen existieren zwei Teststatistiken: U von Mann und Whitney und T (auch W genannt) von Wilcoxon (Marascuilo & McSweeney, 1977, S. 267-273). Beide Statistiken werden in SPSS berechnet und führen zu identischen p-Werten. In empirischen Arbeiten wird meist U berichtet, zur Veranschaulichung des Permutationsprinzips ist T besser geeignet.

[733] Diese p-Werte werden in SPSS als „exakte Signifikanz (1-seitig)“ bezeichnet. Sie sind für kleine Stichproben auch tabelliert (Marascuilo & McSweeney, 1977, Tab. A-14).

Rangsumme haben, ergibt sich eine Überschreitungswahrscheinlichkeit von p = 7/210 = 0,033. Sie ist größer als die Überschreitungswahrscheinlichkeit von 0,019 für die ursprünglichen numerischen Daten. Die Entscheidung im Signifikanztest ist aber gleich: Die Werte in Gruppe A_2 sind auf dem 5%-Niveau signifikant größer als in A_1, nicht aber auf dem 1%-Niveau.

Gegenüber den exakten Permutationstests haben die exakten Rangtests einen unaufhebbaren Nachteil: Sie reduzieren die in den Daten enthaltene Information auf Information über Ränge. Dadurch wird die Ermittlung der Überschreitungswahrscheinlichkeiten weniger genau.

◊ Betrachtet man nur die Ränge der Ausprägungen der AV (Tabelle 15.3), hat unser fiktives Ergebnis die gleiche Überschreitungswahrscheinlichkeit wie zwei andere mögliche Ergebnisse. Bei den numerischen Ausprägungen sind alle Überschreitungswahrscheinlichkeiten verschieden (Tabelle 15.2).

Die Beschränkung auf Ränge ist sachgerecht, wenn die abhängige Variable kein Intervall-, sondern nur Ordinalskalenniveau hat. Ein bestimmtes Skalenniveau ist zwar keine Voraussetzung dafür, dass arithmetische Mittelwerte, Differenzen oder t-Werte *berechnet* und für die *gegebenen Daten* interpretiert werden. Auch haben Simulationen gezeigt, dass Abweichungen vom Intervallskalenniveau meist keine wesentlichen Einflüsse auf die Ergebnisse statistischer Tests haben. Das Intervallskalenniveau ist aber notwendig, damit die üblichen Mittelwertsvorhersagen und -hypothesen sinnvoll *theoretisch interpretiert* werden können.[734]

Die Null- und Alternativhypothesen der Rangtests ergeben sich aus denen der Permutationstests. Nach der Nullhypothese sind die Verteilungen und Erwartungswerte der Ränge in allen Gruppen gleich. Bei einer gerichteten Alternativhypothese sind die Ränge in der einen Gruppe tendenziell größer als in der anderen. Sind die Verteilungen der ursprünglichen Werte symmetrisch, folgen aus diesen Rangunterschieden entsprechende Unterschiede zwischen den arithmetischen Mittelwerten.[735]

---

734 Hat die abhängige Variable nur Ordinalskalenniveau, sind zwar Rangordnungen von Zahlenwerten interpretierbar, nicht aber numerische Abstände zwischen ihnen. Neben den gegebenen Werten sind dann alle anderen Zahlenzuordnungen, die sich durch monotone (rangerhaltende) Transformationen ergeben, gleich sinnvolle Operationalisierungen der interessierenden theoretischen Variablen. Bei einigen dieser auf Ordinalskalenniveau erlaubten Transformationen ändern sich die Wahrheitswerte von Aussagen über die Gleichheit, Ungleichheit und Größenordnung von arithmetischen Mittelwerten sowie speziell die Werte von t- und F-Statistiken, von standardisierten Mittelwertsdifferenzen, Korrelationskoeffizienten und Varianzanteilen. Auf Intervallskalenniveau bleiben sie jedoch konstant. Deshalb sind derartige Aussagen zwar auf Intervall-, aber nicht auf Ordinalskalenniveau *inhaltlich bedeutsam* (siehe im einzelnen Cliff, 1993b; Erdfelder & Bredenkamp, 1994; Gaito, 1987; Hager, 1987, S. 121-127; Hager & Westermann, 1983a, S. 38-42; Niederée & Mausfeld, 1996; Thomas, 1982; Townsend & Ashby, 1984; Westermann, 1987a, S. 188-210).

735 Marascuilo & McSweeney (1977, S. 268-269)

Eine wesentlicher praktischer Vorteil der Rangtests besteht darin, dass sich schon für relativ kleine Gruppen die Verteilungen der Teststatistiken recht gut durch die Normalverteilung oder durch andere bekannte Verteilungen approximieren lassen.[736]

Die Teststatistik T_1 für den Vergleich von zwei unabhängigen Gruppen beispielsweise ist, falls jede der Stichproben mehr als 10 Fälle umfasst, annähernd normalverteilt.

◊ Für die Daten in Tabelle 15.1 ergibt die Normalverteilungsapproximation zum U-Test (die wegen der geringen Fallzahl eigentlich nicht empfehlenswert ist) ein $z = 1{,}92$ und damit eine Überschreitungswahrscheinlichkeit von $p = 0{,}027$. Auch danach ist der Gruppenunterschied also auf dem 5%-, nicht aber auf dem 1%-Niveau signifikant.

15.3.4 Parametrische Tests als approximative Permutationstests

Die Hauptschwierigkeit von exakten Permutationstests besteht darin, dass alle (oder zumindest alle extremeren) Aufteilungen generiert und für jede von ihnen eine geeignete Teststatistik berechnet werden muss. Meist ist dies rechnerisch sehr aufwendig. Für alle genannten Verfahren gibt es relativ einfache Programme, die den Anwendern die Arbeit abnehmen.[737] In SPSS und in anderen Programmpaketen zur Statistik sind diese Verfahren jedoch nicht enthalten.

Die Berechnung von exakten Überschreitungswahrscheinlichkeiten anhand aller möglichen Permutationen der Daten ist jedoch in der Regel gar nicht notwendig: Unter normalen Umständen können die Ergebnisse exakter Permutationstests sehr gut durch die üblichen parametrischen Verfahren angenähert werden.

Vor allem die Verteilung der üblichen t-Statistik über alle möglichen Aufteilungen der Daten auf zwei Gruppen kann für größere Fallzahlen gut durch die üblicherweise verwendete t-Verteilung approximiert werden. Der parametrische t-Test kann deshalb als *Approximation eines Permutationstests* interpretiert werden.

◊ Für die fiktiven Daten aus Tabelle 15.1 betrug der empirische Wert der Teststatistik $t_{emp} = 2{,}68$. Führt man in der üblichen Weise einen t-Test mit 8 Freiheitsgraden durch, beträgt die einseitige Überschreitungswahrscheinlichkeit $p = 0{,}014$. Dieser über die t-Verteilung ermittelte parametrische p-Wert entspricht recht genau der exakten Überschreitungswahrscheinlichkeit von 0,019, die wir aus der Menge der möglichen Permutationen in Tabelle 15.2 ermittelt haben.

Dementsprechend können auch andere parametrische Tests als Approximationen von Permutationstests verwendet werden, insbesondere die F-Tests der Haupteffekte in einfaktoriellen und den meisten mehrfaktoriellen Varianzanalysen.[738]

---

736 Marascuilo & McSweeney (1977, S. 267), Good (1994, S. 161-162), Bortz, Lienert & Boehnke (1990, S. 297)

737 Edgington (1995), Good (1994)

738 Bradbury (1987), Bredenkamp (1980, S. 21), Edgington (1995, S. 12), Still & White (1981), Willmes (1987, S. 2-3, 288-292)

Die aus den möglichen Permutationen der Daten und die aus den t- und F-Verteilungen berechneten p-Werte stimmen dabei in vielen Fällen hinreichend überein. Mitunter gibt es aber auch bemerkenswerte Abweichungen. Ihre Größe und ihre Richtung hängen von verschiedenen Faktoren ab: von der Anzahl der Untersuchungseinheiten, von der Gleichheit der Gruppengrößen und von der Form der Verteilung der Werte in den Gruppen. Die Bedeutung eventueller Abweichungen darf aber nicht überbewertet werden: Auch die aus den t- und F-Verteilungen berechneten Überschreitungswahrscheinlichkeiten können von den tatsächlichen Werten abweichen, wenn die Annahme der Normalverteilung und Varianzgleichheit der Verteilungen in den Populationen nicht zutreffend ist.

Es gibt jedoch auch einige statistische Verfahren, für die es keine entsprechenden Permutationstests gibt, die also auch nicht als Approximationen von Permutationstests interpretierbar sind. Dazu gehören beispielsweise die Interaktionstests in Varianzanalysen ohne Messwiederholung.[739] Für sie muss man streng genommen Annahmen über die Verteilung von Variablen in unbekannten Populationen treffen. Diese Voraussetzungen können jedoch auch als Theorie-Elemente ohne empirischen Gehalt interpretiert werden, so dass es unerheblich ist, ob sie tatsächlich empirisch erfüllt sind.

15.3.5 Generelle Anwendbarkeit von Permutationstests

Die bisherigen Überlegungen zu den Permutationstests bezogen sich auf den Fall von Experimenten, in denen die Personen den Gruppen zufällig zugeordnet wurden. Die Menge aller möglichen Aufteilungen der Daten auf die Untersuchungsbedingungen entspricht in diesem Fall den möglichen Ausgängen der experimentellen Randomisierungsprozedur.

Viele psychologische Fragestellungen beziehen sich aber nicht auf kausale, sondern auf assoziative Gesetzesannahmen (siehe oben Kapitel 7.2.7). Die entsprechenden empirischen Untersuchungen sind nicht experimentell, sondern korrelativ. Sie prüfen nicht die Wirkung unterschiedlicher Behandlungsbedingungen, denen Personen zufällig zugeordnet werden können, sondern vergleichen die Ausprägungen der interessierenden abhängigen Variablen für verschiedene vorgegebene Ausprägungen der unabhängigen Variablen.

◊ In einer Untersuchung zum Vergleich der Studienzufriedenheit verschiedener Fächer werden n_1 Studierende der Agrarwissenschaften, n_2 Studierende der Betriebswirtschaftslehre, n_3 Studierende der Biologie usw. untersucht. Die Personen werden diesen Studienfächern natürlich nicht vom Forscher zufällig zugeordnet. Die Zuordnung der Personen zu den Studienfächern steht vielmehr vor der Untersuchung fest.

[739] Willmes (1987, S. 12, 14, 299)

Auch in derartigen nicht-experimentellen, korrelativen Untersuchungen können Permutationstests angewendet werden.[740] Die untersuchten Personen (oder Merkmalsträger) müssen allerdings zufällige oder hinreichend unverzerrte Stichproben aus der interessierenden Population sein. Sind zwei Variablen in der Population statistisch unabhängig, dann sind alle möglichen Aufteilungen der beobachteten Werte gleich wahrscheinlich.[741]

◊ Wenn wir die psychologische Hypothese haben, dass die Studienzufriedenheit von Studierenden der Biologie und der Betriebswirtschaftslehre gleich ist, folgt daraus die statistische Hypothese, dass die Variable „Studienfach" (mit den Fächern Biologie und Betriebswirtschaft als Ausprägungen) und die Variable „Studienzufriedenheit" unabhängig sind. Wenn diese Unabhängigkeit besteht, sind in einer unverzerrten Stichprobe alle möglichen Aufteilungen der empirisch erhaltenen Werte der abhängigen Variablen „Studienzufriedenheit" auf die beiden Gruppen gleich wahrscheinlich.[742]

Eine gerichtete Alternative zur Annahme der Gleichwahrscheinlichkeit aller Permutationen der Daten lässt sich aus allen wissenschaftlichen Hypothese ableiten, die die Richtung von Assoziationen oder Mittelwertsunterschieden spezifizieren.

◊ Aus der psychologischen Hypothese, dass die Studienzufriedenheit in Biologie höher ist als in Betriebswirtschaftslehre (z.B. weil das Fach Biologie aus der Schule besser bekannt ist und die Studienfachwahl deshalb fundierter erfolgen konnte), folgt die Vorhersage, dass die Variable „Studienzufriedenheit" in der Gruppe der Biologiestudierenden „tendenziell größer" ist als bei den Betriebswirtschaftsstudierenden.

Konsequenzen

Die exakten und approximativen Permutationstests wurden hier so ausführlich dargestellt, um deutlich zu machen, dass man bei dieser Begründung der Anwendung von Signifikanztests in keiner Weise über das konkrete betrachtete Experiment und die tatsächlich erhaltenen Werte der AV hinausgehen muss: Notwendige Voraussetzung für die Durchführbarkeit von Signifikanztests ist vielmehr nur, dass man eine Verteilung einer Stichprobenstatistik als *Testverteilung* vorliegen hat. Wie wir im vorausgegangenen Kapitel 15.2 gesehen haben, werden Testverteilungen üblicherweise als Verteilungen der betreffenden Statistik bei unendlich vielen Zufallsstichproben des gleichen Umfangs aus der gleichen Population interpretiert.

---

740 Edgington (1995, S. 337), Freedman & Lane (1983a, 1983b), Marascuilo & McSweeney (1977, S. 276-277), Willmes (1987, S. 103-105), dagegen, allerdings unbegründet: Krauth (1986b, S. 192)

741 Zwei Variablen sind genau dann statistisch (oder stochastisch) unabhängig, wenn die (bedingten) Verteilungen der einen Variablen unter allen Ausprägungen der anderen Variablen gleich sind (Fisz, 1970, S. 74).

742 Auch wenn die Gruppierungsvariable A mehr als zwei Ausprägungen hat, sind alle möglichen Aufteilungen der Werte der abhängigen Variablen Y in $k > 2$ Gruppen gleich wahrscheinlich, falls Y und A unabhängig sind.

Wie die bisherigen Überlegungen in diesem Kapitel zeigen, kann man aber auch Testverteilungen generieren, indem man alle möglichen Zufallsaufteilungen eines vorliegenden Datensatzes betrachtet.

Liegen keine Zufallsstichproben vor, sind allerdings auch alle Rückschlüsse von den empirischen Ergebnissen auf Verteilungen und Parameterwerte in einer bestimmten realen Population mit größerer Unsicherheit behaftet. Ohne Zufallsstichproben sind Signifikanztests Strategien zur Generierung von Kriterien, um zu entscheiden, ob empirische Ergebnisse den Vorhersagen entsprechen, die aus den wissenschaftlichen Hypothesen abgeleitet worden sind.

15.3.6 Signifikanztests als Entscheidungsstrategien

In den größten Teilen der psychologischen Forschung werden keine Zufallsstichproben gezogen und keine Aussagen über Populationen angestrebt. Vielmehr werden empirische und insbesondere experimentelle Untersuchungen durchgeführt, um die Gültigkeit wissenschaftlicher Theorien, Modellvorstellungen und Erklärungen für konkrete und spezifische Situationen und Personen zu überprüfen. Dazu werden aus der interessierenden wissenschaftlichen Hypothese konkrete Vorhersagen über empirisch zu erwartende Ergebnisse abgeleitet. Signifikanztests werden dann als Strategie eingesetzt, um zu entscheiden, ob die erhaltenen Daten systematisch von diesen Vorhersagen abweichen oder nicht.

Derartige Entscheidungsstrategien sind aus strukturalistischer Sicht notwendig, um die erfolgreichen Anwendungsbereiche von Theorie-Elementen zu identifizieren. Aber auch Vertreter der Falsifikationsmethodologie betonen, dass Entscheidungskriterien immer dann (auf irgendeine Weise) festgelegt werden müssen, wenn Hypothesen nicht streng deterministisch formuliert oder die Daten nicht ganz fehlerfrei sind.[743]

Der Signifikanztest ist keineswegs die einzige Methode zur Festlegung von Entscheidungs- und Bewertungskriterien.[744] Gegenüber anderen möglichen Vorgehensweisen vereinigt er aber mehrere Vorteile in sich.

Erstens wird systematisch berücksichtigt, dass Beobachtungsdaten stets durch unvermeidliche Abweichungen von den Ceteris-paribus-Bedingungen und viele

---

743 Popper (1984, S. 145-146), Lakatos (1974b, S. 107)

744 Eine Alternative ist die gezielte und ausführliche *explorative Datenanalyse* (Jambu, 1992; Sedlmeier, 1996; Smith & Prentice, 1993; Tukey, 1977). Sie sollte den Signifikanztest jedoch eher ergänzen als ersetzen. So kann es bei nicht-signifikanten Mittelwertsunterschieden sinnvoll sein zu prüfen, ob die Gruppen sich in anderer Weise unterscheiden (Wilcox, 1995). Als Alternative zum Signifikanztest wird auch die Bayes-Statistik vorgeschlagen (Molenaar & Lewis, 1996; Oakes, 1986; Wendt, 1983; Winkler, 1993; Witte, 1980). Dabei müssen aber (subjektive) A-priori-Wahrscheinlichkeiten für die Richtigkeit der statistischen Hypothesen geschätzt werden.

Zufallsfaktoren beeinflusst werden. Durch Signifikanztests wird geprüft, ob über diese „Fehlervarianz“ hinaus noch systematische Unterschiede bestehen.

Zweitens können die Kriterien für diese Entscheidung konsistent und ohne unrealistische Annahmen begründet werden, wenn man das Permutationsprinzip heranzieht.

Drittens kann durch explizite Kontrolle sowohl der α- wie der β-Fehlerwahrscheinlichkeiten in systematischer Weise sowohl die Strenge wie das Wohlwollen der Prüfung beeinflusst werden. Dabei ist es hilfreich, dass die wichtigsten parametrischen Testverfahren als Approximationen von Permutationstests interpretiert werden können.

Viertens ist der Signifikanztest unter den Fachwissenschaftlern eine weithin akzeptierte Strategie zur Datenauswertung und Hypothesenprüfung. Derartige Konventionen sind ein notwendiger Bestandteil des fachwissenschaftlichen Paradigmas, ohne die eine normalwissenschaftliche Forschung nicht möglich ist.

Der Ausgang einer Entscheidung über eine empirische Hypothese hängt natürlich nicht nur von den gegebenen Daten ab, sondern auch von den Kriterien, die dabei zugrunde gelegt werden. Die in der Forschungspraxis immer noch weit verbreitete herkömmliche Form des Signifikanztests berücksichtigt bei der Entscheidung zwar, ob die empirischen Ergebnisse unter der Annahme der Nullhypothese eher unwahrscheinlich sind oder nicht, ignoriert aber sowohl die Größe des empirischen Effektes als auch die Teststärke $1-\beta$ (siehe oben Kapitel 15.1). Verbesserte Kriterien zur Entscheidung über statistische und empirische Hypothesen werden unten im Kapitel 17 beschrieben.

Der Ausgang einer signifikanzstatistischen Entscheidung hängt auch davon ab, welcher Test durchgeführt wird und welche Festlegungen dabei implizit oder explizit getroffen werden: Wird ein parametrischer t-Test durchgeführt, ein Rangtest oder ein Chi-Quadrat-Häufigkeitsvergleich? Wird das Signifikanzniveau auf 5% oder auf 1% gesetzt? Wird die Zahl der Untersuchungseinheiten willkürlich gewählt oder rational geplant? Wird bei einer Testplanung $1-\beta$ gleich 0,95 oder nur gleich 0,80 gesetzt? Sollen mit dieser Teststärke mittlere oder nur große Effekte entdeckt werden? Nimmt man die Varianzen als gleich an oder nicht? Werden A-priori- oder Post-hoc-Kontraste durchgeführt? Wird die Kumulation der α-Fehler ausgeglichen?

Zu jeder dieser Fragen gibt es in angewandter Statistik und psychologischer Methodenlehre eine mehr oder minder große Anzahl von Überlegungen, die in der Regel am Populationsmodell des Signifikanztests ausgerichtet sind und oft in unterschiedlichen Ergebnissen und Empfehlungen resultieren.

Betrachten wir den Signifikanztest als Teil einer Strategie, um zu Entscheidungen über empirische Hypothesen zu gelangen, müssen alle Bestimmungsstücke und Kriterien so gewählt werden, dass die Validität der Untersuchung maximiert wird, d.h. dass die Wahrscheinlichkeiten für falsche Entscheidungen über die empirische Hypothese minimiert werden.

Die notwendige Anzahl von Untersuchungseinheiten sollte stets systematisch so bestimmt werden, dass die interessierende Effekte mit hoher Wahrscheinlichkeit als signifikant entdeckt werden (siehe unten Kapitel 15.5). Die Untersuchungen haben dann in aller Regel eine höhere Validität als wenn man mit den gerade verfügbaren Gruppengrößen arbeitet.

In anderen Fällen ist nicht eindeutig zu bestimmen, ob eine bestimmte Veränderung bei der Durchführung eines Signifikanztests die Validität insgesamt erhöht oder nicht, man kann aber bestimmen, auf welche der beiden Komponenten der Validität, die Strenge und das Wohlwollen, sie positiv bzw. negativ wirken.

◊ Folgt aus der empirischen Hypothese die Erwartung, dass die Werte in der einen Gruppe größer sind als in der anderen, wird durch eine Verringerung des Signifikanzniveaus α von 0,05 auf 0,01 (bei Gleichheit aller anderen Bedingungen) die Strenge der Prüfung höher und das Wohlwollen geringer.

Eine begründete Entscheidung über derartige Testmerkmale ist dann möglich, wenn man vorher die Validitätskomponenten für die vorliegende Untersuchung gewichtet hat: Will man die empirische Hypothese eher auf eine strenge Prüfung stellen oder will man ihr eher wohlwollend eine gute Bewährungschance lassen?

◊ Mitunter ergibt sich für eine vorhergesagte Mittelwertsdifferenz ein p-Wert zwischen 0,01 und 0,05, das heißt sie wäre auf dem 5%-Niveau signifikant, nicht aber auf dem 1%-Niveau. Bei einer strengen Prüfung der empirischen Hypothese würde man sie als nicht (ausreichend) bestätigt ansehen. Bei einer wohlwollenden Prüfung dagegen könnte man sie auch als (eingeschränkt) bestätigt bezeichnen.

15.3.7 Unabhängigkeit der Beobachtungen

Sowohl bei Populationstests wie bei Permutationstests erfolgen die Ableitungen der Testverteilungen unter einer Voraussetzung, die unbedingt notwendig ist, aber dennoch oft übersehen wird: Die einzelnen Werte der abhängigen Variablen müssen voneinander unabhängig sein. Verletzungen dieser Annahmen können zu erheblichen Differenzen zwischen tatsächlichen und nominellen p-Werten führen.[745]

◊ Werden nach einem Forced-Compliance-Experiment die Meinungen der Untersuchungspersonen gleichzeitig in einer Schulklasse erhoben, ist zu erwarten, dass sie sich in ihren Antworten gegenseitig beeinflussen.

Da bei (approximativen) Permutationstests die parametrischen Annahmen über Normalverteilung und Varianzhomogenität entfallen, ist die Unabhängigkeit die einzige wesentliche Voraussetzung für ihre valide Anwendung. Bestehen Abhängigkeiten zwischen den Werten der abhängigen Variablen, ist die Annahme verletzt, unter der die Ableitung der Testverteilung erfolgt: dass alle Gruppenaufteilungen gleich wahrscheinlich sind.

---

[745] Kenny & Judd (1986), Stevens (1990, S. 43-47)

Sicherung der Unabhängigkeit

Da sich bei Abhängigkeiten zwischen einzelnen Werten der AV die Validität der Untersuchung vermindern kann, muss durch geeignete Maßnahmen bei der Durchführung der Untersuchung verhindert werden, dass die Merkmalsträger sich in irgendeiner Form gegenseitig beeinflussen. Sollen Eigenschaften, Verhaltensweisen, Leistungen oder Urteile einzelner Personen als AV erhoben werden, sollten deshalb mehrere Personen nur dann gemeinsam untersucht werden, wenn aufgrund der Aufgabencharakteristika und der räumlichen Bedingungen eine gegenseitige Beeinflussung ausgeschlossen werden kann.

Besonders groß ist die Gefahr von Abhängigkeiten zwischen verschiedenen Realisationen der AV, wenn diese von der gleichen Person stammen. Derartige Dopplungen können mitunter unbeabsichtigt und unbemerkt eintreten.

◊ Wenn wir die Studienzufriedenheit erheben, indem wir jeweils alle Teilnehmer mehrerer Lehrveranstaltungen befragen, kann es sein, dass Studierende in mehreren dieser Veranstaltungen sitzen. Um keine abhängigen Daten zu bekommen, müssen wir dafür sorgen, dass von jeder Person nur ein Fragebogen in die Auswertung eingeht.

Es gibt allerdings durchaus auch Situationen, in denen man mit gewisser Berechtigung annehmen kann, dass wiederholte Daten von der gleichen Person unabhängig sind. Dazu gehören vor allem psychophysische Experimente, bei denen die Person nach einer ausführlichen Trainingsphase verschiedene Töne, Gewichte usw. wiederholt beurteilen muss, ohne dass sie diese wiedererkennen kann.[746]

15.4 Berücksichtigung von Effektgrößen

Tritt in einem herkömmlichen Signifikanztest ein signifikantes Ergebnis auf, wird die Nullhypothese abgelehnt und die Alternativhypothese wird angenommen. Auf der Ebene der statistischen Hypothesen hat sich damit eine eindeutige Entscheidung ergeben. Auf der Ebene der uns primär interessierenden empirischen und wissenschaftlichen Hypothesen kann trotzdem die Wahrscheinlichkeit für Fehlentscheidungen erhöht sein, wenn die Größe des empirischen Effektes nicht berücksichtigt wird. Die Beziehungen werden zusammenfassend im Kapitel 15.4.4 dargestellt. Zuvor wird beschrieben, wie Effektgrößen ausgedrückt und bewertet werden können (Kapitel 15.4.1 bis 15.4.3).

15.4.1 Kategorien von Effektgrößen

Allgemein gesagt ist ein empirischer Effekt die Größe der Abweichung der empirischen Daten von der Situation, die bei Gültigkeit der (exakten) Nullhypothese zu erwarten ist. Statistisch gesehen sind Effektgrößen ein Maß für den

[746] Hays (1994, S. 407-408); siehe oben Kapitel 14.3.3

Zusammenhang zwischen zwei Variablen: Sind die Variablen unabhängig voneinander, ist die Effektgröße gleich Null. Effektgrößen ungleich Null zeigen also eine statistische Assoziation an.

In der einschlägigen Literatur finden sich zahlreiche verschiedene Effektgrößen. Zum einen legen verschiedene statistische Tests unterschiedliche Möglichkeiten nahe, die Größe von empirischen Effekten auszudrücken. Zum anderen gibt es bei jedem Test mehrere sinnvolle Möglichkeiten, Effektgrößen zu definieren.[747] Erstens kann man absolute und relative Effektgrößen unterscheiden. Zweitens können Effektgrößen auf Mittelwertsdifferenzen oder auf Varianzanteilen beruhen. Drittens gibt es neben einfach definierten Maßen für die empirischen Effekte meist noch etwas kompliziertere Ausdrücke, die erwartungstreue Schätzungen für die Populationseffekte darstellen.

Absolute und relative Effektgrößen

Beim Vergleich zweier Gruppen durch einen t-Test ist unter der exakten Nullhypothese die Gleichheit der Mittelwerte zu erwarten. Die tatsächliche Differenz der empirischen Mittelwerte ist ein absolutes Maß für die Größe des empirischen Effektes. Sie sind vor allem dann sinnvoll, wenn Prozentsätze oder bekannte Maßeinheiten als abhängige Variable betrachtet werden.

◊ Bei der Behandlung von chronisch schizophrenen Langzeitpatienten auf einer Station, die auf soziales Lernen ausgerichtet war, erreichten 10% der Patienten das Ziel, ein unabhängiges Leben zu führen, auf einer traditionell geführten Station jedoch keiner.[748]

◊ Im Experiment von Santa zur Dualen Kodierungstheorie von Paivio unterscheiden sich die Reaktionszeiten beim Wiedererkennen zwischen bildlichen und verbalen Bedingungen um etwa 100 msec.[749]

Schwierigkeiten bei der Interpretation von absoluten Effektgrößen treten auf, wenn keine Informationen über die Varianz der betrachteten abhängigen Variablen vorliegen. Beispielsweise ist eine Reaktionszeitdifferenz von 100 msec bei einer Standardabweichung von s = 500 *relativ* gesehen viel kleiner als bei s = 10.

Deshalb hat es Vorteile, Effektgrößen nicht in absoluter, sondern in relativer Form auszudrücken. Für den Vergleich zweier Mittelwerte wird ihre Differenz auf die gemeinsame Standardabweichung der Werte innerhalb der Gruppen relativiert. Die resultierende empirische Effektgröße bezeichnet man als d:[750]

---

747 Bredenkamp (1970), Hager (1983a; 1987, S. 214-215; 1996b), O'Grady (1982), Fowler (1987), Tatsuoka (1993), Richardson (1996)

748 Zimbardo & Gerrig (1999, S. 649-650)

749 Anderson (1996a, S. 105)

750 Diese Effektgröße wird bei Cohen (1988, S. 66) als d_s und bei Hedges & Olkin (1985, S. 78) als g bezeichnet. Im Nenner von d wird die gemeinsame Standardabweichung s_p aus (15–11) verwendet. Ihr Quadrat entspricht der varianzanalytischen Fehlervarianz (Mittlere Quadratsumme innerhalb der Gruppen, siehe unten Seite 381, Fußnote 811),

(15–19) $$d = \frac{\bar{y}_2 - \bar{y}_1}{s_p}.$$

◊ Für die Daten in Tabelle 15.1 sind die Mittelwerte 34,5 und 53,0, die gemeinsame Standardabweichung nach (15–14) beträgt $s_p = 10,7$.[751] Die Effektgröße ist d = 1,73.

◊ In der fiktiven Untersuchung der Studienzufriedenheit (siehe Seite 327) hat sich $\bar{y}_1$ = 12,0, $\bar{y}_2$ = 10,0, s_1 = 3,0 und s_2 = 4,0 ergeben. Die Schätzung für die gemeinsame Varianz war $s_p^2 = 12,38$, die Wurzel ist $s_p = 3,52$. Die Effektgröße ist dann d = 0,57.

Für jeden Stichprobeneffekt d kann ein Konfidenzintervall aufgestellt werden. Seine Breite hängt von der Größe des tatsächlichen Effektes ab, vor allem aber von der Zahl der Untersuchungseinheiten. Das Quadrat des Standardfehlers von d wird wie folgt geschätzt:[752]

(15–20) $$s_d^2 = \frac{n_1 + n_2}{n_1 n_2} + \frac{d^2}{2(n_1 + n_2)}$$

◊ Für die Beispieldaten mit d = 0,57; n_1 = 32 und n_2 = 30 ist $s_d^2 = 0,07$, der Standardfehler beträgt damit s_d = 0,26.

Das Konfidenzintervall für den tatsächlichen Effekt δ kann dann über die Normalverteilung approximiert werden. Für α = 0,05 ergibt sich:

(15–21) $$P(d - 1,96\, s_d \le \delta \le d + 1,96\, s_d) = 0,95.$$

◊ Die untere Grenze des 95%-Konfidenzintervalls ist $0,57 - 1,96 \cdot 0,26$ = 0,06, die obere Grenze entsprechend $0,57 + 0,51$ = 1,08. Es umfasst nicht den Wert Null, auch nach dieser Prüfmethode ist der Mittelwertsunterschied also signifikant.

Korrelationen und Varianzverhältnisse

Zur besseren Vergleichbarkeit der Effekte ist es sinnvoll, in verschiedenen Untersuchungen und für verschiedene Tests einen einheitlichen Index für die Größe eines Effektes zu verwenden. Dafür am besten geeignet sind (einfache bzw. multiple) *Korrelationen* (r bzw. R).[753] Quadriert man eine Korrelation, erhält man einen *Varianzanteil*, das heißt den Anteil an der Varianz der einen Variablen, der durch die andere Variable (bzw. die anderen Variablen) aufgeklärt wird.

---

die auch bei mehr als zwei Gruppen berechnet werden kann (Hager, 1996b, S. 92). Bei einer anderen Definition von d (Rosenthal, 1991, S. 14-16) beruht die gemeinsame Varianz nicht auf Division durch $n_1 + n_2 - 2$, sondern durch $n_1 + n_2$. Inhaltlich kann es in bestimmten Fällen sinnvoll sein, im Nenner von d nur die Standardabweichung der Werte in der Kontrollgruppe zu verwenden (Glass, McGaw & Smith, 1981). Zur erwartungstreuen Schätzung des Populationseffekts δ wird d etwas nach unten korrigiert (Fricke & Treinies, 1985, S. 76; Hedges & Olkin, 1985, S. 78-80). Diese Korrektur fällt umso geringer aus, je größer die Stichprobe ist.

751 In SPSS wird beim t-Test leider weder d noch s_p mit ausgegeben.

752 Fricke & Treinies (1985, S. 77), Hedges & Olkin (1985, S. 86)

753 Rosenthal (1991, S. 17-18)

Korrelationen und Varianzanteile drücken das Ausmaß des Zusammenhangs zwischen den beteiligten Variablen aus. Sie spiegeln damit die Information wider, die in Variablen über andere Variablen enthalten ist:[754] Müssen wir die Ausprägung einer Variablen Y bei zufällig ausgewählten Untersuchungseinheiten vorhersagen, ohne dass wir irgendeine Information über sie haben, ist die Varianz s_Y^2 ein Ausdruck für die Unsicherheit oder Fehlerhaftigkeit dieser Vorhersage. Kennen wir jedoch jeweils die Ausprägung einer mit Y assoziierten Variablen X, reduzieren sich diese Fehler und Unsicherheiten. Die bedingte Varianz $s^2_{Y|X}$, das ist die Varianz von Y für feste Ausprägungen von X, ist ein Ausdruck für diese reduzierte Unsicherheit. Die relative Reduktion an Unsicherheit wird durch einen Varianzanteil wie r^2 ausgedrückt:[755]

(15–22) $$r^2 = \frac{s^2_Y - s^2_{Y|X}}{s^2_Y}$$

Der mit 100 multiplizierte Varianzanteil ist also ein prozentuales Maß für die relative Reduktion an Unsicherheit oder Fehlerhaftigkeit.

◊ Die Korrelation zwischen den Noten in der Haupt- oder Realschule und beim Abschluss der Berufsausbildung beträgt r = 0,41.[756] Die gemeinsame Varianz ist $r^2 = 0{,}168$. Die Unsicherheit über die späteren Ausbildungsergebnisse von Jugendlichen wird also durch Kenntnis der Schulnoten um knapp 17% reduziert.

Etliche Effektgrößen lassen sich (zumindest unter bestimmten Annahmen) numerisch direkt in Korrelationen umrechnen. Außerdem können alle möglichen Effektgrößen indirekt in Korrelationen überführt werden, indem man sie jeweils auf die Standardnormalverteilung bezieht. Beide Wege werden im Folgenden erläutert.

15.4.2 Effektgrößen bei verschiedenen statistischen Tests

Die Effektgröße beim *t-Test* wird meist als standardisierte Mittelwertsdifferenz d ausgedrückt. Sind in einer empirischen Arbeit keine Effektgrößen angegeben (was leider noch sehr häufig vorkommt), können sie einfach aus den t-Werten errechnet werden. Dazu betrachten wir zunächst die Teststatistik t_{emp}, die nach Definition (15–13) in einer einfachen Beziehung zur zugehörigen Effektgröße d steht:

(15–23) $$t_{emp} = \frac{\bar{y}_2 - \bar{y}_1}{s_{\bar{y}_2 - \bar{y}_1}} = \frac{\bar{y}_2 - \bar{y}_1}{s_p \sqrt{\frac{n_1 + n_2}{n_1 n_2}}} = d \sqrt{\frac{n_1 n_2}{n_1 + n_2}} .$$

Die Umkehrung von (15–23) ergibt die Formel zur Berechnung von d- aus t-Werten:

---

[754] nach Hays (1994, S. 331-333)

[755] Bortz (1999, S. 198), entsprechendes gilt für R^2 und andere Varianzanteile

[756] Zimbardo & Gerrig (1999, S. 756)

(15–24) $$d = t_{emp} \sqrt{\frac{n_1 + n_2}{n_1 n_2}}.$$

◊ Für die Beispieldaten zur Studienzufriedenheit mit $n_1 = 32$ und $n_2 = 30$ haben wir ein t = 2,24 berechnet. Es entspricht nach (15–24) d = 0,57, was mit dem über (15–19) direkt berechneten d-Wert übereinstimmt.

Jede empirische t-Teststatistik (und damit jede Effektgröße d) kann leicht in einen Produkt-Moment-Korrelationskoeffizienten (und damit in einen anderen Ausdruck für die Größe des empirischen Effektes) umgerechnet werden:[757]

(15–25) $$r = \sqrt{\frac{t_{emp}^2}{t_{emp}^2 + (n_1 + n_2 - 2)}}$$

◊ Für das Beispiel zur Studienzufriedenheit mit d = 0,57 und t = 2,24 ergibt sich r = 0,28.
◊ Für die Daten in Tabelle 15.1 mit $n_1 = 4$, $n_2 = 6$, d = 1,73 und t = 2,68 ist r = 0,69.

Diese aus d- oder t-Werten berechneten Korrelationen entsprechen genau der üblichen Produkt-Moment-Korrelation zwischen den Werten der Personen auf der abhängigen Variablen Y und ihren Werten auf einer Kodiervariablen G für die Gruppenzugehörigkeit.[758] Die Prüfung eines Mittelwertsunterschieds zwischen zwei Gruppen durch einen t-Test mit der exakten H_0: $\mu_2 - \mu_1 = 0$ und die Prüfung der entsprechenden Produkt-Moment-Korrelation durch den t-Test mit der exakten H_0: $\rho_{GY} = 0$ sind dementsprechend äquivalent und führen zu numerisch identischen Ergebnissen.[759]

◊ Um dies deutlich zu machen, sind die Daten des fiktiven Zweigruppenvergleichs aus Tabelle 15.1 in der Tabelle 15.4 in anderer Weise angeordnet. Die Werte der abhängigen Variablen für alle 10 Personen sind in der Spalte Y aufgeführt. Die Gruppenzugehörigkeit der Personen ist durch die Gruppierungsvariable G ausgedrückt. Sie ist so definiert, dass Personen aus der Kontrollgruppe den Wert von 0 und Personen aus der Behandlungsgruppe den Wert 1 haben. Berechnet man die Produkt-Moment-Korrelation zwischen Y und G, ergibt sich wiederum r = 0,69.[760]

---

757 Fricke & Treinies (1985, S. 110), Rosenthal (1991, S. 25)

758 Diese Korrelation wird häufig als punkt-biseriale Korrelation bezeichnet (Bortz, 1999, S. 215; Fricke & Treinies, 1985, S. 110). Dies ist nur ein (rechnerisch einfacherer) Spezialfall der Produkt-Moment-Korrelation für den Fall einer kontinuierlichen und einer zweiwertigen (dichotomen) Variablen.

759 Ein varianzanalytischer F-Test auf Gleichheit der Mittelwerte in J Gruppen ist dementsprechend äquivalent mit einem F-Test der multiplen Korrelation zwischen der abhängigen Variablen und $J - 1$ Gruppierungsvariablen (Bortz, 1999, S. 475-480; Hays, 1994, S. 745-758). Wegen dieser Äquivalenzen ist es irreführend, wenn in Statistikbüchern zwischen Tests zur Prüfung von Unterschiedshypothesen und Tests zur Überprüfung von Zusammenhangshypothesen unterschieden wird.

760 In SPSS und anderen Statistikprogrammen muss die Gruppenzugehörigkeit der Personen in jedem Fall durch derartige Kodiervariablen angegeben werden. Für den Vergleich

Tabelle 15.4: Fiktive empirische Ergebnisse in Korrelationsdarstellung

Y	G
17	0
36	1
39	0
40	0
42	0
48	1
54	1
55	1
61	1
64	1

Effektgrößen bei der Varianzanalyse

Hypothesen über die Gleichheit oder Ungleichheit von mehr als zwei Mittelwerten können durch den varianzanalytischen F-Test geprüft werden. Für einen Faktor A mit J Ausprägungen kann die Teststatistik folgendermaßen geschrieben werden:[761]

(15–26) $$F = \frac{QS_A/(J-1)}{QS_{Fehler}/J(n-1)} = \frac{MQS_A}{MQS_{Fehler}}$$

QS_A und QS_{Fehler} sind dabei die Quadratsummen zwischen bzw. innerhalb der Ausprägungen des Faktors A, MQS_A und MQS_{Fehler} sind die mittleren Quadratsummen, die Schätzungen der entsprechenden Varianzen darstellen.[762]

Die Größe eines empirischen Effekts bei einer Varianzanalyse kann durch ein Verhältnis von Quadratsummen ausgedrückt werden, das als η^2 bezeichnet wird und äquivalent zu einer quadrierten (multiplen) Korrelation R^2 ist. Für den Effekt des Faktors A auf die abhängige Variable beispielsweise ist dieser Koeffizient folgendermaßen definiert:[763]

---

zweier Gruppen mit dem t-Test kann die Effektgröße r deshalb einfach durch Korrelation der AV mit der Kodiervariablen errechnet werden.

761 Bortz (1999, S. 237-247), Hays (1994, Kap. 10.10-10.12)

762 QS_A (oder $QS_{zwischen}$) ist die Summe der quadrierten Abweichungen der Mittelwerte der Ausprägungen des Faktors A vom Gesamtmittelwert. QS_{Fehler} (oder $QS_{innerhalb}$) ist die Summe der quadrierten Abweichungen der einzelnen Y-Werte von ihrem jeweiligen Gruppenmittelwert. QS_{total} ist die Summe der quadratischen Abweichungen der Werte vom Gesamtmittelwert. Bei der einfaktoriellen Varianzanalyse ist $QS_{total} = QS_A + QS_{Fehler}$.

763 Bortz (1999, S. 244-245), Hays (1994, S. 332, 401-403), Hager (1987, S. 144-145). Da diese Effektgröße kein Populationsparameter ist, sollte sie eigentlich nicht mit einem griechischen Buchstaben bezeichnet werden, doch hat die Bezeichnung η^2 sich weitgehend eingebürgert. Bei einer einfaktoriellen Varianzanalyse ist η^2_A äquivalent zur quadrierten multiplen Korrelation R^2 zwischen Y und $J-1$ Kodiervariablen. Die entsprechenden Varianzanteile in der Population, ω^2 bzw. ρ^2, werden etwas

(15–27) $$\eta_A^2 = \frac{QS_A}{QS_A + QS_{Fehler}}.$$

Dieser Varianzanteil ist per definitionem auf den Wertebereich zwischen 0 und 1 beschränkt. Haben wir nur eine unabhängige Variable, ist der Nenner gleich der totalen Quadratsumme, und der Quotient gibt den Anteil der Varianz der AV Y an, der durch eine unabhängige Variable A erklärt wird. Bei einem mehrfaktoriellen Versuchsplan gibt η_A^2 den Anteil von A an der Varianz von Y an, nachdem der Einfluss der anderen Variablen und der Interaktionen auspartialisiert worden ist.[764]

Für Effekte in der Varianzanalyse wird häufiger auch der Koeffizient f^2 verwendet:[765]

(15–28) $$f_A^2 = \frac{QS_A}{QS_{Fehler}}.$$

Die Varianz zwischen den Gruppen wird hier nicht zur Gesamtvarianz, sondern zur Varianz innerhalb der Gruppen in Beziehung gesetzt wird. Der Koeffizient f^2 ist also kein Varianzanteil und nicht auf den Bereich zwischen 0 und 1 beschränkt. Er lässt sich eindeutig in η^2 umrechnen (und umgekehrt).

In den Ausdrucken der Statistikprogramme und den Ergebnisteilen von wissenschaftlichen Arbeiten werden leider häufig die Effektgrößen nicht mit ausgegeben.[766] Da in den typischen Ergebnistabellen für Varianzanalyse jedoch immer die Quadratsummen aufgeführt sind, lassen sich die Effektgrößen auch nachträglich einfach berechnen.

◊ Die fiktiven Daten aus des Zweigruppenvergleichs aus Tabelle 15.1 und Tabelle 15.4 wurden in SPSS ausgewertet.[767] Die Tabelle 15.5 ist die von SPSS ausgegebene vollständige Ergebnistabelle. Die in ihr enthaltenen Größen entsprechen den üblichen Werten für den t-Test, die wir im Vorangegangenen berechnet haben. Zieht man aus dem in der Zeile G angegebene F = 7,166 die Wurzel, erhält man das oben berechnete t = 2,68, denn eine F-Variable mit einem (Zähler-)Freiheitsgrad ist stets gleich einer quadrierten t-verteilten Variable. Da die Varianzanalyse die Mittelwertsgleichheit ungerichtet prüft, ist das für den Faktor G angegebene p = 0,028 (Spalte „Signifikanz") genau das Doppelte des für die t-Verteilung ermittelten einseitigen p = 0,014. Die

---

überschätzt (Hays, 1994, S. 408-409, 498-500; Keppel, 1991, S. 64-66; Richardson, 1996, S. 18-19).

764 Der in (15–27) definierte Quotient ist ein partielles η^2. Beim üblichen, semi-partiellen η^2 steht im Nenner die gesamte Quadratsumme (Bortz, 1999, S. 289; Bredenkamp, 1980, S. 70-71; Hager, 1987, S. 144-145, 227-228).

765 Cohen (1988 S. 276)

766 In SPSS wird η^2 auf Wunsch mit ausgegeben: im Menu *Mittelwerte* durch die Option „ANOVA-Tabelle und eta", im *Allgemeinen linearen Modell* durch „Schätzer der Effektgröße".

767 Menü: „Allgemeines lineares Modell: allgemein mehrfaktoriell" mit Option „Schätzer der Effektgröße"; Syntax: UNIANOVA mit /PRINT=ETASQ

Wurzel aus dem $\eta^2 = 0,473$ schließlich ergibt die berechnete Korrelation r = 0,69, denn es ist $\eta^2 = r^2$. Der Varianzanteil η^2 ergibt sich definitionsgemäß, wenn wir die in der Tabelle angegebene Quadratsumme zulasten des Faktors G (QS_G = 821,4) durch die (korrigierte) Gesamtquadratsumme (QS_{total} = 1738,4) teilen.[768] Er ist auch noch einmal unterhalb der Tabelle als R-Quadrat für das gesamte korrigierte Modell angegeben.[769]

Tabelle 15.5: Ergebnistabelle für die Daten aus Tabelle 15.1 und Tabelle 15.4

Tests der Zwischensubjekteffekte

Abhängige Variable: Y

Quelle	Quadratsumme vom Typ III	df	Mittel der Quadrate	F	Signifikanz	Eta-Quadrat
Korrigiertes Modell	821,4 [a]	1	821,4	7,17	,028	,473
Konstanter Term	18375,0	1	18375,0	160,31	,000	,952
G	821,4	1	821,4	7,17	,028	,473
Fehler	917,0	8	114,6			
Gesamt	22532,0	10				
Korrigierte Gesamtvariation	1738,4	9				

[a] R-Quadrat = ,473 (korrigiertes R-Quadrat = ,407)

Effektgrößen bei Korrelationen

In nicht-experimentellen Untersuchungen werden sehr häufig die Produkt-Moment-Korrelationen zwischen Variablen betrachtet, die kontinuierlich sind, das heißt die jeweils sehr viele, im Prinzip sogar unendlich viele Ausprägungen annehmen können. Aus der psychologischen Hypothese folgt dabei meist eine gerichtete Vorhersage darüber, dass beide Variablen in bestimmter Richtung zusammenhängen.

◊ Aus psychologischen Konzeptionen zur Arbeitszufriedenheit folgt, dass die Arbeitszufriedenheit positiv mit dem Jahresverdienst und negativ mit den Fehlzeiten korreliert.

Ob eine empirische Korrelationen systematisch von Null abweicht, kann mit Hilfe eines t-Tests geprüft werden:[770]

(15–29) $$t = \frac{r}{\sqrt{1-r^2}}\sqrt{n-2}$$

Möglich sind dabei je nach empirischer Vorhersage einseitige Tests (z.B. der H_0: $\rho \leq 0$ gegen die H_1: $\rho > 0$) oder zweiseitige Tests (H_0: $\rho = 0$ gegen H_1: $\rho \neq 0$). Als

768 Diese Quadratsumme wird als korrigierte bezeichnet, weil die hier inhaltlich nicht interessierende Abweichung des Gesamtmittelwerts von Null (Zeile „konstanter Term“) unberücksichtigt bleibt.

769 Das korrigierte R^2 = 0,407 ist eine erwartungstreue Schätzung des tatsächlichen Varianzanteils.

770 Bortz (1999, S. 207), Hays (1994, Kap. 14.21)

empirische Effektgröße kann direkt die Größe der empirischen Korrelation r verwendet werden. Man kann aber auch die quadrierte Korrelation r^2 verwenden, da dieser *Determinationskoeffizient* den Anteil der Varianz ausdrückt, den beide Variablen gemeinsam haben.

Effektgrößen bei multiplen Regressionen

Psychologische Hypothesen über den Zusammenhang zwischen einer abhängigen Variablen und mehreren unabhängigen Variablen können mit Hilfe der multiplen Regression geprüft werden. Die abhängige Variable wird dabei meist als *Kriterium* bezeichnet, die unabhängigen Variablen als *Prädiktoren*. Bei der multiplen Regression wird berechnet, wie die unabhängigen Variablen in einer linearen Funktion kombiniert werden müssen, damit die abhängige Variable möglichst genau vorausgesagt werden kann.[771]

◊ Nach der Theorie der Person-Umwelt-Passung hängt die Zufriedenheit von Studierenden davon ab, inwieweit aus ihrer Sicht ihre Fähigkeiten den Studienanforderungen entsprechen und inwieweit sie ihre Bedürfnisse durch das Studium erfüllen können.[772] Bestimmt man durch geeignete Fragebögen quantitative Werte für die Zufriedenheit Y, die subjektive Überforderung X_1 und die subjektive Bedürfniserfüllung X_2, ist ein Zusammenhang zwischen X_1 und X_2 einerseits und Y andererseits zu erwarten.

Ob der Zusammenhang zwischen Prädiktoren und Kriterium systematisch von Null abweicht, kann durch einen F-Test geprüft werden. Die Teststatistik kann folgendermaßen geschrieben werden:[773]

$$F = \frac{R^2}{1 - R^2} \frac{N - J - 1}{J}. \tag{15–30}$$

Dabei ist N die Zahl der Personen, und J ist die Zahl der Prädiktoren. R ist die multiple Korrelation zwischen den Prädiktoren und dem Kriterium. Sie ist ein Maß für die Größe des linearen Zusammenhangs zwischen Prädiktoren und Kriterium und damit ein Index für die Größe des Effektes.

Effektgrößen bei Chi-Quadrat-Tests

Psychologische Zusammenhangshypothesen werden empirisch oft an Variablen untersucht, die nicht quantitativ sind, sondern mehrere qualitativ verschiedene Ausprägungen annehmen können. Sie werden als nominale Variablen bezeichnet.

---

771 Bortz (1999, S. 433-456), Hays (1994, Kap. 15), besonders gute Darstellungen: Cohen & Cohen (1983), Pedhazur (1982), Tabachnick & Fidell (1989)

772 Person-environment fit theory (Caplan, 1987; Harrison, 1978; Spies, Westermann, Heise & Hagen, 1998; Spies, Westermann, Heise & Schiffler, 1996)

773 Bortz (1999, S. 435-436)

◊ In einer Untersuchung zur Arbeitszufriedenheit werden die Personen unter anderem gefragt, ob ihre berufliche Tätigkeit hauptsächlich handwerklich, kaufmännisch oder sozial-kommunikativ geprägt ist. Außerdem werden sie gefragt, ob ihre Freizeitbeschäftigungen eher individuell oder eher gruppenorientiert sind. Erwartet wird eine positive Assoziation zwischen diesen beiden nominalen Variablen.

Hypothesen über die Abhängigkeit bzw. Unabhängigkeit von zwei nominalen Variablen können durch Chi-Quadrat-Tests geprüft werden. Ausgangspunkt sind jeweils die Häufigkeitsdaten aus einer sog. *Kontingenztafel.* Sie enthält die beobachteten Häufigkeiten (fb), mit der die verschiedenen Ausprägungen der beiden Variablen und die verschiedenen Ausprägungskombinationen aufgetreten sind. Zur Verdeutlichung der üblichen Bezeichnungen für diese Häufigkeiten ist in Tabelle 15.6 eine 2-mal-3-Kontingenztafel dargestellt.

Tabelle 15.6: Kontingenztafel: Bezeichnungen für beobachtete Häufigkeiten

	A_1	A_2	A_3	
B_1	fb_{11}	fb_{12}	fb_{13}	$fb_{1\bullet}$
B_2	fb_{21}	fb_{22}	fb_{23}	$fb_{2\bullet}$
	$fb_{\bullet 1}$	$fb_{\bullet 2}$	$fb_{\bullet 3}$	N

Durch den Chi-Quadrat-Test werden die beobachteten Häufigkeiten fb_{ij} in den einzelnen Ausprägungskombinationen mit den Häufigkeiten fe_{ij} verglichen, die unter der Annahme der Unabhängigkeit der beiden Variablen A und B zu erwarten sind. Diese Häufigkeiten ergeben sich aus der Multiplikation der entsprechenden Randhäufigkeiten:

(15–31) $$fe_{ij} = \frac{fb_{i\bullet} \cdot fb_{\bullet j}}{N}.$$

Die Teststatistik des Chi-Quadrat-Tests ist folgendermaßen definiert:[774]

(15–32) $$\chi^2 = \sum_{j=1}^{k} \sum_{i=1}^{r} \frac{\left(fb_{ij} - fe_{ij}\right)^2}{fe_{ij}}.$$

Eine Effektgröße, das heißt ein Maß für die Größe der Assoziation zwischen den Variablen, erhält man, wenn man nach einer strukturgleichen Formel beobachtete und erwartete *relative* Häufigkeiten in Beziehung setzt.[775]

(15–33) $$w = \sqrt{\sum_{j=1}^{k} \sum_{i=1}^{r} \frac{\left(rhb_{ij} - rhe_{ij}\right)^2}{rhe_{ij}}}.$$

[774] Bortz (1999, S. 153), Hays (1994, S. 858)

[775] Cohen (1988, S. 216). Dabei gilt jeweils $rhe_{ij} = fe_{ij}/N$ und $rhb_{ij} = fb_{ij}/N$.

Zwischen der Teststatistik und der Effektgröße bestehen einfache Beziehungen:

$$(15\text{–}34) \qquad \chi^2 = w^2 \cdot N \qquad \text{bzw.} \qquad w = \sqrt{\chi^2 / N}\,.$$

Wenn w = 0 ist, sind die beiden nominalen Variablen unabhängig voneinander. Der maximale Wert von w hängt von der Mindestzahl der Ausprägungen in der Kontingenztafel ab. Haben wir zwei Faktoren mit J und K Ausprägungen und ist m die kleinere dieser beiden Zahlen, ist der Maximalwert von w gleich $\sqrt{m-1}$. Deshalb wird eine standardisierte Effektgröße definiert, indem w durch diesen Maximalwert geteilt wird. Sie entspricht dem Assoziationskoeffizienten von Cramér:[776]

$$(15\text{–}35) \qquad \phi' = \frac{w}{\sqrt{m-1}}\,.$$

Diese Effektgröße liegt zwar stets zwischen 0 und 1, sie entspricht aber keinem Korrelationskoeffizienten und lässt sich auch nicht direkt in einen umrechnen.

Haben beide Variablen genau zwei Ausprägungen, reduziert sich die Kontingenztafel zu einer *Vierfeldertafel*. In diesem Fall sind die Koeffizienten w und ϕ' identisch. Außerdem sind beide äquivalent zu einer Produkt-Moment-Korrelation. Diese spezielle Korrelation zwischen zwei Variablen mit jeweils zwei Ausprägungen wird auch als *Punkt-Vierfelder*-Korrelation- oder *Phi-Korrelation* bezeichnet.

Transformationen von Effektgrößen in Korrelationskoeffizienten

Etliche Teststatistiken, wie z.B. die Rangsumme nach Wilcoxon und das ϕ' für Kontingenztafeln mit mehr als vier Feldern, können nicht eindeutig in einen Korrelationskoeffizienten umgerechnet werden. Um sie dennoch mit anderen Effektgrößen vergleichbar zu machen, kann man eine indirekte Transformation über die Normalverteilung vornehmen.[777] Dazu stellt man für die ermittelte Teststatistik die Überschreitungswahrscheinlichkeit p unter der Nullhypothese fest und bestimmt den Wert z einer Standardnormalverteilung, für den die Überschreitungswahrscheinlichkeit gleich p ist. Eine brauchbare Schätzung für die Effektgröße ist dann:

$$(15\text{–}36) \qquad \hat{r} = \frac{z}{\sqrt{n_1 + n_2}}\,.$$

Diese indirekte und approximative Umwandlung von Effektgrößen in Korrelationskoeffizienten ist für alle Arten von nicht-parametrischen Test möglich, also z.B. für Chi-Quadrat-Tests auf Unabhängigkeit für größere Kontingenztafeln, den U-Test zum Vergleich zweier Gruppen und die Rangvarianzanalyse von Friedman.

---

776 Cohen (1988, S. 223), Hays (1994, S. 869)

777 Rosenthal (1991, S. 19)

◊ Die Auswertung der $n_1 + n_2 = 10$ Datenwerte aus Tabelle 15.1 mit dem Rangtest ergibt Teststatistiken U = 3 (Mann-Whitney) bzw. T = 13 (Rangsumme nach Wilcoxon) und eine exakte einseitige Überschreitungswahrscheinlichkeit von p = 0,033. In der Standardnormalverteilung gehört dieser p-Wert zu z = 1,84. Daraus ergibt sich nach (15–36) eine ungefähre Effektgröße $\hat{r}$ von 0,58. Sie liegt zumindest im gleichen Bereich wie die Korrelation r = 0,69, die aus der Effektgröße d bzw. direkt mit der Kodiervariablen berechnet wurde.

15.4.3 Bewertung der Größe von Effekten

Da die Abweichungen von der Nullhypothese prinzipiell beliebig klein und beliebig groß sein können, benötigt man Kriterien für die Bewertung von empirischen Effektgrößen: Ist eine empirische Effektgröße, die sich in einer konkreten empirischen Untersuchung ergeben hat, eher groß oder eher klein? Oder ist sie gar außergewöhnlich hoch oder ungewöhnlich gering? Dabei können verschiedene Gesichtspunkte berücksichtigt werden.

In der Regel hängt die adäquate Bewertung der Größe von Effekten von den betrachteten Phänomenbereichen und Zusammenhängen ab. Zum einen werden die zu erwartenden Effektgrößen von den betrachteten abhängigen Variablen bestimmt.

◊ Im Allgemeinen lassen sich spezifische Meinungen von Personen (z.B. zur Senkung des Wahlalters) leichter und stärker beeinflussen als übergreifende Einstellungen (z.B. zur repräsentativen Demokratie). Noch schwerer zu modifizieren sind Persönlichkeitsmerkmale (z.B. Extraversion) oder kognitive Kapazitäten (z.B. Intelligenz). Haben eine Maßnahme zur Förderung der Intelligenz und eine Maßnahme zur Änderung einer Meinung jeweils einen Effekt von d = 0,50, so ist der hervorgerufene Intelligenzunterschied deshalb inhaltlich bedeutsamer als der numerisch gleich große Meinungsunterschied.

Zum anderen sind bei sehr deutlichen Unterschieden zwischen den untersuchten Gruppen größere Effekte zu erwarten, als wenn zwischen den Ausprägungen der unabhängigen Variablen kaum spürbaren Abstufungen bestehen.

◊ Der Effekt der Belohnung auf die Meinungsänderung ist bei Gruppen mit 1 DM, 8 DM und 80 DM Belohnung vermutlich größer als bei 1 DM, 5 DM und 8 DM.

Die relativen Effektgrößen sind von der Unterschiedlichkeit der Werte innerhalb der Gruppen abhängig. Bei d beispielsweise wird die Mittelwertsdifferenz auf die gemeinsame Standardabweichung s_p relativiert. Unter sonst gleichen Bedingungen sind relative Effektgrößen deshalb um so höher, je kleiner diese sog. Binnenvarianzen sind. Diese Binnenvarianz wird in einigen Experimenten gezielt verringert: durch Konstanthaltung oder Elimination von Störfaktoren sowie durch Einführung weiterer relevanter Faktoren in den Versuchsplan. Dadurch erhöhen sich die relativen Effektgrößen für den interessierenden Faktor, ohne dass sich an den absoluten Effekten etwas geändert hat. Dies muss bei der Bewertung berücksichtigt werden.

Die Bewertung von Effekten kann sich auch an Ergebnissen bisheriger Untersuchungen zu ähnlichen Fragestellungen, Variablen oder Zusammenhängen orientieren. Sehr nützlich sind dafür die Ergebnisse von *Meta-Analysen*. Sie fassen die quantitativen Ergebnisse aller (vorliegenden) Untersuchungen zu einer bestimmten Fragestellung statistisch zusammen. Dazu werden unter anderem Mittelwerte der Effektgrößen über alle Untersuchungen berechnet.

◊ Eine frühe Meta-Analyse zum Erfolg von psychotherapeutischen Verfahren erbrachte bei 833 Vergleichen einer Therapie- mit einer Kontrollgruppe aus 375 verschiedenen empirischen Studien eine durchschnittliche Effektgröße von d = 0,68. [778] Dabei waren die durchschnittlichen Effekte bei der systematischen Desensibilisierung am größten und bei der Gestalttherapie am kleinsten. Die erwarteten Effekte in nachfolgenden Erfolgsuntersuchungen können an derartigen Mittelwerten ausgerichtet werden.

Stehen keine spezifischen Anhaltspunkte zur Verfügung, kann man sich an den allgemeinen Richtgrößen orientieren, die Jacob Cohen entwickelt hat.[779] Für verschiedene Arten von Signifikanztests und Effektmaßen hat er dabei jeweils Konventionen für kleine, mittlere und große Effekte vorgeschlagen.

Für die Effektgröße d beim t-Test mit unabhängigen Gruppen ist d = 0,20 ein kleiner, d = 0,50 ein mittlerer und d = 0,80 ein großer Effekt. Bei einem mittleren Effekt unterscheiden sich die Mittelwerte also um eine halbe Standardabweichung.

Selbst ein großer Effekt von 0,80 scheint gering zu sein, da der Mittelwertsunterschied weniger als eine Standardabweichung beträgt. Cohens Konventionen orientieren sich jedoch an einer Analyse der Effektgrößen, die in verschiedenen Bereichen der Verhaltenswissenschaften typischerweise zu finden sind. So haben empirische Untersuchungen, die in guten Fachzeitschriften für klinisch-psychologische und sozialpsychologische Forschung veröffentlicht worden sind, im Durchschnitt Effekte erbracht, die nach der Klassifikation von Cohen mittelgroß sind. Auch Unterschiede, die uns aus der Alltagsanschauung wohlbekannt und deutlich erscheinen, bewegen sich in diesem Bereich:[780]

◊ Der mittlere Unterschied in der Körpergröße zwischen 13 und 18 Jahre alten Frauen entspricht einem großen Effekt. Die mittleren IQ-Differenzen zwischen Akademikern, Büroangestellten und angelernten Arbeitern entsprechen jeweils einem mittleren Effekt.

◊ Ein Doppelblindversuch zur Senkung des Herzinfarktrisikos durch Aspirin wurde 1987 abgebrochen, weil es auf Grund der Zwischenergebnisse ethisch nicht vertretbar schien, der Kontrollgruppe statt des wirksamen Medikaments ein Placebo zu geben. Tatsächlich war die Wirkung zwar signifikant (bei über 22000 Probanden), die Effektgröße betrug aber nur r = 0,034, der Varianzanteil also nur 0,1 %.

---

[778] Smith & Glass (1977)

[779] Cohen (1988, 1992)

[780] Cohen (1988, S. 25-27), Cooper & Findley (1982), Prentice & Miller (1992), Rosenthal (1991, S. 135), Sedlmeier & Gigerenzer (1989)

Die Empfehlungen für große, mittlere und kleine Effekte für wichtige Testverfahren sind in Tabelle 15.7 zusammengefasst. Zur besseren Vergleichbarkeit sind jeweils auch die entsprechenden Korrelationskoeffizienten angegeben.[781]

Tabelle 15.7: Konventionen für Effektgrößen bei verschiedenen Tests[782]

Verfahren		Index	Konventionen klein	mittel	groß
Mittelwertsvergleich	t-Test	d	0,20	0,50	0,80
		r	0,10	0,24	0,37
Varianzanalyse	F-Test	f	0,10	0,25	0,40
		$\eta = R$	0,10	0,24	0,37
Korrelation	t-Test	r	0,10	0,30	0,50
Multiple Regression	F-Test	f	0,14	0,39	0,59
		R	0,14	0,36	0,51
Häufigkeiten	Binomialtest	g	0,05	0,15	0,25
		r	1)	1)	1)
Unabhängigkeit	χ^2-Test	w	0,10	0,30	0,50
		r	2)	2)	2)

1) nur approximative Umrechnung über Normalverteilung möglich

2) bei Vierfeldertafel: w = r, sonst nur approximative Umrechnung möglich

15.4.4 Teststatistik und Effektgröße

Allgemein gesagt drücken *empirische Effektgrößen* die Größe der Abweichungen der empirischen Daten von der Nullhypothese aus. Wie wir in vorangegangenen Kapiteln 15.4.1 bis 15.4.3 gesehen haben, sind Effektgrößen stets unabhängig von der Anzahl der Untersuchungspersonen definiert. In Teststatistiken hingegen geht zusätzlich immer noch Information über den Umfang der Untersuchungsgruppen ein. Beispielsweise gilt nach (15–23) für die t-Statistik

$$(15\text{–}37) \qquad t_{emp} = \frac{\bar{y}_2 - \bar{y}_1}{s_p} \sqrt{\frac{n_1 n_2}{n_1 + n_2}} = d \sqrt{\frac{n_1 n_2}{n_1 + n_2}} .$$

---

781 Bei den Konventionen sind auch die unterschiedlichen Untersuchungsarten und Gegenstandsbereiche berücksichtigt. So ist in einer Korrelationsstudie ein r = 0,30 ein mittlerer Effekt, in einem Experiment aber schon ein r = 0,24. Prinzipiell sind höhere Zusammenhänge zu erwarten, wenn beide Variablen frei variieren können. Wenn im Experiment die realisierten Ausprägungen nur einen Teil des möglichen Variationsbereiches abdecken, führt diese Einschränkung zu geringeren Assoziationen (restriction of range, Bortz, 1999, S. 205-206; Hays, 1994, S. 621).

782 nach Cohen (1988, 1992, S. 157)

Der erste Faktor der t-Statistik ist also gleich der empirischen Effektgröße d. In den zweiten Faktor gehen ausschließlich die Umfänge n_1 und n_2 der beiden Untersuchungsgruppen ein. Zusammenfassend haben wir also die folgende konzeptuelle Beziehung:[783]

- Teststatistik = Effektgröße × Untersuchungsumfang.

Diese Beziehung gilt beispielsweise für die Teststatistiken (15–29) und (15–30) für die einfache und multiple Korrelation sowie (15–34) für den Chi-Quadrat-Test. Auch die Teststatistik für die Varianzanalyse in (15–26) kann so umformuliert werden, dass sie aus einer Effektgröße, in (15–28) als f^2 definiert, und einem Faktor für den Untersuchungsumfang besteht:

(15–38) $$F = \frac{QS_A}{QS_{Fehler}} \frac{J(n-1)}{J-1} = f_A^2 \frac{J(n-1)}{J-1}.$$

An diesem einfachen Aufbau von Teststatistiken lassen sich eine Reihe von Zusammenhängen verdeutlichen, die für die Interpretation statistischer Ergebnisse von entscheidender Bedeutung sind, aber oft übersehen werden.

Da jede Teststatistik von der Effektgröße und dem Untersuchungsumfang bestimmt wird, kann sie groß und signifikant werden, obwohl nur ein kleiner Effekt vorliegt: Die Untersuchungsgruppen müssen nur hinreichend groß sein. Ein signifikantes Ergebnis kann also auch auftreten, obwohl die Mittelwertsunterschiede sehr klein und inhaltlich nicht bedeutsam sind.

Die Entscheidungen über empirische Hypothesen dürfen deshalb nicht nur darauf gestützt werden, ob die Tests der statistischen Hypothesen signifikant sind oder nicht. Die empirischen Effektgrößen müssen stets systematisch mit einbezogen werden. Strategien zur Entscheidung über empirische Hypothesen auf Grund von Signifikanz und Effektgröße werden im Kapitel 17 vorgestellt.

15.5 Kontrolle von Teststärke und Fehlerwahrscheinlichkeit 2. Art

15.5.1 Teststärke und Fehlerwahrscheinlichkeiten beim Signifikanztest

Bei einem signifikanten Testergebnis wird die Nullhypothese abgelehnt und die Alternativhypothese akzeptiert. Die Wahrscheinlichkeit dafür, dass dies fälschlicherweise geschieht, ist höchstens gleich dem Signifikanzniveau α, das üblicherweise auf kleine Werte von 0,05 oder 0,01 festgesetzt wird: $P(H_1 \text{ akzeptiert} \mid H_0 \text{ zutreffend}) \leq \alpha$. Diese (recht unwahrscheinlichen) fälschlichen Ablehnungen der Nullhypothese werden *Fehler 1. Art* oder *α-Fehler* genannt.

Erbringt ein herkömmlicher Signifikanztest kein signifikantes Ergebnis, kann man nur sagen, dass die Nullhypothese beibehalten oder nicht abgelehnt wird. Eine

[783] Rosenthal & Rosnow (1985, S. 9)

explizite Akzeptierung der Nullhypothese ist nur dann gerechtfertigt, wenn bekannt ist, dass auch die Wahrscheinlichkeit für einen *Fehler 2. Art* klein ist.

Ein Fehler 2. Art liegt vor, wenn die Nullhypothese nicht abgelehnt („beibehalten") wird, obwohl sie falsch und die Alternativhypothese zutreffend ist. Die maximale Wahrscheinlichkeit für einen Fehler 2. Art wird mit β bezeichnet: P(Beibehaltung von H_0 | H_1 zutreffend) $\leq \beta$.

Die zur β-Wahrscheinlichkeit komplementäre Wahrscheinlichkeit $1-\beta$ ist die *Teststärke* oder *power* des Signifikanztests. Sie ist gleich der Wahrscheinlichkeit, dass eine richtige Alternativhypothese auf Grund der Signifikanztestergebnisse angenommen wird: P(Akzeptierung von H_1 | H_1 zutreffend). Die Definition dieser sehr wichtigen Größen ist in der Tabelle 15.8 zusammengefasst.

Tabelle 15.8: Prüfung statistischer Hypothesen durch Signifikanztests: Entscheidungsalternativen und Entscheidungswahrscheinlichkeiten

	tatsächlicher Zustand	
Entscheidung	H_0 zutreffend	H_1 zutreffend
H_0 beibehalten	$1-\alpha$	β
H_1 akzeptiert	α	$1-\beta$

Die Tabelle 15.8 gleicht in ihrem Aufbau der Tabelle 13.1 (Seite 292) zur Definition der Fehlerwahrscheinlichkeiten e und f. Diese oberflächliche Ähnlichkeit sollte jedoch nicht die grundsätzlichen Unterschiede verdecken: In der Tabelle 13.1 geht es um die Entscheidung über empirische Hypothesen, hier in der Tabelle 15.8 um Entscheidungen über statistische Hypothesen.

Die Entscheidungen über empirische und statistische Hypothesen erfolgen auf unterschiedlichen Ebenen, die in verschiedenen Situationen in unterschiedlicher Weise miteinander verbunden sind: Wie wir im Kapitel 16 noch näher sehen werden, folgt aus der Gültigkeit der empirischen Hypothese EH in den meisten Fällen, dass die statistische Alternativhypothese zutreffend ist. In einigen wichtigen Fällen folgt aus der Gültigkeit einer EH aber auch die Gültigkeit einer H_0. Wegen dieser unterschiedlichen Verbindungen zwischen empirischen und statistischen Hypothesen dürfen die beiden Ebenen nicht vorschnell gleichgesetzt werden.[784]

Folgen zu geringer Teststärken

Wenn in einer Untersuchung die Wahrscheinlichkeit β für Fehler 2. Art größer und die Teststärke $1-\beta$ dementsprechend kleiner wird, nimmt die Wahrscheinlichkeit zu, dass der Signifikanztest insignifikant bleibt, obwohl die Alternativhypothese zutreffend ist. Die Validität der Entscheidung über die empirische Hypothese wird

---

[784] zur genauen Abhängigkeit der Wahrscheinlichkeiten e und f für Fehlentscheidungen über empirische Hypothesen von den statistischen Fehlerwahrscheinlichkeiten α und β: Erdfelder & Bredenkamp (1994, S. 616-622)

dadurch vermindert. Im üblichen Fall, dass die Alternativhypothese aus der empirischen Hypothese folgt, wird das Risiko erhöht, eine zutreffende empirische Hypothese abzulehnen. Je höher β ist, desto höher ist in diesem Fall also, unter sonst gleichen Bedingungen, die Fehlerwahrscheinlichkeit f für fälschliche Ablehnungen der empirischen Hypothese.

In Untersuchungen mit zu geringer Teststärke ist also üblicherweise die Chance vermindert, substanzwissenschaftliche Hypothesen empirisch zu bestätigen. Sie sind aber auch nicht geeignet, wissenschaftliche Hypothesen zu erschüttern, denn insignifikante Ergebnisse können allein durch die zu geringe Teststärke zustande gekommen sein und müssen nicht unbedingt darauf hindeuten, dass die empirische Hypothese falsch ist. Wir verschwenden also Ressourcen, wenn wir eine Untersuchung mit einer zu geringen Teststärke durchführen: „low power is poor science".[785]

Die Bedeutung des Fehlers 2. Art und der Teststärke wird in der Fachliteratur schon seit Jahrzehnten betont.[786] In der Forschungspraxis sind β-Fehler und Teststärke aber sträflich vernachlässigt worden, und zwar sowohl von den Forschern und Autoren als auch von den Herausgebern und Gutachtern.[787] Erst allmählich werden diese Konzepte auch in Lehrbüchern der angewandten Statistik und der experimentellen Versuchsplanung berücksichtigt.[788]

In den folgenden Kapiteln wird ausführlich dargestellt, wie für eine vorliegende Untersuchung die Teststärke nachträglich bestimmt werden kann (*Post-hoc-Teststärkeanalyse*). Vor allem aber wird gezeigt, wie während der Untersuchungsplanung dafür gesorgt werden kann, dass die Teststärke hinreichend groß wird (*A-priori-Teststärkeanalyse*).

15.5.2 Voraussetzungen für die Bestimmung von Teststärken

Generell setzt die Bestimmung von Fehlerwahrscheinlichkeiten voraus, dass man einen präzisen Wert für den betrachteten Parameter annimmt.

Die Bestimmung von α, der maximalen Wahrscheinlichkeit für einen Fehler 1. Art, und von p, der tatsächlichen Überschreitungswahrscheinlichkeit, erfolgt bei parametrischen Tests für den Fall, dass die sog. exakte Nullhypothese gilt, d.h. dass der betrachtete Parameter bzw. die betrachtete Parameterdifferenz genau gleich Null ist.[789] Einige Beispiele für exakte Nullhypothesen sind:

(15–39) $\mu_1 - \mu_2 = 0$ (t-Test für unabhängige Gruppen)

---

785 Keppel (1991, S. 73)

786 in der mathematischen Statistik: Neyman & Pearson (1936, 1938a, 1938b), in der Psychologie: Hays (1963), Cohen (1965), Bredenkamp (1969b)

787 Cohen (1962), Hager & Westermann (1982), Sedlmeier & Gigerenzer (1989)

788 Bortz (1999), Keppel (1991), Winer et al. (1991), Wilkinson et al. (1999)

(15–40) $\rho = 0$ (t-Test der Korrelation zweier Variablen)

(15–41) $\mu_1 = \mu_2 = \mu_3 = \mu_4$ (Varianzanalyse über vier Gruppen).

Bei ungerichteten Alternativhypothesen (wie bei der Varianzanalyse und bei zweiseitigen t-Tests) sind die exakten Nullhypothesen genau gleich den geprüften Nullhypothesen. Bei gerichteten Alternativhypothesen (wie beim einseitigen t-Test mit H_1: $\mu_1 - \mu_2 > 0$) bezeichnet eine exakte Nullhypothese denjenigen Parameterwert, der genau die Grenze zur Alternativhypothese bildet.

Annahme von Effektgrößen

Auch um bestimmte Werte für β und $1-\beta$ zu bestimmen, muss ein bestimmter Parameterwert angenommen werden. Im Unterschied zur Nullhypothese gibt es jedoch keine eindeutig hervorgehobene exakte Alternativhypothese. Beispielsweise kann unter der H_1: $\mu_1 - \mu_2 > 0$ die Differenz zwischen den beiden Erwartungswerten beliebig klein und beliebig groß sein. Für jede dieser Abweichungen von der Nullhypothese ergibt sich ein anderer Wert für die Fehlerwahrscheinlichkeit β: Sie wird um so kleiner, je größer die tatsächliche Differenz der Parameter ist. Will man eindeutige Werte für β und $1-\beta$ bestimmen, muss man deshalb ein bestimmtes Ausmaß an Abweichung von der Nullhypothese annehmen.

Diese angenommene Abweichung ist eine Annahme über die *tatsächliche Effektgröße*, die auch als Populationseffekt bezeichnet wird. Der tatsächliche Effekt beim Vergleich von zwei Gruppen ist analog zum empirischen Effekt d definiert:[790]

(15–42) $$\delta = \frac{\mu_2 - \mu_1}{\sigma}.$$

Diese standardisierte Mittelwertsdifferenz kann einfach in eine Korrelation umgerechnet werden:[791]

(15–43) $$\rho = \frac{\delta}{\sqrt{\delta^2 + 4}}.$$

Für einige ausgewählte Werte von δ sind die entsprechenden Korrelationen in Tabelle 15.9 aufgeführt. Ein $\delta = 0{,}50$ beispielsweise entspricht danach $\rho = 0{,}243$, $\rho^2 = 0{,}059$ und damit 5,9% gemeinsamer Varianz.

---

789 Statt 0 kann auch ein anderer fester Wert c angenommen werden (siehe oben Fußnote 687, Seite 322).

790 nach Cohen (1988, S. 20). Von Bortz (1999, S. 119-120) wird diese Effektgröße als ε bezeichnet. Die Effektgröße δ ist nicht zu verwechseln mit dem oft auch als δ bezeichneten Nichtzentralitätsparameter der t-Verteilung, der auch von der Größe der Untersuchungsgruppen abhängt (Hays, 1994, S. 329) und z.B. im Teststärkeprogramm GPOWER berechnet wird (Buchner, Erdfelder & Faul, 1996, S. 126).

791 nach Cohen (1988, S. 24). Zu beachten ist, dass diese Beziehung nur für Populationen gilt. Eine einfache Übertragung auf Stichprobendaten (z.B. bei Fricke & Treinies, 1985, S. 110) erbringt etwas zu niedrige Korrelationsschätzungen.

Tabelle 15.9: Korrelationen ρ, Varianzanteile ρ^2 und Prozentränge PR für verschiedene standardisierte Mittelwertsdifferenzen δ[792]

δ	ρ	ρ^2	PR
0,00	0,000	0.000	50,0
0,20	0,100	0,010	57,9
0,50	0,243	0,059	69,1
0,80	0,371	0,138	78,8
1,00	0,447	0,200	84,1
1,50	0,600	0,360	93,3
2,00	0,707	0,500	97,7

Wenn die Variablen normalverteilt sind, können Effektgrößen in Maße für die Überlappung der Verteilungen in den beiden Gruppen umgerechnet werden. Am anschaulichsten ist es dabei, für eine (hypothetische) Person, die genau auf dem Mittelwert der Gruppe mit den tendenziell höheren Werten liegt, den prozentualen Rangplatz anzugeben, den sie in der niedrigeren Gruppe hätte. Diese *Prozentränge* sind in der Tabelle 15.9 in der Spalte PR angegeben.

◊ In einem Experiment habe die Behandlungsgruppe erwartungsgemäß die tendenziell höheren Werte. Eine Person, die genau am Mittel der Behandlungsgruppe liegt (also dort einen Prozentrang 50 hat), hat bei einem Effekt von $\delta = 0{,}50$ einen höheren Wert als 69% der Kontrollgruppe (dort also einen Prozentrang von 69). Bei einem Effekt von $\delta = 0{,}20$ hingegen läge sie in der Kontrollgruppe nur auf Prozentrang 58.

Kriterien für die Annahme von Effekten

Sollen für einen Signifikanztest in einer empirischen Untersuchung Teststärke und β-Wahrscheinlichkeit ermittelt werden, muss nach dem eben Gesagten eine Annahme über die tatsächliche Effektgröße getroffen werden. Diese *angenommene Effektgröße* kann eine erhaltene, gewünschte, erwartete oder konventionelle Größe sein.

- Hat man die Untersuchung bereits durchgeführt und ausgewertet, kann man die Teststärke für den Fall bestimmen, dass der tatsächliche Effekt gleich der empirisch erhaltenen Effektgröße, also z.B. gleich dem empirischen Wert von d ist.
- In manchen Untersuchungsbereichen können Effektgrößen spezifiziert werden, die mindestens erreicht werden müssen, damit der Mittelwertsunterschied oder die Variablenassoziation *praktisch bedeutsam* ist.[793]

  ◊ Der Erfolg eines Gesundheitsförderprogramms einer Betriebskrankenkasse wird untersucht, indem eine Behandlungs- und eine Kontrollgruppe verglichen werden.

---

[792] nach Cohen (1988, S. 22)

[793] Effektgrößen werden auch als Maße der *praktischen Bedeutsamkeit* oder *praktischen* (im Gegensatz zur statistischen) *Signifikanz* bezeichnet (Bredenkamp, 1970). Damit ist auch die Bedeutsamkeit für die wissenschaftliche Erkenntnis gemeint.

◊ Der Erfolg eines Gesundheitsförderprogramms einer Betriebskrankenkasse wird untersucht, indem eine Behandlungs- und eine Kontrollgruppe verglichen werden. Nach Auffassung der Experten und des Vorstands ist die Fortführung des aufwendigen Programms nur dann vertretbar, wenn der Krankenstand um mindestens drei Tage im Jahr reduziert wird. Es ist dann sinnvoll, β und $1-\beta$ für den Fall festzustellen, dass der tatsächliche Effekt von dieser absoluten Größe ist. $1-\beta$ gibt dann die Wahrscheinlichkeit an, dass der t-Test bei einem tatsächlichen Unterschied von drei Krankheitstagen signifikant wird.

- Sowohl vor wie nach einer Untersuchung kann man die Teststärke für die Effektgröße bestimmen, die man auf Grund seiner Fachkenntnisse in dem untersuchten Gegenstandsbereich und der Ergebnisse vergleichbarer Untersuchungen erwartet (siehe Kapitel 15.4.3).
- Stehen überhaupt keine spezifischen Anhaltspunkte für die Annahme einer Effektgröße zur Verfügung, kann man sich an den Konventionen von Cohen für kleine, mittlere und große Effekte orientieren (siehe Kapitel 15.4.3).[794]

Die Teststärke $1-\beta$, die für eine bestimmte angenommene Effektgröße ermittelt werden kann, gibt in jedem Fall die Wahrscheinlichkeit an, mit der der Test signifikant wird, falls diese angenommene Effektgröße tatsächlich vorliegt. Ist die tatsächliche Effektgröße größer als die angenommene, ist auch die tatsächliche Teststärke größer als die ermittelte. Die angenommene Effektgröße ist also ein *Mindesteffekt*: der Effekt, für den die Teststärke mindestens $1-\beta$ beträgt.

15.5.3 Funktionale Bestimmung der Teststärke für t-Tests

Die numerische Berechnung von β-Wahrscheinlichkeit und Teststärke für einen t-Test setzt nicht nur voraus, dass man einen bestimmten Wert δ_a für die tatsächliche Effektgröße δ annimmt, sondern auch, dass man die Verteilung der Teststatistik für den Fall kennt, dass nicht die exakte H_0: $\mu_2-\mu_1=0$, sondern die spezifizierte H_1: $\mu_2-\mu_1=\delta_a$ gilt.

Die Verteilungen von Teststatistiken unter Gültigkeit der Alternativhypothese weichen in aller Regel von der Verteilungsform ab, die die Teststatistik unter der exakten Nullhypothese hat. Beispielsweise hat die t-Statistik bei Gültigkeit der Alternativhypothese nicht die bekannte und gut tabellierte t-Verteilung, sondern folgt sog. *nicht-zentralen* t-Verteilungen.[795] Diese Abweichung stellt aber für die Anwendung kein ernsthaftes Problem dar, denn die *nicht-zentralen Verteilungen* können in der Regel gut durch eine Normalverteilung oder andere zentrale Verteilungen approximiert werden. Um das Prinzip verständlich zu machen, wird dies am Beispiel demonstriert. Im folgenden Kapitel werden wir sehen, dass β und $1-\beta$ auch sehr einfach aus speziellen Tabellen abgelesen werden können.

---

794 Diese Werte haben sich zwar gut bewährt, können aber wie alle Konventionen für bestimmte Untersuchungsbereiche zu hoch, zu niedrig oder zu wenig differenziert sein.

◊ In einem Experiment zur Belohnung für einstellungskonträres Verhalten (ähnlich dem von Frey und Irle) leiten wir wieder die empirische Vorhersage $\bar{y}_2 > \bar{y}_1$ ab (siehe Seite 286): Die Meinungen (abhängige Variable Y, gemessen durch Summe aus zwei Antworten) sollen unter 50 DM Belohnung (A_2) positiver sein als unter 10 DM (A_1).

In jeder Bedingung werden 35 Personen untersucht. Die Mittelwerte seien $\bar{y}_1 = 10$ und $\bar{y}_2 = 11{,}3$, die Varianzen $s_1^2 = 17$ und $s_2^2 = 15$. Gemäß (15–11) ist die gemeinsame Varianz dann $s_p^2 = 16$, die empirische Effektgröße nach (15–19) ist d = 0,325. Der Standardfehler der Differenz der Stichprobenmittelwerte nach (15–12) ist $s_{\bar{Y}_1 - \bar{Y}_2} = 0{,}956$.

Bei Gültigkeit der exakten Nullhypothese ist die Stichprobenkennwerte-Verteilung der Mittelwertsdifferenzen approximativ eine Normalverteilung mit dem Erwartungswert 0. Als Standardabweichung nehmen wir für unseren Fall den Schätzwert 0,956 an. Die resultierende Verteilung ist in der Abbildung 15.2 durch die linke Kurve repräsentiert.

Der empirische Wert der Teststatistik ist nach (15–13) $t_{emp} = 1{,}36$. Bei $n_1 + n_2 - 2 = 68$ Freiheitsgraden ist die Überschreitungswahrscheinlichkeit p = 0,09. Die gleiche Überschreitungswahrscheinlichkeit ergibt sich, wenn wir t_{emp} als approximativ standardnormalverteilt betrachten. Für $\alpha = 0{,}05$ ist der Test damit nicht signifikant.

Dies kann man auch daran ablesen, dass t_{emp} kleiner ist als die kritischen Werte für das einseitige Signifikanzniveau 0,05. Diese betragen für die t-Verteilung mit 68 Freiheitsgraden etwa $t_{0,95} = 1{,}67$ und für die Normalverteilung $z_{0,95} = 1{,}645$.[796]

Die Nichtsignifikanz kommt auch dadurch zum Ausdruck, dass die tatsächliche empirische Mittelwertsdifferenz von $\bar{y}_2 - \bar{y}_1 = 1{,}3$ (vgl. Abbildung 15.2) kleiner ist als die kritische Mittelwertsdifferenz. Diese ergibt sich aus der Multiplikation des kritischen z-Wertes mit dem Standardfehler und ist in der Abbildung eingezeichnet:

(15–44) $$(\bar{y}_2 - \bar{y}_1)_{krit} = z_{0,95} \cdot s_{\bar{Y}_1 - \bar{Y}_2} = 1{,}645 \cdot 0{,}956 = 1{,}573$$

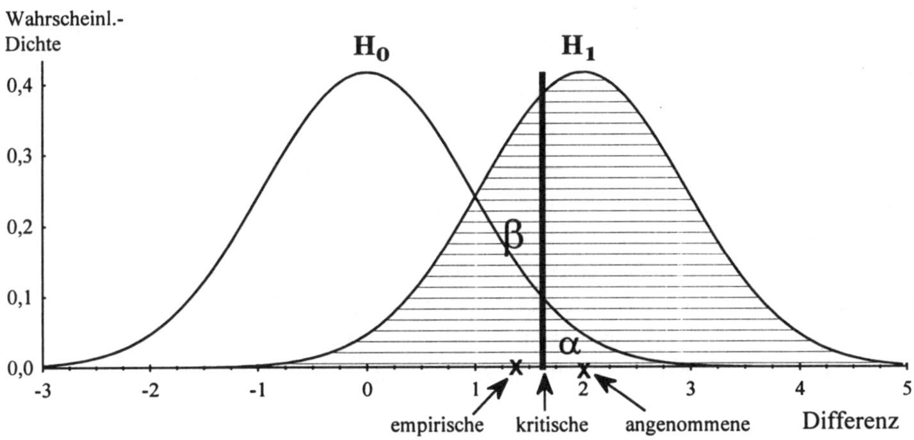

Abbildung 15.2: Stichprobenkennwerte-Verteilungen von Mittelwertsdifferenzen unter der Null- und einer Alternativhypothese

[795] Hays (1994, S. 328-330), Rasch (1995, S. 169)

[796] Bortz (1999, Tabelle D und B)

Die Teststärke kann ermittelt werden, wenn wir eine Annahme über die tatsächliche Größe des Effektes machen. Beispielsweise können wir annehmen, dass der tatsächliche Effekt mittelgroß ist, d.h. $\delta_a = 0{,}5$.

Die beste Schätzung für die theoretische Standardabweichung σ ist die Wurzel aus der gemeinsamen Stichprobenvarianz, in unserem Fall also $s_p = 4$. Der angenommene Effekt $\delta_a = 0{,}5$ entspricht deshalb einer angenommenen absoluten Mittelwertsdifferenz von $\mu_2 - \mu_1 = 2$.

Bei Gültigkeit dieser exakten Alternativhypothese hat die Mittelwertsdifferenz annähernd eine Normalverteilung mit dem Mittelwert $\mu_2 - \mu_1 = 2$ und der Standardabweichung 0,956 (rechte Kurve in der Abbildung 15.2). Unter Gültigkeit der exakten Nullhypothese wurde oben eine kritische Mittelwertsdifferenz von 1,573 bestimmt, die unter der Nullhypothese einem z-Wert von $z_{crit} = 1{,}645$ entspricht. Unter der exakten Alternativhypothese gehört zu dieser kritischen Mittelwertsdifferenz der folgende z-Wert:

(15–45) $$z = \frac{1{,}573 - 2}{0{,}956} = -0{,}447$$

Die Verteilungsfunktion der Standardnormalverteilung hat bei z = -0,447 einen Wert von etwa 0,33. Dies entspricht der Wahrscheinlichkeit β für einen Fehler 2. Art und in der Abbildung dem Anteil der Fläche unter der H_1-Verteilung, der links von der kritischen Grenze liegt. Die Teststärke $1-\beta$ beträgt nach dieser Annäherung also 0,67.

15.5.4 Approximative Teststärke für Permutationstests

Wie wir gesehen haben, muss für die genaue Bestimmung eines Wertes $1-\beta$ bzw. β die Alternativhypothese genauer spezifiziert werden: Man muss einen quantitativen Wert für die Abweichung von der Nullhypothese (Effektgröße) und für diese Abweichungssituation eine Stichprobenkennwerte-Verteilung annehmen. Beides ist bei parametrischen Tests relativ problemlos möglich.

Bei Permutationstests (siehe oben Kapitel 15.3) ist die Menge der möglichen Abweichungen jedoch so heterogen, dass sich das Ausmaß der Abweichungen nicht in einheitlicher und vergleichbarer Weise ausdrücken lässt.[797] Damit ist eine vollständige Bestimmung der Teststärke nicht möglich. Der Einfachheit halber wird die Menge der Alternativsituationen deshalb auf die Untermenge der Situationen eingeschränkt, die sich von der Nullhypothese ausschließlich durch ihre Lage unterscheiden.[798] Die Teststärke lässt sich dann durch die Teststärke approximieren, die für entsprechende parametrische Tests ermittelt wird.[799]

---

[797] Sie umfasst alle Situationen, bei denen UV und AV nicht unabhängig und folglich die möglichen Aufteilungen der Daten nicht gleichwahrscheinlich sind.

[798] Auch bei parametrischen t-Tests umfassen die Alternativhypothesen nur die Fälle, in denen sich die Normalverteilungen der AV in den Gruppen ausschließlich in ihren Mittelwerten unterscheiden.

[799] Bredenkamp (1980, S. 62), Willmes (1987, S. 252- 285)

◊ Für den kleinen Datensatz zum Permutationstest in Tabelle 15.1 (Seite 339) haben wir als beste Schätzung für die gemeinsame Standardabweichung σ nach (15–11) $s_p = 10,67$ errechnet. Der Standardfehler betrug nach (15–12) $s_{\bar{Y}_1-\bar{Y}_2} = 6,89$. Ein angenommener Effekt von $\delta_a = 0,80$ entspricht dann einer angenommenen Mittelwertsdifferenz:

(15–46) $$(\mu_2 - \mu_1)_a = \delta_a \sigma = 0,80 \cdot 10,67 = 8,54$$

Nach (15–44) ist die kritische Mittelwertsdifferenz:

(15–47) $$(\bar{y}_2 - \bar{y}_1)_{krit} = z_{0,95} \cdot s_{\bar{Y}_1-\bar{Y}_2} = 1,645 \cdot 6,89 = 11,33 .$$

Zu dieser kritischen Mittelwertsdifferenz berechnen wir nach (15–45) einen z-Wert unter der exakten Alternativhypothese:

(15–48) $$z = \frac{11,33 - 8,54}{6,89} = 0,405 .$$

Die Verteilungsfunktion der Standardnormalverteilung hat für dieses z einen Wert von 0,66. Die Teststärke liegt also nur bei etwa 0,34. Wie unserer Beispiel zeigt, kann bei einer sehr großen Mittelwertsdifferenz der Test trotzdem signifikant werden.

Die möglichen Abweichungen der (unbekannten) tatsächlichen Fehlerwahrscheinlichkeiten und Teststärken von den Approximationsergebnissen müssen uns nicht beunruhigen, weil sie meist nicht zu anderen Entscheidungen über die interessierenden wissenschaftlichen Hypothesen führen.[800]

15.5.5 Tabellarische Bestimmung von Teststärken

Zur genauen und einfachen Bestimmung von Teststärke und Fehlerwahrscheinlichkeit 2. Art gibt es für die wichtigsten Testverfahren spezifische Tabellen.[801] Zur Veranschaulichung des Aufbaus und der Benutzung dieser *Teststärketabellen* sind in unserer Tabelle 15.10 einige Teststärken für den Fall eines einseitigen t-Test für unabhängige Gruppen mit $\alpha = 0,05$ angegeben.

---

[800] Um Überschätzungen zu vermeiden, kann der approximierte Wert mit der asymptotischen relativen Effizienz (ARE) multipliziert werden, die z.B. für den gängigen Wilcoxon-Mann-Whitney-Test bei 0,95 liegt (Bredenkamp, 1980, S. 61-62; Marascuilo & McSweeney, 1977, S. 77-91).

[801] Sehr gut erklärte und einfach zu benutzende Tabellen für die wichtigsten Tests enthält das Buch von Cohen (1988). Kurzfassungen: Cohen (1992), zum Teil ausführlicher, aber weniger benutzerfreundlich: Hager (1987), Hager & Möller (1986).

Zur einfachen und genauen Bestimmung von Teststärken sind auch etliche Programme auf dem Markt, z.B. SAMPLEPOWER (www.spss.com), PASS (www.ncss.com) und GPOWER (Buchner et al., 1996; Erdfelder, Faul & Buchner, 1996), das unter www.psychologie.uni-trier.de:8000/projects/gpower.html kostenlos bezogen werden kann.

In SPSS wird die Teststärke innerhalb des *Allgemeinen linearen Modells* ermittelt (Option „beobachtete Schärfe„). Als Effekt wird der empirische Wert von η angenommen. Für andere Effekte kann die Teststärke nicht bestimmt werden.

Tabelle 15.10: Teststärken: t-Test für unabhängige Gruppen (α = 0,05, einseitig)[802]

$n_1 = n_2$	d_{crit}	δ_a .20	.50	.80
10	.78	.11	.29	.53
20	.53	.15	.46	.80
35	.40	.21	.67	.95
50	.33	.26	.80	.99
80	.26	,35	.93	>.99
120	.21	.46	.99	>.99

◊ Für unser Beispiel mit $n_1 = n_2$ =35 und einem angenommenen Effekt von δ_a = 0,50 lesen wir aus dieser Tabelle $1-\beta$ = 0,67 ab. Dieser Wert stimmt mit dem Ergebnis der Normalverteilungsapproximation auf Seite 374 überein.

In der Spalte d_{crit} der Tabelle 15.10 sind die *empirischen* Effektgrößen angegeben, die mindestens erreicht werden müssen, damit der Test signifikant ist.

◊ Für 35 Personen muss nach Tabelle 15.10 der empirische Effekt mindestens 0,40 betragen, damit der Test signifikant wird. Bei der ermittelten gemeinsamen Standardabweichung s_p = 4 muss die absolute Mittelwertsdifferenz demnach mindestens gleich 1,6 sein, um signifikant zu werden. Über die Normalverteilungsapproximation hatten wir in (15–44) gerundet den gleichen Wert errechnet.

Wie in der Tabelle 15.10 deutlich wird, hängt die Teststärke unter sonst gleichen Bedingungen stark von der Anzahl der untersuchten Fälle ab.

◊ Bei 80 Personen pro Gruppe beträgt die Teststärke für einen mittelgroßen Effekt 0,93 statt 0,67 bei 35 Personen.

Die Teststärke hängt auch vom gewählten Signifikanzniveau α ab. Je kleiner α ist, desto extremer sind die kritischen Werte für die Teststatistik. Dadurch wird die Wahrscheinlichkeit β größer und die Teststärke $1-\beta$ wird kleiner.

◊ Bei $n_1 = n_2 = 35$ und δ_a = 0,50 ergibt sich bei α = 0,01 (statt α = 0,05) ein Absinken der Teststärke auf 0,38, und für α = 0,10 ergibt sich ein Anstieg auf 0,79.

Auch wenn wir statt einseitig zweiseitig testen, sinkt die Teststärke, weil der Rejektionsbereich in der Richtung des angenommenen Effektes halbiert wird.

◊ Bei $n_1 = n_2 = 35$ und $\delta_a = 0{,}50$ sinkt $1-\beta$ von 0,67 (einseitig) auf 0,54 (zweiseitig).

Teststärkefunktionen

Wir können die Teststärke auch für andere angenommene Effektgrößen bestimmen.

◊ Aus Tabelle 15.10 sehen wir, dass bei einem kleinen tatsächlichen Effekt ($\delta = 0{,}20$) der t-Test nur mit einer geringen Wahrscheinlichkeit zu einem signifikanten Ergebnis führt

802 Auszug aus Tabelle 2.3.2 von Cohen (1988)

($1-\beta=0{,}21$). Große Effekte ($\delta=0{,}80$) hingegen werden mit hoher Wahrscheinlichkeit ($1-\beta=0{,}95$) entdeckt. In unserem Fall ist also die β-Wahrscheinlichkeit des t-Tests für große Effekte genau so klein wie die α-Wahrscheinlichkeit ($\alpha=\beta=0{,}05$). Ist der tatsächliche Effekt noch größer als $\delta=0{,}80$, wird β kleiner als α.

Bestimmen wir die Teststärke für alle möglichen Effektgrößen und tragen diese Teststärkewerte in einem Diagramm als Funktion der Effektgröße ein, erhalten wir die *Teststärkefunktion* oder *Operationscharakteristik* unseres Tests.[803] Diese S-förmige Funktion charakterisiert die Fähigkeit dieses Tests, unzutreffende Nullhypothesen abzulehnen.

15.5.6 Testplanung

Wie an den Überlegungen im vorangegangenen Kapitel 15.4 deutlich geworden ist, hängen die Wahrscheinlichkeit für einen Fehler 2. Art und die Teststärke in systematischer Weise von drei Faktoren ab: dem gewählten Signifikanzniveau, der tatsächlichen Effektgröße und der realisierten Gruppengröße.

Wenn jeweils alle anderen Faktoren konstant sind, ist die Teststärke $1-ß$ um so größer (d.h. die Fehlerwahrscheinlichkeit β um so kleiner),

- je größer das Signifikanzniveau α,
- je größer die tatsächliche Effektgröße δ und
- je größer die Anzahl $N = n_1 + n_2$ der untersuchten Fälle ist.

Im vorangegangenen Kapitel hatten wir *a posteriori* Teststärke und β-Wahrscheinlichkeit bestimmt, d. h. für eine durchgeführte Untersuchung mit bestimmter Fallzahl N und festgesetztem Signifikanzniveau α. Die Werte für β und $1-\beta$ hängen dann nur noch von der Effektgröße ab. Sie liegen also eindeutig fest, wenn wir beispielsweise annehmen, dass der tatsächliche Effekt mittelgroß nach den Konventionen von Cohen ist. Insbesondere wenn diese Teststärke zu gering ist, tritt die Frage auf, wie eine befriedigende Teststärke erreicht werden kann.

Durch eine Erhöhung von α kann die Teststärke nur sehr begrenzt vergrößert werden. Ein Signifikanzniveau über $\alpha = 0{,}05$ verstößt gegen die Konvention, die auch in der Psychologie allgemein akzeptiert ist.[804]

Nehmen wir einen größeren Effekt an, beispielsweise $\delta_a = 0{,}80$ statt 0,50, bekommen wir für diesen angenommenen Effekt eine höhere Teststärke heraus. Dieser Zahlenwert ist dann sachgerecht, wenn der größere Effekt inhaltlich gerechtfertigt ist, wenn wir also beispielsweise die experimentelle Behandlung durchschlagskräftiger gestalten oder die Unterschiede zwischen den Bedingungen

803 vgl. Bortz (1999, S. 124-125), Hays (1994, S. 292), Fisz (1970, S. 631)

804 Es kann auch sehr gute Gründe geben, mit einem Signifikanzniveau von über 0,05 zu arbeiten. So ist es sinnvoll, $\alpha = \beta = 0{,}10$ (oder gar 0,20) zu setzen, wenn Fehler erster und zweiter Art gleich schwerwiegend erscheinen, die Zahl der Untersuchungseinheiten aber nicht ausreicht, um sowohl α wie β auf 0,05 zu halten.

vergrößern. Statistisch ändert sich an der Teststärke durch die Annahme eines größeren Effektes aber gar nichts. Für bestimmte Werte von α und N liegt die funktionale Abhängigkeit der Teststärke von der Effektgröße (die Operationscharakteristik des Tests) eindeutig fest. Wir lesen die Funktionswerte $1-\beta$ lediglich für unterschiedliche Ausprägungen von δ_a ab.

Im Allgemeinen ist deshalb die Vergrößerung der Personenzahl die beste Möglichkeit, die Teststärke tatsächlich zu erhöhen. Deshalb ist es unbedingt notwendig, vor der Durchführung einer wissenschaftlichen Untersuchung die Größe der Untersuchungsgruppen gezielt so zu planen, dass der durchzuführende statistische Test eine ausreichende Teststärke hat (*Testplanung* oder *A-priori-Teststärkebestimmung*).

◊ In unserem dissonanztheoretischen Experiment mit zwei Belohnungsgruppen wäre es wünschenswert, wenn für mittlere Effekte die β-Wahrscheinlichkeit ebenso wie die α-Wahrscheinlichkeit höchstens gleich 0,05 wäre. Wie bereits aus unserer Tabelle 15.10 hervorgeht, müssen dazu nicht 35 Personen untersucht werden, sondern mehr als 80.

Stichprobengrößentabellen

Für die genaue und direkte Bestimmung der erforderlichen Fallzahl gibt es eine zweite Art von Tabellen, die *Stichprobengrößentabellen*, deren Struktur in der Tabelle 15.11 verdeutlicht wird.

◊ Für unsere Vorgaben (α = 0,05; β = 0,05; δ_a = 0,50) würden wir 87 Personen pro Gruppe benötigen.

Tabelle 15.11: Notwendige Gruppengrößen beim t-Test für unabhängige Gruppen (α = 0,05, einseitig)[805]

	δ_a		
1 – ß	.20	.50	.80
.50	136	22	9
.70	236	38	15
.80	310	50	20
.90	429	69	27
.95	542	87	35
.99	789	127	50

Für die wichtigsten Signifikanztests lassen sich die notwendigen Fallzahlen sowohl durch entsprechende Tabellen wie durch Computerprogramme planen.[806] Dabei sind die benötigten Gruppengrößen unter sonst gleichen Bedingungen um so größer

[805] Auszug aus der Tabelle 2.4.1 von Cohen (1988).

[806] Sehr leicht benutzbare *sample size tables* finden sich bei Cohen (1988). Auch mit den Programmen SAMPLEPOWER, PASS und GPOWER (siehe Fußnote 801, Seite 375) kann die optimale Untersuchungsgröße bestimmt werden.

- je kleiner das gewünschte Signifikanzniveau α ist,
- je kleiner die angenommene Effektgröße δ_a ist und
- je größer die gewünschte Teststärke $1-ß$ ist, mit der Effekte der Größe δ_a als signifikant entdeckt werden sollen.

Festlegung der Determinanten

Um die optimale Anzahl von Fällen zu bestimmen, die untersucht werden sollen, muss man vorher bestimmte Werte für α, δ_a und $1-\beta$ festlegen.

Das Signifikanzniveau α wird per Konvention in der Regel nicht größer als 0,05 gewählt. Falls ein Fehler 1. Art besonders schwerwiegend ist, können auch kleinere Signifikanzniveaus (z.B. 0,01 oder gar 0,001) verwendet werden.

Die von Cohen vorgeschlagenen Konventionen für kleine, mittlere und große Effekte (siehe Tabelle 15.7) sind inzwischen gut etabliert, aus inhaltlichen Gründen kann man aber auch von ihnen abweichen (siehe oben Kapitel 15.4.3).

Als Konvention für die Teststärke wird häufiger 0,80 genannt.[807] Dadurch werden (beim konventionellen $\alpha = 0{,}05$) Fehler 1. Art fünfmal so schwer gewichtet wie Fehler 2. Art. Dies ist jedoch nicht gerechtfertigt, da auch Fehler 2. Art zu Fehlentscheidungen über empirische Hypothesen führen können.[808] Deshalb sollte üblicherweise $\alpha = \beta$ gewählt werden, wenn nicht besondere inhaltliche Gründe für eine unterschiedliche Gewichtung der Fehler 1. und 2. Art sprechen.

Kompromisslösungen

Nicht selten ist Anzahl von Untersuchungsfällen, die nach dem Ergebnis einer adäquaten Testplanung notwendig ist, so groß, dass sie gar nicht oder nur sehr schwer zu realisieren scheint. In diesem Fall muss man versuchen, realisierbare Kombinationen von N, α, β und δ_a zu finden, die noch akzeptabel erscheinen. Da α in aller Regel nicht größer als der konventionelle Maximalwert 0,05 werden soll, sind mit Hilfe der erwähnten Tabellen oder Programme zwei Punkte zu klären:

---

807 Cohen (1988, S. 55-56), Keppel (1991, S. 75), Bortz (1999, S. 126)

808 Um falsche empirische Hypothesen als falsch identifizieren zu können, muss man zutreffende Nullhypothesen akzeptieren können (siehe unten Kapitel 16). Die Wahrscheinlichkeit β einer fälschlichen Akzeptierung der Nullhypothese ist deshalb in der Regel ebenso wichtig wie die Fehlerwahrscheinlichkeit α. Kann die für kleine α- und β-Werte notwendige Personenzahl nicht realisiert werden (d.h. im Beispiel nicht 87, sondern nur 35 Personen pro Gruppe untersucht werden), kann man dennoch bei $\alpha = \beta = 0{,}05$ bleiben, wenn man anerkennt, dass die Teststärke 0,95 nicht für mittlere, sondern für große Effekte gilt (vgl. Tabellen 15.10 und 15.11). Für unsere Vorgaben ($\alpha = 0{,}05$; $\beta = 0{,}05$; $\delta_a = 0{,}50$) würden wir 87 Personen pro Gruppe benötigen.

1. Welche Teststärke hat der Test für verschiedene realisierbare Fallzahlen, um den eigentlich gesetzten Mindesteffekt δ_a zu entdecken?[809]
2. Welchen Effekt δ kann man für diese Fallzahlen jeweils mit der eigentlich gewünschten Teststärke von $1-\beta = 0{,}95$ entdecken?

Einige Ergebnisse für den t-Test sind in der Tabelle 15.12 zusammengestellt.

Tabelle 15.12: Teststärken $1-\beta$ und zu entdeckende Effektgrößen δ beim t-Test ($\alpha = 0{,}05$, einseitig)[810]

$n_1 = n_2$	$1-\beta$ bei $\delta_a = 0{,}50$	δ entdeckbar mit $1-\beta = 0{,}95$
10	0,29	1,53
20	0,46	1,05
30	0,61	0,86
40	0,72	0,74
50	0,80	0,66
60	0,86	0,60
70	0,90	0,56
80	0,93	0,52
90	0,96	0,49

◊ Können wir statt der notwendigen 87 Personen pro Gruppe nur 20 Personen realisieren, beträgt die Teststärke für den interessierenden mittleren Effekt ($\delta_a = 0{,}50$) nach Tabelle 15.12 nur noch 0,46. Eine Teststärke von 0,95 hat der Test bei dieser Fallzahl dann, wenn der tatsächliche Effekt sehr groß ist ($\delta = 1{,}05$). Angesichts dieser unbefriedigenden Werte ist zu prüfen, ob die Fallzahl nicht doch zumindest verdoppelt werden kann.

Führt man den Signifikanztest unter nicht-optimalen Bedingungen durch, läuft man also vor allem Gefahr, dass der Test insignifikant bleibt, obwohl tatsächlich ein relativ großer Effekt vorliegt. Dies muss bei der Entscheidung über die empirische Hypothese unbedingt berücksichtigt werden (siehe unten Kapitel 17).

15.6 Erhöhung der Präzision

Prüfen wir eine empirische Hypothese, ist die Präzision dieser Prüfung, *ceteris paribus*, um so höher, je geringer die Varianz innerhalb der Untersuchungsbedingungen (oder Bedingungskombinationen) ist. Diese über alle Bedingungen

---

[809] Die Zahl der tatsächlich untersuchten Fälle kann erheblich unter der maximal notwendigen liegen, wenn man nur solange neue Fälle in die Untersuchung einbezieht, bis die Ergebnisse nach den vorher festgelegten Kriterien eindeutig für die Akzeptierung der H_0 oder der H_1 sprechen (sequentiellelles Testen, Diepgen, 1996; Wald, 1966).

[810] Die Werte von $1-\beta$ in Abhängigkeit von N sind ein Teil der Operationscharakteristik des Tests auf diesem α-Niveau (Werte mit GPOWER und SAMPLEPOWER ermittelt).

zusammengefasste Varianz der abhängigen Variablen innerhalb der Gruppen wird als unsystematische Varianz, Fehlervarianz oder *Binnenvarianz* bezeichnet. Sie kommt durch alle möglichen systematischen und zufälligen Unterschiede zustande, die zwischen den Personen und den Durchführungen bestehen und die nicht explizit kontrolliert oder erfasst worden sind.

Bei Varianzanalysen wird die Binnenvarianz durch die mittlere Fehlerquadratsumme ausgedrückt, die den Nenner der empirischen F-Werte, z.B. (15–38), bilden.[811] Bei nur zwei Gruppen ist sie äquivalent zur zusammengefassten Varianz s_p^2, die in (15–11) definiert wurde und im Nenner des t-Wertes (15–13) steht.

Da die Binnenvarianzen im Nenner stehen, werden die Teststatistiken unter sonst gleichen Bedingungen um so größer, je kleiner diese Varianzen sind. Bevor wir auf praktische Möglichkeiten zur Varianzreduktion eingehen, sollen zunächst die Auswirkungen einer kleineren Binnenvarianz auf Signifikanzentscheidung und Teststärke erläutert werden.[812]

15.6.1 Präzision und Teststärke

Die Wirkung der Binnenvarianz auf die Teststärke hängt davon ab, in welcher Maßeinheit wir die angenommene Effektgröße ausdrücken, die (während die Binnenvarianz variiert wird) konstant bleiben soll.

Eine kleinere Binnenvarianz führt nicht zu einer größeren Teststärke, wenn die angenommene Effektgröße durch Maße wie δ (15–42) oder f^2 (15–28) ausgedrückt wird, die eine Mittelwertsabweichung auf genau diese Binnenvarianz (oder eine Funktion von ihr) relativieren.

Drücken wir die angenommene Effektgröße als unrelativierte Mittelwertsabweichung (z.B. $\mu_1 - \mu_2$, QS_A oder MQS_A) aus, wird die Teststärke um so größer, je kleiner die Binnenvarianz ist. Die Chance, eine konstante absolute Mittelwertsdifferenz (z.B. 5 Punkte in einem bestimmten Test) als signifikant zu entdecken, ist also um so höher, je geringer die Varianz der abhängigen Variablen in den Untersuchungsgruppen ist.

◊ In unserem Dissonanzexperiment mit $n_1 = n_2 = 35$ Personen waren die Varianzen in den beiden Experimentalgruppen $s_1^2 = 17$ und $s_2^2 = 15$. Die gemittelte Schätzung für die Populationsvarianz ergab $s_p^2 = 16$, die Schätzung für den Standardfehler $s_{\bar{Y}_1 - \bar{Y}_2} = 0{,}956$.

---

811 Diese mittlere Fehler-Quadratsumme wird z.B. als MQS_{Fehler}, MSE, MS_{error} oder $\hat{\sigma}^2_{Fehler}$ bezeichet. In SPSS-Ausdrücken ist sie in der Spalte „Mittel der Quadrate" in der Zeile „Fehler" oder „innerhalb der Gruppen" zu finden. Die entsprechenden Fehlervarianzen in der Population werden z.B. als σ_e^2 bezeichnet.

812 Allgemein ist die Präzision die Genauigkeit jeder Parameterschätzung. Sie wird durch die Breite des Konfidenzintervalls ausgedrückt. Die Präzision eines Experiments kann auch über den Standardfehler in der verwendeten Teststatistik definiert werden (beim t-Test $s_{\bar{Y}_1 - \bar{Y}_2}$. Sie wird dann auch umso größer, je größer die Fallzahl ist (Hager, 1987, S. 186-188; Hager & Westermann, 1983a, S. 127-128; McClelland, 1997).

Um die Auswirkungen einer Varianzreduktion zu illustrieren, nehmen wir nun an, die Varianzen in den Gruppen würden nur $s_1^2 = 10$ und $s_2^2 = 8$ betragen. Die Schätzung für die gemeinsame Populationsvarianz beträgt dann $s_p^2 = 9$, der Standardfehler $s_{\bar{y}_1 - \bar{y}_2} =$ 0,717. Verwenden wir die Normalverteilungsapproximation, liegt der kritische Wert der Teststatistik z unverändert bei 1,645, da er stets auf die Standardnormalverteilung bezogen ist und nur vom gewählten α abhängt. Durch die Verringerung des Standardfehlers wird allerdings die kritische Mittelwertsdifferenz unter der Nullhypothesenverteilung kleiner. Sie beträgt nach (15–44) statt 1,573 nur noch 1,18.

Nehmen wir als erstes an, dass die Effektgröße in dem Sinne konstant ist, dass die *absolute* Mittelwertsdifferenz von $\mu_2 - \mu_1 = 2$ unverändert bleibt. Dann erhalten wir für die neue kritische Mittelwertsdifferenz 1,18 und für den auf 0,717 reduzierten Standardfehler statt des ursprünglichen Wertes von z = –0,447 den folgenden z-Wert:

(15–49) $$z = \frac{1{,}180 - 2}{0{,}717} = -1{,}144\,.$$

Diesem extremeren z-Wert, d.h. diesem größeren Abstand der kritischen von der angenommenen Mittelwertsdifferenz entspricht eine Fläche unter der Normalverteilung von etwa 0,13, d.h. eine erhöhte Teststärke von etwa 0,87 (statt 0,67).

Nehmen wir als zweites eine konstante *relative* Effektgröße von $\delta_a = 0{,}5$ an. Bei einer Standardabweichung von $s_p = 3$ (statt ursprünglich $s_p = 4$) entspricht dem nur noch eine angenommene absolute Mittelwertsdifferenz von $\mu_2 - \mu_1 = 1{,}5$ (statt ursprünglich $\mu_2 - \mu_1 = 2$). Die kritische Mittelwertsdifferenz von 1,18 hat unter dieser spezifischen Alternativhypothese $\delta_a = 0{,}5$ den folgenden z-Wert:

(15–50) $$z = \frac{1{,}180 - 1{,}5}{0{,}717} = -0{,}446\,.$$

Wir erhalten damit praktisch den gleichen z-Wert wie in Gleichung (15–45) oben. Daraus ergeben sich auch die gleichen Werte $\beta = 0{,}33$ und $1-\beta = 0{,}67$. Eine Reduzierung der Varianz führt hier also zu keiner Veränderung der Teststärke, weil die Reduktion auch in die konstante *relative* Effektgröße δ_a eingeht.

15.6.2 Methoden zur Varianzreduktion

Die Werte der abhängigen Variablen werden innerhalb jeder Behandlungsgruppe an verschiedenen Personen sowie in der Regel auch zu verschiedenen Zeiten und unter (geringfügig) verschiedenen Umständen erhoben.

◊ In jeder psychologischen Untersuchung unterscheiden sich die Personen in ihren stabilen Merkmalen (Fähigkeiten, Einstellungen, Motive usw.) und in ihren momentanen Zuständen (Aufmerksamkeit, Stimmung, Motivation usw.). Außerdem gibt es Unterschiede zwischen den situationalen Umständen, unter denen die Personen untersucht wurden (Tageszeit, Versuchsleiterverhalten, Lärmstörungen usw.).

Ein Merkmal, in dem sich die Untersuchungspersonen oder die Untersuchungsgelegenheiten unterscheiden, kann die Varianz der AV in den Bedingungen erhöhen und damit die Präzision der Hypothesenprüfung verringern, wenn es mit der abhängigen Variable assoziiert ist.[813]

Deshalb kann die Präzision durch alle Maßnahmen erhöht werden, die Unterschiede zwischen Untersuchungspersonen und -gelegenheiten oder ihre Assoziationen zur AV verringern. Insbesondere kann man Variablen, die vermutlich stark mit der AV assoziiert sind, konstanthalten oder eliminieren, man kann sie als Kontrollfaktor in den Versuchsplan einführen und man kann sie als Kovariate erheben und statistisch auspartialisieren.[814]

Konstanthaltung und Elimination

Die Konstanthaltung und Elimination von personalen oder situationalen Merkmalen haben wir schon als Vorgehensweise zur Erhöhung der internen Validität eines Experiments kennen gelernt (siehe Kapitel 14.2). Durch Konstanthaltung und Elimination von Faktoren, die mit der AV assoziiert sind, wird aber auch die Varianz der AV in den Bedingungen reduziert. Die Präzision kann deshalb erhöht werden,

- wenn man mit der AV assoziierte Persönlichkeitseigenschaften (z.B. Alter oder Bildungsstand) konstanthält (z.B. indem man nur Zwanzigjährige oder nur Hauptschulabsolventen untersucht) oder
- wenn man mit der AV assoziierte Situationsbedingungen (z.B. Eigenschaften des Versuchsleiters oder Wortlaut der Instruktion) konstanthält (z.B. indem man stets den gleichen Versuchsleiter oder schriftliche Instruktionen verwendet) oder
- indem man mit der AV assoziierte Situationsbedingungen (z.B. Störungen durch Straßenverkehr) ganz ausschaltet (z.B. indem man die Untersuchung in einem schallgeschützten Raum durchführt).

Den entscheidenden Nachteil der Konstanthaltung und Elimination hatten wir bereits kennen gelernt: Die betrachtete Situation wird spezifischer, d.h. die Gültigkeit der wissenschaftlichen Hypothese wird nur noch für einen eingeschränkten Bereich geprüft, z.B. nur noch für Zwanzigjährige in schallisolierten Räumen.

Einführung von Kontrollfaktoren

Wenn eine bestimmte Variable vermutlich stark mit der AV assoziiert ist, es aber nicht sinnvoll ist, sie konstant zu halten, kann die drohende Verminderung der Präzision verhindert werden, indem man diese Variable explizit als Faktor in den Versuchsplan einführt.

◊ Im Kapitel 14.4 hatten wir im Experiment mit den beiden Bedingungen niedrige und hohe Belohnung (A_1 und A_2) zur Kontrolle der internen Validität den Untersuchungsort

---

813 Ist diese Variable außerdem mit der unabhängigen Variablen assoziiert, ist sie auch eine Störvariable, die die interne Validität verringert (siehe oben Kapitel 14.1.2).

814 ausführlicher: Hager (1987, S. 188-213)

nicht frei variieren lassen, sondern ihn als Kontrollfaktor mit zwei Ausprägungen (Luxushotel vs. Institutskeller, B_1 und B_2) eingeführt (siehe oben Seite 318f.).

Bei der Datenauswertung führt ein Übergang von einem Zweigruppen-t-Test zu einer zweifaktoriellen Varianzanalyse (in der Regel) zu einer erhöhten Präzision des statistischen Mittelwertsvergleichs zwischen A_1 und A_2. Der Standardfehler des t-Tests ist durch die Varianz in den beiden Gruppen bestimmt, der Standardfehler des varianzanalytischen F-Tests beruht hingegen auf der Varianz der abhängigen Variablen in den vier Bedingungskombinationen. Diese neue Binnenvarianz ist kleiner als die alte, falls der Faktor B tatsächlich eine substanzielle Assoziation mit der AV hat.[815]

Parallelisierung

Ein Kontrollfaktor kann sich nicht nur auf eine situationale Variable beziehen, die gezielt manipuliert und deshalb als experimenteller Faktor eingeführt werden kann. Man kann vielmehr auch eine Personeneigenschaft als zusätzlichen Faktor einführen, um die interne Validität und die Präzision zu erhöhen. In diesem Fall spricht man von einer Blockbildung (*randomized blocks design*) bzw. einer *Parallelisierung*.[816]

◊ Wollen wir neben dem experimentellen Faktor A mit seinen zwei Ausprägungen das Alter der Personen als einen Kontrollfaktor einführen, müssen die Personen zunächst nach ihrem Alter geordnet werden. Anschließend werden sie der Reihe nach in Paare aufgeteilt. Innerhalb jedes Paares mit relativ gleichem Alter werden die Personen zufällig auf die experimentellen Behandlungsbedingungen aufgeteilt. Die Varianz der AV wird um so stärker reduziert, je mehr sich die AV zwischen den Altersgruppen unterscheidet (d.h. je größer die Assoziation zwischen der AV und der Kontrollvariablen ist).

Als Spezialfall der Parallelisierung kann man die Beobachtung aller Personen unter allen Bedingungen betrachten. Diese wiederholte Messung führt in der Regel zu einer ganz erheblichen Erhöhung der Präzision, sehr leicht jedoch auch zu zusätzlichen Störungen der internen Validität (siehe Kapitel 14.1). Bei mehr als zwei experimentellen Gruppen erfordern die statistischen Tests für wiederholte Messungen darüber hinaus zusätzliche Annahmen, die nicht immer problemlos erfüllt werden können.[817]

Kovarianzanalyse

Um die Präzision zu erhöhen, muss man Variablen nicht unbedingt in Kategorien einteilen und als unabhängige Variablen im Sinne der Varianzanalyse behandeln. Man kann die Werte der Personen auf diesen Variablen auch in ihrer ursprünglichen Form belassen und die Variablen als Kovariaten in eine Kovarianzanalyse

---

815 Demonstrationen: Bortz (1999, S. 280-287), Hager (1987, S. 190-195)

816 siehe oben Seite 318

817 siehe oben Fußnote 626, Seite 276

einführen.[818] Bei einer Kovarianzanalyse werden zunächst die Kovariaten durch eine lineare Regression aus den Werten der abhängigen Variablen auspartialisiert, bevor die eigentlich interessierende Mittelwertsvergleiche durch eine Varianzanalyse erfolgen. Wenn die Beziehung zwischen der Kovariaten und der AV linear ist, wird die Präzision dadurch stärker als durch einen Kontrollfaktor erhöht. Dieser kann dagegen die Präzision auch dann erhöhen, wenn z.B. eine U-förmige Beziehung besteht. Die Kovarianzanalyse hat wiederum den Vorteil, dass die Ausprägungen der Kovariaten zwar vor dem Experiment erhoben, aber nicht bei der Durchführung des Experiments berücksichtigt werden müssen.

Besonders deutlich kann die Präzision erhöht werden, wenn die Ausprägung der abhängigen Variablen bereits vor der experimentellen Behandlung erhoben worden ist. Diese Vortestmessung (*pretest*) kann als Kovariate verwendet werden, man kann aber auch einfach die Differenz zwischen Vor- und Nachtestwerten als abhängige Variable verwenden.[819]

---

818 Bortz (1999, Kapitel 10), Keppel (1991, Kapitel 14). In SPSS können im *Allgemeinen linearen Modell* Kovariaten eingegeben werden.

819 zur statistischen Analyse von Veränderungswerten: Cronbach & Furby (1970), Cook & Campbell (1979, Kap. 4), Krauth (1983), Tack (1986), Bryk & Raudenbush (1987), Francis et al. (1991), Collins & Horn (1991), Renkl & Gruber (1995)

16 Hypothesenvalidität

Im vorangegangenen Kapitel haben wir diejenigen Aspekte der statistischen Validität betrachtet, die unmittelbar davon abhängen, wie statistische Tests angewendet werden. Die Prüfung statistischer Hypothesen ist aber kein Selbstzweck, sondern dient der Beantwortung inhaltlicher Fragestellungen und der Prüfung substanzwissenschaftlicher Hypothesen. In diesem Kapitel werden die Teilaspekte der statistischen Validität besprochen, die mit den Beziehungen zwischen den statistischen und den psychologischen Hypothesen zusammenhängen. Sie werden unter dem Begriff der Hypothesenvalidität zusammengefasst. Im Kapitel 16.1 werden die Hin- und Rückwege von den psychologischen Hypothesen einerseits zu den statistischen Ergebnissen andererseits zusammengefasst. Anschließend werden die möglichen Störungen der Hypothesenvalidität für verschiedene Arten von empirischen Vorhersagen dargestellt: über die Ordnung von zwei Mittelwerten (Kapitel 16.2), die Gleichheit von Mittelwerten (Kapitel 16.3), Ordnungen mehrerer Mittelwerte (Kapitel 16.4) und die Interaktion zwischen Variablen (Kapitel 16.5).

16.1 Psychologische Hypothesen und statistische Ergebnisse

Signifikanztests prüfen jeweils bestimmte statistische Hypothesen, das heißt Aussagen über die Verteilungen oder Parameter (Populationstest, siehe Kapitel 15.2) bzw. Aussagen über die Gleichwahrscheinlichkeit von Datenaufteilungen (Permutationstest, siehe Kapitel 15.3). Diese statistischen Hypothesen sind für die psychologische Wissenschaft nur selten von direktem Interesse. Die Prüfung von statistischen Hypothesen ist nur ein Hilfsmittel, um psychologische Forschungsfragestellungen zu beantworten, d.h. um psychologische Theorien und Hypothesen zu überprüfen, um psychologische Sachverhalte zu erklären usf.

Statistische und psychologische Hypothesen sind demnach nicht gleichbedeutend und nicht gleichwertig, sondern liegen auf unterschiedlichen konzeptuellen Ebenen. Das Ergebnis von statistischen Auswertungen kann nur dann hilfreich für die richtige Beantwortung psychologischer Fragestellungen sein, wenn eine systematische Verbindung zwischen statistischer und psychologisch-inhaltlicher Ebene besteht.

Aus falsifikationstheoretischer Sicht ist es wünschenswert, dass die Gültigkeit einer psychologischen Hypothese eindeutig die Gültigkeit einer statistischen Hypothese impliziert: PH $\rightarrow$ SH.[820] Aus der Falschheit der statistischen kann dann auf die Falschheit der psychologischen Hypothese geschlossen werden (*modus tollens*).

Die Beziehung zwischen psychologischen und statistischen Hypothesen wird durch eine logische Implikation aber nur unvollkommen und idealisiert beschrieben.

- Die Annahme einer Implikationsbeziehung zwischen PH und SH ist unvollkommen, denn man kann zwar bei Falschheit der Konklusion SH auf die Falschheit der Prämisse PH schließen, es gibt aber keine logischen Konsequenzen für den Fall, dass die SH akzeptiert wird.
- Die Annahme einer Implikation beruht auf der Voraussetzung, dass psychologische und statistische Hypothese jeweils entweder wahr oder falsch sind. Tatsächlich sind keine zwingenden Schlüsse auf die Falschheit der psychologischen Hypothese möglich, weil wir gar nicht eindeutig feststellen können, ob eine statistische Hypothese falsch ist. Wir können uns nur entscheiden, sie aufgrund der empirischen Ergebnisse als unzutreffend abzulehnen.
- Die Annahme einer Implikation ist eine starke Idealisierung, weil stets Zusatzannahmen notwendig sind, damit statistische Hypothesen zwingend aus psychologischen Hypothesen folgen. Vor allem muss angenommen werden, dass die interne Validität nicht gestört ist.[821] Ist Z die Konjunktion aller notwendigen Zusatzannahmen, gilt damit PH $\wedge$ Z $\rightarrow$ SH. Aus der Falschheit von SH kann dann nicht mehr eindeutig auf die Falschheit von PH geschlossen werden. Auch eine oder mehrere Zusatzannahmen können falsch sein.[822]

Verbindung über mehrere Ebenen

Zwischen psychologischen und statistischen Hypothesen besteht demnach keine Implikationsbeziehung, sondern allenfalls eine Ableitungsbeziehung in einem relativ lockeren Sinn.[823] Im Folgenden wollen wir diese Verbindung zwischen psychologischen und statistischen Hypothesen aus strukturalistischer Sicht etwas genauer beschreiben, indem wir die dazwischen liegenden Ebenen der empirischen Hypothesen und der empirischen Vorhersagen berücksichtigen.[824] Skizziert sind diese Zusammenhänge in der Abbildung 16.1, die eine Erweiterung der Abbildung 11.6 von Seite 254 ist und im folgenden nach und nach erläutert wird.

---

820 Bredenkamp (1972, 1980, 1996), Erdfelder & Bredenkamp (1994), Hager & Westermann (1983a), Chow (1996)

821 Randomisierung ist deshalb Voraussetzung für eine implikative Beziehung zwischen psychologischen und statistischen Hypothesen (Erdfelder & Bredenkamp, 1994).

822 siehe die Argumentation oben im Kapitel 9.2.2

823 Meehl (1967, S. 104)

824 ähnliche Stufenschemata: Hager (1992a), Chow (1996, 1998)

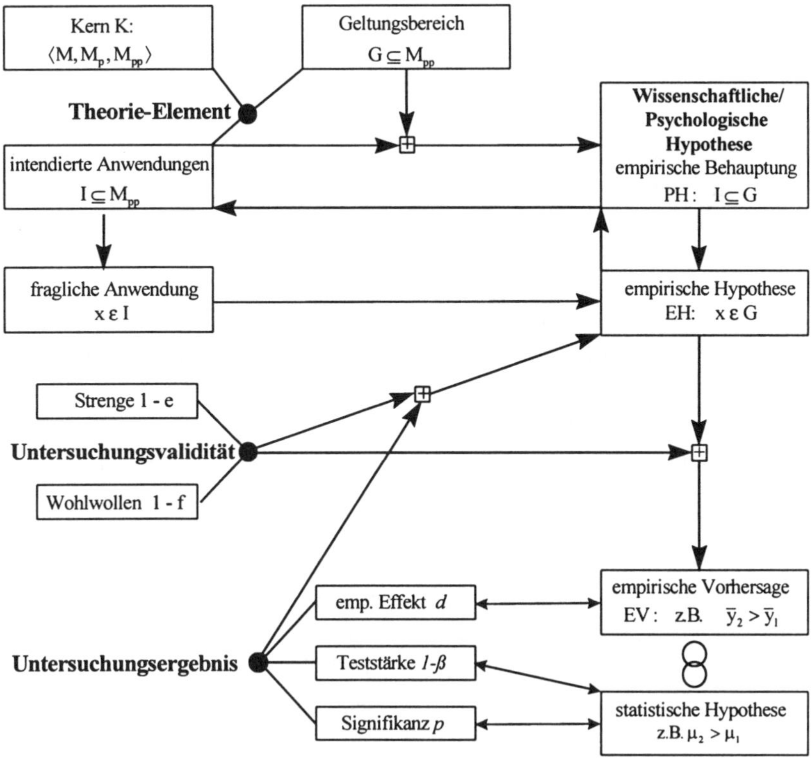

Abbildung 16.1: Verbindungen zwischen empirischen und statistischen Hypothesen

1. Substanzwissenschaftliche Hypothesen im Allgemeinen und *psychologische Hypothesen* im Besonderen sind alle Arten von impliziten oder expliziten Aussagen darüber, dass bestimmte Theorien, Modellvorstellungen, Kausalzusammenhänge und Merkmalsassoziationen zutreffend sind. Jede substanzwissenschaftliche Hypothese entspricht der *empirischen Behauptung*, dass ein bestimmtes Theorie-Element oder Theorie-Netz für alle intendierten Anwendungen Geltung besitzt. Psychologische Kausalhypothesen sollen streng genommen für jedes einzelne Individuum in ihrem Anwendungsbereich gelten und werden meist probabilistisch interpretiert. Assoziationshypothesen können sich auch auf Individuengruppen beziehen.[825]

   ◊ Mit der Dissonanztheorie verbunden ist unter anderem die psychologische Hypothese, dass der Meinungsunterschied nach einem freiwilligen und öffentlichen einstellungskonträren Verhalten um so kleiner ist, je kleiner die Belohnung dafür war.

[825] siehe dazu oben die Kapitel 7.1.5 und 7.2.7

2. In einer bestimmten psychologischen Untersuchung kann die *empirische Hypothese* (EH) geprüft werden, dass eine bestimmte psychologische Hypothese (PH) für die betrachteten Personen und Umstände zutreffend ist. Es wird damit untersucht, ob die betrachteten Phänomene durch die betreffende theoretische Struktur beschrieben und erklärt werden können. Wenn die untersuchte Situation zur Menge der intendierten Anwendungen gehört, ist der Gehalt der empirischen Hypothese im Gehalt der empirischen Behauptung enthalten, so dass zwischen dieser allgemeineren psychologischen Hypothese und der fallspezifischen empirischen Hypothese eine logische Implikationsbeziehung besteht: PH → EH.
   ◊ Frey und Irle prüfen die Gültigkeit ihrer dissonanztheoretischen Hypothese für eine bestimmte intendierte Anwendungssituation: Sie untersuchen, ob Gymnasiasten, die freiwillig und öffentlich einen Aufsatz gegen die Senkung des Wahlalters schreiben (Bedingung EÖ+), ihre Meinung zu dieser Senkung stärker änderten, wenn sie 1 DM statt 8 DM Belohnung bekamen.

3. Aus einer empirischen Hypothese EH kann für die konkret betrachteten Bedingungen und Variablen mindestens eine *empirische Vorhersage* (EV) über beobachtbare Ergebnisse gewonnen werden. (Diese Beziehung wird gleich noch genauer betrachtet.) Dabei muss vorausgesetzt werden, dass alle anderen möglichen Einflussvariablen kontrolliert sind. Da sich Störvariablen der internen Validität in der Regel nur hinreichend kontrollieren lassen, wenn jeweils mehrere Untersuchungseinheiten den Bedingungen zufällig zugewiesen werden, beziehen sich empirische Vorhersagen meist nicht mehr auf einzelne Individuen, sondern auf Merkmale ganzer Untersuchungsgruppen.[826]
   ◊ Im Experiment von Frey und Irle wird aus der empirischen Hypothese für die Bedingung EÖ+ die Vorhersage abgeleitet, dass die Einstellungen in der Gruppe mit 1 DM im Mittel weniger positiv sind als in der Gruppe mit 8 DM Belohnung: $\overline{y}_{11} < \overline{y}_{12}$. Für die Bedingung EÖ– ergibt sich die umgekehrte Vorhersage: $\overline{y}_{21} > \overline{y}_{22}$.

4. Um zu prüfen, ob die empirische Vorhersage für die erhobenen Daten eingetroffen ist, reicht es im Prinzip aus, die entsprechenden deskriptiven Statistiken (z.B. arithmetische Mittelwerte) zu betrachten. In der Psychologie herrscht jedoch breiter Konsens, dass der Vergleich zwischen vorhergesagten und tatsächlichen Datenstrukturen auf Grund von statistischen Tests zu erfolgen hat. Die Signifikanztests sind Instrumente zur Entscheidung, ob vorhergesagte und

[826] Wir betrachten also Gruppenergebnisse, um Theorien und Hypothesen, die sich auf Prozesse und Zusammenhänge in einzelnen Individuen beziehen, in valider Weise empirisch überprüfen zu können. Problematischer ist es, aus Gruppendaten Aussagen über Individuelles abzuleiten. Unterschiede und Zusammenhänge, die über mehrere Personen hinweg auftreten, müssen nicht auch bei einzelnen (oder gar allen) Personen bestehen (Asendorpf, 1995; Bredenkamp, 1972; Estes, 1956; Schmitz, 2000; Steyer & Schmitt, 1990).

tatsächliche Datenstrukturen systematisch oder zufällig miteinander übereinstimmen oder voneinander abweichen.[827]

5. Weichen die empirischen Ergebnisse von den Vorhersagen ab und wird diese Abweichung aufgrund der Signifikanz (p-Wert und α-Niveau), der empirischen Effektgröße (d) und der gegebenen Teststärke ($1-\beta$) als systematisch bewertet, lehnt man die empirische Hypothese als unzutreffend ab und betrachtet die psychologische Hypothese als erschüttert, eingeschränkt gültig, revisionsbedürftig oder dergleichen. Stimmen Vorhersagen und Ergebnisse überein oder werden eventuelle Abweichungen nur als unsystematisch bewertet, wird die empirische Hypothese als zutreffend akzeptiert und die psychologische Hypothese als empirisch gestützt interpretiert. Dabei muss stets vorausgesetzt werden, dass die Validität der Untersuchung (die Strenge bzw. das Wohlwollen) ausreichend hoch war.

◊ Im Experiment von Frey und Irle war wie vorhergesagt $\bar{y}_{12} = 2{,}56$ größer als $\bar{y}_{11} = 0{,}06$. Da dieser Mittelwertsunterschied signifikant war, wurde die Übereinstimmung zwischen der erwarteten und der tatsächlichen Ordnung der Mittelwerte als systematisch interpretiert.

Empirische Hypothesen und Vorhersagen

Empirische Hypothesen in der Psychologie führen sehr häufig zu der ganz allgemeinen Erwartung, dass die interessierenden Werte in der einen Bedingung *größer* sind als unter der anderen. Dies symbolisiert man mitunter einfach durch die erwartete Rangordnung zwischen den Untersuchungsbedingungen oder -gruppen.

◊ In der Dissonanzbedingung EÖ+ wird „$A_2 > A_1$“ erwartet, in einer Untersuchung zur Sprachbegabung beispielsweise „Männer < Frauen“.

Nach den Erfahrungen in allen Bereichen der Psychologie gibt es praktisch keine empirischen Untersuchungsergebnisse, bei denen alle Werte in der einen Gruppe größer sind als alle Werte in der anderen. Vielmehr überlappen sich die Verteilungen der interessierenden AV in den Gruppen in aller Regel erheblich. Deshalb können aus der empirischen Hypothese nur schwächere Vorhersagen abgeleitet werden. Üblicherweise werden in der Psychologie arithmetische Mittelwerte betrachtet und empirische Vorhersagen wie $\bar{y}_2 > \bar{y}_1$ getätigt. Daneben sind auch noch andere Arten von empirischen Vorhersagen möglich.

- Man kann vorhersagen, dass die abhängige Variable Y in A_2 *empirisch größer* ist als in A_1: Für alle auftretenden Werte von Y sollen die kumulierten relativen Häufigkeiten oder Prozentsätze in A_1 *geringer* sein als in A_2.[828]

---

[827] vgl. oben Kapitel 15.3 und insbesondere 15.3.6

[828] zu kumulierten Häufigkeitsverteilungen: Hays (1994, Kap. 2.12). In SPSS werden im Menu *Häufigkeiten* (Syntax: FREQUENCIES) kumulierte Prozentsätze berechnet. Die Relation *empirisch größer* für relative Häufigkeiten entspricht der Relation *stochastisch*

- Eine schwächere Vorhersage besteht darin, dass der Median in A_2 der größere sein soll: $Md_2 > Md_1$.
- In ähnlicher Weise kann man vorhersagen, dass der durchschnittliche Rangplatz der Werte aus A_2 höher ist oder dass die Werte aus A_2 im Paarvergleich *tendenziell größer* sind.[829]

Wenn die Verteilungen in beiden Bedingungen symmetrisch sind und die gleiche Form haben (z.B. ausreichend der Normalverteilung angenähert sind), sind diese empirischen Vorhersagen äquivalent mit der Mittelwertsvorhersage $\bar{y}_2 > \bar{y}_1$. Systematische Abweichungen treten jedoch auf, wenn die Verteilungen unterschiedlich schief sind oder wenn einige Werte sich sehr deutlich von den anderen unterscheiden („Ausreißer").

◊ In einer Untersuchung seien die Werte der AV Y in der Bedingung A_1 gleich 2, 4, 10, 12 und 14, in A_2 gleich 4, 6, 8, 14 und 16. Es ist $\bar{y}_1 = 8{,}4$, $\bar{y}_2 = 9{,}6$ und damit vorhersagegemäß $\bar{y}_2 > \bar{y}_1$. Der Wert der entsprechenden t-Statistik wird wegen der extrem kleinen Fallzahl allerdings nicht signifikant. Vorhersagegemäß sind auch die Größenordnungen in den 25 möglichen Paaren von Beobachtungen aus beiden Gruppen: In 14 von ihnen ist der Wert aus A_2 größer als der aus A_1. Da die empirischen Rangsummen $T_2 = 30$ und $T_1 = 25$ sind, weisen auch die nicht-parametrischen Rangtests nach Mann-Whitney und Wilcoxon (siehe oben Kapitel 15.3.3) in die gleiche Richtung. Vorhersagekonträr sind dagegen die Mediane: $Md_2 = 8 < Md_1 = 10$.[830] Die divergierenden Größenrelationen bei arithmetischen Mittelwerten und Medianen zeigt, dass die Verteilungen unterschiedlich schief sind. Deshalb ist A_2 auch nicht durchgängig empirisch größer als A_1: Vorhersagegemäß sind beispielsweise 20% der Werte in A_2 nicht größer als 4, dagegen 40% der Werte in A_1. Nicht größer als 9 sind 60% der Werte in A_2, entgegen der Vorhersage aber nur 40% der Werte aus A_1.

Trotz der möglichen Divergenzen werden empirische Vorhersagen kaum jemals überlegt gewählt, sondern meist implizit dadurch, dass allgemein übliche Tests angewendet werden, die bestimmte Hypothesen überprüfen.

Wenn wir davon sprechen, dass Vorhersagen über empirische Beobachtungen von psychologischen oder empirischen Hypothesen abgeleitet, deduziert oder impliziert werden, ist das nur in einem approximativen Sinn gemeint. Empirische Vorhersagen ergeben sich aus den empirischen Hypothesen nur dann logisch zwingend, wenn zusätzlich angenommen wird, dass das Experiment ausreichend valide ist. Vor allem müssen *Variablenvalidität* (Kapitel 13.5) und *interne Validität* (Kapitel 14) ausreichend hoch sein. Die theoretischen Variablen müssen also adäquat operationalisiert sein und alle möglichen anderen Einflussvariablen müssen

größer zwischen zwei *Zufallsvariablen* Y_1 und Y_2 mit den *Verteilungsfunktionen* F_1 und F_2: $Y_2 > Y_1$ gdw $\forall y \in \mathbb{R}: F_2(y) \leq F_1(y) \wedge \exists y \in \mathbb{R}: F_2(y) < F_1(y)$ (nach Rasch, 1976, S. 234).

[829] siehe oben Seite 344

[830] Dies demonstriert, dass die Rangtests keineswegs, wie häufig (in erster Annäherung) gesagt wird, Hypothesen über Mediane prüfen (siehe oben Kapitel 15.3.3).

hinreichend kontrolliert sein. Eine empirische Vorhersage EV ist dann optimal für die Prüfung einer empirischen Hypothese EH geeignet, wenn sie aus EH und der Validitätsannahme V deduktiv-logisch ableitbar ist: EH $\wedge$ V $\rightarrow$ EV (vgl. Abbildung 16.1).

Besonders wichtig für die Ableitbarkeit von Vorhersagen ist die interne Validität.

◊ Hätten Frey und Irle in der Dissonanzbedingung EÖ+ mit 1 DM Belohnung überwiegend Schüler untersucht, die sehr stark auf ihrer Meinung beharren, unter der 8 DM-Bedingung dagegen sehr anpassungsbereite Schüler, wäre trotz Gültigkeit der Dissonanztheorie nicht unbedingt $\bar{y}_{11} < \bar{y}_{12}$ zu erwarten.

Ein für empirische Vorhersagen sehr wichtiger Aspekt der Variablenvalidität ist das *Skalenniveau* der abhängigen Variablen. Empirische Vorhersagen über die Größenordnung von arithmetischen Mittelwerten sind nur dann sinnvoll, wenn die Variable mindestens Intervallskalenniveau hat, das heißt wenn sie nicht beliebigen monotonen, sondern nur linearen Transformationen unterzogen werden kann.[831] Empirische Vorhersagen über Mediane und paarweise Größenordnungen sind dagegen auch schon sinnvoll, wenn die Variable Ordinalskalenniveau hat, also monoton transformiert werden kann.

◊ Hätten Frey und Irle die Einstellung zur Senkung des Wahlalters nicht auf einer graphischen Skala erhoben, sondern, wie es sehr üblich ist, mit einer Ratingskala, deren Antwortkategorien ausschließlich verbal charakterisiert sind, wäre es viel unsicherer, ob die Kategorien subjektiv gleichabständig sind und die resultierenden Werte tatsächlich Intervallskalenniveau haben. Durch erlaubte monotone Transformationen dieser Werte könnte dann eine zur Vorhersage (12–1) konforme Mittelwertsrelation $\bar{y}_{11} < \bar{y}_{12}$ vorhersagekonträr werden ($\bar{y}_{11} > \bar{y}_{12}$).

Definition der Hypothesenvalidität

Wie wir gesehen haben, werden psychologische und empirische Hypothesen in der Regel nur dann als bewährt oder bestätigt angesehen, wenn das empirische Ergebnis nicht nur der empirischen Vorhersage entspricht, sondern auch „überzufällig“ ist. Um dies festzustellen, werden Signifikanztests durchgeführt, also bestimmte statistische Hypothesen geprüft. Diese Tests müssen so gewählt werden, dass die möglichen Entscheidungen über die geprüften statistischen Hypothesen eindeutig und sinnvoll auf Entscheidungen über die interessierende empirische Hypothese abzubilden sind. Diesen Aspekt der Validität einer Untersuchung bezeichnen wir als Hypothesenvalidität.[832]

---

[831] siehe oben Fußnote 734, Seite 346

[832] entspricht im Prinzip der *Ableitungsvalidität* bei Hager (1984, 1992a, 1992b)

- Die Hypothesenvalidität ist gegeben, wenn empirische Vorhersage und statistische Hypothesen *homomorph* (strukturgleich) sind.[833]

Im einfachsten Fall kann die empirische Vorhersage homomorph mit der Null- oder der Alternativhypothese eines einzigen Tests sein:

- Die Parameterkonstellationen, die unter eine der statistischen Hypothese fallen, entsprechen genau den Konstellationen von Statistiken, die die empirische Vorhersage bestätigen.
- Die Parameterkonstellationen, die unter die andere statistische Hypothese fallen, entsprechen genau den empirischen Ergebnissen, die der empirischen Vorhersage widersprechen.

Wenn die möglichen Ergebnisse der statistischen Hypothesenprüfung nicht eindeutig den möglichen Entscheidungen über die empirische Hypothese zugeordnet werden können, ist die Hypothesenvalidität gestört. In aller Regel wird dadurch die Wahrscheinlichkeit einer Fehlentscheidung über die empirische Hypothese erhöht, d.h. die Validität der Untersuchung insgesamt wird verringert.

Um näher zu erläutern, wie Störungen der Hypothesenvalidität vermieden werden können, sollen in den folgenden Kapiteln 16.2 bis 16.5 einige typische Strukturen von empirischen Vorhersagen analysiert werden. Die ihnen zugeordneten statistischen Hypothesen entsprechen nur sehr einfachen statistischen Modellen zur Beschreibung der empirischen Daten.[834] Die Übertragung der Prinzipien auf andere Arten von empirischen Vorhersagen und statistischen Modellen ist jedoch problemlos möglich.[835]

---

[833] Eine empirische Vorhersage, wie z.B. $\bar{y}_2 > \bar{y}_1$ besteht aus einer Menge S von möglichen Gruppenstatistiken, z.B. $\{\bar{y}_1, \bar{y}_2\}$, und einer auf ihr definierten Relation R, z.B. >. Eine statistische Hypothese, z.B. $\mu_2 > \mu_1$, besteht ebenfalls aus einer Menge Π von möglichen Parametern μ_i und einer auf ihr definierten Relation R'. Kann ein Homomorphismus zwischen den Strukturen <S,R> und <Π,R'> hergestellt werden, ist die Hypothesenvalidität gegeben (zur homomorphen Abbildung von Strukturen siehe oben Kapitel 6.7)

[834] Diese empirischen Vorhersagen und statistischen Modelle sind in der Regel ausreichend, um interessierende psychologische Hypothesen empirisch zu prüfen. Meist bleibt dabei allerdings eine relativ große Fehler- oder Binnenvarianz bestehen. Verfolgt man das Ziel, die gesamte Varianz möglichst vollständig aufzuklären, kann man weitere Variablen einführen und umfangreichere statistische Modelle anpassen (zu Prüfung und Vergleich statistischer Modelle: Judd & McClelland, 1989; Judd et al., 1995).

[835] Hager & Westermann (1983a, 1983c), Westermann & Hager (1983a), Hager (1987, S. 78-83, 161-171), besonders ausführlich: Hager (1992b)

16.2 Vorhersagen über die Ordnung zweier Mittelwerte

Wenn zwei Experimentalbedingungen oder Personengruppen A_1 und A_2 hinsichtlich einer abhängigen Variablen Y verglichen werden, lässt sich aus der empirischen Hypothese sehr häufig eine Vorhersage über die Ordnung der beiden Mittelwerte ableiten, beispielsweise $\overline{y}_2 > \overline{y}_1$.[836]

Die Hypothesenvalidität ist in diesem Fall nicht gestört, wenn wir einen *einseitigen* t-Test anwenden, denn die empirische Vorhersage $\overline{y}_2 > \overline{y}_1$ und die gerichtete Alternativhypothese $\mu_2 > \mu_1$ sind strukturgleich. Zwischen ihnen kann ein Homomorphismus so hergestellt werden, dass Mittelwertskonstellationen, für die die empirische Vorhersage gilt, eindeutig Parameterkonstellationen zugeordnet sind, die unter die H_1 fallen.[837] Die Parameterkonstellationen unter der Nullhypothese konfligieren dagegen eindeutig mit der empirischen Vorhersage.

Bei zwei Untersuchungsgruppen können wir eine Kodiervariable G für die Gruppenzugehörigkeit definieren, so dass G für Personen in A_1 den Wert 0 und für Personen in A_2 den Wert 1 annimmt.[838] Eine empirische Vorhersage über eine Mittelwertsordnung bezüglich der AV Y ist dann äquivalent einer empirischen Vorhersage über eine Produkt-Moment-Korrelation: $r(G,Y) > 0$. Auch die Alternativhypothese $\rho > 0$ des t-Tests für Korrelationskoeffizienten ist demnach strukturgleich mit einer empirischen Vorhersage der Form $\overline{y}_2 > \overline{y}_1$.

Anwendung zweiseitiger Tests

Häufig werden bei gerichteten Mittelwertsvorhersagen zweiseitige t-Tests oder varianzanalytische F-Tests durchgeführt. Die Hypothesenvalidität ist dann gestört. Zwischen der empirischen Vorhersage $\overline{y}_2 > \overline{y}_1$ und der Alternativhypothese $\mu_1 \neq \mu_2$, gegen die bei diesen Tests geprüft wird, besteht keine Strukturgleichheit. Von den Parameterkonstellationen, die unter die H_1 fallen, konfligiert die eine Hälfte (alle Fälle mit $\mu_2 < \mu_1$) mit der empirischen Vorhersage, die andere Hälfte aber nicht. Die Entscheidungen über die statistischen Hypothesen können deshalb nicht eindeutig auf Entscheidungen über die empirische Hypothesen übertragen werden.

◊ Im Experiment von Frey und Irle lautet die empirische Vorhersage für die Bedingung EÖ+ $\overline{y}_{11} < \overline{y}_{12}$ (siehe Seite 286). Ausgewertet werden die Daten jedoch durch eine einfaktorielle Varianzanalyse. Der F-Test der Varianzanalyse prüft in diesem Fall die Nullhypothese $\mu_{12} = \mu_{11}$ gegen die Alternativhypothese $\mu_{12} \neq \mu_{11}$.

Weder die Null- noch die Alternativhypothese sind homomorph zur empirischen Vorhersage. Die Nullhypothese umfasst eine Parameterkonstellation (nämlich die Gleichheit der Mittelwerte), die gegen die empirische Vorhersage sprechen würde. Die

---

836 Die zur Ableitung der empirischen Vorhersage zusätzlich notwendige Validitätsannahme V bleibt im Folgenden der Einfachheit halber unberücksichtigt.

837 Dazu ordnet man jedem Mittelwert $\overline{y}_i$ einfach den Erwartungswert $\mu_i = \overline{y}_i$ zu.

838 siehe oben Tabelle 15.4

Nullhypothese umfasst aber nicht alle vorhersagekonträren Parameterkonstellationen. Die Alternativhypothese umfasst sowohl vorhersagekonforme wie vorhersagekonträre Parameterkonstellationen. Die Signifikanz des F-Tests und die Ablehnung der Null- zugunsten der Alternativhypothese spricht also nicht unbedingt für die empirische Vorhersage und lässt damit keine eindeutige Bewertung der empirischen und wissenschaftlichen Hypothesen zu.

Wird bei einer gerichteten Mittelwertsvorhersage ein zweiseitiger t-Test oder ein F-Test durchgeführt, kann das Ergebnis trotzdem sinnvoll verwendet werden. Man muss lediglich darauf achten, dass ein signifikantes Ergebnis nur dann als Unterstützung für die empirische und psychologische Hypothese interpretiert wird, wenn die Mittelwertsunterschiede in der vorhergesagten Richtung liegen. Dadurch wird indirekt ein Homomorphismus zwischen statistischen Hypothesen und empirischen Vorhersagen hergestellt. Man arbeitet aber zwangsläufig (und meist unwissentlich) mit einem Signifikanzniveau, das um die Hälfte reduziert ist. Die Prüfung der empirischen Hypothese wird dadurch unbeabsichtigt strenger und weniger wohlwollend.

Ausgleichen kann man diese mögliche Beeinträchtigung der Untersuchungsvalidität dadurch, dass man bei der Durchführung des Signifikanztests das eigentlich gewählte Signifikanzniveau α verdoppelt oder die ermittelte Überschreitungswahrscheinlichkeit p halbiert.

◊ Frey und Irle haben für die Bedingung EÖ+ in der Varianzanalyse ein $F = 4{,}32$ erhalten (mit 1 Zähler- und 30 Nenner-Freiheitsgraden). Die zugehörige Überschreitungswahrscheinlichkeit ist $p = 0{,}046$. Bei $\alpha = 0{,}05$ ist der Test damit signifikant.[839] Hätten sie jedoch wegen der gerichteten Vorhersage einen einseitigen t-Test durchgeführt, hätte sich ein $t_{emp} = 2{,}08$ ergeben.[840] Er ist mit einer Überschreitungswahrscheinlichkeit von $p = 0{,}023$ verbunden, die genau gleich der Hälfte der Überschreitungswahrscheinlichkeit für den F-Test ist.

Werden für verschiedene Bedingungskombinationen Mittelwertsvorhersagen in unterschiedliche Richtungen gemacht, müssen auch die Alternativhypothesen der entsprechenden t-Tests unterschiedlich gerichtet sein.

◊ Im Experiment von Frey und Irle gab es neben der Bedingung mit Entscheidungsfreiheit und Öffentlichkeit (EÖ+) noch eine andere Bedingung, in der kein expliziter Hinweis auf eine Entscheidungsfreiheit gegeben wurde und der Aufsatz anonym bleiben sollte (EÖ–). Hier sollte nach den theoretischen Überlegungen der Autoren keine Dissonanz auftreten, sondern die Belohnung als Verstärkung wirken. Aus dieser zweiten empirischen Hypothese folgt eine Mittelwertsvorhersage in anderer Richtung: Bei 8 DM Belohnung soll die Einstellungsänderung größer sein als bei 1 DM, die Meinungsausprägung soll in

839 Da der empirische p-Wert nur ganz knapp unter dem gewählten Signifikanzniveau liegt, bestand ein erhebliches Risiko, dass der F-Test nicht signifikant wurde und die dissonanztheoretische Hypothese nicht als bestätigt interpretiert werden konnte.

840 Bei zwei Gruppen ist t stets gleich der Wurzel aus F (Bortz, 1999, S. 82-83).

der ersten Gruppe also positiver bleiben: $\bar{y}_{21} > \bar{y}_{22}$. Auch bei dieser gerichteten Vorhersage sollte statt eines F-Tests ein einseitiger t-Test angewendet werden.[841]

Bei einem einseitigen Test können Ergebnisse in der nicht erwarteten Richtung logischerweise nicht signifikant werden, unabhängig davon wie groß sie sind. Dies ist solange kein Nachteil wie wir über einen Test tatsächlich genau eine empirische Hypothese mit einer gerichteten Vorhersage prüfen. Falls allerdings die Abweichung in der nicht erwarteten Richtung eine besondere inhaltliche Bedeutung hat, sollte statt eines ein- ein zweiseitiger Test durchgeführt werden.[842] Dies ist insbesondere dann der Fall, wenn zwei psychologische Hypothesen mit konträren Vorhersagen an den gleichen Daten gegeneinander geprüft werden.

◊ Neben den beiden bisher erwähnten Bedingungen EÖ+ und EÖ– haben Frey und Irle die Wirkung der beiden Belohnungshöhen noch in zwei weiteren Bedingungskombinationen untersucht: mit expliziter Entscheidungsfreiheit, aber anonym (E+Ö-) und ohne explizite Freiheit, aber mit Ankündigung einer Veröffentlichung (E-Ö+). Für diese beiden Zwischenbedingungen lässt sich nicht eindeutig begründen, ob die Gültigkeit der Dissonanztheorie oder der Verstärkungstheorie zu erwarten ist. Um den Geltungsbereich beider Theorien gegeneinander abzugrenzen, sind systematische Mittelwertsunterschiede in beiden Richtungen relevant. Deshalb ist es hier besser, statt einseitiger zweiseitige t-Tests zu verwenden.

Wahl zwischen verschiedenen Tests

Die gleichen Hypothesen wie der übliche t-Test prüft der sog. *Welch-Test*, der weniger Freiheitsgrade hat und bei ungleichen Varianzen robuster ist.[843] Strukturgleich empirischen Vorhersagen der Form $\bar{y}_2 > \bar{y}_1$ sind auch die Alternativhypothesen von einseitigen Mann-Whitney-Wilcoxon-Rangtests sowie von einseitigen Permutationstests, die auf Mittelwertsdifferenzen ansprechen.[844]

Für empirische Vorhersagen über die Größenordnung der abhängigen Variablen in zwei Gruppen stehen also verschiedene statistische Tests zur Verfügung, bei denen die Hypothesenvalidität nicht gestört ist. In den meisten Fällen kann ohne Bedenken der übliche t-Test verwendet werden. Bei der Prüfung von empirischen Hypothesen für bestimmte Anwendungsfälle kann er gut als approximativer Permutationstest interpretiert werden. Will man tatsächlich einmal Aussagen über zugrunde liegende Populationen treffen, ist der t-Test relativ robust und effizient.[845]

---

841 Definiert man bei der Berechnung des t-Tests wie bisher die Bedingung A_2 (8 DM) als die erste, ist ein negativer t-Wert zu erwarten (siehe oben Fußnote 725, Seite 340).

842 Keppel (1991, S. 123), Abelson (1995, S. 57-59), Leventhal & Huynh (1996)

843 Hager, Lübbeke & Hübner (1983), Hays (1994, S. 322, 328), (Keppel, 1991, S. 125), Rasch (1995, S. 343-345), Winer et al. (1991, S. 66-69), Zimmerman & Zumbo (1993). In SPSS wird jeder t-Test auch in dieser allgemeineren Form für ungleiche Varianzen berechnet.

844 siehe oben Abschnitt 15.3

845 siehe oben Abschnitt 15.2.3

Um die Gefahr von Fehlentscheidungen über die empirische Hypothese zu verringern, kann man aber auch mehrere hypothesenvalide Tests durchführen und sich bei divergierenden Ergebnisse kriterienorientiert entscheiden.

In den allermeisten Fällen werden die Ergebnisse der Tests tendenziell übereinstimmen: Entweder sind alle signifikant oder alle sind insignifikant. Nur selten sind die Tests teilweise signifikant, teilweise aber nicht. In diesen Fällen kann man gezielt eine Entscheidungsalternative präferieren, falls einer der Aspekte der Validität, Strenge bzw. Wohlwollen, deutlich wichtiger ist als der andere. Spricht beispielsweise ein signifikantes Ergebnis für die empirische Hypothese und will man diese möglichst streng prüfen, entscheidet man sich schon gegen ihre Gültigkeit, wenn einer der durchgeführten Tests insignifikant bleibt. Will man hingegen die empirische Hypothese zunächst wohlwollend prüfen, kann man sie eventuell schon dann als bewährt ansehen, wenn einer der Tests signifikant wird.

16.3 Vorhersagen über Gleichheit von Mittelwerten

Bisher haben wir den weitverbreiteten Fall betrachtet, dass eine empirische Hypothese durch die Akzeptierung einer gerichteten Alternativhypothese gestützt wird. Mitunter sind psychologische Hypothesen aber auch so formuliert, dass die Akzeptierung oder Ablehnung von ungerichteten statistischen Hypothesen für sie spricht.

Aus einigen psychologischen Hypothesen kann nur die *Ungleichheit* von Statistiken vorhergesagt werden, ohne dass die Richtung spezifiziert werden kann. Diese Vorhersagen sind strukturgleich mit den ungerichteten Alternativhypothesen einer Varianzanalyse oder eines zweiseitigen t-Tests. Wegen ihres geringen Gehaltes sind sie für wissenschaftliche Erklärungen und praktische Anwendungen nur wenig nützlich. Lediglich Störhypothesen sind auch dann bedeutsam, wenn sie ungerichtet sind.

◊ Zur Untersuchung des Zusammenhangs von Belohnungshöhe und Meinungsunterschied haben wir neben der UV „Belohnungshöhe“ die mögliche Störvariable „Untersuchungssituation“ als Kontrollfaktor B mit zwei Ausprägungen (Luxushotel vs. Institutskeller) eingeführt (siehe oben Kapitel 14.4, Seite 318). Wenn die Untersuchungssituation eine Störvariable der internen Validität ist, müssten die Mittelwerte der AV in den beiden Bedingungen B_1 und B_2 sich unterscheiden: $\bar{y}_1 \neq \bar{y}_2$.[846]

[846] Die Akzeptierung der Alternativhypothese spricht dafür, dass die Untersuchungssituation ein Störfaktor gewesen wäre, falls sie zwischen den Ausprägungen des experimentellen Bedingungsfaktors A systematisch variiert hätte. Wenn dieser *mögliche* Störfaktor als Kontrollfaktor eingeführt wird, kann er jedoch *kein tatsächlicher* Störfaktor sein: Da jede Untersuchungssituation gleichhäufig unter jeder Belohnungsbedingung auftritt, besteht zwischen Belohnung und Untersuchungssituation keine statistische Assoziation.

◊ Können bei der Evaluation eines Therapie- oder Interventionsprogramms die Probanden nicht zufällig der Behandlungs- und Kontrollgruppe zugeordnet werden, muss versucht werden, die beiden Gruppen so zu parallelisieren, dass sie sich auf möglichst vielen wichtigen Variablen Y_i nicht unterscheiden: $\bar{y}_{1i} = \bar{y}_{2i}$.

Sehr bedeutsam können wissenschaftliche Hypothesen sein, die zu empirischen Vorhersagen über die *Gleichheit* von Häufigkeiten oder Mittelwerten führen.

◊ Die Simulation menschlicher kognitiver Tätigkeiten ist erfolgreich, wenn die Arbeitsprodukte eines Computers nicht mehr von entsprechenden menschlichen Produkten zu unterscheiden sind (sog. *Turing-Test*).[847] Um ein Übersetzungsprogramm zu evaluieren, legen wir professionellen Übersetzern z.B. 30 verschiedene Übersetzungen vor, jeweils zur Hälfte vom Computer (A_1) und von Menschen (A_2). Die Personen müssen jeweils beurteilen, wie sehr das Produkt einer fachgerechten Übersetzung entspricht (Skala z.B. von 0 bis 10). Wenn die Simulation erfolgreich ist, ist zu erwarten, dass die Mittelwerte $\bar{y}_1$ und $\bar{y}_2$ gleich sind. Diese empirische Vorhersage ist strukturgleich mit der Nullhypothese eines zweiseitigen t-Tests.[848]

Besonders gehaltvoll sind psychologische Hypothesen, aus denen sich präzise empirische Vorhersagen über den (Mittel-)Wert einer bestimmten Variablen oder die Häufigkeit eines bestimmten Ereignisses ableiten lassen. Auch in diesem Fall spricht die Akzeptierung der H_0 für die psychologische Hypothese.

◊ Nach der Theorie von Bower und Trabasso erfolgt der Erwerb eines Konzeptes nach einem Alles-oder-Nichts-Prinzip. Bis zur letzten fehlerhaften Antwort sollte die relative Häufigkeit für richtige Antworten einer Person auf ein Item deshalb gleich der Ratewahrscheinlichkeit, bei zwei Antwortalternativen also gleich 0,5 sein.[849] Diese Vorhersage kann durch einen Binomialtest mit der Nullhypothese $p = 0{,}50$ geprüft werden.

◊ Nach einer Hypothese von Gigerenzer entsprechen die Schätzungen von A-posteriori-Wahrscheinlichkeiten den statistischen Werten nach dem Bayes-Theorem, falls die Personen Informationen über absolute Häufigkeiten und nicht über Wahrscheinlichkeiten erhalten.[850] Ist für eine bestimmte Situation die statistische Wahrscheinlichkeit gleich dem Wert c, folgt daraus eine empirische Vorhersage $\bar{y} = c$, die strukturgleich mit der Nullhypothese eines zweiseitigen t-Tests für eine Gruppe ist.

---

847 Strube et al. (1996, S. 744)

848 Allerdings ergibt sich diese empirische Vorhersage auch aus der Annahme, dass die Personen einfach zufällig antworten (weil sie z.B. die Aufgabe nicht verstanden haben, oder völlig unmotiviert sind). Um diese Alternativerklärung auszuschließen, kann man in das Beurteilungsmaterial einige Produkte einfügen, für die es relativ offensichtlich ist, dass sie von einem Computer bzw. von einem Menschen stammen. Hier müssten sich die Mittelwerte deutlich unterscheiden.

849 Lüer & Spada (1990, S. 243), Wender (1990, S. 572)

850 Gigerenzer & Hoffrage (1995), vgl. Anderson (1996a, S. 324-328)

16.4 Vorhersagen über Ordnungen mehrerer Mittelwerte

Eine Annahme über den Zusammenhang zwischen Variablen ist in der Psychologie meist eine Annahme über ihren monotonen Zusammenhang.

◊ Nach Leon Festinger werden Meinungen nach konträrem Verhalten um so stärker geändert, je weniger dieses Verhalten belohnt wird.[851]
◊ Nach Allen Paivio wird Material um so besser behalten, je bildhafter es ist.[852]
◊ Nach Narziß Ach sind Handlungen um so intensiver, je schwerer die Aufgabe ist.[853]

Bei einem monoton-steigenden Zusammenhang laufen die beiden Variablen in die gleiche Richtung: Je größer die Werte auf der Variablen X sind, desto größer sind sie auch auf der Variablen Y. Bei einem monoton-fallenden Zusammenhang sind die Variablenverläufe gegenläufig: Je größer X, desto kleiner Y.

Werden in einem Experiment von der unabhängigen Variablen zwei Ausprägungen realisiert, führt dies zu Vorhersagen über die Ordnung zweier empirischer Mittelwerte, die wir im Kapitel 16.2 besprochen haben. Werden drei oder mehr Ausprägungen der unabhängigen Variablen realisiert, ergibt sich jeweils eine empirische Vorhersage wie $\bar{y}_3 > \bar{y}_2 > \bar{y}_1$ oder allgemein $\bar{y}_J > \bar{y}_{J-1} > \ldots > \bar{y}_1$. Derartige Vorheragen über einen *ordinalen Mittelwertstrend* sind in der psychologischen Forschung außerordentlich häufig.[854]

◊ Das dissonanztheoretische Bereichselement zur Forced Compliance (DissF, siehe oben Kapitel 11.4.1) enthält einen monoton-steigenden Zusammenhang zwischen der Belohnungshöhe und dem Meinungsunterschied. Würden wir in einem Experiment eine negative Meinung vertreten lassen und drei Belohnungshöhen realisieren (z.B. 1 DM, 8 DM und 20 DM), erhalten wir als empirische Vorhersage $\bar{y}_3 > \bar{y}_2 > \bar{y}_1$.

Je größer die Zahl J der Experimentalbedingungen ist, desto schwerer wird es (unter sonst gleichen Bedingungen) der empirischen Hypothese gemacht, sich zu bewähren. Die Strenge der Prüfung steigt also *ceteris paribus* mit zunehmender Zahl von Mittelwerten, für die eine Ordnung vorhergesagt wird.

16.4.1 Inadäquate Prüfungen durch globale Tests

Vorhersagen über einen ordinalen Mittelwertstrend wie $\bar{y}_3 > \bar{y}_2 > \bar{y}_1$ werden in der Psychologie häufig geprüft, indem lediglich eine Varianzanalyse durchgeführt wird. Diese prüft die Nullhypothese der Gleichheit der Mittelwerte (H_0: $\mu_3 = \mu_2 = \mu_1$) gegen die Alternativhypothese, dass mindestens zwei der Mittelwerte ungleich sind (H_1: $\mu_3 \neq \mu_2$ oder $\mu_2 \neq \mu_1$ oder $\mu_3 \neq \mu_1$). Die empirische Vorhersage ist in diesem Fall also *nicht strukturgleich* mit einer der geprüften statistischen Hypothesen, weder mit

851 Festinger (1978, S. 96-102), vgl. oben Kapitel 11.4.1
852 Paivio & Csapo (1969), vgl. Anderson (1996a, S. 103-104)
853 Heckhausen (1989, S. 14)
854 Braver & Sheets (1993) ermittelten in einer Stichprobe einen Anteil von 50%.

H_0 noch mit H_1. Die Signifikanz des varianzanalytischen F-Tests, d.h. die Akzeptierung der H_1 spricht damit nicht eindeutig für die empirische Vorhersage. Sie kann vielmehr durch zahlreiche Mittelwertsrelationen zustande gekommen sein, die nicht der empirischen Vorhersage entsprechen, beispielsweise $\bar{y}_3 < \bar{y}_2 < \bar{y}_1$ oder $\bar{y}_1 > \bar{y}_3 > \bar{y}_2$ oder $\bar{y}_3 = \bar{y}_2 > \bar{y}_1$ usw.

Bei einem signifikanten varianzanalytischen F-Test ist deshalb zusätzlich zu prüfen, ob die Rangordnung der Mittelwerte der empirischen Vorhersage entspricht. Diese Entscheidung wird häufig durch einfache Dateninspektion getroffen: Man schaut, ob die empirischen Mittelwerte mit der vorhergesagten Rangordnung übereinstimmen. Damit ist aber ein wesentlicher Teil der Entscheidung über die empirische Hypothese nicht mehr durch ein Signifikanztestergebnis abgesichert. Das Risiko, dass die Ordnung der empirischen Mittelwerte zufällig zustande gekommen ist, ist deshalb nicht hinreichend kontrolliert. Dadurch kann das Risiko für falsche Entscheidungen über die EH (in unbekanntem Maße) erhöht sein.

16.4.2 Adäquate Prüfungen durch geplante Kontraste

Um empirische Vorhersagen über einen monotonen Trend von mehr als zwei Mittelwerten strukturerhaltend (homomorph) auf solche statistische Hypothesen abbilden zu können, die direkt durch Signifikanztests geprüft werden können, muss man gezielt jeweils die benachbarten Gruppen miteinander vergleichen.[855] Vor diesen gezielten Vergleichen kann ein globaler Test durchgeführt werden, um zu prüfen, ob überhaupt systematische Unterschiede zwischen den betrachteten Gruppen bestehen.[856] Daraus ergibt sich ein zweistufiges Vorgehen:

- Man führt zunächst einen *Overall-* oder *Omnibus*-Test über alle J Mittelwerte durch, beispielsweise eine einfaktorielle Varianzanalyse. Ergibt dieser Overall-Test ein insignifikantes Ergebnis, spricht dies gegen die empirische Hypothese. Weitere Auswertungsschritte sind nicht notwendig. Eine Entscheidung gegen die EH ist allerdings nur dann gerechtfertigt, wenn die Teststärke hoch genug gewesen ist (siehe unten Kapitel 17.1.2).[857]

---

[855] Hager & Westermann (1983a, 1983c), Westermann & Hager (1983a)

[856] Die verschiedenen möglichen Strategien im Umgang mit unspezifischen globalen Tests, gezielt geplanten Vergleichen und unabgesicherten Dateninspektionen hat Hager (1987, S. 180-183) herausgearbeitet und gegenübergestellt.

[857] Wenn die Ausprägungen der UV quantitativ abgestuft sind, kann man als Overall-Test auch einen Mittelwertskontrast (siehe unten in diesem Kapitel) verwenden, der die Nullhypothese der Gleichheit aller Mittelwerte gegen die Alternative eines *linearen Trends* prüft (Bortz, 1999, Kap. 7.4; Hays, 1994, Kap. 16.13). In SPSS sind diese Trendtests z.B. im Menu *Mittelwerte vergleichen - Einfaktorielle ANOVA – Kontraste* verfügbar.

Es gibt spezielle Tests von Bartholomew, von Jonckheere und von Page zur Prüfung von ordinalen Mittelwertstrends (Bortz et al., 1990; Braver & Sheets, 1993). Die

- Ergibt die Varianzanalyse ein signifikantes Ergebnis (d.h. unterscheiden sich die J Mittelwerte auf irgendeine Weise), prüft man mit Hilfe von $J-1$ t-Tests, ob die Mittelwerte aufeinander folgender Bedingungen sich entsprechend der empirischen Vorhersage in der richtigen Richtung unterscheiden.

◊ Bei der Vorhersage $\bar{y}_3 > \bar{y}_2 > \bar{y}_1$ führt man nach einem signifikanten varianzanalytischen F-Test zwei t-Tests durch, die die Alternativhypothesen $\mu_3 > \mu_2$ und $\mu_2 > \mu_1$ haben.

Diese gezielten Tests benachbarter Gruppen haben einen wesentlichen Vorteil:

- Die Konjunktion der $J-1$ Alternativhypothesen ist äquivalent zur Aussage $\mu_J > \mu_{J-1} > ... > \mu_1$ und damit strukturgleich mit der empirischen Vorhersage über den monotonen Mittelwertstrend.

Man kann mit Hilfe der gezielten Tests also eindeutig entscheiden, inwieweit die empirischen Daten der vorhergesagten Mittelwertsordnung entsprechen. Nur wenn die Alternativhypothesen aller $J-1$ paarweisen Mittelwertsvergleiche angenommen werden, spricht dies eindeutig für die empirische Hypothese.[858]

Da die Mittelwerte bei diesem Entscheidungskriterium nicht nur in der vorhergesagten Reihenfolge liegen müssen, sondern sich auch alle in der vorhergesagten Richtung signifikant und hinreichend deutlich unterscheiden müssen, wird es der empirischen Hypothese sehr schwer gemacht, sich zu bewähren. Außerdem benötigt man sehr viele Untersuchungsfälle, um für alle Mittelwertsvergleiche eine hinreichend große Teststärke zu erreichen.[859] Will man die empirische Hypothese wohlwollender prüfen, kann man aber ohne Probleme schwächere Entscheidungskriterien anwenden. Beispielsweise könnte man die EH schon als (ausreichend) empirisch bestätigt ansehen, wenn alle Mittelwerte in der richtigen Ordnung liegen und mindestens die Hälfte der Vergleiche signifikant wird.

Alternativhypothesen dieser Tests sind jedoch nicht strukturgleich mit den üblichen empirischen ordinalen Mittelwertsvorhersagen, da sie alle möglichen schwachen Ordnungen zulassen, d.h. beispielsweise auch die Gleichheit fast aller Mittelwerte. Diese Verfahren sind deshalb nur als Overall-Test geeignet. Sie sind allerdings nicht in den verbreiteten statistischen Analysesystemen enthalten.

858 Zur Prüfung von Vorhersagen über die Rangordnung von J Mittelwerten genügen die $J-1$ paarweise t-Tests benachbarter Mittelwerte vollkommen, der varianzanalytische Overall-Test ist eigentlich entbehrlich (Westermann & Hager, 1983a; Wilcox, 1995). In einigen Fällen kann er sogar insofern irreführend sein, als er insignifikant bleibt, obwohl einige paarweise Tests signifikant werden. Ein Overall-F-Test vor gezielten Mittelwertsvergleichen wird hier aus pragmatischen Gründen empfohlen: Die varianzanalytische Datenauswertung ist so fest als Konvention etabliert, dass die meisten Herausgeber und Gutachter, unbeirrt von allen gegenteiligen Argumenten, varianzanalytische F-Tests für unverzichtbar halten.

859 In der Simulation von Braver & Sheets (1993) zeigte das Verfahren der paarweisen Mittelwertskontraste nur eine äußerst geringe Teststärke, weil schon die Teststärke der Einzeltests teilweise sehr gering war.

Ein Nachteil mehrfacher Signifikanztests ist die Kumulation von Fehlerwahrscheinlichkeiten. Wie im Kapitel 17.2 gezeigt wird, kumuliert im vorliegenden Fall die Wahrscheinlichkeit β für einen Fehler 2. Art. Dies führt zu einer Erhöhung der Strenge und zu einer Herabsetzung des Wohlwollens der Prüfung. Ausgeglichen werden kann dies durch eine Erhöhung der Teststärke der einzelnen t-Tests.

Führt man, wie in unserem Fall, verschiedene Signifikanztests innerhalb einer Menge von Faktorausprägungen oder Bedingungskombinationen durch, spricht man von *multiplen Vergleichen* (multiple comparisons). Jeder dieser Tests wird als *Einzelvergleich* oder *Kontrast* bezeichnet. Wenn die durchzuführenden Gruppenvergleiche, wie in unserem Fall, durch die psychologische Hypothese bestimmt werden und vor der Erhebung der Daten festgelegt werden können, werden sie als *A-priori-Kontraste* oder geplante Vergleiche bezeichnet.

Nicht nur die Vorhersagen über monotone Mittelwertsordnungen, die wir in diesem Kapitel betrachten, sind strukturgleich mit den konjugierten Alternativhypothesen von A-priori-Kontrasten. Auch die meisten anderen empirischen Vorhersagen, die wir in der psychologischen Forschung finden, lassen sich durch Kontraste valider prüfen als durch globale, varianzanalytische Tests.[860]

Kontraste als Linearkombination

Anschaulich gesprochen ist ein Kontrast ein statistischer Vergleich von zwei Gruppen von Mittelwerten. Formal charakterisiert wird er durch die Koeffizienten einer Linearkombination:[861]

$$D_j = c_{1j}\bar{y}_1 + \ldots + c_{mj}\bar{y}_m \,. \qquad (16\text{–}1)$$

Die sog. Kontrastkoeffizienten in dieser Linearkombination geben an, welche Variablen auf welche Weise zusammengefasst und dann verglichen werden. Die Koeffizienten der einen Variablengruppe haben positive, die der anderen negative Vorzeichen, und sie müssen so gewählt werden, dass ihre Gesamtsumme Null ist.[862]

---

860 Hager & Westermann (1983a, 1983c), Westermann & Hager (1983a), Rosenthal & Rosnow (1985), Keppel (1991), Hager (1992b), Judd et al. (1995), Abelson & Prentice (1997), McClelland (1997), Wilkinson et al. (1999), siehe auch unten Kapitel 16.5.2 zur Prüfung von Vorhersagen über bestimmte Interaktionen und Moderatoreffekte

861 Bortz (1999, S. 252-260), Hager (1987, S. 156-160), Hays (1994, Kap. 11), Keppel (1991, Kap. 6), Rosenthal & Rosnow (1985)

862 Zur besseren Interpretation sollte außerdem die Summe der positiven und der negativen Koeffizienten gleich +1 bzw. −1 sein. Der resultierende Wert des Kontrasts ist dann genau gleich der interessierenden Mittelwertsdifferenz.

Aus statistischer Perspektive ist es vorteilhaft, wenn geplante Kontraste paarweise *orthogonal* sind: Ein varianzanalytischer F-Test über J Gruppen kann in $J - 1$ orthogonale Kontraste zerlegt werden, die unabhängige Informationsanteile repräsentieren. Für eine valide Prüfung empirischer Hypothesen ist jedoch viel wichtiger, die Kontraste strukturgleich zu den empirischen Vorhersagen zu wählen. Man kann dann ohne

Die vom t-Test geprüfte exakte Nullhypothese lautet

(16–2) $$\Delta_j = c_{1j}\mu_1 + ... + c_{mj}\mu_m = 0 \, .$$

◊ In einer Untersuchung zum Erfolg sechs unterschiedlicher Behandlungsarten für Depressionen gibt es J = 6 Gruppen: Die ersten beiden Gruppen bekommen zwei unterschiedliche neue Medikamente, die dritte Gruppe ein altes Medikament, die letzten drei Gruppen unterschiedliche Psychotherapien. Will man als erstes prüfen, ob die Werte in den ersten beiden Gruppen im Mittel größer sind als in den letzten drei Gruppen, können die Kontrastkoeffizienten folgendermaßen gewählt werden:

$c_{11} = +\frac{1}{2}$ $c_{12} = +\frac{1}{2}$ $c_{13} = 0$ $c_{14} = -\frac{1}{3}$ $c_{15} = -\frac{1}{3}$ $c_{16} = -\frac{1}{3}$.

Der Kontrast lautet dann:

(16–3) $$D_1 = \tfrac{1}{2}\bar{y}_1 + \tfrac{1}{2}\bar{y}_2 - \tfrac{1}{3}\bar{y}_4 - \tfrac{1}{3}\bar{y}_5 - \tfrac{1}{3}\bar{y}_6$$

oder etwas anschaulicher geschrieben:

(16–4) $$D_1 = \frac{\bar{y}_1 + \bar{y}_2}{2} - \frac{\bar{y}_4 + \bar{y}_5 + \bar{y}_6}{3} \, .$$

Die Alternativhypothese, gegen die ein einseitiger t-Test die entsprechende Nullhypothese prüft, lautet in unserem Fall:

(16–5) $$\Delta_1 = \frac{\mu_1 + \mu_2}{2} - \frac{\mu_4 + \mu_5 + \mu_6}{3} > 0 \quad \text{oder:} \quad \frac{\mu_1 + \mu_2}{2} > \frac{\mu_4 + \mu_5 + \mu_6}{3} \, .$$

Mit einem zweiten Kontrast D_2 kann man beispielsweise prüfen, ob der Mittelwert der ersten Gruppe größer ist als der zweiten. Als Koeffizienten wählt man:

$c_{11} = +\frac{1}{2}$ $c_{12} = -\frac{1}{2}$ $c_{13} = 0$ $c_{14} = 0$ $c_{15} = 0$ $c_{16} = 0$.

Die Alternativhypothese, gegen die dieser Kontrast prüft, lautet dann:

(16–6) $$\Delta_2 = \tfrac{1}{2}\mu_1 - \tfrac{1}{2}\mu_2 > 0 \quad \text{oder anschaulicher} \quad \tfrac{1}{2}\mu_1 > \tfrac{1}{2}\mu_2 \, .$$

Dies ist äquivalent zu $\mu_1 > \mu_2$, der Alternativhypothese eines einseitigen t-Tests.

Wahl der Prüfvarianz

Für jeden A-priori-Kontrast wird eine t-Statistik berechnet und aus einer t-Verteilung die zugehörige Überschreitungswahrscheinlichkeit p ermittelt.[863] Es gibt dabei zwei Möglichkeiten, den im Nenner der t-Statistik stehenden Standardfehler zu definieren.

- Können die Varianzen in allen untersuchten Gruppen als gleich groß angenommen werden, kann der Standardfehler aller Kontraste aus der varianzanalytischen

Bedenken nicht-orthogonale Kontraste verwenden (Hager, 1987, S. 168-171; Keppel, 1991, S. 136-138; Rosenthal & Rosnow, 1985; Winer et al., 1991, S. 146-166).

In SPSS können beliebige Kontrastkoeffizienten im Menü *Mittelwerte vergleichen – einfaktorielle ANOVA* sowie über Syntaxbefehle (GLM) eingegeben werden. Im *Allgemeinen linearen Modell* können nur bestimmte Kontraste ausgewählt werden, unter anderem zwischen aufeinanderfolgenden Gruppen („wiederholte Kontraste"). Die p-Werte sind zweiseitig, bei gerichteten Vorhersagen also zu halbieren.

[863] Der zweiseitige t-Test ist äquivalent zu einem F-Test mit einem Zählerfreiheitsgrad.

Fehlervarianz (mittlere Quadratsumme innerhalb der Gruppen) ermittelt werden, die aus den Varianzen in allen J *untersuchten* Gruppen berechnet wird.[864]

- Kann oder will man die Annahme der Varianzgleichheit nicht machen, berechnet man den Standardfehler nur aus den Varianzen der am Kontrast beteiligten Gruppen. Gehen nur zwei Gruppen in den Kontrast ein, ist das Ergebnis dann äquivalent mit dem üblichen t-Test.[865]

Gehen alle untersuchten Gruppen in den Nenner der t-Statistik ein, bekommt sie mehr Freiheitsgrade und damit auch eine höhere Teststärke. Im üblichem Fall von Vorhersagen über gerichtete Mittelwertsunterschiede wird dadurch wohlwollender geprüft: *Ceteris paribus* wird die Chance erhöht, zutreffende empirische Hypothesen als solche zu identifizieren. Es kann aber auch das Risiko steigen, unzutreffende empirische Hypothesen fälschlicherweise als zutreffend anzunehmen. Will man Hypothesen vor allem möglichst streng prüfen, muss man also auf die Verwendung der gemeinsamen Fehlervarianz verzichten und schon bei der Testplanung die Zahl der Untersuchungseinheiten so wählen, dass die angenommenen Effekte mit der gewünschten Teststärke auch mit üblichen t-Tests zu entdecken sind.

Effektgrößen

Die mit einem Kontrast D_j verbundene Effektgröße wird so definiert, dass sie sich im Falle von zwei Mittelwerten auf die bekannte Effektgröße d reduziert:[866]

$$d = \frac{D_j}{s_p \sqrt{\sum_i c_{ij}^2 / 2}}. \tag{16–7}$$

Statt s_p, der zusammengefassten Varianz aus den beteiligten Gruppen, kann dort auch die Wurzel aus der varianzanalytischen Fehlervarianz verwendet werden.

Der vom Kontrast D aufgeklärte Varianzanteil kann in der üblichen Weise als Quotient von Quadratsummen ausgedrückt werden:[867]

---

864 siehe oben Fußnote 811, Seite 381

865 In SPSS werden A-priori-Kontraste grundsätzlich mit der gemeinsamen Fehlervarianz gerechnet. Im Menu *Mittelwerte vergleichen - einfaktorielle ANOVA* (Syntax: ONEWAY) werden zusätzlich für den Fall ungleicher Varianzen t-Tests mit vergleichsspezifischen Fehlervarianzen gerechnet (Welch-Test, siehe oben Fußnote 843, Seite 397). Im *Allgemeinen linearen Modell* (Syntax: UNIANOVA) fehlt diese Möglichkeit. Außerdem wird kein t-Wert ausgegeben, sondern ein Konfidenzintervall für den Kontrastwert.

866 Hager (1996b, S. 92), Abelson & Prentice (1997, S. 318). Durch die Summe der quadrierten Gewichte im Nenner wird die Größe des Kontrastes, die ja von der Größe der gewählten Gewichte abhängt, auf einen einheitlichen Maßstab relativiert.

867 mit $QS_D = D^2 / (\Sigma c_i^2 / n_i)$ (Hays, 1994, S. 431; Keppel, 1991, S. 129; Rosenthal & Rosnow, 1985, S. 14)

$$(16\text{–}8) \qquad \eta_D^2 = \frac{QS_D}{QS_D + QS_{Fehler}}.$$

16.4.3 Inadäquate Prüfung durch *Post-hoc-Kontraste*

In der Forschungspraxis werden nach einer signifikanten Varianzanalyse häufig spezielle statistische Techniken für *Post-hoc-Kontraste* durchgeführt, beispielsweise Scheffé-Tests oder Tukey-Tests.[868] Sie prüfen stets zweiseitig und gleichen die Kumulation der Fehlerwahrscheinlichkeit α für den Fall aus, dass alle möglichen Mittelwertskontraste (*Scheffé-Tests*) bzw. alle möglichen paarweisen Mittelwertsvergleiche (*Tukey-Tests*) durchgeführt werden. Sie sind damit allenfalls für explorative Untersuchungen angemessen, d.h. wenn tatsächlich keine spezifischen Hypothesen oder Vorhersagen vorliegen, wenn alle möglichen (paarweisen) Kontraste gleichermaßen von Interesse sind oder wenn nach der Hypothesenprüfung noch unerwartete Effekte in den Daten identifiziert werden sollen. Zur gezielten Prüfung von Hypothesen sollten sie jedoch nicht eingesetzt werden:

- Durch die zweiseitige Prüfung besteht keine Strukturgleicheit zur empirischen Vorhersage.
- Sie kontrollieren die Kumulation der α-Wahrscheinlichkeiten, bei den üblichen empirischen Vorhersagen muss jedoch die Kumulation von β kontrolliert werden.
- Die α-Adjustierung bezieht sich auf eine große Familie von möglichen Vergleichen und ist deshalb sehr stark.
- Durch die zweiseitige Prüfung und die starke α-Adjustierung wird die Teststärke gegenüber den interessierenden Mittelwertskonstellationen erheblich vermindert.

Insgesamt vermindern Post-hoc-Tests die Wahrscheinlichkeit, dass zutreffende empirische Hypothesen tatsächlich akzeptiert werden (Wohlwollen der Prüfung).

16.5 Vorhersagen über Interaktionen zwischen Variablen

In der Psychologie wird nicht nur die kausale Wirkung einer (unabhängigen) Variablen auf eine andere (abhängige) Variable untersucht. Von besonderem fachlichem Interesse ist vielmehr das Zusammenwirken verschiedener unabhängiger Variablen in Bezug auf die abhängige Variable. Entsprechende psychologische Hypothesen führen häufig zu einer empirischen Vorhersage, nach der die Wirkung der unabhängigen Variablen A auf die abhängige Variable Y in ganz bestimmter Weise davon abhängt, welche Ausprägung eine andere unabhängige Variable B hat.

---

[868] zusammenfassend: Bortz (1999, S. 263-266), Games (1971), Hager (1987, S. 177-180), Hays (1994, S. 455-463), Keppel (1991, Kap. 8), Miller (1981), Toothaker (1993), Shaffer (1995), Winer et al. (1991, S. 169-197), Zwick (1993)

◊ Frey und Irle erwarten aufgrund ihrer modifizierten Dissonanztheorie, dass beim freiwilligen und öffentlichen Schreiben einstellungskonträrer Aufsätze (Bedingung EÖ+) bei 1 DM Belohnung eine größere Meinungsangleichung (und damit eine weniger positive Meinung und ein geringerer Meinungsunterschied) auftritt als bei 8 DM Belohnung (Dissonanzeffekt): $\bar{y}_{11} < \bar{y}_{12}$. In der Bedingung EÖ– wird dagegen bei 1 DM eine kleinere Meinungsangleichung (und damit eine positivere Meinung) erwartet als bei 8 DM (Verstärkungseffekt): $\bar{y}_{21} > \bar{y}_{22}$ (siehe oben Seite 286).

Eine derartige Abhängigkeit der Wirkung einer unabhängigen Variablen von der Ausprägung einer anderen unabhängigen Variablen bezeichnet man als statistische oder varianzanalytische Interaktion. Um dies verständlich zu machen, soll im folgenden Kapitel 16.5.1 der Begriff der statistischen Interaktion näher erläutert werden. Im Kapitel 16.5.2 kommen wir auf die Überprüfung von Interaktionsvorhersagen zurück.

16.5.1 Definition und Veranschaulichung von statistischen Interaktionen

Eine Interaktion im varianzanalytischen Sinn besteht genau dann, wenn Zellenmittelwerte $\bar{y}_{ij}$ sich *nicht additiv* aus den Randmittelwerten ergeben. [869] In diesem Fall ist die Gesamtwirkung auf die AV Y nicht allein aus der additiven Kombination der Wirkungen $a_j = \bar{y}_{\bullet j} - \bar{y}$ und $b_i = \bar{y}_{i\bullet} - \bar{y}$ der beiden Faktorenausprägungen zu erklären: Zumindest für einige Zellen gibt es noch einen speziellen Effekt g_{ij}, der ungleich Null ist:

(16–9) $$\bar{y}_{ij} = \bar{y} + (\bar{y}_{i\bullet} - \bar{y}) + (\bar{y}_{\bullet j} - \bar{y}) + g_{ij}\,.$$

Der Wert g_{ij} spiegelt den Effekt wieder, der durch die Kombination der Ausprägungen A_j und B_i entsteht. Er wird als *Interaktionseffekt* für diese Bedingungskombination bezeichnet. Durch Umformung von (16–9) ergibt sich:

(16–10) $$g_{ij} = \bar{y}_{ij} - \bar{y}_{i\bullet} - \bar{y}_{\bullet j} + \bar{y}$$

Der *statistische* Begriff der Interaktion hat also eine ganz spezifische Bedeutung. Er bezeichnet ein Zusammenwirken von zwei (oder mehr) unabhängigen Variablen auf eine abhängige Variable. Im Alltag sowie in der Sozial- und Persönlichkeitspsychologie ist mit dem Begriff der Interaktion dagegen meist eine *dynamische Interaktion* gemeint: eine gegenseitige Kommunikation und Beeinflussung (von Personen oder Variablen).

[869] Die grundlegenden Konzepte der Varianzanalyse sind bei Bortz (1999, Kap. 7, 8, 12) und besonders gut bei Hays (1994, Kap. 10-13) beschrieben. Wir nehmen hier der Einfachheit halber an, dass die empirischen Mittelwerte gleich den Erwartungswerten für die Population sind und können damit im Moment von allen Problemen statistischer Schätzungen und Signifikanzen absehen.

◊ Theoretische Ansätze in der Persönlichkeitspsychologie können danach unterschieden werden, ob sie Verhalten in erster Linie durch Persönlichkeitseigenschaften, durch Situationsmerkmale oder durch die Interaktion von Person und Situation erklären.[870] Innerhalb des Interaktionsansatzes werden sowohl Interaktionen im statistischen wie im dynamischen Sinn analysiert, mitunter werden sie auch miteinander verwechselt.

In einem Experiment müssen die Faktoren jedoch voneinander unabhängig sein, sie dürfen sich auf keinen Fall gegenseitig beeinflussen.

◊ Im Experiment von Frey und Irle darf die Belohnung, die eine Person bekommt (Faktor A), nicht davon abhängen, ob sie das einstellungskonträre Verhalten freiwillig und öffentlich (Ausprägung + des Faktors EÖ) oder ohne Entscheidungsfreiheit und anonym (Ausprägung - von EÖ) zeigt. Für jede Person wird deshalb zufällig bestimmt, unter welcher der vier Ausprägungskombinationen sie untersucht wird.

Auch wenn zwei experimentelle Faktoren voneinander unabhängig sind, können sie doch in einer statistischen Interaktion stehen. Dies bedeutet, dass ihre Wirkungen auf eine dritte Variable voneinander abhängen: Die Wirkung des einen Faktors ist nicht für alle Ausprägungen des anderen Faktors gleich.

Um das Konzept der statistischen Interaktion und verschiedene Typen von Interaktionen zu verdeutlichen, gehen wir von einem typischen zweifaktoriellen Versuchsplan aus. In Tabelle 16.1 sind die Bezeichnungen für die verschiedenen Mittelwerte enthalten.

Tabelle 16.1: Bezeichnung der Zeilen- und Randmittelwerte in einem zweifaktoriellen Versuchsplan

	A_1	A_2	
B_1	$\bar{y}_{11}$	$\bar{y}_{12}$	$\bar{y}_{1\bullet}$
B_2	$\bar{y}_{21}$	$\bar{y}_{22}$	$\bar{y}_{2\bullet}$
B_3	$\bar{y}_{31}$	$\bar{y}_{32}$	$\bar{y}_{3\bullet}$
	$\bar{y}_{\bullet 1}$	$\bar{y}_{\bullet 2}$	$\bar{y}_{\bullet\bullet}$

◊ Für die Bedingung EÖ+ prüfen wir die dissonanztheoretische Hypothese zum Zusammenhang zwischen Belohnung (Faktor A: 10 vs. 80 DM) und Meinung (abhängige Variable Y) unter drei verschiedenen situationalen Umständen (Faktor B: Luxushotel, Schulklasse, Institutskeller).

Gilt das modifizierte Forced-Compliance-Element DissF.S in unserer Anwendungssituation, sollten zum einen der Randmittelwert in der Bedingung A_2 größer sein als in A_1: $\bar{y}_{\bullet 2} > \bar{y}_{\bullet 1}$. Zum anderen sollte sich diese Mittelwertsordnung auch unter allen drei situationalen Umständen zeigen: $\bar{y}_{12} > \bar{y}_{11} \wedge \bar{y}_{22} > \bar{y}_{21} \wedge \bar{y}_{32} > \bar{y}_{31}$. Die fiktiven Daten in Tabelle 16.2 entsprechen diesen Vorhersagen.

[870] Olweus (1976), Magnusson & Endler (1977), Heckhausen (1989, S. 8-22), Fisseni (1998, S. 409-473)

Tabelle 16.2: Beispiel für Haupteffekte und Interaktionseffekt

	A_1	A_2	
B_1	54	66	60
B_2	48	62	55
B_3	33	37	35
	45	55	50

Die Tabelle 16.2 enthält ein Mittelwertsmuster mit zwei Haupteffekten und mit einer Interaktion. Die Haupteffekte der Faktoren A und B bestehen darin, dass die Randmittelwerte in den Spalten bzw. den Zeilen unterschiedlich sind. Die Interaktion zeigt sich zum einen darin, dass die Mittelwertsdifferenzen zwischen den beiden Spalten in den Zeilen ungleich sind: Sie betragen 12, 14 und 4. Auch die Differenzen zwischen den Zeilen in den beiden Spalten sind unterschiedlich.

Eine Interaktion liegt also dann vor, wenn die Mittelwertsdifferenzen zwischen den Ausprägungen der einen UV auf den Stufen der anderen UV verschieden sind. Die Differenzen zwischen den Randmittelwerten dieser UV werden dann nicht für alle Ausprägungen der anderen UV genau repliziert. Insofern hängt die Wirkung der einen UV auf die AV davon ab, welche Ausprägung die andere UV hat.

Die numerische Größe der Interaktionseffekte in den einzelnen Zellen kann nach Ausdruck (16–10) bestimmt werden. Das Ergebnis findet sich in Tabelle 16.3.

Tabelle 16.3: Größe der Interaktionseffekte in Tabelle 16.2

	A_1	A_2	
B_1	–1	+1	
B_2	–2	+2	
B_3	+3	–3	

Am stärksten sind die Interaktionseffekte also in der Bedingung B_3.

Ordinale und disordinale Interaktionen

Um adäquat über empirische Hypothesen zu entscheiden, muss nicht nur die Größe einer Interaktion betrachtet werden, sondern vor allem ihr Typ. Unterschieden werden muss insbesondere zwischen ordinalen und disordinalen Interaktionen.[871] Die Interaktion in Tabelle 16.2 ist für beide Faktoren *ordinal.* In Tabelle 16.4 sind die Haupteffekte gleich geblieben, die Interaktion ist aber für einen Faktor *disordinal.*

[871] zur Definition, Klassifikation, graphischen Darstellung und Interpretation von Interaktionstypen: Aiken & West (1991), Boik (1993), Bortz (1999, S. 289-291), Bracht & Glass (1975), Bredenkamp (1975, 1980), Hager & Westermann (1983a, 1983b), Hager (1987), Jaccard (1998), Judd et al.(1995, S. 449-452), Rosnow & Rosenthal (1989, 1996)

Tabelle 16.4: Beispiel für Haupteffekte und disordinalen Interaktionseffekt

	A_1	A_2	
B_1	53	67	60
B_2	46	64	55
B_3	36	34	35
	45	55	50

Um zwischen ordinalen und disordinalen Interaktionen zu unterscheiden, müssen wir die Rangordnung der Zellenmittelwerte in den Zeilen und Spalten betrachten. Erleichtert wird dies durch Abbildung 16.2, in der die Mittelwerte aus Tabelle 16.4 zweifach dargestellt sind.

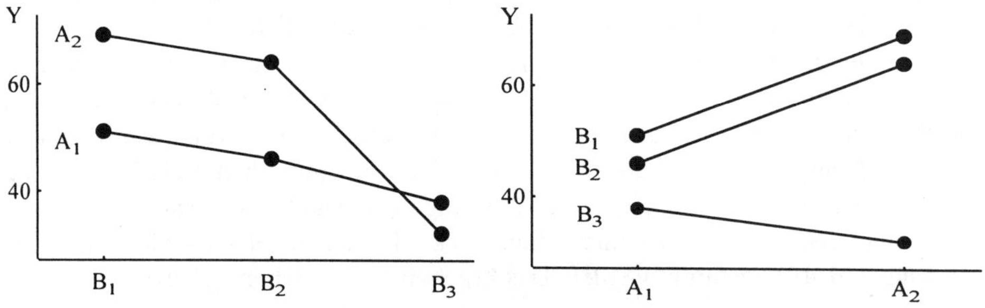

Abbildung 16.2: Typ der Interaktion für Faktor A (links) und B (rechts)

Links sind die Ausprägungen des Zeilenfaktors B auf der Abszisse aufgetragen, rechts die Ausprägungen des Spaltenfaktors A. Die Ordinate ist jeweils die AV Y. Wollen wir untersuchen, in welcher Weise die Wirkung der UV A von der Ausprägung der UV B abhängt, müssen wir die Ergebnisdarstellung betrachten, in der die mögliche Moderatorvariable B auf der Abszisse abgetragen ist.

- Ist die Ordnung der Mittelwerte in allen Zeilen gleich, ist eine bestehende Interaktion *ordinal bezüglich des Spaltenfaktors*, ansonsten ist sie disordinal.
  - ◊ In Tabelle 16.4 entsprechen die Ordnungen der Zellenmittelwerte in den ersten beiden Zeilen B_1 und B_2 der Ordnung der Randmittelwerte $\overline{y}_{\bullet 1} < \overline{y}_{\bullet 2}$. In der Ausprägung B_3 haben wir dagegen die umgekehrte Reihenfolge: $\overline{y}_{31} > \overline{y}_{32}$. Die Interaktion ist *disordinal bezüglich des Spaltenfaktors A*. In der linken Darstellung überkreuzen sich deshalb die Linien für die beiden Ausprägungen von A.
- Ist die Ordnung der Mittelwerte in allen Spalten gleich, ist eine bestehende Interaktion *ordinal bezüglich des Zeilenfaktors*, ansonsten disordinal.
  - ◊ In Tabelle 16.4 ist die Rangordnung der Zellenmittelwerte in beiden Spalten gleich. Die Interaktion ist also ordinal bezüglich B. In der rechten Abbildung überkreuzen sich die Linien für die drei Ausprägungen des Zeilenfaktors dementsprechend nicht.
- Ist die Ordnung der Mittelwerte in allen Zeilen und in allen Spalten gleich, ist eine bestehende Interaktion ordinal bezüglich beider Faktoren.

◊ In Tabelle 16.2 sind die Ordnungen der Zellenmittelwerte in den drei Zeilen gleich und entsprechen der Ordnung der Randmittelwerte: $\bar{y}_{\bullet 2} > \bar{y}_{\bullet 1}$. Auch die Ordnung in den Spalten ist konstant und gleich der Ordnung der Randmittelwerte: $\bar{y}_{1\bullet} > \bar{y}_{2\bullet} > \bar{y}_{3\bullet}$. In den beiden möglichen Darstellungen würden sich die Verbindungen zwischen den Mittelwerten nicht überkreuzen.

Eine disordinale Interaktion bezüglich des hypothesenrelevanten Faktors bedeutet, dass sich das Wirkungsmuster dieses interessierenden Faktors nicht auf allen Stufen des zweiten Faktors wiederfindet. Dies kann zu einer Einschränkung des Geltungsbereichs der untersuchten psychologischen Hypothese führen.

◊ In unserem fiktiven Experiment ergäbe ein Datensatz wie in Tabelle 16.4 eine Bestätigung der dissonanztheoretischen Hypothese nur auf den Stufen B_1 und B_2, nicht aber auf der Stufe B_3. Danach würde der dissonanztheoretische Zusammenhang zwischen Belohnung und Meinungsänderung unter den unangenehmen Untersuchungsbedingungen nicht gelten.[872]

Bei einer ordinalen Interaktion muss in der Regel keine Einschränkung des Geltungsbereichs vorgenommen werden.[873] Liegt überhaupt keine Interaktion vor, zeigt dies die Stabilität des Haupteffekts über verschiedenen Bedingungen.

16.5.2 Prüfung von Interaktionsvorhersagen

Der varianzanalytische Interaktions-F-Test prüft die Nullhypothese, dass keine Interaktion besteht, das heißt dass die Interaktionskomponente $\gamma_{ij} = \mu_{ij} - \mu_{i\bullet} - \mu_{\bullet j} + \mu$ (vgl. oben (16–10) für die beobachteten Werte) für alle Zellen gleich Null ist:

$$(16\text{–}11) \qquad H_0\text{: } \sum_{(i,j)} \gamma_{ij}^2 = 0 .$$

Die Alternativhypothese ist das logische Komplement zur Nullhypothese:

$$(16\text{–}12) \qquad H_1\text{: } \sum_{(i,j)} \gamma_{ij}^2 > 0 .$$

Die Alternativhypothese beinhaltet, dass irgendeine Interaktion besteht, d.h. dass irgendwelche Zellen Interaktionskomponenten ungleich Null haben.

Mit diesen Null- und Alternativhypothesen kann der varianzanalytische Interaktionstest auf keinen Fall zwischen ordinalen und disordinalen Interaktionen differenzieren. Er liefert auch keine Informationen darüber, ob eine vorliegende Interaktion dem vorhergesagten Mittelwertsmuster entspricht oder nicht.

---

872 Ein empirisches Ergebnis, das zu einer derartigen Einschränkung des Geltungsbereichs führt, müsste natürlich möglichst repliziert und theoretisch erklärt werden können.

873 Wenn nicht nur die Richtung der Effekte relevant ist, sondern auch ihre Größe, führt auch eine ordinale Interaktion zu einer Relativierung der Effekte.

◊ Im (vereinfachten) Experiment von Frey und Irle können die empirischen Vorhersagen folgendermaßen zusammengefasst werden:

(16–13) $[\bar{y}_{11} < \bar{y}_{12}] \wedge [\bar{y}_{21} > \bar{y}_{22}]$.

Die strukturgleiche Relation auf der Ebene der Erwartungswerte lautet

(16–14) $[\mu_{11} < \mu_{12}] \wedge [\mu_{21} > \mu_{22}]$.

Besteht eine derartige Beziehung zwischen den Erwartungswerten, liegt eine Interaktion im Sinne der Varianzanalyse vor. Umgekehrt folgt aus der Tatsache, dass eine Interaktion vorliegt, aber auf keinen Fall, dass die Mittelwertsordnungen von der vorhergesagten Art sind.

Bei derartigen Interaktionsvorhersagen wird statistisch häufig nur geprüft, ob zwischen den Faktoren A und B eine Interaktion im varianzanalytischen Sinne vorliegt. Ist der varianzanalytische F-Test auf Interaktion signifikant, wird gefolgert, dass sich die entsprechende psychologische Interaktionshypothese bewährt hat. Diese Argumentation ist jedoch nicht gerechtfertigt, denn die empirischen Vorhersagen, die aus psychologischen Hypothesen folgen, sind üblicherweise weder zur Nullhypothese noch zur Alternativhypthese des varianzanalytischen Interaktionstests strukturgleich.

Zwar fallen alle Parameterkonstellationen, die mit einer empirischen Interaktionsvorhersage strukturgleich sind, unter die Alternativhypothese des varianzanalytischen Interaktionstests, so dass die Akzeptierung der Nullhypothese dieses Tests gegen die empirische Hypothese spricht. Eine varianzanalytische Interaktion kann jedoch auch durch zahlreiche Konstellationen von Erwartungswerten zustande kommen, die nicht mit der empirischen Vorhersage strukturgleich sind. Eine signifikante Interaktion spricht also keineswegs eindeutig für die empirische Hypothese.

◊ Auch die zur vorhersagekonformen Parameterkonstellation (16–14) inverse Konstellation

(16–15) $[\mu_{11} > \mu_{12}] \wedge [\mu_{21} < \mu_{22}]$

ist eine Interaktion im varianzanalytischen Sinn, ebenso beispielsweise

(16–16) $[\mu_{11} < \mu_{12}] \wedge [\mu_{21} = \mu_{22}]$.

Ergeben sich aus psychologischen Hypothesen spezifische Interaktionsvorhersagen, genügt es deshalb nicht, einen varianzanalytischen Interaktionstest durchzuführen.

- Nur wenn der Test (bei genügend großer Teststärke) insignifikant bleibt, kann die empirische Interaktionshypothese als unzutreffend abgelehnt werden.
- Wenn sich ein signifikanter F-Wert im varianzanalytischen Test auf Interaktion ergibt, muss zusätzlich geprüft werden, ob die in den Daten vorliegende Interaktion systematisch mit der empirischen Vorhersage übereinstimmt.

Als erstes sollte man inspizieren, ob die empirischen Mittelwerte den vorhergesagten Rangordnungen entsprechen. Ist dies nicht der Fall, spricht das gegen die empirische Hypothese. Entsprechen die Mittelwerte jedoch der spezifischen Interaktionsvorhersage, ist mit zwei gezielten Paarkontrasten zu prüfen, ob diese vorhergesagten Unterschiede als systematisch betrachtet werden können.[874]

◊ Im Experiment von Frey und Irle ist die empirische Interaktionsvorhersage strukturgleich mit den Alternativhypothesen von zwei einseitigen t-Tests ($\mu_{11} < \mu_{12}$ für EÖ+ und $\mu_{21} > \mu_{22}$ für EÖ–). Frey und Irle gehen insofern einen richtigen Weg als sie die Mittelwerte in beiden Belohnungsbedingungen für jede Ausprägung des Faktors EÖ vergleichen. Sie verwenden aber nicht gerichtete t-Tests, sondern ungerichtete F-Tests und verschlechtern damit unwissentlich ihre Überschreitungswahrscheinlichkeiten (siehe oben Seite 396).

Dieses Prinzip kann vom 2-mal-2-Versuchsplan auch auf komplexere Vorhersagen übertragen werden. Besonders häufig haben wir in der Psychologie Vorhersagen darüber, dass die Größenordnung der Werte über drei oder mehr Bedingungen sich in zwei oder mehr Ausprägungen einer anderen unabhängigen Variablen unterscheidet.

◊ In einer Erweiterung des Experiments von Frey und Irle mit fünf gleich abständigen Belohnungsbedingungen (1, 8, 15, 22 und 29 DM) werden für die Bedingung EÖ+ größere Einstellungswerte vorhergesagt ($\bar{y}_{11} < \bar{y}_{12} < \bar{y}_{13} < \bar{y}_{14} < \bar{y}_{15}$), für die andere Bedingung EÖ– dagegen fallende ($\bar{y}_{21} > \bar{y}_{22} > \bar{y}_{23} > \bar{y}_{24} > \bar{y}_{25}$).

Geprüft werden können derartige Vorhersagen wiederum durch gezielte Mittelwertsvergleiche aller benachbarter Gruppen innerhalb der Ausprägungen der zweiten Variablen. Man kann aber auch für jede dieser Ausprägungen einen Kontrast definieren, dessen Gewichte den jeweils erwarteten Trend widerspiegeln.[875]

◊ Der erste Trendkontrast hat die Koeffizienten {–2, –1, 0, +1,+2}, der zweite Kontrast ist durch die Koeffizienten {+2, +1, 0, –1, –2} definiert.

Diese Trendtests sind nicht so unspezifisch wie der varianzanalytische Interaktionstest, aber unspezifischer als die Vergleiche aller benachbarten Mittelwerte. Sie können auch signifikant werden, wenn nicht alle benachbarten Mittelwerte sich in der vorhergesagten Richtung unterscheiden. Die empirische Hypothese wird also wohlwollender und weniger streng geprüft.

---

874 Der varianzanalytische Interaktionstest kann als Overall-Test vorangestellt werden, ist aber nicht unbedingt notwendig (vgl. Fußnote 858, Seite 402). Um einzelne Zellen in einem zweifaktoriellen Plan mit J bzw. K Ausprägungen zu kontrastieren, kann er in einen einfaktoriellen Plan umgewandelt werden, dessen Ausprägungen die J mal K urprünglichen Zellen sind. In SPSS werden dazu die beiden alten Kodiervariablen in eine neue transformiert.

875 Rosenthal & Rosnow (1985, Kap. 3), Abelson & Prentice (1997), vgl. Fußnote 857, Seite 401

17 Entscheidungsvalidität

In den vorangegangenen Kapiteln haben wir zwei wesentliche Aspekte der Statistischen Validität betrachtet: die Signifikanztest- und die Hypothesenvalidität. In diesem Kapitel wird dargestellt, wie die Validität einer Untersuchung dadurch erhöht werden kann, dass die Ergebnisse der statistischen Datenauswertung optimal genutzt werden, um über empirische Hypothesen zu entscheiden.[876]

Erstens darf die Entscheidung über empirische und psychologische Hypothesen nicht nur von der Signifikanz des Tests abhängig gemacht werden. Systematisch berücksichtigt werden muss auch die Größe des empirischen Effekts (Kapitel 17.1).

Zweitens kann es zu einer Kumulation von Fehlerwahrscheinlichkeiten kommen, wenn mehrere Signifikanztests durchgeführt werden, um über die empirische Hypothese zu entscheiden. Je nach Art der empirischen Hypothese müssen dabei die α- bzw. die β-Fehlerkumulation beachtet und ausgeglichen werden (Kapitel 17.2).

17.1 Entscheidungen über statistische und empirische Hypothesen

17.1.1 Wichtigkeit von empirischen Effekten

In den vergangenen Kapiteln wurde wiederholt auf die Wichtigkeit von empirischen Effektgrößen hingewiesen:

- Bei statistischen Verfahren hängt der Wert einer Teststatistik von der Anzahl der Untersuchungsfälle und von der Größe des empirischen Effektes ab.
- Empirische Effekte sind unabhängig von der Anzahl der Untersuchungsfälle und drücken die Abweichung der Daten von der Nullhypothese aus.

---

876 Dabei setzen wir stets voraus, dass keine wesentlichen Störungen der internen Validität vorliegen. Um die Sachverhalte einfach darzustellen, nehmen wir außerdem an, dass die empirische Hypothese entweder akzeptiert oder abgelehnt werden soll. Tatsächlich muss man sich bei der Interpretation eines Experimentes natürlich nicht unbedingt auf diese beiden Alternativen beschränken, sondern kann ihre Gültigkeit auch differenzierter beschreiben.

- Der Wert einer Teststatistik ist um so extremer, d.h. der Test fällt um so leichter signifikant aus, je größer der empirische Effekt bei konstanter Gruppengröße ist bzw. je größer die Zahl der Untersuchungsfälle bei konstantem Effekt ist.
- Ein signifikantes Ergebnis in einem statistischen Test bedeutet nicht unbedingt, dass auch ein großer Effekt vorliegt: Auch kleine Effekte können signifikant werden, wenn die Zahl der Fälle hinreichend groß ist.
- Auf der anderen Seite bedeutet ein insignifikantes Ergebnis nicht unbedingt, dass kein Effekt vorliegt, denn auch große Effekte können insignifikant bleiben, wenn die Fallzahl nicht groß genug ist.

Wie in den vorangegangenen Kapiteln beschrieben, werden statistische Tests durchgeführt, um Aussagen über wissenschaftliche oder psychologische Hypothesen zu treffen: Sind die Theorien, Modelle, Gesetzesannahmen usf. durch die Daten gestützt, mit den Beobachtungen verträglich, auf die intendierten Situationen anwendbar? Die Verbindung zwischen psychologischen und statistischen Hypothesen haben wir über die empirischen Hypothesen und Vorhersagen hergestellt.[877] Auch umgekehrt führt der Weg von den statistischen Ergebnissen zurück zu den psychologischen Aussagen über die empirischen Vorhersagen und Hypothesen. Die Entscheidungen auf unterschiedlichen Ebenen erfolgen dabei nach unterschiedlichen Kriterien:

1. Eine empirische Vorhersage ist zutreffend, wenn die empirischen Statistiken in der vorhergesagten Relation stehen und wenn diese Effekte die erwartete Größe haben.
2. Die Akzeptierung oder Ablehnung der zugeordneten statistischen Hypothesen hängt sowohl von den Fehlerwahrscheinlichkeiten α und den Überschreitungswahrscheinlichkeiten p ab als auch von den Fehlerwahrscheinlichkeiten β, die für die angenommene Effektgröße (die sog. Mindesteffekte) bestimmt worden sind.
3. Eine Entscheidung über eine empirische Hypothese sollte nur getroffen werden, wenn keine begründeten Zweifel an der Validität der Untersuchung bestehen.
   - Die empirische Hypothese wird vor allem dann akzeptiert, wenn die abgeleitete empirische Vorhersage zutreffend ist und wenn die zugeordneten statistischen Hypothesen akzeptiert wurden.
   - Sie wird vor allem dann abgelehnt, wenn die empirische Vorhersage nicht zutreffend ist und die zugeordneten statistischen Hypothesen abgelehnt wurden.
   - Ansonsten kann man sich je nach Fragestellung und Ergebnislage für die Akzeptierung oder Ablehnung der empirischen Hypothese entscheiden, man kann sich aber auch eines eindeutigen Urteils enthalten.
4. Jede Entscheidung über eine empirische Hypothese wirkt sich unmittelbar auf die Bewertung der entsprechenden psychologischen Hypothese aus.

[877] siehe oben Kapitel 16.1, Seite 387ff. und insbesondere Abbildung 16.1

- Wird die empirische Hypothese als zutreffend akzeptiert, hat die entsprechende psychologische Hypothese sich (in diesem Anwendungsfall) bewährt und eine (zusätzliche) empirische Stützung erhalten. Die untersuchte Situation ist nicht mehr eine zweifelhafte, sondern eine erfolgreiche Anwendung.
- Wird eine empirische Hypothese als unzutreffend abgelehnt, hat sich die psychologische Hypothese (in diesem Fall) nicht bewährt. Sie kann dann auf zweierlei Weise modifiziert werden: indem die betrachtete Situation aus dem intendierten Anwendungsbereich eliminiert wird oder indem die Gesetzesannahmen der Theorie umformuliert werden. Im Extremfall können die entsprechenden Theorie-Elemente vollständig aufgegeben werden.

Der zentrale Punkt in diesem Ablauf ist die Entscheidung über die empirische Hypothese: Ist im vorliegenden Anwendungsfall das interessierende Theorie-Element gültig? Diese Entscheidung wirkt sich unmittelbar auf die Bewertung der allgemeineren psychologischen Hypothese aus.

Im Folgenden wird dargestellt, wie wir systematisch zunächst über statistische und dann über empirische Hypothesen entscheiden können. Damit soll nicht der Versuch gemacht werden, Entscheidungsstrategien zu etablieren, die zwingend vorgeschrieben sind und von denen man nicht abweichen darf. Die beschriebenen Strategien sind Vorschläge, wie man zu begründeten und eindeutigen Entscheidungen über empirische Hypothesen gelangt, indem man gezielt Informationen über Signifikanzen und Effektgrößen verbindet. Dies wird zunächst ausführlich für den üblichen Fall beschrieben, dass aus der empirischen Hypothese eine Vorhersage über die Größenordnung zweier Mittelwerte abgeleitet wird und dann für weitere Situationen adaptiert. Eine Übertragung auf andere Probleme ist ohne größere Schwierigkeiten möglich.[878]

Folgt man den beschriebenen Strategien, wird die Entscheidung über die empirische Hypothese nicht nur von den tatsächlichen Ergebnissen bestimmt, sondern ganz wesentlich auch von den angenommenen Effektgrößen, die bei der Festlegung der Anzahl der Beobachtungen zugrunde gelegt wurden und mit denen man die erhaltenen Effekte vergleicht. Dies ist jedoch kein Nachteil. Wenn man keine Effektgrößen annimmt und keine adäquate Testplanung durchführt, muss man die Zahl der Personen nach anderen Gesichtspunkten wählen. Man kann sich an ähnliche Arbeiten anlehnen, sich auf die gerade verfügbaren Studierenden beschränken usw. Wie wir im Kapitel 15.4 gesehen haben, ist mit der Festlegung von bestimmten Gruppengrößen n_1 und n_2 jedoch eindeutig diejenige Effektgröße determiniert, die man mit einer Wahrscheinlichkeit von z.B. $1-\beta=0,95$ entdecken kann.

---

878 zu grundsätzlich ähnlichen, im Detail aber teilweise abweichenden Strategien: Westermann & Hager (1982), Hager (1984; 1987, S. 243-247; 1992a, 1992b)

Der immer noch übliche Verzicht auf eine vorherige Testplanung mit einer expliziten und kritisierbaren Festlegung eines angenommenen Effekts führt also dazu, dass der tatsächlich entdeckbare Effekt implizit festgelegt wird und in der Regel unbekannt bleibt.[879]

17.1.2 Entscheidungsstrategie für gerichtete Vorhersagen

Wie Signifikanz und Effektgröße bei der Entscheidung über eine empirische Hypothese systematisch berücksichtigt werden können, soll im Folgenden am Beispiel einer empirischen Vorhersage $\bar{y}_2 > \bar{y}_1$ über die Ordnung zweier Mittelwerte demonstriert werden. Die Prüfung der zugeordneten statistischen Hypothese erfolgt durch einen einseitigen t-Test mit H_0: $\mu_2 - \mu_1 \leq 0$ und H_1: $\mu_2 - \mu_1 > 0$. Das Signifikanzniveau sei mit $\alpha = 0{,}05$ gewählt. Zur Veranschaulichung dienen die Stichprobenkennwerte-Verteilungen in der Abbildung 17.1.[880] Sie repräsentieren die für die Forschungspraxis typische Situation, dass die Zahl der untersuchten Fälle eigentlich zu klein ist: Für einen anzunehmenden Effekt δ_a ist die Fehlerwahrscheinlichkeit 2. Art deutlich größer als die Fehlerwahrscheinlichkeit 1. Art.

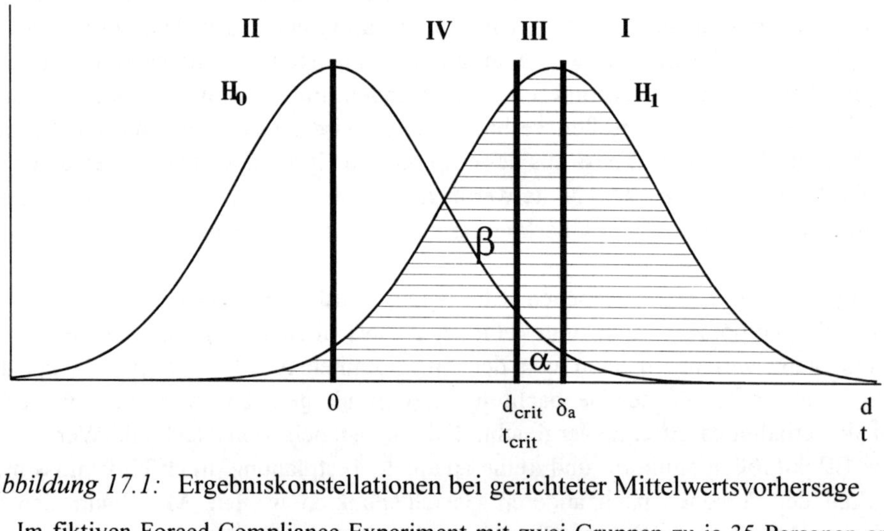

Abbildung 17.1: Ergebniskonstellationen bei gerichteter Mittelwertsvorhersage

◊ Im fiktiven Forced-Compliance-Experiment mit zwei Gruppen zu je 35 Personen ergab sich für den einseitigen t-Test mit 68 Freiheitsgraden und $\alpha = 0{,}05$ ein kritischer Wert

[879] Bredenkamp (1969b, S. 278-279)

[880] Die Abszisse stellt nicht, wie in Abbildung 15.2, Mittelwertsdifferenzen dar, sondern Effektgrößen und t-Werte, die nach (15–37) linear miteinander verbunden sind. Bei anders gerichteten Hypothesen, z.B. H_0: $\mu_2 - \mu_1 \geq 0$ gegen H_1: $\mu_2 - \mu_1 < 0$, muss auch eine Invertierung der Entscheidungskriterien erfolgen.

t_{crit} = 1,67 (siehe Seite 373). Die empirische Effektgröße, die dementsprechend mindestens vorliegen muss, damit der Test signifikant ist, beträgt nach (15–37)

$$(17\text{–}1) \qquad d_{crit} = t_{crit} \sqrt{\frac{n_1 + n_2}{n_1\, n_2}} = 1{,}67 \sqrt{\frac{35 + 35}{35 \times 35}} = 0{,}40\,.$$

In der Abbildung 17.1 sind die kritischen t- und d-Werte eingezeichnet. Sie markieren die Grenze des Wertebereichs, der zur Ablehnung der Nullhypothese führt. Für einen mittleren Effekt (δ_a = 0,5) beträgt die Wahrscheinlichkeit für einen Fehler 2. Art nach den Berechnungen auf Seite 374 β = 0,33. Diese Wahrscheinlichkeit liegt weit über dem anzustrebenden Höchstwert von 0,05. Sie entspricht der Fläche der H_1-Verteilung links von der kritischen Grenze.[881]

In diesem Fall sind vier verschiedene Konstellationen von Ergebnissen und Entscheidungen möglich. Sie sind in der Abbildung 17.1 dargestellt.

Konstellation I

Der Test ist signifikant ($t \geq t_{crit}$) und der empirische Effekt d erreicht die angenommene minimale Effektgröße ($d \geq \delta_a$).

1. Die empirische Vorhersage ist zutreffend: Der Effekt ist von der erwarteten Größe.
2. a) Die Nullhypothese $\mu_2 - \mu_1 \leq 0$ wird abgelehnt.
   b) Die Alternativhypothese $\mu_2 - \mu_1 > 0$ wird akzeptiert.
3. Die empirische Hypothese hat sich eindeutig *bewährt* und wird als zutreffend *akzeptiert.*

Konstellation II

Sowohl die Teststatistik als auch die Effektgröße sind Null oder negativ ($t \leq 0 < t_{crit}$ und $d \leq 0 < \delta_a$).

1. Die empirische Vorhersage ist nicht zutreffend: Der Unterschied liegt in der nicht erwarteten Richtung.
2. a) Die Nullhypothese $\mu_2 - \mu_1 \leq 0$ wird beibehalten.[882]
   b) Falls die Teststärke $1 - \beta$ für den angenommenen Mindesteffekt δ_a ausreichend groß ist (in der Regel mindestens 0,95), wird die *spezifizierte*, d.h. die um den Mindesteffekt ergänzte Alternativhypothese $\mu_2 - \mu_1 > \delta_a$ abgelehnt.

---

881 Nach der Testplanung aus Kapitel 15.5.6 muss man $n_1 = n_2$ = 87 Personen untersuchen, um bei α = 0,05 mittelgroße Effekte von δ_a = 0,50 mit einer ausreichenden Wahrscheinlichkeit von $1 - \beta$ = 0,95 als signifikant zu entdecken, falls sie tatsächlich vorliegen. Dann haben beide Verteilungen kleinere Standardabweichungen und überlappen sich nur noch zu 5% ihrer Fläche.

882 Eine dezidierte *Akzeptierung* der Nullhypothese ist nicht gerechtfertigt, weil Teststatistiken und Effektgrößen unter Null auch dann noch sehr wahrscheinlich sein können, wenn die Alternativhypothese gilt, die Parameterdifferenz aber klein ist.

c) Über die unspezifizierte Alternativhypothese $\mu_2 - \mu_1 > 0$ wird keine Entscheidung getroffen.

3. Die empirische Hypothese hat sich *nicht bewährt*. Sie wird *abgelehnt*, falls die spezifizierte Alternativhypothese abgelehnt worden ist. Sie kann auch abgelehnt werden, falls der empirische Effekt sehr deutlich in der vorhersagekonträren Richtung liegt.

Konstellation III

Der Test ist signifikant ($t \geq t_{crit}$), der empirische Effekt d erreicht aber nicht die angenommene minimale Effektgröße ($d < \delta_a$).

1. Die empirische Vorhersage ist eingeschränkt zutreffend: Die empirischen Mittelwerte haben die vorhergesagte Größenordnung, der Unterschied ist aber kleiner als erwartet.
2. a) Die Nullhypothese $\mu_2 - \mu_1 \leq 0$ wird abgelehnt.
   b) Die Alternativhypothese $\mu_2 - \mu_1 > 0$ wird akzeptiert.
3. Die empirische Hypothese hat sich *eingeschränkt bewährt*. Sie kann als zutreffend *akzeptiert* werden, falls auch kleinere als der angenommene Effekt inhaltlich interessant sind und insbesondere falls der empirische Effekt relativ dicht beim angenommenen liegt.

Konstellation IV

Der Test ist nicht signifikant ($0 < t < t_{crit}$) und der empirische Effekt d erreicht nicht die angenommene minimale Effektgröße ($0 < d < \delta_a$).

1. Die empirische Vorhersage ist eingeschränkt zutreffend: Die empirischen Mittelwerte haben die vorhergesagte Größenordnung, der Unterschied ist aber kleiner als erwartet.
2. a) Die Nullhypothese $\mu_2 - \mu_1 \leq 0$ wird beibehalten.
   b) Die *spezifizierte* Alternativhypothese $\mu_2 - \mu_1 > \delta_a$ wird abgelehnt, falls dafür die Teststärke ausreichend groß ist (in der Regel mindestens 0,95).[883]
   c) Über die unspezifizierte Alternativhypothese $\mu_2 - \mu_1 > 0$ wird keine Entscheidung getroffen.
3. Die empirische Hypothese hat sich *überwiegend nicht bewährt*.
   - Sie kann *abgelehnt* werden, falls die spezifizierte Alternativhypothese abgelehnt worden ist oder falls der empirische Effekt relativ klein und inhaltlich nicht mehr von Interesse ist.
   - Sie soll jedoch *nicht abgelehnt* werden, falls die Teststärke nicht ausreichend hoch ist (d.h. unter 0,95 oder gar unter 0,80 liegt) oder wenn der empirische Effekt so groß ist, dass er noch von inhaltlichem Interesse ist.

---

[883] Verschiedene Entscheidungsstrategien kommen in diesem Fall zu unterschiedlichen Empfehlungen (Hager, 1992a, 1992b; Westermann & Hager, 1982).

Von den betrachteten Konstellationen nicht mit abgedeckt wird der Fall, dass der Test insignifikant ist, der empirische Effekt aber den angenommenen Effekt überschreitet (d.h. $t < t_{crit}$ und $d \geq \delta_a$). Diese Ergebniskombination kann nur eintreten, wenn wegen zu geringer Fallzahlen die Teststärke unter 0,50 liegt.[884] Dadurch geht man ein erhebliches Risiko ein, die empirische Hypothese fälschlicherweise abzulehnen. Vermeiden kann man diese Validitätsstörung nur durch eine Testplanung, die zu einer ausreichend hohen Teststärke führt.

Mehrfache Tests

Einige typische gerichtete Vorhersagen lassen sich nicht strukturgleich auf eine Hypothese eines einzigen Signifikanztests abbilden. Zur adäquaten Prüfung von Vorhersagen wie $\bar{y}_4 > \bar{y}_3 > \bar{y}_2 > \bar{y}_1$ oder $[\bar{y}_{11} < \bar{y}_{12}] \wedge [\bar{y}_{21} > \bar{y}_{22}]$ müssen jeweils zwei oder mehr Tests durchgeführt werden (siehe oben Abschnitte 16.4 und 16.5.2). Wenn alle Ergebnisse der einzelnen Tests zur gleichen Konstellation gehören, können unsere Entscheidungsempfehlungen unmittelbar übernommen werden.

- Wenn alle Tests signifikant sind und alle empirischen Effektgrößen die angenommenen Mindesteffekte erreichen (Konstellation I), kann die empirische Hypothese eindeutig akzeptiert werden.
- Wenn alle Ergebnisse in vorhersagekonträrer Richtung liegen (Konstellation II), hat die empirische Hypothese sich eindeutig nicht bewährt und kann, falls die Teststärken ausreichend hoch sind, abgelehnt werden.
- Wenn die Einzelergebnisse alle der Konstellation III bzw. alle der Konstellation IV entsprechen, hat sich die empirische Hypothese eingeschränkt bewährt bzw. überwiegend nicht bewährt.

Bei gemischten Ergebniskonstellationen sollten die Entscheidungen fallspezifisch getroffen und begründet werden. Zu berücksichtigen sind dabei Anzahl und Anteil der erreichten Signifikanzen, nicht minder aber auch die Größe der empirischen Effekte. Ob man angesichts eines vorliegenden Ergebnismusters die empirische Hypothese eher als (eingeschränkt) bewährt oder eher als (überwiegend) nichtbewährt ansieht, ist vor allem davon abhängig zu machen, ob sie eher streng oder wohlwollend geprüft werden soll.

Übertragung auf andere Vorhersagen

Die in den vier Konstellationen beschriebene Entscheidungsstrategie kann direkt auf alle Fälle angewendet werden, in denen die empirische Vorhersage auf die Alternativhypothese eines einseitigen Tests mit einer zusammengesetzten Nullhypothese abgebildet wird. Sie gilt also beispielsweise auch unmittelbar für

---

[884] Wenn die kritische Effektgröße d_{crit} größer ist als δ_a, liegt unterhalb von d_{crit} mehr als die Hälfte der Fläche der H_1-Funktion und β liegt dementsprechend über 0,50.

empirische Vorhersagen über positive Korrelationen (t-Test mit H_0: $\rho \leq 0$ und H_1: $\rho > 0$). Für andere Vorhersagestrukturen und Signifikanztests muss die Strategie grundsätzlicher angepasst werden. Im Folgenden wird die Adaptation für ungerichtete und für präzise Vorhersagen beschrieben.

17.1.3 Entscheidungsstrategie für ungerichtete Vorhersagen

Beim t-Test kann man den Rejektionsbereich gemäß der Struktur der empirischen Vorhersage gezielt am positiven oder am negativen Extrembereich lokalisieren (einseitiger Test), man kann den Rejektionsbereich aber auch auf beide Extreme aufteilen (zweiseitiger Test). Dadurch ist es möglich, sowohl gerichtete wie ungerichtete Hypothesen zu prüfen.

Dagegen sind die F- und Chi-Quadrat-Tests stets einseitige Tests: Der Rejektionsbereich liegt immer im oberen Bereich. Da in die Teststatistiken stets quadrierte Abweichungen eingehen, können grundsätzlich nur ungerichtete Hypothesen geprüft werden.[885] Bei der Entscheidung über empirische Vorhersagen, die strukturgleich mit der Alternativhypothese eines F- oder Chi-Quadrat-Tests sind, entfällt deshalb die zweite der obigen Konstellationen, in der, unabhängig vom Signifikanztestergebnis, schon die Richtung der empirischen Mittelwertsdifferenz gegen die empirische Hypothese spricht. Die verbleibenden Fälle können kurz wie folgt charakterisiert werden:

I. Der Test ist signifikant und der empirische Effekt erreicht den Mindesteffekt: Die empirische Hypothese hat sich *eindeutig bewährt* und kann *akzeptiert* werden.

III. Die Daten weichen signifikant von der Nullhypothese ab, der Effekt ist aber kleiner als vorausgesetzt: Die EH hat sich *eingeschränkt bewährt*. Wenn auch kleinere Effekte mit der empirischen Hypothese verträglich sind und insbesondere wenn der empirische Effekt relativ dicht am angenommenen Effekt liegt, kann die EH *akzeptiert* werden.

IV. Die Abweichung von der Nullhypothese ist nicht signifikant und kleiner als der angenommene Effekt: Die EH hat sich *nicht bewährt*. Wenn die Teststärke ausreichend groß war und insbesondere wenn der empirische Effekt nahe bei Null liegt, kann die EH *abgelehnt* werden. Sie soll jedoch nicht abgelehnt werden, falls die Teststärke relativ niedrig oder der empirische Effekt noch von einer inhaltlich interessanten Größe ist.

Im Prinzip die gleichen Konstellationen und Entscheidungskriterien gelten auch, wenn die empirische Vorhersage strukturgleich mit der Alternativhypothese $\mu_1 \neq \mu_2$ eines zweiseitigen t-Tests ist.

---

[885] außer wenn bei zwei Werten zusätzlich ihre empirische Ordnung berücksichtigt wird

◊ Im Experiment zum Einfluss der Belohnung auf den Meinungsunterschied haben wir die Untersuchungssituation als Kontrollfaktor eingeführt (siehe Kapitel 14.3 und 16.3), weil die Störhypothese bestand, dass verschiedene Untersuchungssituationen die interne Validität herabsetzen, wenn sie nicht kontrolliert wird. Werden in einer Untersuchung zwei verschiedene Situationen realisiert, entspricht die empirische Vorhersage einer ungerichteten Alternativhypothese $\mu_1 \neq \mu_2$ eines zweiseitigen t-Tests, bei mehr als zwei Situationen der Alternativhypothese eines varianzanalytischen F-Tests.

17.1.4 Entscheidungsstrategie für präzise Vorhersagen

Bei der Prüfung einiger empirischer Hypothesen entspricht die Struktur der empirischen Vorhersage der einfachen Nullhypothese eines ein- oder zweiseitigen Tests. Dies ist dann der Fall, wenn die Unwirksamkeit eines Faktors und damit die Gleichheit von Mittelwerten vorhergesagt wird, vor allem aber wenn die psychologischen Theorien und Hypothesen so präzise sind, dass genaue Ausprägungen von Mittelwerten, genaue Häufigkeiten oder genaue Funktionsverläufe vorhergesagt werden (siehe Kapitel 16.3).

Die angenommene Effektgröße δ_a drückt in diesem Fall aus, welche Abweichung von der Gleichheit noch toleriert werden soll. Sie ist damit nicht mehr als erwarteter Mindesteffekt zu interpretieren, sondern als Maximaleffekt und Toleranzgrenze.

Bei den verschiedenen Ergebniskonstellationen können dann folgende Entscheidungen über die zugehörige empirische Hypothese getroffen werden:

I. Der Test ist signifikant und der empirische Effekt erreicht die angenommene Effektgröße δ_a. Da sich systematische und nach den vorherigen Festlegungen ausreichend große Abweichungen von der Vorhersage ergeben haben, hat die EH sich eindeutig *nicht bewährt* und wird *abgelehnt.*

III. Der Test ist signifikant, der empirische Effekt d erreicht aber nicht die angenommene Effektgröße δ_a. Da zwar überzufällige, aber keine hinreichend großen Abweichungen von der präzisen Vorhersage vorliegen, hat die EH sich *eingeschränkt bewährt.* Wenn die empirischen Abweichungen tatsächlich noch tolerabel erscheinen, d.h. insbesondere wenn sie erheblich unter der angenommenen Effektgröße liegen, kann die EH *akzeptiert* werden.

IV. Der Test ist insignifikant und der empirische Effekt erreicht nicht die angenommene Effektgröße. Da die Abweichung von der Vorhersage weder systematisch ist noch die Toleranzgrenze erreicht, hat die empirische Hypothese sich *eindeutig bewährt.* Wenn die Teststärke ausreichend hoch gewesen ist und insbesondere wenn außerdem die empirische Effektgröße relativ nahe bei Null liegt, wird die empirische Hypothese akzeptiert.[886]

---

[886] Eine alternative Verfahrensweise besteht darin, die Nullhypothesen, dass die Abweichungen größer/gleich $+\delta_a$ bzw. kleiner/gleich $-\delta_a$ sind, mit zwei einseitigen Tests zu prüfen (Rogers, Howard & Vessey, 1993).

17.2 Kumulation von Fehlerwahrscheinlichkeiten

Bei der Auswertung von empirischen Untersuchungen werden meist mehrere Signifikanztests durchgeführt und gemeinsam interpretiert. Man spricht dann von einer *Familie* von zusammengehörigen Tests. Die Wahrscheinlichkeit, dass mindestens einer dieser Tests fälschlicherweise signifikant bzw. fälschlicherweise insignifikant wird, ist dann in der Regel größer als die für jeden Test festgelegten Maximalwerte α bzw. β (Abschnitt 17.2.1). Diese sog. *Kumulation* von Fehlerwahrscheinlichkeiten ist um so größer, je größer die Anzahl der Tests ist. Sie kann durch eine *Adjustierung* ausgeglichen werden, d.h. dadurch dass man α bzw. β für die einzelnen Tests von vornherein herabsetzt (Abschnitt 17.2.2). Üblicherweise wird allenfalls die Kumulation der α-Fehler beachtet, d.h. das Ansteigen der Wahrscheinlichkeit, mindestens einen Fehler 1. Art zu begehen.[887] Berücksichtigen wir jedoch, dass die Durchführung von Signifikanztests dazu dient, Entscheidungen über das Zutreffen psychologischer und empirischer Hypothesen zu treffen, ist häufig die Kumulation der β-Fehler viel schwerwiegender (Kapitel 17.2.4 und 17.2.5).[888]

17.2.1 Ausmaß der Fehlerkumulation

Bei einem Signifikanztest ist die Wahrscheinlichkeit, einen Fehler 1. Art zu begehen, (höchstens) gleich dem gewählten Signifikanzniveau α. Die Wahrscheinlichkeit, eine zutreffende Nullhypothese richtigerweise nicht abzulehnen, beträgt demnach $1-\alpha$. Führen wir zwei voneinander unabhängige Tests mit den Signifikanzniveaus α_1 und α_2 durch und sind für beide Tests die Nullhypothesen zutreffend, ist die Wahrscheinlichkeit, beide Nullhypothesen zu Recht nicht abzulehnen, gleich dem Produkt $(1-\alpha_1)(1-\alpha_2)$, bei $\alpha = 0{,}05$ also gleich 0,9025.[889] Das komplementäre Ereignis besteht darin, mindestens eine der beiden Nullhypothesen fälschlicherweise abzulehnen, also mindestens einen Fehler 1. Art zu begehen. Die Wahrscheinlichkeit dafür beträgt logischerweise $1-(1-\alpha_1)(1-\alpha_2)$, bei $\alpha = 0{,}05$ also 0,0975. Bei zwei unabhängigen Signifikanztests ist das Risiko, mindestens einen Fehler 1. Art zu begehen, also schon von 5% auf fast 10% angestiegen.

Kumulation von α-Fehlern

Allgemein ergibt sich für m unabhängige Tests die Wahrscheinlichkeit, dass die Anzahl der Fehler 1. Art über Null liegt, kurz: $P(F1)$, wie folgt:[890]:

---

[887] z.B. Games (1971), Miller (1981), Hays (1994), Keselman, Cribbie & Holland (1999)

[888] Westermann (1983b), Westermann & Hager (1983a, 1986)

[889] nach dem Multiplikationssatz für Wahrscheinlichkeiten (Bortz, 1999, S. 55-56, 260-262, Hays, 1994, S. 340-342)

[890] Die nach dem Produktzeichen Π stehenden Faktoren werden alle miteinander multipliziert. Sind alle α_i gleich, vereinfacht sich (17–2) zu $1-(1-\alpha)^m$.

(17–2) $$P(F1) = 1-(1-\alpha_1)\ldots(1-\alpha_m) = 1-\prod_{i=1}^{m}(1-\alpha_i).$$

Bei m= 3 Tests mit $\alpha = 0{,}05$ beträgt diese Wahrscheinlichkeit 0,143, bei 5 Tests 0,226, bei 10 Tests 0,401 und bei 100 Tests 0,994.

Sind die Tests einer Familie nicht unabhängig, kann die Wahrscheinlichkeit für mindestens einen Fehler 1. Art nicht genau berechnet werden. Es gibt aber eine Obergrenze für diese Wahrscheinlichkeit, die als *Bonferroni-Ungleichung* bekannt ist:[891]

(17–3) $$P(F1) \leq \sum_{i=1}^{m}\alpha_i .$$

Für kleine Testfamilien liegt diese allgemeine Obergrenze nur relativ wenig über dem aus (17–2) zu berechnenden Wert für unabhängige Tests. Sind die Signifikanzniveaus α_i alle gleich α, vereinfacht sich (17–3) zu

(17–4) $$P(F1) \leq m\,\alpha .$$

Kumulation von β-Fehlern

Da die Fehler 1. und 2. Art in ähnlicher Weise definiert sind, können die Formeln für die Kumulation der α-Fehler unmittelbar auf die Kumulation der β-Fehler übertragen werden. So gilt für die Wahrscheinlichkeit mindestens eines Fehlers 2. Art in m Tests mit gleichen β-Werten:

(17–5) $$P(F2) \leq m\,\beta .$$

17.2.2 Adjustierung von Fehlerwahrscheinlichkeiten

Um die Kumulation der α-Wahrscheinlichkeiten auszugleichen, kann man das Signifikanzniveau α der einzelnen Tests so herabsetzen, dass P(F1), die Wahrscheinlichkeit mindestens eines Fehlers 1. Art in der Testfamilie nicht größer als ein bestimmtes *familienbezogenes Signifikanzniveau* α_F wird. Die Festlegung von α_F kann sich an den Konventionen für Einzeltests orientieren. Danach wird in der Regel $\alpha_F = 0{,}05$ gesetzt, aus inhaltlichen Gründen kann aber auch ein größerer Wert tolerabel sein. Das Signifikanzniveau α für die einzelnen Tests ergibt sich durch die *Bonferroni-Adjustierung*, die aus der Umkehrung von (17–3) und (17–4) resultiert:[892]

(17–6) $$\alpha = \frac{\alpha_F}{m} .$$

[891] Hays (1994, S. 341-342), Miller (1981, S. 8-9)
[892] sog. Bonferroni- oder Dunn-Tests, zu Modifikationen siehe Shaffer (1995)

Ein kleineres Signifikanzniveau α für die einzelnen Tests führt unter sonst gleichen Bedingungen zu einer Erhöhung ihrer β-Wahrscheinlichkeiten. Will man jedoch trotz einer Adjustierung von α die β-Werte und damit auch die Teststärken für die einzelnen Tests konstant halten, muss man die Zahl der Untersuchungsfälle erhöhen.

Auch die Kumulation der β-Wahrscheinlichkeiten können wir durch eine Bonferroni-Adjustierung ausgleichen. Wir setzen dazu eine Obergrenze β_F für die Wahrscheinlichkeit mindestens eines Fehlers 2. Art in der Familie von m Tests fest, und zwar wiederum orientiert an den Konventionen für Einzeltests (z.B. $\beta = 0{,}05$ oder 0,20). Die Fallzahl der Tests wird so geplant, dass für sie jeweils

(17–7) $$\beta = \frac{\beta_F}{m}$$

gilt, d.h. dass sie jeweils mindestens eine Teststärke von $1-\beta = 1-\beta_F/m$ haben. Bei einer konstanten angenommenen Effektgröße erfordert diese Verringerung von β eine Erhöhung der Fallzahlen.

Spezifikation der Testfamilie für die Adjustierung

Je größer die Anzahl m der Tests ist, desto stärker werden die Fehlerwahrscheinlichkeiten α und β durch eine Adjustierung reduziert und desto mehr Fälle benötigt man, um eine bestimmte angenommene Effektgröße mit der Teststärke $1-\beta$ entdecken zu können. Die Familie von Tests, hinsichtlich der die Adjustierungen erfolgen, sollte deshalb nicht größer sein als unbedingt notwendig.

In der Fachliteratur finden sich sehr unterschiedliche methodische Kriterien für die Frage, wann verschiedene Tests zu einer Familie zusammengefasst und Adjustierungen der α-Wahrscheinlichkeit durchgeführt werden sollen.[893] Da das Ziel jeder signifikanzstatistischen Datenauswertung darin besteht, empirische Hypothesen zu prüfen, ist es sinnvoll, ein inhaltliches Kriterium zu nehmen: Mehrere statistische Tests sind genau dann als eine Familie zu betrachten, wenn ihre Ergebnisse zusammengefasst werden sollen, um eine einzige empirische Hypothese zu prüfen.

Adjustierung von α oder β

Üblicherweise wird nur die Kumulation der α-Fehler berücksichtigt und nur die α-Adjustierung empfohlen. Die Kumulation der β-Fehler bleibt meist unbeachtet. Um die Validität der Prüfung einer empirischen Hypothese zu sichern, ist es meist nicht erforderlich, sowohl die α- wie die β-Kumulation zu kontrollieren. Vielmehr genügt

893 Manche Autoren raten nur dann zu einer α-Adjustierung, wenn statt eines globalen Tests mehrere Kontraste durchgeführt werden. Andere empfehlen, alle Tests eines Experiments zu einer Familie zusammenzufassen (*experimentwise error rate*). Diese Kriterien sind unbefriedigend, weil sie an methodischen Merkmalen orientiert sind, die mitunter durch relativ periphere Umstände bestimmt werden (verfügbare Personen, kontrollierten Störvariablen usw.).

es, jeweils eine dieser beiden Wahrscheinlichkeiten zu adjustieren. Ob dabei die Kumulation der α- oder die Kumulation der β-Fehler ausgeglichen werden muss, hängt von der Struktur der empirischen Vorhersage ab. Dies soll an typischen Beispielen erläutert werden. Im folgenden Unterkapitel 17.2.3 wird der Fall ausführlich beschrieben, dass die Vorhersage auf eine Konjunktion von Alternativhypothesen abgebildet werden kann. Die anderen Fälle werden in den weiteren Unterkapiteln sehr viel kürzer behandelt.

17.2.3 Adjustierung bei Konjunktionen von Alternativhypothesen

Aus vielen psychologischen Hypothesen ergeben sich empirische Vorhersagen, die strukturgleich mit einer logischen Konjunktion (Und-Verbindung) von mehreren statistischen Alternativhypothesen sind: Die empirische Hypothese wird nur dann akzeptiert, wenn alle Alternativhypothesen akzeptiert worden sind.[894]

◊ Bei Vorhersagen über die Größenordnung von Mittelwerten (z.B. $\bar{y}_1 > \bar{y}_2 > \bar{y}_3 > \bar{y}_4$) kann man paarweise gerichtete Kontraste durchführen, z.B. t-Tests gegen die Alternativhypothesen $\mu_1 > \mu_2$, $\mu_2 > \mu_3$ und $\mu_3 > \mu_4$ (siehe oben Kapitel 16.4). Legt man ein strenges Entscheidungskriterium zugrunde, wird die empirische Hypothese nur dann akzeptiert, wenn alle Alternativhypothesen akzeptiert worden sind.

Unterstellen wir zunächst, dass die empirische Hypothese zutreffend ist und dass deshalb auch alle m Alternativhypothesen zutreffen. Tritt in mindestens einem der drei Test ein Fehler zweiter Art auf, wird die entsprechende Alternativhypothese nicht akzeptiert und die empirische Hypothese fälschlicherweise als nicht bewährt bezeichnet. Die Kumulation der β-Fehler erhöht hier also die Wahrscheinlichkeit f für fälschliche Ablehnungen der empirischen Hypothese. Um diese Beeinträchtigung der Validität der empirischen Hypothesenprüfung auszugleichen, sollten in diesem Fall die β-Wahrscheinlichkeiten der drei Tests gemäß (17–7) adjustiert werden. Damit wird der familienbezogene β-Wert bei $\beta_F = 0{,}05$ gehalten.

Ist hingegen die empirische Hypothese unzutreffend und treffen alle Nullhypothesen zu, ergibt sich eine falsche Entscheidung über die empirische Hypothese nur, falls in *allen* Tests ein Fehler 1. Art auftritt. Die Wahrscheinlichkeit dafür ist aber nie größer als α, sondern meist beträchtlich kleiner, bei m unabhängigen Tests ist sie sogar nur gleich α^m. Die Kumulation von α-Wahrscheinlichkeiten führt in diesem Fall also nicht zu einer Erhöhung des Risikos für Fehlentscheidungen über die empirische Hypothese, sie muss nicht durch Adjustierung kontrolliert werden. Im Gegenteil wäre es sachlich sogar gerechtfertigt, mit beträchtlich größeren α-Werten als dem konventionellen 0,05 zu arbeiten.

[894] Gegenüber den im Kapitel 17.1 beschriebenen Entscheidungsstrategien unterstellen wir hier und im Folgenden der Einfachheit halber, dass der Ausgang der statistischen Hypothesenprüfung unmittelbar die Entscheidung über die empirische Hypothese bestimmt, d.h. die empirische Effektgröße stets im entsprechenden Bereich liegt.

Diese Argumente für eine β- und gegen die α-Adjustierung gelten für alle empirischen Vorhersagen, die strukturgleich zu einer Konjunktion von Alternativhypothesen sind.

◊ Im Experiment von Frey und Irle ergibt sich eine empirische Vorhersage, die strukturgleich zu einer Konjunktion von zwei Alternativhypothesen ist:[895]

(16–14) $[\mu_{11} < \mu_{12}] \wedge [\mu_{21} > \mu_{22}]$.

◊ In einer anderen Untersuchung zum Zusammenhang zwischen der Belohnungshöhe für ein einstellungskonträres Aufsatzschreiben und der anschließenden Meinungsausprägung wird der dissonanztheoretisch vorhergesagte Mittelwertsunterschied bei niedriger und hoher Belohnung ($\bar{y}_{1i} < \bar{y}_{2i}$) für drei Verfahren zur Erfassung der Meinung (abhängige Variablen Y_a, Y_b und Y_c) vorhergesagt und überprüft. Die empirische Vorhersage ist strukturgleich mit folgender Konjunktion von drei Alternativhypothesen:

(17–8) $[\mu_{1a} < \mu_{2a}] \wedge [\mu_{1b} < \mu_{2b}] \wedge [\mu_{1c} < \mu_{2c}]$.

In jedem Fall kann die Konjunktion von J Alternativhypothesen durch $J-1$ einseitige t-Tests geprüft werden.[896] Eine α-Adjustierung ist dann nicht notwendig, da die empirische Hypothese nur dann akzeptiert wird, wenn alle Tests signifikant sind. Durch eine Adjustierung von β hingegen kann das Risiko klein gehalten werden, dass die empirische Hypothese wegen eines fälschlich nichtsignifikanten Tests fälschlicherweise als nicht zutreffend abgelehnt wird.

17.2.4 Adjustierung bei Disjunktionen von Alternativhypothesen

Prinzipiell kann die empirische Vorhersage auch einer Disjunktion von Alternativhypothesen entsprechen, beispielsweise bei einer wohlwollenden Prüfung der empirischen Hypothese: Die empirische Hypothese wird dann akzeptiert, wenn mindestens eine der geprüften Nullhypothesen abgelehnt wurde.

◊ In der dissonanztheoretischen Untersuchung könnte man die empirische Hypothese auch bereits dann als zutreffend akzeptieren, wenn die entsprechende Nullhypothese für einen einzigen der drei Indikatoren für eine Meinung abgelehnt wird, das heißt wenn die folgende disjunktive Aussage akzeptiert wird

(17–9) $[\mu_{1a} < \mu_{2a}] \vee [\mu_{1b} < \mu_{2b}] \vee [\mu_{1c} < \mu_{2c}]$.

Ist die empirische Hypothese unzutreffend und sind alle Nullhypothesen zutreffend, führt in diesem Fall schon ein zufällig signifikantes Ergebnis zu einer fälschlichen Akzeptierung der empirischen Hypothese. Deshalb muss hier die Kumulation der α-

---

[895] siehe oben Seite 412

[896] Bei der Prüfung von (17–8) kann als globaler (Overall-)Test ein multivariater Mittelwertstest (multivariate Varianzanalyse oder multivariater T-Test, siehe Bortz, 1999, Kapitel 17) vorgeschaltet werden. Mit ihm wird die Unterschiedlichkeit der Gruppen auf allen abhängigen Variablen simultan geprüft.

Fehler durch Adjustierung kontrolliert werden. Eine Kumulation von β-Fehlern hingegen muss nicht ausgeglichen werden.[897]

Herausgreifen von signifikanten Zusammenhängen

In empirischen Arbeiten, die eher explorativ sind und nicht auf die gezielte Prüfung theoretisch begründeter Erwartungen zielen, werden häufig größere Mengen von Variablenzusammenhängen untersucht und dann diejenigen betrachtet, die signifikant geworden sind. Dies entspricht einer empirischen Vorhersage, die strukturgleich mit eine Disjunktion von Alternativhypothesen ist.

◊ In einer organisationspsychologischen Untersuchung werden die Korrelationen zwischen 12 Indikatoren der Arbeitszufriedenheit und 20 möglichen Stressoren berechnet. Es wird vermutet, dass einige Stressoren mit einigen Zufriedenheitsvariablen assoziiert sind. Jede dieser 240 Korrelationen wird mit einem t-Test auf Signifikanz geprüft. Die signifikanten Korrelationen werden als wesentliche Zusammenhänge zwischen Stress und Gesundheit herausgegriffen und interpretiert.

Häufig ergibt sich dabei nur eine relativ kleine Zahl an signifikanten Ergebnissen. Werden nur diese wenigen signifikanten Unterschiede oder Zusammenhänge herausgegriffen und interpretiert, geht man ein erhöhtes Risiko ein, dass diese Tests nur zufällig signifikant geworden sind. Damit ist das Risiko erhöht, falsche Aussagen über Variablenzusammenhänge zu treffen.

Man kann das Risiko natürlich durch eine α-Adjustierung vermindern. Bei einer sehr großen Zahl an Tests sinkt die Teststärke dann aber leicht so weit ab, dass kaum mehr eine Chance besteht, bestehende Zusammenhänge als signifikant zu entdecken.

Die Überlegungen zur Fehlerkumulation und -adjustierung sind also nicht nur für den Fall relevant, dass empirische Vorhersagen und statistische Hypothesen explizit aufgestellt und experimentell überprüft werden. Vielmehr kann ein Ignorieren der Kumulation von Fehlerwahrscheinlichkeiten auch in eher deskriptiven und korrelativen Untersuchungen das Risiko erhöhen, aus den Ergebnissen falsche inhaltliche Schlüsse zu ziehen.

Vermeiden kann man diese Schwierigkeiten zum einen dadurch, dass man aufgrund theoretischer oder inhaltlicher Vorüberlegungen die Anzahl der Variablen und Tests beträchtlich reduziert. Zum anderen kann man eine Interpretation von Variablenzusammenhängen davon abhängig machen, ob sie sich auch in einer unabhängigen Untersuchungsgruppe zeigen (*Kreuzvalidierung*) oder ob sie in systematischen Unterteilungen der Untersuchungsgruppe (z.B. in Männer und Frauen, Studenten und Angestellte usw.) stabil bleiben.

---

[897] Sind alle Alternativhypothesen zutreffend, wird die empirische Hypothese nur dann fälschlicherweise abgelehnt, wenn alle Tests fälschlicherweise nicht-signifikant sind. Die Wahrscheinlichkeit dafür ist nie größer als β (vgl. die auf α bezogene Argumentation im vorigen Kapitel 17.2.3).

17.2.5 Adjustierung bei Verknüpfungen von Nullhypothesen

Empirische Vorhersagen können strukturgleich mit Konjunktionen von Nullhypothesen sein.

◊ Es wird untersucht, ob der Zusammenhang zwischen Belohnung und Meinungsunterschied unbeeinflusst von Situationen und Personen ist. Dazu werden neben der UV A (Belohnungshöhe) drei Kontrollfaktoren eingeführt: Untersuchungsraum (B: Luxushotel, Institutskeller, Schulklasse), Untersuchungspersonen (C: Gymnasiasten, Lehrlinge, Gefängnisinsassen) und Untersuchungsleiter (D: Studenten, Professoren). Die empirische Hypothese der Stabilität des dissonanztheoretischen Belohnungseffektes wird akzeptiert, wenn die Belohnungshöhe A mit keiner drei anderen Variablen interagiert, d.h. wenn die Interaktionstests $A \times B$, $A \times C$ und $A \times D$ insignifikant bleiben.[898]

Da schon ein fälschlicherweise signifikantes Ergebnis zu einer falschen Entscheidung über die empirische Hypothese führt, muss hier α adjustiert werden, die β-Kumulation muss dagegen nicht kontrolliert werden.[899]

Wenn die empirische Hypothese schon akzeptiert wird, falls eine von mehreren Nullhypothesen akzeptiert wird, ist die empirische Vorhersage strukturgleich mit einer Disjunktion von Nullhypothesen. Es ist nicht α, sondern β zu adjustieren.

Konjunktionen von Null- und Alternativhypothesen

Relativ häufig sind empirische Vorhersagen strukturgleich mit einer Konjunktion von K Null- und J Alternativhypothesen.

◊ Um zu prüfen, ob hyperaktives Verhalten durch variable Verstärkung antagonistischen Verhaltens dauerhaft reduziert wird, werden Behandlungs- und Kontrollgruppe (Faktor A) für unterschiedliche Verstärkungspläne (Faktor B) verglichen. Eine Reduktion wird für variable Intervall- (B_1) und Quotenverstärkung (B_2) erwartet, aber nicht bei konstanter oder kontinuierlicher Verstärkung (B_3 bis B_5). Die empirische Hypothese wird akzeptiert, wenn folgende konjunktive Aussage akzeptiert wird

$$[\mu_{11} < \mu_{12}] \wedge [\mu_{21} < \mu_{22}] \wedge [\mu_{31} = \mu_{32}] \wedge [\mu_{41} = \mu_{42}] \wedge [\mu_{51} = \mu_{52}]. \tag{17–10}$$

Die empirische Hypothese wird fälschlicherweise abgelehnt, wenn mindestens ein Fehler 2. Art in den ersten K oder mindestens ein Fehler 1. Art in den letzten J Tests auftritt. Deshalb müssen wir die β-Werte der ersten K und die α-Werte der letzten J Tests adjustieren, indem wir sie auf jeweils 0,05/(K+J) setzen. Die α-Werte der ersten K und die β-Werte der letzten J Tests müssen nicht adjustiert werden.

---

[898] Adäquate Effektgrößen, Validitäten und Teststärken werden weiterhin vorausgesetzt.

[899] In Statistikbüchern (z.B. Bortz, 1999, S. 260-261) wird die Notwendigkeit der α-Adjustierung gern für folgenden Fall erläutert: Statt eines varianzanalytischen F- werden mehrere t-Tests durchgeführt und die globale Nullhypothese wird abgelehnt, falls einer der t-Tests signifikant wird. Diese spezielle Situation entspricht einer Konjunktion von Nullhypothesen und es ist tatsächlich eine α-Adjustierung sinnvoll.

18 Identifikation von Moderatorvariablen

Eines der bekanntesten methodischen Konzepte in der Psychologie ist die externe Validität. Nach der klassischen Konzeption von Campbell und Stanley aus dem Jahr 1963 betrifft sie die Frage, inwieweit sich ein in einer bestimmten Untersuchung aufgezeigter kausaler Zusammenhang auf andere Personen, Situationen und Zeitpunkte verallgemeinern lässt.[900] Die externe Validität einer Untersuchung ist um so höher, je besser die Untersuchungsergebnisse auf andere Fälle verallgemeinert werden können.

Die Bedeutung der externen Validität einer Untersuchung wird jedoch häufig falsch eingeschätzt. Insbesondere wird übersehen, dass die externe Validität, anders als die interne Validität, keineswegs ein Merkmal für die Qualität einer einzelnen Untersuchung ist. Inwieweit ein Ergebnis generalisiert werden kann, hängt nicht so sehr von Merkmalen der Untersuchung ab, sondern viel mehr von den empirischen Gegebenheiten im jeweiligen Gegenstandsbereich und den Intentionen der Wissenschaftler. Auf welche Fälle soll das Ergebnis übertragen werden und wie stabil ist das Ergebnis bei veränderten Bedingungen? Deshalb ist es wichtig, durch theoretische Überlegungen und empirische Untersuchungen diejenigen *Moderatorvariablen* zu identifizieren, von denen die Generalisierungsmöglichkeiten begrenzt werden. Um dies zu erläutern, wird zunächst das Konzept der externen Validität etwas näher betrachtet.

18.1 Externe Validität

Jede Untersuchung findet unter einer bestimmten Konstellation von Personen, Situationen und Zeitpunkten statt. Generalisierungen von Untersuchungsergebnissen auf eine andere, noch nicht untersuchte Konstellation sind induktive Argumente (siehe oben Kapitel 4.2). Wenn in einem untersuchten Anwendungsfall ein bestimmter Variablenzusammenhang besteht, folgt daraus nicht logisch zwingend die Aussage, dass dieser Zusammenhang auch in einem anderen Anwendungsfall gilt. Die Annahme eines Variablenzusammenhangs im zweiten Anwendungsfall kann

---

[900] Campbell & Stanley (1963), Cook & Campbell (1979, S. 70-80)

aber (in mehr oder minder starkem Maße) durch das Ergebnis der ersten Untersuchung gestützt werden.

Konkret handelt es sich bei jeder Generalisierung eines untersuchten Zusammenhangs auf einen nicht untersuchten Fall um die spezielle Form eines induktiven Arguments, die wir als *empirische Vermutung* charakterisiert haben. Die Berechtigung einer Generalisierung eines empirischen Ergebnisses hängt deshalb nach den Ergebnissen des Kapitels 4.3.2 von der Anzahl der vorliegenden positiven Beobachtungen, von ihrer Unterschiedlichkeit und von ihrer (internen) Validität ab, vor allem aber von der Ähnlichkeit zwischen der untersuchten und der interessierenden, aber noch nicht untersuchten Bedingungskonstellation. Ob die Generalisierung eines Variablenzusammenhangs auf neue Anwendungsfälle zu tatsächlich zutreffenden Aussagen führt, hängt auch ganz wesentlich von den Verhältnissen im konkreten Gegenstandsbereich ab, das heißt inwieweit die Variablenbeziehungen über verschiedene Randbedingungen stabil bleiben oder sich verändern.

Insgesamt hängt das Ausmaß der externen Validität einer Untersuchung damit eindeutig nicht nur von den methodischen Eigenschaften der Untersuchung selbst ab, sondern auch von empirischen Regelmäßigkeiten im betrachteten Phänomenbereich und den intendierten Anwendungen, auf die generalisiert werden soll.

Die Definition der Validität einer Untersuchung, die wir im Kapitel 13.1 beschrieben haben, berücksichtigt diesen Sachverhalt, indem sie die sog. externe Validität nicht mit einschließt. Die Validität einer Untersuchung beruht ausschließlich auf den Wahrscheinlichkeiten für Entscheidungen über die Geltung einer bestimmten Theorie im untersuchten Anwendungsfall. Sie ist damit per definitionem nicht von der Generalisierbarkeit der Ergebnisse abhängig.

Damit ist jedoch nicht gesagt, dass die als externe Validität bezeichnete Generalisierbarkeit von Befunden für uns irrelevant ist. Sie soll lediglich deutlich von der methodischen Güte einer Untersuchung separiert werden. Die Generalisierbarkeit von Ergebnissen ist keine Eigenschaft einer einzelnen Untersuchung mit einer einzelnen empirischen Hypothese, sondern sie ist ein Merkmal einer ganzen Menge intendierter Anwendungen.

Hat sich eine substanzwissenschaftliche Hypothese in einer bestimmten Untersuchung bewährt, so ist der gefundene theoriekonforme Variablenzusammenhang genau dann auf alle anderen intendieren Anwendungen zu generalisieren, wenn das zugrunde liegende Theorie-Element auch in allen diesen Fällen erfolgreich anwendbar ist. Ob dies der Fall ist, kann nicht durch Bewertung der Güte einer einzelnen Untersuchung beurteilt werden, sondern nur durch empirische Untersuchungen oder inhaltlich-theoretische Überlegungen.

Da wir ständig vor der Frage stehen, inwieweit wir die Ergebnisse vorliegender empirischer Hypothesenprüfungen auf andere interessierende Situationen und Personen übertragen können, besteht eine der Hauptaufgaben wissenschaftlicher Forschung darin, den Bereich der erfolgreichen Anwendbarkeit der Theorien und Theorie-Elemente so genau wie möglich abzugrenzen. Dazu müssen die Merkmale von Personen und Situationen identifiziert werden, durch die sich die erfolgreichen und nicht-erfolgreichen Anwendungsbereiche unterscheiden. Diese differenzierenden Merkmale werden als Moderatorvariablen bezeichnet.

18.2 Personale und situationale Moderatorvariablen

Die Elemente der Menge der intendierten Anwendungen eines Theorie-Elements beziehen sich auf verschiedene Personen und auf unterschiedliche Situationen. Wenn die erfolgreiche Anwendbarkeit dieser Theorieversion von einem Merkmal der Untersuchungssituation bzw. von einem Merkmal der untersuchten Personen abhängt, liegt eine *situationale* bzw. eine *personale Moderatorvariable* vor.

Wir haben gesehen, dass in jeder empirischen Untersuchung die empirische Hypothese geprüft wird, dass die zugrunde gelegte Theorieversion in dem jeweils betrachteten Anwendungsfall Geltung hat.[901] Überprüft wird insbesondere, ob die theoretisch angenommene Wirkung einer unabhängigen Variablen U auf eine abhängige Variable V in dieser Bedingungskonstellation gilt.

Eine Variable P, die ein Merkmal der untersuchten Personen bezeichnet, ist eine personale Moderatorvariable, wenn die empirische Hypothese unter mindestens einer Ausprägung von P gültig ist, unter mindestens einer anderen Ausprägung aber nicht. Varianzanalytisch betrachtet besteht dann eine Interaktion zwischen der Personenvariable P und der unabhängigen Variablen U. Eine situationale Moderatorvariable liegt entsprechend dann vor, wenn die Gültigkeit der empirischen Hypothese von einer Eigenschaft S der Untersuchungssituation abhängt, d.h. wenn die unabhängige Variable U mit S interagiert.

18.3 Moderatorvariablen zwischen und innerhalb von Untersuchungen

Je nach Art der Merkmalsvariation gibt es Moderatorvariablen innerhalb von Anwendungen und zwischen Anwendungen.

Erstens kann die (mögliche) Moderatorvariable ein Merkmal bezeichnen, das innerhalb der Untersuchung variiert: Unterschiede zwischen den Personen, die untersucht werden, oder Unterschiede zwischen den Bedingungen, unter denen diese Personen untersucht werden. Das Gesamtergebnis der Untersuchung findet sich in diesem Fall nicht in allen Untergruppen und -bedingungen wieder. Die Zahl von möglichen Moderatorvariablen dieser Art ist stets unendlich groß. Inwieweit der Geltungsbereich einer Hypothese tatsächlich durch bestimmte Variablen abgegrenzt wird, kann empirisch überprüft werden, indem vermutete Moderatorvariablen als Kontrollfaktoren eingeführt werden (vgl. Kapitel 14.4). Praktisch ist dies allenfalls für einige wenige Personen- oder Situationsmerkmale zu realisieren.

---

901 siehe oben Kapitel 11.7.3 und 12.3.2.4

◊ Für das Experiment von Frey und Irle bezeichne M das politische Engagement der untersuchten Schüler. Für jeden Schüler sei bekannt, ob er Mitglied einer politischen Gruppe ist (M_1) oder nicht (M_2). Nehmen wir an, die vorhergesagte negative Meinung bei geringerer Belohnung zeige sich nur für die Untergruppe der politisch nicht engagierten Schüler, während sich die Mittelwerte in der Gruppe der engagierten Schüler nicht bedeutsam unterscheiden. M ist in diesem (fiktiven) Fall eine personale Moderatorvariable, weil die dissonanztheoretische Hypothese für eine Ausprägung zutreffend ist, für die andere aber nicht.

◊ Nehmen wir an, dass die Untersuchungen von einem älteren und einem jüngeren Versuchsleiter durchgeführt worden sind. Wenn die vorhergesagte negativere Meinung bei geringerer Belohnung sich bei dem älteren Versuchsleitern zeigen würde, nicht aber bei dem jüngeren, wäre die Variable „Versuchsleiter" eine situationale Moderatorvariable.

Zweitens kann die mögliche Moderatorvariable ein Merkmal oder ein Merkmalsbündel bezeichnen, das zwischen verschiedenen intendierten Anwendungen variiert. Eine tatsächliche Moderatorvariable liegt vor, wenn die empirische Hypothese für Anwendungen mit bestimmten Merkmalsausprägungen gültig ist, für andere aber nicht.

◊ Nehmen wir (wiederum fiktiv) an, das Experiment von Frey und Irle sei mehrfach mit unterschiedlichen Personen an unterschiedlichen Orten repliziert worden. Bei einer Zusammenstellung der Ergebnisse zeige sich, dass die dissonanztheoretische Vorhersage sich immer bestätigt hat, wenn Gymnasiasten und Studenten als Probanden fungierten, nicht aber bei Haupt- und Berufsschülern. Eine Variable „Bildungsgrad" mit den Ausprägungen „Gymnasium oder Studium" und „Haupt- oder Berufsschule" wäre dann eine personale Moderatorvariable.

Analogstudien

Besonders wichtig ist die Frage nach Moderatorvariablen bei Analogstudien. Das sind Untersuchungen, in denen die Anwendbarkeit eines Theorie-Elements an einer Personengruppe überprüft wird, auf die das Element eigentlich gar nicht angewendet werden soll.

◊ Die Wirkungen psychotherapeutischer Verfahren werden häufig nicht an klinischen Patienten untersucht, sondern es werden Studenten oder nur leicht beeinträchtigte Personen betrachtet, da diese einfacher zugänglich sind.

◊ Im dissonanztheoretischen Teilnetz zur Wirkung einstellungskonträren Verhaltens sei ein spezielles Theorie-Element zur Förderung der Arbeitszufriedenheit durch einstellungskonträres Verhalten formuliert. Danach nimmt die Unzufriedenheit von Arbeitnehmern ab, wenn wir sie dazu veranlassen können, regelmäßig gegen eine kleine Belohnung zu Hause und in ihrem Bekanntenkreis die angeblich hervorragenden Arbeitsbedingungen in ihrem Betrieb zu loben. Da sich keine Betriebe und Arbeitnehmer finden, an denen die erfolgreiche Anwendbarkeit dieses Theorie-Elements empirisch überprüft werden kann, wird ein analoges Experiment mit Studenten durchgeführt, die die Studienbedingungen an ihrer Universität loben sollen.

Ein vorhergesagter Zusammenhang kann also in der untersuchten Personengruppe (im Mittel) vorliegen, in der eigentlich interessierenden Personengruppe aber nicht (und umgekehrt). Durch die Untersuchung einer Personengruppe, die nicht zum intendierten Anwendungsbereich gehört, wird deshalb die Wahrscheinlichkeit für Fehlentscheidungen über die empirische Gültigkeit des interessierendes Theorie-Elements erhöht.

Eine entsprechende situationale Moderatorvariable kann auftreten, wenn eine Hypothese unter Bedingungen geprüft wird, auf die sich eigentlich gar nicht bezieht.

◊ Wird das (fiktive) dissonanztheoretische Element zur Arbeitszufriedenheit an Arbeitnehmern überprüft, die in einem kleinen Vortrag im Rahmen einer Schulungsveranstaltung die Arbeitsbedingungen loben sollen, liegt eine situationale Moderatorvariable vor, wenn die empirische Hypothese nur bei freiwilligen und öffentlichen Bekundungen gilt.

Dieser Typ von Moderatoreffekten führt unmittelbar zu der häufig gestellten und diskutieren Frage, ob es sinnvoll ist, wissenschaftliche Untersuchungen in künstlichen, experimentell kontrollierten Situationen durchzuführen, wo „eigentlich" doch das Verhalten und Erleben der Menschen unter ihren üblichen, alltäglichen Bedingungen zu beschreiben und zu erklären ist.

18.4 Laborexperimente versus Feldstudien

Wissenschaftliche Untersuchungen aus der Psychologie werden immer wieder dahingehend kritisiert, dass sie isolierte und einfache Verhaltensweisen von gezielt ausgewählten Personen (vor allem Studenten der Psychologie) in künstlich kontrollierten Situationen registrieren.

Nachdem die erwähnte Arbeit von Campbell und Stanley allgemein bekannt geworden ist, wird diese Kritik an der psychologischen und insbesondere der experimentalpsychologischen Forschung vorzugsweise dadurch artikuliert, dass man auf die mangelnde externe Validität psychologischer Experimente hinweist, d.h. die geringe Generalisierbarkeit ihrer Ergebnisse auf andere, natürlichere Situationen und andere, zum Beispiel nicht-studentische Personen.

Dabei wird allerdings übersehen, dass die Arbeiten zur externen Validität sich speziell auf Forschungsuntersuchungen beziehen, die stark anwendungsorientierte Fragestellungen beantworten sollen, d.h. beispielsweise die Effektivität verschiedener Lehrmethoden vergleichen oder die Abhängigkeit dieser Effektivität von Persönlichkeitsmerkmalen der Schüler untersuchen wollen.[902] In diesem anwendungsbezogenen Zusammenhang ist es tatsächlich sehr wichtig, ob eine im Labor an einer bestimmten Probandengruppe bewährte Theorie sich auch in der tatsächlich interessierenden Schulsituation bewähren kann (oder umgekehrt).

[902] Campbell & Stanley (1963), Cook & Campbell (1979), Bracht & Glass (1975)

Grundlagenwissenschaftliche Experimente dagegen werden nicht durchgeführt, um Informationen über „natürliche" Populationen und Situationen zu gewinnen. Sie dienen vielmehr dazu, kausale Hypothesen und Theorien zu überprüfen. Wie wir im Kapitel 7.2.4 gesehen haben, beinhalten kausale Theorien (implizit) Ceteris-paribus-Bedingungen. Sie beziehen sich also auf Situationen, die insofern künstlich sind, als außer den explizit auf ihre Wirkung hin untersuchten Variablen alle anderen Bedingungen gleich oder gleichverteilt sein müssen. In natürlich auftretenden Situationen ist eine ausreichend valide empirische Prüfung von Kausalhypothesen in der Regel nicht möglich, weil diese Ceteris-paribus-Bedingungen noch nicht einmal annäherungsweise erfüllt werden können. Zur validen Prüfung von Kausalhypothesen muss vielmehr die Untersuchungssituation so gestaltbar sein, dass alle nicht primär interessierenden Einflussfaktoren konstant gehalten oder zufällig verteilt werden können. Deshalb ist es unberechtigt, wenn psychologische Experimente immer wieder wegen ihrer Künstlichkeit kritisiert werden.[903]

Die Entscheidung zwischen künstlichen Labor- und natürlichen Felduntersuchungen hängt demnach vor allem davon ab, auf welche Situation sich das betrachte Theorie-Element bezieht. Ob die intendierten Anwendungen natürliche oder kontrollierte Situationen sind, kann für verschiedene Elemente eines Theorie-Netzes unterschiedlich sein, denn eine Theorie kann sowohl kausale wie nicht-kausale Elemente umfassen.

Wenn die intendierten Anwendungen eines Theorie-Elementes sowohl natürliche wie kontrollierte Situationen umfassen, muss zur empirischen Abgrenzung des Geltungsbereichs sowohl auf Laborexperimente wie auf Felduntersuchungen zurückgegriffen werden.

18.5 Abgrenzung von Geltungsbereichen

Die Diskussionen um den Logischen Empirismus und den Kritischen Rationalismus haben gezeigt, dass sich weder die Wahrheit noch die Falschheit substanzwissenschaftlicher Aussagen eindeutig nachweisen lässt. Verifikation und Falsifikation sind vielmehr nur Grenzfälle der Identifikation von erfolgreichen und nicht-erfolgreichen Anwendungen. Diese Abgrenzung von Geltungsbereichen hatten wir aus strukturalistischer Sicht als ein hauptsächliches Ziel der empirischen Forschung identifiziert. Wissenschaftlicher Erkenntnisgewinn besteht zu einem wesentlichen Teil darin, dass wir lernen, unter welchen Umständen unsere Zusammenhangsannahmen und Erklärungsmodelle zutreffend sind und unter welchen Umständen sie ungültig sind. Je breiter der Geltungsbereich einer Hypothese oder Theorie ist, desto stärker ist sie empirisch gestützt oder, wenn man es so ausdrücken will, „verifiziert".

903 Kruglanski (1976), Bredenkamp (1979), Berkowitz & Donnerstein (1982), Manicas & Secord (1983), Mook (1983).

Theoretische Erkenntnisgewinne in den Wissenschaften sind allerdings häufig die Konsequenz von negativen, hypothesenkonträren empirischen Ergebnissen. Sie treiben uns dazu, verbesserte Beschreibungen und Erklärungen zu entwickeln. Eine Ersetzung oder, wenn man so will, „Falsifikation" der alten Theorie-Elemente ist um so eher gerechtfertigt, je vollständiger die neuen Theorie-Elemente die Beschreibungs-, Erklärungs- und Vorhersageleistungen der alten mit umfassen und je besser sie sich bei kontrollierten empirischen Anwendungen bewähren.

Mutige Hypothesen

In einer Folge von Untersuchungen zur Abgrenzung der Menge erfolgreicher Anwendungen bringt es relativ wenig Erkenntnisgewinn, wenn man immer wieder sehr ähnliche Anwendungsfälle untersucht und wenn man dabei die empirischen Hypothesen ganz konsistent immer wieder akzeptieren oder ablehnen kann. Deshalb sollte man möglichst *mutige Hypothesen* aufstellen. Die zu einem Theorie-Element durchgeführten Untersuchungen sollten hinsichtlich der wesentlichen Personen- und Situationsmerkmale möglichst verschiedenartig sein. Außerdem sollten dabei vorzugsweise diejenigen möglichen Anwendungen untersucht werden, für die es unter Berücksichtigung aller verfügbaren Information besonders unsicher ist, ob die Theorie erfolgreich angewendet werden kann oder nicht. Dies können im Anfangsstadium der Arbeit mit einer Theorie ganz andere Arten von empirischen Systemen sein als bei der Arbeit mit bereits sehr häufig angewendeten Theorien. Zuerst wird es vor allem interessant sein, ob die Theorie sich wenigstens unter für sie idealen Bedingungen bewährt, während es später besonders informativ ist zu untersuchen, ob dies auch unter ungünstigen Umständen der Fall ist.[904]

Aus dem Labor ins Feld

Während man sich zu Anfang also gut mit den üblichen Probandengruppen und Untersuchungskontexten zufrieden geben kann, sollte in späteren Anwendungen bevorzugt Neuland betreten werden. So kann man etwa die Grenze der erfolgreichen Anwendbarkeit einer Theorie insofern sukzessiv austesten, als man die Untersuchungssituationen so wählt, dass immer offenere, natürlichere Systeme entstehen. Außerdem kann man statt der üblichen studentischen Probanden in späteren Forschungsstadien gezielt andersartige Probandengruppen einbeziehen. Auf diese Weise kann sich allmählich ein differenziertes Bild darüber ergeben, unter welchen Umständen und für welche Probandengruppen sich welches Element eines Theorie-Netzes gut oder weniger gut bewähren kann.

[904] Chalmers (1973), Gadenne (1984, S. 81-86), Westermann (1987a, S. 140-146), Iseler (1997)

Theorie und Empirie

Dieser Prozess der allmählichen Abgrenzung der Geltungsbereiche einer Theorie illustriert eines der wichtigsten Ergebnisse unserer wissenschaftstheoretischen und methodischen Analysen: Wissenschaftliche Erkenntnis entsteht weder allein aus theoretischen Reflexionen noch allein aus empirischen Datenerhebungen. Wir brauchen beides, um unser Wissen über uns, die Menschen und die Welt zu verbessern: präzise, deutlich formulierte Theorien und valide, eindeutig interpretierbare empirische Untersuchungen. Vor allem brauchen wir aber eine fundierte Verbindung von Theorie und Erfahrung. Ich hoffe, in diesem Buch einige Anregungen dazu gegeben zu haben.

Literatur

Abelson, R. P. (1995). *Statistics as principled arguments*. Hillsdale, NJ: Erlbaum.

Abelson, R. P. & Prentice, D. A. (1997). Contrast Tests of interaction hypotheses. *Psychological Methods, 2*, 315-328.

Adams, J. S. (1965). Inequity in social exchange. In L. Berkowitz (Ed.), *Advances in experimental social psychology: Vol.2* (pp. 267-299). New York: Academic Press.

Aiken, L. S. & West, S. G. (1991). Multiple regression: Testing and interpreting interactions. London: Sage.

Albert, H. (1980a). Die Wissenschaft und die Suche nach Wahrheit: Der kritische Realismus und seine Konsequenzen für die Methodologie. In G. Radnitzky & G. Andersson (Hrsg.), *Fortschritt und Rationalität der Wissenschaft* (S. 221-245). Tübingen: Mohr.

Albert, H. (1980b). *Traktat über kritische Vernunft* (4. Aufl.). Tübingen: Mohr.

Allen, C. (1997). Animal cognition and animal minds. In M. Carrier & P. K. Machamer (Eds.), *Mindscapes: philosophy, science, and the mind* (pp. 227-244). Konstanz: Universitätsverlag Konstanz.

Amabile, T. M. (1983). *The social psychology of creativity*. New York: Springer.

American Psychological Association (Ed.) (1994). *The publication manual of the American Psychological Association*. London: American Psychological Association.

Amthauer, R., Brocke, B. & Liepmann, D. (1998). *Intelligenz-Struktur-Test 2000 (I-S-T 2000)*. Göttingen: Hogrefe.

Anderson, J. R. (1980). On the merits of ACT and information-processing psychology: A response to Wexler's review. *Cognition, 8*, 73-88.

Anderson, J. R. (1983). *The architecture of cognition*. Cambridge, MA: Harvard University Press.

Anderson, J. R. (1993). *Rules of the mind*. Hillsdale, NJ: Erlbaum.

Anderson, J. R. (1996a). *Kognitive Psychologie* (2. Aufl.). Heidelberg: Spektrum Verlag.

Anderson, J. R. (1996b). ACT: A simple theory of complex cognition. *American Psychologist, 51*, 355-365.

Anderson, J. R. & Matessa, M. (1997). A production system theory of serial memory. *Psychological Review, 104*, 728-748.

Aronson, E. (1968). Dissonance theory: Progress and problems. In R. P. Abelson, E. Aronson, W. J. McGuire, T. M. Newcomb, M. J. Rosenberg & P. H. Tannenbaum (Eds.), *Theories of cognitive consistency: A sourcebook* (pp. 5-27). Chicago: Rand-McNally.

Aronson, E. (1969). Theory of cognitive dissonance: A current perspective. In L. Berkowitz (Ed.), *Advances in experimental social psychology: Vol. 4* (pp. 1-34). New York: Academic Press.

Aronson, E., Brewer, M. & Carlsmith, J. M. (1985). Experimentation in social psychology. In G. Lindzey & E. Aronson (Eds.), *Handbook of scial pychology: Vol.1* (3rd ed., pp. 441-486). Hillsdale, NJ: Erlbaum.

Asendorpf, J. (1995). Persönlichkeitspsychologie: Das empirische Studium der individuellen Besonderheit aus spezieller und differentieller Perspektive. *Psychologische Rundschau, 46*, 235-247.

Atkinson, J. W. (1957). Motivational determinants of risk-taking behavior. *Psychological Review, 64*, 359-372.

Baars, B. J. (1993). *A cognitive theory of consciousness*. New York: Cambridge University Press.

Backhaus, K., Erichson, B., Plinke, W. & Weiber, R. (1996). *Multivariate Analysemethoden: Eine anwendungsorientierte Einführung* (8. Aufl.). Berlin: Springer.

Bakan, D. (1966). The test of significance in psychological research. *Psychological Bulletin, 66*, 423-437.

Balmer, H. (1982). Objektive Psychologie - Verstehende Psychologie: Perspektiven einer Kontroverse. In H. Balmer (Hrsg.), *Geschichte der Psychologie: Band 1. Geistesgeschichtliche Grundlagen (Kindlers Psychologie des 20. Jahrhunderts, Band 1)* (S. 93-131). Weinheim: Beltz.

Baltes, M. M. & Carstensen, L. L. (1996). Gutes Leben im Alter: Überlegungen zu einem prozeßorientierten Metamodell erfolgreichen Alterns. *Psychologische Rundschau, 47*, 199-215.

Balzer, W. (1982). *Empirische Theorien: Modelle - Strukturen - Beispiele. Die Grundzüge der modernen Wissenschaftstheorie*. Braunschweig: Vieweg.

Balzer, W. (1985). *Theorie und Messung*. Berlin: Springer.

Balzer, W. (1992). A theory of power in small groups. In H. Westmeyer (Ed.), *The structuralist program in psychology: Foundations and applications* (pp. 191-210). Seattle: Hogrefe & Huber.

Balzer, W. (1996). Theoretical terms: Recent developments. In W. Balzer & C. U. Moulines (Eds.), *Structuralist theory of science: focal issues, new results* (pp. 139-166). Berlin: de Gruyter.

Balzer, W. (1997). *Die Wissenschaft und ihre Methoden: Grundbegriffe der Wissenschaftstheorie*: Alber.

Balzer, W. & Moulines, C. U. (Eds.) (1996). *Structuralist theory of science: Focal issues, new results*. Berlin: De Gruyter.

Balzer, W., Moulines, C. U. & Sneed, J. D. (1987). *An architectonic for science: The structuralist program*. Dordrecht: Reidel.

Balzer, W., Moulines, C. U. & Sneed, J. D. (in print). *Structuralist knowledge representation: paradigmatic example*. Amsterdam: Rodopi.

Barker, S. (1999). Counterfactuals, probabilistic counterfactuals and causation. *Mind, 108*, 427-469.

Bartelborth, T. (1996). Scientific explanation. In W. Balzer & C. U. Moulines (Eds.), *Structuralist theory of science: focal issues, new results* (pp. 23-43). Berlin: de Gruyter.

Bartelborth, T. (1999). Coherence and explanation. *Erkenntnis, 51*, 209-224.

Barton, S. (1994). Chaos, self-organisation, and psychology. *American Psychologist, 49*, 5-14.

Beakley, B. & Ludlow, P. (Eds.) (1992). *The philosophy of mind: Classical problems/ contemporary issues*. Cambridge: MIT Press.

Beauvois, J.-L. & Joule, R.-V. (1996). *A radical dissonance theory*. Hove: Taylor & Francis.
Bechtel, W. (1988a). *Philosophy of mind: An overview for cognitive science*. Hillsdale, NJ: Erlbaum.
Bechtel, W. (1988b). *Philosophy of science: An overview for cognitive science*. Hillsdale, NJ: Erlbaum.
Bechtel, W. & Mundace, J. (1999). Multiple realizability revisited: Linking cognitive and neural states. *Philosophy of Science, 66*, 175-207.
Beckermann, A. (1979). Intentionale versus kausale Handlungserklärungen: Zur logischen Struktur intentionaler Erklärungen. In H. Lenk (Hrsg.), *Handlungstheorien interdisziplinär: Band 2 (2. Halbband)* (S. 445-491). München: Fink.
Beckermann, A. (1989). Bedeutungsverstehen als Kennzeichen des Mentalen. *Zeitschrift für allgemeine Wissenschaftstheorie, 20*, 132-145.
Beckermann, A. (1992). Supervenience, Emergence, and Reduction. In A. Beckermann, H. Flohr & J. Kim (Eds.), *Emergence or Reduction?: Essays on the prospects of nonreductive physicalism* (pp. 94-118). Berlin: de Gruyter.
Beckermann, A. (1996a). Eigenschafts-Physikalismus. *Zeitschrift für philosophische Forschung, 50*, 3-25.
Beckermann, A. (1996b). Können mentale Phänomene neurobiologisch erklärt werden? In G. Roth & W. Prinz (Hrsg.), *Kopf-Arbeit* (S. 413-425). Heidelberg: Spektrum Verlag.
Beckermann, A. (1997a). Property physicalism, reduction and realization. In M. Carrier & P. K. Machamer (Eds.), *Mindscapes: philosophy, science, and the mind* (pp. 303-321). Konstanz: Universitätsverlag Konstanz.
Beckermann, A. (1997b). Was macht Bewußtsein für Philosophen zum Problem? In H. Mandl (Hrsg.), *Bericht über den 40. Kongreß der Deutschen Gesellschaft für Psychologie in München 1996* (S. 31-42). Göttingen: Hogrefe.
Beckermann, A. (1999). *Analytische Einführung in die Philosophie des Geistes*. Berlin: de Gruyter.
Beckmann, J. (1984). *Kognitive Dissonanz: Eine handlungstheoretische Perspektive*. Berlin: Springer.
Beller, S. (1999). Inhaltseffekte beim logischen Denken - Der Fall der Wason'schen Wahlaufgabe. In W. Hacker & M. Rinck (Hrsg.), *Bericht über den 41. Kongreß der Deutschen Gesellschaft für Psychologie in Dresden 1998* (S. 157-164). Lengerich: Papst.
Bem, D. J. (1967). Self-perception: An alternative interpretation of cognitive dissonance phenomena. *Psychological Review, 74*, 183-200.
Bem, S. & Looren de Jong, H. L. (1997). *Theoretical issues in psychology*. London: Sage.
Benjamin, L. T. J. (1992). The history of American psychology (special issue). *American Psychologist, 47*, 109-335.
Beringer, J. (1994). ERTS: A flexible software tool for developing and running psychological reaction time experiments on IBM PCs. *Behavior Research Methods, Instruments, and Computers, 26*, 368-369.
Berkowitz, L. & Donnerstein, E. (1982). External validity is more than skin deep: Some answers to criticisms of laboratory experiments. *American Psychologist, 37*, 245-257.
Berkowitz, L. & Devine, P. G. (1989). Research traditions, analysis, and synthesis in social psychological theories: the case of dissonance theory. *Personality and Social Psychology Bulletin, 15*, 493-507.

Bieri, P. (1987). Intentionale Systeme: Überlegungen zu Daniel Dennetts Theorie des Geistes. In J. Brandtstädter (Hrsg.), *Struktur und Erfahrung in der psychologischen Forschung* (S. 208-252). Berlin: de Gruyter.

Bieri, P. (Hrsg.) (1997). *Analytische Philosophie des Geistes* (3. Aufl.). Weinheim: Beltz Athenäum.

Birbaumer, N. & Schmidt, R. F. (1999). *Biologische Psychologie* (4. Aufl.). Berlin: Springer.

Bischof, N. (1974). Erkenntnistheoretische Grundlagenprobleme der Wahrnehmungspsychologie. In W. Metzger & H. Erke (Hrsg.), *Wahrnehmung und Bewußtsein: 1. Halbband. (Handbuch der Psychologie, Band 1)* (S. 21-78). Göttingen: Hogrefe.

Bischof, N. (1981). Aristoteles, Galilei, Kurt Lewin - und die Folgen. In W. Michaelis (Hrsg.), *Bericht über den 32. Kongreß der Deutschen Gesellschaft für Psychologie in Zürich 1980: Band 1* (S. 17-39). Göttingen: Hogrefe.

Blalock, H. M. (1971). Four-variable causal models and partial correlations. In H. M. Blalock (Ed.), *Causal models in the social sciences* (pp. 18-32). Chicago: Aldine-Atherton.

Boik, R. J. (1993). The analysis of two-factor interactions in fixed effects linear models. *Journal of Educational Statistics, 18*, 1-40.

Bolles, R. C. (1962). The difference between statistical hypotheses and scientific hypotheses. *Psychological Reports, 11*, 639-645.

Borkenau, P. & Ostendorf, F. (1991). Ein Fragebogen zur Erfassung fünf robuster Persönlichkeitsfaktoren. *Diagnostica, 37*, 29-41.

Bornewasser, M. (1991). Aggression als Interpretationskonstrukt: Ein konstruktivistischer Ansatz zur Sozialpsychologischen Aggressionsforschung. In D. Frey (Hrsg.), *Bericht über den 37. Kongreß der Deutschen Gesellschaft für Psychologie in Kiel 1990: Band 2* (S. 153-159). Göttingen: Hogrefe.

Bortz, J. (1999). *Statistik für Sozialwissenschaftler* (5. Aufl.). Berlin: Springer.

Bortz, J. & Döring, N. (1995). *Forschungsmethoden und Evaluation* (2. Aufl.). Berlin: Springer.

Bortz, J., Lienert, G. A. & Boehnke, K. (1990). *Verteilungsfreie Methoden in der Biostatistik*. Berlin: Springer.

Boruch, R. F. (1997). *Randomized experiments for planning and evaluation*. London: Sage.

Bos, W. & Tarnai, C. (Hrsg.) (1989). *Angewandte Inhaltsanalyse in empirischer Pädagogik und Psychologie*. Münster: Waxman.

Bossong, B. (1982). Kognitive Dissonanz, Attribution und Leistung. *Zeitschrift für Sozialpsychologie, 13*, 194-208.

Bower, G. H. & Hilgard, E. R. (1983). *Theorien des Lernens I* (5. Aufl.). Stuttgart: Klett-Cotta.

Bower, G. H. & Hilgard, E. R. (1984). *Theorien des Lernens II* (3. Aufl.). Stuttgart: Klett-Cotta.

Bower, G. H. & Trabasso, T. R. (1964). Concept identification. In R. C. Atkinson (Ed.), *Studies in mathematical psychology* (pp. 32-94). Stanford, CA: University Press.

Boyd, R. (1983). On the current status of the issue of scientific realism. *Erkenntnis, 19*, 45-90 [Nachdruck in Boyd, Gasper & Trout (1991): The philosophy of science, 195-222].

Bracht, G. H. & Glass, G. V. (1975). Die externe Validität von Experimenten. In R. Schwarzer & K. Steinhagen (Hrsg.), *Adaptiver Unterricht* (S. 64-93). München: Kösel.

Bradbury, I. (1987). Analysis of variance versus randomization tests - a comparison. *British Journal of Mathematical and Statistical Psychology, 40*, 177-187.

Brandstätter, E. (1999). Konfidenzintervalle als Alternative zu Signifikanztests. *Methods of Psychological Research Online, 4*(2), <www.mpr.de>.

Brandtstädter, J. (1982). Apriorische Elemente in psychologischen Forschungsprogrammen. *Zeitschrift für Sozialpsychologie, 13*, 267-277.

Brandtstädter, J. (1984). Apriorische Elemente in psychologischen Forschungsprogrammen: Weiterführende Argumente und Beispiele. *Zeitschrift für Sozialpsychologie, 15*, 151-158.

Brandtstädter, J. & Reinert, G. (1973). Wissenschaft als Gegenstand der Wissenschaft vom menschlichen Erleben und Verhalten: Überlegungen zur Konzeption einer Wissenschaftspsychologie. *Zeitschrift für allgemeine Wissenschaftstheorie, 4*, 368-379.

Brauns, H.-P. & Schmitz, B. (1989). Psychologiegeschichte, Wissenschaftsgeschichte und quantitative Psychologiegeschichtsschreibung. In W. Schönpflug (Hrsg.), *Bericht über den 36. Kongreß der Deutschen Gesellschaft für Psychologie in Berlin 1988: Band 2* (S. 152-164). Göttingen: Hogrefe.

Braver, S. L. & Sheets, V. L. (1993). Monotonic hypotheses in multiple group designs: A monte carlo study. *Psychological Bulletin, 113*, 379-395.

Bredenkamp, J. (1968). F-Tests zur Prüfung von Trends und Trendunterschieden. *Zeitschrift für experimentelle und angewandte Psychologie, 15*, 239-272.

Bredenkamp, J. (1969a). Experiment und Feldexperiment. In C. F. Graumann (Hrsg.), *Sozialpsychologie: 1.Halbband. Theorien und Methoden. (Handbuch der Psychologie, Band 7)* (S. 332-374). Göttingen: Hogrefe.

Bredenkamp, J. (1969b). Über die Anwendung von Signifikanztests bei theorie-testenden Experimenten. *Psychologische Beiträge, 11*, 275-285.

Bredenkamp, J. (1970). Über Maße der praktischen Signifikanz. *Zeitschrift für Psychologie, 177*, 310-318.

Bredenkamp, J. (1972). *Der Signifikanztest in der psychologischen Forschung*. Frankfurt am Main: Akademische Verlagsgesellschaft.

Bredenkamp, J. (1979). Das Problem der externen Validität pädagogisch-psychologischer Untersuchungen. In J. Brandtstädter, G. Reinert & K. A. Schneewind (Hrsg.), *Pädagogische Psychologie: Probleme und Perspektiven* (S. 267-289). Stuttgart: Klett-Cotta.

Bredenkamp, J. (1980). *Theorie und Planung psychologischer Experimente*. Darmstadt: Steinkopff.

Bredenkamp, J. (1998). *Lernen, Erinnern, Vergessen*. München: Beck.

Bredenkamp, J. & Feger, H. (Hrsg.) (1983). *Enzyklopädie der Psychologie, Serie Forschungsmethoden der Psychologie: Bände 2-5*. Göttingen: Hogrefe.

Bredenkamp, J. & Wippich, W. (1977). *Lern- und Gedächtnispsychologie: Band 1*. Stuttgart: Kohlhammer.

Brehm, J. W. & Cohen, A. R. (1962). *Explorations in cognitive dissonance*. New York: Wiley.

Brenner-Golomb, N. (1993). R.A. Fisher's philosophical approach to inductive inference. In G. Keren & C. Lewis (Eds.), *Data analysis in the behavioral sciences: Methodological issues* (pp. 283-307). Hillsdale, NJ: Erlbaum.

Breuer, F. (1988). *Wissenschaftstheorie für Psychologen* (4. Aufl.). Münster: Aschendorff.

Breuer, H. (1994). *dtv-Atlas zur Physik: Band 1* (4. Aufl.). München: Deutscher Taschenbuch Verlag.

Breuer, H. (1996). *dtv-Atlas zur Physik: Band 2* (4. Aufl.). München: Deutscher Taschenbuch Verlag.

Brickenkamp, R. (1997). *Handbuch psychologischer und pädagogischer Tests* (2. Aufl.). Göttingen: Hogrefe.

Bridgman, P. W. (1927). *The logic of modern physics*. New York: Macmillan.

Brocke, B. (2000). Das bemerkenswerte Comeback der Differentiellen Psychologie: Glückwünsche und Warnungen vor einem neuen Desaster. *Zeitschrift für Differentielle und Diagnostische Psychologie, 21*, 5-30.

Brocke, B., Röhl, W. & Westmeyer, H. (1973). *Wissenschaftstheorie auf Abwegen? Probleme der Holzkampschen Wissenschaftskonzeption*. Stuttgart: Kohlhammer.

Brown, R. (1996). Beziehungen zwischen Gruppen. In W. Stroebe, M. Hewstone & G. M. Stephenson (Hrsg.), *Sozialpsychologie: Eine Einführung* (3. Aufl., S. 545-576). Berlin: Springer.

Bruner, J. S. (1957). On perceptual readiness. *Psychological Review, 64*, 123-152.

Brüntrup, G. (1998). Is psycho-physical emergentism committed to dualism? The causal efficacy of emergent mental properties. *Erkenntnis, 48*, 131-151.

Bryk, A. S. & Raudenbush, S. W. (1987). Application of hierarchical linear models to assessing change. *Psychological Bulletin, 101*, 147-158.

Buchner, A., Erdfelder, E. & Faul, F. (1996). Teststärkeanalysen. In E. Erdfelder, R. Mausfeld, T. Meiser & G. Rudinger (Hrsg.), *Handbuch Quantitative Methoden* (S. 123-136). Weinheim: Psychologie Verlags Union.

Bühl, A. & Zöfel, P. (2000). *SPSS Version 9: Einführung in die moderne Datenanalyse unter Windows* (6. Aufl.). München: Addison-Wesley.

Bungard, W. (Hrsg.) (1980). *Die „gute" Versuchsperson denkt nicht*. München: Urban & Schwarzenberg.

Bungard, W. (1984). *Sozialpsychologische Forschung im Labor*. Göttingen: Hogrefe.

Bunge, M. (1997). Mechanism and explanation. *Philosophy of the Social Sciences, 27*, 410-465.

Campbell, D. T. (1974). Evolutionary epistemology. In P. A. Schilpp (Ed.), *The philosophy of Karl Popper* (pp. 413-463). La Salle, Ill.: Open Court.

Campbell, D. T. & Fiske, D. W. (1959). Convergent and discriminant validation by the multitrait-multimethod matrix. *Psychological Bulletin, 56*, 81-105.

Campbell, D. T. & Stanley, J. C. (1963). Experimental and quasi-experimental designs for research in teaching. In N. L. Gage (Ed.), *Handbook of research in teaching* (pp. 171-246). Chicago: Rand McNally. Nachdruck als Monographie: (1966). Experimental and quasi-experimental designs for research in teaching. Chicago: Rand McNally.

Caplan, R. D. (1987). Person-environment fit theory and organizations: Commensurate dimensions, time perspectives, and mechanisms. *Journal of Vocational Behavior, 31*, 248-267.

Carnap, R. (1936, 1937). Testability and meaning. *Philosophy of Science, 3, 419-471*, 4, 1-40.

Carnap, R. (1960). Theoretische Begriffe der Wissenschaft: Eine logische und methodologische Untersuchung. *Zeitschrift für philosophische Forschung, 14*, 209-233, 571-598.

Carnap, R. (1961). *Der logische Aufbau der Welt - Scheinprobleme in der Philosophie*. Hamburg: Meiner (1. Auflage erschienen 1928).

Carnap, R. (1968). *Symbolische Logik* (3. Aufl.). Wien: Springer.

Carnap, R. (1971). A basic system of inductive logic, part I. In R. Carnap & R. C. Jeffrey (Eds.), *Studies in inductive logic and probability: Vol. I* (pp. 33-165). Berkley: University of California Press.

Carnap, R. (1986). *Einführung in die Philosophie der Naturwissenschaften*. Frankfurt: Ullstein.

Carnap, R. (1993). *Mein Weg in die Philosophie*. Stuttgart: Reclam.

Carrier, M. & Mittelstraß, J. (1989). *Geist, Gehirn, Verhalten: Das Leib-Seele-Problem und die Philosophie der Psychologie*. Berlin: de Gruyter.

Cartwright, D. & Harray, F. (1956). Structural balance: A generalization of Heider's theory. *Psychological Review, 63*, 277-293.

Carver, R. P. (1993). The case against statistical significance testing, revisited. *Journal of Experimental Education, 61*, 287-292.

Chalmers, A. F. (1973). On learning from our mistakes. *British Journal for the Philosophy of Science, 24*, 164-173.

Chalmers, D. J. (1996). *The conscious mind: In search of a fundamental theory*. Oxford: University Press.

Chapanis, N. P. & Chapanis, A. (1964). Cognitive dissonance: Five years later. *Psychological Bulletin, 61*, 1-22.

Chen, H.-T. (1990). *Theory-driven evaluations*. London: Sage.

Cheng, P. W. (1997). From covariation to causation: A causal power theory. *Psychological Review, 104*, 367-405.

Cheng, P. W. & Novick, L. R. (1992). Covariation in natural causal induction. *Psychological Review, 99*, 365-382.

Chow, S. L. (1996). *Statistical significance: Rationale, validity and utility*. London: Sage.

Chow, S. L. (1998). Précis of statistical significance: Rationale, validity, and utility. *Behavioral and Brain Sciences, 21*, 169-239.

Christensen, D. (1999). Measuring confirmation. *Journal of Philosophy, 96*, 437-461.

Churchland, P. M. (1981). Eliminative materialism and the propositional attitudes. *Journal of philosophy, 78*, 67-90 [Nachdruck in Boyd, Gasper & Trout (1991): The philosophy of science, 615-630].

Churchland, P. M. (1988). *Matter and consciousness: A contemporary introduction to the philosophy of mind*. Cambridge, MA: MIT Press.

Churchland, P. M. (1997). *Die Seelenmaschine. Eine philosophische Reise ins Gehirn*. Heidelberg: Spektrum.

Churchland, P. S. (1986). *Neurophilosophy: Toward a unified science of the mind/brain*. Cambridge: MIT Press.

Churchland, P. S. (1996). Die Neurobiologie des Bewußtseins: Was können wir von ihr lernen? In T. Metzinger (Hrsg.), *Bewußtsein: Beiträge aus der Gegenwartsphilosophie* (3. Aufl., S. 463-490). Paderborn: Schöningh.

Cliff, N. (1993a). Dominance statistics: Ordinal analyses to answer ordinal questions. *Psychological Bulletin, 114*, 494-509.

Cliff, N. (1993b). What is and isn't measurement. In G. Keren & C. Lewis (Eds.), *Data analysis in the behavioral sciences: Methodological issues* (pp. 59-93). Hillsdale, NJ: Erlbaum.

Cohen, J. (1962). The statistical power of abnormal-social psychological research: A review. *Journal of Abnormal and Social Psychology, 65*, 145-153.

Cohen, J. (1965). Some statistical issues in psychological research. In B. B. Wolman (Ed.), *Handbook of Clinical Psychology* (pp. 95-121). New York: McGraw-Hill.

Cohen, J. (1988). *Statistical power analysis for the behavioral sciences* (2nd ed.). Hillsdale: Lawrence Erlbaum.

Cohen, J. (1992). A power primer. *Psychological Bulletin, 112*, 155-159.

Cohen, J. (1994). The earth is round (p < .05). *American Psychologist, 49*, 997-1003.

Cohen, J. & Cohen, P. (1983). *Applied multiple regression/correlation analysis for the behavioral sciences* (2nd ed.). Hillsdale, NJ: Erlbaum.

Cohen, L. J. (1981). Inductive logic 1945-1977. In E. Agazzi (Ed.), *Modern logic - a survey* (pp. 353-375). Dordrecht: Reidel.

Cohen, L. J. (1989). *An introduction to the philosophy of induction and probability*. Oxford: Clarendon.

Cohn, L. D. (1991). Sex differences in the course of personality development: A meta-analysis. *Psychological Bulletin, 109*, 252-266.

Colby, A. & Kohlberg, L. (1984). Das moralische Urteil: Der kognitionszentrierte entwicklungspsychologische Ansatz. In G. Steiner (Hrsg.), *Entwicklungspsychologie: Band 1 (Kindlers Psychologie des 20. Jahrhunderts, Band 7)* (S. 348-366). Weinheim: Beltz.

Collins, L. M. & Horn, J. L. (Eds.) (1991). *Best methods for the analysis of change: Recent advances, unanswered questions, future directions*. Washington, DC: American Psychological Association.

Cook, T. D. & Campbell, D. T. (1976). The design and conduct of quasi-experiments and true experiments in field settings. In M. D. Dunnette (Ed.), *Handbook of industriel and organizational psychology* (pp. 223-326). Chicago: Rand McNally.

Cook, T. D. & Campbell, D. T. (1979). *Quasi-experimentation: Design & analysis issues for field settings*. Boston: Houghton Mifflin.

Cook, T. D., Campbell, D. T. & Peracchio, L. (1990). Quasi experimentation. In M. D. Dunnette & L. M. Hough (Eds.), *Handbook of industrial and organizational psychology* (2nd ed., pp. 491-576). Palo Alto, CA: Consulting Psychologists Press.

Coombs, C. H., Dawes, R. M. & Tversky, A. (1975). *Mathematische Psychologie*. Weinheim: Beltz.

Cooper, H. & Findley, M. (1982). Expected effect sizes: Estimates for statistical power analysis in social psychology. *Personality and Social Psychology Bulletin, 8*, 168-173.

Cooper, J. & Fazio, R. H. (1984). A new look at dissonance theory. In L. Berkowitz (Ed.), *Advances in experimental social psychology: Vol. 17* (pp. 229-266). New York: Academic Press.

Cortina, J. M. & Dunlap, W. P. (1997). On the logic and purpose of significance testing. *Psychological Methods, 2*, 161-172.

Craik, F. I. M. & Lockhart, R. S. (1972). Levels of processing: A framework for memory research. *Journal of Verbal Learning and Verbal Behavior, 11*, 671-684.

Cranach, M. v. & Foppa, K. (Hrsg.) (1996). *Freiheit des Entscheidens und Handelns*. Heidelberg: Asanger.

Cranach, M. v. & Frenz, H.-G. (1969). Systematische Beobachtung. In C. F. Graumann (Hrsg.), *Sozialpsychologie: 1. Halbband. Theorien und Methoden (Handbuch der Psychologie, Band 7)* (S. 269-331). Göttingen: Hogrefe.

Cranach, M. v., Kalbermatten, U., Indermühle, K. & Gugler, B. (1980). *Zielgerichtetes Handeln*. Bern: Huber.

Crick, F. (1994). *The astonishing hypothesis: the scientific search for the soul*. New York: Scribner.

Cronbach, L. J. (1984). *Essentials of psychological testing* (4th ed.). New York: Harper & Row.

Cronbach, L. J. & Furby, L. (1970). How we should measure „change“ - or should we? *Psychological Bulletin, 74*, 68-80.

Dallmann, H. & Elster, K.-H. (1991). *Einführung in die höhere Mathematik: Band 1* (3. Aufl.). Jena: Fischer.

Danziger, K. (1990). Constructing the subject: Historical origins of psychological research. Cambridge: University Press.

Dar, R., Serlin, R. C. & Omer, H. (1994). Misuse of statistical tests in three decades of psychotherapy research. *Journal of Consulting and Clinical Psychology, 62*, 75-82.

Davidson, D. (1992). Mental events. In B. Beakley & P. Ludlow (Eds.), *The philosophy of mind: Classical problems/contemporary issues* (pp. 137-149). Cambridge, MA: MIT Press.

Davidson, D. (1999). The emergence of thought. *Erkenntnis, 51*, 7-17.

Davison, G. C. & Neale, J. M. (1996). *Klinische Psychologie*. Weinheim: Psychologie Verlags Union.

Dawes, R. M. (1977). *Grundlagen der Einstellungsmessung*. Weinheim: Beltz. (Original erschienen 1972: Fundamentals of attitude measurement).

Dennett, D. (1981). Three kinds of intentional psychology. In R.Healy (Ed.), *Reduction, Time, and reality* (pp. 63-81). Cambridge: Cambridge Univ. Press. [Nachdruck in Boyd, Gasper & Trout (1991): The philosophy of science, 631-649].

Dennett, D. C. (1987). *The intentional stance*. Cambridge, MA: MIT Press.

Dennett, D. C. (1988). Précis of the intentional stance. *Behavioral and Brain Sciences, 11*, 495-546.

Dennett, D. C. (1991). *Consciousness explained*. Boston,MA: Little Brown.

Deppe, W. (1977). *Formale Modelle in der Psychologie*. Stuttgart: Kohlhammer.

Deutsche Gesellschaft für Psychologie (Hrsg.) (1997). *Richtlinien zur Manuskriptgestaltung* (2. Aufl.). Göttingen: Hogrefe.

Diederich, W. (1981). *Strukturalistische Rekonstruktionen*. Braunschweig: Vieweg.

Diepgen, R. (1996). Sequentielles Testen. In E. Erdfelder, R. Mausfeld, T. Meiser & G. Rudinger (Hrsg.), *Handbuch Quantitative Methoden* (S. 137-144). Weinheim: Psychologie Verlags Union.

Dierstein, J.-M. (1995). *Erklären oder Verstehen: Zur Konstruktion einer psychologischen Handlungstheorie*. Münster: Waxmann.

Dilling, H., Mombour, W. & Schmidt, M. H. (Hrsg.) (1993). *Internationale Klassifikation psychischer Störungen: ICD-10, Kapitel V (F): Klinisch-diagnostische Leitlinien* (2. Aufl.). Bern: Huber.

Dörner, D. (1987). *Problemlösen als Informationsverarbeitung* (3. Aufl.). Stuttgart: Kohlhammer.

Dörner, D. (1994). Heuristik der Theorienbildung. In T. Herrmann & W. H. Tack (Hrsg.), *Methodologische Grundlagen der Psychologie (Enzyklopädie der Psychologie, Serie Forschungsmethoden der Psychologie, Band 1)* (S. 343-388). Göttingen: Hogrefe.

Dörner, D. (1999). *Bauplan für eine Seele*. Reinbek: Rowohlt.

Dosse, F. (1996). *Geschichte des Strukturalismus: Bände 1 und 2*. Frankfurt am Main: Fischer.

Dretske, F. (1988). *Explaining behavior: Reasons in a world of causes*. Cambridge, MA: MIT Press.

DSM-IV (1996). *Diagnostisches und Statistisches Manual psychischer Störungen*. Göttingen: Hogrefe.

Eberhard, K. (1987). *Einführung in die Erkenntnis- und Wissenschaftstheorie: Geschichte und Praxis der konkurrierenden Erkenntniswege*. Stuttgart: Kohlhammer.

Eccles, J. C. (1985). *Die Psyche des Menschen*. München: Reinhardt.

Eccles, J. C. (1994). *How the self controls its brain*. Berlin: Springer.

Eckardt, B. v. (1997). The empirical naivete of the current philosophicel conception of folk psychology. In M. Carrier & P. K. Machamer (Eds.), *Mindscapes: philosophy, science, and the mind* (pp. 23-51). Konstanz: Universitätsverlag.

Eckhardt, G. (1983). Wundt, Wilhelm. In E. Lange & D. Alexander (Hrsg.), *Philosophen-lexikon* (S. 954-958). Berlin: Dietz.

Edgington, E. S. (1995). *Randomization tests*. New York: Dekker.

Efron, B. & Tibshirani, R. J. (1993). *An introduction to the bootstrap*. Andover: Chapman and Hall.

Ekman, P. (1993). Facial expression and emotion. *American Psychologist, 48*, 384-392.

Erdfelder, E. & Bredenkamp, J. (1994). Hypothesenprüfung. In T. Herrmann & W. H. Tack (Hrsg.), *Methodologische Grundlagen der Psychologie (Enzyklopädie der Psychologie, Serie Forschungsmethoden der Psychologie, Band 1)* (S. 604-648). Göttingen: Hogrefe.

Erdfelder, E., Faul, F. & Buchner, A. (1996). GPOWER: A general power analysis program. *Behavior Research Methods, Instruments, & Computers, 28*, 1-11.

Erdfelder, E., Mausfeld, R., Meiser, T. & Rüdiger, G. (1996). *Handbuch Quantitative Methoden*. Weinheim: PVU.

Esken, F. & Heckmann, D. (Hrsg.) (1999). *Bewußtsein und Repräsentation*. Paderborn: mentis.

Estes, W. K. (1956). The problem of inference from curves based on group data. *Psychological Bulletin, 53*, 134-150.

Etgen, M. P. & Rosen, E. F. (1993). Cognitive dissonance: Physiological arousal in the performance expectancy paradigm. *Bulletin of the Psychonomic Society, 31*, 229-231.

Eye, A. v. (Ed.) (1990a). *Statistical methods in longitudinal research: Principles and structuring change. Volume I.* San Diego, CA: Academic Press.

Eye, A. v. (Ed.) (1990b). *Statistical methods in longitudinal research: Time series and categorical longitudinal data. Volume II.* San Diego, CA: Academic Press.

Eysenck, H. J. (1962). Conditioning and personality. *British Journal of Psychology, 53*, 299-305.

Eysenck, M. W. & Keane, M. T. (1995). *Cognitive psychology: A student's handbook* (3rd ed.). Hillsdale, NJ: Erlbaum.

Fahrenberg, J. (1979). Das Komplementaritätsprinzip in der psychophysiologischen Forschung und psychosomatischen Medizin. *Zeitschrift für Klinische Psychologie und Psychotherapie, 27*, 151-167.

Fahrenberg, J. (1989). Einige Thesen zum psychophysiologischen Problem aus der Sicht der psychophysiologischen Forschung. In W. Marx (Hrsg.), *Philosophie und Psychologie: Leib und Seele - Determination und Vorhersage* (S. 9-35). Frankfurt am Main: Klostermann.

Fahrenberg, J. (1992). Komplementarität in der psychophysiologischen Forschung: Grundsätze und Forschungspraxis. In E. P. Fischer, H. S. Herzka & H. Reich (Hrsg.), *Widersprüchliche Wirklichkeit* (S. 43-77). München: Piper.

Falk, R. & Greenbaum, C. W. (1995). Significance tests die hard. *Theory & Psychology, 5*, 75-98.

Fechner, G. T. (1860). *Elemente der Psychophysik*. Leipzig: Breitkopf & Härtel.

Feger, H. (1983). Planung und Bewertung von wissenschaftlichen Beobachtungen. In J. Bredenkamp & H. Feger (Hrsg.), *Datenerhebung (Enzyklopädie der Psychologie, Serie Forschungsmethoden der Psychologie, Band 2)* (S. 1-75). Göttingen: Hogrefe.

Feigl, H. (1958). The „mental" and the „physical". In H. Feigl, M. Scriven & H. Maxwell (Eds.), *Minnesota studies in the philosophy of science: Vol. 2. Scientific explanation, space, and time* (pp. 370-497). Minneapolis: University of Minnesota Press.

Feigl, H. (1970). The „orthodox" view of theories: remarks in defense as well as critique. In M. Radner & S. Winokur (Eds.), *Minnesota studies in the philosophy of science: Vol. 4. analyses of theories and methods of physics and psychology* (pp. 3-16). Minneapolis: University of Minnesota Press.

Feigl, H. (1973). Leib-Seele, kein Scheinproblem. In H.-G. Gadamer & P. Vogler (Hrsg.), *Neue Anthropologie: Band 5. Psychologische Anthropologie* (S. 3-13). Stuttgart: Deutscher Taschenbuch Verlag.

Ferstl, R. & Niebel, G. (1983). Experimentelle Therapieforschung in der Psychosomatik. In W.-R. Minsel & R. Scheller (Hrsg.), *Brennpunkte der klinischen Psychologie: Band 6. Forschungskonzepte der klinischen Psychologie* (S. 103-123). München: Kösel.

Festinger, L. (1978). *Theorie der kognitiven Dissonanz*. Bern: Huber. (Original erschienen 1957: A theory of cognitive dissonance. Evanston, Ill: Row, Peterson.).

Festinger, L. & Carlsmith, J. M. (1959). Cognitive consequences of forced compliance. *Journal of Abnormal and Social Psychology, 58*, 203-210.

Festinger, L. & Walster, E. (1964). Post-decision regret and decision reversal. In L. Festinger (Ed.), *Conflict, decision, and dissonance* (pp. 100-110). Stanford, CA: University Press.

Feyerabend, P. K. (1976). *Wider den Methodenzwang*. Frankfurt am Main: Suhrkamp.

Fishbein, M. & Ajzen, I. (1975). *Belief, attitude, intention, and behavior*. Reading, MA: Addison-Wesley.

Fisher, R. A. (1956). *Statistical methods and scientific inference*. Edinburgh: Oliver & Boyd.

Fisher, R. A. & Yates, F. (1963). *Statistical tables for biological, agricultural and medical research* (6th ed.). Edinburgh: Oliver & Boyd.

Fisseni, H.-J. (1990). *Lehrbuch der psychologischen Diagnostik*. Göttingen: Hogrefe.

Fisseni, H.-J. (1998). *Persönlichkeitspsychologie: Auf der Suche nach einer Wissenschaft. Ein Theorienüberblick* (4. Aufl.). Göttingen: Hogrefe.

Fisz, M. (1970). *Wahrscheinlichkeitsrechnung und mathematische Statistik*. Berlin: Deutscher Verlag der Wissenschaften.

Flanagan, O. (1992). *Consciousness reconsidered*. Cambridge, MA: MIT Press.

Flohr, H. (1992). Qualia and brain processes. In A. Beckermann, H. Flohr & J. Kim (Eds.), *Emergence or Reduction?: Essays on the prospects of nonreductive physicalism* (pp. 220-238). Berlin: de Gruyter.

Flohr, H. (1996). Ignorabismus? In G. Roth & W. Prinz (Hrsg.), *Kopf-Arbeit* (S. 435-450). Heidelberg: Spektrum Akademischer Verlag.

Foddy, W. (1994). *Constructing questions for interviews and questionnaires: Theory and practice in social research*. Cambridge: University Press.

Fodor, J. (1968). *Psychological Explanation*. New York: Random House.

Fodor, J. (1974). Special sciences, or the disunity of science as a working hypothesis. *Synthese, 28*, 77-115.

Fodor, J. (1984). Observation reconsidered. *Philosophy of Science, 51*, 23-43.

Fodor, J. A. (1975). *The language of thought*. Cambridge, MA: Havard University Press.

Fodor, J. A. (1981). Das Leib-Seele-Problem. *Spektrum der Wissenschaft*, März, 27-37.

Fodor, J. A. (1991). You can fool some of the people all of the time, everything else being equal; hedged laws and psychological explanations. *Mind, 100*, 19-34.

Fodor, J. A. (1992). Making mind matter more. In B. Beakley & P. Ludlow (Eds.), *The philosophy of mind: Classical problems/contemporary issues* (pp. 151-166). Cambridge, MA: MIT Press.

Fodor, J. A. & Pylyshyn, Z. W. (1992). Connectionism and cognitive architecture: A critical analysis. In B. Beakley & P. Ludlow (Eds.), *The philosophy of mind: Classical problems/contemporary issues* (pp. 289-324). Cambridge, MA: MIT Press.

Fölsing, A. (1993). *Albert Einstein: Eine Biographie*. Frankfurt am Main: Suhrkamp.

Foppa, K. (1965). *Lernen, Gedächtnis, Verhalten: Ergebnisse und Probleme der Lernpsychologie*. Köln: Kiepenheuer & Witsch.

Fowler, R. L. (1987). A general method for comparing effect magnitudes in ANOVA Designs. *Educational and psychological measurement, 47*, 361-367.

Fraassen, B. C. van (1988). Die Pragmatik des Erklärens. In G. Schurz (Hrsg.), *Erklären und Verstehen in der Wissenschaft* (S. 31-89). München: Oldenbourg.

Francis, D. J., Fletcher, J. M., Stuebing, K. K., Davidson, K. C. & Thompson, N. M. (1991). Analysis of change: Modeling individual growth. *Journal of Consulting and Clinical Psycholoy, 59*, 27-37.

Franke, E. (1996). *Was ist Bewußtsein?* Berlin: Verlag für Wissenschaft und Bildung.

Fraunholz, W., Neunzig, W., Sorger, P., Tillmann, H. G., Weber, F., Winter, H. & Ziegler, T. (1971). *Funk-Kolleg Mathematik: Band 1. Eine Einführung*. Frankfurt am Main: Fischer Tachenbuch Verlag.

Freedman, D. & Lane, D. (1983a). A nonstochastic interpretation of reported significance levels. *Journal of Business & Economic Statistics, 1*, 292-298.

Freedman, D. & Lane, D. (1983b). Significance testing in a nonstochastic setting. In P. J. Bickel, K. Doksum & J. L. Hodges (Eds.), *A festschrift for Erich L. Lehmann: In honor of his sixth-fifth birthday* (pp. 185-208). Belmont, CA: Wadsworth.

Frey, D. (1981). *Informationssuche und Informationsbewertung bei Entscheidungen*. Bern: Huber.

Frey, D. (1984). Die Theorie der kognitiven Dissonanz. In D. Frey (Hrsg.), *Kognitive Theorien der Sozialpsychologie* (S. 243-292). Bern: Huber.

Frey, D. & Irle, M. (1972). Some conditions to produce a dissonance and an incentive effect in a „forced-compliance" situation. *European Journal of Social Psychology, 2*, 45-54.

Frey, D. & Irle, M. (1978). Einige Bedingungen zur Erzeugung eines Dissonanz- und eines Inzentiveffektes in einer Situation mit forcierter Zustimmung. In M. Irle (Hrsg.), *Kursus der Sozialpsychologie* (S. 307-317).

Frey, D., Irle, M., Möntmann, V., Kumpf, M., Ochsmann, R. & Sauer, C. (1982). Cognitive dissonance: experiments and theory. In M. Irle (Ed.), *Studies in decission making* (pp. 281-310). Berlin: de Gruyter.

Freytag-Löringhoff, B. v. (1955). *Logik: Ihr System und ihr Verhältnis zur Logistik* (4. Aufl.). Stuttgart: Kohlhammer.

Frick, R. W. (1996). The appropriate use of null hypothesis testing. *Psychological Methods, 1*, 379-390.

Frick, R. W. (1998). Interpreting statistical testing: Process and propensity, not population and random sampling. *Behavior Research Methods, Instruments and Computers, 30 (3)*, 527-535.

Fricke, R. & Treinies, G. (1985). *Einführung in die Metaanalyse*. Bern: Huber.

Friedman, M. (1988). Erklärung und wissenschaftliches Verstehen. In G. Schurz (Hrsg.), *Erklären und Verstehen in der Wissenschaft* (S. 171-191). München: Oldenbourg.

Friedrichs, J. (1985). *Methoden empirischer Sozialforschung* (13. Aufl.). Wiesbaden: Westdeutscher Verlag.

Frijda, N. H. & Swagerman, J. (1987). Can computers feel? Theory and design of an emotional system. *Cognition and Emotion, 1*, 235-257.

Funke, J. & Vaterrodt-Plünnecke, B. (1998). *Was ist Intelligenz?* München: Beck.

Gadenne, V. (1976). *Die Gültigkeit psychologischer Untersuchungen*. Stuttgart: Kohlhammer.

Gadenne, V. (1978). Ableitung und Prüfung psychologischer Theorien: Eine Analyse der kritisch-psychologischen Methodologie. *Zeitschrift für Sozialpsychologie, 9*, 66-77.

Gadenne, V. (1984). *Theorie und Erfahrung in der psychologischen Forschung*. Tübingen: Mohr.

Gadenne, V. (1992). Hypothesen, Erklärungen und Prognosen in der Psychologischen Diagnostik. In S. Jäger & F. Petermann (Hrsg.), *Psychologische Diagnostik* (2. Aufl., S. 335-344). Weinheim: Psychologie Verlags Union.

Gadenne, V. (1994a). Theoriebewertung. In T. Herrmann & W. H. Tack (Hrsg.), *Methodologische Grundlagen der Psychologie (Enzyklopädie der Psychologie, Serie Forschungsmethoden der Psychologie: Band 1)* (S. 389-427). Göttingen: Hogrefe.

Gadenne, V. (1994b). Theorien. In T. Herrmann & W. H. Tack (Hrsg.), *Methodologische Grundlagen der Psychologie (Enzyklopädie der Psychologie, Serie Forschungsmethoden der Psychologie, Band 1)* (S. 295-342). Göttingen: Hogrefe.

Gadenne, V. (1994c). Zurück zum Behaviorismus: Ein Kommentar zur Theodor Icklers Kritik an der mentalistischen Psychologie. *Sprache & Kognition, 13*, 113-117.

Gadenne, V. (1996). *Bewußtsein, Kognition und Gehirn: Einführung in die Psychologie des Bewußtseins*. Bern: Huber.

Gadenne, V. (1997a). Probleme der Handlungserklärung. Kommentar zum Beitrag von W. Greve: Erklären verstehen. Grenzen und Probleme nomologischer Handlungserklärungen. *Psychologische Beiträge, 39*, 503-506.

Gadenne, V. (1997b). Qualia ohne kausale Wirksamkeit. *Logos, 4*, 20-39.

Gadenne, V. (Hrsg.) (1998a). *Kritischer Rationalismus und Pragmatismus*. Amsterdam: Rodopi.

Gadenne, V. (1998b). Spielarten des Duhem-Quine-Problems. *LOGOS, 5*, 117-148.

Gadenne, V. & Oswald, M. E. (1991). *Kognition und Bewußtsein*. Berlin: Springer.

Gähde, U. (1996). Holism and the empirical claim of theory-nets. In W. Balzer & C. U. Moulines (Eds.), *Structuralist theory of science: focal issues, new results* (pp. 167-190). Berlin: de Gruyter.

Gaito, J. (1987). Confusion of empirical and statistical aspects that lead to controversy. *Bulletin of the Psychonomic Society, 25*, 283-285.

Gärdenfors, P. (1988). Die Epistemologie von Erklärungen. In G. Schurz (Hrsg.), *Erklären und Verstehen in der Wissenschaft* (S. 91-123). München: Oldenbourg.

Gardner, H. (1984). Piaget und Lévi-Strauss: Die Suche nach dem Geist. In G. Steiner (Hrsg.), *Entwicklungspsychologie. Band 1* (S. 74-85). Weinheim: Beltz.

Gemes, K. (1998). Hypothetico-deductivism: The current state of play; the criterion of empirical significance; end game. *Erkenntnis, 49*, 1-20.

Gergen, K. J. (1986a). Correspondence versus autonomy in the language of understanding human action. In D. W. Fiske & R. A. Shweder (Eds.), *Metatheory in social science* (pp. 136-162). Chicago: University of Chicago Press.

Gergen, K. J. (1986b). Elaborating the constructionist thesis. *American Psychologist, 41*, 481-482.

Gergen, K. J. (1999). *An invitation to social construction*. London: Sage.

Gerjets, P. (1995). *Zur Verknüpfung psychologischer Handlungs- und Kognitionstheorien*. Frankfurt am Main: Lang.

Gerjets, P., Heise, E., Graw, T. & Westermann, R. (1995). Verknüpfung psychologischer Handlungs- und Kognitionstheorien durch strukturalistische Bänder. In K. Pawlik (Hrsg.), *Bericht über den 39. Kongreß der Deutschen Gesellschaft für Psychologie in Hamburg 1994* (S. 575-581). Göttingen: Hogrefe.

Gerjets, P., Heise, E. & Westermann, R. (1996). Intertheoretische Bänder zwischen Rubikontheorie der Handlungsphasen und ACT*-Theorie. In E. H. Witte (Hrsg.), *Sozialpsychologie der Motivation und Emotion* (S. 84-112). Lengerich: Pabst.

Gerjets, P. & Westermann, R. (1997a). Theorien der kognitiven Psychologie und das Problem der Intentionalität. In R. H. Kluwe (Hrsg.), *Strukturen und Prozesse intelligenter Systeme* (S. 255-279). Wiesbaden: Deutscher Universitätsverlag.

Gerjets, P. & Westermann, R. (1997b). Zum Problem der Intentionalität in der kognitiven Psychologie. In H. Mandl (Hrsg.), *Bericht über den 40. Kongreß der Deutschen Gesellschaft für Psychologie in München 1996* (S. 631-638). Göttingen: Hogrefe.

Gerjets, P., Westermann, R. & Lütkemeier, E. (1994). Induktive Erwartungsbildung: Einflußfaktoren auf die Berechtigung empirischer Vermutungen über die Anwendbarkeit handlungsbezogener Theorien. *Sprache & Kognition, 13*, 52-64.

Gescheider, G. A. (1985). *Psychophysics: Method, theory, and application* (2nd ed.). Hillsdale, NJ: Erlbaum.

Ghiselli, E. E., Campbell, J. P. & Zedeck, S. (1981). *Measurement theory for the behavioral sciences*. San Francisco: Freeman.

Gholson, B. & Barker, P. (1985). Kuhn, Lakatos, and Laudan: Applications in the history of physics and psychology. *American Psychologist, 40*, 755-769.

Giere, R. N. (1994). The cognitive structure of scientific theories. *Philosophy of Science, 61*, 276-296.

Gigerenzer, G. (1981). *Messung und Modellbildung in der Psychologie*. München: Reinhardt.

Gigerenzer, G. (1988). Woher kommen Theorien über kognitive Prozesse? *Psychologische Rundschau, 39*, 91-100.

Gigerenzer, G. (1991). From tools to theories: A heuristic of discovery in cognitive psychology. *Psychological Review, 98*, 1-13.

Gigerenzer, G. (1993). The superego, the ego, and the id in statistical reasoning. In G. Keren & C. Lewis (Eds.), *A handbook for data analysis in the behavioral sciences: Methodological issues* (pp. 311-339). Hillsdale, NJ: Erlbaum.

Gigerenzer, G. & Hoffrage, U. (1995). How to improve Bayesian reasoning without instruction: Frequency formats. *Psychological Review, 102*, 684-704.

Glass, G. V., McGaw, B. & Smith, M. (1981). *Meta-analysis in social research*. Newbury Park, CA: Sage.

Golding, S. L. (1992). The adjucation of criminal responsibility: A review of theory and research. In D. K. Kagehiro & W. S. Laufer (Eds.), *Handbook of psychology and law* (pp. 230-250). Berlin: Springer.

Goldstein, E. B. (1997). *Wahrnehmungspsychologie*. Heidelberg: Spektrum Akademischer Verlag.

Gollwitzer, P. M. (1991). *Abwägen und Planen. Bewußtseinslagen in verschiedenen Handlungsphasen*. Göttingen: Hogrefe.

Gollwitzer, P. M. (1996). Das Rubikonmodell der Handlungsphasen. In J. Kuhl & H. Heckhausen (Hrsg.), *Motivation, Volition und Handlung (Enzyklopädie der Psychologie, Serie Motivation und Emotion, Band 4)* (S. 531-573). Göttingen: Hogrefe.

Good, P. (1994). *Permutation tests*. New York: Springer.

Goodman, N. (1973). *Fact, fiction and forecast* (3rd ed.). Indianapolis: Bobbs-Merril.

Gopnik, A. (1993). How we know our minds: The illusion of first-person knowledge of intentionality. *Behavioral and Brain Sciences, 16*, 1-14.

Gordon, I. E. (1989). *Theories of visual perception*. New York: Wiley.

Graumann, C. F. (1966). Nicht-sinnliche Bedingungen des Wahrnehmens. In W. Metzger (Hrsg.), *Wahrnehmung und Bewußtsein. (Handbuch der Psychologie, Band 1, 1. Halbband)* (S. 1031-1096). Göttingen: Hogrefe.

Graumann, H. M. (1982). Das Verstehen: Versuch einer historisch-kritischen Einleitung in die Phänomenologie des Verstehens. In H. Balmer (Hrsg.), *Geschichte der Psychologie: Band 1. Geistesgeschichtliche Grundlagen (Kindlers Psychologie des 20. Jahrhunderts, Band 1)* (S. 135-247). Weinheim: Beltz.

Greenwald, A. G., Pratkanis, A. R., Leippe, M. R. & Baumgardner, M. H. (1986). Under what conditions does theory obstruct research progress? *Psychological Review, 93*, 216-229.

Greenwald, A. G. & Ronis, D. L. (1978). Twenty years of cognitive dissonance: Case study of the evolution of a theory. *Psychological Review, 85*, 53-57.

Greenwood, J. D. (1994). *Realism, identity and emotion*. London: Sage.

Greve, W. (1994). *Handlungsklärung: Die psychologische Erklärung menschlicher Handlungen*. Bern: Huber.

Greve, W. (1997). Erklären verstehen. Grenzen und Probleme nomologischer Handlungserklärungen. *Psychologische Beiträge, 39*, 482-502.

Grewe, W. & Wentura, D. (1991). *Wissenschaftliche Beobachtung in der Psychologie: Eine Einführung*. München: Quintessenz.

Groeben, N. (1986). *Handeln, Tun, Verhalten als Einheiten einer verstehend-erklärenden Psychologie*. Tübingen : Francke.

Groeben, N. & Rustemeyer, R. (1994). On the integration of quantitative and qualitative methodological paradigms (Based on the example of content analysis). In I. Borg & P. P. Mohler (Eds.), *Trends and perspectives in empirical social research* (pp. 308-325). Berlin: de Gruyter.

Groeben, N. & Scheele, B. (1977). *Argumente für eine Psychologie des reflexiven Subjekts*. Darmstadt: Steinkopff.

Groeben, N. & Westmeyer, H. (1975). *Kriterien psychologischer Forschung*. München: Juventa.

Grünbaum, A. (1988). *Die Grundlagen der Psychoanalyse: Eine philosophische Kritik*. Stuttgart: Reclam.

Grünbaum, A. (1997). Psychoanalytic theory and therapy after 100 years, and its future. In H. Mandl (Hrsg.), *Bericht über den 40. Kongreß der Deutschen Gesellschaft für Psychologie in München 1996* (S. 59-71). Göttingen: Hogrefe.

Guthke, J., Böttcher, H. R. & Sprung, L. (Hrsg.) (1990). *Psychodiagnostik: Ein Lehr- und Arbeitsbuch für Psychologen sowie empirisch arbeitende Humanwissenschaftler. Band 1.* Berlin: Deutscher Verlag der Wissenschaften.

Habermas, J. (1975). *Erkenntnis und Interesse* (3. Aufl.). Frankfurt am Main: Suhrkamp.

Häcker, H. & Stapf, K. H. (Hrsg.) (1998). *Dorsch Psychologisches Wörterbuch* (13. Aufl.). Bern: Huber.

Hacker, W. (1997). *Allgemeine Arbeitspsychologie.* Bern: Huber.

Hacking, I. (1999). *Was heißt „soziale Konstruktion"? Zur Konjunktur einer Kampfvokabel in den Wissenschaften.* Frankfurt am Main: Fischer Taschenbuch.

Hagen, R. L. (1997). In praise of the null hypothesis statistical test. *American Psychologist, 52,* 15-24.

Hager, W. (1983a). Über univariate parametrische Maße der wissenschaftlichen Signifikanz. *Zeitschrift für Psychologie, 191,* 295-309.

Hager, W. (1983b). Zur statistischen Prüfung von Interaktionshypothesen. In G. Lüer (Hrsg.), *Bericht über den 33. Kongreß der Deutschen Gesellschaft für Psychologie in Mainz 1982: Band 1* (S. 197-201). Göttingen: Hogrefe.

Hager, W. (1984). Aspekte eines deduktiven Forschungsansatzes in der Empirischen Pädagogik: Fragen der Validität der Hypothesenableitung, der Untersuchungsplanung und der Hypothesenbeurteilung. *Zeitschrift für Empirische Pädagogik und Pädagogische Psychologie, 8,* 55-75.

Hager, W. (1987). Grundlagen einer Versuchsplanung zur Prüfung empirischer Hypothesen in der Psychologie. In G. Lüer (Hrsg.), *Allgemeine Experimentelle Psychologie* (S. 43-264). Stuttgart: Fischer.

Hager, W. (1992a). Eine Strategie zur Entscheidung über psychologische Hypothesen. *Psychologische Rundschau, 43,* 18-29.

Hager, W. (1992b). *Jenseits von Experiment und Quasi-Experiment. Zur Struktur psychologischer Versuche und zur Ableitung von Vorhersagen.* Göttingen: Hogrefe.

Hager, W. (1996a). On testing a priori hypotheses about quantitative and qualitative trends. *MPR-online, 1,* 1-26. <www.mpr.de>

Hager, W. (1996b). Zusammenhangs- und Unterschiedsmaße. In E. Erdfelder, R. Mausfeld, T. Meiser & G. Rudinger (Hrsg.), *Handbuch Quantitative Methoden* (S. 87-98). Weinheim: Psychologie Verlags Union.

Hager, W., Lübbeke, B. & Hübner, R. (1983). Verletzung der Annahmen bei Zwei-Stichproben-Lokationstests: Eine Übersicht über empirische Resultate. *Zeitschrift für experimentelle und angewandte Psychologie, 30,* 347-386.

Hager, W. & Möller, H. (1986). Tables and procedures for the determination of power and sample sizes in univariate and multivariate analyses of variance and regression. *Biometrical Journal, 28,* 647-663.

Hager, W., Patry, J.-L. & Brezing, H. (Hrsg.) (2000). *Evaluation psychologischer Interventionsmaßnahmen: Standards und Kriterien: ein Handbuch.* Göttingen: Hogrefe.

Hager, W. & Spies, K. (1991). *Versuchsdurchführung und Versuchsbericht.* Göttingen: Hogrefe.

Hager, W. & Westermann, R. (1982). Die Elle - 10 Jahre danach. *Zeitschrift für Sozialpsychologie, 13,* 250-252.

Hager, W. & Westermann, R. (1983a). Planung und Auswertung von Experimenten. In J. Bredenkamp & H. Feger (Hrsg.), *Hypothesenprüfung. (Enzyklopädie der Psychologie, Serie Forschungsmethoden der Psychologie, Band 5.)* (S. 24-238). Göttingen: Hogrefe.

Hager, W. & Westermann, R. (1983b). Ordinality and disordinality of first-order interaction in ANOVA. *Archiv für Psychologie, 135*, 341-359.

Hager, W. & Westermann, R. (1983c). Zur Wahl und Prüfung statistischer Hypothesen in psychologischen Untersuchungen. *Zeitschrift für experimentelle und angewandte Psychologie, 30*, 67-94.

Hager, W. & Westermann, R. (1984). Statistische Validität in Meßwiederholungs- und randomisierten Blockplänen. *Zeitschrift für Psychologie, 192*, 281-306.

Hagen, R. L. (1997). In praise of the null hypothesis statistical test. *American Psychologist, 52*, 15-24.

Halisch, F. (1990). Beobachtungslernen und die Wirkung von Vorbildern. In H. Spada (Hrsg.), *Allgemeine Psychologie* (S. 373-402). Bern: Huber.

Hanson, N. R. (1958). *Patterns of discovery. An inquiry into the conceptual foundations of science*. London: Cambridge University Press.

Harlow, L. L., Mulaik, S. A. & Steiger, J. H. (Eds.) (1997). *What if there were no significance tests?* Mahwah, NJ: Erlbaum.

Harmon-Jones, E. & Mills, J. (Eds.) (1999). *Cognitive dissonance: Progress on a pivotal theory in social psychology*. Washington: American Psychological Association.

Harré, R. (1986). *Varieties of realism*. Oxford: Basil Blackwell.

Harrington, A. (1999). Some problems with Gadamer's and Habermas' dialogical model of sociological understanding. *Journal of the Theory of Social Behaviour, 29*, 371-384.

Harris, M. J. & Rosenthal, R. (1985). Mediation of interpersonal expectancy effects: 31 Meta-analyses. *Psychological Bulletin, 97*, 363-386.

Harrison, R. V. (1978). Person-environment fit and job stress. In C. L. Cooper & R. Payne (Eds.), *Stress at work* (pp. 175-205). New York: Wiley.

Hartmann, D. (1998). *Philosophische Grundlagen der Psychologie*. Darmstadt: Wissenschaftliche Buchgesellschaft.

Hastedt, H. (1989). *Das Leib-Seele-Problem: zwischen Naturwissenschaft des Geistes und kultureller Eindimensionalität* (2. Aufl.). Frankfurt am Main: Suhrkamp.

Hauser, L. (1997). Searle's Chinese box: Debunking the Chinese room argument. *Minds and Machines, 7*, (199-226).

Hautzinger, M. (1996). Verhaltens- und Problemanalyse. In M. Linden & M. Hautzinger (Hrsg.), *Verhaltenstherapie: Techniken, Einzelverfahren und Behandlungsanleitungen* (S. 36-41). Berlin: Springer.

Hays, W. L. (1963). *Statistics* (3rd ed.). New York: Holt, Rinehart and Winston.

Hays, W. L. (1994). *Statistics* (5th ed.). Fort Worth: Harcourt Brace College Publishers.

Hebb, D. O. (1949). *The organization of behavior*. New York: Wiley.

Heckhausen, H. (1969). *Allgemeine Psychologie in Experimenten*. Göttingen: Hogrefe.

Heckhausen, H. (1980). *Motivation und Handeln*. Berlin: Springer.

Heckhausen, H. (1989). *Motivation und Handeln* (2. Aufl.). Berlin: Springer.

Hedges, L. V. & Olkin, I. (1985). *Statistical methods for meta-analysis*. Orlando, FL: Academic Press.

Heerman, E. F. & Braskamp, L. A. (Eds.) (1970). *Readings in statistics for the behavioral sciences*. Englewood Cliffs, NJ: Prentice-Hall.

Heinen, J. R. K. (1980). Psychological theory: Evaluation and speculation. *Journal of Psychology, 106*, 287-301.

Heise, E. (1991). *Strukturalistische Rekonstruktion der ACT*-Theorie von Anderson*. Frankfurt am Main: Lang.

Heise, E. (1992). Anderson's ACT*-Theory applied to skill acquisiton: From the theoretical framework to empirical content. In H. Westmeyer (Ed.), *The structuralist program in psychology: Foundations and applications* (pp. 87-103). Seattle: Hogrefe & Huber.

Heise, E. (1993). Zum empirischen Gehalt von Andersons ACT*-Theorie: Ergebnisse einer strukturalistischen Analyse. *Kognitionswissenschaft, 3*, 107-116.

Heise, E. (1998). *Volitionale Handlungskontrolle: Theoretische und empirische Analysen auf strukturalistischer Basis*. Münster: Waxmann.

Heise, E. (1999). Handlungsphasentheorie und Handlungskontrolltheorie: Konzeptuelle Äquivalenzen und Differenzierungen. In W. Hacker & M. Rinck (Hrsg.), *Bericht über den 41. Kongreß der Deutschen Gesellschaft für Psychologie in Dresden 1998* (S. 274-287). Lengerich: Papst.

Heise, E., Gerjets, P. & Westermann, R. (1994). Idealized action phases: A concise rubicon theory. In M. Kuokkanen (Ed.), *Idealization VII: Structuralism, idealization and approximation* (pp. 141-158). Amsterdam: Rodopi.

Heise, E. & Westermann, R. (1989). Anderson's theory of cognitive architecture (ACT*): Towards a structuralist reconstruction of some important theory-elements. In H. Westmeyer (Ed.), *Psychological theories from a structuralist point of view* (pp. 103-127). Berlin: Springer.

Hempel, C. G. (1958). The theoretician's dilemma: A study in the logic of theory construction. In H. Feigl, M. Scriven & H. Maxwell (Eds.), *Minnesota studies in the philosophy of science: Vol. 2. Scientific explanation, space, and time* (pp. 37-98). Minneapolis: University of Minnesota Press.

Hempel, C. G. (1962). Deductive-nomological versus statistical explanation. In H.Feigl & G.Maxwell (Eds.), *Minnesota studies in the philosophy of science, Vol.3* . Minneapolis.

Hempel, C. G. (1965). *Aspects of scientific explanation and other essays in the philosophy of science*. New York: Free Press.

Hempel, C. G. (1970). On the „standard conception" of scientific theories. In M. Radner & S. Winokur (Eds.), *Minnesota studies in the philosophy of science: Vol.4. Analyses of theories and methods of physics and psychology* (pp. 142-163). Minneapolis: University of Minnesota Press.

Hempel, C. G. (1972). Wissenschaftliche und historische Erklärungen. In H. Albert (Hrsg.), *Theorie und Realität* (S. 237-261). Tübingen: Mohr.

Hempel, C. G. (1974). *Grundzüge der Begriffsbildung in der empirischen Wissenschaft*. Düsseldorf: Bertelsmann Universitätsverlag.

Hempel, C. G. & Oppenheim, P. (1948). Studies in the logic of explanation. *Philosophy of Science, 15*, 135-175.

Herrmann, T. (1973). *Persönlichkeitsmerkmale: Bestimmung und Verwendung in der psychologischen Wissenschaft*. Stuttgart: Kohlhammer.

Herrmann, T. (1976). *Die Psychologie und ihre Forschungsprogramme*. Göttingen: Hogrefe.

Herrmann, T. (1983). Nützliche Fiktionen: Anmerkungen zur Funktion kognitionspsychologischer Theoriebildungen. *Sprache & Kognition, 2*, 88-99.

Herrmann, T. (1984). Methoden als Problemlösungsmittel. In E. Roth (Hrsg.), *Sozialwissenschaftliche Methoden* (S. 18-46). München: Oldenbourg.

Herrmann, T. (1987). Was ist das „Psychologische" an psychologischen Theorien? In M. Amelang (Hrsg.), *Bericht über den 35. Kongreß der Deutschen Gesellschaft für Psychologie in Heidelberg 1986: Band 2* (S. 159-168). Göttingen: Hogrefe.

Herrmann, T. (1994). Forschungsprogramme. In T. Herrmann & W. H. Tack (Hrsg.), *Methodologische Grundlagen der Psychologie (Enzyklopädie der Psychologie, Serie Forschungsmethoden der Psychologie, Band 1)* (S. 251-294). Göttingen: Hogrefe.

Herzog, W. (1984). *Modell und Theorie in der Psychologie*. Göttingen: Hogrefe.

Heyes, C. M. (1998). Theory of mind in nonhuman primates. *Behavioral and Brain Sciences, 21*, 101-148.

Hiebsch, H. (1977). *Wissenschaftspsychologie - Psychologische Fragen der Wissenschaftsorganisation*. Berlin: Deutscher Verlag der Wissenschaften.

Hilbert, D. & Ackermann, W. (1967). *Grundzüge der theoretischen Logik* (5. Aufl.). Berlin: Springer.

Hofstätter, P. R. (1957). *Psychologie (Fischer Lexikon)*. Frankfurt am Main: Fischer Taschenbuch.

Höger, R. (1992). Chaos-Forschung und ihre Perspektiven für die Psychologie. *Psychologische Rundschau, 43*, 223-231.

Holland, J. H., Holyoak, K. J., Nisbett, R. E. & Thagard, P. R. (1986). *Induction: Processes of inference, learning, and discovery*. Cambridge, MA: MIT-Press.

Holland, P. W. (1986). Statistics and causal inference. *Journal of the American Statistical Association, 81*, 945-960.

Holland, P. W. (1993). Which comes first, cause or effect? In G. Keren & C. Lewis (Eds.), *Data analysis in the behavioral sciences: Methodological issues* (pp. 273-282). Hillsdale, NJ: Erlbaum.

Holzkamp, K. (1964). *Theorie und Experiment in der Psychologie*. Berlin: de Gruyter.

Holzkamp, K. (1968). *Wissenschaft als Handlung*. Berlin: de Gruyter.

Holzkamp, K. (1972). *Kritische Psychologie: Vorbereitende Arbeiten*. Frankfurt am Main: Fischer Taschenbuch Verlag.

Holzkamp, K. (1983). *Grundlegung der Psychologie*. Frankfurt am Main: Campus.

Horgan, T. (1993). From supervenience to superdupervenience: Meeting the demands of a material world. *Mind, 102*, 555-586.

Hörhold, M. (1998). Die Analyse psychophysiologischer Kopplungs-Entkopplungs-Prozesse: Kritische Anmerkungen und alternative Strategien. *Psychologische Rundschau, 49*, 2-9.

Hösle, V. (1999). *Die Philosophie und die Wissenschaften*. München: Beck.

Hovland, C. I., Janis, I. L. & Kelley, H. H. (1953). *Communication and persuasion*. New Haven: Yale University Press.

Hoyningen-Huene, P. (1989). *Die Wissenschaftsphilosophie Thomas S. Kuhns*. Wiesbaden: Vieweg.

Huber, O. (1995). *Das psychologische Experiment* (2. Aufl.). Bern: Huber.

Huberty, C. J. (1993). Historical origins of statistical testing practices: The treatment of Fisher versus Neyman-Pearson views in textbooks. *Journal of Experimental Education, 61*, 317-333.

Hunt, S. M. J. (1994). MacProbe: A Macintosh-based experimenter's workstation for the cognitive sciences. *Behavior Research Methods, Instruments, and Computers, 26*, 345-351.

Hussy, W. & Möller, H. (1994). Hypothesen. In T. Herrmann & W. H. Tack (Hrsg.), *Methodologische Grundlagen der Psychologie (Enzyklopädie der Psychologie, Serie Forschungsmethoden der Psychologie, Band 1)* (S. 475-507). Göttingen: Hogrefe.

Ickler, T. (1994). Skinner und „Skinner": Ein Theorien-Vergleich. *Sprache & Kognition, 13*, 221-229.

Irle, M. (1975). *Lehrbuch der Sozialpsychologie*. Göttingen: Hogrefe.

Irle, M. & Möntmann, V. (1978). Die Theorie der kognitiven Dissonanz: Ein Resümee ihrer theoretischen Entwicklung und empirischen Ergebnisse 1957-1976. In M. Irle & V. Möntmann (Hrsg.), *L. Festinger, Theorie der kognitiven Dissonanz* (S. 274-413). Bern: Huber.

Irtel, H. (1993a). Eine Sammlung rechnergesteuerter Experimente für das Experimentalpsychologische Praktikum. *Psychologische Rundschau, 44*, 257-258.

Irtel, H. (1993b). *Experimentalpsychologisches Praktikum*. Berlin: Springer.

Iseler, A. (1996). A paradoxical property of aggregate hypotheses referring to the order of medians. *Methods of Psychological Research Online, 1*, 27-44. <www.mpr.de>

Iseler, A. (1997). Populationsverteilungen von Merkmalen und Geltungsbereiche individuenbezogener Aussagen als Gegenstand der Inferenzstatistik in psychologischen Untersuchungen. In H. Mandl (Hrsg.), *Bericht über den 40. Kongreß der Deutschen Gesellschaft für Psychologie in München 1996* (S. 699-707). Göttingen: Hogrefe.

Ito, M. (Ed.) (1997). *Cognition, computation, and consciousness*. Oxford: Oxford UP.

Jaccard, J. (1998). *Interaction effects in factorial analysis of variance*. London: Sage.

Jackson, F. (1982). Epiphenomenal qualia. *Philosophical Quarterly, 32*, 127-136.

Jäger, A. O. (1984). Intelligenzstrukturforschung: Konkurrierende Modelle, neue Entwicklungen, Perspektiven. *Psychologische Rundschau, 35*, 21-35.

Jambu, M. (1992). *Explorative Datenanalyse*. Stuttgart: Fischer.

James, W. (1994). *Was ist Pragmatismus?* Weinheim: Beltz.

Janssen, J. & Laatz, W. (1999). *Statistische Datenanalyse mit SPSS für Windows* (3. Aufl.). Berlin: Springer.

Johansson, I. (1980). Ceteris paribus clauses, closure clauses and falsifiability. *Zeitschrift für allgemeine Wissenschaftstheorie, 11*, 16-22.

Jöreskog, K. G. & Sörbom, D. (1993). *LISREL 8: Structural equation modeling with the SIMPLIS command language*. Hillsdale, NJ: Erlbaum.

Jorgensen, R. S., Johnson, B. T., Kolodziej, M. E. & Schreer, G. E. (1996). Elevated blood pressure and personality: A meta-analytic review. *Psychological Bulletin, 120*, 293-320.

Judd, C. M. & McClelland, G. H. (1989). *Data analysis: A model comparison approach*. San Diego: Harcourt, Brace, Jovanovich.

Judd, C. M., McClelland, G. H. & Culhane, S. E. (1995). Data analysis: Continuing issues in the everyday analysis of psychological data. *Annual Review of Psychology, 46*, 433-465.

Jungermann, H., Pfister, H.-R. & Fischer, K. (1998). *Die Psychologie der Entscheidung*. Heidelberg: Spektrum.

Kamlah, A. (1980). Wie arbeitet die analytische Wissenschaftstheorie? *Zeitschrift für allgemeine Wissenschaftstheorie, 11*, 23-44.

Kebeck, G. (1994). *Wahrnehmung*. Weinheim: Juventa.

Kenny, D. A. & Judd, C. M. (1986). Consequences of violating the independence assumption in analysis of variance. *Psychological Bulletin, 99*, 422-431.

Keppel, G. (1991). *Design and analysis: A researcher's handbook* (3rd ed.). Englewood Cliffs, NJ: Prentice Hall.

Keren, G. (1993). Between- or within- subjects design: A methodological dilemma. In G. Keren & C. Lewis (Eds.), *Data analysis in the behavioral sciences: Methodological issues* (pp. 257-272). Hillsdale, NJ: Erlbaum.

Kerlinger, F. N. (1978). *Grundlagen der Sozialwissenschaften: Band 1*. Weinheim: Beltz.

Kerlinger, F. N. (1979). *Grundlagen der Sozialwissenschaften: Band 2*. Weinheim: Beltz.

Keselman, H. J., Cribbie, R. & Holland, B. (1999). The pairwise multiple comparison multiplicity problem: An alternative approach to familywise and comperisonwise type I error control. *Psychological Methods, 4*, 58-69.

Keupp, H. (1997). Diskursarena Identität: Lernprozesse in der Identitätsforschung. In H. Keupp & R. Höfer (Hrsg.), *Identitätsarbeit heute: klassische und aktuelle Perspektiven der Identitätsforschung* (S. 11-39). Frankfurt am Main: Suhrkamp.

Kim, J. (1996). *Philosophy of Mind*. Boulder: Westview Press.

Kim, J. (1997a). Does the problem of mental causation generalize? *Proceedings of the Aristotelian society, 97*, 281-297.

Kim, J. (1997b). Supervenience, emergence, and realization in the philosophy of mind. In M. Carrier & P. K. Machamer (Eds.), *Mindscapes: philosophy, science, and the mind* (pp. 271-293). Konstanz: Universitätsverlag Konstanz.

Kim, J. (1998a). *Mind in a physical world: An essay on the mind-body problem and mental causation*. Cambridge, MA: MIT Press.

Kim, J. (1998b). *Philosophie des Geistes*. Wien: Springer.

Kirk, R. E. (1995). *Experimental design: Procedures for the behavioral sciences* (3nd ed.). Monterey, CA: Brooks/Cole.

Kirk, R. (1996). Practical significance: A concept whose time has come. *Educational and Psychological Measurement, 56*, 746-759.

Kistler, M. (1998). Reducing causality to transmission. *Erkenntnis, 48*, 1-24.

Klahr, D. & Simon, H. A. (1999). Studies of scientific discovery: Complementary approaches and convergent findings. *Psychological Bulletin, 125 (5)*, 524-543.

Klauer, K. J. (1993). Über die Auswirkungen eines Trainings zum induktiven Denken auf zentrale Komponenten der Fremdsprachenlernfähigkeit. *Zeitschrift für Pädagogische Psychologie, 7*, 1-9.

Kline, P. (1986). *A handbook of test construction*. London: Methuen.

Klix, F. (1971). *Information und Verhalten*. Berlin: Deutscher Verlag der Wissenschaften.

Knorr Cetina, K. (1988). Laboratorien: Instrumente der Weltkonstruktion. In P. Hoyningen-Huene & G. Hirsch (Hrsg.), *Wozu Wissenschaftsphilosophie?* (S. 315-344). Berlin: de Gruyter.

Koeck, R. (1977). Grenzen von Falsifikation und Exhaustion - der Fall der Frustrations-Aggressions-Theorie. *Psychologische Beiträge, 19*, 391-419.

Kondakow, N. I. (1978). *Wörterbuch der Logik*. Leipzig: Bibliographisches Institut.

Konrad, K. (1999). *Mündliche und schriftliche Befragung: Voraussetzung, Gestaltung und Durchführung*. Landau: Verlag Empirische Pädagogik.

Kornhuber, H. H. (1993). Prefrontal cortex and homo sapies: On creativity and reasoned will. *Neurology, Psychiatry and Brain Research, 2*, 1-6.

Kraiker, C. (1977). Behavioural analysis and the structural view of scientific theories. *European Journal of Behavioural Analysis and Modification, 4*, 203-213.

Kraiker, C. (1980). *Psychoanalyse, Behaviorismus, Handlungstheorie. Theorienkonflikte in der Psychologie*. München: Kindler.

Krantz, D. H., Luce, R. D., Suppes, P. & Tversky, A. (1971). *Foundations of measurement: Vol. I. Additive and polynomial representations*. New York: Academic Press.

Krause, B. (1990). Models for inductive reasoning. *Zeitschrift für Psychologie, 198*, 405-415.

Krause, M. S. (1972). An analysis of Festinger's cognitive dissonance theory. *Philosophy of Science, 39*, 32-50.

Krauth, J. (1983). The present state in the measurement of success and change. In G. Lüer (Hrsg.), *Bericht über den 33. Kongreß der Deutschen Gesellschaft für Psychologie in Mainz 1982: Band 2* (S. 769-776). Göttingen: Hogrefe.

Krauth, J. (1986a). Probleme bei der Auswertung von Einzelfallstudien. *Diagnostica, 32*, 17-29.

Krauth, J. (1986b). Zur Verwendbarkeit statistischer Entscheidungsverfahren in der Psychologie: Ein Kommentar zu Leiser. *Zeitschrift für Sozialpsychologie, 17*, 190-199.

Kreiser, L., Gottwald, S. & Stelzner, W. (Hrsg.) (1990). *Nichtklassische Logik: Eine Einführung* (2. Aufl.). Berlin: Akademie-Verlag.

Kreyszig, E. (1968). *Statistische Methoden und ihre Anwendungen* (3. Aufl.). Göttingen: Vandenhoek & Ruprecht.

Kriz, J. (1983). *Statistik in den Sozialwissenschaften* (4. Aufl.). Wiesbaden: Westdeutscher Verlag.

Kriz, J., Lück, H. E. & Heidbrink, H. (1990). *Wissenschafts- und Erkenntnistheorie. Eine Einführung für Psychologen und Humanwissenschaftler* (2. Aufl.). Opladen: Leske & Budrich.

Kruglanski, A. W. (1976). On the paradigmatic objections to experimental psychology: A reply to Gaulin and Snyle. *American Psychologist, 31*, 655-663.

Kruse, M. (1997). Variation and the accuracy of predictions. *British Journal for the Philosophy of Science, 48*, 181-193.

Kruse, P. & Stadler, M. (1987). Radikaler Konstruktivismus - psychologische Überlegungen zu einem philosophischen Zweifel. In M. Amelang (Hrsg.), *Bericht über den 35. Kongreß der Deutschen Gesellschaft für Psychologie in Heidelberg 1986: Band 2* (S. 199-210). Göttingen: Hogrefe.

Kuhlmei, E. (1993). Einflüsse von sozialer Kontrolle und Umweltanreicherung auf kreative Leistungen. *Zeitschrift für experimentelle und angewandte Psychologie*, 133-153.

Kuhn, T. S. (1974). Logik der Forschung oder Psychologie der wissenschaftlichen Arbeit? In I. Lakatos & A. Musgrave (Hrsg.), *Kritik und Erkenntnisfortschritt* (S. 1-24). Braunschweig: Vieweg.

Kuhn, T. S. (1977a). *Die Entstehung des Neuen. Studien zur Struktur der Wissenschaftsgeschichte (Hrsg. von Lorenz Krüger)*. Frankfurt am Main: Suhrkamp.

Kuhn, T. S. (1977b). Second thoughts on paradigms. In F. Suppe (Ed.), *The structure of scientific theories* (2nd ed., pp. 459-482). Urbana: University of Illinois Press.

Kuhn, T. S. (1981). *Die Struktur wissenschaftlicher Revolutionen* (5. Aufl.). Frankfurt am Main: Suhrkamp (Original erschienen 1970: The structure of scientific revolutions).

Kuhn, T. S. (1983). Rationality and theory choice. *Journal of Philosophy, 80*, 563-570.

Kuipers, T. A. (1996). Truth approximation by the hypothetico-deductive method. In W. Balzer & C. U. Moulines (Eds.), *Structuralist theory of science: focal issues, new results* (pp. 83-113). Berlin: de Gruyter.

Kukla, A. (1989). Nonempirical issues in psychology. *American Psychologist, 44*, 785-794.

Kunzmann, P., Burkard, F.-P. & Wiedmann, F. (1991). *dtv-Atlas zur Philosophie*. München: Deutscher Taschenbuch Verlag.

Kutschera, F. v. (1972a, b). *Wissenschaftstheorie: Bände I und II*. München: Fink.

Kutschera, F. v. & Breitkopf, A. (1992). *Einführung in die moderne Logik* (6. Aufl.). München: Alber.

Lachman, R., Lachman, J. L. & Butterfield, E. C. (1979). *Cognitive psychology and information processing: An introduction*. Hillsdale, NJ: Erlbaum.

Lahav, R. (1993). What neuropsychology tells us about consciousness. *Philosophy of Science, 60*, 67-85.

Lakatos, I. (1974a). Die Geschichte der Wissenschaft und ihre rationalen Rekonstruktionen. In I. Lakatos & A. Musgrave (Hrsg.), *Kritik und Erkenntnisfortschritt* (S. 271-311). Braunschweig: Vieweg.

Lakatos, I. (1974b). Falsifikation und die Methodologie wissenschaftlicher Forschungsprogramme. In I. Lakatos & A. Musgrave (Hrsg.), *Kritik und Erkenntnisfortschritt* (S. 89-189). Braunschweig: Vieweg.

Lakatos, I. (1982). *Mathematik, empirische Wissenschaft und Erkenntnistheorie (Philosophische Schriften, Band 2)*. Braunschweig: Vieweg.

Lander, H. J. (1993). Hermann Ebbinghaus - ein Pionier der experimentellen Psychologie. In H. E. Lück & R. Miller (Hrsg.), *Illustrierte Geschichte der Psychologie* (S. 47-49). München: Quintessenz.

Langley, P. A., Simon, H. A., Bradshaw, G. L. & Zytkow, J. M. (1987). *Scientific discovery: Computational explorations of the creative processes*. Cambridge, MA: MIT Press.

Lass, U., Lüer, G. & Ulrich, M. (1987). Lernen und Gedächtnis: Codierung und Organisation im Gedächtnis. In G. Lüer (Hrsg.), *Allgemeine Experimentelle Psychologie* (S. 309-370). Stuttgart: Fischer.

Laudan, L. (1981). A confutation of convergent realism. *Philosophy of Science, 48*, 19-49.

Lauth, B. (1999). Menschliches Handeln unter Naturgesetzen: Ein stochastisches Konzept der Supervenienz. *Philosophia naturalis, 36*, 219-235.

Leinfellner, W. (1967). *Einführung in die Erkenntnis- und Wissenschaftstheorie* (2. Aufl.). Mannheim: Bibliographisches Institut.

Leiser, E. (1986). Statistisches Schließen und wissenschaftliche Erkenntnis: Gesichtspunkte für eine Kritik und Neubestimmung. *Zeitschrift für Sozialpsychologie, 17*, 146-159.

Lenk, H. (1975). *Pragmatische Philosophie. Plädoyer und Beispiele für eine praxisnahe Philosophie und Wissenschaftstheorie*. Hamburg: Hoffmann und Campe.

Lenk, H. (1978). Handlung als Interpretationskonstrukt. In H. Lenk (Hrsg.), *Handlungstheorien - interdisziplinär: Band 2, 1. Halbband* (S. 279-350). München: Fink.

Lenk, H. (1979). Zu ethischen Fragen des Humanexperiments. In H. Lenk (Hrsg.), *Pragmatische Vernunft* (S. 50-76). Stuttgart: Reclam.

Lenk, H. & Marsal, E. (1995). Interpretationskonstrukte in der Psychologie: Methodologisches zur Orientierung der Psychologie an wissenschafts- und erkenntnistheoretischen Modellvorstellungen. In K. Pawlik (Hrsg.), *Bericht über den 39. Kongreß der Deutschen Gesellschaft für Psychologie in Hamburg 1994* (S. 207-227). Göttingen: Hogrefe.

Lenzen, W. (1974). *Theorien der Bestätigung wissenschaftlicher Hypothesen*. Stuttgart: Frommann-Holzboog.

Leventhal, L. & Huynh, C.-L. (1996). Directional decisions for two-tailed tests: Power, error rates, and sample size. *Psychological Methods, 1*, 278-292.

Levine, G. & Parkinson, S. (1994). *Experimental methods in psychology*. Hillsdale, NJ: Erlbaum.

Lewin, M. (1986). *Psychologische Forschung im Umriß*. Berlin: Springer.

Lewis, C. (1993). Analyzing means from repeated measures data. In G. Keren & C. Lewis (Eds.), *A handbook for data analysis in the behavioral sciences: Statistical issues* (pp. 73-94). Hillsdale, NJ: Lawrence Erlbaum Associates.

Libet, B. (1985). Unconscious cerebral initiative and the role of conscious will in voluntary action. *The Behavioral and Brain Sciences, 8*, 529-566.

Libet, B., Freeman, A. & Sutherland, K. (Eds.) (1999). The volitional brain: Towards a neuroscience of free will (Special Issue). *Journal of consciousness studies, 6,* 8-9.

Libet, B., Gleason, C. A., Wright, E. W. & Pearl, D. K. (1983). Time of conscious intention to act in relation to onset of cerebral activity (readiness-potential). *Brain, 106*, 623-642.

Lienert, G. A. & Raatz, U. (1998). *Testaufbau und Testanalyse* (6. Aufl.). Weinheim: Psychologie Verlags Union.

Lillard, A. (1998). Ethnopsychologies: Cultural variations in theories of mind. *Psychological Bulletin, 123*, 3-32.

Lisch, R. & Kriz, J. (1978). *Grundlagen und Modelle der Inhaltsanalyse*. Reinbek: Rowohlt.

Loftus, G. R. (1993). Computer simulation: Some remarks on theory in psychology. In G. Keren & C. Lewis (Eds.), *A handbook for data analysis in the behavioral sciences: Statistical issues* (pp. 477-491). Hillsdale, NJ: Lawrence Erlbaum Associates.

Looren de Jong, H. (1997). Some remarks on an relational concept of mind. *Theory & Psychology, 7*, 147-172.

Lück, H. E. (1996). *Geschichte der Psychologie* (2. Aufl.). Stuttgart: Kohlhammer.

Lüer, G. (Hrsg.) (1987). *Allgemeine Experimentelle Psychologie*. Stuttgart: Fischer.

Lüer, G. & Spada, H. (1990). Denken und Problemlösen. In H. Spada (Hrsg.), *Allgemeine Psychologie* (S. 189-280). Bern: Huber.

Lycan, W. G. (Ed.) (1990). *Mind and cognition*. Oxford: Basil Blackwell.

MacBurney, D. H. & Middleton, P. (1994). *Research methods* (3rd ed.). Pacific Grove, CA: Brooks/Cole.

MacKay, D. G. (1993). The theoretical epistemology: A new perspective on some long-standing methological issues in psychology. In G. Keren & C. Lewis (Eds.), *Data analysis in the behavioral sciences: Methodological issues* (pp. 229-255). Hillsdale, NJ: Erlbaum.

Mackie, J. L. (1974). *The cement of universe: A study of causation*. Oxford: Clarendon.

Macnamara, J., Govitrikar, V. P. & Doan, B. (1988). Actions, laws, and scientific psychology. *Cognition, 29*, 1-27.

Madsen, K. B. (1974). *Modern theories of motivation*. Copenhagen: Munksgaard.

Madsen, K. B. (1988). *A history of psychology in metascientific perspective*. Amsterdam: North Holland.

Magnusson, D., Bergman, L., Rudinger, G. & Torestad, B. (1991). *Problems and methods in longitudinal research*. Cambridge: University Press.

Magnusson, D. & Endler, N. S. (1977). Interactional psychology: Present status and future prospects. In D. Magnusson & N. S. Endler (Eds.), *Personality at the crossroads: Current trends in interactional psychology* (pp. 3-35). Hillsdale, N.J.: Erlbaum.

Mandl, H., Friedrich, H. F. & Hron, A. (1988). Theoretische Ansätze zum Wissenserwerb. In H. Mandl & H. Spada (Hrsg.), *Wissenspsychologie* (S. 123-160). Weinheim: Psychologie Verlags Union.

Mandler, G. (1997). What is it that consciousness lets us do that we could not do otherwise? In H. Mandl (Hrsg.), *Bericht über den 40. Kongreß der Deutschen Gesellschaft für Psychologie in München 1996* (S. 81-84). Göttingen: Hogrefe.

Manhart, K. (1994). Strukturalistische Theorienkonzeption in den Sozialwissenschaften: Das Beispiel der Theorie vom transitiven Graphen. *Zeitschrift für Soziologie, 23*, 111-128.

Manhart, K. (1995). Forschungsprogramm und Evolution der Balancetheorien: Eine diachrone Theorienanalyse auf Basis der strukturalistischen Wissenschaftstheorie. *Zeitschrift für Sozialpsychologie, 26*, 194-220.

Manicas, P. T. (1997). Explanation, understanding and typical action. *Journal for the Theory of Social Behaviour, 27*, 193-212.

Manicas, P. T. & Rosenberg, A. (1988). The sociology of scientific knowledge: Can we ever get it straight? *Journal for the Theory of Social Behaviour, 18*, 51-76.

Manicas, P. T. & Secord, P. F. (1983). Implications for psychology of the new philosophy of science. *American Psychologist, 38*, 399-413.

Marascuilo, L. A. & McSweeney, M. (1977). *Nonparametric and distribution-free methods for the social sciences*. Monterey, CA: Brooks/Cole.

Markl, P. (1987). Evolutionäre Erkenntnistheorie bei Karl Popper. In R.Riedl & E. M. Bonet (Hrsg.), *Die Entwicklung der Evolutionären Erkenntnistheorie* (S. 33-45). Wien: Verlag der Österreichischen Staatsdruckerei.

Martin, R. (1995). Causation and intentionalist explanations in history. In H. Stachowiak (Hrsg.), *Pragmatik: Handbuch pragmatischen Denkens, Bd. 5, Pragmatische Tendenzen in der Wissenschaftstheorie* (S. 370-402). Hamburg: Meiner.

Maslow, A. H. (1970). *Motivation and personality* (2nd ed.). New York: Harper & Row.

McClelland, G. H. (1997). Optimal design in psychological research. *Psychological Methods, 2*, 3-19.

McDonough, R. (1997). The concept of organism and the concept of mind. *Theory & Psychology, 7*, 579-604.

McGuigan, F. J. (1993). *Experimental psychology: methods of research* (6th ed.). Englewood Cliffs, NJ: Prentice Hall.

McGuire, W. J. (1997). Creative hypothesis generating in psychology: Some useful heuristics. *Annual Review Psychology, 48*, 1-30.

McKendree, J. & Anderson, J. R. (1987). Effect of practice on knowledge and use basic Lisp. In J. M. Caroll (Ed.), *Interfacing thought: Cognitive aspects of human-computer interaction* . Cambridge: MIT Press.

Mecklenbräuker, S., Wippich, W. & Bredenkamp, J. (1992). *Bildhaftigkeit und Metakognition: Wissensentwicklung und bildhafte Verarbeitungsformen im Vorschul- und Schulalter*. Göttingen: Hogrefe.

Meehl, P. E. (1967). Theory-testing in psychology and physics: A methodological paradox. *Philosophy of Science, 34*, 103-115.

Meehl, P. E. (1986). What social scientists don't understand. In D. W. Fiske & R. A. Shweder (Eds.), *Metatheory in social science* (pp. 315-338). Chicago: University of Chicago Press.

Mees, U. (1984). Zur Bewertung von Explikationen des psychologischen „Common Sense" - Anmerkungen zu Smedslund. *Schweizerische Zeitschrift für Psychologie, 43*, 135-144.

Metzger, W. (1975). *Psychologie - Die Entwicklung ihrer Grundannahmen seit Einführung des Experiments* (5. Aufl.). Darmstadt: Steinkopff.

Metzinger, T. (Hrsg.) (1995). *Bewußtsein: Beiträge aus der Gegenwartsphilosophie*. Paderborn: Schöningh.

Meyer, W.-U., Schützwohl, A. & Reisenzein, R. (1993). *Einführung in die Emotionspsychologie: Band I*. Bern: Huber.

Meyering, T. C. (1997). Some problems concerning a relational concept of mind. *Theory & Psychology, 7*, 173-186.

Miller, R. G. (1981). *Simultaneous statistical inference* (2nd ed.). New York: Springer.

Mittelstraß, J. (Hrsg.) (1995a, b, c). *Enzyklopädie Philosophie und Wissenschaftstheorie: Bänd 1, 2 und 3*. Stuttgart: Metzler.

Mittelstraß, J. (Hrsg.) (1996). *Enzyklopädie Philosophie und Wissenschaftstheorie: Band 4*. Stuttgart: Metzler.

Mohr, G. (1997). Bewußtseinsphänomene in der Neuropsychologie und der experimentellen Allgemeinen Psychologie. *Psychologische Rundschau, 48*, 125-140.

Molenaar, I. W. & Lewis, C. (1996). Bayes-Statistik. In E. Erdfelder, R. Mausfeld, T. Meiser & G. Rudinger (Hrsg.), *Handbuch Quantitative Methoden* (S. 145-156). Weinheim: Psychologie Verlags Union.

Möller, J. (1997). *Auslösende Bedingungen leistungsbezogener Attributionen*. Weinheim: Beltz/PVU.

Montada, L., Krampen, G. & Burkard, P. (1999). Persönliche und soziale Orientierungslagen von Hochschullehrern/innen der Psychologie zu Evaluationskriterien über eigene berufliche Leistungen. *Psychologische Rundschau, 50*, 69-89.

Mook, D. G. (1983). In defense of external invalidity. *American Psychologist, 38*, 379-387.

Moore, A. W. (1997). The undetermination/indeterminancy distinction and the analytic/synthetic distinction. *Erkenntnis, 46*, 5-32.

Moosbrugger, H., Rost, J. & Schermelleh-Engel, K. (1999). Überlegungen zur Entwicklung eines Curriculums für das Prüfungsfach „Evaluation und Forschungsmethodik". *Psychologische Rundschau, 50*, 165-167.

Morris, C. W. (1988). *Grundlagen der Zeichentheorie, Ästhetik der Zeichentheorie*. Frankfurt am Main: Fischer-Taschenbuch-Verlag.

Morrison, D. F. & Henkel, R. E. (Eds.) (1970). *The significance test controversy: A reader*. Chicago: Aldine.

Mott, P. (1992). Fodor and ceteris paribus laws. *Mind, 101*, 335-246.

Moulines, C. U. (1992). Structure, links, and holons. In H. Westmeyer (Ed.), *The structuralist program in psychology: Foundations and applications* (pp. 13-26). Seattle: Hogrefe & Huber.

Moulines, C. U. (1996). Structuralism: The basic ideas. In W. Balzer & C. U. Moulines (Eds.), *Structuralist theory of science: focal issues, new results* (pp. 1-13). Berlin: de Gruyter.

Moulines, C. U. & Polanski, M. (1996). Bridges, constraints, and links. In W. Balzer & C. U. Moulines (Eds.), *Structuralist theory of science: focal issues, new results* (pp. 219-232). Berlin: de Gruyter.

Mulaik, S. A. (1986). Toward a synthesis of deterministic and probabilitic formulations of causal relations by the functional relation concept. *Philosophy of Science, 53*, 313-332.

Mummendey, H. D. (1995). *Die Fragebogen-Methode: Grundlagen und Anwendung in Persönlichkeits-, Einstellungs- und Selbstkonzeptforschung* (2. Aufl.). Göttingen: Hogrefe.

Nachreiner, F., Müller, G. F. & Ernst, G. (1987). Methoden zur Planung und Bewertung arbeitspsychologischer Interventionsmaßnahmen. In U. Kleinbeck & J. Rutenfranz (Hrsg.), *Arbeitspsychologie (Enzyklopädie der Psychologie, Serie Wirtschafts-, Organisations- und Arbeitspsychologie, Band 1)* (S. 360-439). Göttingen: Hogrefe.

Nagel, T. (1974). What is it like to be a bat? *The Philosophical Review, 83*, 435-450.

Nash, R. (1999). What is real and what is realism in sociology? *Journal for the Theory of Social Behaviour, 29*, 445-466.

Neyman, J. & Pearson, E. S. (1936). Contributions to the theory of testing statistical hypotheses: Pt. I. Unbiased critical regions of type A and type A1, *Statistical Research Memoirs* (pp. 1-37).

Neyman, J. & Pearson, E. S. (1938a). Contributions to the theory of testing statistical hypotheses: Pt. II: Certain theorems on unbiased critical regions of type A. *Statistical Research Memoirs, 2*, 25-36.

Neyman, J. & Pearson, E. S. (1938b). Contributions to the theory of testing statistical hypotheses: Pt. III: Unbiased tests of simple statistical hypotheses specifying the value of more than one unknown parameter. *Statistical Research Memoirs, 2*, 36-57.

Niederée, R. & Mausfeld, R. (1996). Das Bedeutsamkeitsproblem in der Statistik. In E. Erdfelder, R. Mausfeld, T. Meiser & G. Rudinger (Hrsg.), *Handbuch Quantitative Methoden* (S. 399-410). Weinheim: Psychologie Verlags Union.

Nisbett, R. E. & Wilson, T. D. (1977). Telling more than we can know: Verbal reports on mental processes. *Psychological Review, 84*, 231-259.

Noordhof, P. (1999). Probabilistic causation, preemption and counterfactuals. *Mind, 108*, 95-125.

O'Grady, K. E. (1982). Measures of explained variance: cautions and limitations. *Psychological Bulletin, 92*, 766-777.

Oakes, M. (1986). *Statistical inference. A commentary for the social and behavioral sciences*. New York: Wiley.

Öhman, A. (1988). Preattentive processes in the generation of emotions. In V. Hamilton, G. H. Bower & N. H. Frijda (Eds.), *Cognitive perspectives on emotion and motivation* (pp. 127-143). Dordrecht: Kluwer.

Olweus, D. (1976). Der „moderne" Interaktionismus von Person und Situation und seine varianzanalytische Sackgasse. *Zeitschrift für Entwicklungspsychologie und Pädagogische Psychologie, 8*, 171-185.

Opp, K. D. (1976). *Methodologie der Sozialwissenschaften: Einführung in Probleme ihrer Theorienbildung* (2. Aufl.). Reinbek: Rowohlt.

Opwis, K. & Spada, H. (1994). Modellierung mit Hilfe wissensbasierter Systeme. In T. Herrmann & W. H. Tack (Hrsg.), *Methodologische Grundlagen der Psychologie (Enzyklopädie der Psychologie, Serie Forschungsmethoden der Psychologie, Band 1)* (S. 199-248). Göttingen: Hogrefe.

Orth, B. (1974). *Einführung in die Theorie des Messens*. Stuttgart: Kohlhammer.

Orth, B. (1983). Grundlagen des Messens. In J. Bredenkamp & H. Feger (Hrsg.), *Messen und Testen. (Enzyklopädie der Psychologie, Serie Forschungsmethoden der Psychologie, Band 3)* (S. 136-180). Göttingen: Hogrefe.

Ortony, A. & Turner, T. J. (1990). What's basic about basic emotions? *Psychological Review, 97*, 315-331.

Ostendorf, F., Angleitner, A. & Ruch, W. (1986). *Die Multitrait-Multimethod Analyse*. Göttingen: Hogrefe.

Ostmann, A. & Wutke, J. (1994). Statistische Entscheidung. In T. Herrmann & W. H. Tack (Hrsg.), *Methodologische Grundlagen der Psychologie (Enzyklopädie der Psychologie, Serie Forschungsmethoden der Psychologie, Band 1)* (S. 694-737). Göttingen: Hogrefe.

Otte, R. (1987). Indeterminism, counterfactuals, and causation. *Philosophy of Science, 54*, 45-62.

Pähler, K. (1981). Teststrenge und empirische Bewährung in der Popperianischen Wissenschaftstheorie. *Zeitschrift für allgemeine Wissenschaftstheorie, 12*, 98-109.

Paivio, A. & Csapo, K. (1969). Concrete image and verbal memory codes. *Journal of Experimental Psychology, 80*, 279-285.

Papineau, D. (1989). Pure, mixed, and spurious probabilities and their significance for a reductionist theory of causation. In P. Kitcher & W. C. Salmon (Eds.), *Scientific explanation* (pp. 307-348). Minneapolis: University of Minnesota Press.

Passingham, R. E. (1995). *The frontal lobes and voluntary action*. Oxford: University Press.

Patzig, G. (1973). Erklären und Verstehen: Bemerkungen zum Verhältnis von Natur- und Geisteswissenschaften. *Neue Rundschau, 84/3*, 392-413.

Pauli, R. & Arnold, W. (1972). *Psychologisches Praktikum: Band 1. Experimentelles Praktikum*. Stuttgart: Fischer.

Pedhazur, E. J. (1982). *Multiple regression in behavioral research* (2nd ed.). New York: Holt, Rinehart and Winston.

Pekala, R. J. (1991). *Quantifying consciousness*. New York: Plenum.

Peterson, G. L. (1981). Historical self-understanding in the social sciences: the use of Thomas Kuhn in psychology. *Journal for the Theory of Social Behaviour, 11*, 1-30.

Pietroski, P. M. (1994). Mental causation for dualists. *Mind & Language, 9*, 336-366.

Place, U. T. (1956). Is consciousness a brain process? *British Journal of Psychology, 47*, 44-50.

Pongratz, L. J. (1973). *Lehrbuch der Klinischen Psychologie*. Göttingen: Hogrefe.

Popper, K. R. (1965). *Conjectures and refutations. The growth of scientific knowledge* (2nd ed.). London: Routledge and Kegan Paul.

Popper, K. R. (1979). *Ausgangspunkte: Meine intellektuelle Entwicklung*. Hamburg: Hoffmann und Campe.

Popper, K. R. (1984). *Objektive Erkenntnis. Ein evolutionärer Entwurf*. Hamburg: Hoffmann und Campe (Original erschienen 1972).

Popper, K. R. (1985). *Realism and the aim of science*. London: Hutchinson.

Popper, K. R. (1990). *A world of propensities*. Bristol: Thoemmes.

Popper, K. R. (1994). *Logik der Forschung* (10. Aufl.). Tübingen: Mohr.

Popper, K. R. & Eccles, J. C. (1982). *Das Ich und sein Gehirn*. München: Piper.

Popper, K. R. & Miller, D. (Hrsg.) (1997). *Lesebuch: ausgewählte Texte zu Erkenntnistheorie, Philosophie der Naturwissenschaften, Metaphysik, Sozialphilosophie* (2. Aufl.). Tübingen: Mohr Siebeck.

Prentice, D. A. & Miller, D. T. (1992). When small effects are impressive. *Psychological Bulletin, 112*, 160-164.

Prinz, W. (1990). Wahrnehmung. In H. Spada (Hrsg.), *Allgemeine Psychologie* (S. 25-114). Bern: Huber.

Prinz, W. (1998). Die Reaktion als Willenshandlung. *Psychologische Rundschau, 49*, 10-20.

Pulvermüller, F. (1999). Words in the brain's language. *Behavioral and Brain Sciences, 22*, 253-336.

Putnam, H. (1975). *Mind, language, and reality*. Cambridge: University Press.

Putnam, H. (1992a). The nature of mental states. In B. Beakley & P. Ludlow (Eds.), *The philosophy of mind: Classical problems/contemporary issues* (pp. 51-58). Cambridge, MA: MIT Press.

Putnam, H. (1992b). Philosophy and our mental life. In B. Beakley & P. Ludlow (Eds.), *The philosophy of mind: Classical problems/contemporary issues* (pp. 91-99). Cambridge, MA: MIT Press.

Putnam, H. (1997). *Für eine Erneuerung der Philosophie*. Stuttgart: Reclam.

Pylyshyn, Z. W. (1981). Psychological explanations and knowledge-dependent processes. *Cognition, 10*, 267-274.

Pylyshyn, Z. W. (1984). *Computation and cognition: Toward a foundation for cognitive science*. Cambridge: MIT Press.

Quine, W. v. O. (1979). *Von einem logischen Standpunkt: Neun logisch-philosophische Essays*. Frankfurt am Main: Ullstein.

Rachman, S. (1980). The clinical validation of psychoanalytic theory. *Nous, 14*, 387-404.

Radnitzky, G. (1980). Theorienbegründung oder begründete Theorienpräferenz: Vom Induktivismus zum Kritizismus Karl Poppers. In G. Radnitzky & G. Andersson (Hrsg.), *Fortschritt und Rationalität der Wissenschaft* (S. 317-370). Tübingen: Mohr.

Radnitzky, G. & Bartley, W. W. (Eds.) (1988). *Evolutionary epistemology, theory of rationality, and the sociology of knowledge*. London: Open-Court.

Rapaport, D. (1959). *Die Struktur der psychoanalytischen Theorie*. Stuttgart: Klett.

Rasch, D. (1995). *Mathematische Statistik*. Heidelberg: Barth.

Rauh, H. (1995). Frühe Kindheit. In R. Oerter & L. Montada (Hrsg.), *Entwicklungspsychologie. Ein Lehrbuch* (S. 167-248). Weinheim: Psychologie Verlags Union.

Read, S. (1997). *Philosophie der Logik: Eine Einführung*. Reinbek: Rowohlt.

Reder, L. M. & Ross, B. H. (1983). Integrated knowledge in different tasks: The role of retrieval strategy on fan effects. *Journal of Experimental Psychology: Learning, Memory, and Cognition, 9*, 55-72.

Regenbogen, A. & Meyer, U. (Hrsg.) (1998). *Wörterbuch der philosophischen Begriffe*. Hamburg: Meiner.

Rehm, J. & Strack, F. (1994). Kontrolltechniken. In T. Herrmann & W. H. Tack (Hrsg.), *Methodologische Grundlagen der Psychologie (Enzyklopädie der Psychologie, Serie Forschungsmethoden der Psychologie, Band 1)* (S. 508-555). Göttingen: Hogrefe.

Reichardt, C. S. & Gollob, H. F. (1999). Justifying the use and increasing the power of a t Test for a randomized experiment with a convenience sample. *Psychological Methods, 4*, 117-128.

Reichenbach, H. (1935). *Wahrscheinlichkeitslehre. Eine Untersuchung über die logischen und mathematischen Grundlagen der Wahrscheinlichkeitsrechnung*. Leiden: Sijthoff.

Reimann, P. (1990). *Problem solving models of scientific discovery learning processes*. Frankfurt am Main: Lang.

Reinhardt, F. & Soeder, H. (1978). *dtv-Atlas zur Mathematik: Bände 1 und 2* (3. Aufl.). München: Deutscher Taschenbuch Verlag.

Reisenzein, R. (1984). Empirie und Analytizität: Einige Anmerkungen zu Brandtstädters „Apriorische Elemente in psychologischen Forschungsprogrammen". *Zeitschrift für Sozialpsychologie, 15*, 74-80.

Reisenzein, R. (1992). A structuralist reconstruction of Wundt's Three-Dimensional theory of emotion. In H. Westmeyer (Ed.), *The structuralist program in psychology: Foundations and applications* (pp. 141-189). Seattle: Hogrefe & Huber.

Renkl, A. & Gruber, H. (1995). Erfassung von Veränderung: Wie und wieso? *Zeitschrift für Entwicklungspsychologie und Pädagogische Psychologie, 27*, 173-190.

Restle, F. & Greeno, J. G. (1970). *Introduction to mathematical psychology*. Reading, MA: Addison-Wesley.

Rettler, H. J. (1985). Zur statistischen Prüfung psychologischer Hypothesen. *Braunschweiger Studien zur Erziehungs- und Sozialwissenschaft, Band 16*.

Richardson, J. T. E. (1996). Measures of effect size. *Behavior Research Methods, Instruments, & Computers, 28*(1), 12-22.

Riedl, R. & Bonet, E. M. (Hrsg.) (1987). *Die Entwicklung der Evolutionären Erkenntnistheorie (Wiener Studien zur Wissenschaftstheorie, Bd.I)*. Wien: Verlag der Österreichischen Staatsdruckerei.

Riedl, R. & Wuketis, F. M. (1987). *Die Evolutionäre Erkenntnistheorie. Bedingungen, Lösungen, Kontroversen*. Berlin: Parey.

Rietz, C., Rietz, M. & Rudinger, G. (1997). Das Ende der klassischen Prüfstatistik: Bootstrap-Verfahren und Randomierungs- bzw. Permutationstests. In H. Mandl (Hrsg.), *Bericht über den 40. Kongreß der Deutschen Gesellschaft für Psychologie in München 1996* (S. 843-848). Göttingen: Hogrefe.

Roberts, F. S. (1979). *Measurement theory with applications to decisionmaking, utility, and the social sciences*. Reading, MA: Addison-Wesley.

Robins, R. W., Gosling, S. D. & Craik, K. H. (1999). An empirical analysis of trends in psychology. *American Psychologist, 54*, 117-123.

Rogers, J. L., Howard, K. I. & Vessey, J. T. (1993). Using significance tests to evaluate equivalence between two experimental groups. *Psychological Bulletin, 113*, 553-565.

Rogge, K.-E. (Hrsg.) (1995). *Methodenatlas*. Berlin: Springer.

Rorty, R. (1996). *Consequences of pragmatism* (7th ed.). Minneapolis: University of Minnesota Press.

Rosch, E. (1978). Principles of categorization. In E. Rosch & B. B. Lloyd (Eds.), *Cognition and categorization* (pp. 27-48). Hillsdale, N.J.: Erlbaum.

Rosch, E. & Mervis, C. (1975). Family resemblances: Studies in the internal structure of categories. *Cognitive Psychology, 7*, 573-605.

Rosenberg, A. (1988). *Philosophy of social science*. Oxford: Clarendon Press.

Rosenthal, R. (1969). Interpersonal expectations: Effects of the experimenter's hypothesis. In R. Rosenthal & R. L. Rosnow (Eds.), *Artifact in behavioral research* (pp. 181-277). New York: Academic Press.

Rosenthal, R. (1991). *Meta-analytic procedures for social research*. London: Sage.

Rosenthal, R. & Rosnow, R. L. (Eds.) (1969). *Artifact in behavioral research*. New York: Academic Press.

Rosenthal, R. & Rosnow, R. L. (1985). *Contrast analysis: Focused comparisons in the analysis of variance*. Cambridge: University Press.

Rosnow, R. L. & Rosenthal, R. (1989). Definition and interpretation of interaction effects. *Psychological Bulletin, 105*, 143-146.

Rosnow, R. L. & Rosenthal, R. (1996). Contrasts and interactions redux: Five easy pieces. *Psychological Science, 7*, 253-257.

Rossi, P. H., Freeman, H. E. & Lipsey, M. (1999). *Evaluation* (6th ed.). London: Sage.

Rost, D. H. (Hrsg.) (1998). *Handwörterbuch Pädagogische Psychologie*. Weinheim: Beltz.

Roth, E. (Hrsg.) (1984). *Sozialwissenschaftliche Methoden*. München: Oldenbourg.

Roth, G. & Prinz, W. (Hrsg.) (1996). *Kopf-Arbeit*. Heidelberg: Spektrum Akademischer Verlag.

Ruben, D.-H. (1993). *Explanation*. Oxford: University Press.

Rubin, D. B. (1974). Estimating causal effects of treatments in randomized and nonrandomized studies. *Journal of Educational psychology, 66*, 688-701.

Rubin, D. B. (1990). Formal modes of statistical inference for causal effects. *Journal of Statistical Planning and Inference, 25*, 279-292.

Rueger, A. (1998). Local theories of causation and the a posteriori identification of the causal relation. *Erkenntnis, 48*, 25-38.

Russell, B. (1969). *Das ABC der Relativitätstheorie* (3. Aufl.). Hamburg: Rowohlt.

Russell, B. (1997). *Denker des Abendlandes: Eine Geschichte der Philosophie* (5. Aufl.). München: dtv.

Ryle, G. (1969). *Der Begriff des Geistes*. Stuttgart: Reclam (Original erschienen 1949: The concept of mind, London).

Saks, M. J. & Krupat, E. (1988). *Social psychology and its applications*. New York: Harper & Row.

Salmon, W. C. (1979). *The foundations of scientific inference* (5th ed.). Pittsburgh: University of Pittsburgh Press.

Salmon, W. C. (1984). *Scientific explanation and the causal structure of the world.* Princeton: University Press.

Salmon, W. C. (1989). Four decades of scientific explanation. In P. Kitcher & W. C. Salmon (Eds.), *Scientific explanation* (pp. 3-60). Minneapolis: University of Minnesota Press.

Salmon, W. C. (1994). Causality without counterfactuals. *Philosophy of Science, 61*, 297-312.

Saris, W. E. & Münnich, Á. (Eds.) (1995). *The multitrait-multimethod approach to evaluate measurement instruments*. Budapest: Eötvös University Press.

Sarris, V. (1985). *Experimentalpsychologisches Praktikum*. Weinheim: Beltz.

Sarris, V. (1990). *Methodologische Grundlagen der Experimentalpsychologie: Bände I und II.* München: Reinhardt.

Sawilowsky, S. S. & Blair, R. C. (1992). A more realistic look at the robustness and type II error properties of the t test to departures from population normality. *Psychological Bulletin, 111*, 352-360.

Schachter, S. (1964). The interaction of cognitive and physiological determinants of emotion state. In L. Berkowitz (Ed.), *Advances in experimental social psychology: Vol.1* (pp. 49-80). New York: Academic Press.

Scheerer, E. (1996). Einmal Kopf, zweimal Kognition: Geschichte und Gegenwart eines Problems. In G. Roth & W. Prinz (Hrsg.), *Kopf-Arbeit* (S. 87-118). Heidelberg: Spektrum Akademischer Verlag.

Scheibe, E. (1988). Paul Feyerabend und die rationalen Rekonstruktionen. In P. Hoyningen-Huene & G. Huene (Hrsg.), *Wozu Wissenschaftsphilosophie?* (S. 149-171). Berlin: de Gruyter.

Scheibe, E. (1997). *Die Reduktion physikalischer Theorien: Ein Beitrag zur Einheit der Physik.* Berlin: Springer.

Schiffer, S. (1991). Ceteris paribus laws. *Mind, 100*, 1-17.

Schischkoff, G. (1974). *Philosophisches Wörterbuch* (19. Aufl.). Stuttgart: Kröner.

Schiwy, G. (1984). Der Strukturalismus als Weltanschauung, Wissenschaftstheorie und Methode. In H. Wendt & N. Loacker (Hrsg.), *Philosophie, Wissenschaft und Technik. (Kindlers Enzyklopädie Der Mensch, Band VII)* (S. 381-397). München: Kindler.

Schmitz, B. (2000). Auf der Suche nach dem verlorenen Individuum: Vier Theoreme zur Aggregation von Prozessen. *Psychologische Rundschau, 51*, 83-92.

Schneider, K. & Schmalt, H.-D. (1981). *Motivation*. Stuttgart: Kohlhammer.

Schorr, A. (1993). Behaviorismus und Neobehaviorismus. In H. E. Lück & R. Miller (Hrsg.), *Illustrierte Geschichte der Psychologie* (S. 113-117). München: Quintessenz.

Schreiber, H.-L. (1986). Juristische Grundlagen. In U. Venzlaff (Hrsg.), *Psychiatrische Begutachtung* (S. 3-77). Stuttgart: Fischer.

Schuler, H. (1980). *Ethische Probleme in der psychologischen Forschung*. Göttingen: Hogrefe.

Schulte, D. (1976). Ein Schema für Diagnose und Therapieplanung in der Verhaltenstherapie. In D. Schulte (Hrsg.), *Diagnostik in der Verhaltenstherapie* (2. Aufl., S. 75-104). München: Urban & Schwarzenberg.

Schulz, T., Muthig, K. P. & Koeppler, K. (1981). *Theorie, Experiment und Versuchsplanung in der Psychologie*. Stuttgart: Kohlhammer.

Schurz, G. (1988a). Einleitung: 40 Jahre nach Hempel-Oppenheim. In G. Schurz (Hrsg.), *Erklären und Verstehen in der Wissenschaft* (S. 11-30). München: Oldenbourg.

Schurz, G. (1988b). Was ist wissenschaftliches Verstehen? In G. Schurz (Hrsg.), *Erklären und Verstehen in der Wissenschaft* (S. 235-298). München: Oldenbourg.

Schurz, G. (1995). Stufen der Pragmatisierung von deduktiv-nomologischer Erklärung, Begründung und Voraussage. In H. Stachowiak (Hrsg.), *Pragmatik: Handbuch pragmatischen Denkens, Bd. 5, Pragmatische Tendenzen in der Wissenschaftstheorie* (S. 315-343). Hamburg: Meiner.

Schwarzer, R. (1983). Befragung. In J. Bredenkamp & H. Feger (Hrsg.), *Datenerhebung. (Enzyklopädie der Psychologie, Serie Forschungsmethoden der Psychologie, Band 2)* (S. 302-320). Göttingen: Hogrefe.

Schweizer, K. (1997). Die kognitiven Grundlagen der Intelligenz. In H. Mandl (Hrsg.), *Bericht über den 40. Kongreß der Deutschen Gesellschaft für Psychologie in München 1996* (S. 420-425). Göttingen: Hogrefe.

Scott, A. (1995). *Stairway to the mind*. New York: Springer.

Searle, J. (1980). Minds, brains, and programs. *Behavioral and Brain Sciences, 3*, 417-457.

Searle, J. R. (1987). *Intentionalität: Eine Abhandlung zur Philosophie des Geistes*. Frankfurt am Main: Suhrkamp.

Searle, J. R. (1992). *The rediscovery of the mind*. Cambridge, MA: MIT Press.

Searle, J. R. (1997). *Die Konstruktion der gesellschaftlichen Wirklichkeit: Zur Ontologie sozialer Tatsachen*. Reinbek: Rowohlt.

Secord, P. F. (1986). Explanation in the social sciences and in life situations. In D. W. Fiske & R. A. Shweder (Eds.), *Metatheory in social science* (pp. 197-221). Chicago: University of Chicago Press.

Sedlmeier, P. (1996). Jenseits des Signifikanztests-Rituals: Ergänzungen und Alternativen. *Methods of Psychological Research Online, 1*, 45-68. <www.mpr.de>

Sedlmeier, P. & Gigerenzer, G. (1989). Do studies of statistical power have an effect on the power of studies? *Psychological Bulletin, 105*, 309-316.

Seiffert, H. & Radnitzky, G. (Hrsg.) (1989). *Handlexikon zur Wissenschaftstheorie*. München: Ehrenwirt.

Selg, H. (1975). *Einführung in die experimentelle Psychologie* (4. Aufl.). Stuttgart: Kohlhammer.

Selg, H., Klapprott, J. & Kamenz, R. (1992). *Forschungsmethoden der Psychologie*. Stuttgart: Kohlhammer.

Sexl, R. U. (1983). *Was die Welt zusammenhält: Physik auf der Suche nach dem Bauplan der Natur* (3. Aufl.). Stuttgart: Deutsche Verlags-Anstalt.

Shadish, W. R., Cook, T. D. & Leviton, L. C. (1991). *Foundations of program evaluation: Theories of practice*. Newbury Park: Sage.

Shaffer, J. P. (1995). Multiple hypothesis testing. *Annual Review of Psychology, 46*, 561-584.

Shapere, D. (1982). The concept of observation in science and philosophy. *Philosophy of Science, 49*, 485-525.

Shrout, P. E. (1997). Should significance tests be banned? Introduction to a special section exploring the pros and cons. *Psychological Science, 8*, 1-2.

Shultz, T. R. & Lepper, M. R. (1996). Cognitive dissonance reduction as constraint satisfaction. *Psychological Review, 103*, 219-240.

Siemer, M. (1993). Aspekte einer vollständigeren Analyse der Unvollständigkeit psychologischer Hypothesen. In L. Montada (Hrsg.), *Bericht über den 38. Kongreß der Deutschen Gesellschaft für Psychologie in Trier 1992: Band 2* (S. 728-734). Göttingen: Hogrefe.

Sievers, W. (1990). Bootstrap-Konfidenzintervalle und Bootstrap-Akzeptanz-Bereiche hypothesenprüfender Verfahren. *Zeitschrift für experimentelle und angewandte Psychologie, 37*, 85-123.

Simonton, D. K. (1989). *Scientific genius: A psychology of science*. Cambridge: University Press.

Singer, W. (Hrsg.) (1994). *Gehirn und Bewußtsein*. Heidelberg: Spektrum.

Sixtl, F. (1982). *Meßmethoden der Psychologie* (2. Aufl.). Weinheim: Beltz.

Sixtl, F. (1996). *Einführung in die Exakte Psychologie*. München: Oldenbourg.

Skinner, B. F. (1973). *Jenseits von Freiheit und Würde*. Reinbek: Rowohlt.

Skinner, B. F. (1984). Behaviorism at fifty. *Behavioral and Brain Sciences, 7*, 615-667.

Skinner, B. F. (1985). Cognitive science and behaviourism. *British Journal of Psychology, 76*, 291-301.

Smedslund, J. (1979). Between the analytic and the arbitrary: A case study of psychological research. *Scandinavian Journal of Psychology, 20*, 129-140.

Smedslund, J. (1984). What is necessarily true in psychology? In J. Royce & L. Mos (Eds.), *Annals of theoretical psychology: Vol. 2* (pp. 241-273). New York: Plenum Press.

Smedslund, J. (1994). Non-empirical and empirical components in the hypotheses of five social psychological experiments. *Scandinavian Journal of Psychology, 35*, 1-15.

Smedslund, J. (1997). *The structure of psychological common sense*. Mahwah, NJ: Erlbaum.

Smith, A. F. & Prentice, D. A. (1993). Exploratory data analysis. In G. Keren & C. Lewis (Eds.), *A handbook for data analysis in the behavioral sciences: Statistical issues* (pp. 349-390). Hillsdale, NJ: Lawrence Erlbaum Associates.

Smith, M. & Glass, G. V. (1977). Meta-analysis of psychotherapy outcome studies. *American Psychologist, 32*, 752-760.

Smolensky, P. (1992). The constituent structure of connectionist mental states: A reply to Fodor and Pylyshyn. In B. Beakley & P. Ludlow (Eds.), *The philosophy of mind: Classical problems/contemporary issues* (pp. 325-344). Cambridge, MA: MIT Press.

Sneed, J. D. (1976). Philosophical problems in the empirical science of science: a formal approach. *Erkenntnis, 10*, 115-146.

Sneed, J. D. (1979). *The logical structure of mathematical physics* (2nd ed.). Dordrecht: Reidel.

Snodgrass, J. G., Levy-Berger, G. & Haydon, M. (1985). *Human experimental psychology*. Oxford: University Press.

Sobel, M. E. (1996). Causal inference in the social and behavioral sciences. In G. Arminger, C. C. Clogg & M. E. Sobel (Eds.), *Handbook of statistical modeling for the social and behavioral sciences* (pp. 1-38). New York: Plenum.

Soeffner, H.-G. & Hitzler, R. (1994). Qualitatives Vorgehen - „Interpretation". In T. Herrmann & W. H. Tack (Hrsg.), *Methodologische Grundlagen der Psychologie (Enzyklopädie der Psychologie, Serie Forschungsmethoden der Psychologie, Band 1)* (S. 98-136). Göttingen: Hogrefe.

Sohn, D. (1999). Experimental effects: Are they constant or variable across individuals? *Theory & Psychology, 9 (5)*, 625-638.

Solso, R. L. & Johnson, H. H. (1989). *An introduction to experimental design in psychology: A case approach.* New York: Harper & Row.

Sosa, E. & Tooley, M. (Eds.) (1993). *Causation.* Oxford: University Press.

Speck, J. (Hrsg.) (1980). *Handbuch wissenschaftstheoretischer Begriffe: Bände 1 bis 3.* Göttingen: Vandenhoeck & Ruprecht.

Spies, K., Westermann, R., Heise, E. & Hagen, M. (1998). Zur Abhängigkeit der Studienzufriedenheit von Diskrepanzen zwischen Fähigkeiten und Anforderungen. *Psychologie in Erziehung und Unterricht, 45*, 36-52.

Spies, K., Westermann, R., Heise, E. & Schiffler, A. (1996). Diskrepanzen zwischen Bedürfnissen und Angeboten im Studium und ihre Beziehungen zur Studienzufriedenheit. *Empirische Pädagogik, 10*, 377-409.

Spies, M. (1993). *Unsicheres Wissen: Wahrscheinlichkeit, Fuzzy-Logik, neuronale Netze und menschliches Denken.* Heidelberg: Spektrum.

Sprung, L. & Sprung, H. (1987). *Grundlagen der Methodologie und Methodik der Psychologie* (2. Aufl.). Berlin: Deutscher Verlag der Wissenschaften.

SPSS Inc. (1999). *SPSS Base 10.0 user's guide.* Chicago, Ill: SPSS.

Staats, A. W. (1981). Paradigmatic behaviorism, unified theory, unified theory construction methods, and the Zeitgeist of separatism. *American Psychologist, 36*, 239-256.

Stachowiak, H. (1983a). Erkenntnisstufen zum Systematischen Neopragmatismus und zur Allgemeinen Modelltheorie. In H. Stachowiak (Hrsg.), *Modelle - Konstruktion der Wirklichkeit* (S. 87-146). München: Fink.

Stachowiak, H. (1983b). Konstruierte Wirklichkeit. In H. Stachowiak (Hrsg.), *Modelle - Konstruktion der Wirklichkeit* (S. 10-16). München: Fink.

Stachowiak, H. (1995). Systematischer Neopragmatismus. In H. Stachowiak (Hrsg.), *Pragmatische Tendenzen in der Wissenschaftstheorie (Pragmatik: Handbuch pragmatischen Denkens, Bd. 5)* (S. 249-304). Hamburg: Meiner.

Stegmüller, W. (1969). *Hauptströmungen der Gegenwartsphilosophie: Band I* (4. Aufl.). Stuttgart: Kröner.

Stegmüller, W. (1973a). *Personelle und statistische Wahrscheinlichkeit: 1. Halbband. Personelle Wahrscheinlichkeit und rationale Entscheidung.* Berlin: Springer.

Stegmüller, W. (1973b). *Personelle und statistische Wahrscheinlichkeit: 2. Halbband. Statistisches Schließen, statistische Begründung, statistische Analyse.* Berlin: Springer.

Stegmüller, W. (1974). *Theorie und Erfahrung: 1. Halbband. Begriffsformen, Wissenschaftssprache, empirische Signifikanz und theoretische Begriffe.* Berlin: Springer.

Stegmüller, W. (1975). Structures and dynamics of theories: Some reflections on J.D. Sneed and T.S. Kuhn. *Erkenntnis, 9*, 75-100.

Stegmüller, W. (1979). *The structuralist view of theories.* Berlin: Springer.

Stegmüller, W. (1980). *Neue Wege der Wissenschaftsphilosophie.* Berlin: Springer.

Stegmüller, W. (1983). *Erklärung - Begründung - Kausalität* (2. Aufl.). Berlin: Springer.

Stegmüller, W. (1985). *Theorie und Erfahrung: 2. Teilband. Theorienstrukturen und Theoriendynamik.* Berlin: Springer.

Stegmüller, W. (1986). *Theorie und Erfahrung: Dritter Teilband. Die Entwicklung des neuen Strukturalismus seit 1973*. Berlin: Springer.

Stegmüller, W. (1987a, b). *Hauptströmungen der Gegenwartsphilosphie: Bände 2 und 3* (8. Aufl.). Stuttgart: Kröner.

Stegmüller, W. (1989). *Hauptströmungen der Gegenwartsphilosphie: Band 4*. Stuttgart: Kröner.

Stephan, A. (1999). Introduction: Animal beliefs, concepts, and communication. *Erkenntnis, 51*, 1-6.

Stephan, E. (1989). A net of psychological utility theories. In H. Westmeyer (Ed.), *Psychological theories from a structuralist point of view* (pp. 63-102). Berlin: Springer.

Stephan, E. (1990). *Zur logischen Struktur psychologischer Theorien*. Berlin: Springer.

Stevens, J. (1990). *Intermediate statistics: A modern approach*. Hillsdale, NJ: Erlbaum.

Stevens, J. (1992). *Applied multivariate statistics for the social sciences* (2nd ed.). Hillsdale, NJ: Erlbaum.

Stevens, S. S. (1975). *Psychophysics*. New York: Wiley.

Steyer, R. (1983). Modelle zur kausalen Erklärung statistischer Zusammenhänge. In J. Bredenkamp & H. Feger (Hrsg.), *Strukturierung und Reduzierung von Daten. (Enzyklopädie der Psychologie, Serie Forschungsmethoden der Psychologie, Band 4)* (S. 59-153). Göttingen: Hogrefe.

Steyer, R. (1992). *Theorie kausaler Regressionsmodelle*. Stuttgart: Fischer.

Steyer, R. (1994). Stochastische Modelle. In T. Herrmann & W. H. Tack (Hrsg.), *Methodologische Grundlagen der Psychologie (Enzyklopädie der Psychologie, Serie Forschungsmethoden der Psychologie, Band 1)* (S. 649-693). Göttingen: Hogrefe.

Steyer, R. & Eid, M. (1993). *Messen und Testen*. Berlin: Springer.

Steyer, R. & Schmitt, M. J. (1990). The effects of aggregation across and within occasions on consistency, specificity and reliability. *Methodika, 4*, 58-94.

Stich, S. P. (1983). *From folk psychology to cognitive science. The case against belief*. Cambridge, MA: MIT Press.

Still, A. W. & White, A. P. (1981). The approximate randomization test as an alternative to the F-test in analysis of variance. *British Journal of Mathematical and Statistical Psychology, 34*, 243-252.

Stillings, N. A., Weisler, S. E., Chase, C. H., Feinstein, M. H., Garfield, J. L. & Rissland, E. L. (1995). *Cognitive science: An introduction* (2nd ed.). Cambridge, MA: MIT Press.

Störig, H. J. (1999). *Kleine Weltgeschichte der Philosophie*. Frankfurt am Main: Fischer Taschenbuch.

Strawson, P. F. (1952). *Introduction to logical theory*. London: Methuen.

Strawson, P. F. (1994). *Analyse und Metaphysik: Eine Einführung in die Philosophie*. München: dtv.

Stroebe, W., Hewstone, M. & Stephenson, G. M. (Hrsg.) (1996). *Sozialpsychologie: Eine Einführung* (3. Aufl.). Berlin: Springer.

Stroebe, W. & Jonas, K. (1996). Grundsätze des Einstellungserwerbs und Strategien der Einstellungsänderung. In W. Stroebe, M. Hewstone & G. M. Stephenson (Hrsg.), *Sozialpsychologie: Eine Einführung* (3. Aufl., S. 253-289). Berlin: Springer.

Strube, G., Becker, B., Freksa, C., Hahn, U., Opwis, K. & Palm, G. (Hrsg.) (1996). *Wörterbuch der Kognitionswissenschaft*. Stuttgart: Klett-Cotta.

Sudman, S., Bradburn, N. & Schwarz, N. (1996). *Thinking about answers: The application of cognitive processes to survey methodology*. San Francisco: Jossey-Bass.

Sukale, M. (1971). Zur Axiomatisierung der Balancetheorie: Eine wissenschaftstheoretische Fallstudie. *Zeitschrift für Sozialpsychologie, 2*, 40-57.

Suppe, F. (1977). The search for philosophic understanding of scientific theories. In F. Suppe (Ed.), *The structure of scientific theories* (2nd ed., pp. 3-41). Urbana: University of Illinois Press.

Suppes, P. (1960). *Axiomatic set theory*. Princeton: Van Nostrand.

Suppes, P. (1970). *A probabilistic theory of causality*. Amsterdam: North Holland.

Suppes, P. & Zinnes, J. L. (1963). Basic measurement theory. In R. D. Luce, R. R. Bush & E. Galanter (Eds.), *Handbook of mathematical psychology: Vol. 1* (pp. 1-76). New York: Wiley.

Sydow, H. & Petzold, P. (1981). *Mathematische Psychologie: Mathematische Modellierung und Skalierung in der Psychologie*. Berlin: Deutscher Verlag der Wissenschaften.

Tabachnik, B. G. & Fidell, L. S. (1996). *Using multivariate statistics* (3rd ed.). New York: HarperCollins.

Tack, W. H. (1976). *Stochastische Lernmodelle*. Stuttgart: Kohlhammer.

Tack, W. H. (1986). Veränderungsmessung - ein Vorwort. *Diagnostica, 32*, 1-3.

Tarski, A. (1977). *Einführung in die mathematische Logik* (5. Aufl.). Göttingen: Vandenhoeck & Ruprecht.

Tatsuoka, M. (1993). Effect size. In G. Keren & C. Lewis (Eds.), *Data analysis in the behavioral sciences: Methodological issues* (pp. 461-479). Hillsdale, NJ: Erlbaum.

Thagard, P. & Nisbett, R. E. (1982). Variability and confirmation. *Philosophical Studies, 42*, 379-394.

Thomas, H. (1982). IQ, interval scales, and normal distributions. *Psychological Bulletin, 91*, 198-202.

Thompson, B. (1999). If statistical significance tests are broken/misused, what practices should supplement or replace them? *Theory & Psychology, 9*, 165-181.

Toebe, P., Harnatt, J., Schwemmer, O. & Werbik, H. (1977). Beiträge der Konstruktiven Philosophie zur Klärung der begrifflichen und methodischen Grundlagen der Psychologie. In K. A. Schneewind (Hrsg.), *Wissenschaftstheoretische Grundlagen der Psychologie* (S. 93-115). München: Reinhardt.

Toothaker, L. E. (1993). *Multiple comparison procedures*. London: Sage.

Torgerson, W. S. (1960). *Theory and methods of scaling* (2nd ed.). New York: Wiley.

Townsend, J. T. & Ashby, F. G. (1984). Measurement scales and statistics: The misconception misconceived. *Psychological Bulletin, 96*, 394-401.

Tränkle, U. (1983). Fragebogenkonstruktion. In J. Bredenkamp & H. Feger (Hrsg.), *Datenerhebung. (Enzyklopädie der Psychologie, Serie Forschungsmethoden der Psychologie, Band 2)* (S. 222-301). Göttingen: Hogrefe.

Traxel, W. (1974). *Grundlagen und Methoden der Psychologie*. Bern: Huber.

Tugendhat, E. & Wolf, E. (1983). *Logisch-semantische Propädeutik*. Stuttgart: Reclam.

Tukey, J. W. (1977). *Exploring data analysis*. Reading, MA: Addison-Wesley.

Tversky, A. (1977). Features of similarity. *Psychological Review, 84*, 327-352.

Tye, M. (1995). *Ten problems of consciousness*. Cambridge: MIT Press.

Tye, M. (1999). Phenomenal consciousness: The explanatory gap as a cognitive illusion. *Mind, 108*, 705-725.

Valentine, E. (1991). *Conceptual issues in psychology* (2nd ed.). London: Routledge.

Vollmer, G. (1988). *Was können wir wissen? Band 1: Die Natur der Erkenntnis* (2. Aufl.). Stuttgart: Hirzel.

Wainer, H. (1999). One cheer for null hypothesis significance testing. *Psychological Methods, 4,* 212-213.

Wald, A. (1966). *Sequential analysis.* New York: Wiley.

Waldmann, M. R. & Holyoak, K. J. (1992). Predictive and diagnostic learning within causal models: Asymmetries in cue competition. *Journal of Experimental Psychology: General, 121,* 222-236.

Wallach, L. & Wallach, M. A. (1994). Gergen versus the mainstream: Are hypotheses in social psychology subject to empirical test? *Journal of Personality and Social Psychology, 67,* 233-242.

Wallach, M. A. & Wallach, L. (1998). When experiments serve little purpose. *Theory & Psychology, 8,* 183-194.

Waller, H. (1995). *Gesundheitswissenschaft: Eine Einführung in Grundlagen und Praxis.* Stuttgart: Kohlhammer.

Walter, H. (1997). Authentische Entscheidungen und emotive Neurowissenschaft. *Philosophia naturalis, Band 34,* 147-174.

Watzlawik, P. (Hrsg.) (1981). *Die erfundene Wirklichkeit. Wie wissen wir, was wir zu wissen glauben? Beiträge zum Konstruktivismus.* München: Piper.

Weiner, B. (1986). *An attributional theory of motivation and emotion.* New York: Springer.

Weiner, B. (1988). *Motivationspsychologie* (2. Aufl.). München: Psychologie Verlags Union.

Weiner, B. (1992). *Human motivation: Metaphors, theories and research.* Newbury Park, CA: Sage.

Weinert, A. B. (1987). *Lehrbuch der Organisationspsychologie: Menschliches Verhalten in Organisationen* (2. Aufl.). München: Psychologie Verlags Union.

Wender, K. F. (1990). Ausgewählte Methoden. In H. Spada (Hrsg.), *Allgemeine Psychologie* (S. 561-595). Bern: Huber.

Wendt, D. (1983). Statistische Entscheidungstheorie und Bayes-Statistik. In J. Bredenkamp & H. Feger (Hrsg.), *Hypothesenprüfung (Enzyklopädie der Psychologie, Serie Forschungsmethoden der Psychologie, Band 5)* (S. 471-529). Göttingen: Hogrefe.

Wertheimer, M. (1986). Die experimentelle Methode in der Psychologie des 19. und 20. Jahrhunderts. In V. Sarris & A. Parducci (Hrsg.), *Die Zukunft der experimentellen Psychologie* (S. 29-38). Weinheim: Beltz.

Westermann, R. (1982). Zur Messung von Einstellungen auf Intervallskalenniveau. *Zeitschrift für Sozialpsychologie, 13,* 97-108.

Westermann, R. (1983a). Interval-scale measurement of attitudes: Some theoretical conditions and empirical testing methods. *British Journal of Mathematical and Statistical Psychology, 36,* 228-239.

Westermann, R. (1983b). Zur Wahl der Fehlerwahrscheinlichkeiten bei mehrfachen Signifikanztests. In G. Lüer (Hrsg.), *Bericht über den 33. Kongreß der Deutschen Gesellschaft für Psychologie in Mainz 1982: Band 1* (S. 193-197). Göttingen: Hogrefe.

Westermann, R. (1987a). *Strukturalistische Theorienkonzeption und empirische Forschung in der Psychologie.* Berlin: Springer.

Westermann, R. (1987b). Wahrnehmung: Psychophysische Skalierung und Informationsintegration. In G. Lüer (Hrsg.), *Allgemeine Experimentelle Psychologie* (S. 265-308). Stuttgart: Fischer.

Westermann, R. (1987c). Wissenschaftstheoretische Grundlagen der experimentellen Psychologie. In G. Lüer (Hrsg.), *Allgemeine Experimentelle Psychologie* (S. 5-42). Stuttgart: Fischer.

Westermann, R. (1987d). Zur Anwendung der strukturalistischen Theorienkonzeption in der Psychologie. In M. Amelang (Hrsg.), *Bericht über den 35. Kongreß der Deutschen Gesellschaft für Psychologie in Heidelberg 1986: Band 2* (S. 169-178). Göttingen: Hogrefe.

Westermann, R. (1988). Structuralist reconstruction of psychological research: Cognitive dissonance. *German Journal of Psychology, 12*, 218-231.

Westermann, R. (1989). Festinger's theory of cognitive dissonance: A revised structural reconstruction. In H. Westmeyer (Ed.), *Psychological theories from a structuralist point of view* (pp. 33-62). Berlin: Springer.

Westermann, R. (in print). Festinger's theory of cognitive dissonance. In W. Balzer & C. U. Moulines (Eds.), *Structuralist knowledge representation: Paradigmatic examples*. Amsterdam: Rodopi.

Westermann, R. & Gerjets, P. (1991). Induktives Denken in Philosophie und Psychologie. In D. Frey (Hrsg.), *Bericht über den 37. Kongreß der Deutschen Gesellschaft für Psychologie in Kiel 1990: Band 2* . Göttingen: Hogrefe.

Westermann, R. & Gerjets, P. (1994). Induktion. In T. Herrmann & W. H. Tack (Hrsg.), *Methodologische Grundlagen der Psychologie (Enzyklopädie der Psychologie, Serie Forschungsmethoden, Band 1)*. (S. 428-471). Göttingen: Hogrefe.

Westermann, R. & Hager, W. (1982). Entscheidung über statistische und wissenschaftliche Hypothesen: Zur Differenzierung und Systematisierung der Beziehungen. *Zeitschrift für Sozialpsychologie, 13*, 13-21.

Westermann, R. & Hager, W. (1983a). On severe tests of trend hypotheses in psychology. *Psychological Record, 33*, 201-211.

Westermann, R. & Hager, W. (1983b). The relative importance of low significance level and high power in multiple tests of signigicance. *Perceptual and Motor Skills, 56*, 407-413.

Westermann, R. & Hager, W. (1986). Error probabilities in educational and psychological research. *Journal of Educational Statistics, 11*, 117-146.

Westermann, R. & Heise, E. (1996). Motivations- und Kognitionsychologie: Einige intertheoretische Verbindungen. In H. Heckhausen & J. Kuhl (Hrsg.), *Motivation, Volition, Handlung (Enzyklopädie der Psychologie, Serie Motivation und Emotion, Band 4)* (S. 275-327). Göttingen: Hogrefe.

Westermann, R., Heise, E. & Gerjets, P. (1992). The justification of empirical suppositions: A structuralist analysis of an inductive form of scientific reasoning. In H. Westmeyer (Ed.), *The structuralist program in psychology: Foundations and applications* (pp. 41-54). Seattle: Hogrefe & Huber.

Westermann, R., Heise, E., Spies, K. & Trautwein, U. (1996). Identifikation und Erfassung von Komponenten der Studienzufriedenheit. *Psychologie in Erziehung und Unterricht, 43*, 1-22.

Westermann, R., Hesse, F. W., Hiemisch, A. & Kauer, G. (1996). Die Anwendung von Merkmalsmodellen zur Quantifizierung der Ähnlichkeit zwischen analogen Problemen. *Zeitschrift für Psychologie, 204*, 317-338.

Westmeyer, H. (1972). *Logik der Diagnostik: Grundlagen einer normativen Diagnostik*. Stuttgart: Kohlhammer.

Westmeyer, H. (1977). Psychologie und Wissenschaftstheorie: Einige Überlegungen aus analytischer Sicht. In K. A. Schneewind (Hrsg.), *Wissenschaftstheoretische Grundlagen der Psychologie* (S. 71-92). München: Reinhardt.

Westmeyer, H. (1981). Zur Paradigmendiskussion in der Psychologie. In W. Michaelis (Hrsg.), *Bericht über den 32. Kongreß der Deutschen Gesellschaft für Psychologie in Zürich 1980: Band 1* (S. 115-126). Göttingen: Hogrefe.

Westmeyer, H. (1984). Von den Schwierigkeiten, ein Behaviorist zu sein oder Auf der Suche nach einer behavioristischen Identität. In H. Lenk (Hrsg.), *Handlungstheorien interdisziplinär: Band 3, 2. Halbband* (S. 574-606). München: Fink.

Westmeyer, H. (Ed.) (1989a). *Psychological theories from a structuralist point of view.* Berlin: Springer.

Westmeyer, H. (1989b). The theory of behavior interaction: A structuralist construction of a theory and a reconstruction of its theoretical environment. In H. Westmeyer (Ed.), *Psychological theories from a structuralist point of view* (pp. 145-185). Berlin: Springer.

Westmeyer, H. (Ed.) (1992). *The structuralist program in psychology: Foundations and applications*. Seattle: Hogrefe & Huber.

Westmeyer, H. (1995). Persönlichkeitspsychologie zwischen Realismus und Konstruktivismus. In K. Pawlik (Hrsg.), *Bericht über den 39. Kongreß der Deutschen Gesellschaft für Psychologie in Hamburg 1994* (S. 748-753). Göttingen: Hogrefe.

Westmeyer, H. (1998). Psychologische Methoden und soziale Konventionen. In K. C. Klauer & H. Westmeyer (Hrsg.), *Psychologische Methoden und soziale Prozesse* (S. 250-266). Lengerich: Papst.

Wexler, K. (1978). A review of John R. Anderson's Language, Memory and Thought. *Cognition, 6*, 327-351.

White, P. A. (1988). Knowing more about what we can tell: „Introspective access" and causal report accuracy 10 years later. *British Journal of Psychology, 79*, 13-45.

White, P. A. (1990). Ideas about causation in philosophy and psychology. *Psychological Bulletin, 108*, 3-18.

Wiemann, J. M. & Giles, H. (1996). Interpersonale Kommunikation. In W. Stroebe, M. Hewstone & G. M. Stephenson (Hrsg.), *Sozialpsychologie: Eine Einführung* (3. Aufl., S. 331-361). Berlin: Springer.

Wilcox, R. R. (1995). ANOVA: A paradigm for low power and misleading measures of effect size? *Review of Educational Research, 65*, 51-77.

Wilkinson, L. & the Task Force on Statistical Inference. (1999). Statistical methods in psychology journals. *American Psychologist, 54*, 594-604.

Williams, M. (1999). Single case probabilities and the social world: The application of Popper`s propensity interpretation. *Journal for the Theory of Social Behaviour, 29*, 187-201.

Willmes, K. (1987). *Beiträge zu Theorie und Anwendung von Permutationstests in der uni- und multivariaten Datenanalyse*. (unveröffentlichte Dissertation) Trier: Fachbereich 1 - Psychologie der Universität.

Wilson, R. A. & Keil, F. (Eds.) (1999). *The MIT encyclopedia of the cognitive sciences*. Cambridge, MA: MIT Press.

Windmann, S. & Durstewitz, D. (2000). Phänomenales Erleben: Ein fundamentales Problem für die Psychologie und die Neurowissenschaften. *Psychologische Rundschau, 51*, 75-82.

Winer, B. J., Brown, D. R. & Michels, K. M. (1991). *Statistical principles in experimental design* (3rd ed.). New York: McGraw-Hill.

Winkler, R. L. (1993). Bayesian statistics: An overview. In G. Keren & C. Lewis (Eds.), *A handbook for data analysis in the behavioral sciences: Statistical issues* (pp. 201-232). Hillsdale, NJ: Lawrence Erlbaum Associates.

Witte, E. H. (1980). *Signifikanztest und statistische Inferenz*. Stuttgart: Enke.

Witte, E. H. (1987). Die Idee einer einheitlichen Wissenschaftslehre für die Sozialpsychologie. *Zeitschrift für Sozialpsychologie, 18*, 76-87.

Wittgenstein, L. (1922). *Tractatus Logico-Philosophico*. London: Kegan Paul, Trench, Trubner & Co.

Wittgenstein, L. (1953). *Philosophische Untersuchungen*. Oxford: Blackwell.

Wottawa, H. & Thierau, H. (1998). *Lehrbuch Evaluation* (2. Aufl.). Bern: Huber.

Wright, G. H. v. (1979). Das menschliche Handeln im Lichte seiner Ursachen und Gründe. In H. Lenk (Hrsg.), *Handlungstheorien interdisziplinär: Band 2, 2. Halbband* (S. 417-430). München: Fink.

Wright, G. H. v. (1980). Elemente der Handlungslogik. In H. Lenk (Hrsg.), *Handlungstheorien interdisziplinär: Band 1* (S. 21-34). München: Fink.

Yaremko, R. M., Harari, H., Harrison, R. C. & Lynn, E. (1982/83). *Reference handbook of research and statistical methods in psychology*. New York: Harper & Row.

Zimbardo, P. G. (1992). *Psychology and life*. New York: HarperCollins.

Zimbardo, P. G. (1995). *Psychologie* (6. Aufl.). Berlin: Springer.

Zimbardo, P. G. & Gerrig, R. J. (1999). *Psychologie* (7. Aufl.). Berlin: Springer.

Zimmerman, D. W. & Zumbo, B. D. (1993). The relative power of parametric and nonparametric statistical methods. In G. Keren & C. Lewis (Eds.), *Data analysis in the behavioral sciences: Methodological issues* (pp. 481-517). Hillsdale, NJ: Erlbaum.

Zuckerman, M. & Knee, C. R. (1995). Hypothesis confirmation: The joint effect of positive test strategy and acquiescence response set. *Journal of Personality and Social Psychology, 68*, 52-60.

Zwick, R. (1993). Pairwise comparison procedures for one-way analysis of variance designs. In G. Keren & C. Lewis (Eds.), *A handbook for data analysis in the behavioral sciences: Statistical issues* (pp. 43-71). Hillsdale, NJ: Lawrence Erlbaum Associates.

Sachindex

Personenindex